专家指导委员会（八卷本）

（按姓氏笔画排序）

中国社会科学院马克思主义理论学科建设与理论研究工程资助项目

马克思主义发展史

第二卷

马克思主义的丰富完善

——马克思恩格斯思想的拓展深化

总主编　姜　辉

主　编　辛向阳　　副主编　林建华
本卷主编　杨　静　　副主编　任　洁

中国社会科学出版社

图书在版编目（CIP）数据

马克思主义发展史. 第二卷 / 姜辉总主编；辛向阳主编. —北京：中国社会科学出版社，2021.7

ISBN 978 – 7 – 5203 – 9299 – 0

Ⅰ. ①马… Ⅱ. ①姜…②辛… Ⅲ. ①马克思主义—历史 Ⅳ. ①A81

中国版本图书馆 CIP 数据核字（2021）第 222018 号

出 版 人	赵剑英	
责任编辑	田 文	刘 洋
责任校对	杨 林	
责任印制	王 超	

出 版	中国社会科学出版社
社 址	北京鼓楼西大街甲 158 号
邮 编	100720
网 址	http://www.csspw.cn
发 行 部	010 – 84083685
门 市 部	010 – 84029450
经 销	新华书店及其他书店

印 刷	北京君升印刷有限公司
装 订	廊坊市广阳区广增装订厂
版 次	2021 年 7 月第 1 版
印 次	2021 年 7 月第 1 次印刷

开 本	710×1000 1/16
印 张	37.25
插 页	2
字 数	510 千字
定 价	188.00 元

凡购买中国社会科学出版社图书，如有质量问题请与本社营销中心联系调换

电话：010 – 84083683

目　　录

导　　论

《马克思主义发展史》第二卷主要梳理了从巴黎公社到马克思和恩格斯晚年这一时期马克思主义的发展历程，重点揭示马克思主义在无产阶级革命实践和国际共产主义运动发展中不断丰富、完善的历史过程，系统展示马克思主义整体性发展的历史背景、主要内容和理论逻辑。第二卷和第一卷是一个整体，二者在写作思路上是一致的。

与第一卷相比，本卷在篇章结构上有一些不同之处。这主要是由这一时期马克思和恩格斯思想发展的特征决定的。

第一，由于马克思主义基本理论体系已经确立，马克思和恩格斯这一时期的思想发展主要表现为针对现实问题的理论分析及相关思想和主张的阐述，以及对理论问题和历史问题的专题研究，这充分体现了马克思主义理论不断丰富与完善的特点。如《法兰西内战》对无产阶级专政的深入分析；《哥达纲领批判》对共产主义社会发展阶段和基本特征的阐述；《人类学笔记》对人类早期社会形态的研究；等等。这一时期，马克思和恩格斯的理论研究主要以专题形式呈现，因此，马克思主义理论发展的时间脉络不是本卷考察的主要依据和遵循。这在客观上也给我们系统梳理马克思主义发展史造成了一定困难。思想发展史研究本应突出思想发展的时间脉络，但这一时期马克思和恩格斯的思想发展主要表现为对具体理论问题和实践问题的深入探讨和阐释，而不是马克思主义在各个领域的延伸和拓展。因此，本卷的很多章节采取了围绕重大革命活动或理论问题进行专题式阐述的形式，如本卷第一章主要围绕巴黎公社革命这一实践运动和《法兰西内战》这一经典著作阐述无产阶级专政理论，第四章集中呈现《反杜林论》对马克思主义理论的系统阐述。

第二，马克思和恩格斯不仅是伟大的思想家，而且是伟大的革命活动家。他们的理论活动和革命实践相互交织、相得益彰。他们经常由于形势的需要而放下正在进行的理论研究，转向现实问题或其他理论问题，甚至经常是多项工作同时开展，这一特点在马克思和恩格斯中后期的理论研究中表现得尤为突出。如马克思对历史学和人类学的研究几乎贯穿其一生，而且时断时续；如恩格斯为了反击杜林对马克思主义的攻击，中断了《自然辩证法》的写作，花了近两年时间写作批判杜林的系列文章；如恩格斯晚年在编辑整理《资本论》第二、第三卷的同时，又指导第二国际的革命活动，还撰写了很多哲学著作等。在对马克思主义发展史的梳理中，如果过分拘泥于时间顺序的先后，就会造成内容凌乱、结构松散等问题，思想发展的逻辑关系反而会被遮蔽。因此，我们坚持用逻辑统领历史，把相关主题集中起来进行专题式梳理和阐述。如第二卷第五、第六、第七、第八章分别以马克思主义哲学、政治经济学、科学社会主义等为主题，对恩格斯晚年的理论贡献及对革命实践的指导工作进行了较为系统的概述。第九章对马克思和恩格斯的战友在传播、捍卫和丰富发展马克思主义方面的主要贡献，也以专题的形式分别进行介绍。这样，可以把他们的主要贡献呈现得更为集中、更为丰富、更为清晰。

尽管如此，从总体上看，第二卷依然大体上按照时间脉络展示了马克思主义理论在实践中不断丰富和完善的历史过程，体现出思想发展史研究的基本特点。具体来说，主要包括如下内容。

第一章　马克思主义在巴黎公社革命时期的检验及发展。自19世纪70年代起，资本主义开始由自由竞争资本主义向垄断资本主义过渡。这一时期，资本主义社会的内部矛盾以及主要资本主义国家之间的争斗不断加剧。1871年3月，法国无产阶级建立了第一个无产阶级革命政权——巴黎公社。尽管它只存在了72天，但它为以后的无产阶级革命运动提供了宝贵的经验。马克思撰写的《法兰西内战》总结了巴黎公社的经验，制定了对国际共产主义运动具有普遍意义的革命原则，阐明了巴黎公社的实质和伟大历史意义。巴黎公社是无产阶级"作为唯一具有社会首创能力的阶级得到公开承认的第一次革命"，也是无产阶级运用武装暴力直接夺取政权的第一次尝试，更是建设新社会的一次伟大尝试，它的宝贵实践经验被马克思称为永存的"公社原则"。巴黎公社的实践，丰富了马克思主义关于无产阶级革命和无产阶级专政的学说。作为第一国际的精神产儿，巴黎公社革命受到第一国际的关注和支持。巴黎公社革命失败后，各国资产阶级政府加紧对第一国际的迫害，同时巴枯宁主义者等的分裂活动使第一国际的作用受到极大影响。随着工人运动的发展和历史条件的变化，第一国际原有的组织形式越来越不适应工人运动发展的要求，并于1876年宣布解散。马克思和恩格斯认识到在各民族国家建立无产阶级政党的必要性和重要性，不断指导各国无产阶级建立自己的政党，在实践中丰富和发展科学社会主义理论。

第二章　马克思主义在批判错误思潮中不断深化。19世纪60年代中期以后，马克思和恩格斯与各种错误思潮进行了坚决斗争。由于第一国际的建立，各国工人组织的联系持续加强，国际工人运动风起云涌，逐步发展成为资本主义世界的重要革命力量。与此同时，工人运动中的各种错误思潮也不断出现，成为扰乱工人阶级思想、动摇其行动意志、歪曲正确路线的消极因素。针对越来越严峻的思想形势，马克思和恩格斯通过有理有利有节的层层剖析、深刻的批判和细致的解说，阐明无产阶级革命斗争的关键意义，这既是同资产阶级的残酷统治进行斗争的需要，又是统一思想、建设革命队伍的应有之义。因此，在这一时期，马克思和恩格斯通过在理论与实践上同蒲鲁东主义及其残余、工联主义、巴枯宁主义、拉萨尔主义等错误思潮进行坚决斗争，在革命组织内部对错误论点进行批判，进一步丰富和深化了无产阶级的国家学说、捍卫了马克思主义的阶级斗争理论、突出了无产阶级革命的重要性，马克思主义在批判与斗争中不断发展。

第三章　马克思晚年对人类社会发展规律的深入探索。19世纪70年代，西欧资本主义度过了"革命危机"，进入了相对稳定的所谓"和平发展"时期。这一时期的特点是，资本主义国家加强了对非资本主义地区的掠夺及渗透。马克思主义在西欧传播的同时，也开始向一些带有宗法制社会遗存以及具有公社土地所有制传统的东方国家传播，成为这些东方国家的先进分子观察、认识本国经济社会发展的指导思想。晚年的马克思开始集中关注土地所有制问题，更加积极地研究人类早期的社会形态，进一步阐明资本主义以前的社会包括原始社会发展的规律性，深入探讨当时在世界广大地区普遍存在的农村公社的历史命运问题，同时也对欧洲历史进行了新的深入研究。为此，他搜集和研究了各种实际资料，阅读了相关学术著作，并进行了精心的摘录、评注、删改和补充。这些大量的读书笔记，成为与其之前著作如《德意志意识形态》《资本论》及其手稿逻辑一致并相互补充的重要文献，并对他的许多关于人类社会发展的宝贵思想和深刻观点进行了验证和发展。这些摘录和评注主要体现在《人类学笔记》和《历史学笔记》中。这些"笔记"，不仅充实了有关古代社会以及人类社会形态发展的重要史料，而且还有许多具有启发性的评注，使马克思的唯物史观具有了更加丰富和扎实的史实基础。

第四章　恩格斯在《反杜林论》中对马克思主义基本理论的系统阐述。19 世纪 70 年代上半期，在工人运动蓬勃发展、马克思主义广泛传播的同时，各种反映小资产阶级立场、观点和要求的唯心主义哲学和冒牌社会主义主张不断出现，其中尤以小资产阶级思想家欧根·杜林最具代表性。为避免党内出现思想派别分裂和混乱的局面，维护马克思主义理论在党内的形象和地位，统一德国工人阶级的思想和行动，在马克思的支持下，恩格斯撰写了《反杜林论》，全面彻底地批判了杜林的错误观点。在《反杜林论》中，恩格斯通过对杜林在哲学、经济学和社会主义领域错误观点的批判，第一次全面而系统地阐明了马克思主义的三大组成部分——哲学、政治经济学和科学社会主义的主要内容、基本原理以及它们之间的内在联系，指明唯物辩证法和唯物史观作为科学的世界观和方法论，贯穿于马克思主义政治经济学和科学社会主义之中，唯物史观和剩余价值理论的创立使社会主义由空想变成了科学。《反杜林论》在理论上捍卫了马克思主义的纯洁性和真理性，极大地丰富、发展了马克思主义；在实践中为各国无产阶级政党提供了正确的思想理论指导，对国际共产主义运动的发展起到了推动作用。

第五章　恩格斯晚年对马克思主义哲学的深化和发展。19 世纪 70—80 年代特别是马克思逝世后，发展完善马克思主义理论、澄清工人运动中错误思想的重要任务落在了恩格斯身上。恩格斯在《自然辩证法》中，通过揭示自然界如何发展，对自然界的发展规律如何能够越出自然界而到达人类社会历史领域这一问题作出了科学阐释。《路德维希·费尔巴哈和德国古典哲学的终结》系统总结了马克思主义哲学产生和发展的规律，在理论上厘清了马克思主义哲学与黑格尔哲学以及费尔巴哈哲学的关系，阐明了唯物主义哲学与唯心主义哲学的区别。恩格斯吸收人类学研究的最新成果，在马克思

"摩尔根笔记"的基础上撰写了《家庭、私有制与国家的起源》，阐述了人类社会历史发展的基本规律、论证科学社会主义的基本原理，发展和完善了唯物史观。这一时期，恩格斯对深化和发展马克思主义哲学作出了重大贡献。

第六章　恩格斯对《资本论》第二、第三卷的整理出版及其理论贡献。1883 年马克思逝世后，恩格斯以马克思生前留下的几部手稿为重要依据，承担了整理出版《资本论》续卷的理论任务。1883—1894 年，恩格斯经过审慎、细致的辨读和思考，整理出版了《资本论》第二、第三卷，这是马克思主义发展史上具有里程碑意义的事件。恩格斯不仅力争恢复马克思政治经济学批判思想的原貌，更针对资本主义社会发展的新特点、新现象作出了理论上的新说明，为推进马克思主义政治经济学理论的完善和发展作出了极其重要的理论贡献，也为科学社会主义的进一步发展奠定了理论与现实基础，在马克思主义发展史上具有重要意义。

第七章　恩格斯晚年坚持与捍卫马克思主义。巴黎公社革命失败后特别是马克思逝世后，欧洲主要资本主义国家进入相对稳定发展时期，阶级矛盾和冲突相对缓和，但无产阶级力量也在不断壮大。资产阶级思想家试图通过攻击歪曲马克思主义理论，来遏制马克思主义的传播和工人运动的发展。同时，由于社会各方面条件的变化，使得传统的武装斗争形式遇到了很大的困难和挑战，第二国际内部出现了改良主义和机会主义的倾向。恩格斯晚年在集中精力整理、出版《资本论》续卷的同时，还坚持捍卫马克思主义，与讲坛社会主义、"经济决定论"、右倾机会主义等各种错误思潮作斗争。恩格斯坚决有力地批判和澄清了这些错误思潮对马克思主义的歪曲和误解，捍卫了剩余价值理论，强调了上层建筑的相对独立性及其对经济基础的反作用。同时，恩格斯还提出了无产阶级革命斗争新策略等，进一步巩固了唯物史观，丰富和发展了科学社会主义学说，并提出应如何正确认识和对待马克思主义。

第八章　恩格斯对第二国际及各国无产阶级运动的指导。马克思逝世后，恩格斯坚定维护马克思主义的真理性，奋战在捍卫和发展马克思主义科学理论与推动国际工人运动革命实践的第一线。恩格斯致力于将理论应用于实践，指导建立了第二国际，从而更加有效地指导各国无产阶级革命斗争。他分析了第二国际面临的政治与思想风险，阐明斗争的原则与策略，批判第二国际内部形形色色的机会主义。与此同时，恩格斯科学地预见未来世界战争的爆发与根源，号召将维护和平的反战斗争和争取社会主义的革命斗争紧密结合起来，进一步从理论和实践上丰富发展了马克思主义关于战争与和平问题的内容，使之成为无产阶级参与国际斗争的思想利器。恩格斯坚决捍卫马克思主义科学理论与指导原则，与歪曲和误解马克思主义的错误观点进行坚决的斗争。他善于在交锋中阐述马克思主义革命理论的科学预见性与理论联系实际的有效性，从而在无产阶级运动的实践中不断深化发展马克思主义。

第九章　马克思恩格斯的战友对马克思主义传播发展的贡献。马克思主义作为科学的理论，不仅仅是马克思和恩格斯个人智慧与思想的结晶，还凝结着众多无产阶级理论家和革命家的心血与贡献。在马克思和恩格斯的理论感召与热情帮助之下，在革命实践的历练之中，19 世纪中叶以来，一大批马克思主义理论战士和无产阶级革命领导者成长起来，自觉地团结在革命导师和领袖身边，成为马克思和恩格斯忠诚的战友。其中，威廉·沃尔弗、约瑟夫·魏德迈、约瑟夫·狄慈根、威廉·李卜克内西、奥古斯特·倍倍尔、安东尼奥·拉布里奥拉和弗兰茨·梅林等人为传播、捍卫和丰富发展马克思主义作出了重要贡献。他们在各自的国家，将马克思主义科学理论应用于实践，指导本国工人运动和革命斗争，共同推动国际工人运动在世界范围内的蓬勃发展，使马克思主义在世界各国得到了广泛传播，马克思主义的影响日益扩大。他们对真理的追求、对个人利益的牺牲、对社会主义事业的奉献，令人感佩。

理论的作用在于指导实践。我们学习和研究马克思主义发展史，是为了更准确地理解和掌握马克思主义基本理论，并把它与中国革命、建设和改革的具体实践结合起来，更好地指导我们的实际工作。2021年是中国共产党成立100周年。一部中国共产党历史"就是一部不断推进马克思主义中国化的历史，就是一部不断推进理论创新、进行理论创造的历史"①。一百年来，中国共产党坚持把马克思主义基本原理与中国革命、建设和改革的具体实践相结合，团结带领中国人民战胜各种艰难险阻，完成了新民主主义革命，完成了社会主义革命和社会主义改造，开启了社会主义建设，开创了中国特色社会主义道路，推动中国特色社会主义进入新时代。中国社会主义革命、建设和改革的成功实践，充分证明了马克思主义是"科学的理论""人民的理论""实践的理论""不断发展的开放的理论"，②证明了科学社会主义具有强大生命活力，闪耀着真理的光芒。习近平总书记在庆祝中国共产党成立100周年大会上的讲话中指出："马克思主义是我们立党立国的根本指导思想，是我们党的灵魂和旗帜。中国共产党坚持马克思主义基本原理，坚持实事求是，从中国实际出发，洞察时代大势，把握历史主动，进行艰辛探索，不断推进马克思主义中国化时代化，指导中国人民不断推进伟大社会革命。中国共产党为什么能，中国特色社会主义为什么好，归根到底是因为马克思主义行！"③

---

① 习近平：《在党史学习教育动员大会上的讲话》，人民出版社2021年版，第12页。

② 参见习近平《在纪念马克思诞辰200周年大会上的讲话》，人民出版社2018年版，第7—9页。

③ 习近平：《在庆祝中国共产党成立100周年大会上的讲话》，人民出版社2021年版，第12—13页。

　　在我国已经全面建成小康社会、实现第一个百年奋斗目标，并开启全面建设社会主义现代化国家新征程、向第二个百年奋斗目标进军，逐步实现中华民族伟大复兴的今天，立足新发展阶段，贯彻新发展理念，构建新发展格局，推动高质量发展，我们依然需要认真学习掌握马克思主义基本原理，坚持运用马克思主义立场、观点、方法认识和解决问题；坚持根据时代条件和实践要求的变化，不断推进理论创新和理论创造，不断深化对共产党执政规律、社会主义建设规律、人类社会发展规律的认识。只有始终坚持"把马克思主义基本原理同中国具体实际相结合、同中华优秀传统文化相结合，用马克思主义观察时代、把握时代、引领时代"，才能"继续发展当代中国马克思主义、21 世纪马克思主义!"① 这是中国共产党人不忘初心、牢记使命的根本要求，也是我们站在新时代的高度写作本书的初衷。

---

　　① 习近平：《在庆祝中国共产党成立 100 周年大会上的讲话》，人民出版社 2021 年版，第 13 页。

第一章

马克思主义在巴黎公社革命
时期的检验及发展

自 19 世纪 70 年代起，资本主义开始由自由竞争资本主义向垄断资本主义过渡。这一时期，资本主义社会的内部矛盾以及主要资本主义国家之间的争斗不断激化加剧。众所周知，马克思和恩格斯从创立马克思主义之初就非常注重把自己的理论与工人运动相结合，正是在同各国工人运动和革命斗争实践相结合的过程中，马克思主义不断得到发展。1871 年爆发的巴黎公社革命，是人类历史上无产阶级推翻资本主义制度的第一次伟大尝试。作为工人运动史上建立的第一个反映无产阶级利益的政权，巴黎公社的实践丰富了马克思主义关于无产阶级革命和无产阶级专政的学说。

作为第一国际的精神产儿，巴黎公社革命受到第一国际的关注和支持。革命失败后，各国资产阶级政府加紧对第一国际的迫害，同时巴枯宁主义者等的分裂活动使第一国际的作用受到极大影响。随着工人运动的发展和历史条件的变化，第一国际越来越不适应工人运动发展的要求，于 1876 年宣布解散。马克思和恩格斯越发认识到，在各民族国家建立无产阶级政党的必要性和重要性，并不断指导各国无产阶级建立自己的政党，在实践中丰富和发展科学社会主义理论。

第一节　巴黎公社革命实践

经历了 1848 年革命失败后的短暂低潮，法国工人运动在 19 世纪 60 年代又重新活跃起来。路易·波拿巴（即拿破仑三世）在其统治过程中，虽然依靠金融投机和对外掠夺发展了工业资本，但经济上的巧取豪夺和政治上的昏庸残暴，加剧了阶级矛盾，引发无产阶级的强烈不满，第二帝国面临深刻危机。1870 年普法战争中法国的战败和投降，更是激起工人的革命行动。1871 年 3 月 18 日，法国首都巴黎爆发了工人武装起义，推翻了资产阶级统治，建立了人类历史上第一个无产阶级的政权——巴黎公社。

一　巴黎工人起义及公社的建立

19 世纪 50—60 年代法国工业革命的实现，使法国工人的数量大大增加，工人运动也得到了进一步发展。从 60 年代起，工人的经济斗争就活跃起来，在巴黎、马赛、里昂等城市的工人，多次举行罢工，在提高工资、缩短工时等方面取得胜利。不仅如此，工人也进行了反对帝国政府、争取民主权利的政治斗争。到 60 年代后期，第二帝国陷入空前严重的政治经济危机，路易·波拿巴为了延长其摇摇欲坠的反动统治，妄图以对外战争的胜利来转移国内视线和扼杀无产阶级革命。同时，为了阻止德意志的统一，他借由西班牙王位继承的争执问题，于 1870 年 7 月 19 日对普鲁士宣战。

普法战争是法国与普鲁士的统治阶级为争夺欧洲霸权的王朝战争。战争之初，普鲁士方面就已进行了扩军准备，且配备了强大的进攻炮火，而法国则事先毫无准备，甚至没有根据"全国皆兵"的原则募集常备军，缺粮、缺药、缺装备在军队中时常出现。因此，战争爆发后，法军屡战屡败。1870 年 8 月初，法军主力军队被赶到法国北部与比利时交界的色当。9月1日，10万法军被普军团团包围，弹尽粮绝。次日，路易·波拿巴及其统率的全部法军俯首投降。9月3日，色当战役失败的消息传到巴黎，人们群情激奋，纷纷走上街头，举行游行示威，要求推翻帝制，建立共和国。9月4日，巴黎人民群众包围了政府大厦，驱散了议会，宣布废除帝制，恢复共和，第二帝国被推翻，法兰西第三共和国成立。但是，由于当时国际工人协会（即第一国际）①巴黎支部的领导人还被囚禁在监狱，工人群众缺乏经验和准备，政权最终被资产阶级窃取，由原第二帝国的巴黎总督特罗胥组成临时政府，并自称"国防政府"。然而，在强敌压境的情况下，"国防政府"表面上表示要反抗侵略，实则奉行的是对外投降、对内镇压的政策。马克思曾说："这个共和国并没有推翻王位，而只是占据了它所留下的空位子。"②9月18日，普鲁士军长驱直入包围了巴黎，开始了181天的围城。为挽救民族危机，法国无产阶级同仇敌忾，踊跃参军。以工人为主体的国民自卫军奋勇抗击外敌，普鲁士侵略军在武装的巴黎人民面前停下了脚步。与巴黎人民英勇的爱国行动相反，"国防政府在民族义务和阶级利益之间的这一冲突中，没有片刻的犹豫便把自己变成了卖国政府"③。其实，在"国防政府"成立的当晚，特罗胥就暗示了投降计划，他在口头上宣称"巴黎总督是永远不会投降的"④，但暗地里却说："在目前的情况下，巴黎想要经受住普鲁士军队的围困，那将是一件蠢举。"⑤这个依靠9月4日人民革命登上政治舞台的政府，既不会采

---

① 国际工人协会，是第一个国际性的无产阶级革命联合组织，由1864年9月28日英、法、德、意、波兰等国的工人代表在英国伦敦召开的国际工人会议上成立。卡尔·马克思是创始人之一和实际上的领袖。该组织于1876年7月15日美国费城代表会议上正式宣布解散。1889年7月第二国际在法国巴黎成立后，始称"第一国际"，简称"国际"。

② 《马克思恩格斯全集》第17卷，人民出版社1963年版，第292页。

③ 《马克思恩格斯文集》第3卷，人民出版社2009年版，第132页。

④ 参见《马克思恩格斯文集》第3卷，人民出版社2009年版，第133页。

⑤ 《马克思恩格斯文集》第3卷，人民出版社2009年版，第132页。

取任何有利于共和制的政治、经济措施，更不会履行真正"国防政府"的责任。无产阶级要实现民族任务，就必须反对卖国政府。在10月5日和8日，法国人民先后组织了两次示威，"目的都在于建立公社，借以防御外敌入侵和完成九月四日起义的任务"①。但是，"国防政府"拒绝了这些要求，甚至还试图镇压示威群众。10月31日，法军投降、资产阶级的叛国活动彻底激怒了人民，人民发动第二次武装起义来推翻卖国政府。政府被迫答应辞职，允许在11月1日选举公社。但因为革命者轻信了敌人，这次起义以失败告终。马克思曾说："如果1870年11月初在巴黎胜利建成公社（当时，法国各大城市已开始组建，全国各地势将纷纷仿效），那不仅会把卫国事业从卖国贼手里夺取过来，赋予它以激情，就像目前巴黎的英勇战斗所表现的那样，而且会完全改变战争的性质。它会转变成共和主义法国高举19世纪的社会革命旗帜，反抗普鲁士这个侵略和反革命的旗手的战争。"②法国工人建立公社的第一次尝试失败后，卖国政府更是一意孤行。这种情况迫使巴黎工人于1871年1月22日再次举行起义，由于敌我力量悬殊，起义被镇压下去，但武装起义使无产阶级和人民群众得到了实践锻炼。

　　在无产阶级革命的威慑之下，资产阶级政府越来越害怕巴黎的工人武装。为了扼杀革命，"国防政府"加紧了卖国投降活动，背着人民与普军谈判，并于1871年1月28日与普鲁士签订了丧权辱国的《停战和巴黎投降协定》，妄图借普鲁士的刺刀来消灭革命的武装。根据协定要求，2月17日，资产阶级通过拼凑起来的"国民议会"组成以梯也尔为首的正式政府。马克思曾说，"梯也尔是一个谋划政治小骗局的专家，一个背信弃义和卖身变节的老手，一个在议

---

① 《马克思恩格斯文集》第3卷，人民出版社2009年版，第187页。
② 《马克思恩格斯文集》第3卷，人民出版社2009年版，第188页。

会党派斗争中施展细小权术、阴谋诡计和卑鄙伎俩的巨匠"①。梯也尔上台后，于2月26日在凡尔赛与德国签订临时和约，同意向德国赔款50亿法郎，并把洛林东部和阿尔萨斯两省割让给普鲁士，以换取普鲁士对镇压巴黎革命的支持。面对这一丧权辱国的条约，在反革命的挑衅面前，巴黎无产阶级加强了自己的组织。1871年2月，国民自卫军召开各区代表大会，通过了国民自卫军联合组织的章程，明确宣布国民自卫军今后代替所有常备军。3月15日，国民自卫军领导机构中央委员会正式成立，具体指导巴黎公社革命运动，正如马克思所说："正是它在3月18日掀起了本世纪最伟大的革命。"②强大的有组织的武装的巴黎工人已成为梯也尔政府实现其反革命反人民阴谋的唯一障碍，因此梯也尔政府采取了一系列反动措施，迫不及待地逮捕国民自卫军中央委员会成员和解除工人武装。

1871年3月18日凌晨，梯也尔政府出动军队偷袭蒙马特尔高地，企图夺取国民自卫军的大炮，进而解除工人的全部武装。巴黎无产阶级忍无可忍，在国民自卫军的领导下，举行了武装起义。从清晨到上午，工人、妇女和儿童纷纷走向街头，奔向停放大炮的地方。广大人民群众发出了"公社万岁"的吼声，包围了政府军。由于国民自卫军的抵抗和部分政府军士兵站到革命一方，梯也尔的阴谋未能得逞。3月18日上午，国民自卫军中央委员会召开了临时会议，并发表宣言，指出："巴黎的无产者，目睹统治阶级的无能和叛卖，已经懂得：由他们自己亲手掌握公共事务的领导以挽救时局的时刻已经到来……他们已经懂得：夺取政府权力以掌握自己的命运，是他们无可推卸的职责和绝对权利。"③随后发出了开始巷战的命令。在不到半天的时间里，政府军就土崩瓦解了，残余的反革命军

---

① 《马克思恩格斯文集》第3卷，人民出版社2009年版，第139页。
② 《马克思恩格斯文集》第3卷，人民出版社2009年版，第190页。
③ 《马克思恩格斯文集》第3卷，人民出版社2009年版，第151页。

仓皇逃窜，梯也尔政府逃往凡尔赛。当天晚上，国民自卫军一举攻占了巴黎，占领了市政厅、陆军部、警察局等，控制了所有政府机关，资产阶级临时政府在巴黎的统治被推翻。工人阶级掌握了巴黎，国民自卫军中央委员会成为革命的临时政府，市政厅大厦飘起了革命的红旗。3 月 18 日巴黎工人起义是无产阶级推翻资产阶级统治的历史创举，实践了工人阶级自己解放自己的原则，取得了人类历史上无产阶级革命的第一次胜利。继巴黎工人起义之后，法国波尔多、里昂、马赛等大城市也先后发生武装起义，企图夺取政权，以支持巴黎的革命，但这些起义都遭到了资产阶级的镇压。

3 月 18 日巴黎革命胜利后，国民自卫军中央委员会掌握了巴黎的全部政权。在掌握政权后，中央委员会面临的主要任务就是摧毁资产阶级旧的国家机器，建立无产阶级的国家机器。但当时巴黎的无产阶级还缺少科学社会主义理论武装起来的革命政党的领导，他们只能凭着自己的阶级本能探索建立新的政权。由于当时绝大多数的中央委员迫切将政权"合法化"，因此中央委员会将公社的选举放在了首位，并定于 3 月 22 日举行公社选举。而在准备选举的过程中，资产阶级的区长们和议员们坚决反对中央委员会，力图破坏和拖延公社的选举，他们调集国民自卫军中的资产阶级营队，在区公署所在地修筑街垒，准备内战。3 月 21 日，资产阶级的区长们发动了一次反革命的示威游行。次日，他们又发动了一次示威游行，并叫喊"打倒中央委员会""打倒公社"等口号。中央委员会不得不命令国民自卫军驱散反革命分子的游行队伍，解散区公署的武装，无产阶级用自己的革命行动粉碎了资产阶级破坏选举的阴谋。在这种情况下，公社的选举不得不推迟。3 月 26 日，在国民自卫军中央委员会的领导下，巴黎人民以直接选举的方式进行公社委员会的选举。选举之后，国民自卫军中央委员会当即发表声明，并将政权移交公社。3 月 28 日，巴黎 20 万革命群众隆重举行了公社成立大会，向全世界宣告巴黎公社成立。巴黎公社的诞生，是法国无产阶级长期斗争的结果。从 1848 年要求建立"社会共和国"，经过波拿巴的残酷统治，巴黎工人进一步发现公社其实就是"一个不但取代阶级统治的君主制形式、而且取代阶级统治本身的共和国的""毫不含糊的形式"①。公社在接管政权后，立即打碎资产阶级旧的国家机器，建立起了新型的无产阶级政权。

作为一个新生的具有社会主义国家雏形的政权，巴黎公社实行了完全不同于资产阶级政府的全新的国家治理措施。

政权建设方面。不同于以往的资产阶级政权，巴黎公社政权在中央委员会执掌政权的 10 日内，全面摒弃资产阶级政权，建立了立法、行政合一的新的政权机构，民主选举出巴黎公社的执政人员，建立了民主监督机制，最大限度地保障了工人阶级的合法权益等。尽管巴黎公社的民主选举还有很多缺陷，但它是社会主义民主的崭新创举，即人民民主选举产生了国家机关，其结果体现了人民意志。此外，公社设立了 10 个委员会（执行、军事、财政、司法、治安、劳动与交换、粮食、教育、社会服务、对外联络）作为新的政权机构，承担各种不同的职权，其中执行委员会"负责执行公社一切法令和其他委员会的一切决议"②。后来，为了进一步明确职权范围，以及协调各部门之间和上下级之间的关系，决定："改组公社的执行委员会并将行政权交给公社所有九个专门委员会的代表（领导人）联合会。"③

经济发展方面。公社开始进行某些具有社会主义性质或倾向的改革试验，如：颁布了将逃亡业主所遗弃的工厂转交给工人合作社的法令，这一法令具有明显的社会主义倾向；改变薪金收入高低悬殊现象，实行保持合理差别的劳动报酬制度；批准经工人讨论通过

---

① 《列宁全集》第 31 卷，人民出版社 2017 年第二版增订版，第 39 页。
② 《巴黎公社会议记录》第 1 卷，商务印书馆 1961 年版，第 42 页。
③ 《巴黎公社会议记录》第 1 卷，商务印书馆 1961 年版，第 358 页。

的章程，开始劳动者直接参与企业管理的试验；废除面包工人夜班制，提出劳动者 8 小时工作制的原则，以及男女同工同酬，禁止任意收取工人罚金和克扣工人工资；成立劳动就业登记处；没收教会财产归国家所有；颁布有利于劳动人民的有关债务、典当、房租、住宅等法令，宣布将土地归还农民，免除农民的战争负担；制定保护工人直接利益的劳动立法等。

文化教育方面。公社进行若干改革，宣布教会与学校相分离，实行免费的义务教育，兴办业余教育，广泛开设图书馆和博物馆，使广大劳动人民摆脱被旧的教育制度所排斥的状况，真正享受到学习和教育的权利。公社很注重教师的选拔，注意提高教师的社会地位与物质待遇，在普及初级教育和兴办职业教育方面做了许多工作；还通过政教分离法令，宣布不准教会干涉国家事务，并将教会势力从学校中清除出去等，使教育和科学摆脱了宗教和国家权力的束缚。公社在起义胜利后，还接管了原来资产阶级政府创办的《法兰西共和国报》作为机关报，同时还创办了自己的报纸，从各个方面反映公社的主张和群众的要求。

在军事方面。废除资产阶级常备军、警察和司法机构，由选举产生的治安委员会取代警察局，选出司法委员会；颁布关于国民自卫军的法令："除国民自卫军外，不得在巴黎成立或调入任何武装部队。""所有适合服役的公民都编入国民自卫军。"① 此外，公社委员会取缔旧警察机构、废除征兵制，国民自卫军为唯一军事力量，并对法国司法、邮政等机构进行改组改造。

对外政策方面。公社执行了无产阶级国际主义的政策，团结波兰、奥地利、意大利、比利时、俄国和其他各国革命者参加公社的斗争，吸收外国优秀革命家参加公社领导机构。

---

① 《巴黎公社会议记录》第 1 卷，商务印书馆 1961 年版，第 52 页。

巴黎公社的各项措施是根据阶级斗争的实际需要来制定的，体现了人民的首创精神。正如恩格斯所说，公社的"一切经济措施的'激励人心的灵魂'不是由什么原则，而是由简单的实际需要所构成"①。巴黎人民以冲天的英雄主义和革命首创精神，创造了历史的奇迹。马克思就曾这样描绘巴黎公社："公社简直是奇迹般地改变了巴黎的面貌！第二帝国的那个花花世界般的巴黎消失得无影无踪。巴黎不再是不列颠的大地主、爱尔兰的在外地主、美利坚的前奴隶主和暴发户、俄罗斯的前农奴主和瓦拉几亚的大贵族麕集的场所了。尸体认领处里不再有尸体了，夜间破门入盗事件不发生了，抢劫也几乎绝迹了。"②这些措施的实施让巴黎变成了一个民主的天堂、人民的乐园。巴黎工人利用自己的统治进行政治、经济和文化的改造，但由于公社仍面临着内战外侮的任务，还需要将精力用于武装斗争，因此它在社会改造方面，只能是一个伟大创举的开端，"只能表明通过人民自己实现的人民管理制的发展方向"③。公社的各项措施还不是社会主义性质的，有些只是带有社会主义的因素，或者表示出某些社会主义的发展趋势。

当无产阶级的红旗飘扬在巴黎上空时，资产阶级是不可能坐以待毙的，他们一刻也没有放弃复辟。从逃到凡尔赛那天起，他们就对公社施展各种阴谋破坏手段，封锁巴黎，利用各种宣传机器歪曲公社，将公社说成是"巴黎的渣滓的工具"，是压迫巴黎的"暴君"，妄图抵消公社的巨大影响。梯也尔勾结普鲁士政府，趁着巴黎公社选举的时机对巴黎公社进行反扑，从1871年4月2日起，发动了对巴黎的军事进攻。梯也尔政府不顾城内居民的生命

---

① 《马克思恩格斯文集》第 3 卷，人民出版社 2009 年版，第 310 页。
② 《马克思恩格斯文集》第 3 卷，人民出版社 2009 年版，第 165 页。
③ 《马克思恩格斯全集》第 17 卷，人民出版社 1963 年版，第 366 页。

安全，炮击巴黎社区，巴黎成了一片火海。巴黎工人和国民自卫军为保卫公社，坚决抗击敌人，英勇战斗。经过一个月的激烈奋战，凡尔赛反动派始终被阻止在巴黎城郊。5 月 10 日，法国与普鲁士签订法兰克福和约，俾斯麦答应梯也尔的请求，放回 10 万战俘，反革命军队骤增，同时允许凡尔赛军越过德军防线进攻巴黎，德军对巴黎实行封锁，切断粮食供应。5 月 20 日，梯也尔对巴黎发动总攻。21 日，由于叛徒的出卖以及普鲁士军的配合，梯也尔反动军队从圣克鲁门冲进巴黎，工人们奋起反击，从此开始了两个阶级殊死搏斗的"五月流血周"。公社的英雄们奋勇抗战，宁死不屈，他们奋战到弹尽粮绝。在最后一场激战中，约 5000 凡尔赛反动派围攻退守在巴黎东北贝尔—拉雪兹公墓的最后约 200 名公社战士，这些战士最后高呼"公社万岁"的口号，全部壮烈牺牲在墓地的一堵墙边，这堵墙被后人称为"公社社员墙"。5 月 28 日，凡尔赛反动派全部占领巴黎，对群众进行了血腥的大屠杀，约有 3 万人被杀，被逮捕、监禁、流放、驱逐的人达 10 万以上，幸存的公社社员纷纷逃亡国外。从此，巴黎又陷入了资产阶级的黑暗统治。

从 1871 年 3 月 18 日至 5 月 28 日，虽然巴黎公社只存在短短 72 天，但英勇战斗的巴黎工人在国际共产主义运动史上书写了浓墨重彩的一笔。作为无产阶级政权的第一次伟大尝试，巴黎公社革命为后来的无产阶级革命运动提供了极其宝贵的历史经验；作为法国阶级矛盾和民族矛盾激化的产物，巴黎公社革命沉重地打击了资本主义制度，展示了"把人类从阶级社会中永远解放出来的伟大的社会革命的曙光"①，具有划时代的历史意义。公社成立后，对资产阶级国家机器进行了根本改造，进行了建立了无产阶级政权的伟大尝试。

---

① 《马克思恩格斯全集》第 18 卷，人民出版社 1964 年版，第 61 页。

虽然巴黎公社委员会主要是由蒲鲁东派、布朗基派和小资产阶级民主派构成，但他们大多是工人出身，或是工人代表，在阶级斗争面前，为维护工人阶级利益，不自觉地使公社成为无产阶级政权。这一政权的建立从侧面也宣告了蒲鲁东主义和布朗基主义的破产，同时推动了马克思主义的传播。由于主客观条件的局限性，巴黎公社革命最后以失败告终，但巴黎公社的原则是永存的，因为"公社的事业是社会革命的事业，是劳动者谋求政治上和经济上彻底解放的事业，是全世界无产阶级的事业。正是在这个意义上，公社的事业是永垂不朽的"①。巴黎公社委员和巴黎无产阶级用他们的首创精神、鲜血和生命书写了人类历史上光辉的一页。

二　马克思恩格斯对巴黎公社的支持

由于特殊原因，巴黎公社革命并不是在马克思主义政党领导下的自觉革命，而是工人阶级在民族危亡之际，自发进行的一次伟大尝试。但是，从普法战争爆发开始，马克思和恩格斯就十分关注巴黎革命形势的发展变化，并及时给予具体的指导和帮助。巴黎工人起义后，马克思和恩格斯领导的国际工人协会就对巴黎公社的革命运动给予热烈的支持与理论指导；公社存在期间，马克思和恩格斯密切关注公社革命的进程，对公社的斗争策略、社会经济措施等，给予了很多引导和指示，并为巴黎公社进行辩护；巴黎公社失败后，马克思和恩格斯总结革命的经验教训，并和家人积极参与公社社员的营救活动。马克思和恩格斯满腔热情地讴歌巴黎无产阶级敢于斗争的革命英雄气概。

马克思和恩格斯在普法战争中给予了工人阶级积极的指导。他们非常关注世界工人运动的发展前景，尽管他们当时身处巴黎之外，

---

① 《列宁全集》第 20 卷，人民出版社 2017 年第二版增订版，第 224 页。

但对巴黎工人阶级革命的一举一动都密切注视，并运用阶级分析的方法分析预判普法战争，给予工人阶级斗争策略的指导。

普法战争的爆发，引起了整个欧洲的震动。为了表明工人阶级对待这场战争的态度，为了给普、法以及全世界无产阶级制定正确的方针和策略，在 1870 年 7 月 19 日战争爆发当天，国际工人协会总委员会委托马克思起草关于这次战争的宣言。7 月 26 日，国际工人协会总委员会通过了马克思起草的国际性宣言，即《国际工人协会总委员会关于普法战争的第一篇宣言》。在这篇宣言中，马克思明确分析了战争的性质和前途，指出这场战争不过是法国和德国两国资产阶级的同室操戈。在战争开始阶段，法国方面是侵略的非正义的战争。因为法国统治者发动战争是为延长第二帝国的反动统治，企图侵占德国的领土，阻止德国统一，保持其欧洲霸权地位。而在德国方面，则是民族防御的正义的战争。因为战争是符合德国民族发展利益的，是为了抵抗路易·波拿巴的侵略，扫除阻碍统一德国的外来干涉。但是，马克思进一步揭露了"究竟是谁把德国弄到必须处于防御的地位呢？是谁使路易·波拿巴有可能对德国进行战争呢？正是**普鲁士**！正是俾斯麦曾和这个路易·波拿巴暗中勾结，以期摧毁普鲁士内部的民主反对派，并使霍亨索伦王朝兼并德国"[1]。这样两国统治者的真实面目就昭然若揭。而关于战争的前途，马克思则预言第二帝国必将在对外战争中埋葬自己，"不管路易·波拿巴同普鲁士的战争进程如何，第二帝国的丧钟已经在巴黎敲响了"[2]。而对德国而言，俾斯麦很可能将防御战争变为侵略战争，并因此接受沙皇政府的援助，再度置德国于俄国的控制之下。在第一篇宣言中，马克思指出，法国无产阶级必须坚决反对统治者所发动的侵略

---

① 《马克思恩格斯全集》第 17 卷，人民出版社 1963 年版，第 5—6 页。
② 《马克思恩格斯文集》第 3 卷，人民出版社 2009 年版，第 115 页。

战争，而德国无产阶级则必须将战争局限在民族防御的范围内。因此，德、法工人阶级必须携起手来，通过自己的力量，来消灭战争，消灭剥削制度，实现持久和平。马克思肯定了普法战争中工人阶级所表现出来的伟大国际主义精神，并预言"全世界工人阶级的联合终究会根绝一切战争"①，他写道："同那个经济贫困和政治昏聩的旧社会相对立，正在诞生一个新社会，而这个新社会的国际原则将是**和平**，因为每个民族都将有同一个统治者——**劳动**！"② 可以看出，马克思的策略路线，是从无产阶级的革命利益出发的，是在加速法国君主专制制度的解体，在争取有利于无产阶级条件下的德国民族统一，从而促进德法两国以及欧洲大陆各国民主、民族任务的实现，并为无产阶级开展进一步的斗争创造有利环境。

恩格斯在 1870 年 7 月 31 日致马克思的信中写道："宣言将教育各阶级人民懂得，现在只有工人才有**真正的**对外政策。"③ 恩格斯完全同意马克思的思想，并利用一切机会宣传第一篇宣言的原则立场。这一时期，恩格斯在伦敦"派尔—麦尔新闻"上发表了 59 篇关于战争的短评，他用历史唯物主义的观点分析战争、研究战争，特别是对普法战争进行了细致的政治述评和精准的军事预测，并深刻分析了人民群众对战争的态度和作用。他同马克思一道指导工人运动，特别是给德国工人阶级提供具体的战争策略指导。

普法战争形势的发展，完全证明了马克思在第一篇宣言中的两个预言：第一个预言，即"第二帝国的丧钟已经在巴黎敲响了"④ 得到了完全证实；第二个预言，德国方面"战争失去纯粹防御性质

---

① 《马克思恩格斯文集》第 3 卷，人民出版社 2009 年版，第 117 页。
② 《马克思恩格斯文集》第 3 卷，人民出版社 2009 年版，第 117 页。
③ 《马克思恩格斯全集》第 33 卷，人民出版社 1973 年版，第 16 页。
④ 《马克思恩格斯文集》第 3 卷，人民出版社 2009 年版，第 115 页。

而变为反对法国人民的战争"① 也得到证实。随着第二帝国不可避免地崩溃，战争性质也发生了改变，普鲁士失去了防御性质而变为掠夺法国人民的战争，而法国人民抗击普鲁士的入侵则成了正义战争。1870 年 9 月 4 日，随着第二帝国覆灭，普法战争进入了一个新的阶段。形势的变化必然导致国际工人阶级任务的改变。9 月 6 日马克思收到了国际巴黎联合会委员巴赫鲁赫寄给伦敦总委员会的一封信，信中请求发表一篇关于战争的新宣言。马克思随即征求恩格斯关于德国沙文主义者企图把兼并法国的亚尔萨斯和洛林两省说成是军事上确保德国安全的需要这一问题的看法。恩格斯给马克思寄来各种材料，这些材料驳斥了德国所谓"军事专家"为兼并领土制造的种种借口，马克思将这些材料写进了第二篇宣言之中。9 月 9 日，国际总委员会通过了马克思起草的《国际工人协会总委员会关于普法战争的第二篇宣言》。

在第二篇宣言中，马克思首先指出交战双方战争性质的转变及其深刻的政治、经济根源。由于俾斯麦公开声称要吞并法国领土，德国所进行的战争就从防御转变为了侵略；相反，法国的战争则转变为正义的防御之战。因此，德、法无产阶级的策略就应该发生改变，即德国工人阶级必须坚决反对普军吞并法国亚尔萨斯和洛林两个省，承认法兰西共和国，并与之订立光荣的和约；法国工人阶级则暂时不要发动推翻资产阶级政府的革命，虽然迫切任务是抗击侵略者，但不要被资产阶级民族沙文主义所迷惑，应保持自己的阶级独立性，正如马克思所说："在目前的危机中，当敌人几乎已经在敲巴黎城门的时候，一切推翻新政府的企图都将是绝望的蠢举。"② 此种情况下，应利用共和国政体以及该政体给无产阶级提供的机会，

---

① 《马克思恩格斯全集》第 17 卷，人民出版社 1963 年版，第 285 页。
② 《马克思恩格斯文集》第 3 卷，人民出版社 2009 年版，第 127 页。

加强自己阶级的组织，即"镇静而且坚决地利用共和国的自由所提供的机会，去加强他们自己阶级的组织"①。只有这样，法国工人才能最终取得阶级的解放和民族的复兴。第二篇宣言向法国工人揭露出"国防政府"的反动本质，"不只是从帝国那里继承了一大堆残砖断瓦，而且还继承了它对工人阶级的恐惧"②。因此，工人们不能对其抱有任何幻想，必须依靠自己的力量来决定共和国的前途命运。

在第二篇宣言中，马克思还揭露了普鲁士政府的侵略野心和掠夺阴谋，批判德国资产阶级所谓爱国主义的反动谬论，指出德国资产阶级提出的"永久和平保证"不过是一个骗局。除此之外，马克思还分析了普法战争以后的国际形势。一方面指明了普鲁士打败法国，企图称霸欧洲，俄国是不甘心的，必然要引起更大规模的战争；另一方面揭示了帝国主义国家之间的本质，即互相欺诈、利害冲突、既勾结又争夺，这原是旧的政治制度的规律。他以敏锐的洞察力指出，德国掠夺法国必然促使俄国和法国联合反对德国，从而引起更大规模的战争。在最后，第二篇宣言号召全世界工人阶级，必须采取行动，反对普鲁士统治者对法国发动的侵略战争，动员工人阶级反对各种反动势力。当然，面对形势的变化，恩格斯在其《战争短评》中，也尖锐地批判法国政府的投降政策和卖国行为，告诫各国工人阶级，特别是法国工人阶级对反动政府要有一个清醒的认识。

总之，马克思和恩格斯运用阶级分析的方法，分析了资本主义的私有制度和资产阶级的掠夺性，揭示了战争的根源。马克思指出普、法统治者为了其反动统治，为了称霸欧洲，必然发动对外侵略战争，战争不是法国人民，而是帝国发动的；实质上，俾斯麦和波

① 《马克思恩格斯文集》第3卷，人民出版社2009年版，第128页。
② 《马克思恩格斯文集》第3卷，人民出版社2009年版，第127页。

拿巴是同样有罪的。马克思在阐明战争产生的根源的同时，也指出了消灭战争的途径。在这两篇宣言中，马克思在分析战争各个阶段的变化的基础上，精准分析了战争的性质，并为德国和法国工人阶级制定了正确的方针和策略，号召无产阶级坚持国际主义，反对资产阶级的侵略战争。

巴黎公社革命爆发后，马克思和恩格斯对巴黎公社给予了建议和支持。尽管在巴黎公社革命前，马克思曾警告巴黎工人，不要在条件不成熟的情况下发起推翻资产阶级政府的起义，但当巴黎工人迫不得已发动革命后，马克思和恩格斯毫不犹豫地站到革命群众一边，以革命家的满腔热情去支持革命，并高度赞扬巴黎工人的英雄气概和革命首创精神。公社宣布成立后，马克思和恩格斯就密切关注革命事变的发展，对欧洲一些国家报刊和巴黎来信所提供的有关公社活动的情况和信息进行研究分析，他们以亲身参与者的姿态给予巴黎公社革命以思想和行动上的支持和帮助。

在巴黎被普鲁士和凡尔赛反动军队重重包围的情况下，马克思和恩格斯通过各种渠道和方式搜集公社的消息，认真研究公社的各项措施，为公社出谋献策。事实上，在巴黎公社革命爆发之前，马克思和恩格斯就深刻分析了法国巴黎的阶级力量对比，一面是凡尔赛反动政府加紧勾结普鲁士军队，疯狂集结力量；一面是巴黎革命缺乏坚强有力的领导核心和必要的思想和组织准备。在这种不利的形势下，马克思和恩格斯就建议，举行起义的巴黎人民不应当急急忙忙进行公社选举，因为巴黎还处于普鲁士侵略军和凡尔赛反动派的包围中，革命的首要任务应当是把革命的指挥权集中于国民自卫军中央委员会，乘胜进攻凡尔赛，不给反革命势力重整旗鼓的喘息机会，坚决镇压反革命破坏活动，巩固并扩大革命成果，争取外省及农民的支持。但是，由于当时中央委员会的大多数人不懂得阶级斗争的规律，犯下了致命性的错误。马克思说道："本来是应该立刻向凡尔赛进军的。由于讲良心而把时机错过了。他们不愿意**开始内战**，好像那邪恶的小矮子梯也尔在企图解除巴黎武装时还没有开始内战似的！第二个错误是中央委员会为了让位给公社而过早地放弃了自己的权力。这又是出于过分'诚实的'考虑！"①

当马克思在伦敦得到关于俾斯麦和法夫尔为反对巴黎公社而签订秘密和约的详细情况时，他立即通过信件通知了巴黎公社的各个委员。信的开头就提议，"把那些能使凡尔赛的恶棍们声名狼藉的案卷放到安全的地方去，是不是更好一些?"② 马克思建议将案卷寄到伦敦来，以便能够在巴黎以外抓紧时间做一切支持公社斗争的事情，发表一些对巴黎公社有利的文章。但马克思的这些提议并没有得到认可，马克思感到惋惜。他说："公社浪费在琐碎事务和个人争执上的时间太多了。大家知道，除了工人的影响之外，还有其他各种影响存在。如果你们来得及弥补已失去的时间，那么这一切就不会造成什么损害。"③ 弗兰克尔和瓦尔兰也曾多次写信给马克思，希望得到马克思的指导。弗兰克尔曾说："您关于必须实行的社会改革的意见，对我们委员会的委员来说，将是非常宝贵的。"④ 马克思和恩格斯的许多重要建议在公社委员会得到通过，使公社实行了符合无产阶级利益的政策和措施，推动了公社的伟大实践。

除了建议以外，马克思和恩格斯还动员国际无产阶级对巴黎公社进行国际援助。1871 年春，为了动员各国无产阶级支援巴黎公社革命，恩格斯领导国际工人协会总委员会向各国工人阶级组织发出了几百封信，寄往法国、德国、西班牙、意大利、瑞士、美国等，号召那

---

① 《马克思恩格斯文集》第 10 卷，人民出版社 2009 年版，第 353 页。
② 《马克思恩格斯文集》第 10 卷，人民出版社 2009 年版，第 355 页。
③ 《马克思恩格斯文集》第 10 卷，人民出版社 2009 年版，第 356 页。
④ ［苏］伊·阿·巴赫主编：《第一国际和巴黎公社·文件资料》（下），杭州大学外语系俄语翻译组译，生活·读书·新知三联书店 1978 年版，第 553 页。

些国家的工人们开展对巴黎起义者的声援运动。这在马克思与公社社员瓦尔兰和弗兰克尔的信中可以知晓。在国际工人协会总委员会的号召下，一些国家的工人组织举行了大规模的集会和游行。德国的声援活动规模最大，奥地利、瑞士、英国和美国，也随处可见声援巴黎公社的各种活动。总之，马克思和恩格斯对巴黎公社的支持不遗余力，通过国际工人协会总委员会来组织各国工人同巴黎公社的紧密团结。在巴黎公社革命最后，马克思还建议国际工人协会总委员会中的英国委员会最好组织一次公众大会，并要求英国政府派一个代表团采取措施制止凡尔赛反动政府的恐怖行为。

三　马克思恩格斯为巴黎公社的辩护

尽管马克思和恩格斯清楚地预见到巴黎公社革命会遭遇失败，但他们仍然充分肯定了巴黎公社革命的世界历史意义。当巴黎的血腥屠杀来临的时候，1871 年 5 月 23 日，马克思在国际工人协会总委员会会议上作了关于支持巴黎公社革命的发言。他指出，即使巴黎公社革命遭到失败，公社的原则也是永存的，是消灭不了的。公社的结局虽然很快就要到来了，但即使公社被搞垮了，斗争也只是延期而已。马克思坚信无产阶级革命将最终取得胜利，只是时间早晚而已。马克思还对工人运动中的某些误解和片面的观点作了澄清和批评，他曾批评工人运动中的一些片面观点，如有人用通常尺度衡量公社，对公社的革命措施吹毛求疵。他说，打碎旧的官僚机器，而不是把他们从一些人转到另一些人手里，这是任何一次人民革命的先决条件。巴黎公社就是打碎旧的国家机器，实施一系列改革措施，创造了新的政体模式。巴黎人民进行了英勇的尝试，"这些巴黎人，具有何等的灵活性，何等的历史主动性，何等的自我牺牲精神！……不管怎样，巴黎的这次起义，即使会被旧社会的豺狼、瘟猪和下贱的走狗们镇压下去，它还是我们党从巴黎六月起义以来最光荣的业绩"①。再比如，一些人把公社革命与小资产阶级的示威游行相等同，这显然是不对的。马克思指出："如果斗争只是在机会绝对有利的条件下才着手进行，那么创造世界历史未免就太容易了。"② 巴黎公社是巴黎无产阶级用鲜血和生命换来的！

为了保卫巴黎公社的正义事业，马克思和恩格斯还公开为其辩护。1871 年 3 月 18 日巴黎公社革命胜利后，欧美各国反动派竭力诽谤公社，攻击巴黎革命者。他们甚至伪造马克思的信件，诬蔑马克思是俾斯麦的"私人秘书"，制造和散布巴黎起义是由"国际最高首脑"马克思策划的流言蜚语。为了揭穿反动势力的攻击和诽谤，向各国工人说明公社革命的真相、性质和意义。马克思和恩格斯与国际工人协会总委员会做了大量工作，他们通过国际工人协会的庞大组织系统，及总委员会同各国的国际联合会、地方支部、各地的国际组织报刊和著名活动家的联系，宣传巴黎公社革命。马克思和恩格斯在《泰晤士报》多次发表声明，严正批驳了"巴黎革命系由伦敦发动"③ 的谣言，指出 3 月 18 日的起义是梯也尔政府企图解除国民自卫军的武装而引起的，是法国阶级斗争的产物。马克思多次会见伦敦《观察家报》编辑伏·贝尔恩，向他介绍了巴黎革命的真相，该报在马克思的影响下，比较客观地报道了公社的消息。此外，马克思还通过《人民国家报》等报纸，撰文揭露资产阶级反动报刊制造的诽谤巴黎公社的谣言。

巴黎公社革命失败后，各国资产阶级和反动政府对公社进行攻击和诽谤，一时间公社成为"众矢之的"。在凡尔赛军队枪杀最后的公社战士把公社运动镇压下去后，1871 年 6 月 6 日，资产阶级和反动政府就开始趾高气扬地向欧洲发出通告，污蔑国际工人协会是巴黎公社革命的策划者和后台，号召欧洲列强消灭国际工人协会。凡

---

① 《马克思恩格斯文集》第 10 卷，人民出版社 2009 年版，第 352—353 页。
② 《马克思恩格斯文集》第 10 卷，人民出版社 2009 年版，第 354 页。
③ 《马克思恩格斯全集》第 17 卷，人民出版社 1963 年版，第 318 页。

尔赛的报纸和一些国家的反动报纸对巴黎公社革命进行大肆攻击和
污蔑，歪曲和捏造关于巴黎的情况，散布巴黎公社革命是国际工人
协会组织的，混淆视听。作为国际工人协会主要领导人的马克思和
恩格斯，面对这股反革命的逆流，临危不惧，力挽狂澜，毅然担负
起捍卫公社事业的重任。他们在报刊上发表文章，痛斥资产阶级和
各国反动派对巴黎公社革命和国际工人协会的诽谤，英勇捍卫公社
革命事业，为巴黎人民辩护。马克思还在《泰晤士报》《真理报》
等报刊上发表公开信，驳斥凡尔赛政府和反动报刊对公社和国际工
人协会的污蔑。恩格斯更是用十几种文字，宣传巴黎公社革命的伟
大业绩，介绍巴黎工人面临的处境，义正词严地驳斥了资产阶级报
刊污蔑巴黎公社革命的言论。马克思和恩格斯撰文反驳对巴黎公社
革命的各种责难，总结公社的经验教训，高度评价公社的伟大历史
意义。在公社革命失败后第三天发表的《法兰西内战》，比较系统地
总结了巴黎公社革命的经验教训，驳斥了反动派的污蔑和诽谤，向
全世界阐明了公社革命的真相。

　　马克思和恩格斯高度评价了巴黎公社革命。马克思指出，"公
社的真正秘密就在于：它实质上是工人阶级的政府，是生产者阶
级同占有者阶级斗争的产物，是终于发现的可以使劳动在经济上
获得解放的政治形式"①。恩格斯称赞巴黎公社就是无产阶级专政。
马克思和恩格斯对巴黎公社的各项措施给予了充分的肯定，尤其
是通过选举来保护并巩固无产阶级政权极为称赞，肯定巴黎公社
作为新兴的社会主义国家形式，实行了全新的国家治理，开启了
一个新纪元，是"具有世界历史意义的新起点"②。在致库格曼的
信中，马克思写道："工人阶级反对资本家阶级及其国家的斗争，

---

① 《马克思恩格斯文集》第 3 卷，人民出版社 2009 年版，第 158 页。
② 《马克思恩格斯全集》第 33 卷，人民出版社 1973 年版，第 211 页。

由于巴黎的斗争而进入了一个新阶段。不管这件事情的直接结果怎样，具有世界历史意义的新起点毕竟是已经取得了。"① 在这里，马克思强调了巴黎公社革命的世界历史意义！

在巴黎公社革命失败后，马克思和恩格斯还积极投入到对公社社员营救和对流亡者援助的工作当中。革命失败后，凡尔赛政府对公社社员进行了惨绝人寰的屠杀、迫害和镇压。据资料统计，从 1871 年 5 月底开始，公社社员先后有 3 万人被枪杀，5 万余人被捕；至 1874 年年底开始，军事法庭共审判了 46000 余人，270人被处死刑，13000 余人被判处各种徒刑和苦役，7000 余人被流放。② 为逃避凡尔赛政府的残酷迫害，大批公社社员背井离乡，流亡海外。他们的主要流亡地是英国的伦敦和瑞士的日内瓦，以及西班牙、德国、荷兰等国。但凡尔赛政府对流亡国外的人也不肯放过，通过外交途径要求欧洲各国政府将这些流亡者引渡给法国政府。当英国政府准备接受法国政府的要求、引渡流亡者时，寓居在英国伦敦的马克思得知消息后立即报告了国际工人协会总委员会，总委员会开展大量舆论工作，揭露英国政府准备充当法国反动派的帮凶，报刊的公开揭露迫使英国政府宣布不接受法国政府的要求，使流亡到英国的公社社员有了避难权。

为了援助流亡到伦敦的公社社员，马克思和恩格斯领导国际工人协会总委员会做了大量工作。从第一批流亡者到达伦敦之日起，国际工人协会总委员会就开始为流亡者募捐，分配救济物资以及为他们安排工作，而总委员会的所有这些活动的组织者是马克思。恩格斯在总委员会会议上建议总委员会设立流亡者救济基金，并带头为救济基金捐款。1871 年 7 月，国际工人协会总委员会成立了一个

---

① 《马克思恩格斯文集》第 10 卷，人民出版社 2009 年版，第 354 页。
② 中共中央马克思恩格斯列宁斯大林著作编译局国际共运史研究室编：《国际共运研究资料》第 3 辑，人民出版社 1981 年版，第 16 页。

有马克思、恩格斯参加的公社流亡者救济委员会，为流亡战士募集经费，每周发放一次救济款，并帮助他们寻找职业。除了马克思、恩格斯，马克思的家人也参与到对流亡者的援助之中，如马克思的长女燕妮担任了救济委员会的秘书。马克思和恩格斯与总委员会的同志们为救济公社流亡战士花费了许多时间和精力，公社流亡战士从中得到莫大的精神安慰和经济帮助。马克思和恩格斯还帮助那些幸存的公社领导人尽快逃出法国，想方设法帮他们办护照、筹路费，使他们免遭军事法庭的审判。

在对流亡者的帮助中，马克思和恩格斯的家给巴黎公社流亡者以极大的温暖。许多战士在这里受到十分殷勤的接待和无微不至的照顾。有一位军事统帅就曾写信给恩格斯说："在我流亡伦敦期间，您的家和马克思的家成了我唯一的、真正充满友情的避难所，在这里，你们对我多么友爱和仁慈……"① 恩格斯对流亡者认真周到的帮助，可以从其札记略见一斑。在札记中，恩格斯写道："科列——排字工，已三次记下名字，好像是稍懂英语，不过，看来这方面并非必须，因为要用法文排字。"② 这些细小入微的地方，更能看出恩格斯对流亡者的爱怜。除了经济上和政治上的援助，马克思和恩格斯还十分重视培养公社流亡者中的优秀分子，对他们的错误思想进行批判，使他们摆脱蒲鲁东主义、布朗基主义和无政府主义的影响，把他们视为国际工人协会会员的中坚力量。总之，为了救济这些流亡者，马克思和恩格斯付出了大量心血。

---

① 参见［苏］彼·费多谢耶夫等《卡尔·马克思》，生活·读书·新知三联书店1980年版，第617页。

② ［苏］伊·阿·巴赫主编：《第一国际和巴黎公社·文件资料》（上），杭州大学外语系俄语翻译组译，生活·读书·新知三联书店1977年版，第129页。

第二节 《法兰西内战》对巴黎公社革命经验的总结

《法兰西内战》[①] 是马克思总结巴黎无产阶级革命历史经验，阐述阶级斗争、国家、无产阶级革命和无产阶级专政学说的重要著作。巴黎公社革命虽然失败了，但是巴黎无产阶级为建立、实现并保卫无产阶级专政而斗争的英雄气概和革命精神却是全世界无产阶级学习的榜样。作为一部重要的科学社会主义文献，《法兰西内战》深刻总结了巴黎公社革命的经验教训，丰富和发展了马克思主义关于阶级斗争、无产阶级革命和无产阶级专政的学说。

巴黎公社革命失败前夕，在 1871 年 4 月 18 日国际工人协会总委员会的会议上，马克思提议发表一篇告国际全体会员的宣言，以全面评价巴黎公社的历史功绩，驳斥资产阶级对公社的诽谤和攻击，更好地继承公社的革命事业，推动国际共产主义运动发展。这一提议获得总委员会一致同意，而起草宣言的重任就落在了马克思的肩上。虽然当时处在重病当中，但马克思义不容辞地承担了这一任务。其实，从巴黎公社革命运动一开始，马克思在指导和帮助巴黎公社革命的工作中，就广泛搜集有关公社的资料，做了几十万字的报刊摘录，写了大量关于公社战斗的札记，这些都为撰写《法兰西内战》奠定了基础。1871 年 4 月 18 日，马克思开始起草宣言，一直持续到 5 月底，先写了初稿、二稿，从 5 月 6 日起开始写作定稿。5 月 30

---

① 需要说明的是：（1）《法兰西内战》定稿作为《国际工人协会总委员会宣言》发表时，把许多材料和论证略去了，《法兰西内战》初稿和二稿就是定稿必不可少的补充和说明，因此应当将《法兰西内战》定稿和初稿、二稿看作一个整体；（2）1891 年，为纪念巴黎公社二十周年，柏林《前进报》出版社出版了《法兰西内战》德文第三版（纪念版），恩格斯重新校订了译文，并为该版撰写了"导言"；同时，恩格斯把马克思写的《国际工人协会总委员会关于普法战争的第一篇宣言》和《国际工人协会总委员会关于普法战争的第二篇宣言》一并收入这一版，此后，《法兰西内战》各种文字的单行本中，均收有这两篇宣言。

日，即巴黎最后一个街垒陷落两天后，马克思不顾反动势力的威胁和迫害，向国际工人协会总委员会宣读了《法兰西内战》的定稿文本，并获得一致通过。6月初，马克思又对这一宣言的第四部分的某些段落作了补充和加工。6月13日前后，《法兰西内战》在伦敦印成小册子出版。在英国出版以后，1871—1872年，《法兰西内战》又先后被译成德文、法文、俄文、意大利文、西班牙文、荷兰文等多种文字，在欧洲各国和美国广泛传播。

在《法兰西内战》和两篇手稿中，马克思用事实驳斥了资产阶级反动派对巴黎公社的诽谤和攻击，真实描述了巴黎公社革命的起因和战斗历程；揭露和谴责普法反动政府的互相勾结，残酷镇压巴黎公社革命的血腥暴行，深刻地阐明了巴黎公社革命的实质和伟大历史意义；讴歌巴黎工人不屈不挠的战斗精神，阐述了巴黎公社无产阶级专政的政权性质；对公社那些尚处于萌芽状态的宝贵经验，作了理论上的概括，探索出对国际共产主义运动具有普遍意义的革命原则。《法兰西内战》以激烈的战斗语言批判资本主义制度，批判揭露各种机会主义思潮，公开捍卫和宣传科学社会主义的基本原则，在实践中丰富和发展了科学社会主义。恩格斯曾高度评价这部经典著作，说"这一著作揭示了巴黎公社的历史意义，并且写得简洁有力而又那样尖锐鲜明，尤其是那样真实，是后来关于这个问题的全部浩繁文献都望尘莫及的"①。

一　要掌握无产阶级的革命武装

掌握革命武装是无产阶级革命取得胜利的根本保证。"无产阶级专政的首要条件就是无产阶级的军队。工人阶级必须在战场上争得

---

① 《马克思恩格斯文集》第3卷，人民出版社2009年版，第100页。

自身解放的权利。"① 只有掌握革命的武装，才能推翻资产阶级的反动统治，才能巩固革命的胜利果实。1871 年 3 月 18 日巴黎公社革命成功的经验就印证了这一重要规律，如果巴黎工人在 1870 年 9 月 4 日革命以后未能握紧自己手中的武器，未能掌握革命武装即国民自卫队，也就不可能打退梯也尔反革命势力的武装进攻。而且在革命后，巴黎公社也没有交出自己的武装，也就是这一武装，为无产阶级政权的建立奠定了基础。当凡尔赛反革命势力疯狂反扑的时候，巴黎公社正是依靠这一武装来维护自己的政权的。如果没有革命的武装，在强大的反革命势力面前，巴黎公社一天也不能维持。因此，马克思在总结巴黎公社革命经验时就指出："这次革命的新的特点在于人民在首次起义之后没有解除自己的武装，没有把他们的权力拱手交给统治阶级的一群共和主义骗徒手里。"② 掌握了革命武装，就掌握了国家的硬实力。马克思非常重视对武器的掌握，1870 年 12 月 13 日在致库格曼的信中就写道："不管战争怎样结束，它已经教会法国无产阶级掌握武器，而这就是未来的最好的保证。"③

与此同时，马克思和恩格斯根据公社建立之后反革命集团一刻也没有停止对公社发动武装进攻的事实，进一步指出，无产阶级取得政权之后，还必须用武力来保卫胜利的果实，并将革命进行到底。巴黎公社革命在人民首次起义之后并没有解除自己的武装，它用这支人民武装代替常备军。巴黎公社废除常备军，摧毁了反动政府赖以支撑的反动支柱、资本奴役劳动的压迫。武装的人民成为抵御侵略者的最可靠保障。无产阶级要保卫革命的果实，巩固无产阶级政权，就要牢牢掌握革命武装，并善于运用人民武装将革命进行到底。在过去所有的革命中，当人民夺取胜利后就放下了武器，而这些武

---

① 《马克思恩格斯全集》第 17 卷，人民出版社 1963 年版，第 468 页。
② 《马克思恩格斯全集》第 17 卷，人民出版社 1963 年版，第 602 页。
③ 《马克思恩格斯文集》第 10 卷，人民出版社 2009 年版，第 349 页。

器反过来又被用来反对人民自己。马克思对巴黎公社革命的这条经验给予高度的重视。"这次革命的新的特点在于人民在首次起义之后没有解除自己的武装,没有把他们的权力拱手交给统治阶级的共和主义骗子们"①,而是一反过去革命的惯例,让人民牢牢掌握武装,并通过法令使这个事实成为确定的制度。这是一项极其重要的经验。

而没有充分认识革命武装的重要作用是导致巴黎公社革命失败的一个关键原因。在公社取得政权后,公社领导们犯了一个致命错误,就是没有在需要巩固政权时,利用革命武装继续向凡尔赛乘胜追击,一举消灭梯也尔反革命势力,从而给反革命势力以喘息之机,使他们有机会重新纠集卷土重来,最终导致革命的失败。巴黎公社革命失败后,恩格斯在总结这一教训时又说:"革命就是一部分人用枪杆、刺刀、大炮,即用非常权威的手段强迫另一部分人接受自己的意志。获得胜利的政党如果不愿意失去自己努力争得的成果,就必须凭借它以武器对反动派造成的恐惧,来维持自己的统治。要是巴黎公社面对资产者没有运用武装人民这个权威,它能支持哪怕一天吗?反过来说,难道我们没有理由责备公社把这个权威用得太少了吗?"②

尽管巴黎公社在打碎现存的国家机器的过程中充分发挥了武装的人民力量,但是在夺取政权之后的无产阶级专政时期却忽视了暴力机器的重要作用。恩格斯在批判无政府主义者时就曾以公社失败的教训举例:"无产阶级在取得胜利以后遇到的唯一现成的组织正是国家……在这种时刻破坏它,就是破坏胜利了的无产阶级能用来行使自己刚刚夺取的政权、镇压自己的资本家敌人和实行社会经济革命的唯一机构,而不进行这种革命,整个胜利最后就一定归于失败,

---

① 《马克思恩格斯文集》第3卷,人民出版社2009年版,第207页。
② 《马克思恩格斯文集》第3卷,人民出版社2009年版,第338页。

工人就会大批遭到屠杀，巴黎公社以后的情形就是这样。"① 也就是说，在无产阶级夺取了政权之后，国家机器是巩固无产阶级政权必不可少的条件，特别是军队等暴力机器对于巩固和扩大革命成果具有十分重要的作用。遗憾的是，巴黎公社并没有充分认识革命武装的重要作用，没有利用手中的革命暴力及时地向盘踞在凡尔赛的反革命政府发动进攻和拒绝没收法兰西银行，也没有给混入城中的反革命军警、特务、破坏分子以应有的打击，消灭反革命军队的有生力量，反而一直采取消极的纯粹防御的策略，这就给图谋瓦解和颠覆无产阶级政权的反动派留下了可乘之机。

二　要建立新型国家政权

巴黎公社革命从根本上打碎了旧的国家机器，公社是工人阶级开创的新型国家政权。自国家诞生以来，从奴隶制国家、封建制国家到近代的资产阶级国家，国家一直都是统治人民大众的机器，扮演着剥削阶级守夜人的角色。巴黎公社这一新型国家既实行专政，又发扬民主，既对资产阶级实行专政，防止其复辟；又动员和组织广大人民群众在改造旧社会的同时，建设新社会，大大增强国家的社会职能，减少其政治职能。尽管巴黎公社有些措施只是初步尝试，有些措施还未来得及实施，但是公社已经显现出新型无产阶级国家的特点及其社会主义性质，"实质上是**工人阶级的政府**"②。马克思曾指出：公社是对旧国家政权的绝对否定，"也是19世纪社会革命的开端。因此，无论公社在巴黎的命运怎样，它必然将**遍立于全世界**"③。

作为打碎资产阶级国家机器的第一次伟大尝试，巴黎公社最重

① 《马克思恩格斯文集》第10卷，人民出版社2009年版，第507页。
② 《列宁全集》第31卷，人民出版社2017年第二版增订版，第52页。
③ 《马克思恩格斯文集》第3卷，人民出版社2009年版，第194页。

要的一条经验就是，工人阶级不能简单掌握现成的国家机器并运用它来达到自己的目的，必须以革命的武装力量打碎旧的国家机器，代之以公社式的无产阶级专政。马克思根据 1848 年革命的经验，曾提出无产阶级革命必须"打碎"资产阶级国家机器的任务。其实，在巴黎公社成立不久，在致库格曼的信中，马克思就援引自己在《路易·波拿巴的雾月十八日》中所作的无产阶级必须打碎资产阶级军事官僚国家机器的结论——"我认为法国革命的下一次尝试不应该再像以前那样把官僚军事机器从一些人的手里转到另一些人的手里，而应该把它**打碎**，这正是大陆上任何一次真正的人民革命的先决条件"①。他在《法兰西内战》及其手稿中，总结了巴黎公社革命的经验教训，提出了工人阶级不能简单地掌握现成的国家机器，而是必须用革命暴力"打碎"资产阶级国家机器，"用他们自己的政府机器去代替统治阶级的国家机器、政府机器"②，即以巴黎公社式的无产阶级专政来代替它。在《法兰西内战》及其手稿中，马克思反复强调这条经验的重要性。

在《法兰西内战》初稿中，马克思指出历次的反动和革命所起的作用都只是把组织起来的权力从这一手中转到另一手中，从这一统治集团转到另一集团。国家权力不过是统治阶级进行奴役和牟利的手段，以及每一次镇压人民起义的工具。随着法国从波旁王朝到七月王朝、法兰西第二共和国的演进，法国国家机器不仅变成了巨额国债和重税的温床，更是异化为维护资本、奴役无产阶级的统治工具。即便装扮成代表工人的"国防政府"，也不过是一个卖国政府。资产阶级的国家不可能代表全体人民，不过是对资产阶级权力的垄断，用于镇压无产阶级的反抗。尽管资产阶级国家已经表现

---

① 《马克思恩格斯文集》第 10 卷，人民出版社 2009 年版，第 352 页。
② 《马克思恩格斯文集》第 3 卷，人民出版社 2009 年版，第 207 页。

出其腐朽性，但它不可能"自行消亡"。为了反对资产阶级的贩卖活动，无产阶级也不能等资产阶级自行消亡、坐以待毙，那么"无产阶级国家代替资产阶级国家，非通过暴力革命不可"①，就只能通过暴力革命打碎旧的国家机器。而巴黎公社革命的伟大意义就在于"这次革命的对象不是哪一种国家政权形式——正统的、立宪的、共和的或帝制的，而是**国家**本身这个社会的超自然怪胎。这次革命是人民为着自己的利益而重新掌握自己的社会生活的行动。它不是为了把国家政权从统治阶级这一集团转给另一集团而进行的革命，它是为了粉碎这个阶级统治的凶恶机器本身而进行的革命"②。

在初稿中，马克思指出："**公社**——这是社会把国家政权重新收回，把它从统治社会、压制社会的力量变成社会本身的充满生气的力量；这是人民群众把国家政权重新收回，他们组成自己的力量去代替压迫他们的有组织的力量；这是人民群众获得社会解放的政治形式，这种政治形式代替了被人民群众的敌人用来压迫他们的假托的社会力量（即被人民群众的压迫者所篡夺的力量）（原为人民群众自己的力量，但被组织起来反对和打击他们）。"③ 在这里，马克思说的"收回"，不是简单地将资产阶级政权"变成"无产阶级政权，而是将它"打碎"，这是无产阶级革命的"先决条件"，"我们英勇的巴黎同志们的尝试正是这样"④ 的。巴黎公社革命不仅以革命实践的方式具体地回答了"打碎"旧的国家机器的必要性问题，而且以实际经验探索了"打碎"旧的国家机器之后，如何才能组成同"争得民主"相适应的无产阶级政权的问题。质言

———————————

① 《列宁全集》第 31 卷，人民出版社 2017 年第二版增订版，第 20 页。
② 《马克思恩格斯文集》第 3 卷，人民出版社 2009 年版，第 193—194 页。
③ 《马克思恩格斯文集》第 3 卷，人民出版社 2009 年版，第 195 页。
④ 《马克思恩格斯全集》第 33 卷，人民出版社 1973 年版，第 206 页。

之，巴黎公社革命不仅是无产阶级夺取政权的一次伟大尝试，更是建设新社会的一次伟大尝试。这些宝贵的实践经验被马克思称为永存的"公社原则"。

马克思历来认为，对于资产阶级的反革命恐怖，只能回敬以革命的恐怖。曾就 1848 年巴黎六月起义的失败和反革命对起义者施加的残酷野蛮暴行，马克思指出："只有一个方法可以**缩短、减少和限制旧社会的凶猛的垂死挣扎和新社会诞生的流血痛苦，这个方法就是实行革命的恐怖。**"① 法国工人能把红旗插在旧政府权力的驻地和中心——巴黎，一方面是由于当时法国战败，巴黎被围困，使它摆脱了资产阶级的军队，另一方面是由于建立了主要由工人组成的国民自卫军。马克思指出，无产阶级不能像统治阶级及其各个争权夺利的党派一样，接受和利用旧的官僚军事机器，无产阶级革命应该将其打碎。马克思十分重视摧毁资产阶级国家政权中具有纯粹压迫性质的机构。他高度评价公社关于废除常备军的法令，把它作为打碎旧的国家机器的一个重要标志。

此外，马克思对公社政权建立的经验进行了总结，指出这一新型无产阶级政权的一系列重要特点。建立无产阶级的新型国家必须探索无产阶级专政的具体政治形式，并进行政权建设。建设公社式的无产阶级专政是巴黎公社革命的新特点，无产阶级组成公社，将政权牢牢掌握在自己手中，同时用自己的政府机器代替统治阶级的国家机器。巴黎公社在建立新的国家机器方面，不像无政府主义那样废除国家，也不像法国资产阶级统治者那样继承原有的国家机器；同时，抛弃了资产阶级的议会制和三权分立的政体。只持续 72 天的巴黎公社却留给人民一个永存的公社原则——真正的民主原则。

第一，公社用普选制取代等级特权制。公社用实践证明，人民

---

① 《马克思恩格斯全集》第 6 卷，人民出版社 1961 年版，第 602 页。

群众是权力的主体，公职人员的权力是人民群众授予的。公社通过人民群众普遍、直接、自由、平等的选举产生，当时巴黎 2/3 以上的选民参加了投票。这样的选举体现了最多数人的意志，保证工人有较多的代表当选。巴黎公社所有公职人员都由选举产生，并对人民负责，接受人民监督，人民有权随时罢免他们。马克思充分肯定了巴黎公社的普选制，他说："普选权不是为了每三年或六年决定一次由统治阶级中什么人在议会里当人民的假代表，而是为了服务于组织在公社里的人民，正如个人选择权服务于任何一个为自己企业招雇工人和管理人员的雇主一样……如果用等级授职制去代替普选制，那是最违背公社精神不过的。"①

巴黎公社实行了真正的普选制，取消了过去资产阶级政府规定的财产状况、教育程度、居住年限、种族差异等限制，打破了各区代表人数相等的旧传统，按照居民人数的比例进行选举。这就保证了工人阶级和其他劳动人民在选举中占绝对优势。这一制度对无产阶级的政治建设具有重要的意义，不仅保证了国家政权在组织成分上具有无产阶级性质，而且摧毁了历来形成的所谓国家事务的神秘性和特殊性这一整套骗局，改变了从前"以为行政和政治管理是神秘的事情，是高不可攀的职务，只能委托给一个受过训练的特殊阶层，即国家寄生虫、俸高禄厚的势利小人和领干薪的人"② 的种种错觉。这个主要由工人组成的政府担负着原先由政府警察局和省政府分担的全部职务，在最困难、最复杂的情况下，公开地、朴实地、光明正大地做它的工作，不刚愎自用，不埋头于文牍主义的办公室，不以承认错误为耻而勇于改正。这样，"公社一举而把所有的公职——军事、行政、政治的职务变成**真正工人的职务**"③，使它们不

---

① 《马克思恩格斯文集》第 3 卷，人民出版社 2009 年版，第 156 页。
② 《马克思恩格斯文集》第 3 卷，人民出版社 2009 年版，第 196 页。
③ 《马克思恩格斯文集》第 3 卷，人民出版社 2009 年版，第 197 页。

再归一个受过训练的特殊阶层所私有。因此，这是世界政治史上开天辟地的革命。

第二，公社用议政合一的办事机构取代资产阶级议会式的"清谈馆"。资本主义国家大多实行三权分立，不论是在议会制的立宪君主国内，还是在最民主的共和国内，资产阶级议会制的真正本质都是每隔几年决定一次究竟由统治阶级中的什么人在议会里镇压人民、压迫人民。列宁对此总结认为，议会成为专门愚弄"老百姓"而从事空谈的机构，而真正的国家工作则是在幕后，由各部、官厅和司令部进行。这样就出现了议会用革命民主的词句来愚弄人民，而各官吏的官厅实则是以博得资本家的"欢心"为目的。而在无产阶级专政下，摆脱资产阶级议会制的出路，不是取消代表机构和选举制。因为没有代表机构，即便是无产阶级民主也是不可想象的。摆脱议会制的真正出路在于把代表机构由"清谈馆"变为"工作"机构，公社不应当是议会式的，而应当是工作的机关，兼管行政和立法的工作机关。① 无产阶级专政下的议政合一体制就很好地规避了表里不一的制度性问题。因为议员必须亲自工作、亲自执行自己通过的法律、亲自检查实际执行的结果、亲自对自己的选民直接负责，因此在议会中发表意见和讨论的自由不会流为空头支票，不会成为无法兑现的政治许诺，不会成为骗取工人选票的"竞选"词句。

在理解这一民主原则时，我们首先需要厘清两个问题。（1）公社的民主不同于联邦制的自由。公社的民主是集中的民主，是在自愿的集中制下的民主，因此不仅不会破坏民族的统一，相反会在民族内部形成更强大的凝聚力。同时，这种集中制也不与民主相悖，恰恰是民主的现实体现，因为破坏资产阶级统治和资产阶级国家机器的共同事业使人民群众自愿地融合在一起，这种自愿的集中制是

---

① 参见《列宁全集》第 31 卷，人民出版社 2017 年第二版增订版，第 44—45 页。

民主精神的要求。（2）公社的民主并不是共产主义民主的最终模式。马克思提醒人们，共产主义民主"必须经过长期的斗争，必须经过一系列将把环境和人都加以改造的历史过程"①。如果把共产主义看成是公社或其他任何无产阶级政府凭几道法令就能实现的事情，那就要犯莫大的错误。巴黎公社不是剥削阶级的改朝换代，而是以工人阶级的名义、公开为工人阶级争取利益的革命，其真正的性质是工人自己管理巴黎公社。

第三，建立廉价政府，减轻人民负担，使公职人员更好地为人民服务，这是巴黎公社的"人民公仆原则"。巴黎公社是廉价政府的践行者。因为公社取消了两个最大的开支项目，即常备军和国家官吏。公社消除了官僚特权，从公社委员起，自上至下的一切公职人员都必须是社会的公仆和勤务员，而不能拥有特殊权力、在人民头上作威作福。

公社用低薪制取代官僚特权制，实现了"廉价政府"。由于人民的勤务员只需要承担类似"工人、监工和会计"的普通工作，因此只需要付给普通工人的工资也就是合理的了。公社颁布了《废除国家机关高薪法令》，规定：各公社机关的职员，最高薪金规定为每年6000法郎。这个数额相当于当时科学界高级权威人士所建议的伦敦国民教育局秘书最低薪额的1/5。"公社实现了所有资产阶级革命都提出的廉价政府这一口号。"② 这就是马克思特别肯定的巴黎公社所实现的一项措施：取消支付给官吏的一切办公费和一切金钱上的特权，把国家所有公职人员的薪金减到"工人工资"的水平。再加上公社废除了常备军，这就取消了军队和官吏这两项最大的开支，把资产阶级发动革命时所鼓吹的廉价政府推向了现实。这些措施体现

---

① 《马克思恩格斯文集》第3卷，人民出版社2009年版，第159页。
② 《马克思恩格斯文集》第3卷，人民出版社2009年版，第157页。

了"经济平等"的原则，是真正民主和平等的原则。假如没有以经济上的平等作为保障，那么任何形式的民主和平等都是片面的。资产阶级民主就是以形式上的平等掩盖了有产者和无产者实质上的不平等。低薪制有效防止了官吏滥用权力、以权谋私，"社会公仆"异化为"社会主人"。恩格斯说，这是防止国家和国家机关"由社会的公仆变为社会的主人"①的可靠的办法。

在公社革命期间，马克思就估计到公社很快就要结束，但他充分肯定了公社的原则。马克思指出："即使公社被打败，斗争也只是推迟而已。公社的原则是永存的，是消灭不了的；这些原则将一再凸显出来，直到工人阶级获得解放。"②虽然巴黎无产阶级在理论上还很不成熟，没有掌握科学社会主义的原理，但他们凭借自己的阶级本能，根据现实的需要，采取了大多正确的社会主义措施，无不体现了工人阶级的首创精神。马克思曾说："工人阶级反对资本家阶级及其国家的斗争，由于巴黎的斗争而进入了一个新阶段。不管这件事情的直接结果怎样，具有世界历史意义的新起点毕竟是已经取得了。"③可以说，巴黎公社以其自身的出现和存在，宣告了一个新的世界的兴起，宣告了一种新型国家政权的出现。虽然巴黎公社革命失败了，但是它给人类带来了从阶级社会中永远解放出来的社会革命的曙光。

三 要建立无产阶级的政党

马克思主义政党的正确领导是无产阶级革命胜利的根本保证。在巴黎公社革命的经验教训中，马克思和恩格斯认为建立无产阶级政党，并发挥党在革命斗争中的领导作用是最重要的。他们认为，巴黎公社革命失败的主要原因之一，就是因为当时条件下缺少一个

---

① 《马克思恩格斯文集》第 3 卷，人民出版社 2009 年版，第 110 页。
② 《马克思恩格斯文集》第 3 卷，人民出版社 2009 年版，第 607 页。
③ 《马克思恩格斯文集》第 10 卷，人民出版社 2009 年版，第 354 页。

以马克思主义理论为指导的、有正确的政治路线和组织路线的、团结一致的无产阶级政党的领导。按列宁的说法，法国无产阶级既没有严格的政治组织，也没有广泛的职工工会和合作社，最主要的是缺少一个真正的马克思主义政党以及正确的革命路线。

任何革命的发生，都必须有革命的纲领和目标、计划等，而这恰恰是巴黎公社革命缺少的。当时在巴黎公社内部起主导作用的是布朗基主义和蒲鲁东主义。布朗基主义是空想社会主义，蒲鲁东主义是小农和手工业社会主义。它们都是小资产阶级社会主义，不可能带领和指引工人运动。其实，从巴黎公社的领导集团成分就可以看出，当选的86名委员中，17名梯也尔派的反动人物在公社建立的最初几天就已退出。其余的69名委员中，有19人是新雅各宾党人，18人是布朗基主义者，13人是蒲鲁东主义者，10人是左翼蒲鲁东主义者，3名是巴枯宁分子，2人为接近马克思主义者。① 可见，占公社委员多数的不是马克思主义者，而是布朗基派，他们中的绝大多数不过凭着革命的无产阶级本能才成为社会主义者，根本不是无产阶级的政党。虽然他们自命为社会主义者，但其实都是小资产阶级社会主义者，而不是科学社会主义者。由于当时马克思主义在法国的影响还比较小，在法国工人运动中还不占主导地位，公社的所有委员中几乎没有一个可以算是彻底的马克思主义者。就连国际工人协会总委员会派到巴黎去与公社建立联系并参加公社领导的塞拉叶也倾向于蒲鲁东主义。公社的领导者不懂得社会发展规律和阶级斗争规律，更不可能制定出真正彻底的马克思主义的政治路线，以致公社在一系列重大原则问题上犯了严重错误，如在政治上没有坚决镇压反革命，在组织上的内讧和分裂，在事业上没有乘胜向凡尔

---

① 参见苏联科学院世界历史研究所编《1871年巴黎公社史》（下），马龙闪等译，重庆出版社1982年版，第300页。

赛进军，没有和农民结成同盟等，最终导致了公社的失败。恩格斯曾说道："那时，绝大多数的布朗基派不过凭着革命的无产阶级本能才是社会主义者；其中只有少数人通过熟悉德国科学社会主义的瓦扬，比较清楚地了解基本原理。因此可以理解，为什么公社在经济方面忽略了很多据我们现在看来是当时必须做的事情。最令人难解的，自然是公社把法兰西银行视为神圣，而在其大门外毕恭毕敬地伫立不前。这也是一个严重的政治错误。银行掌握在公社手中，这会比扣留一万个人质更有价值。这会迫使整个法国资产阶级对凡尔赛政府施加压力，要它同公社议和。但是，更令人惊讶的是，尽管如此，由布朗基派和蒲鲁东派组成的公社也做了很多正确的事情。不言而喻，对于公社在经济方面的各种法令，无论是值得称道还是不值得称道的方面，首先要由蒲鲁东派负责；而对于公社在政治方面的行动和失策，则要由布朗基派负责。"①

　　除此之外，由于布朗基主义者和蒲鲁东主义者在思想上和政治上各执一端，因此不仅不能在政治上组织上团结一致，而且还闹分裂。布朗基主义者主张建立少数英雄人物的强有力的专政，蒲鲁东派则主张尽量自治，反对集中和专政。显然，布朗基主义者和蒲鲁东主义者不可能建立起一个统一的无产阶级政党、制定出工人阶级解放的纲领。1871 年 5 月 1 日，当公社决定成立由 5 个人组成的拥有最广泛权力的民众救亡委员会时，这两派就发生了分歧，甚至有 22 个属于蒲鲁东派的委员借口反对"独裁"对此投了反对票。5 月 16 日，他们登报声明退出公社。而布朗基派则趁机从许多重要岗位上撤免了蒲鲁东派的成员并换上了自己人，在自己的派系会议上擅自解决一切问题。当公社面临着生死存亡的武装斗争的关键时刻，领导集团内部的内讧就更加削弱了无产

---

① 《马克思恩格斯文集》第 3 卷，人民出版社 2009 年版，第 108 页。

阶级专政的威力。

根据巴黎公社革命失败的教训，马克思和恩格斯再次强调建立无产阶级政党的重要性。马克思指出："在反对有产阶级联合权力的斗争中，无产阶级只有本身组织成为与有产阶级建立的一切旧政党对立的特殊政党，才能作为一个阶级来行动。——无产阶级这样组织成为政党是必要的，为的是要保证社会革命获得胜利和实现这一革命的最终目标：消灭阶级。"① 其实，早在巴黎公社革命爆发前，恩格斯在 1870 年 8 月 15 日致马克思夫人的信中就指出法国当前的动荡局面随时都可能会引爆革命，并表示出担忧："最糟糕的是，巴黎一旦发生真正的革命运动，由谁来领导呢？"② 1871 年 2 月，恩格斯又说道："各地的经验都证明，要使工人摆脱旧政党的这种支配，最好的办法就是在每一个国家里建立一个无产阶级的政党，这个政党要有它自己的政策，这种政策显然与其他政党的政策不同，因为它必须表现出工人阶级解放的条件。"③ 国际工人协会伦敦大会、海牙大会在总结巴黎公社革命教训时都论述了建立独立的无产阶级政党的问题，并提出"无产阶级在反对有产阶级联合力量的斗争中，只有把自身组织成为与有产阶级建立的一切旧政党不同的、相对立的政党，才能作为一个阶级来行动"④，认为工人的政党要有自己的目的和自己的政策，不应当成为某一个资产阶级政党的尾巴。1891 年，恩格斯在《法兰西内战》德文第三版的"导言"中也对这个问题作出了深刻分析，强调无产阶级要取得革命的胜利，就必须有马克思主义政党的领导。

可见，由于没有无产阶级政党的领导，公社反抗资产阶级的整

---

① 《马克思恩格斯全集》第 44 卷，人民出版社 1982 年版，第 577 页。
② 《马克思恩格斯全集》第 33 卷，人民出版社 1973 年版，第 146 页。
③ 《马克思恩格斯文集》第 3 卷，人民出版社 2009 年版，第 92 页。
④ 《马克思恩格斯文集》第 3 卷，人民出版社 2009 年版，第 228 页。

个运动还没有提高到自觉的阶段。马克思也根据巴黎公社革命失败的教训，总结出要建设无产阶级政党的理论，这一教训也成为后来一切无产阶级革命取得成功的根本经验。巴黎公社革命以后，马克思和恩格斯认为，公社没有统一的无产阶级政党加以领导，"无论哪一派都不知道应该干什么，彼此进行着无谓的斗争，致使公社精力疲惫"①，是失败的重要原因之一。

四　要建立工农联盟

同盟军问题是决定无产阶级革命成败的关键因素之一。无产阶级如果不与广大的城乡劳动者尤其是与农民结成联盟，要取得无产阶级革命的胜利是不可能的，更不可能在胜利之后巩固政权。根据1848 年欧洲各国、特别是法国革命的经验，马克思和恩格斯早已阐明了工农联盟问题的重要意义。② 经过波拿巴政府 18 年的反动统治，法国小农和小业主的处境异常困难。1870 年 9 月 4 日革命后，处心积虑的"国防政府"根本不可能采取任何有利于城乡小资产阶级的措施，因此只有无产阶级夺取政权才可能掌握城乡小资产阶级的命运。由于当时法国还是一个小资产阶级占多数的国家，所以只有得到城乡小资产阶级的支持，无产阶级才可能战胜资产阶级。可见，当时无产阶级与城乡劳动者结盟是必要的，也是可能的。

巴黎无产阶级之所以能够取得政权并维持政权达两个月之久，也是因为团结了巴黎的小资产阶级，在巴黎实现了无产阶级的领导权。无产阶级之所以能够得到小资产阶级的支持，是由于当时巴黎

---

① 《马克思恩格斯全集》第 22 卷，人民出版社 1965 年版，第 600 页。

② 相关思想可见《德国的革命和反革命》《路易·波拿巴的雾月十八日》等文章，《路易·波拿巴的雾月十八日》中就曾提出："农民就把负有推翻资产阶级制度使命的**城市无产阶级**看做自己的天然同盟者和领导者。"（参见《马克思恩格斯文集》第 2 卷，人民出版社 2009 年版，第 570 页。）

公社采取了延期偿还债务、停止当铺拍卖典当物品、废除欠缴房租等措施，满足了小资产阶级的迫切要求。无产阶级要善于联合城市小资产阶级、农民阶级和爱国者、宗教徒等各种进步人士，结成最广泛的统一战线。巴黎公社的成果在于工人阶级联合城乡小资产阶级和广大爱国者进行坚决的斗争。但是，由于公社没有能够争得巴黎以外全国广大小资产阶级尤其是农民的支持，没有联合全国广大工农和宗教徒形成广泛的统一战线，没有能够实现工农联盟，所以最后遭到失败。

其实，巴黎公社本来是完全可能争取到农民的。巴黎公社公布的宣言和一系列的法令不仅对工人、城乡小资产阶级有利，而且对农民有利。如废除征兵制，消灭乡警、宪兵、地方行政官的压迫，扫除僧侣的愚昧统治，用领取相当于工人工资的官吏代替吞噬着农民血汗的官僚、公证人、法警、律师，等等。这些都首先是对农民有利的。法国农民如果了解这点，"很快就会欣然接受城市无产阶级为他们自己的领导者和老大哥"①。"如果公社治理下的巴黎同外省自由交往起来，那么不出三个月就会引起一场农民大起义。"② 那时的巴黎将会是另一番景象。正因为这样，凡尔赛匪徒才迫不及待地对巴黎实行严密封锁，以防止农民起义的"传染"；并对公社造谣，使具有偏见的农民未能认识到公社胜利给自己带来的巨大好处。此外，公社的领导者起初对联合农民的重要意义认识也不足，后来又迫于敌人的包围和武装进攻，未能有效地向农民宣传自己的纲领，因此未能充分实现自己的纲领，从而各省农民未能及时行动起来，这也影响了工农联盟的形成。

巴黎公社作为无产阶级政权的第一次伟大尝试，为后来的无产

---

① 《马克思恩格斯文集》第 3 卷，人民出版社 2009 年版，第 201 页。
② 《马克思恩格斯文集》第 3 卷，人民出版社 2009 年版，第 162 页。

阶级革命运动提供了宝贵的经验。《法兰西内战》进一步发展了马克思主义关于无产阶级专政、无产阶级国家的学说。在这部著作中，马克思不仅明确指出，巴黎工人"组成了公社……用他们自己的政府机器去代替统治阶级的国家机器、政府机器"①；公社"是终于发现的可以使劳动在经济上获得解放的政治形式"②。更重要的是，马克思还论述了无产阶级专政时期的阶级斗争，并指出这个阶级斗争是长期的，必须经历它的几个不同阶段，要依靠公社这个政治组织形式来进行大规模的经济改革和政治改造，这些都需要相当一段时间才能完成等。巴黎公社革命是由于法国资产阶级政府不能保卫国家、抵御外敌入侵而引发的，尽管反映出法国资产阶级已不能继续统治社会，须由无产阶级取而代之来统治国家，但同时又由于当时法国资本主义还有广阔的发展空间，所以巴黎公社革命最终失败。尽管资本主义矛盾重重，但当时它还有较强的自我调节能力，社会主义者还不能急于求成。社会主义革命不可能一蹴而就，也不可能一帆风顺，从资本主义社会发展到社会主义社会不会是自发的历史过程，必须经过工人阶级和人民大众自觉、长期的斗争。

第三节　第一国际对巴黎公社的支持及其后期发展中马克思恩格斯的革命实践

巴黎公社革命发生在第一国际（即国际工人协会）活动的极盛时期，其历史与第一国际的革命活动息息相关。1871 年，在第一国际的影响下，巴黎各支部联合会在巴黎公社革命中发挥了卓越的作用。而在巴黎公社革命失败后，第一国际遭到欧洲各国反动势力的围剿，处

---

① 《马克思恩格斯文集》第 3 卷，人民出版社 2009 年版，第 207 页。
② 《马克思恩格斯文集》第 3 卷，人民出版社 2009 年版，第 158 页。

境异常艰难，甚至不能进行正常活动。同时，第一国际内部马克思主义与其他各种社会思潮和派别之间的分歧和斗争日益尖锐。随着资本主义从自由资本主义向垄断资本主义过渡，欧美各国无产阶级要求根据本国的经济和政治特点，制定自己的斗争策略，建立自己的政党。欧洲各国工人运动进入到一个加强内部组织建设和建立政党的时期，第一国际的原有组织形式已不适应工人运动面临的新任务，于1876年7月宣布解散。马克思和恩格斯从巴黎公社革命的教训中认识到建立无产阶级政党的重要性，即要进行无产阶级革命，建立无产阶级政权，就要有一个无产阶级政党。在革命实践中，马克思和恩格斯为各国无产阶级建立独立的政党给予了指导和帮助，丰富和发展了他们的科学社会主义理论。

一 第一国际对巴黎公社的支持与帮助

巴黎公社是第一国际的精神产儿，公社的目标与第一国际的宗旨一致。作为世界无产阶级革命的一部分，尽管第一国际没有动一个手指去促使它诞生，但第一国际从思想、组织到政治上都给予了公社革命以支持和帮助。

第一国际在其成立宣言中提出"夺取政权已成为工人阶级的伟大使命"[①]，巴黎公社革命是第一国际存在期间唯一夺取政权的创举，因此受到了第一国际的特别关注。在1870年7月23日，普法战争爆发后的第四天，国际工人协会总委员会就发表了由马克思起草的关于普法战争的第一篇宣言，对普法战争的性质进行了精准分析，并对革命进行了大胆预测，为法国人民指明了战争的方向。9月4日色当战役失败后的第二天，法国爆发革命推翻了专制政府，建立了资产阶级"国防政府"。9月9日，国际工人协会总委员会又发表了由马克思起草并

---

① 《马克思恩格斯文集》第3卷，人民出版社2009年版，第13页。

有恩格斯参与拟定的关于普法战争的第二篇宣言，告诫法国工人，当普鲁士军队要入侵巴黎的时候，"一切推翻新政府的企图都将是绝望的蠢举"①，同时劝告巴黎工人要善于利用共和国的自由所提供的一切，加强工人阶级的组织，为以后推翻资本主义的斗争做好准备。但在巴黎国民自卫军起义夺取政权，建立巴黎公社无产阶级政权后，马克思和恩格斯就改变了态度，给予了革命群众的创举以充分的肯定。国际工人协会总委员会密切关注巴黎公社政权的进展，在 1871 年 3 月 18 日至 5 月 30 日对巴黎公社的相关问题共进行了 12 次讨论，从各方面尽力支援巴黎公社。

虽然巴黎公社不是第一国际的直接产物，但它却是第一国际的精神产物，第一国际是巴黎公社革命的支持者、宣传者和捍卫者。公社的革命运动实践了第一国际关于无产阶级夺取政权的根本原则，同时也扩大了第一国际的影响，提高了第一国际的声望。从巴黎公社的成立直至失败这段时间，不管是公社选举中第一国际会员的当选并担任重要职位，还是公社采取的一系列政策、法令和措施无不渗透着第一国际的思想和原则。

首先，巴黎无产阶级通过革命推翻资产阶级统治，建立无产阶级政权，就是"夺取政权已成为工人阶级的伟大使命"② 这一国际思想的体现，践行了工人阶级自己解放自己的国际原则。同时，这也表明蒲鲁东主义关于反对工人阶级参与政治斗争的信条，在工人阶级当中已经失去市场。1871 年 3 月 29 日宣布的"公社现在是唯一的政权"，"凡尔赛政府或其拥护者所发出的命令或通知为无效，无法律效力"，③

---

① 王学东主编：《国际共产主义运动历史文献》第 7 卷，中央编译出版社 2011 年版，第 364 页。

② 《马克思恩格斯文集》第 3 卷，人民出版社 2009 年版，第 13 页。

③ 参见北京大学国际政治系《国际共产主义运动史参考资料　巴黎公社》，1974 年版，第 29 页。

4月16日又重申的"公社是唯一的现存的政权"，^①都表明巴黎工人阶级对第一国际原则的践行，将原则应用到了实际的革命运动中。

其次，第一国际原则还体现在公社颁布的一系列政策、法令和措施中。公社在成立后就颁布了关于废除常备军代之以全民武装的法令，这一法令就是第一国际原则的具体体现。瓦尔兰曾指出："应当废除常备军；这是符合我们原则的。"^②他这里所说的我们的"原则"，其实指的就是第一国际的原则，即1866年第一国际日内瓦代表大会上通过的废除常备军的决议。此外，公社还颁布了将工厂主丢弃的工厂交给工人生产合作社负责管理、恢复生产的法令，这一法令打破了蒲鲁东主义关于保护私有制、国际不得干预雇主和工人关系的教条，当然某些方面可能或多或少带有蒲鲁东主义的痕迹，但本质上已经表现出了生产资料公有制的倾向。

最后，第一国际原则更体现在"全世界无产者，联合起来"^③的精神。公社坚持国际主义，它庄严宣布："公社的旗帜是世界共和国的旗帜。"^④公社革命期间，在总委员会的例会上，都要讨论巴黎革命的局势，研究支援巴黎无产阶级斗争的措施，给予巴黎公社以原则指导。巴黎公社不仅是法国和巴黎无产阶级的伟大事业，更是国际的伟大事业。第一国际会员亲自参与到巴黎公社的革命运动中，1871年3月15日，正式成立的国民自卫军中央委员会的40名委员中，近半数是第一国际会员，这个组织在3月18日的革命运动中起了重大作用。公社成立后，80多名公社委员中有30多名是第一国际会员。其中，一部分委员来自法国之外，如匈牙利人（第一国际会

---

① ［苏］莫洛克编：《巴黎公社会议记录》第1卷，何清新译，商务印书馆1961年版，第264页。

② ［苏］伊·阿·巴赫主编：《第一国际和巴黎公社·文件资料》（上），杭州大学外语系俄语翻译组译，生活·读书·新知三联书店1977年版，第137页。

③ 《马克思恩格斯文集》第3卷，人民出版社2009年版，第15页。

④ 《马克思恩格斯文集》第3卷，人民出版社2009年版，第104—105页。

员）弗兰克尔，公社还任命了一些外国人担任公社重要职务，如波兰人东布罗夫斯基等任公社将领。在巴黎公社革命期间，在第一国际的组织发动下，英国、德国、瑞士、比利时、意大利等国的工人举行了集会、游行和发表声明，声援公社革命。总之，巴黎公社的每一主导方面都印刻着第一国际的原则和思想，是第一国际孕育了公社。同时，巴黎公社推翻资产阶级的统治，建立无产阶级政权，用实际行动诠释了第一国际的根本精神，即"工人阶级的解放应该由工人阶级自己去争取"①。

巴黎公社革命失败后，第一国际和其他各国支部从思想上、道义上和物质上都给予了公社支持和帮助。在革命失败后，在第一国际的号召和各国支部的组织下，各国工人强烈抗议反动派对巴黎公社的镇压，谴责梯也尔政府的残暴行径。公社遭到了资产阶级的镇压，凡尔赛政府向世界发出公告，污蔑公社社员刑事犯罪。为揭露资产阶级这一恶劣行径，向世界报道巴黎革命的真实情况，第一国际使用了一切可能利用的宣传手段和途径。第一国际和各国支部在抗议反动派对公社革命进行镇压的同时，还大力营救、援助公社流亡的战士。在国际工人协会总委员会的号召下，第一国际各国支部广泛地开展为公社流亡者募捐的活动。北美中央委员会仅在1871年下半年就募捐到7000法郎，而且募捐活动一直持续到1877年。西班牙的国际马德里委员会通过《解放报》为公社战士的寡妻和孤儿进行募捐。比利时国际支部专门成立了救援公社流亡者委员会。瑞士工人在自身困难的情况下，还向公社提供了大量的生活费和路费。国际工人协会总委员会除了物质上给予公社流亡战士帮助，还积极组织教育培养他们。

---

① 《马克思恩格斯文集》第3卷，人民出版社2009年版，第226页。

二 第一国际的后期发展及面临的问题

巴黎公社革命后，各国资产阶级政府加紧对第一国际的迫害，兼之巴枯宁分子的分裂活动使第一国际元气大伤。而随着工人运动的发展和历史条件的变化，马克思和恩格斯认识到第一国际这种国际性的无产阶级政党已经"过时"，它的存在不再必要了，在各个民族国家里建立无产阶级独立政党的任务就变得较为迫切了。

由于第一国际对巴黎公社事业的支持，使资产阶级对其非常仇恨，也万分恐慌，他们很怕第一国际再制造类似的革命。因此，巴黎公社革命后，各国资产阶级一致行动，都争相迫害第一国际，千方百计地使第一国际处于不受法律保护的地位，马克思将这种迫害称为"用诽谤来进行的战争"①。在这样的白色恐怖下，第一国际开展活动就要以工人运动付出流血牺牲为代价。此外，第一国际还受到理论上的挑战，英国工联主义者对第一国际的脱离、布朗基分子和巴枯宁主义者势力的分裂等。

一方面，来自实践上的挑战。巴黎公社革命后，欧洲形势发生了不利于第一国际活动的急剧变化，法国以及各国反动政府加紧了对第一国际的迫害。梯也尔政府在镇压了巴黎公社革命之后，并不满足于在国内对巴黎公社社员的屠杀与逮捕，还向欧洲各国政府发出通知，号召对第一国际进行"讨伐"，同时还公布了一项法律，规定凡加入第一国际者就要处以两个月至两年监禁以及罚款，并剥夺公民权。德国、荷兰、丹麦、比利时、意大利、西班牙、俄国、美国等国政府则接受了讨伐第一国际的号召，采用各种残酷手段迫害第一国际会员。德国政府在1872年5月就以"图谋叛国"的罪名判处第一国际德国支部的倍倍尔和李卜克内西两年监禁。罗马教皇庇

---

① 《马克思恩格斯全集》第18卷，人民出版社1964年版，第151页。

护九世还号召天主教徒要和"神的死敌"——第一国际作坚决的斗争，叫嚷要先将第一国际的会员绞死，然后再为他们"祈祷"。于是，一场大规模的迫害公社社员与第一国际会员的罪恶活动便在欧洲大陆上猛烈展开。在这场活动中，各国政府不仅采用了解散组织、驱逐出境、逮捕、审讯、监禁的手段，还极尽造谣诬蔑之能事。巴黎的报纸诬蔑马克思是俾斯麦的"奸细"，美国资产阶级报纸则把芝加哥的一场大火诬蔑为第一国际干的"罪恶勾当"。马克思甚至讥讽道："他们没有把荡平西印度的台风也说成是国际用魔法召唤来的，这倒是令人感到奇怪的。"①

此外，第一国际内部也发生了变化，如英国工联主义者动摇和叛变第一国际的情况时有发生，布朗基分子势力的不断增长和巴枯宁主义者的阴谋分裂活动，这些都很不利于第一国际的发展，也使第一国际活动的范围不断缩小。英国工联主义者在与资本主义的斗争中，工资得到了提高，工时也得到了缩短，甚至还争取到了选举权，但他们的斗争热情却不断下降。在《法兰西内战》发表后，他们发现他们的斗争目标与第一国际的目标是对立的，他们的部分领导宣布退出总委员会。1871 年 9 月国际工人协会伦敦代表会议之后，第一国际在英国建立了国际英国联合会，本来是为了加强对英国工人的领导，以壮大第一国际的力量。但是，后来的事实却证明，不仅没有壮大力量，反而加速了英国工联与第一国际的脱离。而布朗基分子则在巴黎公社革命失败后，强烈要求立即组织少数人起义，向资产阶级发起进攻，他们把部分流亡者组织起来和他们一起干，甚至还企图把整个第一国际都组织起来，显然，这与第一国际的原则是相悖的。

另一方面，来自理论上的挑战。第一国际成立之初，由于当时

---

① 《马克思恩格斯全集》第 18 卷，人民出版社 1964 年版，第 151 页。

还是欧洲民主运动和工人运动自发高涨的顶峰，第一国际只是汇集在伦敦的英国、法国、德国、意大利、波兰的工人运动和民主运动的各派代表人物，是工联主义者、蒲鲁东主义者、激进主义者、实证主义者的大联合。这些派别的理论发展水平很不同，对第一国际的认识和所抱的目的也迥然各异，后期巴枯宁主义者更是发起对第一国际的分裂活动。巴黎公社革命失败以后，第一国际各支部里的思想分歧和派别斗争更加严重，维护第一国际在组织上和思想上的统一，成为第一国际继续前进所面临的最大障碍。可见，第一国际的发展总是伴随着内部马克思主义与各宗派主义思想上和组织上的斗争，无产阶级的运动也伴随着对其早期阶段所固有的各种宗派形式的克服。正如马克思所说："成立**国际**是为了用工人阶级的真正的战斗组织来代替那些社会主义的或半社会主义的宗派。"[①]

巴黎公社革命失败以后，欧美主要资本主义国家开始从自由资本主义阶段向垄断资本主义阶段过渡，由于各国工人运动的不断发展和社会主义运动的高涨，各国进入了建立独立的无产阶级政党的时期。正如恩格斯所说："现在的无产阶级世界太大、太广了。"[②] 在这样一个时期，第一国际已经不能适应新的时代要求，它的旧形式已经过时了。因为"要创立一个像旧国际那样的新国际，即世界各国各无产阶级政党的联盟，需要有对工人运动的普遍镇压，即像 1849—1864 年那样的情形"[③]。显然，第一国际已经不合时宜了，如果继续下去它将变成工人运动的"一种桎梏"。

由于巴黎公社革命失败后欧洲各国反动势力对第一国际的迫害，使国际工人协会总委员会在欧洲的正常活动难于开展，总委员会如果继续留在伦敦可能被工联主义把持，而美国工人运动当时正处在

---

① 《马克思恩格斯文集》第 10 卷，人民出版社 2009 年版，第 367 页。
② 《马克思恩格斯文集》第 10 卷，人民出版社 2009 年版，第 399 页。
③ 《马克思恩格斯文集》第 10 卷，人民出版社 2009 年版，第 399 页。

年轻向上的发展的时代，第一国际在美国也许有扎根的可能。1872年9月，根据恩格斯的建议，第一国际海牙代表大会决定把总委员会由伦敦迁往纽约，大会根据总委员会成员必须在美国居住的原则，选出了新的总委员会。总委员会迁到纽约以后，由于远离欧洲的工人运动，第一国际几乎完全中断了和欧洲各国支部之间的联系。1873年，国际工人协会总委员会希望在日内瓦召开一次代表大会，以加强同欧洲各支部的联系。但是，由于欧洲的反动局面和财政困难，几乎所有联合会都未派代表参加，甚至连纽约总委员会都未派代表出席，因而没有达到预期的目的。

1873—1874年，纽约总委员会总书记左尔格（马克思的拥护者）同委员波尔特（拉萨尔主义者）之间发生了严重的意见分歧。1874年，左尔格辞去了总书记的职务并退出了总委员会。同年9月，恩格斯致左尔格的信中写道："在你退出以后，旧国际算是完全终结了。这也是件好事。它是属于第二帝国时期的东西，当时笼罩着整个欧洲的压迫，要求刚刚复苏的工人运动实现统一和抛开一切内部争论。……10年来，国际支配了欧洲历史的一个方面，即蕴藏着未来的一个方面，它能够自豪地回顾自己的工作。可是，它的旧形式已经过时了。……我相信，下一个国际——在马克思的著作产生了多年的影响以后——将是纯粹共产主义的国际，而且将直截了当地树立起我们的原则……"① 从某种意义上说，旧国际的终结是不可避免的，是国际工人运动进一步发展的必然结果。这以后，以左尔格为首的马克思的拥护者、第一国际美国会员集中精力建立工人政党，使工人运动在美国开始了一个新的发展阶段。

1876年7月15日，第一国际在美国费拉德尔菲亚（即费城）举行了最后一次代表会议，根据马克思的建议，通过了关于解散第

---

① 《马克思恩格斯文集》第10卷，人民出版社2009年版，第398—399页。

一国际的决议。决议指出：我们放弃国际的组织形式是目前欧洲的政治情势所使然的，而在我们看到该组织的各种原则已为整个文明世界中进步工人们所承认所拥护的时候，我们觉得已得到了一种补偿，只要给我们欧洲的工人弟兄们一点时间去注意清理他们国内的问题，他们就一定会有力量清除存在于他们自己和世界其他部分的工人之间的障碍。① 也就是说，第一国际的解散是整个欧洲政治发展的必然趋势，欧洲工人面临着新的任务，即建立自己的工人政党，工人的国际合作只有在此基础上才能进一步发展。工人阶级的国际团结还是有前途的，当先进分子接受了马克思主义的时候，就会去建立纯粹共产主义的国际。

第一国际的终结并不是人为的偶然因素造成的，而是这一时期欧洲工人运动发展的必然结果。一定意义上来说，也是其历史使命的完成，是件好事。欧洲进入一个相对和平发展的时期，各国工人阶级的任务是建立自己的独立政党，根据本国的实际情况，应将合法斗争与秘密斗争结合起来，积聚力量，为迎接新的革命高涨作好准备。显然，斗争形势的发展使第一国际"这类形式上的联盟不仅不必要而且也不可能存在下去了"②。恩格斯在 1877 年 6 月也指出："后来的情况证明这个在当时和后来曾常常受到指责的决定是多么正确。这样，一方面任何想假借国际的名义策划无谓暴动的企图被制止了；另一方面，各国社会主义工人党之间从未间断过的密切联系证明，国际所唤起的对于各国各无产阶级利益一致和相互团结的觉悟，即使没有一个正式的国际联合组织这样一条纽带，仍然能够发挥作用，而这样一条纽带在当时已经变成了一种束缚。"③ 质言之，

---

① 方纳：《美国工人运动史》第 1 卷，唯成译，生活·读书·新知三联书店 1956 年版，第 665 页。

② 《马克思恩格斯全集》第 19 卷，人民出版社 1963 年版，第 143 页。

③ 《马克思恩格斯文集》第 3 卷，人民出版社 2009 年版，第 457 页。

第一国际是适应新的形势和任务，在基本完成自己的历史使命之后，以胜利者的姿态自动退出历史舞台。在存在的 12 年里，第一国际加强了各国工人之间的团结，宣传了科学社会主义，培养了一大批干部，为无产阶级解放事业立下了丰功伟绩，为国际工人运动作出了巨大贡献，在国际共产主义运动中占有重要的历史地位。

三　马克思恩格斯在第一国际后期的革命实践①

第一国际的后期主要是指从 1869 年到 1876 年这段时间。在这一时期，巴枯宁主义成为第一国际的主要危险，马克思和恩格斯同巴枯宁主义进行了坚决的斗争。同时，随着第一国际的影响不断扩大，工人运动也有了新的发展，许多国家的工人进行了罢工斗争，并取得了很大胜利。德国等国家开始建立无产阶级政党，马克思和恩格斯对他们给予了关注和帮助。

在第一国际后期，马克思和恩格斯与巴枯宁主义者进行了坚决的斗争。巴枯宁主义者在政治上主张无政府主义，认为国家是产生私有制、不平等和剥削的根源，国家就意味着镇压与剥削，导致了人类的不自由；他们鼓吹个人的绝对自由与平等，而要获得自由，就要反对一切形式的国家和权威，建立一个充分自由的"无政府、无权威、无命令、无服从、无制裁"的社会；他们还否定任何政治斗争，认为所有政党都是专制主义，主张少数"革命家"发动"突然暴动"来取消无产阶级国家；他们把"废除继承权"看作社会变革的起点，认为继承权是社会不平等的根源，只有废除继承权，才能消灭私有制；他们还主张以无政府主义的"自治社会"来代替国家，废除宗教。

---

① 由于前面已对马克思和恩格斯对巴黎公社的关心、支持和帮助作了详细的阐释，这里主要写除巴黎公社革命外，马克思和恩格斯参加的革命实践。

　　巴枯宁主义的主张是以自然观上的唯心主义和社会观上的唯物主义为基础的极端无政府主义。这种主张是集体所有制的共产主义思想、主张绝对自由的蒲鲁东主义思想、无政府主义思想以及圣西门的废除继承权的思想、小资产阶级的"阶级平等"思想的拼凑物。马克思曾批判道："对巴枯宁先生来说，学说（从蒲鲁东、圣西门等人那里乞取而拼凑成的废话）过去和现在都是次要的东西——仅仅是抬高他个人的手段。如果说他在理论上一窍不通，那么他在干阴谋勾当方面却是颇为能干的。"① 恩格斯将巴枯宁主义称为"共产主义和蒲鲁东主义的某种混合物"②。其实，巴枯宁主义的主张，不过就是"戴着最极端的无政府主义的假面具"③ 的反革命两面派。

　　马克思和恩格斯在其写作的《政治冷淡主义》《巴枯宁〈国家制度和无政府状态〉一书摘要》《论权威》《行动中的巴枯宁主义者》等著作，以及《马克思致保尔·拉法格和劳拉·拉法格》《恩格斯致卡洛·卡菲埃罗》《恩格斯致泰奥多尔·库诺》等书信中，对巴枯宁的无政府主义进行了彻底清算。

　　针对巴枯宁主义反对一切国家权威的观点，恩格斯对其进行了驳斥，并阐明了马克思主义的权威观。应意大利《人民报》编辑恩·比尼亚米的多次请求，恩格斯在1872年10月—1873年3月间为1873年《共和国年鉴》写了著名的《论权威》，他从当时社会的经济条件出发，以工业生产和航海为例，雄辩地论证了权威的必要性。恩格斯写道："这些先生见过革命没有？革命无疑是天下最权威的东西。革命就是一部分人用枪杆、刺刀、大炮，即用非常权威的手段强迫另一部分人接受自己的意志。获得胜利的政党如果不愿意失去自己努力争得的成果，就必须凭借它以武器对反动派造成的恐

---

① 《马克思恩格斯文集》第10卷，人民出版社2009年版，第368页。
② 《马克思恩格斯文集》第10卷，人民出版社2009年版，第361页。
③ 《马克思恩格斯全集》第18卷，人民出版社1964年版，第371页。

惧，来维持自己的统治。要是巴黎公社面对资产者没有运用武装人民这个权威，它能支持哪怕一天吗？反过来说，难道我们没有理由责备公社把这个权威用得太少了吗？"① 在与泰奥多尔·库诺的信中，恩格斯也曾反驳道："每一个人、每一个乡镇，都是自治的；但是，一个哪怕只由两个人组成的社会，如果每个人都不放弃一些自治权，又怎么可能存在，——关于这一点巴枯宁又闭口不谈。"② 在恩格斯看来，巴枯宁将权威与自治相对立，认为权威是绝对坏的，自治是绝对好的，这是荒谬的。

针对巴枯宁主义反对无产阶级进行政治斗争的荒谬，马克思应《人民报》编辑恩·比尼亚米的请求，在 1872 年 12 月底—1873 年 1 月初撰写了《政治冷淡主义》，发表在《1874 年共和国年鉴》上。文章批判了巴枯宁所宣传的"弃权论的无政府主义"，也即所谓的政治冷淡主义，揭露了巴枯宁分子所鼓吹的关于工人阶级放弃政治斗争的蒲鲁东理论和立即"废除国家"的无政府主义思想。在马克思看来，巴枯宁主义者就是希望工人阶级远离政治，这一主张实际上是反对工人运动的诡辩，是想禁止工人阶级使用一切现实的斗争手段，其本质不过是为了捍卫资产阶级的自由，工人要在资本主义社会面前解除武装，就注定要成为资本主义社会的奴仆。马克思还在《巴枯宁〈国家制度和无政府状态〉一书摘要》中对这一荒谬的观点进行了驳斥，他提出："只要其他阶级特别是资本家阶级还存在，只要无产阶级还在同它们进行斗争（因为在无产阶级掌握政权后无产阶级的敌人还没有消失，旧的社会组织还没有消失），无产阶级就必须采用**暴力**措施，也就是政府的措施；如果无产阶级本身还是一个阶级，如果作为阶级斗争和阶级存在的基础的经济条件还没有消

---

① 《马克思恩格斯文集》第 3 卷，人民出版社 2009 年版，第 338 页。
② 《马克思恩格斯文集》第 10 卷，人民出版社 2009 年版，第 378 页。

失，那末就必须用暴力来消灭或改造这种经济条件，并且必须用暴力来加速这一改造的过程。"①

马克思和恩格斯不仅在理论上，而且在组织上也同巴枯宁主义者进行了坚决斗争。1871 年，巴黎公社革命前，巴枯宁在法国里昂盲目组织暴动，宣布国家已被"废除"，但他的无政府主义理想很快就破灭了，资产阶级政府派来两连国民警备队，将其赶跑。在巴黎公社革命时期，巴枯宁不仅不支持革命，反而污蔑革命是"犯罪的"举动，公开反对巴黎无产阶级起义。巴黎公社革命失败后，巴枯宁主义者们利用第一国际的困难时刻，变本加厉地搞破坏分裂活动。1871 年 9 月 17—23 日，第一国际在伦敦召开了秘密代表会议。会议着重就巴枯宁主义者极力反对工人阶级参加政治斗争的问题讨论了政治行动问题，针对巴枯宁主义者的分裂活动讨论了组织问题。在政治斗争问题上，会议通过了由马克思和恩格斯拟定的《关于工人阶级的政治行动》的决议。决议提出：工人阶级在斗争中应当把经济活动与政治活动密切结合起来；工人阶级为了实现社会革命和消灭阶级的伟大使命，必须"组织成为政党"。这就是说，工人阶级不仅应一般地参加政治斗争，还应组织自己的政党。只有在党的领导下，整个阶级才能作为一个有觉悟的集体而行动起来。在组织问题上，会议作出了扩大总委员会职权与对社会主义民主同盟进行审查等决定。② 反对工人参加政治斗争的主张遭到失败后，巴枯宁同年 11 月在瑞士召开自己的所谓代表大会，公开反对代表会议的各项决议，发动国际工人协会总委员会的领导污蔑马克思和恩格斯是"独裁者"，鼓吹所谓的"支部自由"和"自由联合"。为了反击巴枯宁，马克思和恩格斯撰写了《所谓国际内部

---

① 《马克思恩格斯全集》第 18 卷，人民出版社 1964 年版，第 694 页。
② 《马克思恩格斯全集》第 17 卷，人民出版社 1963 年版，第 455 页。

的分裂》，来揭露巴枯宁的阴谋，并重申协会的原则和政策。

其实，巴枯宁的破坏阴谋从 1868 年加入第一国际时就已经开始。1868 年，巴枯宁背着第一国际组织了"社会主义民主同盟"，并要求国际工人协会总委员接受"同盟"加入第一国际，但又要求允许"同盟"保持自己的纲领和组织的独立性，由于同盟的纲领是一个彻头彻尾的机会主义纲领，马克思和恩格斯拒绝了巴枯宁的请求。1869 年，巴枯宁在第一国际第四届代表大会上提出关于废除财产继承权问题的提案，马克思识破了巴枯宁破坏第一国际纲领的阴谋，提案没有被通过。巴枯宁和巴枯宁主义者们从来都不是为了消灭资本主义制度而斗争的，而是一直采取两面派手法，阴谋破坏第一国际，试图夺取总委员会的领导权，将第一国际变成他们的私人工具。但是，所有这些活动仍不能给巴枯宁分子以决定性的打击，甚至不能扼制巴枯宁分子势力的增长。于是，马克思和恩格斯认为，在当时的形势下，只有将巴枯宁主义者们开除出第一国际，才能使第一国际避开面临的危机。1872 年 9 月，第一国际在荷兰海牙召开了第五次代表大会，通过了将巴枯宁等无政府主义首要分子开除出第一国际的决议。这样，第一国际彻底粉碎了巴枯宁在第一国际内部进行的破坏活动，以及企图窃取第一国际领导地位的阴谋，结束了马克思主义与巴枯宁主义在第一国际内部的斗争。

同时在第一国际后期，马克思和恩格斯还积极参与工人运动，帮助德国等国家建立了无产阶级政党。随着欧美发达资本主义国家从自由资本主义阶段向垄断资本主义阶段即帝国主义阶段过渡，欧洲工人运动也进入到一个新的时期，国际工人运动面临着新的任务：在各国建立独立的无产阶级政党，积聚力量，为迎接未来的社会主义革命作好准备。其实，1871 年 2 月恩格斯在《致国际工人协会西班牙联合会委员会》的信中就指出："各地的经验都证明，要使工人摆脱旧政党的这种支配，最好的办法就是在每一个国家里建立一个无产阶级的政党，这个政党要有它自己的政策，这种政策显然与其他政党的政策不同，因为它必须表现出工人阶级解放的条件。"① 在 1871 年 9 月，面对第一国际的内部分裂，第一国际在伦敦举行秘密代表会议，马克思和恩格斯直接领导了这次会议。在会上，马克思代表国际工人协会总委员会就组织问题提出了一系列建议，大多都被采纳。他指出："工人的政党不应当成为某一个资产阶级政党的尾巴，而应当成为一个独立的政党，它有自己的目的和自己的政治。"② 在他们的努力之下，会议明确规定了建立独立政党任务的第九项决议，即关于工人阶级政治行动的决议，这标志着第一国际建设成为独立的国际性无产阶级政党已达到成熟的阶段。1872 年夏，马克思根据当时的形势和经验，在《1872 年夏总委员会批准的国际工人协会共同章程和组织条例草案》中加进了关于工人阶级政治行动这一条，明确提出工人阶级要建立独立政党的问题，指出："无产阶级只有本身组织成为与有产阶级建立的一切旧政党对立的特殊政党，才能作为一个阶级来行动。——无产阶级这样组织成为政党是必要的，为的是要保证社会革命获得胜利和实现这一革命的最终目标：消灭阶级。"③ 也就是说，只有建立独立的无产阶级政党和确立党对革命事业的领导权，才能使无产阶级真正作为一个阶级团结起来和行动起来。

众所周知，巴黎公社革命失败后，国际共产主义运动的中心从法国转移到德国，为此，马克思和恩格斯对德国工人运动的状况给予了特殊的关注。1848 年欧洲革命以后，德国工人运动进入低潮，到 50

---

① 《马克思恩格斯文集》第 3 卷，人民出版社 2009 年版，第 92 页。
② 《马克思恩格斯文集》第 3 卷，人民出版社 2009 年版，第 224—225 页。
③ 《马克思恩格斯全集》第 44 卷，人民出版社 1982 年版，第 577 页。

年代有了新的发展，出现了伦敦德意志工人共产主义教育协会等新的
工人组织。但是，这些组织大多是在国家统一斗争中，资产阶级为争
取工人支持而建立起来的。1863 年 5 月 23 日，在莱比锡各工人团体
代表大会上成立了全德工人联合会（即拉萨尔派），拉萨尔当选联合
会的主席。全德工人联合会是德国工人的第一个全国性组织。虽然拉
萨尔在唤醒工人运动中有着不朽的功绩，"但是，他犯了很大的错误。
他受直接的时代条件的影响太深了"①。他否认革命，认为只有争取普
选权，在现存国家帮助下建立合作社，才能实现社会主义。马克思和
恩格斯认为德国建立无产阶级政党，首要的是清除拉萨尔在工人运动
中的影响。在马克思和恩格斯的帮助下，李卜克内西和倍倍尔等人在
德国工人中积极开展反对拉萨尔主义的斗争，提高了全德工人联合会
内部工人群众的觉悟，形成了一支左派力量，并于 1869 年 8 月在爱森
纳赫举行了德国、奥地利和瑞士社会民主主义者全德代表大会，成立
了德国社会民主工党（也称爱森纳赫派）。②

　　拉萨尔派和爱森纳赫派的对立造成了德国工人阶级的分裂，这
不利于进行统一的反抗统治阶级斗争。随着德国工人运动的快速发
展，加之拉萨尔派的发展出现一系列问题，使得两派的合并问题被
提上了日程。1875 年 2 月，两派在哥达召开合并预备会议，拟定合
并纲领草案《德国工人党纲领》。同年 5 月，两派在哥达举行了正式
的合并大会和建党大会，大会通过了 2 月谈判所拟定的组织章程和
纲领，完成了两派的合并，建立了新的无产阶级政党，即德国社会

---

①　《马克思恩格斯文集》第 10 卷，人民出版社 2009 年版，第 292 页。
②　这是马克思主义与德国工人运动相结合的产物，也是世界上第一个在民族国家范围内建
立起来的无产阶级政党，为以后各民族国家建立无产阶级政党树立了榜样。可以说，德国社会民
主工党是在马克思和恩格斯的直接关怀下成长起来的，是国际工人运动史上最早成立的国家范围
内的无产阶级政党。继德国社会民主工党之后，在欧美一些国家相继建立了社会主义政党或组织。

主义工人党①，1890 年改称"德国社会民主党"。

　　在合并问题上，爱森纳赫派的领导人在制定党纲和选举领导核心等问题上，对拉萨尔派让步过多，炮制出一个拉萨尔主义的纲领草案，即哥达纲领草案。这一纲领草案中充满资产阶级和小资产阶级庸俗民主主义的要求，在许多重大问题上甚至比资产阶级自由派"还差得难以估量"。马克思和恩格斯对李卜克内西和纲领草案表示坚决的批判态度，马克思明确指出，在两党的合并问题上，"一开始就向他们声明，决不拿原则做交易"②。恩格斯在 1875 年致爱森纳赫派领导人奥古斯特·倍倍尔的信中也指出："我们应当以极其冷淡的和不信任的态度对待他们，是否合并要看他们有多少诚意放弃他们的宗派口号和他们的'国家帮助'，并基本上接受 1869 年的爱森纳赫纲领或这个纲领的适合目前情况的修正版。我们的党在理论方面，即在对纲领有决定意义的方面，**绝对没有什么**要向拉萨尔派**学习**的，而拉萨尔派倒是应当向我们的党学习；合并的第一个条件是，他们不再做宗派主义者，不再做拉萨尔派，也就是说，他们首先要放弃国家帮助这个救世良方，即使不完全放弃，也要承认它同其他许多可能采取的措施一样是个次要的过渡措施。"③ 马克思 1875 年 5 月 5 日在致威廉·白拉克的信中指出："既然不可能——而局势也不容许这样做——**超过**爱森纳赫纲领，那就干脆缔结一个反对共同敌人的行动协定。"④ 然而，马克思和恩格斯的谆谆告诫，并没有引起爱森纳赫派领导人倍倍尔和李卜克内西等人的重视。相反，他们却极力为机会主义的纲领草案和他们放弃原则的行为进行辩解。为帮助爱

---

　　① 19 世纪 70—80 年代，马克思和恩格斯经常同时使用"德国党""德国社会民主党"等称谓。

　　② 《马克思恩格斯文集》第 3 卷，人民出版社 2009 年版，第 426 页。

　　③ 《马克思恩格斯文集》第 3 卷，人民出版社 2009 年版，第 410—411 页。

　　④ 《马克思恩格斯文集》第 3 卷，人民出版社 2009 年版，第 426 页。

森纳赫派领导人认识制定错误党纲的危害，进一步肃清拉萨尔机会主义的流毒，阐明制定无产阶级政党党纲必须遵循的原则，促使李卜克内西等人划清科学社会主义和拉萨尔机会主义的界限，马克思撰写了《德国工人党纲领批注》①，对哥达纲领草案逐条进行了剖析，从理论上清算了拉萨尔机会主义，深刻阐明了无产阶级政党必须遵循的一系列原则。

总之，在第一国际后期，马克思和恩格斯粉碎了巴枯宁在第一国际内部进行的破坏活动，以及企图窃取第一国际领导地位的阴谋，与巴枯宁主义进行了坚决的斗争。同时，马克思和恩格斯对德国等国家工人政党的创建给予了热情关怀，研究它们的情况，解答它们的问题，指出它们的偏差，支持它们的活动，在和这些政党领导人的大量通信中，他们对政党建设问题发表了许多深刻精辟的意见。此后，在马克思和恩格斯的指导和帮助下，各国工人的革命运动蓬勃发展，许多国家都先后成立了无产阶级政党。由于工人运动的迅猛发展和马克思主义的广泛传播，各国无产阶级政党如雨后春笋般建立起来，这也为新的国际的创建提供了前提条件。

1871 年建立的巴黎公社是人类历史上第一个无产阶级政权，巴黎公社革命是无产阶级"作为唯一具有社会首创能力的阶级得到公开承认的第一次革命"②，也是无产阶级武装暴力直接夺取城市政权的第一次伟大尝试。马克思称巴黎公社为"新社会的光辉先驱"③，这个富有历史首创精神的无产阶级解放自己的伟大实践，证明了马克思和恩格斯所创立的科学社会主义学说的强大生命力。随着欧洲主要资本主义国家从自由资本主义向垄断资本主义的过渡，资本主

---

① 《马克思恩格斯全集》中文第一版中译为《对德国工人党纲领的几点意见》。
② 《马克思恩格斯文集》第 3 卷，人民出版社 2009 年版，第 160 页。
③ 《马克思恩格斯文集》第 3 卷，人民出版社 2009 年版，第 181 页。

义的基本矛盾不断激化，各国的工人运动不断发展，进入了建立独立无产阶级政党的时期，但这些政党政治上和思想上还不成熟，不同程度受到各种机会主义思潮的影响。马克思和恩格斯十分关心这些政党的活动，针对各国的不同情况，不断帮助和指导各国政党把科学社会主义的基本原理同本国实际情况相结合，制定了革命的纲领、路线和策略。

第二章

马克思主义在批判错误思潮中不断深化

　　与形形色色的错误思潮进行坚决而深刻的斗争，是马克思和恩格斯创立科学社会主义至关重要的环节，是马克思主义理论不断充实和丰富的现实动力，也是客观呈现马克思主义理论科学性的重要方式。在《共产党宣言》中，马克思和恩格斯就对形形色色的错误理论进行了剖析和批判，而随着无产阶级革命形势的急剧变化，马克思和恩格斯批判错误思潮的斗争强度也逐步加强。特别是进入 19 世纪 60 年代中期以后，由于第一国际的建立，各国工人组织的联系持续加强，国际工人运动风起云涌，逐步发展成为资本主义世界的重要革命力量。与此同时，工人运动中的各种错误思潮也乘势而起，成为扰乱工人阶级思想、动摇行动意志、歪曲革命路线的不稳定因素。针对越来越严峻的思想形势，马克思和恩格斯通过有理有利有节的层层剖析、深刻的批判和细致的解说，向革命的同路人阐明无产阶级革命斗争的关键意义，这既是同资产阶级的残酷统治进行斗争的需要，又是统一思想、建设革命队伍的应有之义。因此，在这一时期，马克思和恩格斯通过在理论与实践上同蒲鲁东主义、工联主义、巴枯宁主义、拉萨尔主义等错误思潮进行坚决斗争，在革命组织内部对错误论点进行批判，使马克思主义思想在批判与斗争中不断深化。

第一节　继续对蒲鲁东主义及其残余进行批判

蒲鲁东主义的无政府主义思想，对于开展国际工人运动、确定无产阶级革命目标，具有极大的负面作用，在蒲鲁东逝世以后，仍然在国际工人运动中保有相当大的影响力，在极端状况下甚至危及了第一国际内部的团结与稳定。马克思和恩格斯通过撰写著述和采取实际行动，同第一国际中存在的蒲鲁东主义思潮进行了斗争，并且在坚决斗争的过程中深化、发展了关于无产阶级的组织、权威与革命的学说。

一　蒲鲁东主义在第一国际的表现

蒲鲁东主义是以法国无政府主义者蒲鲁东的思想为指导的一个社会主义派别，以推行"和平的无政府主义"为其鲜明的行动特色，是第一国际创立初期反对马克思主义的主要思潮。

蒲鲁东的无政府主义反对一切法律、制度、政府以及国家，认为任何意义上的人类权威都会在不同程度上对于个人自由与发展造成强制，从而无法使个体活动实现真正意义上的充分发展。他所设想的无政府状态作为一种理想状态，是社会成员的经济、政治关系都依据平等互利的公正原则而建立，并在合作的过程中完全不需要外在强力的调控或指导。这意味着，在社会变革的方略上，蒲鲁东虽然不满资本主义所造成的种种不公正，但却不赞成消灭私有制，反而主张私有财产制度的普遍施行，并且事实上否定社会主义道路的可行性，认为真正可行的是放弃社会化大生产，转而回到以私有财产为基础、消除雇佣与剥削制度的由独立小生产者相互联合而组成的社会制度。由此可见，蒲鲁东虽然对工业资本和建立在资本主义经济基础之上的资产阶级国家政权进行了尖锐的批判，但是，他的批判和揭露并没有触及资本主义的真正根源。

在蒲鲁东所确定的思想基调的指导之下，后继的蒲鲁东主义者认为工人阶级并不需要在阶级革命的意义上获得全面的解放，而只需要在经济领域恢复其独立生存者的地位即可，这也必然意味着他们会反对无产阶级专政的必要性，同时认为工人阶级政党的出现也是一种新形式的强制手段，从而必须废除。而在工人运动的实践方案上，蒲鲁东主义更与马克思的观点背道而驰。他们反对罢工，反对工人组织，反对暴力革命，对于共产主义理想也持极端批判的态度。蒲鲁东主义的这种政治立场的实质是反历史规律的斗争虚无主义，因而也是无法实现的。但是由于蒲鲁东主义所秉持的小生产者立场，使其在刚刚开始工业化的法国、比利时、意大利等国家和地区得到了很大程度的认同与支持。"虽然当时蒲鲁东主义者在法国只是工人中间的一个小小的宗派，但是只有他们才具有明确规定的纲领，才能够在公社时期担任经济方面的领导。在比利时，蒲鲁东主义曾在瓦隆工人中间占有无可争议的统治地位，而在西班牙和意大利两国工人运动中，所有的人，除了极少数例外，只要不是无政府主义者，就都是坚定的蒲鲁东主义者。"① 蒲鲁东主义在那些地区的传播造成了现实的危害，使得"那里的工人对现存社会的经济批判受了完全谬误的蒲鲁东观点的传染，他们的政治活动也被蒲鲁东主义的影响败坏了"②。蒲鲁东主义的广泛影响力无疑对国际工人运动的发展壮大、工人革命意识的统一，造成了极大的损耗，也成为第一国际内部的马克思主义者需要坚决反对、彻底肃清的错误思想路线。

1865 年蒲鲁东逝世之后，其理论影响逐渐削弱，但是他的信徒

① 《马克思恩格斯文集》第 3 卷，人民出版社 2009 年版，第 241 页。
② 《马克思恩格斯文集》第 3 卷，人民出版社 2009 年版，第 311 页。

仍然频频对马克思的正确思想横加指责，妄图混淆视听，改变国际的革命路线。在马克思的指导之下，在第一国际1866年的日内瓦代表大会、1867年的洛桑代表大会、1868年的布鲁塞尔代表大会上，马克思主义者相继阻止了蒲鲁东主义者提出的反对罢工、反对进行政治斗争、反对土地公有制等政策提案的通过，并最终在1869年巴塞尔代表大会上重创蒲鲁东主义者的士气，使其一蹶不振，再也无法在关键性议题上提出对于马克思主义构成严重影响的议案，其政治影响力也日渐衰微。

二　蒲鲁东主义的危害

19世纪70年代初期，残余的蒲鲁东分子又试图针对当时德国社会上普遍出现的住宅短缺问题，重申其陈词滥调的主张。恩格斯敏锐观察到了这一思想动向，深刻地揭示其阶级立场的僵化："显然，这整个改革计划几乎仅仅有利于小资产者和小农，它**巩固着**他们作为小资产者和小农的地位。"① 从而撰文展开了严正的批判。

德国的蒲鲁东主义者首先抓住住宅问题大肆兜售其资产阶级和小资产阶级改良主义主张，竭力把蒲鲁东的论点移植到德国来。他们在报刊上发表关于住宅问题的文章，提出各种各样的救治方案，散布了大量的资产阶级和小资产阶级的改良主义观点。1872年的2—3月，德国社会民主工党中央机关报《人民国家报》连续转载了一组关于"住宅问题"的匿名文章，后来查明文章作者是小资产阶级政治家、蒲鲁东主义者阿尔图尔・米尔柏格。米尔柏格在住宅问题上的立场、观点和方法都与蒲鲁东如出一辙，其理论意图正是要在德国贩卖20多年前已被马克思批判过的蒲鲁东的反动思想。对于在工人阶级的党报上发表这种论调的文章，恩格斯表示十分愤慨。

---

① 《马克思恩格斯文集》第3卷，人民出版社2009年版，第317页。

在 1872 年 5 月 7 日致李卜克内西的信中，恩格斯说："只要一有时间，我就立即给你写一篇关于住宅缺乏现象的文章，来反驳《人民国家报》上一系列文章中关于这个问题所陈述的蒲鲁东主义者的荒谬的臆想。"①

恩格斯在这一主题下的第一篇论文《蒲鲁东怎样解决住宅问题》，发表在 1872 年 6 月 26、29 日和 7 月 3 日的《人民国家报》第51、52 和 53 号上。恩格斯的批判文章发表之后，《人民国家报》又发表了米尔柏格的回应恩格斯反驳的文章。作为回应，恩格斯又写了论文《再论蒲鲁东和住宅问题》，该文发表在 1873 年 2 月 8、12、19、22 日的《人民国家报》第 12、13、15、16 号上。恩格斯的相关批判文章发表后，由《人民国家报》出版社在莱比锡以不同分册单行本的形式出版，并于 1887 年结集出版，总标题为《论住宅问题》。恩格斯在 1887 年 1 月 10 日为结集的著作写作了一篇序言，即第二版序言。在这篇序言中，恩格斯除了陈述当时的基本情况和写作目的外，还特别指出，在再版这部著作的时候，蒲鲁东主义已经被西欧各国工人彻底抛弃，而之所以还要再印这些文章"重新去批驳一个已经死去的对手"、重提那些"已被克服的观点"，② 是因为对于马克思和恩格斯而言，"本书第一篇和第三篇不仅包含对蒲鲁东关于这个问题所持见解的批判，而且包含对我们自己观点的叙述"③，也即包括了马克思和恩格斯自己关于解决住宅问题的正面主张。而且，由于蒲鲁东曾经在欧洲工人运动史上有过很大的影响，虽然他在理论上已被驳倒，在实践上也已被抛弃，但还是必须要继续肃清其影响。正如恩格斯所说："在《人民国家报》第 10 号和以下几号上，连载了六篇关于住宅问题的文章，这些文章之所以值得

---

① 《马克思恩格斯全集》第 33 卷，人民出版社 1973 年版，第 457 页。
② 《马克思恩格斯文集》第 3 卷，人民出版社 2009 年版，第 242 页。
③ 《马克思恩格斯文集》第 3 卷，人民出版社 2009 年版，第 242 页。

注意，只是因为它们是——除了某些早已无人问津的 40 年代的美文学的东西之外——把蒲鲁东学派移植到德国来的第一次尝试。对于恰好在 25 年前给了蒲鲁东观念以决定性打击的德国社会主义的全部发展进程来说，这是大大倒退了一步，所以值得对这个尝试及时加以反驳。"①

从 1872 年 6 月至 1873 年 2 月，恩格斯的这一组发表于《人民国家报》上的战斗性政论文章在批判蒲鲁东主义的主张的同时，也对整个资本主义制度进行了批判，揭示了无产阶级专政的历史规律，即工人阶级的一切正当的社会经济要求只有在无产阶级专政的条件下才能得到满足，并且这也是人类走向自由全面发展的必然路径，除此之外的任何企图与想法，都只是不能认清历史规律而作出的错误抉择。在这个意义上，蒲鲁东正是错误地将"住宅问题"的效应仅仅限定在"住宅"领域，妄图仅仅通过采用分期付款的方式使工人获得房产权，从而"逃到法的领域中去求助于**永恒公平**"②，由此来"解决"住宅问题。在蒲鲁东看来，"'房屋一旦建造起来，就成为'每年获得一定款项的'**永恒的权利根据**'。至于这究竟是怎样发生的，房屋**究竟怎样成为**权利根据，蒲鲁东却默不作声。然而这正是他应当说明的。假如他研究过这一点，他就会发现，世界上一切权利根据，不论怎样永恒，也不能使一所房屋有能力在 50 年内以租金形式获得 10 倍于房屋成本价格的偿还；只有经济条件（这种经济条件可能在权利根据形式下获得社会的承认）才能够做到这一点"③。为了呼应蒲鲁东对于表面上的"公平"与"正义"的诉求，米尔柏格再次强调资产阶级意义上的"法权"的重要性："租赁合同是现代社会生活中的千百种交易之一，其必要性就像动物躯体中

---

① 《马克思恩格斯文集》第 3 卷，人民出版社 2009 年版，第 250 页。
② 《马克思恩格斯文集》第 3 卷，人民出版社 2009 年版，第 255 页。
③ 《马克思恩格斯文集》第 3 卷，人民出版社 2009 年版，第 254—255 页。

的血液循环一样。如果这一切交易都能渗透着**法的观念**，即到处都按照严格的公平要求来进行，那当然是有利于社会的。总之，社会的经济生活，应该像蒲鲁东所说的那样提到**经济上的法**的高度。"①对于这种论调的反动意涵，恩格斯坚定地予以揭露："在这曲耶利米哀歌中蒲鲁东主义露出了它的全部反动面貌。要造成现代革命阶级无产阶级，绝对必须割断那根把昔日的劳动者束缚在土地上的脐带。除了织机以外还有自己的小屋子、小园圃和小块田地的手工织工，哪怕贫困已极并且遭受种种政治压迫，仍然无声无息、安于现状，'非常虔诚和规规矩矩，'他在富人、神父、官吏面前脱帽致敬，在内心深处完全是一个奴隶。"②蒲鲁东主义者的"退步"论述，与革命的事实背道而驰，也恰恰表明了他们对于无产阶级革命之历史必然性的误解，并且同时说明了他们对于人类社会发展趋势的认识是完全错误的。正是"现代大工业把被束缚在土地上的劳动者变成了一个完全没有财产、摆脱一切历来的枷锁而**被置于法律保护之外的**无产者，正是在这个经济革命造成的条件下，才可能推翻剥削劳动阶级的最后一种形式，即资本主义生产。可是现在来了这位痛哭流涕的蒲鲁东主义者，他哀叹工人被逐出自己的家园是一个大退步，而这正是工人获得精神解放的最首要的条件"③。在恩格斯深刻的剖析之下，蒲鲁东主义者的错误思路被清晰地揭示了出来。

恩格斯通过这一组最终题为《论住宅问题》的经典论述，痛批蒲鲁东主义者们诱导无产阶级将注意力集中于资本主义发展的较为次要的、非本质性的问题与祸患上的意图，强调他们所表现出的要与马克思主义关于资本主义基本矛盾、阶级斗争和无产阶级革命的思想拉开距离的理论立场，实际上无非是要掩饰资产者的剥削本性

---

① 《马克思恩格斯文集》第 3 卷，人民出版社 2009 年版，第 255—256 页。
② 《马克思恩格斯文集》第 3 卷，人民出版社 2009 年版，第 256 页。
③ 《马克思恩格斯文集》第 3 卷，人民出版社 2009 年版，第 256—257 页。

与腐朽制度必然灭亡的历史趋势。在恩格斯看来，蒲鲁东及其追随者尽管对资本主义提出了具有批判性质的言论，但根本无法触及资本主义各种社会问题的根源，因此也无法为无产阶级的解放事业指出一条正确的道路。

三 恩格斯对蒲鲁东主义残余的批判

1872 年 5 月至 1873 年 1 月，恩格斯写作了《蒲鲁东怎样解决住宅问题》《资产阶级怎样解决住宅问题》《再论蒲鲁东和住宅问题》三篇论战性文章，后来收录于《论住宅问题》中。在这些文章中，恩格斯一方面分别驳斥了小资产阶级社会主义者和资产阶级改良主义者在两种不同立场下得出的错误结论，另一方面从根本上揭示了其错误立场。恩格斯由此建立了一种普遍性的批判意旨，使得这组文章的结论可以普遍应用于对于资本主义制度进行局部改良而非彻底变革的理论思路的总体性否定。这使得恩格斯的这组文章在马克思主义发展史上具有重要地位。首先，所谓的"住宅问题"并没有触及资产阶级统治的本质。恩格斯基于对人类社会历史发展的本质性洞察，提出工人阶级的住房困难问题并不是资本主义社会的首要问题所在。这一点就像他早在《英国工人阶级状况》一书中已经指出的，造成工人阶级极端生命窘迫与危险状况的，是资本主义生产方式本身，而不能仅仅将目光落在住宅短缺与匮乏的单一层面上。必须时刻牢记，工人阶级本身想要实现自己的真实利益，改变整个社会的不正义、不平等局面，就必须通过整体性、彻底性的社会革命，自己拯救自己。对此，马克思也在同一时期的文章《论土地国有化》中明确表达过："地产，即一切财富的原始源泉，现在成了一个大问题，工人阶级的未来将取决于这个问题的解决。"[1] 在马克思

---

[1] 《马克思恩格斯文集》第 3 卷，人民出版社 2009 年版，第 230 页。

看来，对于这一问题的解决，必须通过无产阶级的普遍联合，向资产阶级索回本属于自己的利益和生存空间。"如果说掠夺曾使少数人获得天然权利，那么多数人只须聚集足够的力量，便能获得把失去的一切重新夺回的天然权利。"① 而如果像改良主义者那样闭口不谈革命，也不正视资产阶级剥削的血淋淋的现实，那么事实上还是仅仅在表面上触及了住宅问题的"现象"，而没有在"本质"上把握到资产阶级统治的实质。

其次，解决住房短缺问题必须要通过变革社会制度才能够实现。恩格斯提出，随着工业革命的发生发展，资本主义社会不断积聚资源、以不可预估的速度向前发展，这也就使得大城市中的住宅问题成为严重的社会政治问题。当大批原本的农业人口在城市化的红利吸引之下，大举进入城市寻求工作机会，而这些旧的城市的布局、容量又已经无法适应迅速增长的住房需求。因此，当工人大量需要居住地的时候，又恰逢德国的大城市住房严重短缺，且房租大幅度增加，租住房屋的工人拥挤不堪，居住条件不堪忍受，还易造成传染疾病的潜在蔓延趋势。造成这一切的根源就在于资本主义的无节制发展，在于整个资本主义社会体系的不正义。相应地，只有变革社会制度本身，真正实行新的土地制度，才能一举解决住房短缺问题。对此，马克思在《论土地国有化》中进一步指出："土地国有化将彻底改变劳动和资本的关系，并最终消灭工业和农业中的资本主义生产方式。只有到那时，阶级差别和各种特权才会随着它们赖以存在的经济基础一同消失。靠他人的劳动而生活将成为往事。与社会相对立的政府或国家政权将不复存在!"② 从这个意义上看，革命事业成功与否，关键就要看是否彻底解决了土地所有权问题。

---

① 《马克思恩格斯文集》第 3 卷，人民出版社 2009 年版，第 230 页。
② 《马克思恩格斯文集》第 3 卷，人民出版社 2009 年版，第 233 页。

再次，蒲鲁东主义者的"解决方案"未能脱离其根本上的"空想"性质。恩格斯经过细致辨析后认为，作为蒲鲁东的信徒的米希伯格，其所提出的所谓"解决方案"，仍然是对蒲鲁东主义的无政府主义的思路的简单因循，根本上不能脱离其"空想"的属性。"像蒲鲁东那样想变革现代的资产阶级社会而同时又保留农民本身，才真是十足的空想。……断定说人们只有在消除城乡对立后才能从他们以往历史所铸造的枷锁中完全解放出来，这完全不是空想；当有人硬要'从现有情况出发'预先规定一种据说可用来消除现存社会中这种或其他任何一种对立的**形式**时，那才是空想。米尔柏格采用蒲鲁东来解决住宅问题的公式时，就是在这样做。"① 恩格斯的论述一直有着一条明确的主线，就是任何对现实问题的解决，不能脱离现实的社会生产逻辑，也就是对资本主义制度的批判性考察。理论的思索一旦脱离具体的时间地点的社会环境，便很容易陷入无用的空想，而导致理性的误用。与此同时，恩格斯也非常警惕虽然有社会变革的思想因素，但是事实上仍旧是保持"现存制度"，所采取的政策方略无非是"从现存关系出发"这样一种温和而保守的社会行动纲领，这事实上是从革命队伍的内部所进行的瓦解与渗透。

为了有针对性地批判米尔柏格的错误言论，恩格斯又条分缕析地逐个批驳了蒲鲁东无政府主义在住宅问题上的具体观点："**第一**，把地租转交给国家，就等于消灭个人地产。**第二**，赎买出租住房并把住房所有权转交给原来的承租人，根本不能触动资本主义生产方式。**第三**，在大工业和城市的当前发展情况下提议这样做是既荒谬又反动的；重新实行各个人对自己住房的个人所有权，是一种退步。**第四**，强制降低资本利息，丝毫也不会侵犯资本主义生产方式；相反，如反高利贷的法律所证明的，这是既陈旧又行不通的。**第五**，

---

① 《马克思恩格斯文集》第 3 卷，人民出版社 2009 年版，第 326 页。

房屋的租金决不会随着资本利息的消灭而消灭。"① 通过——驳斥蒲鲁东主义的空想谬论，恩格斯强调，必须对于资本主义生产方式以及建基其上的社会经济制度毫不退让，不能鼠目寸光，限于小的斗争结果，而无法通过革命的"权威"彻底捣毁资产阶级的威权大厦。

　　最后，必须超越单纯而片面的"问题导向"的局部研究，而要从"主义"的整体性思维出发，对资产阶级发起总的进攻。恩格斯在总结前论的基础上，清晰地提出了在当时的革命历史条件下，唯一脚踏实地并切实可行的斗争思路，就是超越对于"住宅问题"的单维而简单的关切，而必须带入全局性的视角。"我的确丝毫没有想到要解决所谓住宅**问题**，正如我并不想从事解决那更为重要的**食物问题**的细节一样。如果我能指出我们现代社会的生产足以使社会一切成员都吃得饱，并且证明现有的房屋足以暂时供给劳动群众以宽敞和合乎卫生的住所，那么我就已经很满意了。至于苦思冥想未来的社会将怎样调节食品和住房的分配，——这就是直接陷入**空想**。"② 归根结底，最终可以正确认识到资本主义社会实质的，无疑正是马克思在《资本论》中提出的科学论述。"没有人比马克思在《资本论》中更加'接近一定的具体的社会状况'了。他用了25年工夫来从各方面研究社会状况，而且他的批判工作的结果总是包含有一些现今一般可能实现的所谓解决办法的萌芽。但是朋友米尔柏格不满足于此。这都是抽象的社会主义，死板的抽象的公式。朋友米尔柏格不去研究'一定的具体的社会状况'，却满足于阅读蒲鲁东的几卷著作，这几卷东西在关于一定的具体的社会状况方面虽然没有给他提供任何东西，可是却给他提供了消除一切社会祸害的明确具体的神奇药方。"③ 蒲鲁东无政府主义的住宅问

---

①　《马克思恩格斯文集》第3卷，人民出版社2009年版，第329—330页。
②　《马克思恩格斯文集》第3卷，人民出版社2009年版，第331—332页。
③　《马克思恩格斯文集》第3卷，人民出版社2009年版，第333页。

题解决方式，无非是一种欺世盗名的虚幻灵药，而正如恩格斯的批判性反思所正确揭示的："德国科学社会主义与蒲鲁东之间的本质区别正好就在这里。我们描述——而每一真实的描述，与米尔柏格的说法相反，同时也就是说明事物——经济状况，描述经济状况的现状和发展，并且严格地从经济学上来证明经济状况的这种发展同时就是社会革命各种因素的发展……相反，蒲鲁东则要求现代社会不是依照本身经济发展的规律，而是依照公平的规范（'法的**观念**'不是他的而是米尔柏格的东西）来改造自己。"[1] 恩格斯在批判蒲鲁东主义的错误观点的过程中，清晰地揭示了"住宅问题"这一论题的真实指向，就是要超越单纯而片面的"问题"研究，从"主义"的整体性视野出发，针对资产阶级统治的全面缺陷，发起总的进攻。"无产阶级的发展很快就把这些襁褓扔在一边，并在工人阶级本身中产生一种认识：再没有什么东西比这些预先虚构出来的面面俱到的'实际解决办法'更不切实际的了，相反，实际的社会主义则是对资本主义生产方式各个方面的一种正确的认识。"[2] 恩格斯的科学论述证明，只有通过无产阶级革命的"权威"模式，才能够将工人阶级的科学认识与历史性的政治行动有机结合起来，从而为建立新型的无产阶级革命政权铺平道路。

第二节　对工联主义的批判

"工联主义"的"工联"指英国工会联合会，工联主义也就是工会主义。随着 19 世纪中期宪章运动的衰落，工联主义这一改良主义思潮逐渐成为英国工人运动的主流。团结在工联周围的熟练工人

---

[1] 《马克思恩格斯文集》第 3 卷，人民出版社 2009 年版，第 318 页。
[2] 《马克思恩格斯文集》第 3 卷，人民出版社 2009 年版，第 333 页。

群体，为了能够更好地维护自身利益，逐步将小工会合并成大工会，加强了工人之间的互动，提高了组织性、纪律性，也为革命组织的进一步强大创造了条件。但是，在工联领袖的内部，出现了投靠资产阶级议会的右转倾向，这一机会主义到 1872 年第一国际的海牙代表大会召开前夕，已经达到威胁第一国际的政治运动方向、背叛国际的斗争原则的程度，这一阶段的工联主义放弃了阶级斗争的运动纲领，企图将工人运动引向劳资协商的歧途，马克思对此进行了严正批判。

一　工联主义的兴起

19 世纪中期，英国资本主义经济的发展突飞猛进，对外贸易迅速扩张，工业生产在世界市场上占有绝对优势。在这一时期，英国不仅是全球商品的主要输出国，而且也是最大的殖民帝国。繁荣的经济状况为工人运动的发展提供了契机，工会开始承担越来越重要的作用。自从禁止结社法在 1824 年被议会撤销以后，各地的工人纷纷建立起行业工会。在工会的领导之下，工人以争取缩短劳动时间并提高工资为主要诉求，同资本家展开了坚决的经济斗争。马克思在《哲学的贫困》一书中评价工会是"工人同企业主进行斗争的堡垒"①。并且他深刻地刻画了这一"堡垒"的内在价值："大工业把大批互不相识的人们聚集在一个地方。竞争使他们的利益分裂。但是维护工资这一对付老板的共同利益，使他们在一个共同的思想（反抗、组织**同盟**）下联合起来。因此，同盟总是具有双重目的：消灭工人之间的竞争，以便同心协力地同资本家竞争。"②在外在强力的压制之下，工联开始具备某种组织

---

① 《马克思恩格斯文集》第 1 卷，人民出版社 2009 年版，第 653 页。
② 《马克思恩格斯文集》第 1 卷，人民出版社 2009 年版，第 653—654 页。

架构和向心力，可以更好地抗拒资本家分而治之的打压策略。

马克思和恩格斯认为，这一时期的工会作为工人阶级抵抗资本进攻的中心，所作出的行动是卓有成效的。在教育和动员工人方面，都取得了一定成果，而这是同英国工人阶级本身的"先进性"分不开的。"被压迫阶级的存在就是每一个以阶级对抗为基础的社会的必要条件。因此，被压迫阶级的解放必然意味着新社会的建立。要使被压迫阶级能够解放自己，就必须使既得的生产力和现存的社会关系不再能够继续并存。在一切生产工具中，最强大的一种生产力是革命阶级本身。"① 随着斗争经验的积累，英国工人逐步意识到工人团体力量的分散与孱弱是斗争经常失败的重要原因，因而有了广泛联合的意愿，开始准备建立全国性的组织，由此工会的组织建设进入了新的阶段。

1860 年成立的工联伦敦理事会，是英国工人运动的领导中心，其中涌现出来的领袖后来也多在第一国际的创立中发挥过重要作用，尤其是众望所归的领导者乔治·奥哲尔。马克思将工联的领袖们视为当时的工人运动中最具影响的集体，是工人中的真正力量和实力人物。

这一批工联的领袖本身有着大体一致的工作经历和背景，在经济与政治思想上也持有基本相同的观点。他们都是熟练工人出身，在全国性的工会活动中显示出较强的领导和组织能力，热心维护同业工人的切身利益。同时，他们也有实干能力，在现实工作中赢得了工人群体的普遍信任。但是，在思想上，由于他们与资产阶级改良派有或多或少的接触，因而也普遍相信能够通过和平协商，在话语沟通的层面上获得资产者的仁慈对待，以"济贫所"等方式在一定程度上改善无产者的生活困境。工联领袖的这

---

① 《马克思恩格斯文集》第 1 卷，人民出版社 2009 年版，第 655 页。

种思想上的妥协性与软弱性，无疑成为后来"工联主义"错误思潮形成的思想渊源，而这也是马克思后来批判工联派机会主义思想的现实根基所在。

二　工联主义的危害

在英国工联发展之初的 19 世纪 50—60 年代，英国的工人运动水平不仅高于其他国家的普遍水平，并且也在资本主义国家间起到了显著的带头作用。由于英国工联颇具号召力的斗争行动，英国的工人阶级持续走在世界工人运动的前列，并且起着联系和团结其他西方国家工人群体的枢纽作用。也正是由于英国工人运动无论从组织规模还是人员素质上，都在当时的国际工人运动整体水平上占据首位，因此，第一国际的建立与发展过程必然与工联主义密切相关。

工联在第一国际的创建初期起着积极正面的作用。第一国际的最大的会员来源国便是英国，在 1872 年国际工人协会总委员会迁往美国之前，主席和历届书记也都是英国工联的会员。总委员会经费中有近半数是来自工联的基层组织，总委员会的财务委员也几乎都由工联会员担任，而工联的机关报《蜂房报》曾经同时是第一国际的正式机关报。由此可见，第一国际与工联之间的关系错综复杂。特别是在第一国际创立的最初几年，工联是发挥积极作用的助力组织。总体而言，英国工联主义既没有鲜明的斗争纲领，也不诉求完整而深刻的理论体系，仅仅停留在为工人阶级争取公平的工作条件的经济斗争层面。这使得工联主义既有与马克思主义相契合的思路与方向，又因其不试图彻底打碎和推翻现有的资本主义制度以彻底解放工人阶级的斗争立场，而必然与马克思主义分道扬镳。

工联是第一国际的发起者和创建者，是第一国际成立之后的强大组织支柱，是 1872 年之前的历次第一国际的代表大会、代表会议总委员会路线的执行者，是站在马克思的同一阵营坚决反对蒲鲁东主义和巴枯宁主义的重要力量。但是，后来由于作为工联领袖的"工人贵族"转化为资产阶级利益的代言者，他们被资产阶级所同化，普遍相信资产阶级议会将有可能实行有利于工人阶级的改革政策，从而成为资本主义统治的帮手，不再为工人阶级的长远利益进行斗争，甚至被称为英国资产阶级自由党的"劳工派"代表。

在理论上，他们放弃了宪章运动以来在工人中流传的社会主义思想，转而接受自由主义的放任主张，并企图使用资产阶级政治经济学的错误观点来指引英国工人运动的方向。工联主义作为一个错误思潮，放弃了政治斗争、阶级斗争，无法正视无产阶级革命的必然性，从而破坏了在工人运动的基础上成立工人阶级政党，以此全面实现社会革命的可能性。马克思作为坚定的革命者与伟大的思想导师，必然与第一国际中的"工联主义"错误思潮展开持久而坚决的批判。

三　马克思对工联主义的批判

在第一国际的最初阶段，工联为各国工人的联合作出了重要贡献，马克思也高度赞扬了工联领导人奥哲尔和克里默在筹备 1864 年 9 月 28 日举行的第一国际成立大会中所起的作用。在成立大会上，有 26 名英国工会运动的活动家被选入临时委员会，占临时委员会的一半以上，马克思对此评价说："协会——或者确切些说它的委员会——具有重大的意义，因为加入协会的有伦敦工联的领导人。"[1] 在第一国际成立的初期，其中真正的马克思主义者非常少，而马克思最终能够成为每届委员会的灵魂人物，与工联代表在总委员会中对马克思的大力支持分不开。1866 年第一国际的第一次代表大会在

---

[1] 《马克思恩格斯全集》第 31 卷，人民出版社 1972 年版，第 436 页。

日内瓦举行。在大会上，蒲鲁东主义者妄图用只有工人才能成为国际的领导者这样的标准将马克思隔离于国际的管理事务之外。由于工联代表的极力反对，蒲鲁东主义分子的提案才最终被否决。而在随后召开的 1867 年洛桑代表大会、1868 年布鲁塞尔代表大会上，蒲鲁东主义者又提出改变总委员会纲领的议案，以工联代表为首的众多代表全力反对，站在马克思主义的一边与蒲鲁东主义者进行斗争，这才使得蒲鲁东主义者遭到全面失败。

但是，在第一国际的发展过程中，工联的领导人也开始出现与马克思主义不相一致乃至背道而驰的思想主张。一个工人如果受到了"工联主义"改良思想的影响，必然会抛弃革命的理想，讲求实惠、热衷于私己"小我"的物质生活，眼光狭隘，看不到阶级解放和全人类解放的伟大事业的光辉前景。

当时的"工联主义"主要包含如下一些具体论点。第一，宣扬劳资利益根本上的一致性，强调阶级利益调和的观点，提出无论劳资双方哪一方加害于对方，都会对自身造成损害，而不可能解决问题。在既定的社会状况之下，任何一个阶级都不可能不受损害地取得对于另一个阶级的胜利，而雇主和雇工之间如果想要维持和睦相处的工作模式，必须要学会适当的容忍和宽容。第二，主张工会的要务在于在有限的层面争取改良的结果，而非进行政治革命，反对工会组织关心社会的根本改造，甚至在对资本主义制度的幻想之下，认定工人应当接受资产阶级改良派的领导，充当资产阶级渐进社会改良的辅助者、同路人。第三，反对罢工，认为应当通过调解和仲裁解决劳资矛盾，而非诉诸阶级斗争与革命。对于工人阶级的群体性抵抗运动持消极态度，尽可能劝说工人采取和平方式表达基本诉求，从而客观上成为资本主义制度稳定性的助力者。第四，坚持狭隘的旧式行会风气，越来越倾向于采取仅仅是"互助会"的模式来进行工作。这种组织思路上的偏狭使得工联在实践活动中完全脱离了广大工人群众，也越来越不能代表整个工人阶级的阶级利益，使得工联失去了本来应有的组织作用。第五，反对爱尔兰民族解放运动，反对爱尔兰独立，工联组织表现出严重的沙文主义立场。在组织机构上，工联组织阻挠第一国际在爱尔兰成立支部。如上的思想内容，尤其是工联对于"爱尔兰问题"所持的极端立场，使得马克思主义与工联主义的冲突对立变得更加尖锐。

从 1867 年秋开始，马克思就在广泛宣传、支持爱尔兰的民族解放运动，但是工联的改良派却采取了错误的民族沙文主义立场，反对爱尔兰的芬尼亚社采取暴力革命来推翻英国的殖民主义统治，并使爱尔兰脱离英国而获得独立的做法。1867 年 11 月 19 日，马克思带病参加了国际工人协会总委员会在伦敦就爱尔兰问题所召开的公开辩论会，与英国的工联主义者进行针锋相对的抗辩。12 月 16 日，马克思又在伦敦德意志工人共产主义教育协会上作了关于爱尔兰问题的讲座，指出在英国仍然是殖民主义国家的情况下，爱尔兰只有取得独立，才能保障自身的发展，才能削弱英国的殖民主义，也只有进行土地革命，才能将爱尔兰的大多数的农民发动起来，赢得民族的解放。而只要实现了爱尔兰的独立与解放，就是对英国殖民主义政策的重要打击，也同样会对于英国资产阶级思想影响之下的工联主义造成沉重打击，而这无疑是符合无产阶级的革命意志的。

马克思认定第一国际应当保持国际主义的立场，排除偏见，真正将被压迫民族的解放斗争看成自己的解放斗争，从而也就必须把支持爱尔兰的民族解放革命放在与自身的解放事业同等重要的地位来考虑。而马克思也在论述英国无产阶级革命与爱尔兰民族解放革命的关系问题上，作出了一个非常重要的革命论断："对爱尔兰问题作了多年研究之后，我得出了这样的结论：**不是在英国，而只有在爱尔兰**才能给英国统治阶级以决定性的打击（而这对全世界的工人运动来说是有决定意义的）。"① 而国际工人协会总委员会关于英国工人阶级对爱尔兰态度问题的辩论，也是以马克思主义的胜利和英国工联主义的失败而告终的。1870 年 1 月 1 日，在总委员会的非常会议上，通过了由马克思拟定的决议。在 1 月 4 日的委员会会议上，总委员会正式宣布了马克思所建议开展的关于爱尔兰问题的辩论，以马克思观点的胜利而宣告结束。

通过批评和教育工联分子对爱尔兰问题的错误论断，马克思在战胜英国工联主义的机会主义路线的同时，也批判了拉萨尔主义、蒲鲁东主义和巴枯宁主义的反革命论的民族虚无主义，从而使马克思主义与持有各种不同论点的机会主义在民族解放问题上有了本质区别。从马克思和恩格斯在第一国际中与工联主义的斗争过程可以看到，正是通过对机会主义分子进行严正批判，马克思主义得到了更为广泛的传播与发展，马克思主义作为战无不胜的力量，开始逐渐成为引领无产阶级运动的核心思想。

马克思和恩格斯在与工联主义的斗争中始终坚持正确的组织原则，高举团结的革命旗帜，不断将马克思主义基本原理应用于具体的斗争行动之中，通过一个接一个的斗争实践，使得马克思的学说广泛传播开来，最终确立了马克思主义在国际工人运动中的领导地位。1867 年马克思撰写的《临时中央委员会就若干问题给代表的指示》中的"工会（工联）。它们的过去、现在和未来"这一章节，对于工联（工会）的"未来"作出了定位："不管工会的最初目的如何，现在它们必须学会作为工人阶级的组织中心而自觉地进行活动，把工人阶级的**彻底解放**作为自己的伟大任务。工会应当支持各方面的任何社会运动和政治运动。它们承认自己是并且以实际行动表现出自己是整个工人阶级的代表和为工人阶级利益而斗争的战士，

---

① 《马克思恩格斯全集》第 32 卷，人民出版社 1974 年版，第 654 页。

因而有义务把没有组织起来的工人吸引到自己的队伍中来。……工会应该向全世界证明，它们绝不是为了狭隘的利己主义的利益，而是为了千百万被压迫者的解放进行斗争。"① 也正是以此为根本出发点，马克思立场鲜明地指出了工联（工会）未来发展的"世界主义"定位，要以之为基础而超越"狭隘的利己主义"，并将这种思想宗旨发展成为工人斗争的核心信念。

通过对工联主义妥协保守的机会主义思潮的斗争与批判，马克思在第一国际内部树立了理论和实践上的权威，并通过处理爱尔兰民族问题等，使革命的世界主义观念深入人心，并在第一国际的实际行动中发挥出典范作用。马克思以批判工联主义为背景，深刻阐述了阶级斗争与无产阶级革命思想，指出阶级斗争的性质和目标决定了任何试图成为统治力量并建立新社会的阶级，在进行推翻旧的统治阶级的革命时，革命的首要任务就是夺取政权。而政权问题之所以成为革命的根本问题，不仅是因为被压迫阶级只有掌握了政权才能上升为统治阶级，实现全面的社会统治，而且还因为政权问题也关系到革命本身。这是因为，任何一次革命，都不是单纯由一个被压迫阶级来完成的。在现实的革命实践中，作为新生产力代表的被压迫阶级，在推翻统治阶级的过程当中，为了真正能够实现自身的解放，并建立新的社会，除了对社会整体的价值观念要有所把握之外，还必须实现普遍的联合。不仅要联系整个社会中的被压迫阶级，还要与其他的一切非统治阶级建立联系，这样才可以采取最有力的革命行动，以推翻旧的统治阶级。这也是马克思和恩格斯的革命学说，以及他们所建立的世界性革命组织最终要实现的："协会的目的就在于把各国工人阶级分散进行的求解放的斗争联合起来、普遍地开展起来。"② 无产阶级的革命实

① 《马克思恩格斯全集》第16卷，人民出版社1964年版，第221页。
② 《马克思恩格斯全集》第21卷，人民出版社2003年第二版，第266页。

践正是在马克思主义的统一"轨道"下，向着未来理想社会不断践行的现实的行动。这种现实的行动，恰恰就是要在马克思主义无产阶级革命理论的指导下才可能实现的。"协会的伟大目的之一就是要尽力使各国工人在求解放的大军中，不仅在感情上是，而且在行动上也是兄弟和同志。"① 从根本上讲，促使这种"兄弟和同志"般的革命同盟得以建立的"共同的轨道"，正是全世界无产者团结一心而开拓进取的无产阶级革命道路。

第三节　对巴枯宁主义的批判

19 世纪 60—70 年代欧洲工人运动中出现了一股以巴枯宁为代表的无政府主义思潮，这成为革命运动中的又一股逆流。马克思和恩格斯经过长期而坚定的批判斗争，终于粉碎了巴枯宁及其信徒们企图破坏国际工人团结的反动分裂阴谋，并由此为国际工人运动的进一步健康发展指明了方向。

一　巴枯宁主义的形成

巴枯宁主义产生于 19 世纪 60 年代，在小生产者纷纷破产、游民无产者队伍迅速扩大的条件下，巴枯宁及其信徒抓住游民无产者的绝望情绪，将之作为自己进行政治动员的心理基础，不断扩大巴枯宁主义的影响。虽然巴枯宁主义的出现有一定的历史合理性，但这种思想本身对于国际工人运动的发展有着极大的危害。马克思和恩格斯与无产阶级革命队伍中的小资产阶级无政府主义展开了长期的尖锐斗争。

巴枯宁的无政府主义思想体系的理论基础是从圣西门主义者、

---

① 《马克思恩格斯全集》第 21 卷，人民出版社 2003 年第二版，第 266 页。

施蒂纳、蒲鲁东等人那里抄袭而拼凑起来的无政府主义思想杂烩，是蒲鲁东主义和魏特林空想主义错误路线的延续。其对工人运动具有极大的破坏性，曾经造成了第一国际的分裂。这一以巴枯宁为代表的无政府主义思潮，作为革命运动的又一股逆流，延续了蒲鲁东无政府主义思潮的理论判断。巴枯宁主义认为，国家是所有罪恶的根源，正是随着国家的出现，才有了剥削和压迫等不正义现象。由此，巴枯宁主义主张废除国家，维护人类的平等和自由，重建一个无政府状态的社会，使人们摆脱国家和政府的束缚，从而享有绝对的自由。巴枯宁主义认为，私有制和社会不平等的基础是财产继承权，要彻底地消灭私有制，根除社会上的不平等境遇，就必须将废除财产继承权作为社会革命的出发点。

巴枯宁主义反对一切权威性的组织形式，也反对工人阶级采取政治运动作为革命手段。为了达到废除国家，建立无政府社会的虚幻理想，它认定必须放弃政治性的运作方式，只是依靠少数人的密谋策略，将流氓无产者和破产农民作为革命主力，举行毁灭性的全民暴动，以此来使国家退出历史舞台。

作为一位无政府主义理论家，巴枯宁的思想中有批判资产阶级政治统治的进步一面。他正确揭示了政治威权企图通过愚化人民来维护自身统治稳定性的意识形态：资产阶级政府"当然希望人民永远俯首听命，没有怨言地去承受一切强加在他们身上的沉重负担。为此，就必须使人民永远不能知道自己的权利，不能认识自己的力量，永远认为自己是无能为力的，永远相信沙皇的唯一权力和不可战胜的力量"①。巴枯宁对资本主义的批评，也使他注意到了恩格斯在《英国工人阶级状况》中所揭示的英国的贫困与不平等问题，并

---

① ［俄］巴枯宁：《国家制度和无政府状态》，马骧聪、任允正、韩延龙译，商务印书馆2013年版，第272页。

由此而认识到了工人运动的重要意义。"只有一个国家以应有的诚实充分地揭露了这些事实，这就是英国。在那里，由于议会所属各个委员会诚实地执行了委托给它们的任务，在根据议会命令公布的报告中，到底揭露了英国无产阶级骇人听闻的贫困。这就大大促进了英国工人运动的加强。"① 但是巴枯宁自身的错误理论，又限制了他认识到工人运动及工人组织的历史使命，从而只能使他和他的信徒被革命历史进步的浪潮所抛弃。

巴枯宁在《苏黎世斯拉夫人支部纲领》中，清晰地提出了反对工人运动内部的权威系统，企图分裂第一国际的纲领与口号："斯拉夫人支部既不承认官方的真理，也不承认由总委员会或全协会代表大会规定的单一的政治纲领。它只承认个人、各个支部和联合会在全世界工人反对剥削者的经济斗争中的充分团结。"② 这种典型的各自为政、各自为战的斗争策略，是对第一国际以马克思为代表的总委员会的公然无视与背叛行为，在工人运动群体中造成了极坏影响。"鉴于国际工人协会所承担的把人民群众从一切监管和一切政府压迫下解放出来的伟大任务，斯拉夫人支部不允许在国际工人协会中有存在任何最高权力或政府的可能性，因而也不允许在各独立支部的自由联合以外存在其他组织。"③ 隐藏在"组织限制"与"权威限制"之下的思想意图，恰恰是另立组织、另造权威。而这一独立于第一国际的新的工人运动权威的源头，无疑就是巴枯宁及其错误主张。巴枯宁主义的理论影响，造成了第一国际内部领导思想的混乱与分裂；马克思和恩格斯对之进行了长期批判，成功捍卫了第一国

---

① ［俄］巴枯宁：《国家制度和无政府状态》，马骧聪、任允正、韩延龙译，商务印书馆2013年版，第279—280页。

② ［俄］巴枯宁：《苏黎世斯拉夫人支部纲领》，见《国家制度和无政府状态》，马骧聪、任允正、韩延龙译，商务印书馆2013年版，第266页。

③ ［俄］巴枯宁：《苏黎世斯拉夫人支部纲领》，见《国家制度和无政府状态》，马骧聪、任允正、韩延龙译，商务印书馆2013年版，第266页。

际的斗争成就与思想成果。

二　巴枯宁主义的危害

巴枯宁本人在 1848 年革命失败后，经历多年的流亡，最终于 1868 年加入第一国际。巴枯宁将他的无政府主义思想带入第一国际，就是想要借助国际的力量，来实现其反动的思想纲领，因此也就在国际内部埋下了混乱的种子。他一方面在第一国际内部不断传播他的无政府主义理念，另一方面也在第一国际的地方支部建立小的派系，企图通过瓦解和分裂活动，最终篡夺国际的最高领导权。马克思和恩格斯很早就认清了巴枯宁的阴谋和嘴脸，不仅在理论批判上进行了坚决的斗争，而且在国际的组织内部也开展了大量工作，对巴枯宁分子分裂第一国际的行为进行了彻底揭露，以保卫无产阶级的胜利果实不被别有图谋者窃取。

早在 1864 年，巴枯宁曾到伦敦会见马克思，向马克思表示希望加入第一国际并为国际贡献力量。马克思对他的想法表示了赞同，并交给他一些国际的材料，以让他掌握国际的路线和纲领。此后，巴枯宁表面上赞同马克思的观点，并致信表示自己是马克思的学生，将会坚持马克思的路线。但另一方面，他又时刻在积极组织自己的无政府主义小团体。在参与另一个资产阶级组织"和平与自由同盟"遭遇失败的情况下，巴枯宁才选择加入第一国际。

巴枯宁加入第一国际的真正目的就是要扩展自己的势力，伺机将第一国际变成实现自己政治野心的工具，以个人的独裁领袖身份替代总委员会的领导，并将其无政府主义的政治纲领置于第一国际的共同章程之上。在这一目的的驱使之下，在加入第一国际的初期，巴枯宁就在国际的伦敦总委员会不知情的情况下，组建了一个由他个人领导和控制的秘密组织"国际社会主义民主同盟"。这个同盟具有明显的敌视第一国际的态度，并且有自己的纲领、章程和组织架构，预谋从根本上改变第一国际的革命性质，并由此篡夺领导权。马克思很快就察觉了巴枯宁的阴谋举动。1868 年 12 月，国际工人协会总委员会讨论了"国际社会主义民主同盟"的相关问题，并得出结论，认为"国际社会主义民主同盟"作为既存在于国际内部，但同时又不受国际的组织约束而采取行动的另一个国际性工人运动组织的存在，本身必将对国际的稳定和团结构成威胁。任何其他地方的其他派系的模仿行为，也将会使得别的负有特殊理念的组织被引入到第一国际的体系中来。因此，第一国际不仅陷于分裂的危险之中，更加有可能成为埋葬于种族和民族的阴谋冲突之中的革命力量，这是绝对不能允许的。在马克思的提议之下，国际工人协会总委员会决定，一律废除"国际社会主义民主同盟"相关章程中所规定的它与第一国际的关系的所有条文，而且也不接纳其作为一个国际的地方支部而存在。

国际工人协会总委员会的这一决定，无疑使巴枯宁深受打击，但他仍旧要努力为其阴谋行动保留可能空间。在第一国际的决议出台之后，巴枯宁以"国际社会主义民主同盟"中央委员的名义写信给总委员会，表示接受第一国际的决议，同意解散"国际社会主义民主同盟"并以个人身份加入国际。但是同时，他又要求国际工人协会总委员会必须承认"国际社会主义民主同盟"的所谓寻求普遍意义上的阶级平等的"激进原则"。马克思对此原则进行了严厉批判，在《国际工人协会总委员会致社会主义民主同盟中央局》中，马克思提出："'首先力求实现各阶级在政治、经济和社会方面的**平等**。'各阶级的平等，照字面上的理解，就是资产阶级社会主义者所拼命鼓吹的'**资本和劳动的协调**'。不是**各阶级的平等**——这是谬论，实际上是做不到的——相反地是**消灭阶级**，这才是无产阶级运动的真正秘密，也是国际工人协会的伟大目标。"① 通过重申国际工人运动原则，马克思粉碎了巴枯宁从思想上瓦解分裂第一国际的企图，并进一步断言，国际绝不会接受将"劳资调和"作为行动纲领的资产阶级组织混入革命的队伍之中，而只会接受为工人阶级的彻底解放而奋斗的工人运动团体。基于这一指导思想，"国际社会主义民主同盟"想要加入国际，就必须在组织上解散"同盟"，放弃其寻求阶级间的正义与平等的纲领原则，并且要如实向伦敦总委员会报告其地方组织的组织机构和人员情况。巴枯宁对此作出回应，一方面表面上接受第一国际的决议，解散同盟组织，个人加入国际，并不再申明他的所谓"激进原则"；但是另一方面，他仍然在运作同盟组织，在比利时、意大利、西班牙、法国、瑞士等不同国家和地区，仍然保持着秘密的同盟组织，并且他也拒绝向国际工人协会总委员会提供其组织机构的人员详情。这一切都说明，巴枯宁仍然妄图通过秘密组织来实现其分裂第一国际的企图，而马克思和恩格斯同其进行了相当长一段时间的坚决斗争，才最终将这一国际内部的毒瘤铲除干净。

三 马克思恩格斯对巴枯宁主义的批判

随着巴枯宁主义对工人运动的思想危害愈发显著，马克思认识到必须与其进行坚决的斗争。1869 年 9 月 6—11 日，国际工人协会第四次代表大会在巴塞尔举行，巴枯宁在大会之前就开始部署并散播各种分裂言论，企图以不正当的手段主导会议进程。马克思针对巴枯宁的阴谋行径，作了有针对性的准备，他起草了《总委员会向国际工人协会第四次年度代表大会的报告》，并将巴枯宁主义的主要议题"继承权"问题作为关键的批驳对象在大会上展开了批判。巴枯宁一贯将废除继承权作为其无政府主义运动理论的起点，在大会

---

① 《马克思恩格斯全集》第 16 卷，人民出版社 1964 年版，第 394 页。

上，巴枯宁本人也一再强调要消灭私有制、实现公有制就必须首先废除继承权的片面观点。马克思所起草的《总委员会关于继承权的报告》专门针对巴枯宁的错误观点提出了批评。马克思提出，无产阶级革命的目的是消灭生产资料私有制，消灭使得剥削阶级可以借助生产资料私有制而剥削他人劳动成果的政治经济制度。因此，只要消灭了生产资料私有制，那么建立在私有制基础之上的财产继承权就会自然消亡。在这个意义上，不是简单地片面抵制、废除继承权这一项权利，而应当是全方位地消灭私有制，这才是共产主义革命的关键。巴枯宁所谓废除继承权是社会革命的出发点的思想路线，在理论上是错误的，在实践中是反动的。马克思对巴枯宁思想路线的彻底驳斥，沉重打击了巴枯宁主义者的气焰，粉碎了他们借助无政府主义纲领广泛发动革命群众的企图。日内瓦大会仍选举马克思和其他马克思主义者为国际工人协会总委员会委员，维持了第一国际的正确思想路线，而巴枯宁主义者妄图将总委员会迁至日内瓦的提议也被否决。巴枯宁分裂国际、篡夺领导权的图谋再次宣告破产。

1871 年 9 月 17 日，国际工人协会第二次伦敦代表会议开幕，马克思和恩格斯亲自参与和领导了会议的进行，并在会上作了重要发言。会议中最重要的决议，是讨论通过了《关于工人阶级的政治行动》的决议。此决议彻底否定和粉碎了巴枯宁分子放弃政治、放弃国家建制的无政府言论，给巴枯宁主义以沉重的打击。马克思还就《关于工人阶级的政治行动》的相关问题作了发言，指出巴枯宁分子的所谓无政府主义论点，实际上是在暗合并投降于各国反动政府的政策需要。恩格斯也在会议上作了相关问题的发言，指出所谓的放弃政治、放弃国家，既是反动的理论，也是荒谬的行动指南。向工人运动鼓吹放弃政治行动，就是要工人阶级安于资产阶级的残酷压迫，就是要把无产阶级禁锢于无所不在的剥削体系之下，因而是完全不能接受的。无产阶级必须建立自己的政治统治，以达到彻底消灭资产阶级的目的。

为了开展广泛的政治斗争，密切第一国际与广大工农劳动群众的关系，会议要求加强国际与各国工会的联系，并在农业地区宣传国际的理念，建立农村支部，吸收农民加入无产阶级运动。经过热烈的讨论，大会通过了由马克思和恩格斯联合起草的 17 项决议，这是马克思主义无产阶级革命思想的重大胜利，也是对巴枯宁无政府主义的沉重而有力的打击。

伦敦会议结束之后，马克思和恩格斯同巴枯宁主义的斗争愈发激烈。1871 年 11 月，有巴枯宁分子在瑞士桑维耳耶举行会议，通过了与伦敦代表会议唱反调的会员书，鼓吹无政府主义纲领，主张要把国际工人协会总委员会变成没有任何行动权威的"简单统计通讯局"，并污蔑总委员会是"阴谋的策源地"，伦敦会议决议严重违反国际章程等。巴枯宁分子要求立即召开第一国际非常代表大会以撤换总委员会，并撤销伦敦会议决议，这份通告书不仅由巴枯宁分子寄往国际的各分支机构，而且还被刊发在资产阶级的报纸上。在这一过程中，巴枯宁本人也亲自行动，参与鼓动活动，以争取更多人来支持和取信于这份桑维耳耶通告。巴枯宁主义者的恶劣行径，在国际工人运动内部造成了极坏的影响，马克思和恩格斯对此进行了反击。1872 年 1 月 2 日，恩格斯致信李卜克内西，指出巴枯宁及其追随者已经充分暴露了其分裂意图，必须采取相应的措施。随后，恩格斯又发表了《桑维耳耶代表大会和国际》这一重要的批判文章，并且在 1872 年的 1—3 月，与马克思合作撰写了《所谓国际内部的分裂》这一内部通告，并由国际工人协会总委员会授权分发给国际工人协会的所有联合会，以说明当时所面临的思想和行动中的分裂状况。

在巴枯宁主义的无政府主义指控下，"国际工人协会总委员会"只有成为一个没有行动权威和影响力的"简单统计通讯局"，才符合工人运动的实质。这无疑是要将第一国际带向毁灭。马克思和恩格斯提出，无产阶级的革命组织，如果缺乏了集中的权威与领导，缺失了现实有效的纪律与规范，特别是缺少了强而有力、统一全局意志的执行机构，就不能既对外与资产阶级的反扑与镇压相抗衡，也不能在国际的内部保持无产阶级革命的阶级属性，不能保证国际以团结一致的革命态度去实现伟大的历史使命。而巴枯宁分子的种种分裂行动已经清楚地表明，他们是工人阶级内部的一个阴谋团体，他们表面上宣扬对资产阶级政权的批判态度，实质上正是以此来伪装自己，混入工人阶级的队伍之中进行破坏活动。其最终目的是通过分裂与欺骗，从内部腐蚀无产阶级的革命队伍，其根本是为资产阶级利益而服务的。因此，马克思和恩格斯提出，必须彻底揭露并且清楚这一由冒牌革命者组成的宗派组织，具体的行动，就是要在1872年举行的海牙代表大会上，给巴枯宁主义以"最沉重的打击"。

巴枯宁主义者的分裂行动，在第一国际的西班牙联合委员会中取得了最大的动员效果，使得与西班牙联合委员会的斗争成为马克思和恩格斯进一步肃清巴枯宁主义反动影响的工作重心。1872年，马克思和恩格斯专门派遣国际工人协会总委员会委员拉法格到马德里全权处理清除巴枯宁分子的任务，委任他另立新的组织，以防巴枯宁阵营在各方面完全与国际决裂。由此，西班牙的先进工人组建了国际工人协会的新马德里委员会，在随后举行的萨拉戈萨代表大会上，已经处于孤立境地的巴枯宁分子遭遇了失败，"冒牌预言家的骗局和宗派主义的阴谋诡计"初步得到了抑制。1872年7月5日，恩格斯向总委员会报告了巴枯宁主义者在意大利、西班牙和瑞士等地的分裂活动，建议把巴枯宁的小宗派分子开除出国际。

1872年9月举行的国际工人协会海牙代表大会，彻底清算了巴枯宁主义的错谬言论，宣告了马克思主义反对巴枯宁主义的胜利。在马克思和恩格斯及其他无产阶级革命家的坚决斗争之下，海牙大会肯定了伦敦代表会议的关于工人阶级政治行动的决议,大会再次确定了未来政治行动的坚定方向:无产阶级革命的最终目标是消灭阶级;夺取政权是无产阶级的伟大历史使命;无产阶级必须建立独立的权威性的政党,才能够为一个阶级而进行革命,才能在与资产阶级的斗争中获得胜利。

在统一认识的前提下,大会彻底批判了巴枯宁分子的无政府主义,并认定巴枯宁与巴枯宁主义者的政治观点,其实正是妄图镇压、反对第一国际的各国反动政府的政策需要,也同时会使得听信这一反动宣传的工人运动陷入无法行动、坐以待毙的艰难境地。如果不能及时粉碎这一无政府主义论点的负面影响,国际将根本无法承担其领导工人阶级反抗暴政的历史任务,也不可能取得人类解放事业所赋予的坚强使命。大会最后经马克思和恩格斯提议,将巴枯宁及其追随者开除出国际,也由此而取得了马克思主义反击巴枯宁主义的决定性胜利。

在海牙代表大会所取得的胜利成果的基础上,马克思和恩格斯继续清算巴枯宁主义的余毒,以彻底肃清巴枯宁分子在工人运动中的影响。以海牙代表大会公布的报告和文件为素材,马克思和恩格斯在拉法格的协助之下,于 1873 年 4—7 月完成了全面批判和揭露巴枯宁言论的反动实质的文献《社会主义民主同盟和国际工人协会》,系统总结回顾了与巴枯宁分子斗争的经验,强调了在工人运动中树立权威的重要性,并深入剖析了巴枯宁式无政府主义的错误理念。在《社会主义民主同盟和国际工人协会》中,马克思和恩格斯根据巴枯宁派系的公开与秘密文献,揭露了巴枯宁主义组织的阴谋性质与颠覆目的,充分暴露了巴枯宁分子的欺骗行径。他们批判其在意大利、西班牙、瑞士及俄法各国的针对第一国际的破坏活动,拒斥了巴枯宁主义的思想和行动纲领。"这个团体横蛮无礼地用它自己的宗派主义纲领和自己的狭隘思想来偷换我们协会的广泛的纲领和伟大的意向……在我们的队伍中挑起了一场公开的战争。这个团体为了达到自己的目的，不择任何手段，不顾任何信义；造谣、诬蔑、恫吓、暗杀——所有这一切同样都是它惯用的伎俩。"① 马克思和恩格斯提出，巴枯宁主张的所谓无政府、反权威的理念，包括其四处传播的支部自治、自由联邦等种种论点，其实是出于其反对第一国际的阴谋计划，是对各个反对国际的国家的颠覆需求的暗自配合，而同时他在自己的宗派内部，实际上实行的是由一个特权代表人物领导的独裁统治，所有加入这个宗派的人都必须对巴枯宁本人无条件服从。在这个意义上，巴枯宁正是自己的理论所反对的目标。在澄清了巴枯宁无政府主义思想的内在混乱和外在危害之后，马克思和恩格斯回顾了各国的无产阶级同巴枯宁分子的坚决斗争，并在总结之前的斗争经验的基础上，提出了揭露巴枯宁主义的有效办法："要对付这一切阴谋诡计，只有一个办法，然而是具有毁灭性力量的办法，这就是把它彻底公开。把这些阴谋诡计彻头彻尾地加以揭穿，就会使它们失去任何力量。"②

在随后持续进行的"揭穿"巴枯宁主义的工作中，恩格斯担当了更为主要的批判者的角色。在《行动中的巴枯宁主义者》中，恩格斯利用巴枯宁分子在西班牙起义中的表现，指出"巴枯宁主义者在西班牙给我们提供了一个不应当如何进行革命的绝好的例子"③。对于西班牙发生的这次由议会选举问题而引发的事件，信奉巴枯宁主义的本地国际组织公开宣布，国际本身并不应该从事任何政治活动，同时却可以允许国际的会员以个人的身份、自我负责地去采取行动，并且可以在这个阶段加入他们认为适切的任何党派。恩格斯认为，这些具体的做法，不仅根本上瓦解了他们宣称的全部信条，

---

① 《马克思恩格斯全集》第 18 卷，人民出版社 1964 年版，第 371 页。
② 《马克思恩格斯全集》第 18 卷，人民出版社 1964 年版，第 372 页。
③ 《马克思恩格斯全集》第 18 卷，人民出版社 1964 年版，第 540 页。

更加说明了巴枯宁主义本身就是一种阴谋的"伪装"。"这就是巴枯宁主义的'放弃政治'的结局。在和平时期，无产阶级就预先知道，他们至多只能把几个代表选进议会，而根本不可能获得议会的多数。……其实，这是胆小如鼠的人乔装为革命者的绝妙手法。"① 在从根本上揭露巴枯宁主义思想企图的情况下，恩格斯也就可以对巴枯宁式的"无政府主义"作出本质性的界定："所谓的无政府状态、独立小组的自由联合等原则的唯一结果，只能是无限制地和荒谬地分散革命的斗争力量。"② 这就科学揭露了巴枯宁式的无政府主义的真正本质。

针对巴枯宁主义毫无革命建树，而只是搞阴谋、拉帮结派、分裂革命队伍的派系本质，恩格斯层次明晰地进行了批判。"巴枯宁主义者一遇到严重的革命形势，就不得不抛弃自己以前的全部纲领。……他们把工人不应当参加不以无产阶级的立即完全解放为目的的任何革命这一原则抛弃了，他们自己参加了显然是纯资产阶级的运动。"③ 巴枯宁主义者在西班牙事态中呈现的完全对自己所宣称的逻辑和原则的背弃，也充分说明了这一组织本身的混乱与矛盾，而且"这种背弃以前宣传的原则的行为，是以最怯懦、最虚伪的形式和昧着良心做出来的，所以无论是巴枯宁主义者自己或者是受他们领导的群众，都是在没有任何纲领或者根本不知道他们究竟要做什么的情况下投入了运动"④。巴枯宁信徒的"不知其所以然而然"，正说明了巴枯宁本人及其无政府主义理论的核心目的，并不是要建立一股足以创建未来社会秩序的革命力量，而是要通过政治动员的方式，为自己在资产阶级政党秩序下尽可能地谋取政治利益。"可见，一旦要采取实际行动，巴

---

① 《马克思恩格斯全集》第18卷，人民出版社1964年版，第523页。
② 《马克思恩格斯全集》第18卷，人民出版社1964年版，第539页。
③ 《马克思恩格斯全集》第18卷，人民出版社1964年版，第538—539页。
④ 《马克思恩格斯全集》第18卷，人民出版社1964年版，第539页。

枯宁主义者的极端革命的叫喊，不是变为安抚，就是变为一开始就没有前途的起义，或者变为同极其可耻地在政治上利用工人并用拳脚来对待工人的资产阶级政党的合流。"① 恩格斯对于巴枯宁及其信徒在"理念与行动"之间的脱节的分析，深刻揭示了巴枯宁主义无政府言论的根本指向，即通过对革命者采取最大限度的欺骗，从而实现其向资产阶级主流的无条件投诚。因此，"他们践踏了他们自己刚刚宣布的原则：成立革命政府无非是对工人阶级的一种新的欺骗和新的背叛，——他们破坏了这个原则，泰然自若地出席各城市的政府委员会的会议，同时他们差不多到处都是资产阶级先生们驾驭、在政治上被他们利用的软弱无力的少数派"②。

在充分揭露巴枯宁主义者的根本企图之后，恩格斯就可以更进一步地重新论述革命运动中"权威"的重要性，以彻底清除在革命队伍中巴枯宁无政府主义的余毒，这也成为马克思和恩格斯同巴枯宁分子作斗争的最终步骤。在《论权威》这篇著名文章中，恩格斯回溯了巴黎公社的革命经验，借以批判无政府主义的关于"权威"之不可信与不可取的谬论。恩格斯提出，"把权威原则说成是绝对坏的东西，而把自治原则说成是绝对好的东西，这是荒谬的。权威与自治是相对的东西，它们的应用范围是随着社会发展阶段的不同而改变的。如果自治者仅仅是想说，未来的社会组织只会在生产条件所必然要求的限度内允许权威存在，那也许还可以同他们说得通。但是，他们闭眼不看使权威成为必要的种种事实，只是拼命反对字眼"③。恩格斯通过强调自治与权威的辩证关系，否定和批判单一抓住片面结论而认定自治的革命组织不能容许权威存在的错误言论，阐明了正确应用革命理论的方法。

---

① 《马克思恩格斯全集》第 18 卷，人民出版社 1964 年版，第 539 页。
② 《马克思恩格斯全集》第 18 卷，人民出版社 1964 年版，第 539 页。
③ 《马克思恩格斯文集》第 3 卷，人民出版社 2009 年版，第 337—338 页。

针对巴枯宁主义所倡导的反对无产阶级专政、破坏一切阶级斗争、反对无产阶级斗争实践等多方面的理论与实践错误，恩格斯提出了以"权威"的形式来引导革命，以取得无产阶级革命胜利的根本原理。"反权威主义者却要求在产生权威的政治国家的各种社会条件消除以前，一举把权威的政治国家废除。他们要求把废除权威作为社会革命的第一个行动。这些先生见过革命没有？革命无疑是天下最权威的东西。革命就是一部分人用枪杆、刺刀、大炮，即用非常权威的手段强迫另一部分人接受自己的意志。"① 通过从理论的高度与实践的深度上共同批驳巴枯宁主义的负面影响，马克思和恩格斯在与巴枯宁在其信徒中传播的错误思潮的斗争中，深入、明晰、准确地阐明了马克思主义革命理论的真谛，同时也使得工人群众看清楚巴枯宁主义的反动本质。

第四节　对拉萨尔主义的批判

拉萨尔主义是 19 世纪 60 年代兴起于德国的一股相当有影响力的社会主义思潮，在立场、观点、方法上与蒲鲁东主义、工联主义和巴枯宁主义有着近似的机会主义特征。其在工人运动中的传播，对无产阶级革命的斗争方向造成了很大的负面影响。为了彻底肃清拉萨尔机会主义思潮对于工人运动的负面影响，马克思撰写了《哥达纲领批判》及一些相关的批判文本。作为一部重要的批判性、论战性著作，《哥达纲领批判》体现了马克思政治思想成熟时期的思想力量，既完善而系统地阐述了他对拉萨尔主义错误路线的态度，又清晰而深刻地论证了这一路线对于德国工人运动将造成的危害。在批判错误思想的同时，马克思明确提出了关于社会主义发展的科学

---

① 《马克思恩格斯文集》第 3 卷，人民出版社 2009 年版，第 338 页。

理论，对于无产阶级政治革命运动的进一步发展提出了关键性指导。

一　拉萨尔主义的形成

拉萨尔主义是 19 世纪典型的小资产阶级社会主义政治思潮，这种思潮具有鲜明的机会主义特征，对资产阶级的议会政治有不切实际的幻想，并且对无产阶级的革命行动持负面的意见。

拉萨尔主义的创始人斐迪南·拉萨尔出身于资产阶级家庭，其思想是小资产阶级社会主义、黑格尔主义、费希特自我理论与国家社会主义的混合，他主张工人阶级唯有通过和平方式争取普选权才是可行的、获得政治解放的方式，并以此而反对无产阶级革命，漠视共产主义的必然性；鼓吹工资铁律，反对提高工资的斗争；蔑视农民阶级，反对工农联盟的革命形式；维护普鲁士王国的利益，妄图通过王朝战争来实现德国的统一。恩格斯后来将其评价为普鲁士国王的"宫廷民主派"，非常恰当地揭露了拉萨尔的思想实质。

马克思与拉萨尔相识于 1848 年革命时期，后来马克思移居英国，拉萨尔就不断给马克思写信，信誓旦旦地说自己坚持宣传信仰马克思的学说，一心向往着马克思所代表的无产阶级政党。拉萨尔还在工人阶级当中，经常以马克思的挚友的名义进行自我宣传，以博取工人阶级的信任和同情，掩盖自己的"君主主义"思想。但事实上，他的观点和立场都与马克思主义背道而驰。在俾斯麦掌权之后，拉萨尔积极与其进行书信往来，并宣称俾斯麦的理论和政策与他的想法具有极大的相同之处，更与其进行暗中会谈，密谋消灭革命力量。拉萨尔行为与言论的"两面派"特征，已经表现得极为清晰。

1862 年 4 月，拉萨尔在柏林对机械工人发表了演讲，初步提出了工人应当追求平等并通过直接选举权来获得相应的平等权利的想法。该演讲随后以《工人纲领》之名公开出版，其中的一些观点得到了工人阶级的响应。1863年年初，拉萨尔出版了《给筹备全德工人代表大会的莱比锡中央委员会的公开答复》（简称《公开答复》），将"铁的工资规律"作为其主张的核心要素，强调要废除"铁的工资规律"就必须要借助国家所施予的贷款帮助，因而工人阶级的革命必须在资产阶级国家法权的限度之内有序地进行。并且他提出，工人的这种和平形态的"合法"斗争，不能够也不需要同广大农民进行联合。在这个意义上，拉萨尔认为德国根本不需要进行反对封建主义的革命，更不需要在民主革命之后再进行反对资本主义的社会主义革命。

《工人纲领》和《公开答复》的现实影响非常显著，这一系列论点的提出，也标志着拉萨尔主义的形成。1863年5月，全德工人代表大会在莱比锡召开，会议宣布了全德工人联合会的成立，并选举拉萨尔为联合会的第一任主席。全德工人联合会成立之初并没有提出正式的党纲。拉萨尔所著的《公开答复》实际上就成为当时的政治纲领，拉萨尔主义在当时的德国工人运动中的重要地位由此可见一斑。马克思对此曾作出肯定的评价："在德国工人运动沉寂了十五年之后，拉萨尔又唤醒了这个运动，这是他的不朽的功绩。"[1] 但是由于拉萨尔本人在1864年的一场决斗中意外丧生，使得他并没有能够实际上担负起领导德国工人运动的历史责任。

二 拉萨尔主义的危害

第一国际成立之后，虽然拉萨尔本人已经去世，但是他的政治影响力依然存在。他的改良主义、机会主义思想在革命群众中依然留有负面影响，这为革命运动的组织工作埋下了深重隐患。

拉萨尔在19世纪60年代所发表的《工人纲领》《公开答复》和

---

[1] 《马克思恩格斯全集》第32卷，人民出版社1974年版，第557页。

《资本与劳动》集中表达了拉萨尔本人的思想，也是拉萨尔主义基本内容的总体呈现。概括而言，拉萨尔主义的主要观点有，第一，否定国家的阶级属性，认为国家是为所有阶级服务的中立性组织机构，并不代表某一单个的阶级进行决策。因此，拉萨尔反对通过无产阶级革命以推翻资产阶级国家政权，认为必须改变工人运动的发展方向。第二，认为工人阶级的贫困是由于"铁的工资规律"造成的，这是一种对于马尔萨斯人口理论的错误沿袭。其认为工资是导致工人大量生育后代的关键因素，这也就导致了过度增长的过剩人口，反过来又使工资的增长缓慢，几乎只是与原有水平持平。既然工人的工资无法得到提高，那么工人的旨在提高工资的斗争就必须被放弃。进而，拉萨尔主义者反对抗争的阶级联合，以阶级的纯洁性为由，反对无产阶级与资产阶级、小资产阶级、小农联合起来推翻专制统治。在这样的错误观点指引下，拉萨尔主义者声称，工人阶级想要摆脱贫困的物质现状，不能通过革命斗争，也不能通过罢工来实现。只有寻求国家的帮助，才有望打破"工资铁律"，这是拉萨尔主义公然反对马克思主义科学理论的明证。第三，主张国家应该帮助工人阶级建立生产合作社，以缓和阶级矛盾。从资本主义国家的总量控制的角度，帮助工人实现资源的公平配置，就可以解决生产资料分配不公所带来的种种问题，这也是拉萨尔在资本主义基本矛盾和革命根本方向的问题上，与马克思主义的分歧所在。马克思提出，对当时的德国来说，首要的任务就是要推翻专制制度，基于这个革命目标，阶级间应当进行联合与合作，一起进行推翻德意志专制制度的斗争。拉萨尔却反其道而行之，主张要将工人阶级变成为专制制度的卫道士。所以，他提出实现共产主义要依赖于国家的支持，工人阶级应放弃斗争的错误论点。这显然是关于共产主义的重大误读。第四，基于一系列对于无产阶级革命和未来社会的错误判断，拉萨尔主义进一步认为，工人阶级要想实现生活状况的改进，就必须努力争取普选权。在资产阶级议会民主制的框架下，以合法斗争的形式来为自己争取平等的权利和尊严。这样的错误认识无疑将使得国际工人运动走上邪路，并且会葬送之前已经取得的种种革命成就。马克思和恩格斯将拉萨尔主义定性为"普鲁士王国政府的社会主义"①，就清晰地体现了这一思潮的根本问题所在。

在德国，作为拉萨尔忠实信徒的伯恩哈特、贝克尔、施韦泽等人在工人运动内部明确表现出反对第一国际的立场，他们公然阻止工人加入国际。1864 年 12 月 27 日，全德工人联合会在杜塞尔多夫召开代表大会，马克思希望可以促成联合会加入第一国际的决议。但是，伯恩哈特和贝克尔却在大会期间公开发表《呼吁书》，大肆攻击、污蔑国际工人协会，最终导致大会没能作出加入第一国际的决议。马克思和恩格斯积极反击拉萨尔分子的分裂行径。他们指出，拉萨尔分子反对国际工人协会，一方面是为了篡夺工人运动的领导权，另一方面更是为了以出卖无产阶级利益的方式向俾斯麦政权投诚，因此必须予以批判。

在马克思和恩格斯及其他马克思主义者的努力下，在 1868 年汉堡召开的全德工人联合会代表大会上，与会代表冲破拉萨尔主义者的重重阻挠，通过了同国际工人协会采取一致行动的历史性决议，从而粉碎了拉萨尔分子的阴谋。在这一过程中，恩格斯撰写的《普鲁士军事问题和德国工人政党》一书也起到了澄清问题、剖析谬论的作用。恩格斯明确指出了拉萨尔派公开倒向封建贵族和俾斯麦政府的实际意图，在工人阶级中制造混乱的现实情形。恩格斯通过公开阐述无产阶级对待资产阶级和封建势力的态度，旗帜鲜明地反对拉萨尔的机会主义路线，引导工人运动走向正确的道路。

1869 年 8 月，德国社会民主工党（爱森纳赫派）的正式成立，

---

① 《马克思恩格斯全集》第 16 卷，人民出版社 1964 年版，第 256 页。

标志着马克思主义对拉萨尔主义的重大胜利。19 世纪 60 年代，全德工人联合会是当时德国唯一的工人组织，但是这个组织并非真正意义上的无产阶级政党，而是拉萨尔分子的宗派组织，其本质是反马克思主义的。这一宗派机会主义既反对建立独立的无产阶级政党，又反对工人阶级的革命武装斗争。针对这一反动宗派组织的持续活动，倍倍尔、李卜克内西等马克思主义者在马克思和恩格斯的指导下，同拉萨尔分子施韦泽等进行了坚决斗争，努力要将工人阶级从资产阶级的影响下解放出来。

1869 年 8 月 7 日，在爱森纳赫举行了德国、奥地利和瑞士社会民主主义者全德代表大会。大会的任务是在马克思主义的指导下，统一德国工人组织，建立独立的工人阶级政党。由此，爱森纳赫代表大会宣告了德国社会民主工党的正式诞生。在这次大会上通过了国际工人协会的章程，德国社会民主工党正式加入第一国际。大会通过审议的党纲指出，工人阶级的政治解放斗争的目标是为了消灭阶级统治，这在整体上实现了马克思主义的建党原则。不久，李卜克内西就代表德国社会民主工党参加了第一国际的巴塞尔代表大会，这标志着第一国际在德国取得了重大胜利。

尽管如此，德国社会民主工党成立以后，其与拉萨尔派争夺德国工人运动领导权的实际斗争仍在进行。在普法战争结束之后，德国取得了统一，与此同时，随着德国的工人运动进一步发展壮大，当权的俾斯麦政府对于工人运动的迫害也愈发严酷。在这种情况下，德国工人群体深刻地意识到应该团结起来应对反动政府的迫害，共同与统治阶级进行不懈的斗争。这也就使得爱森纳赫派与拉萨尔派的联合势在必行。马克思和恩格斯对爱森纳赫派与拉萨尔派的统一进程极为重视，并告诫爱森纳赫派的领导人绝不能只为了尽快促成统一，而在革命的原则问题上作出让步和妥协，绝对不能"拿原则来做买卖"。但是，事情的进展恰恰是朝马克思与恩格斯所希望的相反方向发展，在李卜克内西草拟的两党统一纲领中，仍旧将拉萨尔主义的思想主张包含进了新的党纲之中，爱森纳赫派的领导人对拉萨尔主义作出了无原则的妥协。这一被称为"哥达纲领草案"的统一文件一经签订，就引起马克思和恩格斯的高度警觉与批判。恩格斯对这一纲领草案给予了严厉批判。在给倍倍尔的信中，恩格斯详细分析了这一纲领中存在的机会主义、宗派主义、修正主义错误，指出它正是对马克思主义和国际工人协会指导原则的背离。马克思也完全赞成恩格斯的批评，指出该纲领草案完全是拉萨尔主义的机会主义教条的思想体现，从根本上降低了党的思想理论水平。马克思由此而撰写了《德国工人党纲领批注》，很快便寄给爱森纳赫派的领导人白拉克等，对纲领草案中的经济观点、政治观点、革命策略等各个方面进行批判性评析，这也就是后来被称为《哥达纲领批判》①的著名文献。

三 马克思在批判拉萨尔主义中阐述了科学社会主义重要原理

为了应对无产阶级革命斗争的复杂局面，同时也为了肃清工人运动和思想中残留的"拉萨尔主义"余毒，批判爱森纳赫派和拉萨尔派合并时所拟定的纲领草案，马克思在《哥达纲领批判》这部经典著作中，通过对哥达纲领草案错误观点的剖析，深刻论述了过渡时期和无产阶级专政的作用、未来共产主义社会的发展阶段、按劳分配与按需分配的关系等科学社会主义的重要原理，为无产阶级革命者在革命的原则问题上拒斥机会主义思潮，提供了理论斗争的典

---

① 需要说明的是：《哥达纲领批判》包括马克思的《德国工人党纲领批注》和他在1875年5月5日给威廉·白拉克的信。这部重要文献"在马克思生前没有公开发表。1891年1月，恩格斯为了反击德国党内日见抬头的机会主义思潮，肃清拉萨尔主义的影响，帮助德国社会民主党制定正确的纲领，不顾党内某些领导人的反对，将这一著作发表在1890—1891年《新时代》杂志第9卷第1册第18期，并写了序言"。（《马克思恩格斯文集》第3卷，人民出版社2009年版，第679页。）

范。哥达纲领草案错误地提出了要将劳动所得不折不扣地按照平等的权利分配给社会一切成员的分配观和建立所谓"自由国家"的机会主义国家观。马克思在对于这些错误论点的批判中，阐明了共产主义发展两个阶段的原理，并提出了"过渡时期"和"无产阶级专政"的理论。马克思指出，由于共产主义社会的第一阶段是刚刚从资本主义社会中脱胎出来的社会发展阶段，在经济、道德、精神等方面仍旧带有资本主义社会的固有痕迹，因此在分配方式上只能实行按劳分配，而在共产主义社会的高级阶段，生产力发展水平和物质财富极大提高，劳动不再是谋生的手段而是生活的第一需要，进入这一阶段之后将会实行按需分配。

（一）"过渡时期"与"无产阶级专政"的作用

运用辩证唯物主义和历史唯物主义的立场观点方法研究现实社会进程，以推进共产主义这一未来社会形态的真正实现，是《哥达纲领批判》的理论意义。其中最关键的，就是要科学把握未来社会发展的连续性与阶段性，深入理解资本主义与共产主义之间的转变发展。从革命转变的必然性出发，马克思提出了具有独特政治意义的"过渡时期"与"无产阶级专政"理论，其中蕴含着深刻的理论思考。

在《共产主义信条草案》中，恩格斯第一次提到了"过渡时期"概念，认为从资本主义私有制发展到财产公有的社会形态之间，存在着一个"过渡时期"。在 1852 年致魏德迈的信中，马克思在总结 1848 年革命经验的基础上，第一次明确将"过渡时期"与无产阶级的"革命专政"联系起来："这个专政不过是达到**消灭一切阶级**和进入**无阶级社会**的过渡。"① 在《哥达纲领批判》的论述中，有别于之前的著作着重于强调基于共产主义替代资本主义的必然性，无

---

① 《马克思恩格斯文集》第 10 卷，人民出版社 2009 年版，第 106 页。

产阶级应当在社会历史进程中承担自己的历史使命这样的原理性论述，马克思更多地从具体、实际的革命斗争中，特别是从巴黎公社的斗争实践中吸取经验材料，通过对共产主义代替资本主义的社会发展进程的研究，才最终得出了关于"过渡时期"的科学结论。"在资本主义社会和共产主义社会之间，有一个从前者变为后者的革命转变时期。同这个时期相适应的也有一个政治上的过渡时期，这个时期的国家只能是**无产阶级的革命专政**。"① "过渡时期"这一科学论断的提出，揭示了"过渡时期"的存在是历史发展的客观规律，无产阶级必须认识并适应历史发展的客观规律，以维护和运用国家的无产阶级专政的性质，使之为经济形态的过渡与政治社会的革命转变发挥应有的作用。在马克思看来，人类社会的发展变革是一个复杂的过程，从资本主义向共产主义的变革也不可能一蹴而就，其间必然存在着不可逾越的"过渡时期"。从时间上分析，"过渡时期"起始于资本主义社会被替代、建立起无产阶级国家政权的时期，而完成于无产阶级专政实现其历史使命，整个社会进入共产主义"第一阶段"的时期。在这一动态过程中，"过渡时期"仍然不可避免地带有一定的资本主义因素，这些影响在经济、政治、社会政策等方面体现出来，这些都是只有通过社会有机体自身不断地发展完善，才能够完全克服的。这也就更加说明了在这一历史时期采取"无产阶级专政"的重要意义。

在《共产党宣言》中，马克思和恩格斯已经初步论述了无产阶级专政的思想："工人革命的第一步就是使无产阶级上升为统治阶级，争得民主。无产阶级将利用自己的政治统治，一步一步地夺取资产阶级的全部资本，把一切生产工具集中在国家即组织成为统治

---

① 《马克思恩格斯文集》第3卷，人民出版社2009年版，第445页。

阶级的无产阶级手里，并且尽可能快地增加生产力的总量。"① 在
《1848 年至 1850 年的法兰西阶级斗争》中，马克思第一次使用了
"工人阶级专政"的说法，他指出，工人阶级"要在资产阶级共和
国**范围内稍微改善一下自己的处境只是一种空想**，这种空想只要企
图加以实现，就会成为罪行。于是，原先无产阶级想要强迫二月共
和国予以满足的那些要求，那些形式上浮夸而实质上琐碎的、甚至
还带有资产阶级性质的要求，就由一个大胆的革命战斗口号取而代
之，这个口号就是：**推翻资产阶级！工人阶级专政！**"② 在总结巴黎
公社的斗争经验的《法兰西内战》中，马克思认为巴黎公社是人类
历史上第一次无产阶级专政实践："公社的真正秘密就在于：它实质
上是工人阶级的政府，是生产者阶级同占有者阶级斗争的产物，是
终于发现的可以使劳动在经济上获得解放的政治形式。"③ 巴黎公社
的典范价值，也同时说明了无产阶级专政的变革意义："公社要成为
铲除阶级赖以存在、因而也是阶级统治赖以存在的经济基础的杠杆。
劳动一解放，每个人都变成工人，于是生产劳动就不再是一种阶级
属性了。"④ 可以清楚地看到，"无产阶级的阶级专政"作为实现共
产主义社会的必要手段，完成"消灭一切阶级差别"的历史使命，
是与"过渡时期"紧密联系在一起的。由此，马克思在《哥达纲领
批判》中，通过批判拉萨尔与拉萨尔主义的机会主义国家观，通过
驳斥他们关于"现代社会""现代国家""自由国家"的空谈，立场
鲜明地提出了"过渡时期"的"无产阶级专政"理论。在过渡时
期，资本主义制度被推翻之后，无产阶级将要建立新形态的国家，
这种国家的组织形式只能是无产阶级专政，即通过镇压敌对阶级力

---

① 《马克思恩格斯文集》第 2 卷，人民出版社 2009 年版，第 52 页。
② 《马克思恩格斯文集》第 2 卷，人民出版社 2009 年版，第 103—104 页。
③ 《马克思恩格斯文集》第 3 卷，人民出版社 2009 年版，第 158 页。
④ 《马克思恩格斯文集》第 3 卷，人民出版社 2009 年版，第 158 页。

量来保证社会形态的革命性转变得以顺利进行。这个结论是"马克思根据他对无产阶级在现代资本主义社会中的作用的分析，根据关于这个社会发展情况的材料以及关于无产阶级与资产阶级对立的利益不可调和的材料所得出的"①。

马克思在《哥达纲领批判》中，立场明确地批评了在哥达纲领草案中将"现代国家""自由国家"作为斗争所争取的目标的观点。从马克思主义无产阶级革命理论出发，对无产阶级来说，其所应当争取实现的目标只能是无产阶级专政。只有借由无产阶级专政，才能够从过渡时期实现向无阶级区分、无国家建制的共产主义社会的过渡。在这个意义上，过渡时期的无产阶级专政是必需的，要一直"持续到阶级存在的经济基础被消灭的时候为止"②。同时又要为下一阶段的消灭阶级对立、实现共产主义社会创造可能性条件。这就是过渡时期的无产阶级专政所必须承担的历史使命，也是社会历史辩证发展进程的具体体现。

（二）未来共产主义社会的发展进程和阶段划分

马克思通过研究人类历史发展规律，在认识人类社会经济、政治、文化发展的必然趋势的基础上，得出了共产主义是人类社会发展必然趋势的深刻论断。他对哥达纲领草案中包含的仍旧笃信资本主义基本价值的机会主义思潮进行了彻底否定：作为一个既不论述无产阶级革命专政，也不谈及未来社会国家制度的纲领，其政治要求除了民主主义的虚伪内容，如直接立法、人民权利、国民军等，没有任何其他新的内容，这事实上是资产阶级的人民党、和平和自由同盟的无效回声。"所有这些要求，只要不是靠幻想夸大了的，都已经**实现**了。不过实现了这些要求的国家不是在德意志帝国境内，

① 《列宁全集》第31卷，人民出版社2017年第二版增订版，第82页。
② 《马克思恩格斯文集》第3卷，人民出版社2009年版，第408页。

而是在瑞士、美国等等。这类'未来国家'就是**现代国家**，虽然它是存在于德意志帝国的'范围'以外。"① 在《哥达纲领批判》之中，马克思通过以"过渡时期"理论和相应的"无产阶级专政"的政治斗争原理对峙资本主义"现代国家"的意识形态蛊惑，真正做到了既关注"无产阶级的革命专政"的历史意义，又深刻阐述"未来共产主义社会的发展阶段"的核心原理。

马克思认为，共产主义社会是历史发展的必然趋势，并非个人的主观意愿可以设想或改变的。历史发展的内在动力，人类社会各种关系的矛盾运动，决定了共产主义社会终将实现。但是，共产主义社会的建立也并不是遵循一个固定不变的模式来进行的。由于生产力水平、经济发展程度、社会治理程度以及人的全面发展程度的不同，共产主义社会仍旧存在一个由不成熟到逐渐成熟、由不完善到逐步完善的过程，也就是一种从低级向高级的渐进演进历程。据此，也就可以将共产主义社会划分为"第一阶段"和"高级阶段"。

无论是共产主义社会的"第一阶段"还是"高级阶段"，这两种"社会形态"都有着完全不同于资本主义社会的社会特征，即都是建立在生产社会化和生产资料公有制的基础上。其中的社会成员都平等地占有生产资料，也因此并不存在任何意义上的阶级对立和阶级压迫。但是，共产主义的"第一阶段"由于"不是在它自身基础上已经**发展了的**，恰好相反，是刚刚从资本主义社会中**产生出来的**，因此它在各方面，在经济、道德和精神方面都还带着它脱胎出来的那个旧社会的痕迹"②。

由于生产力发展水平、经济成熟程度等方面的差距，马克思指出，在共产主义"第一阶段"，劳动仍旧是人们的谋生手段。这也就

---

① 《马克思恩格斯文集》第 3 卷，人民出版社 2009 年版，第 445 页。
② 《马克思恩格斯文集》第 3 卷，人民出版社 2009 年版，第 434 页。

决定了在分配方式方面，要实行按劳分配。而一旦发展到了"高级阶段"，随着社会生产力的高度发达，经济发展水平、精神文明状况都达到了极高的程度，劳动已经成为人的第一需要，这一时期的分配方式也从按劳分配转换为按需分配。与经济基础的空前发展相适应，共产主义的上层建筑也相当发达，整个社会领域和谐而富有创造力，人们自身也就实现了全面的发展。

马克思在《哥达纲领批判》中，通过对共产主义社会发展阶段的科学定位与阐发，不仅将人类社会必然进入共产主义的历史规律的科学认识推向深入，更以其实质的批判性阐述，丰富和发展了唯物史观的社会形态理论。在马克思的辩证论述中，既可以正视拉萨尔与拉萨尔主义的错误思想路线对于科学社会主义和工人革命运动发展的危害，又能够摆脱空想社会主义和空想共产主义的思想误区，正确地将共产主义及其发展阶段视为一个未来理想社会的自我完善、自我演进、自我发展的辩证历程。同时，共产主义也不能固守在某个一劳永逸的方案或模式上，而必须在现实的革命实践中，进一步探索共产主义社会发展的伟大规律。

（三）从按劳分配到按需分配

在明确了未来共产主义社会的发展阶段即"第一阶段"与"高级阶段"的区分之后，马克思也进一步规定了对应于这两个阶段的不同"分配方式"。

在共产主义的第一阶段，仍旧需要从"谋生手段"的层面来定位"劳动"。在这个阶段，所实行的分配是按劳分配。"每一个生产者，在作了各项扣除以后，从社会领回的，正好是他给予社会的。他给予社会的，就是他个人的劳动量。……各个生产者的个人劳动时间就是社会劳动日中他所提供的部分，就是社会劳动日中他的一份。"① 在共

---

① 《马克思恩格斯文集》第 3 卷，人民出版社 2009 年版，第 434 页。

产主义的第一阶段，"生产者的权利是同他们提供的劳动**成比例的；平等就在于以同一尺度——劳动——**来计量。但是，一个人在体力或智力上胜过另一个人，因此在同一时间内提供较多的劳动，或者能够劳动较长的时间；而劳动，要当作尺度来用，就必须按照它的时间或强度来确定，不然它就不成其为尺度了。这种**平等的**权利，对不同等的劳动来说是不平等的权利。它不承认任何阶级差别，因为每个人都像其他人一样只是劳动者；但是它默认，劳动者的不同等的个人天赋，从而不同等的工作能力，是天然特权。**所以就它的内容来讲，它像一切权利一样是一种不平等的权利**"①。面对在共产主义初级阶段仍旧"被限制在一个资产阶级的框框里"② 的平等现状，马克思也指出其存在是"不可避免"的。"这些弊病，在经过长久阵痛刚刚从资本主义社会产生出来的共产主义社会第一阶段，是不可避免的。权利决不能超出社会的经济结构以及由经济结构制约的社会的文化发展。"③也就是说，权利具有社会历史属性。

在受制于之前阶级社会的物质基础与资产阶级权利观念的状况下，仍旧无法实现一切人"各尽所能"的自由全面发展。因此，无产阶级在取得革命胜利之后，必须进一步推进社会革命的进程，以达到共产主义社会生产力的高度发达，在经济、政治、文化、社会的不同维度为充分实现人的自由全面发展奠定坚实基础。在此基础上，将"按需分配"的分配原则确立为彻底摆脱了资产阶级法权的共产主义高级阶段的分配原则，这也就意味着共产主义社会高级阶段的来临。

马克思在《哥达纲领批判》中从分配的角度阐述了如何在共产主义的高级阶段实现《共产党宣言》中所提出的"每个人的自由发

① 《马克思恩格斯文集》第3卷，人民出版社2009年版，第435页。
② 《马克思恩格斯文集》第3卷，人民出版社2009年版，第435页。
③ 《马克思恩格斯文集》第3卷，人民出版社2009年版，第435页。

展是一切人的自由发展的条件"的革命理想。"在共产主义社会高级阶段,在迫使个人奴隶般地服从分工的情形已经消失,从而脑力劳动和体力劳动的对立也随之消失之后;在劳动已经不仅仅是谋生的手段,而且本身成了生活的第一需要之后;在随着个人的全面发展,他们的生产力也增长起来,而集体财富的一切源泉都充分涌流之后,——只有在那个时候,才能完全超出资产阶级权利的狭隘眼界,社会才能在自己的旗帜上写上:各尽所能,按需分配!"① 当"奴隶般"的个人仍旧无法实现自身的"自由发展",也就是仍然受制于资本主义分工体系,受制于脑力劳动与体力劳动的对立,以及劳动只能作为不断被异化的谋生工具的情况下,也就是在社会阶级的镇压形态与生产活动的无政府形态无法得到根除的境遇之中,共产主义社会是不可能自然而然地自发产生的。在这个意义上,生产力的不断发展与集体财富的充分增长,都要以通过政治斗争取得个人的自由全面发展的制度性基础为前提。由此,每个人对于实现其个人自由全面发展所需条件的斗争,与实现共产主义社会是同一个过程。相应地,只有共产主义社会的制度安排,才是实现"一切人的自由发展"的制度安排,才能消除事实上的不平等。这一社会效应的最终呈现,也就在于共产主义社会能够使每个人都能得到"自由而全面的发展",进而实现"各尽所能"的理想性社会建构。

在从根本上肃清拉萨尔主义的基础上,马克思在《哥达纲领批判》中系统运用了唯物辩证法这一重要的理论武器,论述共产主义社会的最终到来正是一个客观历史过程。他认为,在资本主义的灭亡到共产主义的实现这一历史性的伟大过渡之后,共产主义社会本身仍将处于变化发展之中,将要经历一个循序渐进、由低级到高级的发展过程。这个发展过程是由资本主义的"现代国家"向未来共

---

① 《马克思恩格斯文集》第3卷,人民出版社2009年版,第435—436页。

产主义社会不断延伸的过程，因而也将存在长期性、曲折性的特点。马克思在《哥达纲领批判》中深刻论述的共产主义理论，持续指导着后来的革命运动，特别是俄国和中国革命的伟大实践。

马克思以具有战斗性和针对性的《哥达纲领批判》，针对第一国际内部现实存在的拉萨尔主义的机会主义、改良主义、投降主义思潮进行了深刻的批判。马克思在批判拉萨尔主义的过程中，也正面阐述了共产主义社会的认识论、方法论基础，并对未来社会的具体形态进行了科学的预判。通过《哥达纲领批判》而实现的对拉萨尔及其信徒的清算，体现了无产阶级革命最终追求的共产主义理想，对于资产阶级保守思想的超越，是在对现代资本主义社会生产状况的科学观察的基础上得出的正确结论。科学社会主义理论是对欧洲启蒙运动思想结论的进一步推进，是在新的生产力发展水平下，通过革命运动实现社会历史转型的必然要求。这些客观历史规律，都不是拉萨尔及其拉萨尔主义的幼稚主张可以撼动的。马克思主义的发展史也一再地证明，只要坚定共产主义的理想信念，就一定可以在现实的革命斗争中，不断获得新的革命成果，取得不同历史时期的阶级斗争的新胜利，最终实现共产主义。

第五节　对"苏黎世三人团"的批判

延续拉萨尔主义的机会主义路线，德国党内的赫希柏格、伯恩施坦和施拉姆在俾斯麦政府对工人运动采取强力压制的政治背景下，提出了向统治阶级妥协的改良主义路线。他们于 1879 年用三星标示发表了被马克思和恩格斯命名为"三个苏黎世人的宣言"① 的《德国社会主义运动的回顾》一文，从根本上表现出改良主义的取向。

---

① 《马克思恩格斯文集》第 3 卷，人民出版社 2009 年版，第 477 页。

他们试图像拉萨尔一样，将德国社会民主党变成依附于资产阶级政治民主体系的一种附庸。对于"苏黎世三人团"的错误思潮和行动路线，马克思和恩格斯采取了坚决的批判态度。他们通过撰写《给奥·倍倍尔、威·李卜克内西、威·白拉克等人的通告信》，向德国党内坚定地指出了这一错误思想的根本问题与现实危害。在彻底驳斥其错误观点的基础上，捍卫和发展了马克思主义的阶级斗争政治路线。

一　"苏黎世三人团"右倾思想的形成

19 世纪 70 年代，俾斯麦领导的德意志专制政府推行了镇压左翼的行动，导致德国社会民主党的内部出现了明显的右倾错误路线，这就是以赫希柏格、伯恩施坦、施拉姆为代表的右倾机会主义。

赫希柏格、伯恩施坦、施拉姆"苏黎世三人团"提出投降主义路线的现实动因是俾斯麦的专制政治对工人运动的压制。1878 年 10 月，俾斯麦反动政府通过订立专法的方式，对德国社会民主党的革命行动进行无理镇压，这部《反对社会民主党企图危害治安的法令》（即"非常法令"，简称《反社会党人非常法》）借助表面上国会的多数决定，"将德国社会民主党置于非法地位，党的一切组织、群众性的工人组织被取缔，社会主义的和工人的刊物都被查禁，社会主义文献被没收，社会民主党人遭到镇压"①。通过这项以维护"治安"为名的法案，俾斯麦政府不仅查禁了社会主义运动与工人运动的书籍、报刊，更取缔了德国社会民主党的一切组织，从官方主权的角度，将德国社会民主党定义为"非法"。这样的强硬政策对当时仅仅成立三年的德国社会民主党造成了极大打击，由于整体上准备不足，使其在思想上和行动上都陷入恐慌。在这样的背景下，工人

---

① 《马克思恩格斯文集》第 3 卷，人民出版社 2009 年版，第 639 页。

运动中的拉萨尔机会主义再次抬头，在集合了当时的新康德主义思潮的情况下，构成了赫希柏格、伯恩施坦和施拉姆的主要思想主张。他们再次开始使用以资产阶级权利观为基础的政治思想，蛊惑和腐蚀处在彷徨中的工人阶级。当时的党内领导人也没能及时认清这一思潮的危害，采取了容忍乃至放任的态度，使得"苏黎世三人团"的思想路线在党内得到了相当程度的传播。

在这一特殊时期，德国社会民主党内部决定在没有德国反对当局的"新闻出版法、结社法和刑法"的瑞士，创办一份党的机关报《社会民主党人报》，以"向欧洲直言不讳地阐述德国党的道路和目标"，当时负责编辑事务的就是赫希柏格、伯恩施坦和施拉姆。在最初确定组织架构、办报方针和编辑原则等问题的时候，"苏黎世的三个人"就已经呈现出与德国党总体思路不一致的问题。这一状况后来更演变为"苏黎世三人团"（赫希柏格、伯恩施坦和施拉姆）同"三个莱比锡人"（倍倍尔、李卜克内西和菲勒克）之间的紧张关系，从而一定程度上成为组织内部的不稳定因素。"住在苏黎世的三个人应当以**编辑委员会**的身份着手创办报纸，并且在三个莱比锡人的同意之下挑选一名编辑……没有住在苏黎世的、受党委托创办报纸的那三个人的协助，就休想担任编辑。"① 并且，他们也企图向党要求"刊载文章的**决定权**"②。赫希柏格、伯恩施坦和施拉姆借助在苏黎世编辑德国社会民主党机关报的权力而专断行事，正如马克思和恩格斯所说，"苏黎世人如此陶醉于他们官僚式的独揽大权"③，也使得整个编辑委员会的管理存在极大问题，更为变本加厉的是，机关报言论与思路的"真正的重心就完全转移到苏黎世了"④。赫希

① 《马克思恩格斯文集》第3卷，人民出版社2009年版，第470—471页。
② 《马克思恩格斯文集》第3卷，人民出版社2009年版，第472页。
③ 《马克思恩格斯文集》第3卷，人民出版社2009年版，第472页。
④ 《马克思恩格斯文集》第3卷，人民出版社2009年版，第473页。

柏格、伯恩施坦和施拉姆便逐步借助他们在话语上的权威，开始提出与马克思主义阶级斗争理论相悖的观点，认为"新的报纸不可热衷于政治激进主义"①，公开散播其机会主义、投降主义的思想路线。

赫希柏格、伯恩施坦和施拉姆在1879年的《社会科学和社会政治年鉴》第一卷第一册中，用三星标示发表了被称为"三个苏黎世人的宣言"的《德国社会主义运动的回顾》一文，大肆宣扬其机会主义、投降主义路线。在该文中，他们将无产阶级政党的阶级斗争性质视为德国社会民主党无法在德国实现发展的根源，从而认为必须改变策略，从思想路线上彻底转向改良，恢复拉萨尔主义的路线。

赫希柏格、伯恩施坦和施拉姆断言，此前的革命思路的错误源自对拉萨尔的理想斗争路线的背离。"拉萨尔认为有巨大政治意义的运动，即他不仅号召工人参加，而且号召一切诚实的民主派参加的、应当由独立的科学代表人物和**一切富有真正仁爱精神的人领导**的运动，在约翰·巴·施韦泽的领导下，已堕落为**产业工人争取自身利益的片面斗争**。"② 与此同时，他们将俾斯麦的反动政策合法化，认为正是德国社会民主党的阶级斗争路线才导致了当权者的镇压，《反社会党人非常法》颁布之后，工人运动必须采取合法的斗争形式，也不能提出所谓的"最终目标"，即不能以未来社会的最终实现为斗争诉求。他们认为，"如果我们把自己的全部力量、全部精力用来达到某些最近的目标，达到那些在开始考虑实现长远的追求以前无论如何必须达到的目标，那么我们的工作就够做许多年了"③。更根本地，则是他们要求工人阶级放弃自身的领导权，转而由资产阶级控制和领导工人阶级政党。他们认为，只有资产阶级的领导才能带领德国社会民主党不断实现其改良的短期目标，在《反社会党人非常

---

① 《马克思恩格斯文集》第3卷，人民出版社2009年版，第476页。
② 《马克思恩格斯文集》第3卷，人民出版社2009年版，第477页。
③ 《马克思恩格斯文集》第3卷，人民出版社2009年版，第481页。

法》的规范下行使他们的有限抗争。"正是在现在，在反社会党人法的压迫下，党表明，它**不打算**走暴力的、流血的革命的道路，而决定……走合法的即**改良**的道路。"① 这一右倾思想路线如果在斗争现实中得到落实，必将彻底改变德国党的路线性质与斗争方向，使革命局面进一步陷入被动，因此必须予以批判和纠正。

二　"苏黎世三人团"右倾思想的危害

在俾斯麦反动专制政府借助"非常法令"对革命进行的严重阻挠之下，"苏黎世三人团"错误地判断形势，竟然认定德国社会民主党为争取产业工人的利益进行的斗争是片面的，应该对《反社会党人非常法》的实施负有责任，德国社会民主党也因而应以忏悔和改过以求得法令的取消。他们认为，德国社会民主党不应是片面的工人党，无产阶级也不能通过自己的斗争而获得解放，而应服从有产者的指导。他们更进一步认为，工人阶级政党应完全放弃暴力革命的诉求，改走改良主义道路，转而只进行单纯的合法活动。这些主张严重威胁了德国社会民主党的正确路线的执行，为捍卫马克思主义阶级斗争理论，使德国社会民主党重回正确轨道，马克思和恩格斯批判了这一思想路线，指出这一路线是资产阶级思想的典型代表，其实质是要将党变成资产阶级的工具。"这就是苏黎世三个检查官的纲领。这个纲领没有任何可以使人发生误会的地方，至少对我们这些仍熟悉1848年以来所有这些言词的人来说是如此。……不要采取坚决的政治上的反对立场，而应全面地和解；不要反对政府和资产阶级，而应尝试争取他们，说服他们；不要猛烈地反抗从上面来的迫害，而应逆来顺受，并且承认惩罚是罪有应得。"② 这些极端错误的论点和判断，受到马克思

---

① 《马克思恩格斯文集》第 3 卷，人民出版社 2009 年版，第 480 页。
② 《马克思恩格斯文集》第 3 卷，人民出版社 2009 年版，第 482 页。

和恩格斯严厉的批驳。

马克思和恩格斯以他们敏锐的洞察力，揭示出这一思潮的实质："1848 年以资产阶级民主派面目出现的人，现在同样可以自命为社会民主党人。正如民主共和国对前者来说是遥遥无期的一样，资本主义制度的垮台对后者来说也是遥遥无期的，因此对当前的政治实践是毫无意义的；人们可以尽情地和解、妥协和大谈其博爱。……它最好是用全部力量和精力来实现这样一些小资产阶级的补补缀缀的改良，这些改良会给旧的社会制度以新的支持，从而把最终的大灾难或许变成一个渐进的、逐步的和尽可能温和的瓦解过程。"① 而特别是由于"苏黎世三人团"在德国党内的组织地位与话语权威，一旦由他们负责编辑的机关报全面倒向投降路线，那么后果将不可设想。"德国党之所以被非常法宣布为非法，正是**因为**它在德国是唯一严肃的反对党。如果党在国外的机关报上放弃这个唯一严肃的反对党的角色，表现温顺，以冷静克制的态度忍受脚踢，以此来向俾斯麦表示感谢，那么它只是证明，它该挨脚踢。"② 德国党内向强权妥协退让的右倾错误主张，揭示了 19 世纪 60 年代以后，工人运动斗争形势的变化，由于工人阶级已经作为一股政治力量登上了历史舞台，反动统治当局也就不能再无视其存在，而是开始使用内部瓦解的方式，试图从革命组织内部分化、分裂革命的向心力。在思想和行动的层面，阻止工人组织的健康发展，防止工人斗争的进一步组织化、激进化。在这一政策促动下，赫希柏格、伯恩施坦和施拉姆就成为受诱骗的右倾机会主义分子，他们误解了阶级斗争的整体性和彻底性，妄图用否定阶级斗争的方式，将工人运动演变为一个和平抗议的"合法"组织。他们在思想上被俾斯麦当局所蒙蔽，进

---

① 《马克思恩格斯文集》第 3 卷，人民出版社 2009 年版，第 482—483 页。
② 《马克思恩格斯文集》第 3 卷，人民出版社 2009 年版，第 476—477 页。

而成为工人运动中的反动力量。

在右倾机会主义和投降主义的路线上，赫希柏格、伯恩施坦和施拉姆的错误思潮与拉萨尔主义有着本质性联系。在俾斯麦的镇压之下德国社会民主党内出现的投降策略，尽管有当时革命形势紧迫性的原因，但实际上也是这一思想路线的代表人物自身对于资产阶级权利观的认同所导致的。在这个意义上，他们的思想本身已经成为腐蚀革命队伍的元凶。"拉萨尔的党'宁愿以**极片面的**方式充当**工人党**'。……如果他们所想的正是他们所写的，那么他们就应当退出党，至少也应当放弃他们的显要职位。如果他们不这样做，那就是承认他们想利用自己的职务之便来反对党的无产阶级性质。所以，党如果还让他们占据显要的职位，那就是自己出卖自己。"① 迫于《反社会党人非常法》的暴力威慑，对统治阶级、剥削阶级采取妥协退让的态度，终将瓦解工人运动的实质性质，阻碍党的无产阶级使命的实现，也使得任何意义上的政治抗争都沦为一纸空谈。"为了不让资产阶级产生一丝一毫的恐惧，竟要明白无误地向它证明，赤色幽灵确实只是一个幽灵，实际上并不存在。但是，赤色幽灵的秘密如果不正是资产阶级对它和无产阶级之间必然发生的生死斗争的恐惧，对现代阶级斗争的必然结局的恐惧，那又是什么呢！"② 也正是在深刻阐明马克思主义阶级斗争原理的高度上，马克思和恩格斯同德国社会民主党内右倾思潮的坚定斗争所取得的思想成果，具有划时代的理论和现实意义。

三　马克思恩格斯对"苏黎世三人团"右倾思想的批判

赫希柏格、伯恩施坦和施拉姆的《德国社会主义运动的回顾》

---

① 《马克思恩格斯文集》第 3 卷，人民出版社 2009 年版，第 478—479 页。
② 《马克思恩格斯文集》第 3 卷，人民出版社 2009 年版，第 480 页。

是他们右倾投降主义策略的集中体现，也是德国社会民主党内部在面对威权政治的压力之下，失去斗争主体性的表现。这样的极右观点同莫斯特、哈赛尔曼等的主张单纯使用暴力、搞无政府主义恐怖活动的极左思想一道，在这个关键时期几乎使得德国社会民主党处于内部撕裂的状态。

马克思和恩格斯在这一时期力挽狂澜，通过有信服力的理论论说与现实行动，彻底肃清了党内的这种反动逆流，使革命队伍的思想和活动回到正轨。1879 年 9 月 9 日，恩格斯将即将发表的《德国社会主义运动的回顾》的内容写信告知马克思，并指出这篇文章的实质是要将革命的领导权转移给资产阶级，对俾斯麦政府采取投降主义立场，并建议马克思马上对这一机会主义论调进行反击。9 月 10 日，马克思回信给恩格斯表示完全同意对"苏黎世三人团"的论述进行反击。9 月 17 日，马克思和恩格斯共同起草了给倍倍尔、李卜克内西、白拉克等人的通告信，信中深刻批判了以赫希柏格、伯恩施坦和施拉姆为首的机会主义集团的错误路线，对《反社会党人非常法》实行之后党内出现的动摇进行了分析。他们强调为了维护无产阶级政党的阶级属性，必须要消除机会主义、投降主义、调和主义对于党和党的机关报的任何负面影响。马克思和恩格斯的深入批判，沉重打击了党内机会主义分子，同时也帮助德国社会民主党的领导人纠正了自己的观点和立场。此后，在 11 月，恩格斯又两次给倍倍尔写信，尖锐批评了德国社会民主党议员在德国国会中发表的放弃斗争的妥协性言论，并强调德国社会民主党不能与俾斯麦政府合谋对人民实行统治和压迫。

马克思和恩格斯的严正态度很快得到党内的正面回应。在对这三个人进行处理之后，1880 年 9 月，李卜克内西赴伦敦与马克思和恩格斯讨论党内问题，特别是《社会民主党人报》未来的发展方针。李卜克内西向马克思和恩格斯报告了德国社会民主党的内部改组情况，表示改组之后党的各方面工作都会得到改善，极端化的错误思潮也都被肃清。马克思和恩格斯同以赫希柏格、伯恩施坦和施拉姆为代表的党内机会主义路线的斗争过程，说明了阶级性质问题对于无产阶级政党具有关键性意义，也在这一过程中丰富和发展了马克思主义的阶级斗争理论。

在《给奥·倍倍尔、威·李卜克内西、威·白拉克等人的通告信》中，马克思和恩格斯明确提出，德国社会民主党的发展必须坚持党的无产阶级性质，必须将领导权始终掌握在无产阶级手中，而不能放任资产阶级意识形态的夺权企图，不能使党变成小资产阶级的改良主义政党。"在创立国际时，我们明确地制定了一个战斗口号：工人阶级的解放应当是工人阶级自己的事情。所以，我们不能和那些公开说什么工人太没有教养，不能自己解放自己，因而必须由仁爱的大小资产者从上面来解放的人们一道走。"① 在这一思想指导下，工人阶级必须坚持阶级斗争的革命形式，不能取消暴力革命的革命手段，更必须始终坚持无产阶级的最终奋斗目标。不论阶级敌人的强权镇压如何残酷，都不能忘记阶级斗争贯穿于阶级社会的全部历史这一政治原理。不能仅仅致力于一些所谓的"合法"斗争而放弃了长远目标，否则就是违反唯物史观的错误做法。

坚持阶级斗争的历史观，以顽强的斗争精神同资产阶级所建立的奴役人、剥削人的社会结构与物质基础进行顽强的革命斗争，这是早在《神圣家族》中，马克思和恩格斯就已经明确提出的无产阶级革命的历史使命。"无产阶级能够而且必须自己解放自己。但是，如果无产阶级不消灭它本身的生活条件，它就不能解放自己。如果它不消灭集中表现在它本身处境中的现代社会的**一切**非人性的生活

---

① 《马克思恩格斯文集》第 3 卷，人民出版社 2009 年版，第 484 页。

条件，它就不能消灭它本身的生活条件。"① 马克思和恩格斯进一步将这种无条件接纳资产阶级的社会结构和意识形态的行为，揭示为空洞的、无法落实的斗争策略。"在阶级斗争被当作一种令人不快的'粗野的'现象放到一边去的地方，留下来充当社会主义基础的就只有'真正的博爱'和关于'正义'的空话了。"② 对于真正的革命者而言，由亚当·斯密、大卫·休谟这些资产阶级学者所推崇并且注入到古典政治经济学精神中去的仁爱理想，只会对无产阶级的革命力量产生腐蚀作用。德国社会民主党本身也不可能因为模仿学习了资产阶级的道德哲学，而成为议会政治中的胜利者，甚至将导致共产主义革命的总体性失败。"正是这些人在忙个不停的幌子下不仅自己什么都不干，而且还企图阻止别人做任何事情，只有空谈除外；正是这些人在1848年和1849年由于自己害怕任何行动而每一步都阻碍了运动，终于使运动遭到失败……正是这些人想把历史禁锢在他们的狭隘的庸人眼界之内，但是历史每一次都毫不理睬他们而走自己的路。"③ 在这个意义上，任何否定革命必要性、质疑组织权威、妄图转变斗争方向的错误思潮，都是在根本上否定和歪曲国际工人运动的阶级性质，使之成为维护资产阶级反动统治的帮凶与奴仆。这是置工人阶级求变革、求解放的实际诉求于不顾，将不平等与不正义的社会现实作为既定事实。它不仅试图维护旧秩序，更试图从内部瓦解和分裂无产阶级革命队伍，使无产阶级转变为资产阶级社会的一分子，并使腐朽、堕落的资本主义制度得以维持长期繁荣。

马克思和恩格斯对德国社会民主党人的忠告是深刻的，并且已经被历史证明是正确的了。"根据我们的全部经历，摆在我们面前的

---

① 《马克思恩格斯文集》第1卷，人民出版社2009年版，第262页。
② 《马克思恩格斯文集》第3卷，人民出版社2009年版，第483页。
③ 《马克思恩格斯文集》第3卷，人民出版社2009年版，第483页。

只有一条路。将近 40 年来，我们一贯强调阶级斗争，认为它是历史的直接动力，特别是一贯强调资产阶级和无产阶级之间的阶级斗争，认为它是现代社会变革的巨大杠杆；所以我们决不能和那些想把这个阶级斗争从运动中勾销的人们一道走。"① 阶级斗争是阶级社会发展的直接动力，也是工人阶级政党为取得历史性斗争胜利而必须采取的手段。《反社会党人非常法》最终在 1890 年被当局取消。对此，恩格斯从一种辩证的视角出发，作出如下总结："应当努力暂时运用合法的斗争手段来应对局面。不仅我们这样做，凡是工人享有某种法定的活动自由的所有国家里的所有工人政党也都在这样做，原因很简单，那就是运用这种办法收效最大。但是这必须以对方也在法律范围内活动为前提。"② 恩格斯的正确论述清晰说明了工人运动所应当坚持的斗争立场，也指明了要想实现无产阶级革命的"最终目标"即达到消灭阶级、取消阶级社会，首先必须消灭剥削阶级及其政治、经济、社会制度。

马克思和恩格斯同党内右倾分子的斗争，以及德国社会民主党同威权当局的斗争实践表明，虽然剥削阶级自身的经济政治问题已经充分暴露，但是他们不会接受必然失败的事实，必然使用其行政的乃至军事的武器，对工人运动进行残酷镇压。这也进一步说明，要想实现《哥达纲领批判》中所论述的未来共产主义社会，就必须坚定执行阶级斗争的革命纲领，将消灭剥削阶级和剥削制度作为革命工作的首要目标。

恩格斯提出，剥削阶级作为统治阶级，掌控立法权、司法权和行政权，他们可以以偏执性、针对性立法的方式，将革命阶级设定为"非法"，从而彻底动摇无产阶级革命者的革命信心，以达到从根

---

① 《马克思恩格斯文集》第 3 卷，人民出版社 2009 年版，第 484 页。
② 《马克思恩格斯文集》第 4 卷，人民出版社 2009 年版，第 401 页。

本上消灭左翼革命队伍的目的。赫希柏格、伯恩施坦和施拉姆企图否定巴黎公社的历史意义，认为公社"'使那些本来对我们表示友好的人离开了我们，而且总的说来是加强了**资产阶级**对我们的**怨恨**。'其次，党'对于十月法律的施行并不是完全没有责任，因为党完全不必要地增加了**资产阶级的怨恨**'"①。他们的这种以统治阶级的"怨恨"情绪为核心的立论方式，标示出这一团体所代表的右倾思想的反动性质。当一个以反对腐朽的剥削阶级为目标的政治运动，变成适应统治阶级的情绪性判断的时候，这项抗争运动的革命属性无疑已荡然无存，从而只剩下改良主义的有限行为，也就成了资产阶级民主政治的附属物。在这种反动的投降主义路线面前，马克思和恩格斯表示了无可容忍的态度，要与之进行坚决斗争。他们认为，假如德国社会民主党接受了这样的本质性改变，"那么很遗憾，我们就没有别的路可走，而只好公开对此表示反对，并收回迄今为止我们在同国外的关系方面代表德国党的时候所表现出来的团结精神"②。

总之，"三个苏黎世人的宣言"的发表作为拉萨尔主义错误影响的余绪，对德国党的发展造成了相当大的负面影响。马克思与恩格斯统一认识、积极行动，坚决与相关错误思潮展开斗争。在马克思和恩格斯迅速有效的批判活动之下，他们对于阶级斗争、阶级革命的错误认识迅速被揭穿，并进一步被肃清。这使得国际工人运动得以保持正确的路线，不走歪路邪路。马克思和恩格斯对于这一错误思想进行了坚定的斗争，彻底揭穿了机会主义思潮对于无产阶级革命运动的腐蚀，以超越于资产阶级意识形态的科学理论，证明了通过无产阶级革命建立无产阶级政权，并通过进一步的社会改革和发展，最终实现共产主义的阶级斗争道路的正确性与必然性。他们将

---

① 《马克思恩格斯文集》第3卷，人民出版社2009年版，第482页。
② 《马克思恩格斯文集》第3卷，人民出版社2009年版，第485页。

自己的人格力量寓于理论的真理力量之中，照亮了无产阶级运动曲折向前的革命征途。

在第一国际建立之前，各国的工人运动发展已经各具特色。在社会主义流派与工人组织派别中，存在各种机会主义思潮的萌芽。要想在特殊革命时期团结最广大的革命力量，组建具有国际影响力的工人组织，就必须一方面审慎接纳、有效团结各民族民主运动分子和工人抗争分子，另一方面要着力做好组织工作，通过有理有节的批判性沟通，将各种思想内容有效融汇于革命斗争的实践中，使之能够产生多方面的综合正向作用。

马克思作为第一国际创始人，从国际建立之初就非常清楚国际内部思想斗争的复杂性与艰巨性。马克思和恩格斯既非常珍视国际工人运动的友谊与团结，同时又非常坚持革命原则，不能让否定阶级斗争和政治斗争路线的错误思潮阻碍无产阶级专政的根本方略。为了维护工人阶级国际组织的完整性和统一性，他们坚决进行理论与实践斗争，让广大工人阶级认清各种机会主义流派的危害性，摆脱错误思潮的负面影响，从而使工人阶级全面接受马克思主义的革命理论。

马克思和恩格斯通过对工联主义、蒲鲁东主义、巴枯宁主义、拉萨尔主义以及德国党内存在的右倾机会主义、改良主义思潮的批判，强调了工人运动进行政治行动和掌握革命主导性的重要性，只有掌握阶级斗争的科学理论，无产阶级政党才能保证其无产阶级的性质，并最终取得无产阶级革命的伟大胜利；只有通过无产阶级专政，才能不断使社会的发展趋向于共产主义的理想图景。马克思和恩格斯与错误思潮的斗争，为无产阶级政党的路线教育、思想建设和纲领制度建设等指明了方向，也使马克思主义关于阶级斗争、无产阶级专政和共产主义的理论在斗争中得到进一步丰富和发展。

第三章

马克思晚年对人类社会发展
规律的深入探索

19世纪70年代，西欧资本主义度过了"革命危机"，进入了所谓的"和平发展"时期。这一时期的特点是，资本主义国家加强了对非资本主义地区的掠夺和经济文化的渗透。晚年的马克思关注到这一现象，开始集中关注东方社会的土地所有制问题，更加积极地研究人类早期的社会形态，进一步阐明资本主义以前的社会包括原始社会发展的规律性，深入探讨当时在世界广大地区普遍存在的农村公社的历史命运问题，同时也对欧洲历史进行了新的深入研究。

马克思搜集和研究了各种实际资料，阅读了相关学术著作，并进行了精心的摘录、评注、删改和补充。这些大量的读书笔记，成为与其之前的著作如《德意志意识形态》《资本论》及其手稿逻辑一致并相互补充的重要文献，并对他的许多关于人类社会发展的宝贵思想和深刻观点进行了验证和发展。这些摘录和评注主要体现在《人类学笔记》和《历史学笔记》中。这两大笔记，充实了有关古代社会和人类社会形态发展的重要史料，使马克思的唯物史观具有了更加丰富和扎实的史实基础。

第一节　人类学研究的成果

马克思历来重视对人类社会历史的研究，注重研究人类学。早在中学时期，他就学习过人类学课程，获得"勤勉"的成绩。1843年4月，《莱茵报》被反动的普鲁士政府查封，马克思退回书房，一方面消化总结《莱茵报》的经验，另一方面再次对黑格尔法哲学进行批判研究，并努力揭示社会发展的动力和通过革命改造旧世界的道路和形式。马克思对黑格尔法哲学的批判使马克思发现了唯心主义方法论的普遍弊病，即"使作为观念的主体的东西成为观念的产物，观念的谓语。他不是从对象中发展自己的思想，而是按照自身已经形成了的并且是在抽象的逻辑领域中已经形成了的思想来发展自己的对象。……这是露骨的神秘主义"①。由于家庭和市民社会是国家的对象，因此已经有了唯物主义思想的马克思需要到历史中去找自己新国家观的实际证据，在社会发展的历史中解决市民社会和国家的相互关系。这些对历史的研究成果体现在《克罗伊茨纳赫笔记》中，其中包括马克思研究英国、德国、美国、意大利、瑞典、波兰历史的札记。在《克罗伊茨纳赫笔记》中，马克思的兴趣主要集中在不同历史时期国家及各种政治制度同所有制的关系这个问题上。他在摘录施米特的《法国史》、林加尔特的《英国史》和盖尔的《瑞典史》时，特别摘录了其中关于公社所有制变为私有制、封建领地的形式、封建所有制的结构对社会结构特别是对政治制度的影响部分。

马克思通过研究历史认识到，任何政治斗争都是阶级斗争，归根到底都是围绕着经济利益进行的。马克思认为，历史地看，国家

---

① 《马克思恩格斯全集》第3卷，人民出版社2002年第二版，第18—19页。

的各种愿望总的说来是由"市民社会"决定的，是由某个阶级的优势地位决定的，归根到底是由经济关系决定的。所以，马克思撰写的《克罗伊茨纳赫笔记》令人信服地证明，批判黑格尔法哲学和研究世界历史，特别是研究法国资产阶级革命史，对于唯物史观的形成和促使马克思研究政治经济学起到了巨大的作用。马克思晚年的《人类学笔记》，进一步丰富了他的前期研究成果，将《克罗伊茨纳赫笔记》中主要对国家进行批判的视角，转移到对唯物史观的整体验证之中，呈现出马克思从早年到晚年对人类社会发展过程的详细论证过程。

一 对前资本主义的三种所有制形式和亚细亚生产方式的早期研究

早在 19 世纪 40 年代，马克思和恩格斯在《德意志意识形态》一书中，就运用唯物主义历史观的基本理论论述了资本主义以前的所有制形式。他们认为："分工的各个不同发展阶段，同时也就是所有制的各种不同形式。"①

马克思和恩格斯在这部著作中指出，在资本主义社会以前的社会形态中，存在着三种所有制形式：第一种所有制形式是部落所有制。部落所有制是同生产力以及分工的不发达阶段相适应的。当时人们主要靠采集、捕鱼、狩猎、牧畜或者简单的耕作来维持生活。因此，社会结构的发展过程主要在于家庭的扩大：父权制的酋长、家庭成员以及他们管辖的部落成员，最后是奴隶。第二种所有制形式是古代公社所有制或国家所有制。除公社所有制外，动产私有制以及不动产私有制已经发展起来。在这种所有制基础上，城乡之间的对立已经产生，国家之间的对立也因为所有权的分立而相继出现，公民和奴隶之间的阶级关系也已经获得充分发

---

① 《马克思恩格斯文集》第 1 卷，人民出版社 2009 年版，第 521 页。

展，奴役关系进一步发展。显然，这种所有制形式实际上就是奴隶制。第三种所有制形式是封建的或等级的所有制。在这种所有制下，一方面是土地所有权和被束缚于土地所有权之上的农奴劳动；另一方面则是拥有少量资本并雇佣帮工劳动（雇农）而开展的自我劳动。这种所有制的表现形式和结构都是由狭隘的生产关系，以及粗陋原始的土地耕作和手工业的发展水平所限定的。与此相适应的，产生了较为复杂的阶级关系。在农村是王公、贵族、僧侣和农民，在城市则是师傅、帮工和学徒。由此可以看出，马克思当时所提出的这三种所有制形式，并不包括人类社会的"原生形态"，即不包括原始社会。马克思对人类社会形态的整体考察还缺乏对原始社会人类学的科学考察和资料的支撑。

在 19 世纪 50 年代，马克思就对东方社会所有制形态开始了专门的研究。他曾经指出，东方社会的显著特征是很早就建立了中央集权的国家和土地公有制，举办公共工程是政府的一项经济职能。① 在《1857—1858 年经济学手稿》中，马克思就首次系统考察和阐述了资本主义社会以前的各种社会形态及其特征。

马克思在考察资本和雇佣劳动形成的前提时，阐述了前资本主义的几种主要的土地所有制形式。第一种是部落所有制或亚细亚所有制形式。在这种所有制形式下，自然形成的部落共同体是人类占有他们生活的客观条件和占有再生产这种生活本身并使之物化的活动的第一个前提。土地是一个大试验场，既提供劳动资料、劳动材料，又提供共同体居住的地方，因而是共同体的基础。在这种所有制形式下，人类把土地看作共同体的财产，每个单个的人，只有作为共同体的成员、作为共同体的一个肢体，才能把自己看作所有者。"不存在个人所有，只有个人占有；公社是真正的实际所有者；所

---

① 参见《马克思恩格斯文集》第 2 卷，人民出版社 2009 年版，第 679 页。

以，财产只是作为**公共的土地财产**而存在。"①

马克思认为，这种以同一关系即土地公有制为基础的形式，其实本身又可能以十分不同的方式实现。比如在大多数亚细亚的基本形式、在亚细亚所有制形式下，存在着许多单个的共同体，这些小的公社表现为世袭的所有者或唯一的所有者，而这种总和的统一体或统一总体的体现者就是作为这些共同体之父的专制君主。在东方社会的专制制度下，小公社范围内通过手工业和农业相结合而创造出来的财产，成为部落的或公社的财产，并作为部落或公社存在的基础。公社的一部分剩余劳动则是以贡赋等形式或以共同完成的工程等形式属于最高的统一体。在这种所有制形式下，劳动表现为两种形式：一种是各个小公社彼此独立度日，而在公社内部，单个人同自己的家庭一起在分配给他的份地上独立从事劳动；另一种形式是，统一体使劳动过程本身具有共同性，这种共同性又成为整套制度，例如古代特尔克人在墨西哥、秘鲁和印度的某些部落中就是这样。

第二种土地所有制形式为罗马的、希腊的或"古典古代"的所有制。这种形式"是原始部落更为动荡的历史生活、各种遭遇以及变化的产物"②。在这里，国家所有同私人所有并存：一方面存在着国有财产的公有地；另一方面单个人的财产已经和国有财产相分离。公社制度的基础在于，它的成员是由劳动的土地所有者即拥有小块土地的农民所组成，也在于这种拥有小块土地的农民的独立性，是由他们作为公社成员的相互关系来维持，是由确保公有土地以满足共同需要和共同的荣誉等来维持。这种由家庭组成的公社，首先是按军事方式组织起来的，是军事组织，而住宅集中于城市则是这种

军事组织的基础。

第三种土地所有制形式是日耳曼所有制。在这样的所有制形式下，个人土地财产既不表现为同公社的土地财产相对立的形式，也不表现为以公社财产为媒介。公社只是在这些个人土地所有者本身的相互关系中存在，日耳曼的公社事实上只存在于公社为着公共目的而举行的市集集会上。在这种所有制形式下，农民表现为土地的实际所有者和占有者。每一个单独的家庭就是一个经济整体，其本身单独地构成一个独立的生产中心。

马克思指出，在上述所有制形式中，以土地为形式的财产和以此进行的农业生产构成了经济制度的基础，其目的是生产使用价值。但是，这三种所有制形式各具特点：在第一种形式下，公社所有制表现为公共所有，每个个体或家庭只是占有者，绝不存在土地的私有制；在第二种形式下"所有制表现为国家所有同私人所有相并列的双重形式"①；在第三种形式下，公社所有制仅仅表现为个人所有制的补充，个人所有制才是公社所有制的基础。

这些所有制所表现出来的一切形式，都是以这样一种共同体为前提的：这种共同体的成员彼此间虽然可以有形式上的差异，但作为共同体的成员，他们都是所有者。在所有这些形式中，亚细亚所有制形式或"东方形式"，即"直接公有制"，是所有制的原始形式。从印度的公社所有制的各种形式中，可以推论出罗马和日耳曼的私人所有制的各种原型。

在《1857—1858 年经济学手稿》研究成果的基础上，马克思在《〈政治经济学批判〉序言》中得出了重要结论："大体说来，亚细亚的、古希腊罗马的、封建的和现代资产阶级的生产方式可以看做

---

① 《马克思恩格斯全集》第 30 卷，人民出版社 1995 年第二版，第 477 页。

是经济的社会形态演进的几个时代。"① 在这个重要论断中，马克思明确提出了亚细亚生产方式概念和社会形态的历史划分及其演变，揭示了人类社会从低级形态向高级形态交替发展的基本过程。当然，这并不意味着，世界上所有民族或国家都必须经历这几种社会形态依次演进的全部过程。

二 深入研究人类古代社会

马克思与资产阶级经济学家不同，不是把资本主义社会看作永恒的自然的社会形态，而是把它看作人类历史发展过程中的一个阶段。为了能够准确地说明资本主义的历史地位，除了研究资本主义社会本身之外，还必须说明它的过去和未来。因此，只有对前资本主义社会进行研究，才能根据人类社会的历史发展规律，揭示资本主义的本质和历史命运，在此基础上才能对未来社会作出科学的勾画。当马克思对资本主义经济运行特殊规律的揭示工作基本完成之后，从19世纪70年代起就开始用较多的精力研究前资本主义的社会形态。他以巨大的热情研究了古代的社会形态，写下了题材广泛、数量庞大的读书笔记，即《古代社会史笔记》。在马克思逝世后，恩格斯继续了这一研究，并在马克思笔记的基础上结合自己先前的研究写作了《家庭、私有制和国家的起源》等重要著作，为建立包括前资本主义、社会主义等经济的社会形态的广义政治经济学奠定了基础。

马克思的第一篇古代社会史笔记是对俄国学者马·柯瓦列夫斯基的著作《公社土地占有制，其解体的原因、进程和结果》所做的摘要，对于马克思晚年研究农村公社问题意义重大。在翻译、摘录柯瓦列夫斯基著作中的有价值的材料的同时，马克思在很多问题上

---

① 《马克思恩格斯文集》第2卷，人民出版社2009年版，第592页。

提出了自己的见解。马克思在这篇摘要中主要考察了印度、阿尔及利亚等地在欧洲殖民主义者统治之前的土地关系，肯定农村公社才是土地的主人，并否定了国君是土地的唯一所有者。马克思揭露了欧洲殖民国家对土地所有制形式的歪曲，抨击了他们以资产阶级经济学说为依据、打着"经济进步"的幌子强制瓦解公社土地所有制并人为扶植大土地私有制的做法。马克思的摘要和批注表明，殖民国家的一系列做法，不仅不会给殖民地国家带来任何进步，反而只能使殖民地人民陷入更加深重的灾难之中。这些对摘录的批注性的说明不仅表明和发展了马克思对农村公社问题的观点，而且丰富和发展了其对前资本主义生产方式的研究理论。马克思在这篇摘要中所提出的关于农村公社的观点，在1881年给维·伊·查苏利奇的复信中有类似的阐述。

马克思特别反对柯瓦列夫斯基把亚、非、美洲各古老民族的社会历史的演变过程同西欧进行简单类比的机械做法。他在摘要时，常常把这些类比予以删除或修改。马克思对印度在德里苏丹统治时期和莫卧儿帝国统治时期土地关系性质的改变做了大段的评注，不同意柯瓦列夫斯基把印度在上述时期中所发生的土地关系上的变化看作"封建化"，并发表了自己的看法。马克思指出："**别的不说**，柯瓦列夫斯基**忘记了农奴制**，这种制度并不存在于印度，而且它是一个基本因素"；土地并不像西欧中世纪那样具有贵族性质亦即不得转让给平民，也不存在地主的世袭司法权，等等。① 马克思还指出，印度集权君主制的存在阻碍了印度社会向西欧那样的封建主义的演变，② 并且使农村公社的社会职能逐渐变为国家职能。③ 马克思的这些论点，一方面坚持了唯物史观的基本原

---

① ［德］卡尔·马克思：《马克思古代社会史笔记》，人民出版社1996年版，第78页。
② ［德］卡尔·马克思：《马克思古代社会史笔记》，人民出版社1996年版，第68页。
③ ［德］卡尔·马克思：《马克思古代社会史笔记》，人民出版社1996年版，第42页。

理，另一方面则表明了他如何运用历史唯物主义原理从实际出发研究各国资本主义以前的社会经济形态及其发展的规律性。因此，这些马克思补充的内容和批注的内容在历史研究方面无疑具有十分重要的方法论意义。

马克思的第二篇古代社会史笔记是对美国学者路·摩尔根的《古代社会》一书所做的笔记，具有极为重要的理论意义。摩尔根通过自己长期在印第安人部落的调查研究，不仅发现了无阶级的原始社会的社会结构、证明了母系氏族（以后转变为父系氏族）是原始社会的基本单位，更重要的是发现了家庭形式的演变规律，阐明了在原始社会中家庭形式和婚姻形式的作用，进而表明了私有制的产生最终导致了专偶制家庭的产生和文明社会的建立。马克思十分重视摩尔根的这些具有划时代意义的发现，因为摩尔根的研究用文化人类学的史料证实了马克思对原始社会的观点和唯物史观的基本原则。马克思详细摘录了摩尔根《古代社会》一书中所有有科学价值的篇章，并剔除了书中的一些错误观点和不正确的结论，还改造了原书的结构，使摩尔根的体系得到了科学的整理和呈现。例如，摩尔根原著的大体结构是从生产技术的发展到政治理念的发展再到家庭形式的变化和私有制的产生。马克思对摩尔根的摘要将这一结构则改造为：从生产技术的发展和家庭形式的变化再到私有制和国家的产生。从而充分体现了唯物主义的观点，克服和纠止了摩尔根唯物主义的不彻底性：原始社会建立在两种生产，即物质资料的生产和人本身的生产（种的繁衍）的基础之上；私有制产生了阶级和国家，并最终导致了氏族制度的灭亡。马克思在这篇笔记中写下的诸多评注中，除了对摩尔根著作中的问题作了进一步的说明外，还对摩尔根的一些论点作了重要纠正。比如，马克思纠正了摩尔根把取火当作人类早期的次要文明的观点，指出："与此相反：一切与取火有关的东西都是主要的发明!"① 马克思还否定了摩尔根认为人类已经达到"**绝对控制**"食物生产的说法。② 马克思还从历史哲学的角度，对摩尔根的亲属制度、亲属称谓落后于亲属关系的原理作出了更加深刻的理论概括："同样，**政治的、宗教的、法律的以至一般哲学的体系，都是如此**。"③ 马克思深刻剖析了专偶制家庭的起源和性质，"实际上，专偶制家庭要能独立地、孤立地存在，到处都要以**仆役阶级** {domestic class} 的存在为前提，这种仆役阶级最初到处都是直接由**奴隶**组成的"④，阐明了从母系氏族过渡到父系氏族的原因和意义，⑤ 补充了其他民族中存在的父权制大家庭的例证。马克思还从古代作家的著作中引用了许多段落来补充摩尔根对希腊罗马社会的分析，阐明了希腊罗马社会中私有制的产生、氏族的瓦解以及阶级和国家的形成、阶级之间的关系，并且深刻地批判了资产阶级古史学家格罗特等人对历史的歪曲，等等。这一切都证明，马克思的确"打算联系他的……唯物主义的历史研究所得出的结论来阐述摩尔根的研究成果"⑥。遗憾的是，马克思没有来得及写出系统的著作就逝世了，这个遗愿最后由恩格斯完成了。恩格斯在 1884 年写成了《家庭、私有制和国家的起源》，利用摩尔根的研究成果，并充分吸收了马克思在对摩尔根《古代社会》一书摘要中所表述的思想，在自己写作《论德意志人的古代历史》（1878—1882）、《法兰克时代》（1878—1882）、《马尔克》（1882）等文献的基础上，用历史唯物主义观点系统阐述了人类早期社会发展的历史，从文化人类学的角度证明了人类走向未来共产主义社会的历史必然性。列宁称之为"现

---

① ［德］卡尔·马克思：《马克思古代社会史笔记》，人民出版社 1996 年版，第 173 页。
② ［德］卡尔·马克思：《马克思古代社会史笔记》，人民出版社 1996 年版，第 126 页。
③ ［德］卡尔·马克思：《马克思古代社会史笔记》，人民出版社 1996 年版，第 148 页。
④ ［德］卡尔·马克思：《马克思古代社会史笔记》，人民出版社 1996 年版，第 161 页。
⑤ ［德］卡尔·马克思：《马克思古代社会史笔记》，人民出版社 1996 年版，第 262—264 页。
⑥ 《马克思恩格斯文集》第 4 卷，人民出版社 2009 年版，第 15 页。

代社会主义的基本著作之一"①。

马克思的第三篇古代社会史笔记是对在孟加拉和锡兰工作多年的英国官员约·菲尔的《印度和锡兰的雅利安人村社》一书所做的摘录。马克思摘录了一些有价值的资料，而对菲尔整个著作则基本上持否定态度。这不仅是因为菲尔这部著作仅仅是孟加拉和锡兰农村状况的综合记述，缺少实地的素材，而且也是由于菲尔深受梅恩的影响，对个体家庭和社会的关系作了错误的解释。马克思批判道："这头驴子还认为什么都是在个体家庭基础上产生的。"② 马克思还批判了菲尔把孟加拉和锡兰的社会结构当作封建的结构的错误认识。在菲尔把农民称为改革事业的反对者时，马克思以十分嘲讽的语调写道：农民**"总不会反对把付给柴明达尔（土地所有者的统称——引者注）的地租归自己吧，不论他是年老的还是年轻的！"**③ 这充分说明，英国殖民当局在"改革"中所扶植起来的农村统治者柴明达尔恰恰是真正的改革的敌人，殖民地的农民才真正具有历史的进步作用。

马克思的第四篇古代社会史笔记是他对英国资产阶级法学家亨·梅恩的《古代法制史讲演录》一书的摘要。梅恩是根据古代法律阐述古代历史的"权威"。但是，梅恩和其他英国资产阶级学者一样，根本不了解氏族的地位和作用，认为社会的原始形式不是氏族，而是他所知道的印度的父权制大家庭。马克思尖锐地批判了梅恩的这种错误观点，揭穿了梅恩从法律观点对英国殖民主义罪恶的辩护，揭露了英国在爱尔兰的殖民主义罪行。具有重要理论意义的是，马克思还深刻批判了英国资产阶级法学家的抽象的、超阶级的国家观，论述了国家的起源、其阶级性质以及必然

---

① 《列宁全集》第37卷，人民出版社2017年第二版增订版，第64页。
② ［德］卡尔·马克思：《马克思古代社会史笔记》，人民出版社1996年版，第429页。
③ ［德］卡尔·马克思：《马克思古代社会史笔记》，人民出版社1996年版，第386页。

灭亡等问题。马克思针对资产阶级抽象的人性观点，从世界历史的角度概括了人的历史发展和人性的具体社会内容。马克思指出，社会上一部分人在体力上和武力上占优势，就使得少数人获得了能对构成整个社会的各成员施加不可阻挡的力量的权力，这并不是受所谓"道德的"影响，就这些影响（首先是经济的）以"道德的"形式存在而论，它们始终是派生的，第二性的，决不是第一性的："**国家**的看来是至高无上的独立的存在本身，不过是**表面的**，所有各种形式的国家都是**社会身上的赘瘤**；正如它只是在社会发展的一定阶段上才**出现**一样，一当社会达到迄今尚未达到的阶段，它也会消失。"国家的所谓利益"是一定的社会集团共同特有的利益，即**阶级利益等等**，所以这种个人本身就是阶级的个人等等，而它们最终全都以**经济条件**为基础。这种条件是国家赖以建立的基础，是它的前提"①。

马克思的第五篇古代社会史笔记简短摘录了英国古史学家约·拉伯克的《文明的起源和人类的原始状态》。拉伯克同样不了解氏族的本质，并且在原始的家庭形式和婚姻关系的演变以及宗教的起源等问题上表现出了许多资产阶级的偏见。马克思以尖锐讽刺的形式对拉伯克的错误观点进行了批判。

总之，马克思的关于古代社会史的笔记（学术界又称为《民族学笔记》或《人类学笔记》）集中研究了古代社会（学术界又称为"史前社会"或"原始社会"）的结构和演变，丰富和发展了马克思主义社会形态理论。

三　关于东方社会的理论

马克思晚年对人类学著作的摘录和研究，表明他要对资本主义

---

① ［德］卡尔·马克思：《马克思古代社会史笔记》，人民出版社 1996 年版，第 510 页。

之前的社会经济形态的演进规律进行科学系统的认识和总结，从而探讨落后的东方在西方的殖民压迫下向何处去的问题。在《人类学笔记》中，马克思论述了东方社会的结构、性质和前提，为进一步充实和完善东方社会能否和如何跨越西欧式发展道路提供了基础材料和观点。

（一）马克思晚年农村公社理论的形成

尽管马克思早在19世纪50年代末就已经认识到了氏族和家庭的关系，但对氏族内部的组织形式、氏族的结构和本质尚不清楚，而这是在摩尔根的著作发表之后才清晰起来的。根据摩尔根的研究发现，氏族组织是人类历史上一种最古老、流行最广的制度，亚洲、欧洲、非洲、美洲、澳洲的古代社会几乎都采取这种政治方式。"**最古老的组织**是以**氏族、胞族和部落**为基础的**社会组织**；氏族社会就是这样建立起来的，在氏族社会中，管理机关和个人的关系，是通过个人对**某个氏族或部落的关系**来体现的。""氏族是一个**血亲团体**，出自一个共同的祖先，具有同一个氏族名称，由血亲关系结合在一起。氏族只包括这样的子孙的一半。"① 正如恩格斯评价的那样，"摩尔根证明了这一切以后，便一下子说明了希腊、罗马上古史中最困难的地方，同时，出乎意料地给我们阐明了原始时代——**国家**产生以前社会制度的基本特征"②。摩尔根认为氏族要早于专偶制家庭，早于偶婚制家族，而与伙婚制家族大体同时。氏族并不以家庭为单位，家庭（家族），即便是专偶制家庭，也不可能成为氏族社会的自然基础。马克思在同意摩尔根说法的同时，写下了这样的批语："**氏族必然从杂交集团**中产生；一旦在这个集团**内部**开始排除兄弟和姊妹之间的婚姻关系，氏族就会从这种集团里面生长出来，而

---

① ［德］卡尔·马克思：《马克思古代社会史笔记》，人民出版社1996年版，第200页。
② 《马克思恩格斯文集》第4卷，人民出版社2009年版，第98页。

不会更早。**氏族的前提条件**，是兄弟和姊妹（直系的和**旁系的**）已经从其他血亲中区分出来。**氏族**一旦产生，就继续是社会制度的**单位，而家庭则发生巨大的变化**。"① 这表明，马克思已经正确地解决了氏族与家庭（家族）的关系和氏族的起源问题。同时，马克思赞同摩尔根将家庭制度分为五大阶段，并指出这是一个长期的历史发展过程，母权制家庭先于父权制家庭。马克思写道："最古是：**过着杂交的原始群的生活**；没有家庭；在这里只有**母权**能够起**某种**作用。"② 马克思指出："家庭的原初形式本身是氏族家庭，私人家庭只是从氏族家庭在历史上的解体中才发展起来的。"③ 马克思已经认识到家庭必然随着社会的发展而发展，随着社会的变化而变化，父权制家庭是继母权制家庭之后产生的，是存在于氏族社会晚期的一种家庭形式。

19 世纪 70 年代到 80 年代初，马克思不仅写作了《人类学笔记》，还留下了很多重要的书信，这些都是其农村公社理论形成中的重要组成部分。

马克思首先阐述了从原始公社到农村公社的发展过程，并对两种公社作了明确的区分。"并不是所有的原始公社都是按照同一形式建立起来的。相反，从整体上看，它们是一系列社会组织，这些组织的类型、生存的年代彼此都不相同，标志着依次进化的各个阶段。"④ 马克思认为，在日耳曼部落占领意大利、西班牙、高卢等地时，古代类型的公社已经不存在了。但是个别的公社经历了中世纪的一切波折而保存下来，比如德国的特里尔专区就有。这种公社的各种特征非常清晰地表现在取代它的公社里面，"所以毛勒在研究了

---

① ［德］卡尔·马克思：《马克思古代社会史笔记》，人民出版社 1996 年版，第 294 页。
② ［德］卡尔·马克思：《马克思古代社会史笔记》，人民出版社 1996 年版，第 131 页。
③ 《马克思恩格斯全集》第 31 卷，人民出版社 1998 年第二版，第 443 页。
④ 《马克思恩格斯全集》第 25 卷，人民出版社 2001 年第二版，第 476 页。

这种次生形态的公社后，就能还原出它的古代原型"①。马克思在研究了摩尔根的著作后，弄清了氏族、氏族制度的真正本质后，就认识到原始公社的存在及其不同的形式、结构、类型和发展的不同阶段。他指出"农村公社"是建立在公社各个成员的"血缘亲属关系上的"，而农业公社"割断了这种牢固然而狭窄的联系"，"是最早的没有血缘关系的自由人的社会组织"，② 从而把两种公社区别开来。农村公社到处都是古代社会形态的最新类型，是原生的社会形态的最后阶段，所以它同时也是向次生的形态过渡的阶段，"即以公有制为基础的社会向以私有制为基础的社会的过渡"③。由此马克思就形成了一种关于社会形态的类型、分期和发展过程的新观点和新理论，即人类社会形态可以划分为原生的、次生的、再次生的三大类型。氏族公社是原生的社会形态，农村公社时期"是从公有制到私有制、从原生形态到次生形态的过渡时期"④。"次生的形态包括建立在奴隶制上和农奴制上的一系列社会。"⑤ 从马克思关于农村公社和社会形态的理论可以看出，农村公社是从原始社会向阶级社会的过渡时期的社会形态。区分原始公社和农村公社，既表明了二者的联系和区别，也使农村公社的历史发展及其历史地位有了完善的历史基础。

19 世纪 70 年代末，马克思阅读了柯瓦列夫斯基、摩尔根等人的著作，对世界各地尤其是俄国的农村公社做了深入的研究之后，对农村公社的特定性质有了更为深入和科学的认识。

马克思指出了农村公社的三个最主要的特征，这些特征使农村

① 《马克思恩格斯全集》第 25 卷，人民出版社 2001 年第二版，第 459 页。
② 《马克思恩格斯全集》第 25 卷，人民出版社 2001 年第二版，第 460、477 页。
③ 《马克思恩格斯全集》第 25 卷，人民出版社 2001 年第二版，第 478 页。
④ 《马克思恩格斯全集》第 25 卷，人民出版社 2001 年第二版，第 461 页。
⑤ 《马克思恩格斯全集》第 25 卷，人民出版社 2001 年第二版，第 478 页。

公社区别于比较古老的原始公社。首先，农村公社摆脱了狭窄的血缘关系。农村公社与建立在血缘亲属关系上的原始公社有了本质上的区别，成为没有血统关系的公社成员的社会、经济和地域的联合体。其次，农村公社是公有制与个人使用权相结合。在古代原始公社时期，公共房屋和集体住所是公社的经济基础。但在农村公社中，房屋及其附属物——园地，属于农民私有。也有一些农村公社，尽管房屋已经不再是集体的住所，但仍然定期改换占有者，这样，"个人使用权就和公有制结合起来"。最后，农村公社中的土地是公社所有。"耕地是不准让渡的公共财产，定期在农业公社社员之间进行重分。"① 因此，农村公社社员各自耕种分给他的土地，并把产品留为自己所有。森林、牧场、荒地等仍然是公共财产。

马克思进一步将农村公社的三个最主要的特征概括为公社的二重性，认为"俄国公社所属的古代类型，包含着一种内在的二重性"②。这种二重性就是农村公社中两个层次的内在矛盾：两种生产的内在矛盾和公有制与私有制的内在矛盾。马克思和恩格斯在写作《德意志意识形态》时就认为，历史中的决定因素归根结底是直接生活的生产和再生产——生活资料的生产和人类自身的生产。在19世纪50年代，马克思把自己形成的部落共同体看成是"人类**占有**他们生活的**客观条件**，占有那种再生产自身和使自身对象化的活动（牧人、猎人、农人等的活动）的**客观条件**的第一个前提"，土地被当作共同体的财产，"而且是在活劳动中生产并再生产自身的共同体的**财产**"。③ 马克思所说的农村公社包含着的"内在二重性"，具体说就是指没有血缘亲属关系的自由人与"牢固然而狭窄的血缘亲属关系的束缚"之间的矛盾，共同体生产、共同分配的土地所有制与"小

————————
① 《马克思恩格斯全集》第25卷，人民出版社2001年第二版，第477页。
② 《马克思恩格斯全集》第25卷，人民出版社2001年第二版，第473页。
③ 《马克思恩格斯全集》第30卷，人民出版社1995年第二版，第466页。

土地经济和私人占有产品"之间的矛盾,① 这是由劳动者与生产条件的关系决定的，表现为公有制与私有制之间的矛盾。这种"内在二重性"的发展，反映的是个人的发展摆脱两种社会关系——血缘亲属关系和社会生产关系的历史过程，是人的发展和社会的发展双向互补的统一过程。柯瓦列夫斯基也看到了这一点，他在谈及殖民主义者掠夺属于印第安居民的公社土地时说（马克思做了摘录）："这样就最终在**公社团体内部**消灭了作为它们生命原则的……（氏族—亲属原则），直到它们最终变为**纯粹的……（农村）公社**为止。这样瓦解血缘纽带（真实的或虚构的）的结果，在某些地方**从以前的公社份地中**形成了**小地产**。"② 当然，柯瓦列夫斯基不可能从农村公社的重要特点中认识它的二重性和它所反映的社会发展的根本矛盾，只有马克思才揭示出了这个矛盾。正是由于农村公社的二重性决定了其过渡性质。马克思把农村公社置于古代社会经济形态的总体发展过程中来考察，确定它是从原生形态到次生形态、从公有制到私有制过渡的阶段。也就是说，农村公社包含着公有制和私有制两种因素的向下一阶段过渡的形态，是公有制和私有制矛盾的对立统一，从而深刻揭示了农村公社的本质和经济基础。农村公社的过渡性质正是由这种"内在二重性"决定的。农村公社既不是完全的原始社会，也不是完全的阶级社会，而是特殊的、二重的、具有过渡性质的经济的社会形态。这样的经济社会形态的走向既有自身的特点和规律性，也受到外部力量的严重影响。

此外，马克思还认为，农村公社受到诅咒的是它的孤立性。在有农村公社这一特征的任何地方，"它总是把集权的专制制度矗立在公社的上面"③。由于公社与公社之间的生活缺乏联系，这种与世隔

---

① 《马克思恩格斯全集》第 25 卷，人民出版社 2001 年第二版，第 478 页。
② ［德］卡尔·马克思：《马克思古代社会史笔记》，人民出版社 1996 年版，第 19 页。
③ 《马克思恩格斯全集》第 25 卷，人民出版社 2001 年第二版，第 473 页。

绝的狭小天地使它不能有任何历史创举。早在 1853 年，马克思在《不列颠在印度的统治》这一评论中就写道："我们不应该忘记，这些田园风味的农村公社不管看起来怎样祥和无害，却始终是东方专制制度的牢固基础。"① 1881 年，他进一步指出，农村公社的孤立性这一特征，为集权的专制制度的建立提供了牢固的基础。他总是从印度和俄国自给自足的自然经济，农业与手工业的结合，社会生产的分散性、孤立性、封闭性等方面，来论述东方社会的上层建筑即专制制度产生的原因，深刻地说明了东方社会这一颇为奇特的现象。可以看出，马克思有关东方社会的观点是一致的、连贯的。

（二）《人类学笔记》对东方社会生产方式理论的完善

19 世纪 50—60 年代，马克思对东方社会的研究主要是根据亚洲和欧洲某些国家的材料进行的。19 世纪 70—80 年代，马克思对东方社会的研究，范围扩展到亚洲、非洲、拉丁美洲等广大区域。马克思在《人类学笔记》中对东方社会经济的社会形态的研究，进一步充实和完善了他在 50 年代形成的亚细亚生产方式范畴。

马克思认为，欧洲以外地区的公社土地所有制具有以下三个基本特征。

第一，东方社会土地所有制具有土地公有制和私有制的双重结构。早在 1853 年 6 月 2 日，马克思致恩格斯的信中在引述了贝尔尼埃在《大莫卧儿国家（印度斯坦、克什米尔王国等国）游记》中关于东方城市形成方面的描述后指出："东方（他指的是土耳其、波斯、印度斯坦）一切现象的基础是**不存在土地私有制**。这甚至是了解东方天国的一把真正的钥匙。"② 恩格斯在 6 月 6 日给马克思的复信中提出："不存在土地私有制，的确是了解整个东方的一把钥匙。

---

① 《马克思恩格斯文集》第 2 卷，人民出版社 2009 年版，第 682 页。
② 《马克思恩格斯全集》第 49 卷，人民出版社 2016 年第二版，第 415 页。

这是东方全部政治史和宗教史的基础。"① 但是东方民族为什么没有达到土地私有制，甚至没有达到封建的土地所有制呢？马克思和恩格斯认为主要是东方国家的自然条件、人工灌溉和政府部门集中，从而产生了中央集权和土地公有制。但是，同时，马克思又看到了东方社会的土地私有制。在 1853 年 6 月 14 日致恩格斯的信中，马克思说："在克里什纳以南的同外界隔绝的山区，似乎确实存在土地私有制。"② 马克思在《不列颠在印度统治的未来结果》中指出："柴明达尔制度和莱特瓦尔制度本身虽然十分可恶，但这两种不同形式的私人土地占有制却是亚洲社会迫切需要的。"③ 这种看似矛盾的认识恰恰反映了东方社会土地所有制的二重性质和历史事实。在马克思看来，"私有财产的真正基础，即占有，是一个事实，是无可解释的事实，而不是权利。只是由于社会赋予实际占有以法律规定，实际占有才具有合法占有的性质，才具有私有财产的性质"④。这种双重结构的土地所有制不仅在印度存在，世界上一切民族和国家在一定的历史发展阶段上也都存在过。在拉丁美洲、墨西哥的农村公社就实行全体成员均等享用属于公社的不动产的原则，分配是均等地和定期地反复进行的。"不过通常**有一部分公社土地始终不进行分配，用来作为米尔的耕地。**"⑤ 在印度，公社土地所有制是土地关系的主要形式。马克思提到柯瓦列夫斯基在《摩奴》中发现了"**存在着公社土地占有制并且同时产生了私人土地所有制的痕迹**"；在公元前 9 世纪的印度还存在一种协作社，说明印度自远古时代以来不但盛行公社土地占有制的原则，而且还盛行氏族团体的成员共同经营

---

① 《马克思恩格斯全集》第 49 卷，人民出版社 2016 年第二版，第 419 页。
② 《马克思恩格斯全集》第 49 卷，人民出版社 2016 年第二版，第 433 页。
③ 《马克思恩格斯全集》第 12 卷，人民出版社 1998 年第二版，第 246 页。
④ 《马克思恩格斯全集》第 3 卷，人民出版社 2002 年第二版，第 137 页。
⑤ ［德］卡尔 · 马克思：《马克思古代社会史笔记》，人民出版社 1996 年版，第 8 页。

土地的原则。柯瓦列夫斯基认为这种以契约为基础的结合 "**与俄国的劳动组合相似**"①。

氏族所有制和不分居家庭所有制是占传统地位的土地所有制形式。公社土地所有制并不是某个地区所独有的，保存下来的古老形式的土地所有制痕迹在非洲的阿尔及利亚最多。居住在北部地中海沿岸等地的卡比尔人保存着氏族所有制和公社所有制的许多痕迹，直到 19 世纪 70 年代仍然过着不分居家庭的生活，严格遵守家庭财产不可出让的原则。在卡比尔人种中也存在土地私有制，但那只是例外的和局部的情况。② 在亚洲的孟加拉，"**所有的土地无论是荒地还是耕地，都属于村社（作为占有地）**"，"**在所有各阶级中都普遍盛行家庭成员共同生活**和共同享有财产收益的习惯"。③ "在《**摩奴法典**》里，没有一处把土地视为一种被现代英国人理解为财产的东西。耕地的私人所有权是被承认的，但它只是**耕作者的所有权**；**土地本身属于村社**；地租连影子也没有；**所有者**只是**耕作者**的另一个名称。"④

第二，殖民地国家对土地具有最高所有权。马克思指出："**英属东印度**居民十分痛恨的这种一再进行的土地登记，在那里至少还有这样的意义：国家作为他们的**地主**想要定期提高**地租**。"⑤ 这表明，马克思对国家最高所有权在东方社会的确认。但是，马克思晚年在这个问题上的观点与《资本论》中所说的 "既作为土地所有者同时又作为主权者的国家"，"在这里，国家就是最高的地主"⑥ 的观点

---

① ［德］卡尔·马克思：《马克思古代社会史笔记》，人民出版社 1996 年版，第 38—39 页。
② 参见［德］卡尔·马克思《马克思古代社会史笔记》，人民出版社 1996 年版，第 101—102 页。
③ ［德］卡尔·马克思：《马克思古代社会史笔记》，人民出版社 1996 年版，第 380、388 页。
④ ［德］卡尔·马克思：《马克思古代社会史笔记》，人民出版社 1996 年版，第 431 页。
⑤ ［德］卡尔·马克思：《马克思古代社会史笔记》，人民出版社 1996 年版，第 17 页。
⑥ 《马克思恩格斯文集》第 7 卷，人民出版社 2009 年版，第 894 页。

不尽相同。马克思在 50 年代所说的"国家"是指在大多数亚细亚的基本形式中，在农村公社内部产生的"凌驾于所有这一切小的共同体之上的**总合的统一体**表现为**更高的所有者**或**唯一的所有者**"，也就是"作为这许多共同体之父的专制君主所体现的总的统一体"。① 而《人类学笔记》中所说的"国家"则是指西方殖民主义侵略强加给东方民族人民的反动统治，因此严格地说是"殖民地国家"。在不同的历史条件下由不同的统治阶级作为"地主"而取得最高土地所有权，它们行使这种所有权所要达到的目的和所造成的社会后果是根本不同的。西方殖民主义者通过极其残酷的手段消灭土著居民，把自己的占有地扩展到使土著居民根本无地可耕的地步，从而"**把原先的自由的所有者变成依附于国家政权和土地贵族**的公社所有者"，这就奠定了"**大土地所有制发展的基础**，而损害了公社土地占有者的财产利益"，② 并加速了公社的瓦解。这与在东方专制制度下公社的一部分剩余劳动属于"最终作为一个**个人**而存在的更高的共同体，而这种剩余劳动既表现在贡赋等等的形式上，也表现在为了颂扬统一体……而共同完成的工程上"③ 是完全不同的。

1826 年以后英国在印度强占公社的荒地，并利用这种非法的攫取向那些愿意耕种某块荒地的人征收田赋，把先前的公社所有者变为政府土地的暂时耕种者。他们认为把柴明达尔变成大土地私有者能使自己获得良好的纳税人；他们认为实行政府土地租佃制，把税制推行于国家土地的新佃户身上能够增加税收。"到处都实行了**大土地所有制和小租佃制**。"④ 在印度西北各省和旁遮普，英国政府表面上表示可以保持公社所有制，同时又采取各种措施促进公社所有制

---

① 《马克思恩格斯全集》第 30 卷，人民出版社 1995 年第二版，第 467 页。
② ［德］卡尔·马克思：《马克思古代社会史笔记》，人民出版社 1996 年版，第 10 页。
③ 《马克思恩格斯全集》第 30 卷，人民出版社 1995 年第二版，第 467 页。
④ ［德］卡尔·马克思：《马克思古代社会史笔记》，人民出版社 1996 年版，第 88 页。

迅速瓦解。在许多自古以来公社所有制占主要地位的村庄，终于确立了大土地所有者和小土地所有者。"这两种情况都对**大多数居民极**为不利，他们不管是否愿意，都被迫变成了**依附于土地的佃户阶级**。"①

对于殖民地土地的国家最高所有权这一独特的"经济—政治"现象，马克思作了十分重要的评论。第一，针对英国政府在印度到处都实行大土地所有制和小租佃制，马克思写道："**把英国和爱尔兰结合在一起。妙极了！**"② 第二，针对1822年依据省督麦肯齐的规定开始对旧土地登记册复查，其目的是扩大公社土地占有制的原则一事，马克思写道："于是，**公社所有制原则上得到了承认**；实际上被承认到何种程度，过去和现在总是要看'英国**狗**'认为怎样做才对**自己最为有利**。"③ 第三，针对柯瓦列夫斯基所说的英国政府攫取了农村公社的森林和荒地，马克思指出这种劫掠是"作为国有财产"的，"其借口是保护森林免遭公社所有者砍伐，而**实际上则是为了有利于欧洲人从事殖民**"。④ 这些评论表明，来自西方的殖民统治阶级对东方社会进行了残酷的剥削和掠夺，并在这种剥削和掠夺中形成了具有特殊形态的东方社会生产方式。

1870年1月19日，恩格斯在致马克思的一封信中指出，英国的殖民统治使爱尔兰的发展丧失了一切可能性并使它倒退了几个世纪。在印度，英国人又在重复这段殖民地经营的历史。"在孟加拉，他们创作了一幅英国大土地所有制的漫画；在印度东南部，他们创作了一幅小块土地所有制的漫画；在西北部，他们又做了他们能做的一切，把实行土地公有制的印度经济公社，变成了它本身的一幅漫画"，这确实"可以看做失败的和真正荒唐的（在实践上是无耻的）经济实验的历史"。① 殖民地土地的国家所有权的荒唐的经济实验，是瓦解公社土地所有制、建立资本主义土地所有制的重要手段，是资本原始积累的一种特殊形式。所有这一切的全部考虑就是如何才能对于建立殖民统治"最为有利"，这就是国家最高所有权的实质。柯瓦列夫斯基对此有所认识，他说法国政府在阿尔及利亚部分地区建立了一种所谓的"民屯"制度，这种制度"将**氏族的土地分为两部分**，一部分留给氏族成员，另一部分则由**政府**掌握，以便欧洲殖民者定居"。马克思愤怒地指出："只要非欧洲的（外国的）法律对欧洲人'有利'，欧洲人就不仅承认——立即承认！……而且还'误解'它，使它仅仅对他们自己有利……法国人的贪婪是十分明显的。"②

第三，"建立私有制"是对东方公社所有制的直接破坏。殖民者购买了土地并不是为了耕种，而只是为了通过转卖土地进行投机。所以，为确保这种投机行为的持续，最好的办法就是所谓的"建立私有制"。马克思愤怒地指出，1873 年的"乡绅会议"唯一关心的就是采取更有效的措施来掠夺阿拉伯人的土地，在这个可耻的议院中进行的关于在阿尔及利亚"**建立私有制**"的方案的辩论，"企图**用所谓永恒不变的政治经济学规律**的外衣，来掩盖这种欺诈勾当。在这种**辩论**中，'乡绅'对于**消灭集体所有制**这个目的意见完全一致。所争论的仅仅是用什么方法来消灭它"③。这种剥夺的方法，通过把土地所有制个人化即"私有化"，消灭了东方社会的基础，使得整个东方社会真正瓦解，成为资本主义的附庸和被奴役的对象。

---

① 《马克思恩格斯文集》第 7 卷，人民出版社 2009 年版，第 372 页。
② ［德］卡尔·马克思：《马克思古代社会史笔记》，人民出版社 1996 年版，第 111 页。
③ ［德］卡尔·马克思：《马克思古代社会史笔记》，人民出版社 1996 年版，第 116—117 页。

（三）对东方社会性质和出路的讨论

马克思严肃批评了柯瓦列夫斯基以西欧的封建化过程来说明东方社会公社土地所有制瓦解的观点和做法。柯瓦列夫斯基认为，印度的采邑制、公职承包制和荫庇制堪称西欧意义上的封建主义。对此，马克思明确指出："由于在印度有'采邑制'、'公职承包制'（后者根本不是**封建主义的**，罗马就是证明）和荫庇制，所以柯瓦列夫斯基就认为这是西欧意义上的**封建主义。别的不说**，柯瓦列夫斯基**忘记了农奴制**，这种制度并不存在于印度，而且它是一个基本因素。"荫庇制在印度所起的作用"是很小的"。① 印度农民"**不是向国库，而是向由国库授予权利的人缴纳实物税或货币税**。纳地亩税并没有把他们的财产变为封建财产……柯瓦列夫斯基整个这一段都写得非常**糟糕**"②。而马克思对菲尔的批评更加严厉："菲尔这个蠢驴把村社的结构叫作**封建的结构**。"③

这是因为，马克思认为，封建时代所有制的物质关系和社会关系"都是以人身依附为特征的"。正因为人身依附关系构成该社会的基础，劳动和产品也就"作为劳役和实物贡赋而进入社会机构之中"。④ 恩格斯也指出："在中世纪，封建剥削的根源不是由于人民被剥夺而**离开了**土地，相反地，是由于他们占有土地而**离不开它**。农民保有自己的土地，但是他们作为农奴或依附农被束缚在土地上，而且必须给地主服劳役或交纳产品。"⑤ 因此，农奴制和农奴的人身依附关系是封建生产方式的基本因素和基本特征。柯瓦列夫斯基恰恰没有看到这个基本因素和基本特征。在印度并不存在农民对土地

① ［德］卡尔·马克思：《马克思古代社会史笔记》，人民出版社 1996 年版，第 78 页。
② ［德］卡尔·马克思：《马克思古代社会史笔记》，人民出版社 1996 年版，第 63 页。
③ ［德］卡尔·马克思：《马克思古代社会史笔记》，人民出版社 1996 年版，第 385 页。
④ 《马克思恩格斯文集》第 5 卷，人民出版社 2009 年版，第 95 页。
⑤ 《马克思恩格斯文集》第 4 卷，人民出版社 2009 年版，第 320 页。

的严格的依附关系，"罗马—日耳曼封建主义所固有的**对土地的崇高颂歌**（Boden-Poesie）（见毛勒的著作），在印度正如在罗马一样少见。**土地**在印度的任何地方都不是**贵族性的**，就是说，土地并非不得出让给平民！"西欧封建主占有生产资料和不完全地占有生产者——农奴，对农奴具有世袭的司法权和审判权。东方社会与西欧存在着一个基本差别："在大莫卧儿帝国特别是在**民法**方面没有**世袭司法权**。"①东方社会由于自身的特点并不存在农奴制和所谓的"封建化过程"，所谓封建化只发生于某些地区。

而且，马克思和恩格斯还认为，封建制度绝不是现成的从德国搬过去的。"它起源于征服者在进行征服时军队的战时组织，而且这种组织只是在征服之后，由于在被征服国家内遇到的生产力的影响才发展为真正的封建制度的。"而且，"在蛮人的占领下，一切都取决于被占领国家此时是否已经像现代国家那样发展了工业生产力，或者被占领国家的生产力主要是否只是以它的联合和共同体为基础。其次，占领是受占领的对象所制约的"②。也就是说，封建制度的起源归根到底是受生产力发展水平制约的，这与当时一种最普遍认为的如下观点不同：迄今为止在历史上只有占领才具有决定意义，蛮人（日耳曼人）占领了罗马帝国，这种占领的事实通常被用来说明从古代世界向封建制度的过渡。

马克思在《资本论》中详细论述过在多瑙河两公国，徭役劳动是同实物地租和其他农奴制义务结合在一起的，但徭役劳动是交纳给统治阶级的最主要的贡赋。凡是存在这种情形的地方，"徭役劳动很少是由农奴制产生的，相反，农奴制倒多半是由徭役劳动产生的"③。罗马尼亚各州的情形就是这样。那里原来的生产方式是建立

---

① ［德］卡尔·马克思：《马克思古代社会史笔记》，人民出版社1996年版，第78页。
② 《马克思恩格斯文集》第1卷，人民出版社2009年版，第578页。
③ 《马克思恩格斯文集》第5卷，人民出版社2009年版，第274页。

在公有制的基础上的，但这种公有制不同于斯拉夫的形式，也完全不同于印度的形式。一部分土地是自由的私田，由公社成员各自耕种。另一部分土地是公有地，由公社成员共同耕种。随着时间的推移，公社的地产被剥削阶级侵占，从而也就侵占了花在公有地上的劳动。自由农民在公社土地上的劳动转化成了为公社土地掠夺者而进行的徭役劳动。于是农奴制关系随之发展起来，但这只是就事实而言，不是就法律而言。直到后来，要解放全世界的俄罗斯才借口废除农奴制而把这种农奴制用法律固定下来。这是西欧封建主义起源的特殊而又典型的过程。

在东方社会里，人与土地、人与公社、人与国家的关系不同于西欧，没有西欧那种性质的自由农民，国家的主要收入以地租形式掌握在土地所有者、君主等手里，"剩余劳动和剩余产品的大部分归土地所有者所有（在亚洲，归国家所有）"[1]。菲尔在《印度和锡兰的雅利安人村社》一书中说，所有的土地无论是荒地还是耕地都属于村社，马克思指出这是**"作为占有地"**[2]。由于土地被分成小块耕种，农民按照土壤的性质和耕种的目的向柴明达尔交租。菲尔还说，一个村社的土地大致可分为两类：农民的土地和柴明达尔的土地。马克思则指出：这是"占村社领土的大部，**即村社土地**"和"最后向政府纳税的柴明达尔"的土地。柴明达尔可以自己出资耕种，也可以召进耕作者来。"按（欧洲人的）一般概念，他们是他的**佃农**，他是他们的**地主**；在这里，柴明达尔享有绝对的土地所有权。"[3] 这表明了马克思的一个观点：只有按照欧洲人的一般概念来看，农民才是柴明达尔的佃户，柴明达尔才是农民的地主；如果按照亚洲人的一般观念和东方社会的

---

① 《马克思恩格斯全集》第 36 卷，人民出版社 2015 年第二版，第 301 页。
② ［德］卡尔·马克思：《马克思古代社会史笔记》，人民出版社 1996 年版，第 380 页。
③ ［德］卡尔·马克思：《马克思古代社会史笔记》，人民出版社 1996 年版，第 400—401 页。

实际情况来看，他们之间就根本不是那种关系了。因此，东方社会的绝大多数国家都不存在这种特殊的历史条件。

即使东方社会的徭役和西欧有类似或相同之处，由于不同的历史条件和环境的差异，不一定产生农奴制关系；当然也有产生这种关系的可能。因为，"极为相似的事变发生在不同的历史环境中就引起了完全不同的结果。如果把这些演变中的每一个都分别加以研究，然后再把它们加以比较，我们就会很容易地找到理解这种现象的钥匙"①。马克思从历史唯物主义的观点出发，高度重视在对历史条件和历史环境的具体分析中剖析东方社会，而反对把东方社会和西方社会作教条式的比较。也就是说，马克思强调无论是西欧封建主义的起源还是西欧资本主义的起源，都不是一种一成不变的固定的模式，必须根据不同国家的历史条件和历史环境，进行审慎的分析，从而为我们科学地认识和分析东方社会的性质提供了极其重要的方法论原则。

那么，东方社会到底是什么性质的社会呢？马克思曾在《资本论》中明确使用了古亚细亚生产方式的概念。当然，马克思并没有将亚细亚生产方式当作一种具有普遍性的甚至孤立的"亚细亚"社会形态，马克思从中期到晚期的著作中表明他并没有放弃亚细亚生产方式的概念，而是在不断充实和完善它。在《人类学笔记》中，马克思提出了"非资本主义生产"和"非资本主义生产方式"②的概念，更加强调东方社会的特殊性，从而为认识东方社会的性质提供了重要的启示，也在这一研究中进一步展开了对东方社会发展路径的认识。

柯瓦列夫斯基说："在资本主义经济还没有能够形成的地方，到处都可以看到**小高利贷者和拥有游资的毗邻的地主对农村居民**进

---

① 《马克思恩格斯文集》第3卷，人民出版社2009年版，第466—467页。
② ［德］卡尔·马克思：《马克思古代社会史笔记》，人民出版社1996年版，第94、117—118页。

行无耻透顶的剥削。"马克思在摘录时把原文的"在资本主义经济还没有能够形成的地方"改为"在非资本主义生产方式的国家里"。这就隐含着东方社会的"非资本主义生产方式"不可能走资本主义发展道路的设想。

柯瓦列夫斯基谈到在这些国家地主对农民的剥削并利用农民的困窘，"在冬季用合同把他们束缚起来"。马克思指出英国政府利用已由法律批准的"抵押"和"出让"，极力在印度西北部各省和旁遮普"瓦解农民的集体所有制，**彻底**剥夺他们，使公社土地变成**高利贷者的私有财产**"①，触及了东方社会与西欧的不同之处。

资本主义起源的基础是生产者同生产资料的彻底分离，即对农民的剥夺。在马克思写作《资本论》的时代，这种对农民的剥夺只在英国彻底完成了，西欧的其他国家也都正经历着与英国同样的运动，"归根到底这里所说的是把**一种私有制形式变为另一种私有制形式**"②，即以个人劳动为基础的私有制转变为以剥夺他人的劳动、以雇佣劳动为基础的资本主义私有制，农民被剥夺土地转化为雇佣劳动者，地产转化为工业资本。以公社土地所有制而不是以土地私有制为主体的东方社会，农民被剥夺，并没有像西欧那样成为雇佣劳动者，他们受到种种非资本主义关系的严重束缚，甚于西欧单一的封建关系的束缚，土地成为高利贷者的私产，地产不是向工业资本而是向高利贷资本转化。

柯瓦列夫斯基曾说，印度人往往为举办婚礼等而举债，付出高利贷的利息；并利用英国人给予他们的出让份地的自由，把份地抵押给高利贷者；高利贷者通过种种手段获得公社份地的所有权并不断扩大自己的地产。于是城市高利贷者的土地所有权取代

---

① ［德］卡尔·马克思：《马克思古代社会史笔记》，人民出版社 1996 年版，第 118 页。
② 《马克思恩格斯全集》第 25 卷，人民出版社 2001 年第二版，第 455 页。

了公社土地所有权，农民成了佃户。农民被剥夺土地的性质与西欧资本主义生产发展的性质完全是两码事。马克思在摘录柯瓦列夫斯基关于高利贷利息的论述时，写了一句简短的但十分重要的话："在一切实行非资本主义生产并以农业为主的国家里，都可以看到**高利贷的发展**。"① 马克思在这里揭示了一条重要的规律，即在生产使用价值而不是生产交换价值的社会里，资本只能向高利贷资本转化而不能向工业资本转化；而高利贷资本的历史作用不是促进、恰恰是阻碍资本主义生产发展的原因。高利贷对于资本主义以前的一切生产方式起过破坏和瓦解的作用。在东方社会，面对古老的亚细亚生产方式，高利贷能够长期延续，"在亚洲的各种形式下，高利贷能够长期延续，这除了造成经济的衰落和政治的腐败以外，没有造成别的结果。只有在资本主义生产方式的其他条件已经具备的地方和时候，高利贷才表现为形成新生产方式的手段之一"②。在东方社会恰恰不存在这种资本主义生产方式，存在的是非资本主义生产方式，因而高利贷不能表现为这种形成新生产方式的手段。反过来说，正是高利贷资本的存在遏制和阻碍了资本主义生产条件的形成，使东方社会不能顺利地发展资本主义。"高利贷和商业一样，是剥削已有的生产方式，而不是创造这种生产方式，它是从外部同这种生产方式发生关系。高利贷力图直接维持这种生产方式，是为了不断地重新对它进行剥削；高利贷是保守的，只会使这种生产方式处于越来越悲惨的境地。"③ 马克思在此深刻地揭示了东方社会所特有的非西欧式的社会机制的发生和发展，在说明东方社会不能顺利发展资本主义的同时，也说明其蕴含了多样性的发展路径。

---

① ［德］卡尔·马克思：《马克思古代社会史笔记》，人民出版社 1996 年版，第 94 页。
② 《马克思恩格斯文集》第 7 卷，人民出版社 2009 年版，第 675 页。
③ 《马克思恩格斯文集》第 7 卷，人民出版社 2009 年版，第 689 页。

　　马克思从早期对古代人类社会的三种社会形态的研究，到晚年通过《人类学笔记》聚焦东方社会社会形态和所有制关系，尤其是土地所有制关系演变的具体研究，不仅丰富了其亚细亚生产方式的理论，更进一步揭示了东方社会的特殊性质，即东方社会所特有的非资本主义生产方式，使得东方社会有可能出现与西欧资本主义发展的不同路径，而这种认识的形成，恰恰是马克思深入研究东方社会详尽史料的结果。历史发展的事实证明，马克思的这一研究是符合东方社会实际的，对于充分认识东方社会的性质和未来发展具有巨大的启迪价值。

第二节　历史学研究的成果

　　马克思晚年研究的一个重要特色是在世界历史范围内收集资料，将自己的研究视角扩大到世界通史的研究中。马克思晚年在对积累的资料的研究和分析的过程中，感到从整体上贯通性地研究世界历史的必要性和可行性。《资本论》以资本主义社会的经济运行现象为依据，研究和说明了资本主义经济制度内在的规律性，为未来可能的发展和新的社会制度提供了合乎逻辑和规律性的论证。马克思晚年的《人类学笔记》则是研究人类上古以来至文明社会起源的古代社会发展规律和文明、国家、私有制产生的规律，而这两者之间的空白，即从原始公社向资本主义制度过渡之间的演变，则应该由另一部著作来填补。这就形成了马克思晚年所写的也是最后一部史学手稿《历史学笔记》。《历史学笔记》大概写于19世纪70年代末至80年代初，共有四个笔记本，约140万字。马克思在这份手稿中按编年顺序摘录了公元前1世纪初至17世纪中叶世界各国，特别是欧洲各国的政治历史事件。马克思逝世后，恩格斯在整理这份手稿时，给它加上了"编年摘录"（Chronologiche Auszüge）这一标题。

一　西欧封建制度的产生及衰落

《历史学笔记》第一册笔记摘录的是公元前 1 世纪到 14 世纪初（约公元前 91 年至 1320 年），从罗马帝国初期奴隶制的逐步衰落一直到意大利封建制度形成的历史。其中还包括了欧洲各民族的历史，以及 5 世纪到 12 世纪的阿拉伯人、土耳其人、蒙古人、花剌子模人的历史以及 14 世纪中叶以前的北欧和东欧诸国的历史。而 11 世纪到 13 世纪是西方国家和东方国家的历史中充满各种极端重要事件的时代。这个时代的重大事件，比如由罗马教会煽动的法、德、意、英封建主的十字军远征，对于世界历史和国际关系的走向至关重要。因此，这一段历史在这本笔记中占有相当篇幅。

马克思在《历史学笔记》中特别重视对经济的社会形态演进中具体历史过程的研究。比如，鲜活地表现罗马帝国初期社会状况和人民生活状况的摘录："98—117 年　奈尔瓦·图拉真；西班牙人；登上罗马王座的第一个外国人。他恢复了罗马宪法，让民会主持选举，让元老院有充分的言论自由，让那些官员恢复昔日的威望。" 到了公元 361 年，"死于 117 年的图拉真，是最后一位征服者；他把一个新的行省并入国内，征服了散居在特兰西瓦尼亚、摩尔达维亚、瓦拉几亚、塞尔维亚和班诺尼亚部分地区的达契亚人。从此，仿佛是一种停滞状态、一种帝国与蛮族人的均衡状态便开始了"。到了公元 389—395 年狄奥多西乌斯大帝时期，情况发生了深刻变化："帝国居民的减少……不得不雇用那么多的蛮族人来罗马服役……蛮族人已经成了主人，虽然还听命于皇帝。……帝国已被瓜分，但还是统一的——在中世纪，这种观点一直流传了许久。"[①] 在第一册附录

---

① ［德］马克思：《卡尔·马克思历史学笔记》第 1 册，中央编译局马列著作编译部译，中国人民大学出版社 2005 年版，第 1、6、7 页。

中的《意大利人民史》中，马克思详细摘录了意大利当时的社会生活、道德风俗、生产状况、奴隶制度等方面的真实状况，让人们生动地了解了意大利奴隶制趋向衰亡的历史必然性：意大利人将婚姻看作难以忍受的束缚，这一起源于罗马富商巨贾的独身的恶习逐渐影响到了一般的百姓，游手好闲，骄奢淫逸竟然成为普遍的现象，而由于皇帝分发粮食的行为和对穷人大量施舍的基督教会促使这种坏风气绵延不绝。导致的结果就是各省人口流失，农田荒废，没有人愿意挑起家庭生活的重担。在这种情况下，在帝国的军队里，意大利出生的人越来越少，而赏赐的土地都给予了军队中的蛮族人。但是这些来自异乡的人并不愿意从事农业生产，也不会干农活。于是意大利的小土地占有者非常少，大部分的土地没有耕种，而大地产则属于元老们，由奴隶进行耕种。随着奴隶的减少，"意大利居民的苦难已经达到了顶峰。蛮族人入侵后的大量移民是毫不奇怪的。社会各阶层的人背井离乡，贫穷使意大利逐渐衰败"①，造成了导致亡国的政治灾难。

在摘录了意大利奴隶制度必然解体的过程后，马克思还专门记述了意大利封建制度的形成过程："郎哥巴底国王任命了一些公爵，从而造成了一批**封建制度的上层人物**。查理大帝**使封建制度往下扩展**。{为此，}他与郎哥巴底的显贵举行会议；把至今还驳杂不清的**领地**按自然疆界（山脉、河流、森林）加以划分，组成了相应数量的州。各个州内的**堡寨和城市的治理权**转交给有**伯爵**（comte）头衔或有**统帅**头衔的显贵人物；那些负责守卫边界的人得到侯爵的头衔……**凡是**担任行政管理工作的**人都被称为封建主**，有些省则**永远**（？）由他们管理。一些侯爵、伯爵以及普通的封建主也都有权管理

①　［德］马克思：《卡尔·马克思历史学笔记》第 1 册，中央编译局马列著作编译部译，中国人民大学出版社 2005 年版，第 234 页。

城市、教会、寺院。……最初这种**封建主的管理权**只涉及**军事行政**方面。民政机构还保留自己的独立性，国家官职和法律很少改变或毫无改变；后来由于意大利战事无休无止，**封建统治者抢去了民政权**（博塔，第 293 页）；逐渐攫取国君的统治权和臣民们的权利……**查理大帝**由于压制**市政当局**，遭到**他的封建仆从的憎恨。奴隶制和农奴制交织在一起。**①"王权和藩臣的权力不断地被篡夺，这是地道的封建制度。"②

关于西欧封建制的形成，通常的观点是以蛮族入侵、西罗马帝国灭亡为标志。马克思和恩格斯曾经在《德意志意识形态》中作过深刻的分析："有一种最普通的观点认为，迄今为止在历史上只有**占领**才具有决定意义。蛮人**占领**了罗马帝国，这种占领的事实通常被用来说明从古代世界向封建制度的过渡。……封建制度决不是现成地从德国搬去的。它起源于征服者在进行征服时军队的战时组织，而且这种组织只是在征服之后，由于在被征服国家内遇到的生产力的影响才发展为真正的封建制度的。这种形式到底在多大程度上受生产力的制约，这从企图仿效古罗马来建立其他形式的失败尝试（查理大帝，等等）中已经得到证明。"③ 罗马帝国末年，被压迫阶级的反抗斗争已经使得社会动荡不安，在罗马帝国社会各方面已经陷入困境的时候，日耳曼人的入侵最终导致了西罗马帝国的灭亡，摧毁了奴隶制，封建制度通过征服的外力作用和内部因素的持续作用最终形成了。

马克思和恩格斯深刻指出，在蛮人的占领下，一切都取决于被

---

① ［德］马克思：《卡尔·马克思历史学笔记》第 1 册，中央编译局马列著作编译部译，中国人民大学出版社 2005 年版，第 21 页。

② ［德］马克思：《卡尔·马克思历史学笔记》第 1 册，中央编译局马列著作编译部译，中国人民大学出版社 2005 年版，第 254 页。

③ 《马克思恩格斯文集》第 1 卷，人民出版社 2009 年版，第 578 页。

占领国家此时是否已经像现代国家那样发展了工业生产力，或者被占领国家的生产力主要是否只是以它的联合和共同体为基础。其次，占领是受占领的对象所制约的。如果占领者不依从被占领国家的生产条件和交往条件，就完全无法占领银行家的体现于证券中的财产。对于每个现代工业国家的全部工业资本来说，情况也是这样。最后，无论在什么地方，占领都是很快就会结束的，已经不再有东西可供占领时，必须开始进行生产。从这种很快出现的生产的必要性中可以得出如下结论：定居下来的征服者所采纳的共同体形式，应当适应于他们面临的生产力发展水平，如果起初情况不是这样，那么共同体形式就应当按照生产力来改变。这也就说明了民族大迁徙后的时期到处可见的一个事实，即奴隶成了主人，征服者很快就接受了被征服民族的语言、教育和风俗。

从马克思早期对封建制本质特征的分析可以看出，农奴制是封建制形成的重要条件，封建领主权、世袭制与土地私有制相统一，农奴与封建主具有人身依附关系且以领主的法律权利为保证。欧洲封建制度的发展"与希腊和罗马相反，封建制度的发展是在一个宽广得多的、由罗马的征服以及起初就同征服联系在一起的农业的普及所准备好了的地域中开始的。趋于衰落的罗马帝国的最后几个世纪和蛮族对它的征服本身，使得生产力遭到了极大的破坏；农业衰落了，工业由于缺乏销路而一蹶不振，商业停滞或被迫中断，城乡居民减少了。这些情况以及受其制约的进行征服的组织方式，在日耳曼人的军事制度的影响下，发展了封建所有制"①。

英国也是通过政府的方式形成了封建制度。马克思在早期就对经济的社会形态超越发展形式进行过阐述。在《德意志意识形态》中，马克思指出"英格兰和那不勒斯在被诺曼人征服之后，获得了

---

① 《马克思恩格斯文集》第 1 卷，人民出版社 2009 年版，第 522 页。

最完善的封建组织形式"①。马克思在晚年继续研究，并在《历史学笔记》中专章阐述"英国被诺曼人征服。征服者威廉（1066—1087年）"②。在《历史学笔记》第四册附录《英国人民史》一书摘要中专题记载了"威廉征服"的情况。10世纪，英国北部建立了诺曼底公国。爱德华即位后，任用诺曼底公爵担任朝臣和教士。威廉原为诺曼底公爵罗伯特之子，1052年，国王爱德华曾允诺威廉为王位继承人。爱德华于1066年去世后，英国大贵族高德温长子哈罗德继承王位。诺曼底公爵威廉为争夺王位，于1066年9月28日率领诺曼底人进攻英国。10月14日进行会战后，哈罗德阵亡，威廉攻占伦敦后，12月自立为王，史称"威廉征服"。威廉征服英国后颁行了一系列新政，如没收了大批英国贵族的土地分封给征战有功的人员。1071—1085年，"英国封建主义起源于那些曾亲自参加国王的征战并因其**个人效劳而被奖以公有土地中的地产**的'军人'、'义勇军团官兵'或者'大乡绅'（thegns）。后来**这种封建性分配地产的做法**大大地加强了，因为**大部分贵族**效法国王的榜样，也用这种分赐采邑的办法**把他们的佃农同自己联系在一起**。……**封建主义**在英国取代昔日自由的**这种趋势**，因（威廉的）**征服**而得以加强和加速。"③威廉执政后，推行了一系列新政：第一，对征服英国时的军事组织分封土地，但这些土地极其分散地分布于全国各地，大土地所有者就不可能联合起来或者以世袭的方式使人口稠密的大省固定属于某一个大封建主；第二，实行了一项从根本上破坏封建主义的措施，威廉要求英国的每个封侯除向自己的大封建主宣誓外，还得宣誓直

---

① 《马克思恩格斯文集》第1卷，人民出版社2009年版，第577页。
② ［德］马克思：《卡尔·马克思历史学笔记》第4册，中央编译局马列著作编译部译，中国人民大学出版社2005年版，第187页。
③ ［德］马克思：《卡尔·马克思历史学笔记》第4册，中央编译局马列著作编译部译，中国人民大学出版社2005年版，第187页。

接效忠于国王，使"效忠国王"成为所有英国人共同的和首要的义务；第三，威廉撤销四块大伯爵领地（earldoms），从而给封建主义以致命打击，郡（shire）成了最大的地方管理单位，由于每个郡的郡长都有国王任命，他便把全部执行权集中到自己手中，原先的国家立法系统也给他提供了全部司法权，威廉便十分热衷于保住并加强这一权力，"他保留了百户邑和郡的地方法院，却扩大了王国法院的司法权"①；第四，为了向大小封建领主征收赋税，威廉将自己的特派员派往全国各地，这些人的报告均收入他那本土地调查清册。通过威廉的这一系列举措，英国"获得了最完善的封建组织形式"②。

欧洲大陆也是在特定的社会历史条件下，产生了新兴的资产阶级，动摇了封建制度的基础。《历史学笔记》对欧洲封建社会向资本主义社会发展过程中经济基础和上层建筑的辩证发展过程进行了研究。西欧封建制度走向衰落的历史过程发生于神圣罗马帝国时期。1308 年 11 月，亨利希被选举为德意志皇帝，称亨利希七世。亨利希七世后，神圣罗马帝国由于内部政治矛盾重重，各诸侯国各自为政，并为扩大自己的势力和争夺王权进行了长期混战，加重了人民负担，使各地革命起义不断，从内部加速了神圣罗马帝国的解体，从外部动摇了封建制度的基础。同时，由于城市封建行会手工作坊蓬勃兴起，商品贸易日益繁荣，城市阶层力量增长，孕育了资本主义生产关系。起源于君主专制时代遍布各地的权力机关成为新兴资产阶级反对封建制度的重要武器，资本主义上层建筑在封建制度逐渐衰败时产生，同时又加速了封建制度的衰亡步伐。

---

① ［德］马克思：《卡尔·马克思历史学笔记》第 4 册，中央编译局马列著作编译部译，中国人民大学出版社 2005 年版，第 188 页。

② 《马克思恩格斯文集》第 1 卷，人民出版社 2009 年版，第 577 页。

马克思的这一研究，从历史史实出发，充分说明了欧洲封建制度的起源和发展，以及战争、统治、宗教、治理（分封）等在封建制度形成中的作用。

二　资本主义兴起的过程

15—16 世纪，欧洲政权分裂、权力分散，商品生产在城市中迅速发展，手工业、贸易、制造业等连锁发展，这些都需要能自由出卖劳动力的工人。"当欧洲脱离中世纪的时候，新兴的城市中等阶级是欧洲的革命因素。这个阶级在中世纪的封建体制内已经赢得公认的地位，但是这个地位对它的扩张能力来说，也已经变得太狭小了。中等阶级即**资产阶级**的发展，已经不能同封建制度并存，因此，封建制度必定要覆灭。"① 在《历史学笔记》的第三册，时间跨度为约1470 年到 1580 年，主要摘录了西欧近百年的发展史以及在资本主义萌芽中的重大历史事件和矛盾冲突。第四册，时间跨度为约 1580 年到 1648 年。马克思摘录了英国资本主义的萌芽过程，通过"蔷薇战争""圈地运动"等事件，说明了资本主义因素在封建制度中孕育成长以及最终突破封建制度的阻碍得以确立的历史过程。

"蔷薇战争"是英国兰开斯特家族与约克家族为争夺王位而爆发的长期战争。由于兰开斯特家族以红蔷薇为族徽，约克家族以白蔷薇为族徽，因此它们之间爆发的战争史称"蔷薇战争"。兰开斯特家族的主要支持者是经济落后地区的大贵族，约克家族的主要支持者是经济发达地区的封建主以及新贵族和市民。两个家族在 1455—1485 年的长达 30 年的战争中，轮流登上王位。它们顺应时代发展的潮流，经营海上贸易，采取一系列措施刺激工商业和国际贸易的发展。约克家族爱德华四世获胜后，"蔷薇战争"结束，英国确立了君

---

① 《马克思恩格斯文集》第 3 卷，人民出版社 2009 年版，第 509 页。

主专制制度。"**爱德华四世迅速地——以各种关税供国王终生享用的方法——开辟了财源，这就使他几乎完全摆脱了议会。**"① 英国专制制度的确立标志着封建制度的发展进入君主专制的新阶段。君主专制是处于上升期的资产阶级与封建势力进行较量的结果，是封建主义向资本主义的过渡阶段。

在《历史学笔记》第四册关于"爱德华四世"的摘录中，马克思对英国资本主义的萌芽以及作为其前提之一的"圈地运动"作出了如下分析："这一时期，各地的财富和工业都有增长。**各郡小业主的财富和人数越来越多，市民阶级随着贸易的发展也大发其财……财富决定着贵族地位的高低。**"② 一向由意大利人、汉撒的商人、加泰罗尼亚和山南高卢的生意人经手的英国对外贸易，已经逐渐而确实地转入英国人之手。"许多英国商人就住在佛罗伦萨和威尼斯。一些英国商船出现在波罗的海。**工场手工业的雏形也反映在爱德华四世的立法机关所制定的许多保护性的法令中……实业阶级人数众多，遭到破产和覆灭的其实主要是一些贵胄显爵及其封建家臣。……羊毛价格的上涨又推动了农业的改颜换貌**，这种变化在黑死病突然来临以后就开始了，不断地延续了近一个世纪。"③ 羊毛价格的上涨带来的农业的变化是"**小块耕地的合并、大规模养羊业的产生**"。"**促使这种变化的是商人阶级日益增长的财富。许多商人把大量资金投入**土地，这些被拉蒂默骄傲地称作'经营农场的绅士和威武的办事人员'，不因循守旧，也不讲个人情面，可以放手把一些小农场主逐出土地。**土地……大部分被交付给佃农**；随着和平的来临，在早期都铎家族的稳固统治时期，

---

① ［德］马克思：《卡尔·马克思历史学笔记》第 4 册，中央编译局马列著作编译部译，中国人民大学出版社 2005 年版，第 227 页。

② ［德］马克思：《卡尔·马克思历史学笔记》第 4 册，中央编译局马列著作编译部译，中国人民大学出版社 2005 年版，第 228 页。

③ ［德］马克思：《卡尔·马克思历史学笔记》第 4 册，中央编译局马列著作编译部译，中国人民大学出版社 2005 年版，第 228 页。

它的价格开始上涨，人们很难不受地租提高的诱惑。……**地租的提高迫使人们不再拥有土地。强迫迁移和追缉**（见托马斯·莫尔，1515年）｜**接踵而至**｝，为的是用欺骗手段或武力来摆脱农场主。贤人哲士也只不过是颁布一些毫不生效的法律，以防止养羊业的继续扩展，防止对故意流浪的人随意地动辄宣判绞刑。"① "提高地租迫使小土地持有者放弃其土地，同时从土地上赶走农民成了新耕作制的必然结果，由此引起的愤怒更由于经常采用非法手段而日益强烈。"② **"圈地（还有强迫迁移）一如既往没有停止，居无定所的工人数目**越来越多，他们的不满情绪与日俱增。**反对'圈地'的暴乱——关于圈地，最早报道是在亨利六世时期，在都铎时期已屡见不鲜**——不仅是指**到处发生的地主与小农阶级的无休止的斗争**，而且是指巨大的社会不满，总想以暴力和变革来寻求解决。"③

　　英国作为欧洲资本主义产生的典型，通过红白蔷薇战争以及带来的社会经济变化、"圈地运动"等强烈地冲击了封建生产方式，推动了资本主义因素的发展，资本积累的合法化和大量"自由劳动者"的出现，使得资本主义生产关系在工业和农业领域都获得了发展。1640年开始的英国资产阶级革命宣告力图推翻封建专制统治、建立资本主义制度的社会革命正式开始，《历史学笔记》也在此时期结束。《历史学笔记》对英国资产阶级产生和发展的摘录，在世界历史视角下总结了西欧资本主义的发展道路和规律，对于认识资本主义的起源、发展和历史趋向不仅具有珍贵的史料价值，还具有重要的方法论意义。西欧资本主义的发展表明，人类社会交往的扩大是重

---

① ［德］马克思：《卡尔·马克思历史学笔记》第4册，中央编译局马列著作编译部译，中国人民大学出版社2005年版，第228页。
② ［德］马克思：《卡尔·马克思历史学笔记》第4册，中央编译局马列著作编译部译，中国人民大学出版社2005年版，第242页。
③ ［德］马克思：《卡尔·马克思历史学笔记》第4册，中央编译局马列著作编译部译，中国人民大学出版社2005年版，第229页。

要的推动因素，而其根本仍然是生产力的发展以及由此引发的生产关系的变革，生产关系的变革同时又约束和引导着生产力的发展走向。在社会制度复杂的演进过程中，起决定作用的是建立在利益基础上的所有制关系。

三　西欧主要民族国家的形成及发展的多样性

在《历史学笔记》中，马克思用大量篇幅摘录了西欧主要民族国家形成和社会政治制度演变的历史过程。这些摘录，不仅表明各民族国家形成和统一的共同性和差异性，也让我们更加深刻地理解了民族国家形成和发展的多样性。这种多样性表现为生产力和生产关系、经济基础和上层建筑之间的决定与反作用，表现为辩证的发展过程。比如德国不同于法国，而法国又不同于英国，如此等等。

马克思和恩格斯在《德意志意识形态》一书中批判地继承了黑格尔的"世界历史"思想，并指出："历史向世界历史的转变，不是'自我意识'、世界精神或者某个形而上学幽灵的某种纯粹的抽象行动，而是完全物质的、可以通过经验证明的行动，每一个过着实际生活的、需要吃、喝、穿的个人都可以证明这种行动。"① 马克思始终把历史过程作为人类有目的的活动，即人类追求自己有目的活动的实际过程来研究。从《历史学笔记》的摘录内容中可以看出，马克思对于影响历史走向的重大问题都给予了充分的关注，这可以从他摘录的内容和篇幅中得到说明。同时，马克思还对经济活动的细节和经济的社会形态以及演化进行了详细的摘录。马克思在《历史学笔记》中追溯了封建制度的衰落和资本主义的历史起源，并梳理了随着世界市场的形成和国际交往的推动，人类历史从地域历史

---

① 《马克思恩格斯文集》第 1 卷，人民出版社 2009 年版，第 541 页。

转变为世界历史的进程。显然，如果说马克思对古代社会史的研究
还处于对地域历史的总结的话，而随着近代民族国家形成后，尤其
是在资本主义生产关系逐渐产生的过程中，世界上的一系列重大的
历史事件，更多地表现为阶级之间的交往与冲突、民族之间的交往
与冲突、国家之间的交往与冲突、不同文化之间的交往与冲突，等
等。交往和冲突的扩展，就不断使地域历史摆脱了狭隘的血缘和地
域的限制，而逐渐走向世界历史。

　　马克思对战争、贸易、宗教等形成世界历史的核心范畴和历史
事件进行了充分的记录，使得《历史学笔记》把马克思对于人类社
会历史进程的研究推向了深入。总体上看，《历史学笔记》重点关注
了奴隶社会、封建社会和资本主义社会三种社会经济形态的历史变
迁过程，研究了人类历史上各个时期社会形态更替规律的普遍性和
特殊性，新的生产力和生产关系、新的经济基础和上层建筑形成与
发展的条件，用历史史实丰富和充实了马克思唯物史观。

第三节　对东方社会发展道路的探索

　　1877 年 11 月，马克思在给《祖国纪事》杂志编辑部的信中写到，
《资本论》中关于原始积累的那一章只不过想描述西欧的资本主义经
济制度从封建主义经济制度内部产生出来的途径，但是不能将之变成
一切民族都必须要走的道路。1881 年 2 月，马克思在给查苏利奇复信
的初稿中明确表示："我**明确地**把这一运动的'历史必然性'限于**西
欧各国**。"① 马克思通过对东方社会公社土地所有制的分析、通过对东
方社会"非资本主义"发展道路的分析，形成了关于东方社会发展道
路的一系列重要认识。

---

① 《马克思恩格斯全集》第 25 卷，人民出版社 2001 年第二版，第 455 页。

一 东方社会公社土地所有制的解体及其原因

世界历史进入近代以后，东方社会发生了重大变化。在广大经济发展比较落后的地区仍然存在着以公社土地所有制为基本特征的亚细亚生产方式。在受到西方资本主义影响和冲击的地区，公社土地所有制逐渐解体。解体的基本原因是公社内部私有制的发展和外部西方殖民主义的侵略。马克思极其严厉地谴责了这种侵略，对东方社会未来发展作出了重要论述。

（一）家庭财产个体化的过程

柯瓦列夫斯基在《公社土地占有制，其解体的原因、进程和结果》一书中，从历史上考察了公社土地所有制的变迁。马克思非常重视并做了大量的摘录、批注、研究，表达了很多有价值的思想。

早在公元前 4 世纪，印度就已经存在氏族公社。随着公社内部财产关系个体化趋势的加强，不可分的氏族所有制就逐渐消亡，产生了新形式的所有制。在公元 5—6 世纪印度就出现了农村公社。印度农村公社在其解体的过程中，耕地（往往还有草地）逐步归公社各个成员私人所有，只有所谓附属地仍归公社成员共同所有。土地所有权的不可分割性和土地共同耕作制被打破，由继承权即由亲属登记的远近来确定份地的制度，以及战争、殖民等情况人为地改变氏族的构成，从而也改变了份地的大小，原先的不均等日益加剧。公社土地或长或短定期重分的制度，"起初，重分同等地包括**宅院**（及其毗连地段）｛Wohnun-gsboden（mit Zubehör）｝、**耕地和草地**。继续发展的过程首先导致将**宅旁土地**［包括毗连住所的田地等等］**划为私有财产**，随后又将**耕地和草地划为私有财产**。从古代的公共所有制中作为 beaux restes 保存下来的，一方面是**公社土地**……另一方面则是**共同的家庭财产**；但是这种家庭在历史发展的过程中也越来越简化为现代意义上的**私人的（单个的）家庭**了"①。

马克思特别强调在土地重分过程中份地不平等占有的重大影响。**"份地的不平等已经很大**，这种不平等必然逐渐地造成财富、要求等等方面的各种不平等，简言之，即造成各种社会的不平等，**因而**产生争执，——这就必然使事实上享有了特权的人极力**确保自己作为所有者的地位。**"②由份地的不平等的占有而转变为私有财产，从而产生私人土地所有制，是导致公社土地所有制解体的最基本的内部原因。

（二）殖民主义统治对公社土地所有制的破坏

英国政府通过它的收税官——柴明达尔——极力压榨农民。1793 年英国政府通过了关于承认印度柴明达尔永为世袭土地所有者的法案，还通过了把地租额永久固定下来的法规。这项法规明确规定农民使用土地的条件和每年应缴的地租数额，准许柴明达尔垦殖新土地以增加自己地产的价值，并提高种植比较贵重谷物的土地的租金。马克思认为，这样一来，英国政府**"便对孟加拉农民实行了人为的剥夺**"③。

英国政府还于 1793 年在孟加拉等三省实行永久性土地整理办法，这三省的田赋税额按过去几年征收额的平均数永远固定下来，规定农民欠税应以出卖相当数量的土地来抵偿，并赋予柴明达尔用逮捕的办法向佃户索租的权力。对农民这种剥夺的直接后果，是农民举行了一系列的地方性起义，反对强加给他们的"地主"。起义的结果是，有些地方柴明达尔被驱逐，东印度公司以所有者的资格取

---

① ［德］卡尔·马克思：《马克思古代社会史笔记》，人民出版社 1996 年版，第 37 页。"beaux restes"（美好时代的遗迹），柯瓦列夫斯基原文中无此语。

② ［德］卡尔·马克思：《马克思古代社会史笔记》，人民出版社 1996 年版，第 41 页。

③ ［德］卡尔·马克思：《马克思古代社会史笔记》，人民出版社 1996 年版，第 81 页。

而代之；在另一些地方，柴明达尔贫困化了，被强制或自愿出卖他们的地产，以偿付所欠税款和私人债务。"**各省的土地很大一部分很快就转入少数拥有游资并愿意把它投入土地的城市资本家手中。**"①

在被英国征服以前，印度各地还保存着一大批农村公社，其土地有几十平方公里。英国政府出于政治和财政上的考虑，认为这种由数千人组成的、联合起来的公社，一旦发生起义就是危险的敌人，又妨碍公开拍卖无力纳税者的土地。因此，他们用强制手段把公社土地按区分割，把农村公社分解为区，并且人为地实行可耕份地的私有制。公社土地在变为私有财产的过程中，由于高利贷资本的渗入而加速。这种发展并不是以确立小农私有制为目的，英国政府的目的是要确立大土地所有制。因此，他们要"实行**政府土地租佃制，**把税制推行于**国家土地的新佃户身上，**可以保证**纳税及时，**并且**能够增加税收**"②，从而把以前的公社所有者变成政府土地的耕种者和依附于大地主的佃户阶级。

（三）对资本主义原始积累的批判

西欧资本主义生产的起源是建立在对东方广大国家的残酷剥削和掠夺的基础上的。马克思一直强烈谴责资本原始积累的罪恶和殖民主义的反动统治。法国殖民主义者1873年通过法案宣布，一直由阿拉伯氏族共同使用、没有在各氏族分区之间加以分配的土地，都是国家财产。马克思激愤地写道："这是**直接的掠夺！**正因为如此，对神圣不可侵犯的'**财产**'十分温情的'**乡绅会议**'，才**不加任何修改地**通过了粗暴侵犯公社财产的法律草案，并且一定要在**1873年当年就付诸实施。**"③ 马克思用"**英国狗**""**英国驴**""**英国**

① ［德］卡尔·马克思：《马克思古代社会史笔记》，人民出版社1996年版，第83页。
② ［德］卡尔·马克思：《马克思古代社会史笔记》，人民出版社1996年版，第87页。
③ ［德］卡尔·马克思：《马克思古代社会史笔记》，人民出版社1996年版，第121页。

笨蛋"① 等词语表达他的不满，斥责西方殖民主义的无耻和贪婪。

马克思对于公社所有制的衰落和确立土地私有制的评论值得重视。他在阅读柯瓦列夫斯基的著作时写道："英属印度的官员们，以及以他们为依据的国际法学家**亨·梅恩爵士**之流，都把旁遮普公社所有制的衰落仅仅说成是**经济进步**的结果（尽管英国人钟爱古老的形式），实际上英国人自己却是造成这种衰落的**主要的**（主动的）**罪人**，——这种衰落又使他们自己受到威胁。"② 马克思的批注清楚地表明：旁遮普公社所有制的衰落不仅仅是经济进步的结果，不能仅仅像梅恩那样看待问题；同时也是西方殖民主义侵略的结果，英国是造成这种衰落的主要罪人。其目的正如尼耶尔元帅在 1869 年国民议会的辩论中所指出的："通过**把土地所有制个人化**，也达到了政治的目的——消灭这个社会的基础。"③

二 东方社会"不通过资本主义"发展的可行性

马克思对东方社会发展道路的认识起源于 19 世纪 50 年代，从 1877 年起，马克思对此作出了明确而系统的阐述。

（一）反对把关于西欧资本主义起源的认识绝对化

1877 年 11 月马克思给《祖国纪事》杂志编辑部的信，在马克思社会历史理论的发展中是一个重要关节点，具有重要的历史地位。

马克思明确反对把西欧资本主义起源的理论变成一般发展道路的历史哲学。针对米海洛夫斯基对他的历史发展理论的曲解，马克思指出：如果"一定要把我关于西欧资本主义起源的历史概述彻底变成一般发展道路的历史哲学理论，一切民族，不管它们所处的历史环境如

---

① ［德］卡尔·马克思：《马克思古代社会史笔记》，人民出版社 1996 年版，第 87、88、89 页。

② ［德］卡尔·马克思：《马克思古代社会史笔记》，人民出版社 1996 年版，第 94 页。

③ ［德］卡尔·马克思：《马克思古代社会史笔记》，人民出版社 1996 年版，第 121 页。

何，都注定要走这条道路，——以便最后都达到在保证社会劳动生产力极高度发展的同时又保证每个生产者个人最全面的发展的这样一种经济形态。但是我要请他原谅。（他这样做，会给我过多的荣誉，同时也会给我过多的侮辱。）"① 这个观点是马克思唯物史观的重要说明，也是马克思长期研究人类社会历史，特别是东方社会历史的重大成果，对于研究东方社会的发展道路具有极为重要的意义。

早在 1848 年马克思和恩格斯就说过："现代资产阶级本身是一个长期发展过程的产物，是生产方式和交换方式的一系列变革的产物。"② "现代的资产阶级私有制是建立在阶级对立上面、建立在一些人对另一些人的剥削上面的产品生产和占有的最后而又最完备的表现。从这个意义上说，共产党人可以把自己的理论概括为一句话：消灭私有制。"③ 马克思在《资本论》中研究资本主义生产方式以及和它相适应的生产关系和交换关系时说明："到现在为止，这种生产方式的典型地点是英国。因此，我在理论阐述上主要用英国作为例证。"④ 所以，绝不能说英国的典型就是全世界一切民族、一切社会发展的共同模式和道路。

（二）不通过资本主义"卡夫丁峡谷"构想的可能性

马克思关于东方社会非资本主义发展道路的思想是在给查苏利奇的信中系统阐述的。1881 年 2 月 16 日俄国女革命家维·伊·查苏利奇写信给马克思说，《资本论》在俄国极受欢迎以及这部著作在革命者关于土地问题及农村公社问题的争论中所起的作用。她说："你比谁都清楚，这个问题在俄国是多么为人注意……特别是为我们的社会主义党所注意……最近我们经常可以听到这样的见解，认为农

---

① 《马克思恩格斯文集》第 3 卷，人民出版社 2009 年版，第 466 页。
② 《马克思恩格斯文集》第 2 卷，人民出版社 2009 年版，第 33 页。
③ 《马克思恩格斯文集》第 2 卷，人民出版社 2009 年版，第 45 页。
④ 《马克思恩格斯文集》第 5 卷，人民出版社 2009 年版，第 8 页。

村公社是一种古老的形式，历史，科学社会主义，——总之，一切不容争辩的东西，——使它注定要灭亡。鼓吹这一点的人都自称是你的真正的学生，'马克思主义者'。"查苏利奇还表示："假如你能说明，你对我国农村公社可能的命运以及世界各国由于历史的必然性都应经过资本主义生产各阶段理论的看法，给予我们的帮助会是多么大。"①

查苏利奇表示期待马克思写出一篇较长的文章，或者一本小册子，实在不可能则写一封信，对他们提出的问题给予回答。马克思在准备回信的过程中曾拟就了四个草稿，综合起来看，这些草稿及其最终的复信，就是一个内容极其丰富的关于俄国的农村公社、农业生产的集体形式的综合性概述。在信中，马克思集中论述了东方社会非资本主义发展道路的理论，所谓的不通过资本主义"卡夫丁峡谷"的问题就是在他的复信草稿中提出来的。

马克思首先分析了俄国特殊的历史条件，从而把俄国和西欧的原始资本积累区别开来。马克思在 1877 年 11 月给《祖国纪事》杂志编辑部的信中谈到了《资本论》中原始积累即资本主义生产的起源问题，反对别人把他的关于西欧资本主义起源的理论变成一种一般发展道路的历史哲学，不希望俄国成为一个资本主义国家；把生产者同生产资料的历史运动即对农民的剥夺，在欧洲的范围内进行比较，指出了西欧与古代罗马的不同。1881 年在给查苏利奇的复信中他再次谈到了这个问题。马克思把资本主义起源的历史必然性明确地限定于西欧各国；在世界范围内比较了东方社会和西方社会的不同。在西欧发生的历史运动"归根到底这里所说的是**把一种私有制形式变为另一种私有制形式**"，但是在俄国，"农民手中的土地从

---

① 《马克思恩格斯全集》第 25 卷，人民出版社 2001 年第二版，第 757 页。

来没有成为**他们的私有财产**"①。西欧早已不见了的古代类型的公有制，"为什么它只是在俄国免于这种遭遇呢?"②马克思对这个问题的回答简洁明确：第一，在俄国，由于各种情况的"独特结合"，"至今还在全国范围内存在着的农村公社能够逐渐摆脱其原始特征，并直接作为集体生产的因素在全国范围内发展起来"；第二，正因为它和资本主义生产是同时存在的东西，"所以它能够不经受资本主义可怕的波折而占有它的一切**积极的成果**"；第三，俄国不是脱离现代世界孤立生存的；第四，俄国不像东印度那样，是外国征服者的猎获物。③

其次，马克思分析了农村公社的二重性和它的两种前途。"毋庸讳言，俄国公社所属的古代类型，包含着一种内在的二重性，这种二重性在一定的历史条件下会导致公社的灭亡。"④"农业公社固有的二重性使得它只可能是下面两种情况之一：或者是私有成分在公社中战胜集体成分，或者是后者战胜前者。一切都取决于它所处的历史环境。"⑤

最后，马克思具体分析了俄国农村公社与资本主义同时存在的历史环境，这个历史环境就是指俄国农村公社和资本主义生产同时存在，它们处于同一历史时代。马克思认为，如果俄国是脱离世界而孤立存在的，如果它要靠自己的力量取得西欧通过长期的一系列进化才取得的那些经济成就，公社注定会随着俄国社会的发展而灭亡，这是毫无疑义的。但是，俄国公社的情况同西方的原始公社的情况完全不同。"俄国'农村公社'的历史环境是独一无二的！在

---

① 《马克思恩格斯全集》第 25 卷，人民出版社 2001 年第二版，第 455 页。
② 《马克思恩格斯全集》第 25 卷，人民出版社 2001 年第二版，第 455—456 页。
③ 《马克思恩格斯全集》第 25 卷，人民出版社 2001 年第二版，第 456 页。
④ 《马克思恩格斯全集》第 25 卷，人民出版社 2001 年第二版，第 473 页。
⑤ 《马克思恩格斯全集》第 25 卷，人民出版社 2001 年第二版，第 478 页。

欧洲，只有俄国'农村公社'不是像稀有的残存的怪物那样零星地保存下来，不是以不久前在西方还可以看到的那种古代形式保存下来，而几乎是作为巨大帝国疆土上人民生活的统治形式保存下来的。"① 如果说土地公有制是俄国"农村公社"的集体占有制的基础，那么，它的历史环境，即"它和资本主义生产的同时存在，则为它提供了大规模地进行共同劳动的现成的物质条件"，因此，"它能够不通过资本主义制度的卡夫丁峡谷，而占有资本主义制度所创造的一切积极的成果"。② 它能够以应用机器的大农业来逐步代替小块地耕作，而俄国土地的天然地势又非常适合于这种大农业。因此，"它能够成为现代社会所趋向的那种经济制度的**直接出发点**，不必自杀就能开始获得新的生命"③。

马克思提出的"跨越"设想，是在尊重历史发展普遍规律和特定历史环境下特殊规律基础上的跨越，同样不能将"跨越"当作一般的历史哲学。

（三）必须通过革命才能跨越资本主义"卡夫丁峡谷"

马克思在论述俄国的发展道路时，除了关于历史条件和历史环境的分析之外，还特别强调必须有俄国革命。马克思根据俄国社会的现实，论证了只有通过俄国革命才能跨越资本主义的"卡夫丁峡谷"的迫切性及意义。

首先，必须通过革命摆脱俄国农村公社已经处于的危险境地。马克思从来自俄国的大量实际材料中看到，从1861年所谓"农民解放"时起，国家借助于集中在它手中的各种社会力量不断压迫公社，公社成了商人、地主和高利贷者剥削的对象，公社内部各种利益的

---

① 《马克思恩格斯全集》第 25 卷，人民出版社 2001 年第二版，第 466 页。
② 《马克思恩格斯全集》第 25 卷，人民出版社 2001 年第二版，第 466—467 页。
③ 《马克思恩格斯全集》第 25 卷，人民出版社 2001 年第二版，第 467 页。

斗争更加尖锐，各种瓦解的因素加速发展。"国家靠牺牲农民培植起来的是西方资本主义制度的这样一些部门，它们丝毫不发展农业生产能力，却特别有助于不从事生产的中间人更容易、更迅速地窃取它的果实。这样，国家就帮助了那些吮吸'农村公社'本来已经枯竭的血液的新资本主义寄生虫去发财致富。"①

其次，必须通过革命为农村公社的发展创造出正常的条件。马克思指出，由于资本主义生产和资本主义制度正在经历危机，这种情况对于农村公社的发展利弊兼具。因此，马克思主张通过农村公社的"进一步发展保存这种公社"②。"第一步可能是在**它目前的基础上**为它创造正常的条件。"③ 俄国不能用英国式的资本主义的租佃制来摆脱困境，英国资本主义的发展模式不适合俄国的特殊条件，俄国只能通过本国农村公社的发展来摆脱所面临的绝境。在俄国，土地的公有制是构成集体生产和集体占有的自然基础，而俄国农民习惯于劳动组合关系，这便于它从小土地经济过渡到集体经济。"但是，要使集体劳动在农业本身中能够代替小地块劳动这个私人占有的根源，必须具备两样东西：在经济上有这种改造的需要，在物质上有实现这种改造的条件。"④ 在马克思看来，依据俄国当时所处的历史环境，只要把"农村公社"置于正常条件之下，寻找它的"新生的因素"。这些因素包括：俄国土地的天然地势，适合于利用机器进行大规模组织起来、实行合作劳动的农业经营，俄国是在全国广大范围内把公社所有制保存下来的欧洲唯一的国家，但同时又生存在现代的历史环境中，与较高的文化同时存在，和资本主义生产所统治的世界市场联系在一起。"俄国吸取这种生产方式的积极成果，

---

① 《马克思恩格斯全集》第 25 卷，人民出版社 2001 年第二版，第 463—464 页。
② 《马克思恩格斯全集》第 25 卷，人民出版社 2001 年第二版，第 462 页。
③ 《马克思恩格斯全集》第 25 卷，人民出版社 2001 年第二版，第 463 页。
④ 《马克思恩格斯全集》第 25 卷，人民出版社 2001 年第二版，第 465 页。

就有可能发展并改造它的农村公社的古代形式，而不必加以破坏。"① 但同时，马克思特别强调，"我们必须从纯理论回到俄国现实中来"②，"除了国家直接搜刮的压迫，侵入公社的'资本家'、商人等等以及土地'所有者'的狡诈的剥削以外，公社还受到乡村高利贷者以及由于它所处的环境而在内部引起的利益冲突的损害"。③

最后，如果不在适当的时候发生俄国革命，俄国公社必然被解体消亡。由于俄国和西方试图要合谋使公社灭亡，因为经济上的事实已经表明，一方面，农村公社几乎陷入绝境；另一方面，强有力的阴谋正在等待着它，准备给它以最后的打击。"那些掌握着各种政治力量和社会力量的人正在尽一切可能准备把群众推入这一灾祸之中。"④ "威胁着俄国公社生命的不是历史的必然性，不是理论，而是国家的压迫，以及侵入公社的，也是由国家靠牺牲农民扶植壮大起来的资本家的剥削。"⑤ 国家的压迫和正在产生发展的资本主义剥削，几乎把农村公社推向灭亡的边缘。根据俄国社会的基本矛盾和基本状况，马克思得出了重要的结论："要挽救俄国公社，就必须有俄国革命。""如果革命在适当的时刻发生，如果它能把自己的一切力量集中起来以保证农村公社的自由发展，那么，农村公社就会很快地变为俄国社会新生的因素，变为优于其他还处在资本主义制度奴役下的国家的因素。"⑥

在1881年3月8日马克思给查苏利奇的正式复信中，马克思将他在四份草稿中得到的篇幅庞大的研究浓缩为一句话："我深信：这种农村公社是俄国社会新生的支点；可是要使它能发挥这种作用，

① 《马克思恩格斯全集》第25卷，人民出版社2001年第二版，第472页。
② 《马克思恩格斯全集》第25卷，人民出版社2001年第二版，第463页。
③ 《马克思恩格斯全集》第25卷，人民出版社2001年第二版，第468页。
④ 《马克思恩格斯全集》第25卷，人民出版社2001年第二版，第466页。
⑤ 《马克思恩格斯全集》第25卷，人民出版社2001年第二版，第472页。
⑥ 《马克思恩格斯全集》第25卷，人民出版社2001年第二版，第469页。

首先必须排除从各方面向它袭来的破坏性影响，然后保证它具备自然发展的正常条件。"①

　　马克思早在 1877 年给《祖国纪事》杂志编辑部的信中就曾明确表示，我不喜欢留下一些东西让人去揣测，"我得到了这样一个结论：如果俄国继续走它在 1861 年所开始走的道路，那它将会失去当时历史所能提供给一个民族的最好的机会，而遭受资本主义制度所带来的一切灾难性的波折"②。1882 年 1 月 21 日，马克思和恩格斯在《共产党宣言》俄文第二版的序言中，针对"俄国公社，这一固然已经大遭破坏的原始土地公共占有形式，是能够直接过渡到高级的共产主义的公共占有形式呢？或者相反，它还必须先经历西方的历史发展所经历的那个瓦解过程呢？"这一问题，给出了他们当时唯一可能的答复："假如俄国革命将成为西方无产阶级革命的信号而双方互相补充的话，那么现今的俄国土地公有制便能成为共产主义发展的起点。"③ 即如果俄国反对沙皇专制制度的民主革命能够进而引发西欧先进国家的无产阶级社会主义世界革命，那么将来在西欧先进社会主义国家的帮助下，俄国社会存在的自古遗留下来的土地集体所有制的公社就可以借助西欧国家的帮助，利用资本主义文明所提供的一切肯定成就，同时避免资本主义造成的贫富两极分化等灾难，直接过渡到共产主义的起点。

　　《人类学笔记》从蒙昧时期的低级阶段开始到专偶制家庭的确立、私有制和政治社会基本形成的希腊罗马时期，集中关注了古代社会家庭形式的演变、公有制的历史存在及其向私有制的过渡。《历史学笔记》从罗马帝国早期，到近代民族国家形成的 17 世纪中叶，

① 《马克思恩格斯全集》第 25 卷，人民出版社 2001 年第二版，第 483 页。
② 《马克思恩格斯全集》第 25 卷，人民出版社 2001 年第二版，第 143 页。
③ 《马克思恩格斯文集》第 2 卷，人民出版社 2009 年版，第 8 页。

集中于欧洲历史上的重大事件，表明民族、地域和国家的区域历史向世界历史演变的过程和依据。马克思的《人类学笔记》和《历史学笔记》从科学上为他的唯物史观补充了大量实证的材料，同时对于西欧之外的国家的历史发展给予了科学的判断和指导。尽管马克思没有能够根据这些资料写出系统的著作，但是这些笔记仍然具有重要的学术价值，是马克思主义理论不可或缺的组成部分。马克思通过《人类学笔记》和《历史学笔记》印证了这样的观点："唯物史观是以一定历史时期的物质经济生活条件来说明一切历史事件和观念，一切政治、哲学和宗教的。"①

---

① 《马克思恩格斯文集》第 3 卷，人民出版社 2009 年版，第 320 页。

第四章

恩格斯在《反杜林论》中对马克思主义基本理论的系统阐述

19 世纪 70 年代，马克思主义在经历了 1848 年和 1871 年两次革命风暴的检验后，逐渐成为国际工人运动的指导思想。与此同时，伴随资本主义基本矛盾的发展，资产阶级为了巩固自己的统治地位，在理论上大肆围剿马克思主义理论，各种反映资产阶级立场、观点的非马克思主义和反马克思主义思潮泛滥。在德国，尤以影响恶劣的杜林主义最具代表性。为了捍卫马克思主义在党内的形象和地位、维护德国工人阶级的思想和行动统一，在马克思的支持下，恩格斯于 1876—1878 年先后撰写了一组题为《欧根·杜林先生在科学中实行的变革》的论文，并将其集印成书，即《反杜林论》，对"狂妄的"杜林进行了彻底回击。

在《反杜林论》中，恩格斯通过对杜林在哲学、政治经济学和社会主义领域错误观点的批判，第一次全面系统地阐明了马克思主义的三大组成部分以及它们之间的内在联系，指明唯物辩证法和唯物史观作为科学的世界观和方法论，贯穿于马克思主义政治经济学和科学社会主义之中，唯物史观和剩余价值理论的创立使社会主义由空想变成了科学。[①]

《反杜林论》不仅在理论上捍卫和发展了马克思主义，在实践中也为各国无产阶级政党提供了正确的思想理论指导，对国际共产主义运动的发展起到了推动作用。

---

① 《马克思恩格斯文集》第 9 卷，人民出版社 2009 年版，第 567 页。

第一节 《反杜林论》对杜林主义的系统批判

《反杜林论》是恩格斯为批判德国小资产阶级思想家欧根·杜林，系统阐述马克思主义基本原理的一部百科全书式的著作。这部著作最初以《欧根·杜林先生在科学中实行的变革。哲学·政治经济学·社会主义》为名发表，后以《反杜林论》著称。《反杜林论》对杜林主义的集中批判有其产生的特定社会历史条件。杜林主义影响恶劣，根据形势的要求，马克思和恩格斯亲自参加和指导了反对杜林主义的斗争。《反杜林论》就是这场斗争的产物，并且在斗争中发挥了决定性的作用。

一　杜林主义的产生、实质及其危害

杜林主义是 19 世纪 70 年代初在德国工人运动中出现的一种小资产阶级社会主义思潮，因其炮制者为杜林而得名。欧根·杜林是德国哲学家、庸俗经济学家和小资产阶级社会主义的代表人物。他于 1833 年 1 月 12 日出生在柏林一个官吏家庭。1853—1856 年，在柏林大学法律系学习。大学毕业后，他到柏林高级法院做见习法官、见习律师，后因眼疾不能正常工作而退出法律界。1863—1877 年，任柏林大学讲师。1877 年，因反政府立场被解除柏林大学教职。

杜林狂妄自大，公开反对马克思主义。杜林用自己的浅薄去攻击他的前辈，并且首先选中了马克思，把满腔怒火发泄到他的身上。早在 1867 年 9 月马克思的《资本论》第一卷问世时，杜林就曾对这部著作作过"批判"。杜林把李嘉图的局限性强加到马克思身上，把马克思的唯物辩证法同黑格尔的辩证法混同起来。

19 世纪 70 年代，以"社会主义改革家"自居的杜林先后出版了《国民经济学和社会主义批判史》《国民经济学和社会经济

学教程，兼论财政政策的基本问题》和《哲学教程——严格科学的世界观和人生观》等主要著作，以其"创造"的理论体系向马克思主义发起全面挑战，并且还提出了一个改造社会的完备的实际计划。

杜林主义实质就是一个以折衷主义哲学和庸俗经济学为基础的小资产阶级的空想社会主义的理论体系。杜林公开反对马克思主义，其目的是要用他的所谓的"最后的、终极的真理"去取代马克思主义在德国社会民主党中的指导地位。杜林主义的出现并非偶然，而是有其时代背景，是多种斗争的产物。

首先，杜林主义是资产阶级和无产阶级斗争日益加剧的产物。19世纪70年代，欧洲主要资本主义国家的生产力迅猛发展。1871年俾斯麦统一德国大大加速了资本主义的发展，德国也逐渐取代法国成为欧洲工人运动的中心。随之而来的资产阶级和无产阶级之间的阶级斗争也日益加剧。

一方面，《共产党宣言》发表后，经历了革命的洗礼与检验，马克思主义愈益被国际工人所接受，成为工人运动的指导思想。1875年5月22—27日，德国社会民主工党（爱森纳赫派）和全德工人联合会（拉萨尔派）在哥达召开代表大会，合并成立了德国社会主义工人党，结束了德国工人运动长期分裂的局面，成为马克思主义在工人运动中赢得崇高地位的重要体现。

另一方面，资产阶级为了巩固自己的阶级统治，在武力镇压无产阶级革命运动的同时，大力提倡各种反科学、反理性的唯心主义学说和形而上学的观点，公开对马克思主义的科学理论进行"围剿"，竭力在思想上利用资产阶级、小资产阶级思潮影响工人运动。特别是在德国社会民主工党（爱森纳赫派）和全德工人联合会（拉萨尔派）酝酿合并的过程中，由于德国社会民主工党的领袖们急于建立统一的工人政党，因而在合并时没有同拉萨尔主义划清界限，并且当时在"党内流行着一种腐败的风气，在群众中有，在领导人（上等阶级出身的分子和'工人'）中尤为强烈。同拉萨尔分子的妥协已经导致同其他不彻底分子的妥协"①，造成党在组织上和思想上的不纯洁性，进而为各种机会主义和反马克思主义思想的流行创造了条件。

其次，杜林主义是迎合创造体系的"伪科学"盛行的产物。在19世纪德国的理论界，倡导"创造体系的"杜林并不是个别的现象。对此，恩格斯分析阐明："近来，天体演化学、一般自然哲学、政治学、经济学等等的体系如雨后春笋出现在德国。最不起眼的哲学博士，甚至大学生，动辄就要创造一个完整的'体系'。"② 各种"伪科学"充斥在思想界、学术界乃至工人运动中，杜林主义恰好迎合了这种社会心理。由于杜林在演说或著作中有时也称赞巴黎公社的革命者，极力以激进社会主义者的激烈词句抨击当时资本主义的某些社会问题，虚构种种关于未来社会的方案，因此他的论述具有很强的蛊惑性，不仅迷惑了许多青年学生，而且在德国社会民主党内也迷惑了一些理论水平不高的党员，出现了一批追捧者，甚至一些人把杜林的观点和主张吹捧为工人阶级的"救世良方"，一时间在党内外造成了一场严重的思想混乱。

最后，反对杜林主义的斗争是德国社会民主党内思想斗争的直接产物。

19世纪70年代中期，杜林的思想在德国社会民主党人中间的影响颇大，爱·伯恩施坦、约·莫斯特等都成了杜林的积极追随者，甚至奥·倍倍尔也一度受杜林的影响，③ 看不清杜林假社会主义的本质。

---

① 《马克思恩格斯文集》第10卷，人民出版社2009年版，第420页。
② 《马克思恩格斯文集》第9卷，人民出版社2009年版，第8页。
③ 参见《马克思恩格斯文集》第9卷，人民出版社2009年版，第568页。

早在 1868 年年初，马克思和恩格斯因杜林在 1867 年 12 月的《现代知识补充材料》杂志第 3 卷第 3 期上发表了对《资本论》第一卷的评论而开始关注他的观点。从马克思和恩格斯 1868 年 1—3 月的书信中，可以看出他们对杜林观点的批判态度。1876 年 2 月，恩格斯在《人民国家报》上发表的《德意志帝国国会中的普鲁士烧酒》一文中指名批判了作为社会主义最时髦的信徒以及复兴者欧根·杜林的言论。① 时任《人民国家报》的主编威廉·李卜克内西对杜林也是认识不清。

1874 年 3 月，倍倍尔在《人民国家报》上匿名发表了两篇关于杜林的文章，标题是《新共产主义者》。为此，马克思和恩格斯向该报编辑李卜克内西提出了强烈抗议。倍倍尔的文章扩大了杜林思潮在党内的影响。随后，杜林的著作《国民经济学和社会主义批判史》第二版（1874 年 11 月出版）和《哲学教程》（最后一册在 1875 年 2 月出版）的相继出版更加助长了这种势头。在这两本书中，自命为社会主义信徒的杜林，对马克思主义进行了猛烈攻击，企图用他的所谓"终极真理"去取代马克思主义在德国社会民主工党和社会主义运动中的指导地位。

二　反杜林主义的斗争

1874 年 6—7 月，马克思和恩格斯分别写信给李卜克内西、布洛斯和赫普纳等人，警告他们要提防杜林主义对德国社会民主工党的影响和危害。李卜克内西等党的领导人也逐渐认识到杜林主义危害的严重性。在马克思和恩格斯的一再催促下，李卜克内西逐渐觉悟到批判杜林主义的必要性。李卜克内西在 1875 年 2 月 1 日和 4 月 21

---

① 参见《马克思恩格斯文集》第 9 卷，人民出版社 2009 年版，第 568—569 页。

日致信恩格斯，请他在《人民国家报》上发表文章对杜林进行反击。① 特别是在 1875 年德国社会主义工人党成立后，"为了不在如此年轻的、不久前才最终统一起来的党内造成派别分裂和混乱局面的新的可能"②，必须进行驳斥和清算杜林主义的各种错误观点的斗争。

为了揭示杜林主义庸俗化社会主义的实质和危害，维护马克思主义在党内的形象和地位，统一德国工人阶级的思想和行动，1876年 5 月，恩格斯毅然中断了《自然辩证法》的写作"着手来啃这一个酸果"③。当恩格斯将这一想法写信告知马克思后，得到了马克思的支持。恩格斯在 5 月 28 日致马克思的信中确定了他的著作的总计划和性质，随即便开始工作，为此，恩格斯翻阅了杜林的大量论著和文章。

恩格斯对杜林主义的批判并不是一帆风顺的，因为在恩格斯看来，"这是一只一上口就不得不把它啃完的果子；它不仅很酸，而且很大"④。从 1876 年 5 月开始做准备工作，到 1878 年 6 月完成，从报刊连载到"汇集成书"，恩格斯写作《反杜林论》持续了两年时间，其间遭遇了多重阻碍。

《反杜林论》的第一编正式写于 1876 年 9 月到 1877 年 1 月。这一编以《欧根·杜林先生在哲学中实行的变革》为题，以一组论文的形式陆续发表于 1877 年 1—5 月的《前进报》。这一编还包括后来第一次出版该著作单行本时抽出来作为整个三编的引论的第一章和第二章。1877 年 7 月，上述论文以《欧根·杜林先生在科学中实行的变革。一、哲学》为题，在莱比锡以单行本的形式出版。

该书的第二编写于 1877 年 6—12 月。其中，马克思亲自撰写了

---

① 参见《马克思恩格斯文集》第 9 卷，人民出版社 2009 年版，第 568 页。
② 《马克思恩格斯文集》第 9 卷，人民出版社 2009 年版，第 7 页。
③ 《马克思恩格斯文集》第 9 卷，人民出版社 2009 年版，第 7 页。
④ 《马克思恩格斯文集》第 9 卷，人民出版社 2009 年版，第 7—8 页。

最后一章即论述政治经济学史的第十章，恩格斯作了修改。第二编以《欧根·杜林先生在政治经济学中实行的变革》为题发表于1877年7—12月的《前进报》学术附刊和附刊。第三编基本上写于1878年上半年。这一编以《欧根·杜林先生在社会主义中实行的变革》为题发表于1878年5—7月的《前进报》附刊。[①]

1878年5月或6月初，恩格斯撰写了《反杜林论》第一版单行本序言的初稿。后来恩格斯把这个初稿列为《自然辩证法》的材料（《〈反杜林论〉旧论。论辩证法》）。1878年7月，第二编和第三编以《欧根·杜林先生在科学中实行的变革。二、政治经济学·社会主义》为题在莱比锡出版了单行本。1878年7月，三部分得以合并，并以《欧根·杜林先生在科学中实行的变革。哲学·政治经济学·社会主义》为题在莱比锡出版。1886年该书第二版在苏黎世出版。1894年经过修改的第三版在斯图加特出版。第二版和第三版均以《欧根·杜林先生在科学中实行的变革》为标题，恩格斯为这三个版本分别写了序言。[②]

恩格斯这部著作的书名讽刺性地套用了1865年在慕尼黑出版的杜林的著作《凯里在国民经济学和社会科学中实行的变革》的书名。杜林在该书中吹捧庸俗经济学家查·凯里。凯里实际上是杜林在政治经济学方面的导师。恩格斯在1879年11月14日致奥古斯特·倍倍尔的信中把《欧根·杜林先生在科学中实行的变革》称作《反杜林论》。后来这部著作以《反杜林论》这一书名广为流传，载入史册。[③]

恩格斯上述反对杜林主义的系列文章及著作的陆续发表和出版，在党内外引起强烈反响。在党内，李卜克内西及弗里德里希·列斯纳等人高度赞扬恩格斯所从事的工作及其批判成果的重要意义，并

---

① 《马克思恩格斯文集》第9卷，人民出版社2009年版，第569页。
② 参见《马克思恩格斯文集》第9卷，人民出版社2009年版，第569页。
③ 参见《马克思恩格斯文集》第9卷，人民出版社2009年版，第569—570页。

建议将其翻译成法文和英文加以推广。而杜林及其追随者则极力反对。不仅撰文对恩格斯及其文章加以批判、攻击，并且阻挠恩格斯的文章在《前进报》的正常刊载，甚至有杜林主义者不惜要求"退还预付的订报费"加以要挟等。

《反杜林论》的发表引起了杜林分子的激烈反抗。1877 年 5 月 27—29 日在哥达举行的党的代表大会上，他们力图禁止在党的中央机关报《前进报》上发表恩格斯的这部著作。由于他们的影响与干扰，该报发表《反杜林论》时断时续。①

在《反杜林论》第一版出版后不久，1878 年 10 月，就在俾斯麦政府实施的《反社会党人非常法》的背景下，同恩格斯的其他著作一样，被禁止出版发行。对此，恩格斯在《反杜林论》第二版序言中曾提及，认为："在反社会党人法颁布之后，这部著作和几乎所有当时正在流行的我的其他著作一样，立即在德意志帝国遭到查禁。"② 但事实上，这项法律实行的后果却适得其反。

1880 年，恩格斯应保尔·拉法格的要求，把《反杜林论》的三章内容（《引论》的第一章以及第三编的第一章和第二章）改编成一本独立的通俗著作，由拉法格译成法文并经恩格斯本人审订，以《空想社会主义和科学社会主义》为题首先发表在 3 月 20 日、4 月 20 日和 5 月 5 日的《社会主义评论》杂志上，同年又用同一标题出版了法文单行本。1883 年又出版了德文单行本（书上的出版时间为 1882 年），书名改为《社会主义从空想到科学的发展》。这本小册子在恩格斯生前就翻译成了意大利文、俄文、丹麦文、荷兰文和罗马尼亚文等多种欧洲语言，并且在工人中间得到了广泛的传播。马克思为这本小册子写了法文版前言，他认为"这部分可以说是**科学社**

---

① 参见《马克思恩格斯文集》第 9 卷，人民出版社 2009 年版，第 569 页。
② 《马克思恩格斯文集》第 9 卷，人民出版社 2009 年版，第 10 页。

会主义的入门"①。1886 年，恩格斯的《反杜林论》一书第二版在苏黎世出版。正如恩格斯所说的，"事实上，由于帝国政府的帮忙，我的若干短篇著作发行了比我自身努力所能达到的更多的新版"②。

虽说《反杜林论》的写作及出版过程充满了坎坷，但是，在《反杜林论》发表后，逐步消除了杜林主义在德国工人运动和德国党内的影响。伴随着《反杜林论》的多种语言版本的相继出版，马克思主义得以在世界范围内迅速传播，为各国工人阶级运动提供了理论指导。

第二节　马克思主义哲学的系统阐述

恩格斯对马克思主义哲学理论体系的阐述是以批判杜林的方式展开的。杜林的庸俗唯物主义体系包括一般的世界模式论、关于自然原则的学说，以及最后关于人的学说。恩格斯也相应地从这些方面系统地阐述了与杜林哲学根本对立的马克思主义哲学的立场、观点和方法，旗帜鲜明地揭示了现代唯物主义的本质属性，系统阐发了辩证唯物主义基本原理，揭示了唯物辩证法的三大基本规律、人类思维的辩证运动和唯物主义历史观，全面阐述了马克思主义哲学的基本观点及其内在联系，从而确立了马克思主义哲学的理论体系。

一　现代唯物主义的确立及其本质属性

恩格斯首先对杜林"原则在先"的先验主义世界模式论进行了批判。杜林哲学体系的开端是由一系列先验原则构成的先验主义世界模式论，倡导"原则在先"是其鲜明特色。恩格斯对杜林的批判，

---

① 《马克思恩格斯文集》第 3 卷，人民出版社 2009 年版，第 493 页。
② 《马克思恩格斯文集》第 9 卷，人民出版社 2009 年版，第 10 页。

也首先自此着手。

杜林提出："哲学是对世界和生活的意识的最高形式的阐发，在更广的意义上说，还包括一切知识和意愿的原则。无论在哪里，只要某一系列的认识或冲动，或者某一类存在形式为人的意识所考察，这些形式的原则就应当是哲学的对象"①。杜林强调，哲学原则是作为"科学要成为对自然界和人类生活进行解释的统一体系所需要的最后补充"②而存在的，这些原则或叫作"存在形式的基本原则"，在自然界和人类社会出现以前，就已经有了。它对于我们不知道和接触不到的世界都有意义。在此基础上，杜林进一步提出了关于自然原则和人的学说的"一般的世界模式论"，强调这些终极的成分或原则与自然界和人类社会之间包含着逻辑次序，"适用于一切存在的那些形式的原则走在前面，而运用这些原则的对象性领域则按其从属次序跟在后面"③。自然界和人类社会不过是这些原则的应用和体现，自然界和人类都应当适应这些原则。

对此，恩格斯持坚决批判态度，指出"他所谓的**原则**，就是从**思维**而不是从外部世界得来的那些形式的原则"④。恩格斯强调，这些"原则不是研究的出发点，而是它的最终结果，这些原则不是被应用于自然界和人类历史，而是从它们中抽象出来的，不是自然界和人类去适应原则，而是原则只有在符合自然界和历史的情况下才是正确的。这是对事物的唯一唯物主义的观点，而杜林先生的相反的观点是唯心主义的，它把事物完全头足倒置了"⑤。

在此基础上，恩格斯批判了杜林的先验主义世界模式论。认为：

---

① 《马克思恩格斯文集》第 9 卷，人民出版社 2009 年版，第 37 页。
② 《马克思恩格斯文集》第 9 卷，人民出版社 2009 年版，第 37 页。
③ 《马克思恩格斯文集》第 9 卷，人民出版社 2009 年版，第 37 页。
④ 《马克思恩格斯文集》第 9 卷，人民出版社 2009 年版，第 37 页。
⑤ 《马克思恩格斯文集》第 9 卷，人民出版社 2009 年版，第 38 页。

"在杜林先生那里首先是一般的世界模式论，这在黑格尔那里称为逻辑学。其次，他们两人把这些模式或者说逻辑范畴应用于自然界，就是自然哲学；而最后，把它们应用于人类，就是黑格尔叫做精神哲学的东西。"① 恩格斯分析指出，二者成立的前提是将"意识""思维"当作一开始就和存在、自然界相对立的东西，当作某种现成的东西。但现实却恰恰相反，"它们都是人脑的产物，而人本身是自然界的产物，是在自己所处的环境中并且和这个环境一起发展起来的；这里不言而喻，归根到底也是自然界产物的人脑的产物，并不同自然界的其他联系相矛盾，而是相适应的"②。恩格斯进一步强调指出，"这是对事物的唯一唯物主义的观点"③，也是马克思主义哲学体系赖以建立的唯物主义原则。

随后，恩格斯借助同旧哲学的比较，凸显了"现代唯物主义"的本质属性。现代唯物主义是由马克思、恩格斯创立的辩证唯物主义和历史唯物主义。恩格斯借助同唯心主义哲学、形而上学的机械唯物主义哲学等旧哲学的比较，阐述了作为"现代唯物主义"的马克思主义哲学的本质属性及其理论内容。

在哲学与自然科学的关系方面，恩格斯分析发现，"现代唯物主义，否定的否定，不是单纯地恢复旧唯物主义，而是把2000年来哲学和自然科学发展的全部思想内容以及这2000年的历史本身的全部思想内容加到旧唯物主义的持久性的基础上"④。也就是说，现代唯物主义是与现代社会和科学技术紧密联系在一起的，它是人类历史和思想文化的发展，特别是自然科学和历史科学的最新发展的产物。

在哲学与具体科学的关系方面，恩格斯比较发现，作为哲学史

---

① 《马克思恩格斯文集》第9卷，人民出版社2009年版，第38页。
② 《马克思恩格斯文集》第9卷，人民出版社2009年版，第38—39页。
③ 《马克思恩格斯文集》第9卷，人民出版社2009年版，第38页。
④ 《马克思恩格斯文集》第9卷，人民出版社2009年版，第146页。

上"否定之否定"的现代唯物主义，不再像旧哲学那样是作为科学之科学而存在的。因为"一旦对每一门科学都提出要求，要它们弄清它们自己在事物以及关于事物的知识的总联系中的地位，关于总联系的任何特殊科学就是多余的了。"① 因此，现代唯物主义"不应当在某种特殊的科学的科学中，而应当在各种现实的科学中得到证实和表现出来"②。现代唯物主义不再像旧哲学那样凌驾于任何其他科学之上，给各门具体科学提供关于事物及其知识的总联系的构想，而是为它们提供关于科学地认识世界的一般方法和观点。

此外，恩格斯还从研究对象方面对比分析了马克思主义哲学与以往旧哲学的不同，凸显了马克思主义哲学作为"现代唯物主义"的本质属性。

首先，恩格斯以黑格尔的唯心主义为例考察了唯心主义的研究对象。恩格斯研究认为，唯心主义哲学是以思想、精神为研究对象的，自然界、人类社会在它们那里只不过是精神的附属物或产物。黑格尔的"头脑中的思想不是现实的事物和过程的或多或少抽象的反映，相反，在他看来，事物及其发展只是在世界出现以前已经在某个地方存在着的'观念'的现实化的反映"③。也就是说，唯心主义哲学是以观念、思想、精神为研究对象的，自然界、人类社会只不过是精神的产物或附属物。由此，世界的现实联系就完全被颠倒了。恩格斯分析指出："一旦了解到以往的德国唯心主义是完全荒谬的，那就必然导致唯物主义"④。

其次，恩格斯从思维的过程和方法方面比较了现代唯物主义与18世纪的纯粹形而上学的、完全机械的唯物主义的区别。恩格斯分

---

① 《马克思恩格斯文集》第9卷，人民出版社2009年版，第28页。
② 《马克思恩格斯文集》第9卷，人民出版社2009年版，第146页。
③ 《马克思恩格斯文集》第9卷，人民出版社2009年版，第27页。
④ 《马克思恩格斯文集》第9卷，人民出版社2009年版，第28页。

析认为，形而上学的机械唯物主义虽然以自然界、人类社会和思维作为研究对象，但却是把它们当作孤立的、不变的事物来研究。特别是在社会历史领域有关社会本质的认识上，形而上学的唯物主义同唯心主义没有原则区别，其坚持的仍然是唯心主义观点。

　　与形而上学的机械唯物主义不同，现代唯物主义虽然也是以自然界、人类社会和思维为研究对象，但是借助辩证的思维方法去审视世界，呈现在我们眼前的，却是"一幅由种种联系和相互作用无穷无尽地交织起来的画面，其中没有任何东西是不动的和不变的，而是一切都在运动、变化、生成和消逝"①。恩格斯分析指出，这些运动、变化不是杂乱无章的，而是有规律可循的。与黑格尔以神秘的形式对这些规律加以阐发不同，现代唯物主义要做的事情就是"剥去它们的神秘形式，并使人们清楚地意识到它们的全部的单纯性和普遍有效性"②，以便去认识和利用这些规律。

　　作为现代唯物主义的马克思主义哲学是关于自然界、人类社会和思维的普遍规律的科学，是唯物主义的世界观和方法论的统一体。"现代唯物主义本质上都是辩证的"。③ 在这个科学的理论体系中，唯物主义的自然观、历史观以及"关于思维及其规律的学说"有机地联系在一起，辩证地运动着，构成了一个系统的理论整体。

二　自然界的辩证运动

　　与杜林标榜自己的体系是"新的思维方式""彻底独创的结论和观点"和"创造体系的思想"的做法不同，马克思主义哲学有关自然界辩证运动的阐述不是无源之水，而是建立在改造自然哲学和总结 19 世纪自然科学最新成就的理论基础之上的。恩格斯分析指

---

① 《马克思恩格斯文集》第 9 卷，人民出版社 2009 年版，第 23 页。
② 《马克思恩格斯文集》第 9 卷，人民出版社 2009 年版，第 13—14 页。
③ 《马克思恩格斯文集》第 9 卷，人民出版社 2009 年版，第 28 页。

出，"在自然界里，正是那些在历史上支配着似乎是偶然事变的辩证运动规律，也在无数错综复杂的变化中发生作用；这些规律也同样地贯串于人类思维的发展史中，它们逐渐被思维着的人所意识到。这些规律最初是由黑格尔全面地、不过是以神秘的形式阐发的"①。恩格斯强调，自然科学家应当掌握唯物辩证法，克服形而上学的思维方法，要从自然界中找出这些规律并从自然界里加以阐发。恩格斯指出，他和马克思正在着手做的就是这件事情，并宣称"马克思和我，可以说是唯一把自觉的辩证法从德国唯心主义哲学中拯救出来并运用于唯物主义的自然观和历史观的人"②。

为此，恩格斯从批判杜林的"先验主义"哲学体系入手，科学地回答了思维与存在的关系，论述了世界的真正的统一性在于它的物质性，确立了辩证唯物主义的根本出发点。

首先，在世界统一性的问题上，恩格斯批判了杜林"世界统一于存在"的观点，论证了世界的真正统一性在于它的物质性。

杜林提出："包罗万象的存在是唯一的。"③ 在杜林看来，没有任何东西是在这一存在之外的。在现实中存在也是统一的，"世界统一于存在"。"只是从这样的**存在—虚无**，才发展出现在的分化了的、变化多端的、表现为一种发展、一种**生成**的世界状态"④。思维和存在是互相协调、互相适应、"互相一致"的。一切思维的本质就在于把意识的要素联合为一个统一体。

针对杜林抛出的这一命题，恩格斯进行了深入分析与批判。恩格斯首先否定了杜林所谓的没有任何规定性的、没有任何差别的存在，认为杜林从思维中引申出来的这一存在，是唯心主义的。恩格

---

① 《马克思恩格斯文集》第 9 卷，人民出版社 2009 年版，第 13 页。
② 《马克思恩格斯文集》第 9 卷，人民出版社 2009 年版，第 13 页。
③ 《马克思恩格斯文集》第 9 卷，人民出版社 2009 年版，第 44 页。
④ 《马克思恩格斯文集》第 9 卷，人民出版社 2009 年版，第 47—48 页。

斯指出:"世界的统一性并不在于它的存在,尽管世界的存在是它的统一性的前提,因为世界必须先**存在**,然后才能是**统一**的。在我们的视野的范围之外,存在甚至完全是一个悬而未决的问题。世界的真正的统一性在于它的物质性,而这种物质性不是由魔术师的三两句话所证明的,而是由哲学和自然科学的长期的和持续的发展所证明的。"① 恩格斯在这里从唯物主义出发驳斥了杜林抛出的统一性问题,并将世界的统一性在于物质性看作一个需要哲学和科学长期证明的过程。

其次,在物质与运动的关系方面,恩格斯批判了杜林的"宇宙介质"概念,提出了"运动是物质的存在方式"。

杜林认为,"物质是一切现实的东西的载体;因此,在物质以外不可能有任何机械力。其次,机械力是物质的一种状态。在什么都不发生的原始状态中,物质及其状态即机械力是统一的"②。杜林进一步将物质和机械力的统一称为"宇宙介质"。但是,"宇宙介质的状态,这个状态既不能理解为现代含义上的纯粹静态的,也不能理解为动态的"③,而是一个"可以说是逻辑上真实的公式,可以用来表明物质的自身等同的状态,即一切可以计数的发展阶段的前提"④。物质和机械力的统一一旦终止,运动就开始了。

恩格斯深刻揭露与批判了杜林的上述形而上学观点。恩格斯认为,在杜林之前,唯物主义者已经谈到了物质和运动,但杜林却把运动归结为机械力这样一种所谓的运动的基本形式,就导致他不可能理解物质和运动之间的真实联系。"**运动是物质的存在方式**。无论

---

① 《马克思恩格斯文集》第9卷,人民出版社2009年版,第47页。
② 《马克思恩格斯文集》第9卷,人民出版社2009年版,第63页。
③ 《马克思恩格斯文集》第9卷,人民出版社2009年版,第62页。
④ 《马克思恩格斯文集》第9卷,人民出版社2009年版,第62—4 63页。

何时何地，都没有也不可能有没有运动的物质。"① 物质总是处于运动中的物质，运动总是物质的运动。"没有运动的物质和没有物质的运动一样，是不可想象的。"② 因此，运动和物质本身一样，是既不能创造也不能消灭的。物质的无运动状态，是最空洞的和最荒唐的观念之一。

恩格斯随后辩证地分析了运动与静止之间的关系。恩格斯指出，静止是运动的一种特殊状态，"任何静止、任何平衡都只是相对的，只有对这种或那种特定的运动形式来说才是有意义的"③。静止、平衡不是事物的常态。在世界上，"绝对的静止、无条件的平衡是不存在的。个别的运动趋向平衡，总的运动又破坏平衡。因此，出现静止和平衡，这是有限制的运动的结果，不言而喻，这种运动可以用自己的结果来计量，可以用自己的结果来表现，并且通过某种形式从自己的结果中重新得出来"④。这就表明运动与静止之间既有相互对立的一面，又有相互联系的一面，运动应当以它的对立面即静止作为自己的量度。杜林将运动和静止平衡割裂开来，是形而上学的典型表现。

最后，在物质的存在形式方面，恩格斯批判了杜林的"时空有限论"，论证了时间空间是物质存在的基本形式。

在借鉴康德关于时空有限无限的"二律背反"学说的基础上，杜林提出了"时空有限论"，即认为"世界的开端是世界存在的必要条件"⑤。"世界就其在空间的广延来说，不是无限的，而是有自己的界限的。"⑥ 恩格斯对此谬论进行了批判，并且科学阐述了时

---

① 《马克思恩格斯文集》第 9 卷，人民出版社 2009 年版，第 64 页。
② 《马克思恩格斯文集》第 9 卷，人民出版社 2009 年版，第 64 页。
③ 《马克思恩格斯文集》第 9 卷，人民出版社 2009 年版，第 64 页。
④ 《马克思恩格斯文集》第 9 卷，人民出版社 2009 年版，第 67 页。
⑤ 《马克思恩格斯文集》第 9 卷，人民出版社 2009 年版，第 52 页。
⑥ 《马克思恩格斯文集》第 9 卷，人民出版社 2009 年版，第 53 页。

间、空间与物质运动的关系，对时空观作了辩证唯物主义的概括和表述。恩格斯认为：“时间上的永恒性、空间上的无限性，本来就是，而且按照简单的词义也是：**没有一个方向是有终点的，不论是向前或向后，向上或向下，向左或向右**。”①恩格斯辩证地把时间和空间与运动着的物质联系在一起，提出了时间和空间正是在运动、变化的过程中实现了有限性和无限性的统一。

恩格斯通过对天体演化学、物理学、化学、有机界等领域新陈代谢的考察，回顾了自然界的客观演化历史，揭示了运动着的物质在时间和空间中存在和发展的具体方式，即从简单到复杂、从低级到高级、从无机界到有机界过渡的过程，深刻地阐释了有机生命现象的共同本质，即“**生命是蛋白体的存在方式，这种存在方式本质上就在于这些蛋白体的化学成分的不断的自我更新**”②。由此也揭示了有机生命运动与无机物体之间的根本区别。借助对自然界各种运动形式的考察，恩格斯科学地揭示了自然界运动和发展的普遍规律。

三　社会历史的辩证运动

在恩格斯看来，“自然观的这种变革只能随着研究工作提供相应的实证的认识材料而实现，而在这期间一些在历史观上引起决定性转变的历史事实却老早就发生了”③，并且在指导工人运动中发挥了巨大的作用。与杜林将历史定性为“谬误的历史、无知的和野蛮的历史、暴力和奴役的历史”不同，恩格斯在《反杜林论》的导论部分，回顾了唯物主义历史观产生的过程，对马克思和他过去阐发过的基本观点加以重申，并且结合新的实践予以补充和发展。

恩格斯首先回顾了马克思主义哲学历史观的产生过程，指出它

---

① 《马克思恩格斯文集》第 9 卷，人民出版社 2009 年版，第 53 页。
② 《马克思恩格斯文集》第 9 卷，人民出版社 2009 年版，第 86 页。
③ 《马克思恩格斯文集》第 9 卷，人民出版社 2009 年版，第 28 页。

的产生是历史发展提出的要求。在恩格斯看来，1831年法国里昂发生了第一次工人起义；1838年英国爆发了第一次全国性的工人运动，即英国宪章派的运动。这些工人运动的爆发说明，伴随着大工业的发展与资产阶级新近取得的政治统治的发展，无产阶级和资产阶级的阶级斗争在欧洲最先进国家的历史中上升到了重要地位。这一严峻的现实及其发展，需要从理论上加以探讨和说明。但是，长期存在的唯心主义历史观不能揭示资本主义生产方式的秘密，"事实日益令人信服地证明，资产阶级经济学关于资本和劳动的利益一致、关于自由竞争必将带来普遍和谐和人民的普遍福利的学说完全是撒谎"①。历史的发展亟待唯物主义历史观的产生。

恩格斯分析发现，"以往的**全部**历史，都是阶级斗争的历史"②，并且强调"这些互相斗争的社会阶级在任何时候都是生产关系和交换关系的产物，都是自己时代的**经济**关系的产物"③。在此基础上，恩格斯分析了经济基础决定上层建筑的关系，认为每一个历史时期的上层建筑都是由经济基础决定的。这里的上层建筑，包括了法的设施、政治设施以及宗教的、哲学的和其他的观念。这样一来，"唯心主义从它的最后的避难所即历史观中被驱逐出去了，一种唯物主义的历史观被提出来了，用人们的存在说明他们的意识，而不是像以往那样用人们的意识说明他们的存在这样一条道路已经找到了"④。

唯物史观的创立是人类社会历史观的一次伟大革命，恩格斯强调这一伟大发现"都应当归功于**马克思**"⑤，他所做的只是对上述观点的系统阐述、补充，促使其更加丰富。

---

① 《马克思恩格斯文集》第9卷，人民出版社2009年版，第28—29页。
② 《马克思恩格斯文集》第9卷，人民出版社2009年版，第29页。
③ 《马克思恩格斯文集》第9卷，人民出版社2009年版，第29页。
④ 《马克思恩格斯文集》第9卷，人民出版社2009年版，第29页。
⑤ 《马克思恩格斯文集》第9卷，人民出版社2009年版，第30页。

恩格斯首先批判了杜林提出并鼓吹的超历史、超阶级的永恒道德以及抽象的平等观念，阐明了马克思主义的道德观和平等观。

在道德问题上，杜林提出了"永恒道德论"。他主张"道德的世界，'和一般知识的世界一样……有其恒久的原则和单纯的要素'，道德的原则凌驾于'历史之上和现今的民族特性的差别之上'"①。对此，恩格斯持批判态度。借助对现代社会的三个阶级（封建贵族、资产阶级和无产阶级）各自特殊道德的分析，恩格斯深刻阐明了道德的阶级性和历史性。

恩格斯提出："人们自觉地或不自觉地，归根到底总是从他们阶级地位所依据的实际关系中——从他们进行生产和交换的经济关系中，获得自己的伦理观念"②。"一切以往的道德论归根到底都是当时的社会经济状况的产物。而社会直到现在是在阶级对立中运动的，所以道德始终是阶级的道德；它或者为统治阶级的统治和利益辩护，或者当被压迫阶级变得足够强大时，代表被压迫者对这个统治的反抗和他们的未来利益。"③ 简言之，道德作为一种社会意识形式，归根到底是由社会经济基础决定的，是对一定社会存在的反映。由此，真正全人类的道德，只有在共产主义社会到来以后才能实现。

与此相联系，恩格斯提出，世界上绝对没有杜林所谓的抽象平等的永恒"公理"。杜林从作为社会最简单的要素出发，独创了基于"两个人"的道德基本公理："两个人的意志，就其本身而言，是彼此**完全**平等的。"④ 恩格斯批判道："两个人或两个人的意志就其本身而言是彼此**完全**平等的——这不仅不是公理，而且甚至是过度的

---

① 《马克思恩格斯文集》第 9 卷，人民出版社 2009 年版，第 90 页。
② 《马克思恩格斯文集》第 9 卷，人民出版社 2009 年版，第 99 页。
③ 《马克思恩格斯文集》第 9 卷，人民出版社 2009 年版，第 99—100 页。
④ 《马克思恩格斯文集》第 9 卷，人民出版社 2009 年版，第 102 页。

夸张。"① 事实上，两个人是不可能平等的。举最简单的例子，两个人就其性别而言就可能是不平等的。因此，杜林从原始家庭杜撰出男女之间在道德上和法上的平等地位也是不可能的。

随后，恩格斯运用唯物主义历史观对平等的发展过程加以考察后发现，"平等的观念，无论以资产阶级的形式出现，还是以无产阶级的形式出现，本身都是一种历史的产物，这一观念的形成，需要一定的历史条件，而这种历史条件本身又以长期的以往的历史为前提。所以，这样的平等观念说它是什么都行，就不能说它是永恒的真理"②。资产阶级的平等观提出自由贸易和平等交换，要求用人权来反对封建贵族的特权，这些对资本主义的发展起到了重要的推动作用。与此同时，也产生了无产阶级的平等要求。"无产阶级平等要求的实际内容都是消灭阶级的要求。任何超出这个范围的平等要求，都必然要流于荒谬。"③ 可见，杜林所谓的抽象平等是不存在的，平等的实现是有条件的。平等观念不是抽象的，也不是永恒的真理。在马克思主义看来，只有在消除了不平等的经济根源——私有制之后，才可能实现平等。

在此基础上，恩格斯科学地阐述了经济和政治的关系问题。恩格斯指出，同道德和平等观念一样，政治也属于上层建筑的范畴，是由经济关系决定的。而杜林恰恰颠倒了这一关系。杜林从唯心主义出发，强调"政治关系的形式是历史上基础性的东西"④，主张一切经济现象都应该由政治原因来解释，即由暴力来解释。从这样的原理出发，政治就成为经济的决定因素，"经济的依存不过是一种结果或特殊情形，因而总是次等的事实。有些最新的社会主义体系把

---

① 《马克思恩格斯文集》第9卷，人民出版社2009年版，第102页。
② 《马克思恩格斯文集》第9卷，人民出版社2009年版，第113页。
③ 《马克思恩格斯文集》第9卷，人民出版社2009年版，第113页。
④ 《马克思恩格斯文集》第9卷，人民出版社2009年版，第165页。

完全相反的关系的一目了然的假象当做指导原则，他们以为政治的从属似乎是从经济状态中产生的。当然，这些次等的结果本身确实是存在的，而且在目前是最能使人感到的；但是本原的东西必须从直接的政治暴力中去寻找，而不是从间接的经济力量中去寻找"①。这样，杜林就颠倒了经济和政治的真实关系。

在恩格斯那里，经济对政治上层建筑所起的决定作用不仅表现在政治暴力是由经济条件所决定的，而且表现在社会的一切政治权力最初都是以某种经济的、社会的职能为基础，并且这种政治权力随着阶级社会和私有生产者的出现而不断得到加强，进而会反过来作用于经济基础。恩格斯分析道："政治权力在对社会独立起来并且从公仆变为主人以后，可以朝两个方向起作用。或者它按照合乎规律的经济发展的精神和方向发生作用，在这种情况下，它和经济发展之间没有任何冲突，经济发展加快速度。或者它违反经济发展而发生作用，在这种情况下，除去少数例外，它照例总是在经济发展的压力下陷于崩溃。"②尽管政治表现出来这些能动作用，但归根到底还是根源于经济发展的要求。

四　人类思维的辩证运动

在《反杜林论》中，恩格斯批判了杜林在认识论上的错误，对人类思维的运动和发展规律进行了考察，详细阐述了人类认识的辩证过程，丰富了马克思主义的认识论。

恩格斯在批判杜林有关思维的谬论的过程中，对形而上学的思维方式与辩证的思维方式进行了区分。恩格斯分析认为，形而上学的思维是15世纪下半叶以来真正的自然科学发展的产物。最近400

---

① 《马克思恩格斯文集》第9卷，人民出版社2009年版，第165页。
② 《马克思恩格斯文集》第9卷，人民出版社2009年版，第190页。

年来在认识自然界方面获得巨大进展的同时，却留下了一种思维习惯："把各种自然物和自然过程孤立起来，撇开宏大的总的联系去进行考察，因此，就不是从运动的状态，而是从静止的状态去考察；不是把它们看做本质上变化的东西，而是看做固定不变的东西；不是从活的状态，而是从死的状态去考察。这种考察方式被培根和洛克从自然科学中移植到哲学中以后，就造成了最近几个世纪所特有的局限性，即形而上学的思维方式。"① 在这里，恩格斯科学地描述了形而上学的形成过程和特征。

恩格斯随后表示，在形而上学者看来，事物及其在思想上的反映即概念，是孤立的、应当逐个地和分别地加以考察的、固定的、僵硬的、一成不变的研究对象。这种形而上学的考察方式，虽然在相当广泛的、各依对象性质而大小不同的领域中是合理的，甚至必要的，可是它每一次迟早都要达到一个界限，一超过这个界限，它就会变成片面的、狭隘的、抽象的，并且陷入无法解决的矛盾，因为它看到一个一个的事物，忘记它们互相间的联系；看到它们的存在，忘记它们的生成和消逝；看到它们的静止，忘记它们的运动；因为它只见树木，不见森林。

与这种形而上学的思维方式相反，恩格斯阐明："辩证法在考察事物及其在观念上的反映时，本质上是从它们的联系、它们的联结、它们的运动、它们的产生和消逝方面去考察的。"② 因为世界上的一切归根到底是辩证地而不是形而上学地发生的。恩格斯发现："要精确地描绘宇宙、宇宙的发展和人类的发展，以及这种发展在人们头脑中的反映，就只有用辩证的方法。"③ 辩证思维的科学性和有效性愈益在现代自然科学的检验中得到证明。

---

① 《马克思恩格斯文集》第 9 卷，人民出版社 2009 年版，第 24 页。
② 《马克思恩格斯文集》第 9 卷，人民出版社 2009 年版，第 25 页。
③ 《马克思恩格斯文集》第 9 卷，人民出版社 2009 年版，第 26 页。

在"人的认识的产物究竟能否具有至上的意义"这一问题的回答方面，杜林认为存在"抽象的和纯正的思维"，抛出了"思维的至上性、认识的绝对可靠性"等华丽的词句。对此，恩格斯借助对认识的有限性和无限性、思维的至上性和非至上性这两对关系的讨论，予以批驳回击。

恩格斯首先讨论了"什么是人的思维"的概念问题，认为思维"只是作为无数亿过去、现在和未来的人的个人思维而存在"①。恩格斯强调："如果我现在说，这种概括于我的观念中的所有这些人（包括未来的人）的思维是**至上的**，是能够认识现存世界的，只要人类足够长久地延续下去，只要在认识器官和认识对象中没有给这种认识规定界限，那么，我只是说了些相当陈腐而又相当无聊的空话。"② 因为在恩格斯看来："思维的至上性是在一系列非常不至上地思维着的人中实现的；拥有无条件的真理权的认识是在一系列相对的谬误中实现的；二者都只有通过人类生活的无限延续才能完全实现。"③

恩格斯用一段精辟的论断对认识的有限性和无限性、思维的至上性和非至上性这两对关系进行了概括，即："人的思维是至上的，同样又是不至上的，它的认识能力是无限的，同样又是有限的。按它的本性、使命、可能和历史的终极目的来说，是至上的和无限的；按它的个别实现情况和每次的现实来说，又是不至上的和有限的"④。恩格斯补充指出，上述矛盾关系"只有在无限的前进过程中，在至少对我们来说实际上是无止境的人类世代更迭中才能得到

① 《马克思恩格斯文集》第 9 卷，人民出版社 2009 年版，第 91 页。
② 《马克思恩格斯文集》第 9 卷，人民出版社 2009 年版，第 91 页。
③ 《马克思恩格斯文集》第 9 卷，人民出版社 2009 年版，第 91 页。
④ 《马克思恩格斯文集》第 9 卷，人民出版社 2009 年版，第 92 页。

解决"①。

在真理和谬误的关系问题上，恩格斯批判了杜林关于"最后的终极的真理"的言论。杜林声称的"永恒真理"与思维的至上性情况一样，它的实现也是有条件的。"如果人类在某个时候达到了只运用永恒真理，只运用具有至上意义和无条件真理权的思维成果的地步，那么人类或许就到达了这样的一点，在那里，知识世界的无限性就现实和可能而言都穷尽了，从而就实现了数清无限数这一著名的奇迹。"② 恩格斯进一步借助对整个认识领域三类科学的逐一剖析，论证了真理的相对性。

恩格斯按照已有的分类方法将整个认识领域分成三大部分。第一个部分包括所有研究非生物界的并且或多或少能用数学方法处理的科学，即数学、天文学、力学、物理学、化学。恩格斯分析指出，即便是这样的科学，其一切成果也并非都是永恒真理。只有某些被叫作精密科学的成果才是永恒真理。但是随着时间的推移，最后的终极的真理变得非常罕见了。第二类科学是研究活的有机体的科学。在这一领域，伴随一些新发现的陆续提出，生物学领域中以前已经确立的一切最后的终极的真理被全面修正、整堆地永远抛弃掉。在第三类科学中，即在按历史顺序和现今结果来研究人的生活条件、社会关系、法的形式和国家形式及其由哲学、宗教、艺术等等组成的观念上层建筑的历史科学中，永恒真理的情况还更糟。③ 恩格斯提出："谁要在这里猎取最后的终极的真理，猎取真正的、根本不变的真理，那么他是不会有什么收获的，除非是一些陈词滥调和老生常谈"④。

但是，事实上，也正是在这一领域，所谓永恒真理，最后的终

---

① 《马克思恩格斯文集》第 9 卷，人民出版社 2009 年版，第 92 页。
② 《马克思恩格斯文集》第 9 卷，人民出版社 2009 年版，第 92 页。
③ 参见《马克思恩格斯文集》第 9 卷，人民出版社 2009 年版，第 92—94 页。
④ 《马克思恩格斯文集》第 9 卷，人民出版社 2009 年版，第 94 页。

极的真理正是我们最常遇到的。恩格斯分析提出，那些倡导永恒真理的人主张"在人类历史的领域内也存在着永恒真理、永恒道德、永恒正义等等，它们要求具有同数学的认识和应用相似的适用性和有效范围"①。但是，恩格斯确信："谁要以真正的、不变的、最后的终极的真理的标准来衡量认识，那么，他只是证明他自己的无知和荒谬"②。真理的实现是有条件的、相对的，"真理和谬误，正如一切在两极对立中运动的逻辑范畴一样，只是在非常有限的领域内才具有绝对的意义"③。这里，恩格斯论证了永恒真理存在的相对性，真理和谬误的对立是有条件的，越出一定范围，真理就变成了谬误。

针对杜林将自由视为"认识和冲动、知性和非知性之间的平均值"，视为"是按照先天的和后天的知性对自觉动机的感受"的谬论，恩格斯依据人的认识运动予以反驳，论证了自由与必然的辩证关系。

恩格斯指出："自由不在于幻想中摆脱自然规律而独立，而在于认识这些规律，从而能够有计划地使自然规律为一定的目的服务。这无论对外部自然的规律，或对支配人本身的肉体存在和精神存在的规律来说，都是一样的。这两类规律，我们最多只能在观念中而不能在现实中把它们互相分开。"④ 对于二者之间的辩证关系，恩格斯作了进一步分析说明，一方面，自由与必然的辩证关系，人对一定问题的判断越是自由，这个判断的内容所具有的必然性就越大；而犹豫不决是以不知为基础的，是由它支配的对象所支配的，是不自由的。另一方面，"自由就在于根据对自然界的必然性的认识来支

---

① 《马克思恩格斯文集》第 9 卷，人民出版社 2009 年版，第 95 页。
② 《马克思恩格斯文集》第 9 卷，人民出版社 2009 年版，第 96 页。
③ 《马克思恩格斯文集》第 9 卷，人民出版社 2009 年版，第 96 页。
④ 《马克思恩格斯文集》第 9 卷，人民出版社 2009 年版，第 120 页。

配我们自己和外部自然；因此它必然是历史发展的产物"①。恩格斯强调，自由是历史发展的产物，只有借助生产力的发展和科技的进步，人类方能逐步迈向自由，最终实现真正的人的自由。

五 自然界、人类社会、思维运动的普遍规律

在《反杜林论》中，恩格斯在系统地批判和改造黑格尔的唯心主义辩证法的同时，结合自己在自然辩证法方面的研究成果，不仅对辩证法作出了科学界定，而且系统地论证了唯物辩证法的三大规律，即对立统一规律、质量互变规律和否定之否定规律，极大地丰富和发展了唯物主义辩证法的基本原理。

恩格斯首先批判了杜林否定矛盾的形而上学的谬论，阐述了对立统一规律。

杜林在《哲学教程》中否定矛盾的现实存在，认为"矛盾的东西是一个范畴，这个范畴只能归属于思想组合，而不能归属于现实"②。他攻击辩证法的矛盾观点是荒谬的思想，认为"在事物中没有任何矛盾，或者换句话说，设定为真实的矛盾本身是背理的顶点"③。但是，这种将矛盾等同于背理的命题，在现实世界中是不可能出现的。恩格斯分析发现："当我们把事物看做是静止而没有生命的，各自独立、彼此并列或先后相继的时候，我们在事物中确实碰不到任何矛盾。"④ "但是一当我们从事物的运动、变化、生命和彼此相互作用方面去考察事物时，情形就完全不同了。在这里我们立刻陷入了矛盾。"⑤ 显然，矛盾是客观存在的。

---

① 《马克思恩格斯文集》第 9 卷，人民出版社 2009 年版，第 120 页。
② 《马克思恩格斯文集》第 9 卷，人民出版社 2009 年版，第 125 页。
③ 《马克思恩格斯文集》第 9 卷，人民出版社 2009 年版，第 125 页。
④ 《马克思恩格斯文集》第 9 卷，人民出版社 2009 年版，第 126 页。
⑤ 《马克思恩格斯文集》第 9 卷，人民出版社 2009 年版，第 126—127 页。

针对杜林借助"在合理的力学中不存在介乎严格的静和动之间的桥"① 得出运动是完全不能理解的谬论，恩格斯予以批驳并提出了"运动本身就是矛盾"② 的思想，认为物体在同一瞬间既在一个地方又在另一个地方，既在同一个地方又不在同一个地方，矛盾的连续产生和同时解决正好就是运动。矛盾客观存在于一切运动的过程中，是一切运动、变化、发展的源泉。恩格斯进一步指出，既然简单的机械位移运动都包含着矛盾，更何况有机生命物质的更高级的运动形式，甚至在思维的领域中，都是充满矛盾的。矛盾客观存在于事物和过程本身之中，矛盾具有客观性、普遍性，没有矛盾就没有世界。

在量和质互相转化规律上，恩格斯驳斥了杜林对马克思在《资本论》中运用辩证方法的攻击和污蔑，阐述了质量互变规律。

马克思曾在《资本论》中运用质量互变规律深刻分析了资本的本质。马克思指出，资本并不是从来就有的，它是由货币转化而来的。但"不是任何一个货币额或价值额都可以转化为资本。相反地，这种转化的前提是单个货币占有者或商品占有者手中有一定的最低限额的货币或交换价值"③。"在这里，也像在自然科学上一样，证明了黑格尔在他的《逻辑学》中所发现的下列规律的正确性，即单纯的量的变化到一定点时就转变为质的区别。"④

杜林对马克思的观点进行歪曲和攻击，不仅按照黑格尔来纠正马克思，而且将他自己一手炮制的类似"既是个人的又是社会的所有制"等混乱的东西硬加给马克思，进而否定辩证法，否定质量互变规律的普遍性。

---

① 《马克思恩格斯文集》第 9 卷，人民出版社 2009 年版，第 127 页。
② 《马克思恩格斯文集》第 9 卷，人民出版社 2009 年版，第 127 页。
③ 《马克思恩格斯文集》第 9 卷，人民出版社 2009 年版，第 131—132 页。
④ 《马克思恩格斯文集》第 9 卷，人民出版社 2009 年版，第 132 页。

恩格斯揭露了杜林"把马克思的辩证法和黑格尔的辩证法等同起来"[1] 的错误认识根源，借助大量事实，捍卫了马克思的思想，深刻地论证了质量互变规律的普遍性和客观性。恩格斯指出，量变和质变是事物运动、变化和发展的两种基本形式，量变超出一定的限度就会改变事物的质，"纯粹量的增多或减少在一定的关节点上引起质的飞跃"[2]，并且"从**质**转到**量**，而量总是'**可测度的**'"[3]。马克思在《资本论》中论证了"单纯的量的变化到一定点时就转变为质"[4] 的正确性，量转化为质，质转化为量，是事物发展的普遍规律。我们很容易从自然界和人类社会中列举无数个这样的事实来证明这一客观规律，它在自然界、人类社会和思维领域里都是普遍存在的。

在否定之否定规律方面，杜林借助将黑格尔的辩证法等同于马克思的辩证法，对唯物辩证法否定之否定规律进行了攻击。他声称在马克思有关社会制度变革理论的论述过程中，"否定的否定不得不在这里执行助产婆的职能，靠它的帮助，未来便从过去的腹中产生出来"[5]。"马克思不依靠黑格尔的否定的否定，就无法证明社会革命的必然性，证明建立土地公有制和劳动所创造的生产资料的公有制的必然性。"[6] 恩格斯对此持批判态度，认为杜林按照黑格尔来纠正马克思所得出的论断都是杜林纯粹的捏造。

随后恩格斯又列举了自然界、人类社会和思维运动等大量事实，论证了否定之否定规律的客观性和普遍性，认为"它是自然界、历史和思维的一个极其普遍的、因而极其广泛地起作用的、重要的发

---

① 《马克思恩格斯文集》第 9 卷，人民出版社 2009 年版，第 130 页。
② 《马克思恩格斯文集》第 9 卷，人民出版社 2009 年版，第 49 页。
③ 《马克思恩格斯文集》第 9 卷，人民出版社 2009 年版，第 48 页。
④ 《马克思恩格斯文集》第 9 卷，人民出版社 2009 年版，第 132 页。
⑤ 《马克思恩格斯文集》第 9 卷，人民出版社 2009 年版，第 142 页。
⑥ 《马克思恩格斯文集》第 9 卷，人民出版社 2009 年版，第 137 页。

展规律"①，是真实地发生的。恩格斯进一步分析了事物否定之否定过程的根源，认为其是由事物的内部矛盾所引起的。因为事物按其本性说是包含着矛盾的过程，每个极端在一定条件下向它的反面转化。恩格斯肯定地指出："否定的否定这个规律在自然界和历史中起着作用，而在它被认识以前，它也在我们头脑中不自觉地起着作用，它只是被黑格尔第一次明确地表述出来而已。"② 否定之否定规律具有客观性和普遍性。

第三节　马克思主义政治经济学的系统总结

在政治经济学编中，恩格斯在批判杜林庸俗经济学观点的同时，提出并阐明了广义政治经济学的概念、对象和方法，描述了政治经济学关于生产、分配、交换的关系与过程；批判了杜林的唯心主义暴力论，从政治经济学批判视角揭示了经济基础和上层建筑的关系等历史唯物主义原理；准确界定了马克思主义政治经济学基本概念和范畴，批判了杜林对马克思剩余价值的曲解；捍卫了马克思在《哲学的贫困》《政治经济学批判》《资本论》及其他经济学著作中的光辉思想，丰富和发展了马克思主义政治经济学。

一　广义政治经济学的概念、对象和方法

杜林从唯心史观和形而上学的哲学立场出发，提出了将政治经济学的研究对象归结为"自然现象"和"永恒真理"的谬论。对此，恩格斯予以坚决批判，并基于唯物辩证法和唯物史观的基本原理提出了广义政治经济学的概念，科学阐释了政治经济学的性质、

---

① 《马克思恩格斯文集》第 9 卷，人民出版社 2009 年版，第 148 页。
② 《马克思恩格斯文集》第 9 卷，人民出版社 2009 年版，第 150 页。

研究对象和方法。

恩格斯首先提出了广义政治经济学的概念。恩格斯指出："政治经济学，从最广的意义上说，是研究人类社会中支配物质生活资料的生产和交换的规律的科学。"① 是"一门研究人类各种社会进行生产和交换并相应地进行产品分配的条件和形式的科学"②。借助对不同历史时期不同国家生产和交换职能的分析，恩格斯揭示了"政治经济学本质上是一门**历史的科学**"③。在他看来，由于各个国家的人们在生产和交换时所处的条件各不相同，即便是在同一个国家里，各个世代也各不相同。因此，政治经济学不可能对一切国家和一切历史时代都是一样的。它所涉及的是历史性的即经常变化的材料，因此需要历史地考察不同社会类型的生产关系的特殊性。政治经济学最先要研究生产和交换的每个个别发展阶段的特殊规律，在此基础上确立适用于生产一般和交换一般的、完全普遍的规律。

随后，恩格斯对广义政治经济学的研究任务和方法进行了概括总结。恩格斯认为，政治经济学的任务在于："证明现在开始显露出来的社会弊病是现存生产方式的必然结果，同时也是这一生产方式快要瓦解的征兆，并且从正在瓦解的经济运动形式内部发现未来的、能够消除这些弊病的、新的生产组织和交换组织的因素。"④ 也就是说，从否定方面来表述它的规律，证明这种生产方式由于它本身的发展，正在接近它使自己不可能再存在下去的境地。马克思主义政治经济学正是进行这种研究的科学。

恩格斯借助与"几乎只限于资本主义生产方式的发生和发展"

---

① 《马克思恩格斯文集》第 9 卷，人民出版社 2009 年版，第 153 页。
② 《马克思恩格斯文集》第 9 卷，人民出版社 2009 年版，第 156 页。
③ 《马克思恩格斯文集》第 9 卷，人民出版社 2009 年版，第 153 页。
④ 《马克思恩格斯文集》第 9 卷，人民出版社 2009 年版，第 156 页。

研究的狭义政治经济学的比较，阐述了广义政治经济学的研究方法。恩格斯研究发现，虽然在 17 世纪末，狭义的政治经济学研究了资本主义生产方式的发生和发展，但仅限于对资本主义生产方式的研究是不够的。缺少对在资本主义生产方式之前的或者在不太发达的国家内与这些形式同时并存的那些形式的概括、研究和比较，是不全面的。"到目前为止，总的说来，只有马克思进行过这种研究和比较，所以，到现在为止在资产阶级以前的理论经济学方面所确立的一切，我们也差不多完全应当归功于他的研究。"①

此外，针对杜林割裂生产与分配的联系，鼓吹所谓的"分配决定论"，恩格斯予以坚决批判，并且科学阐明了生产、交换和分配之间的辩证关系。

恩格斯研究发现，一个社会的分配总是同这个社会的物质生存条件相联系的。"随着历史上一定社会的生产和交换的方式和方法的产生，随着这一社会的历史前提的产生，同时也产生了产品分配的方式方法。"② 由此可知，不是分配决定生产和交换，分配必须以产品的生产和生产关系的决定作用为前提。恩格斯分析认为："分配就其决定性的特点而言，总是某一个社会的生产关系和交换关系以及这个社会的历史前提的必然结果，只要我们知道了这些关系和前提，我们就可以确切地推断出这个社会中占支配地位的分配方式。"③ 伴随着分配上的差别的出现，也就出现了阶级差别，总体而言，统治阶级的分配方式会占支配地位。

随后，恩格斯提出："分配并不仅仅是生产和交换的消极的产物；它反过来也影响生产和交换。每一种新的生产方式或交换形式，在一开始的时候都不仅受到旧的形式以及与之相适应的政治设施的

---

① 《马克思恩格斯文集》第 9 卷，人民出版社 2009 年版，第 157 页。
② 《马克思恩格斯文集》第 9 卷，人民出版社 2009 年版，第 154 页。
③ 《马克思恩格斯文集》第 9 卷，人民出版社 2009 年版，第 160 页。

阻碍，而且也受到旧的分配方式的阻碍。新的生产方式和交换形式必须经过长期的斗争才能取得和自己相适应的分配。"① 但是，与新的生产方式相适应的新的分配方式在促进生产发展的同时，还会有发生冲突的情况，而且，"某种生产方式和交换方式越是活跃，越是具有成长和发展的能力，分配也就越快地达到超过它的母体的阶段，达到同当时的生产方式和交换方式发生冲突的阶段"②。据此，恩格斯比较分析了古代自然形成的公社与现代资本主义的异同，发现前者在同外界的交往使它们内部产生财产上的差别从而发生解体以前，可以存在几千年。但是，"现代资本主义生产则相反，它存在还不到300 年，而且只是从大工业出现以来，即100 年以来，才占据统治地位，而在这个短短的时期内它已经造成了分配上的对立——一方面，资本积聚于少数人手中，另一方面，一无所有的群众集中在大城市——，因此它必然要走向灭亡"③。恩格斯关于广义政治经济学的论述，是对《资本论》的补充和完善。

二　经济与政治暴力关系的系统剖析

在《反杜林中》，恩格斯不仅从哲学方面充分批判了杜林的观点及其研究方法，而且从政治经济学视角，借助对杜林关于政治暴力决定经济关系的唯心主义观点的批判，科学地揭示了经济基础和上层建筑的关系等历史唯物主义原理，并加以更为系统的分析与阐发。

首先，恩格斯批判了杜林将暴力视为"历史上基础性的东西"的谬论，阐明了经济对于政治的"基础性"地位。杜林从唯心主义出发，主张一切经济现象都应该由政治原因来解释，即由暴力来解

① 《马克思恩格斯文集》第 9 卷，人民出版社 2009 年版，第 155 页。
② 《马克思恩格斯文集》第 9 卷，人民出版社 2009 年版，第 155 页。
③ 《马克思恩格斯文集》第 9 卷，人民出版社 2009 年版，第 155 页。

释。针对杜林基于暴力所有制歪曲经济基础和上层建筑关系的言论，恩格斯持批判态度。借助对杜林杜撰的鲁滨逊和星期五例子的剖析，恩格斯揭露了杜林颠倒经济和政治暴力关系的实质，主张"暴力仅仅是手段，相反，经济利益才是目的。目的比用来达到目的的手段要具有大得多的'基础性'，同样，在历史上，关系的经济方面也比政治方面具有大得多的基础性"①。毕竟，财产必须先由劳动生产出来，然后才能被掠夺。在此基础上，恩格斯列举了几种与此原理相悖的历史现象：私有财产在历史上的出现，绝不是掠夺和暴力的结果。相反地，在一切文明民族的古代的自发的公社中，私有财产已经存在了，虽然只限于某几种物品；暴力虽然可以改变占有状况，但是不能创造私有财产本身；甚至我们都不能用暴力或基于暴力的所有制去说明雇佣劳动。恩格斯接着对杜林基于暴力的所有制进行了批判，从而揭示出私有财产、雇佣劳动的产生不能用暴力来说明的事实。

在恩格斯看来，上述历史现象的全部过程都可以被纯经济原因所说明，而毫不需要任何掠夺、暴力、国家或其他的政治干预。基于此，恩格斯发现："'基于暴力的所有制'，在这里，原来也不过是用来掩饰对真实的事物进程毫不了解的一句大话。"②

其次，恩格斯借助对暴力性质及工具的分析，阐明了暴力工具对经济状况的依赖关系，揭示了政治暴力本身"本原的东西"是经济力量的本质。

在恩格斯看来，暴力绝非单纯的意志行为，而是需要具备各种现实前提，特别是一些较为完善的工具，而这些工具必然又是由生产制造出来的。"暴力不是单纯的意志行为，它要求具备各种实现暴

---

① 《马克思恩格斯文集》第 9 卷，人民出版社 2009 年版，第 167 页。
② 《马克思恩格斯文集》第 9 卷，人民出版社 2009 年版，第 171 页。

力的非常现实的前提，特别是**工具**，其中，较完善的战胜较不完善的；其次，这些工具必然是生产出来的，同时也可以说，较完善的暴力工具即一般所说的武器的生产者，战胜较不完善的暴力工具的生产者；一句话，暴力的胜利是以武器的生产为基础的，而武器的生产又是以整个生产为基础，因而是以'经济力量'，以'经济状况'，以可供暴力支配的**物质**手段为基础的。"① 由此可知，经济的条件和资源为暴力的实现与保持配备了必要的暴力工具。正如恩格斯所发现的："在任何地方和任何时候，都是经济条件和经济上的权力手段帮助'暴力'取得胜利，没有它们，暴力就不成其为暴力。"② 此举好似釜底抽薪，彻底驳倒了杜林声称的"本原的东西必须从直接的政治暴力中去寻找，而不是从间接的经济力量中去寻找"③ 这一谬论。

最后，恩格斯在科学揭示经济基础和上层建筑关系的同时，还对"暴力"的作用作了具体分析。与杜林将暴力视为"绝对的坏事"不同，恩格斯借用马克思的话肯定了暴力在历史上的革命作用，即认为暴力"是每一个孕育着新社会的旧社会的助产婆；它是社会运动借以为自己开辟道路并摧毁僵化的垂死的政治形式的工具"④，由此揭示了各种历史因素之间的相互关系。

总之，在《反杜林论》中，恩格斯借助对暴力的性质、暴力工具的产生以及暴力的历史作用的解构，详细解析了经济基础决定上层建筑，上层建筑反作用于经济基础的历史唯物主义基本原理，也为无产阶级正确认识世界、改造世界提供了强大的思想武器与行动指南。

---

① 《马克思恩格斯文集》第 9 卷，人民出版社 2009 年版，第 173—174 页。
② 《马克思恩格斯文集》第 9 卷，人民出版社 2009 年版，第 179 页。
③ 《马克思恩格斯文集》第 9 卷，人民出版社 2009 年版，第 165 页。
④ 《马克思恩格斯文集》第 9 卷，人民出版社 2009 年版，第 191—192 页。

三　马克思主义政治经济学基本概念和范畴的准确界定

在《反杜林论》中，恩格斯不仅批判了杜林将"价值和价格混为一谈"的谬论，而且对政治经济学领域的价值、价格等基本概念范畴进行了全面准确的界定。在此基础上，恩格斯揭示了剩余价值的来源，有效地捍卫了马克思思想的真理性。与此同时，恩格斯还界定了阶级这一概念，并且对阶级的产生、划分标准以及阶级的消灭过程作了详细阐述，为马克思主义基本原理的阐释奠定了坚实的理论基石。

针对杜林将价值和价格混为一谈而引发的概念混乱，恩格斯予以批判，并准确界定了价值及其相关概念。

在杜林那里，"价值是经济物品和经济服务在交往中所具有的意义"，这种意义相当于"价格或其他任何一种等价物名称，如工资"①。也就是说，"在价格和价值之间，除了一个是以货币来表现，另一个不是以货币来表现以外，再没有其他任何区别了"②。质言之，价值就是价格。恩格斯批判了杜林的这种荒谬观点，认为只有具备杜林那样的自信心的人，才能作出这样的解释，并以此为基础，相继构造出生产价值、分配价值、由劳动时间计量的价值、由再生产费用计量的价值、由工资计量的价值等概念范畴，妄图以此为经济学奠定新的更加深刻的基础。对于杜林构造的五种价值，恩格斯予以逐一批驳，重申了马克思的劳动价值论思想。

在生产价值方面，杜林认为："自然条件的不同，使得创造物品的种种努力遇到或大或小的障碍，因而迫使人们付出或大或小的经济力量，这些障碍也决定……或大或小的价值。"③质言之，杜林认

---

① 《马克思恩格斯文集》第9卷，人民出版社2009年版，第194—195页。
② 《马克思恩格斯文集》第9卷，人民出版社2009年版，第195页。
③ 《马克思恩格斯文集》第9卷，人民出版社2009年版，第195页。

为价值是根据生产物品过程中克服自然界和各种条件阻力所投入的力量大小来决定的。恩格斯批驳这种说法，认为杜林"说一个人在任何物品里所投入的力量的多少（为了保留这种浮夸的表达法），是价值和价值量的直接的决定性原因，这完全是错误的。第一，问题在于把力量投入什么物品；第二，是怎样投入的"[1]。恩格斯批驳了这种说法，发现价值量不以个人投入的劳动多少而决定，而是"一个劳动产品的价值是由制造这个产品所必需的劳动时间来决定的"[2]。即，社会必要劳动时间决定价值量。

在分配价值方面，杜林提出，商品价值的形成，除了自然界所造成的阻力，还有另一种纯社会的障碍，分配价值就来自这种纯社会的障碍。他认为，"一个物品的实际上存在的价值是由两部分组成的：第一，它本身所包含的劳动，第二，'手持利剑'逼出来的附加税。换句话说，目前存在的价值是一种垄断价格"[3]。简言之，杜林所谓的分配价值就是附加在生产价值之外的价值，这实际上是一种垄断价格。

对此，恩格斯批判指出，如果现存一切商品都具有杜林所提出的这种垄断价格，那么就会出现两种情况：一是每个人作为买主重新丧失他作为卖主所获得的东西的价格，此时的分配价值只不过是种假象；二是所谓的附加税表现为一个真实的价值额，即由劳动的、创造价值的阶级所生产的价值，但因其被垄断者阶级所占有，因而仍旧是无酬劳动。恩格斯断言，杜林所说的这种垄断价格仍旧可以用马克思的剩余价值理论来解释。

随后，恩格斯借助分析作为分配价值的重要形式的财产的租金，即地租和资本盈利的来源，再次强调："分配价值，通过社会地位而

---

[1] 《马克思恩格斯文集》第9卷，人民出版社2009年版，第196页。
[2] 《马克思恩格斯文集》第9卷，人民出版社2009年版，第195页。
[3] 《马克思恩格斯文集》第9卷，人民出版社2009年版，第197页。

强加的商品加价，借助于利剑而逼出来的税，又都是虚无；商品的价值是完全由人力的花费决定的，正如通常所说的，是由体现在它们里面的劳动决定的。"① 质言之，商品价值量的大小取决于生产该商品所需的社会必要劳动时间的多少。

在由劳动时间计量的价值方面，杜林混淆了劳动力的价值和劳动力所创造的价值，提出"一件商品的价值是由生产费用来决定的"②，进一步将一个人在任何物品里所投入的（为了保留这种浮夸的表达法）力量的多少，视为价值和价值量的直接决定性原因。

恩格斯批驳了这些谬论。他分析认为："马克思从李嘉图的研究出发，说道：商品的价值是由体现在商品中的社会必要的、一般人的劳动决定的，而劳动又由劳动时间的长短来计量。劳动是一切价值的尺度，但是它本身是没有价值的。"③ 如果一切商品的价值都是由商品所体现的人力的花费来计量，那么所谓"分配价值"及商品加价和借助利剑逼出来的赋税就不可能产生。商品的价格就是价值的货币表现。价值是通过商品交换来表现自己的，价格以价值为基础，两者绝不能混为一谈。

在由再生产费用计量的价值方面，按照庸俗经济学的说法，一件商品的价值是由生产费用来决定的。资产阶级经济学家凯里进一步强调商品的价值是由再生产费用决定的。杜林借用了这一说法，构造了由再生产费用计量的价值。恩格斯分析指出，这种生产费用或再生产费用是由工资和资本利润构成的。工资是体现在商品中的"力的花费"，是生产价值。利润是资本家利用自己的垄断、利用自己手中的利剑逼出来的赋税或加价，是分配价值。恩格斯认为，杜林的生产费用决定商品价值的观点，使"杜林价值论的充满矛盾的

① 《马克思恩格斯文集》第 9 卷，人民出版社 2009 年版，第 199 页。
② 《马克思恩格斯文集》第 9 卷，人民出版社 2009 年版，第 200 页。
③ 《马克思恩格斯文集》第 9 卷，人民出版社 2009 年版，第 199—200 页。

胡言乱语，终于转化为美妙和谐的明白见解了"①。

在由工资计量的价值方面，杜林提出："尽管在生产价值和分配价值的认识方面表现出双重的观点，但是总有一些共同的东西作为基础，这就是借以形成一切价值、因而用以计量一切价值的那种对象。直接的天然的尺度是力的花费，而最简单的单位是最粗浅意义上的人力。后者归结为生存时间，而生存时间的自我维持又表现为对营养上和生活上一定数量的困难的克服。"② 也就是说，一个商品的价值是由劳动时间决定的，劳动时间等于人的生存时间，人的生存时间等于生活费用，生活费用等于工资，因而商品的价值是由工资计量的。恩格斯一针见血地指出了杜林这一观点的谬误所在，认为其同样混淆了劳动力的价值和劳动所创造的价值。恩格斯分析认为："工人所完成的和他所花费的，正像机器所完成的和它所花费的一样，是不同的东西。工人在一个 12 小时的工作日内所创造的价值，同他在这个工作日内和属于这个工作日的休息时间内所消费的生活资料的价值，是没有任何共同之处的。"③ 恩格斯反驳称，如果认为商品的价值是由生产这些商品所必需的劳动的维持费用决定的，那么"每个工人**在他的工资**中就得到了**他的劳动产品的价值**，这样，资本家阶级对雇佣工人阶级的剥削就成为不可能的事情"。④ 工资决定价值的论点掩盖了资本家剥削工人剩余价值的客观事实。

在系统阐发马克思劳动价值论的基础上，恩格斯进一步揭露了杜林对马克思剩余价值的曲解，系统阐述了资本和剩余价值的产生及其实质。

杜林歪曲了马克思关于资本的观点，错误地指出"好像马克思

① 《马克思恩格斯文集》第 9 卷，人民出版社 2009 年版，第 201 页。
② 《马克思恩格斯文集》第 9 卷，人民出版社 2009 年版，第 199 页。
③ 《马克思恩格斯文集》第 9 卷，人民出版社 2009 年版，第 201 页。
④ 《马克思恩格斯文集》第 9 卷，人民出版社 2009 年版，第 202 页。

认为资本是在 16 世纪初由货币产生的"①。恩格斯批判了这种笨拙的和歪曲的表述，提出在马克思关于商品流通过程赖以进行的各种经济形式的分析中，货币是作为最后的形式而产生的。"资本在历史上起初到处是以货币形式，作为货币财产，作为商人资本和高利贷资本，与地产相对立……这个历史每天都在我们眼前重演。现在每一个新资本最初仍然是作为货币出现在舞台上，也就是出现在市场上——商品市场、劳动市场或货币市场上，经过一定的过程，这个货币就转化为资本。"② 可见，资本虽然最初以货币形式表现出来，但并不能由此得出资本是从货币中产生出来的结论。

　　货币作为资本流通形式和作为商品一般等价物的流通形式是不一样的，虽然剩余价值的产生是以货币投入流通为条件，但流通本身是不能产生剩余价值的。货币转化为资本的关键是货币所有者在商品市场上购买到了劳动力商品，并通过对劳动力的使用创造出超过劳动力价值的价值。"一定的价值额，只有在它产生剩余价值，从而**增殖价值**时，才变为资本。"③ 马克思的学说揭示了货币转化为资本的过程，对剩余价值的来源给予了科学阐释，恩格斯重申了这一过程。

　　恩格斯阐明，货币转化为资本所实现的价值增长，是从商品的消费中取得价值，而这种独特的商品，就是劳动能力或劳动力。只有劳动力成为商品，货币才能转化为资本，这是前提条件。"劳动力一旦变成**商品**（它现在事实上就是商品），就获得一种价值，而这种价值'同任何其他商品的价值一样，也是由生产从而再生产这种独特物品所必要的劳动时间决定的'，就是说，是由工人为制造维持自己能劳动的状态和延续后代所需要的生活资料而必须耗费的劳动时

① 《马克思恩格斯文集》第 9 卷，人民出版社 2009 年版，第 210 页。
② 《马克思恩格斯文集》第 9 卷，人民出版社 2009 年版，第 211 页。
③ 《马克思恩格斯文集》第 9 卷，人民出版社 2009 年版，第 215 页。

间决定的。"① 但是，"劳动力的价值和劳动力在劳动过程中实现的价值，是两个不同的量"②。劳动力被使用一天所创造的价值是比它自身的日价值多的，超出的部分就是剩余价值。

在此基础上，恩格斯举例说明了马克思所揭示的剩余价值的产生过程：假定这种生活资料代表每天 6 小时的劳动时间，资本家为了经营企业而购买了劳动力，并付给这个工人代表 6 小时的劳动的货币，这就是劳动力的全部日价值。为此，这个工人只要为这个未来的资本家劳动 6 小时，就完全可以补偿资本家的费用。但是，这样就不能产生任何剩余价值，货币就不能转化为资本。假设工人每天向货币占有者提供 12 小时劳动的价值产品，这 6 小时无酬的剩余劳动所创造的价值差额，就被货币占有者赚得了，劳动力的价值实现了增殖，货币就转化为了资本，剩余价值就魔术般地产生了。

马克思就是以这种方式阐明了剩余价值是如何产生的，揭示了剩余价值为什么只能在调节商品交换的规律的支配下产生。恩格斯提出，马克思的这一分析揭露了现代资本主义生产方式以及以它为基础的占有方式的机制，揭示了整个现代社会制度得以确立起来的核心。恩格斯将其视为"马克思著作的划时代的功绩"③ 而予以肯定和宣扬。强调"这个问题的解决使明亮的阳光照进了经济学的各个领域，而在这些领域中，从前社会主义者也曾像资产阶级经济学家一样在深沉的黑暗中摸索。科学社会主义就是以这个问题的解决为起点，并以此为中心的"④。这就为社会主义向科学的发展奠定了政治经济学基础。

---

① 《马克思恩格斯文集》第 9 卷，人民出版社 2009 年版，第 212—213 页。
② 《马克思恩格斯文集》第 9 卷，人民出版社 2009 年版，第 213 页。
③ 《马克思恩格斯文集》第 9 卷，人民出版社 2009 年版，第 212 页。
④ 《马克思恩格斯文集》第 9 卷，人民出版社 2009 年版，第 212 页。

第四节　科学社会主义理论的系统论证

在社会主义编中，恩格斯深入批判了杜林的小资产阶级社会主义理论，客观梳理和总结了科学社会主义产生的经济、政治和思想条件；从历史唯物主义基本原理出发，揭示了资本主义的基本矛盾，即社会化生产和资本主义占有之间的矛盾，并根据对这一矛盾的分析论证了社会主义取代资本主义的历史必然性，对未来社会主义社会的基本特征进行了科学预测，深入阐明了科学社会主义的基本原理，丰富了马克思主义的理论宝库。

一　科学社会主义的直接理论来源

科学社会主义的形成并非空穴来风，而是有着丰富的历史渊源与现实依据，有其产生的经济、政治和思想条件。同杜林"从自己至上的脑袋中硬造出一种新的空想的社会制度"[1] 不同，恩格斯指出："现代社会主义，就其内容来说，首先是对现代社会中普遍存在的有财产者和无财产者之间、资产者和雇佣工人之间的阶级对立以及生产中普遍存在的无政府状态这两个方面进行考察的结果。但是，就其理论形式来说，它起初表现为18世纪法国伟大的启蒙学者们所提出的各种原则的进一步的、据称是更彻底的发展。同任何新的学说一样，它必须首先从已有的思想材料出发，虽然它的根子深深扎在经济的事实中。"[2]

在《反杜林论》中，恩格斯不仅针对杜林将三大空想社会主义者视为"社会炼金术士"加以批判，驳斥了杜林对三大空想社会主

---

① 《马克思恩格斯文集》第9卷，人民出版社2009年版，第283页。

② 《马克思恩格斯文集》第9卷，人民出版社2009年版，第19页。

义者的诬蔑与攻击，揭示出这些诬蔑态度在"本质上是来源于对三个空想主义者的著作的真正惊人的无知"①，而且详细梳理和客观评价了三大空想社会主义者的历史贡献与思想局限性。

恩格斯在《反杜林论》中充分肯定了空想社会主义所包含的批判成分，认为圣西门、傅立叶和欧文不仅深刻地揭露了资本主义社会现象的许多弊端，而且在批判现存社会全部基础的前提下，探讨了未来社会，有针对性地提出了种种社会改造的方案。具体来看，恩格斯高度评价了圣西门关于法国革命是贵族、资产阶级和无财产者之间的阶级斗争的观点，认为这在当时的历史条件下是以萌芽状态表现出来的天才的远大眼光。圣西门认识到经济状况是政治制度的基础，试图用经济因素去解释社会现象，"后来的社会主义者的几乎所有并非严格意义上的经济学思想都以萌芽状态包含在他的思想中"②。恩格斯肯定了傅立叶最了不起的地方在于借助辩证法把之前的社会历史划分为蒙昧、宗法、野蛮和文明四个发展阶段，主张人类社会在历史发展进程中都有其上升时期和下降时期，从而在历史研究中提出了人类将来要归于灭亡的思想，初步揭示了社会发展的辩证法。恩格斯肯定了欧文认清由资本主义生产引发的社会种种对立和矛盾，不仅揭露了阻碍社会改造的三大障碍是私有制、宗教和现在的婚姻制度，并且依据法国唯物主义，系统地提出了消除阶级差别的方案，继而努力将自己的理论付诸实践，尝试建立人人平等的未来共产主义公社。在肯定三大空想社会主义者各自思想进步性的同时，恩格斯也归纳了他们思想的共同旨归，即"他们都不是作为当时已经历史地产生的无产阶级的利益的代表出现的。他们和启蒙学者一样，并不是想解放某一个阶级，而是想解放全人类"③。这

---

① 《马克思恩格斯文集》第9卷，人民出版社 2009 年版，第 281 页。
② 《马克思恩格斯文集》第9卷，人民出版社 2009 年版，第 275 页。
③ 《马克思恩格斯文集》第9卷，人民出版社 2009 年版，第 21 页。

一共同理想的归纳，不仅强调了三大空想社会主义者为解放全人类而进行未来社会主义制度构想的崇高性，也揭示了他们看不到无产阶级力量的局限性。

恩格斯认为："不成熟的理论，是同不成熟的资本主义生产状况、不成熟的阶级状况相适应的。"① "空想主义者之所以是空想主义者，正是因为在资本主义生产还很不发达的时代，他们只能是这样。"② 由于1800年前后资本主义生产方式以及随之而来的资产阶级和无产阶级之间的对立还没有得到充分发展，加之空想社会主义者们脱离社会历史条件，因此不了解资本主义社会的本质和规律，看不到无产阶级解放的物质条件；不懂得无产阶级斗争在推动社会发展过程中的地位和作用，因此看不到隐藏在不发达经济关系中的解决社会问题的办法，不了解阶级斗争是阶级社会发展的动力，所以解决方案只有从头脑中产生出来，并且寄希望于资产阶级改良，借助和平的途径来实现自己的社会空想，最终却落到与反动的或保守的社会主义者为伍。由此可知，空想社会主义是不科学的理论，这就注定了空想社会主义者所设想的新的社会制度"是一开始就注定要成为空想的，它越是制定得详尽周密，就越是要陷入纯粹的幻想"③。

概言之，当促进社会历史进步的生产力要素在旧社会本身中还没有普遍地明显地表现出来的时候，受社会历史条件所限，三大空想社会主义者不得不从头脑中构想出新社会的要素。"他们的共同局限是唯心史观，无法找到实现其社会理想的正确道路和社会力量"④，虽说他们的思想具有局限性，但是，"空想社会主义的重要贡献是无情揭露和批判了资本主义社会的罪恶及其全部基础，启发

---

① 《马克思恩格斯文集》第9卷，人民出版社2009年版，第274页。
② 《马克思恩格斯文集》第9卷，人民出版社2009年版，第282页。
③ 《马克思恩格斯文集》第9卷，人民出版社2009年版，第274页。
④ 《习近平总书记系列重要讲话读本》，学习出版社、人民出版社2014年版，第31页。

了工人阶级和劳苦大众的觉悟，对未来社会提出了积极主张和有价值的设想"①，这为科学社会主义的诞生创造了较为充分的思想条件。

二 资本主义的基本矛盾与经济危机

在《反杜林论》中，恩格斯从历史唯物主义基本原理出发，借助对资本主义的基本矛盾所表现的无产阶级和资产阶级的对立，个别工厂中生产的组织性和整个社会中生产的无政府状态之间的对立分析，再次重申了马克思和恩格斯在《共产党宣言》中提出的"两个必然"的经典论断，论证了社会主义取代资本主义的历史必然性。

恩格斯认为，科学社会主义是以历史唯物主义为理论基础的，并且首先重申了经济基础决定上层建筑的唯物主义基本原理。他认为："一切社会变迁和政治变革的终极原因，不应当到人们的头脑中，到人们对永恒的真理和正义的日益增进的认识中去寻找，而应当到生产方式和交换方式的变更中去寻找；不应当到有关时代的**哲学**中去寻找，而应当到有关时代的**经济**中去寻找。"② 据此，恩格斯考察了资本主义生产方式产生和发展的过程，指明社会化生产和资本主义占有之间的矛盾，是资本主义的基本矛盾。并且资本主义生产方式越是占统治地位、越是发展，社会化生产和资本主义占有的不相容性，也愈加明显地表现出来。"现代社会主义不过是这种实际冲突在思想上的反映，是它在头脑中，首先是在那个直接吃到它的苦头的阶级即工人阶级的头脑中的观念上的反映。"③ 正是借助对社会化生产和资本主义占有之间的矛盾的两种表现的分析，阐述了"两个必然"这一人类社会发展必然趋势和客观规律的必然性。

恩格斯借助对现代大工业所造成的无产阶级与资产阶级之间对

---

① 《习近平总书记系列重要讲话读本》，学习出版社、人民出版社 2014 年版，第 31 页。
② 《马克思恩格斯文集》第 9 卷，人民出版社 2009 年版，第 284 页。
③ 《马克思恩格斯文集》第 9 卷，人民出版社 2009 年版，第 285 页。

立的分析，阐述了两个必然的历史必然性。恩格斯指出："**社会化生产和资本主义占有之间的矛盾表现为无产阶级和资产阶级的对立**。"① 这是因为：现代资本主义生产方式所造成的生产力和由它创立的财富分配制度，已经和这种生产方式本身发生激烈的矛盾，而且矛盾达到了这种程度，以至于如果要避免整个现代社会毁灭，就必须使生产方式和分配方式发生一个会消除一切阶级差别的变革。"但是在每一个狂热投机的时期和接踵而来的每次崩溃中，都表明它已经无力继续支配那越出了它的控制力量的生产力；在这个阶级的领导下，社会就像司机无力拉开紧闭的安全阀的一辆机车一样，迅速奔向毁灭。"② 社会主义必获胜利的信心，正是基于这个以或多或少清晰的形象和不可抗拒的必然性逐渐被印入被剥削的无产者的头脑中。恩格斯借助这一形象的比喻，生动地揭示了资产阶级必然灭亡、无产阶级必然胜利这一社会发展的必然趋势，并且强调资本家和雇佣工人之间的阶级对立加速了这一历史进程。

随后，恩格斯借助对"社会化生产和资本主义占有之间的矛盾表现为**个别工厂中生产的组织性和整个社会中生产的无政府状态之间的对立**"③ 的分析，揭示了资产阶级必然灭亡、无产阶级必然胜利是资本主义的基本矛盾运动的必然结果。恩格斯分析认为："随着商品生产的扩展，特别是随着资本主义生产方式的出现，以前潜伏着的商品生产规律也就越来越公开、越来越有力地发挥作用了。"④ 社会生产的无政府状态已经表现出来，并且越来越走向极端。但是，资本主义生产方式用来加剧社会生产中的这种无政府状态的主要工具正是无政府状态的直接对立物：每一单个生产企业中的生产作为

---

① 《马克思恩格斯文集》第 9 卷，人民出版社 2009 年版，第 288 页。
② 《马克思恩格斯文集》第 9 卷，人民出版社 2009 年版，第 165 页。
③ 《马克思恩格斯文集》第 9 卷，人民出版社 2009 年版，第 290 页。
④ 《马克思恩格斯文集》第 9 卷，人民出版社 2009 年版，第 289 页。

社会化生产所具有的日益加强的组织性。社会化生产和资本主义占有之间的矛盾表现为个别工厂中生产的组织性和整个社会中生产的无政府状态之间的对立。但是，资本主义的基本矛盾不可能在资本主义社会得到彻底解决，生产力高度发达所要求的以社会名义占有生产资料、消除阶级差别等只有在无产阶级掌权的社会主义国家才能实现，无产阶级的胜利是社会历史发展的必然。

在揭示"两个必然"这一人类社会发展必然趋势和客观规律的同时，恩格斯也注意到这一过程的长期性。在《反杜林论》中，恩格斯分析认为："自从资本主义生产方式在历史上出现以来，由社会占有全部生产资料，常常作为未来的理想隐隐约约地浮现在个别人物和整个整个派别的头脑中。但是，这种占有只有在实现它的物质条件已经具备的时候，才能成为可能，才能成为历史的必然性。"① 简言之，只有具备一定的新的经济条件，"两个必然"才能真正实现。据此，恩格斯重申了马克思在1859年《〈政治经济学批判〉序言》中所提出的"两个决不会"思想，强调了"两个必然"实现过程的长期性与复杂性。

恩格斯深刻阐明了资本主义周期性发生经济危机的必然性。恩格斯指出，资本主义经济危机是其基本矛盾发展的必然结果。"资本主义生产方式在它生而具有的矛盾的这两种表现形式中运动着，它毫无出路地处在早已为傅立叶所发现的'恶性循环'中。"② 并且"因为它在把资本主义生产方式本身炸毁以前不能使矛盾得到解决，所以它就成为周期性的了。资本主义生产造成了新的'恶性循环'"③。质言之，资本主义基本矛盾是造成经济危机周期性爆发的根本原因。

---

① 《马克思恩格斯文集》第9卷，人民出版社2009年版，第298页。
② 《马克思恩格斯文集》第9卷，人民出版社2009年版，第290页。
③ 《马克思恩格斯文集》第9卷，人民出版社2009年版，第292页。

恩格斯进一步阐述了经济危机的实质和特征。他认为"在危机中，社会化生产和资本主义占有之间的矛盾剧烈地爆发出来。商品流通暂时停顿下来；流通手段即货币成为流通的障碍；商品生产和商品流通的一切规律都颠倒过来了。经济的冲突达到了顶点：**生产方式起来反对交换方式，生产力起来反对已经被它超过的生产方式**"①。资本主义生产方式的全部机制在它自己创造的生产力的压力下失灵了。恩格斯认为，"一方面，资本主义生产方式暴露出它没有能力继续驾驭这种生产力。另一方面，这种生产力本身以日益增长的威力要求消除这种矛盾，要求摆脱它作为资本的那种属性，要求**在事实上承认它作为社会生产力的那种性质**"②。

在此基础上，恩格斯提出了解决资本主义经济危机的根本途径。他认识到："生产力归国家所有不是冲突的解决，但是这里包含着解决冲突的形式上的手段，解决冲突的线索。这种解决只能是在事实上承认现代生产力的社会本性，因而也就是使生产、占有和交换的方式同生产资料的社会性质相适应。而要实现这一点，只有由社会公开地和直接地占有已经发展到除了适于社会管理之外不适于任何其他管理的生产力。"③ 恩格斯认为，促使资本主义的占有方式让位于那种以现代生产资料的本性为基础的产品占有方式，这一解放世界的事业，就构成了现代无产阶级的历史使命。只有进行社会主义革命，夺取国家政权，实现由全体劳动人民占有生产资料，方能从根本上消除资本主义的基本矛盾。

三　社会主义社会基本特征的科学预测

在《反杜林论》中，恩格斯批判了杜林在《哲学教程》中对未

---

① 《马克思恩格斯文集》第 9 卷，人民出版社 2009 年版，第 293 页。
② 《马克思恩格斯文集》第 9 卷，人民出版社 2009 年版，第 294 页。
③ 《马克思恩格斯文集》第 9 卷，人民出版社 2009 年版，第 295—296 页。

来国家制度的构想。在深刻分析资本主义的基本矛盾的基础上，恩格斯对未来社会主义社会的基本特征进行了预测。

首先，未来社会主义社会消灭了一切阶级差别和阶级对立，国家也随之自行消亡。

国家作为政治权力、作为一种独特的统治方式，是一个阶级用以压迫另一个阶级的有组织的暴力。杜林出于为资本主义国家辩护的目的，指出国家是永恒存在的。在《反杜林论》中，"国家的消亡"这一思想得以明确，并对未来共产主义社会促进国家自行消亡的过程加以阐述。在论述资本主义的基本矛盾催生社会变革力量时，恩格斯曾经分析认为："**无产阶级将取得国家政权，并且首先把生产资料变为国家财产。但是这样一来，它就消灭了作为无产阶级的自身，消灭了一切阶级差别和阶级对立，也消灭了作为国家的国家。**"① 在此基础上，恩格斯进一步描述了国家自行消亡的过程。一方面，国家作为阶级矛盾不可调和的产物、作为阶级斗争统治的工具，会伴随国家统治对象的消亡而消失。即"当不再有需要加以镇压的社会阶级的时候，当阶级统治和根源于至今的生产无政府状态的个体生存斗争已被消除，而由此二者产生的冲突和极端行动也随着被消除了的时候，就不再有什么需要镇压了，也就不再需要国家这种特殊的镇压力量了"② 伴随阶级、阶级对立与斗争的消失，国家就会成为社会的多余成分。"国家政权对社会关系的干预在各个领域中将先后成为多余的事情而自行停止下来。那时，对人的统治将由对物的管理和对生产过程的领导所代替。国家不是'被废除'的，**它是自行消亡的。**"③ 伴随着社会身份的转换及社会统治功用的消除，国家将会自行消亡。由此可见，作为人类历史现象，国家不是

---

① 《马克思恩格斯文集》第 9 卷，人民出版社 2009 年版，第 297 页。
② 《马克思恩格斯文集》第 9 卷，人民出版社 2009 年版，第 297 页。
③ 《马克思恩格斯文集》第 9 卷，人民出版社 2009 年版，第 297 页。

永恒存在的。在未来的共产主义社会促进国家消亡的条件成熟的情况下（例如社会生产力高度发展，无产阶级取得国家政权并且消灭了私有财产和阶级差别等），国家将会自行走向消亡，这是社会历史发展的必然结果，不受人的主观意志操控。

其次，社会占有生产资料，是未来社会主义生产力高度发展的需求。

恩格斯在深入剖析资本主义经济危机爆发原因的基础上，论证了社会占有生产资料的必然性，"生产资料的扩张力撑破了资本主义生产方式所加给它的桎梏。把生产资料从这种桎梏下解放出来，是生产力不断地加速发展的唯一先决条件"[1]。与此同时，在未来社会主义社会，社会占有生产资料又是十分必要的，因为"在这个阶段上，某一特殊的社会阶级对生产资料和产品的占有，从而对政治统治、教育垄断和精神领导地位的占有，不仅成为多余的，而且在经济上、政治上和精神上成为发展的障碍"[2]。

因此，以社会的名义占有生产资料，是社会主义国家真正作为整个社会的代表所采取的第一个行动。即对于未来社会主义社会而言，社会占有生产资料不仅具有必然性、必要性，而且具有无比的优越性。恩格斯提出："一旦社会占有了生产资料，商品生产就将被消除，而产品对生产者的统治也将随之消除。社会生产内部的无政府状态将为有计划的自觉的组织所代替。"[3] 这样，不仅有助于消除生产的现存的人为障碍，而且也有助于消除生产力和产品的有形的浪费和破坏。这是人最终脱离动物界，"从动物的生存条件进入真正人的生存条件"[4] 的前提。

---

[1] 《马克思恩格斯文集》第 9 卷，人民出版社 2009 年版，第 299 页。
[2] 《马克思恩格斯文集》第 9 卷，人民出版社 2009 年版，第 298—299 页。
[3] 《马克思恩格斯文集》第 9 卷，人民出版社 2009 年版，第 300 页。
[4] 《马克思恩格斯文集》第 9 卷，人民出版社 2009 年版，第 300 页。

最后，"自由人联合体"的实现。自由人联合体是马克思和恩格斯设想在未来无产阶级国家自行消亡之后，将会产生的一个以生产者自由平等的联合体为基础、按新方式来组织的共产主义社会组织。在《反杜林论》中，恩格斯借助对商品生产劳动的分析，对自由人联合体的组织状况及其具体实现途径进行了补充说明。

恩格斯认为，在未来的社会主义社会，人们第一次成为自然界的自觉的和真正的主人，人们周围的、至今统治着人们的生活条件，都会受人们的支配和控制；一直作为异己的、支配着人们的自然规律而同人们相对立的规律，也将被人们熟练地运用，听从人们的支配。届时，"至今一直统治着历史的客观的异己的力量，现在处于人们自己的控制之下了。只是从这时起，人们才完全自觉地自己创造自己的历史；只是从这时起，由人们使之起作用的社会原因才大部分并且越来越多地达到他们所预期的结果。这是人类从必然王国进入自由王国的飞跃"①。质言之，只有在未来社会，人们才能真正成为自然和社会的主人。当然，这里的主人是在对必然性认识和把握的意义上讲的。

恩格斯进一步构想，在"这样的组织中，一方面，任何个人都不能把自己在生产劳动这个人类生存的必要条件中所应承担的部分推给别人；另一方面，生产劳动给每一个人提供全面发展和表现自己的全部能力即体能和智能的机会，这样，生产劳动就不再是奴役人的手段，而成了解放人的手段，因此，生产劳动就从一种负担变成一种快乐"②。在谈及自由人联合体的具体实现途径时，恩格斯强调只有通过社会革命，发展生产力，消灭私有制，消灭阶级，消灭具体分工，才能促使每个人的个性获得真正的自由而全面发展，才

---

① 《马克思恩格斯文集》第9卷，人民出版社2009年版，第300页。
② 《马克思恩格斯文集》第9卷，人民出版社2009年版，第310—311页。

能建立起真正的自由人联合体。恩格斯预言，"当社会成为全部生产资料的主人，可以在社会范围内有计划地利用这些生产资料的时候，社会就消灭了迄今为止的人自己的生产资料对人的奴役"①，并且"通过社会化生产，不仅可能保证一切社会成员有富足的和一天比一天充裕的物质生活，而且还可能保证他们的体力和智力获得充分的自由的发展和运用"②，进而为实现人的自由全面发展奠定物质基础。

在这一过程中，恩格斯非常强调实现每一个人自由全面发展的重要性。他认为："要不是每一个人都得到解放，社会也不能得到解放。"③ 恩格斯上述有关自由人联合体的具体描述，为《共产党宣言》中提及的自由人联合体的实现提供了更大的可能性和现实性，促使其脱离人们的幻想或是虔诚的愿望。

同任何一门理论科学一样，马克思主义有着自己严密的结构和完整体系。虽说恩格斯写作《反杜林论》的目的不是以另一个体系去同杜林的"体系"（包括整套的"哲学体系"、全套的"政治经济学和社会主义的体系"以及"政治经济学批判史"）相对立，但是正如恩格斯在1885年9月23日为即将出版的该书第二版所写的序言中所说明的，由于"本书所批判的杜林先生的'体系'涉及非常广泛的理论领域，这使我不能不跟着他到处跑，并以自己的见解去反驳他的见解。因此消极的批判成了积极的批判；论战转变成对马克思和我所主张的辩证方法和共产主义世界观的比较连贯的阐述，而这一阐述包括了相当多的领域"④。在这一过程中，恩格斯自然而然地构建了马克思主义理论的科学体系，"这种新的社会主义理论是

---

① 《马克思恩格斯文集》第9卷，人民出版社2009年版，第310页。
② 《马克思恩格斯文集》第9卷，人民出版社2009年版，第299页。
③ 《马克思恩格斯文集》第9卷，人民出版社2009年版，第310页。
④ 《马克思恩格斯文集》第9卷，人民出版社2009年版，第10—11页。

以某种新哲学体系的最终实际成果的形式出现的。因此，必须联系这个体系来研究这一理论，同时研究这一体系本身"①。

在《反杜林论》中，恩格斯在深刻批判杜林在哲学、经济学和社会主义领域宣扬的错误观点的同时，系统阐述了马克思主义的三大组成部分——哲学、政治经济学和科学社会主义及其内在联系，从而使马克思主义得以第一次以"完整的体系"呈现在世人面前。其中，辩证唯物主义和历史唯物主义作为科学的世界观和方法论，构成了马克思主义政治经济学和科学社会主义的理论基础，并且贯穿于马克思主义政治经济学和科学社会主义始终；政治经济学是整个马克思主义理论体系批判的着力点，科学社会主义则是整个理论体系的思想核心与旨归。唯物史观和剩余价值理论的创立，使社会主义由空想变为科学。这样，马克思主义便成为一个科学的整体。

《反杜林论》虽然是恩格斯独立完成的一部伟大的马克思主义经典力作，但同样不可否认的是，马克思虽然没有具体直接地参与论战，但是，自始至终参与了恩格斯创作《反杜林论》的整个过程。正如恩格斯在《反杜林论》第二版序言中所指明的："本书所阐述的世界观，绝大部分是由马克思确立和阐发的，而只有极小的部分是属于我的，所以，我的这种阐述不可能在他不了解的情况下进行，这在我们相互之间是不言而喻的。在付印之前，我曾把全部原稿念给他听，而且经济学那一编的第十章（《〈批判史〉论述》）就是马克思写的，只是由于外部的原因，我才不得不很遗憾地把它稍加缩短。在各种专业上互相帮助，这早就成了我们的习惯。"② 在《反杜林论》中，恩格斯不仅重申了马克思的诸多思想，而且对一些理论作了增补性的阐释。他说，其中"只有一章，我允许自己作些解释

---

① 《马克思恩格斯文集》第9卷，人民出版社2009年版，第8页。
② 《马克思恩格斯文集》第9卷，人民出版社2009年版，第11页。

性的增补，这就是第三编第二章《理论》。这里所涉及的仅仅是我所主张的观点的一个核心问题的表述，如果我力求写得通俗些，增补得连贯些，我的论敌是不会抱怨的"①。总体上，《反杜林论》是马克思和恩格斯紧密而科学合作的思想结晶。

《反杜林论》通过对杜林主义的批判，梳理并阐释了科学社会主义的直接理论来源，明晰并确认了马克思主义基本概念的内涵，补充并详述了马克思主义经典论断与基本原理，构建并完善了马克思主义理论的科学体系，对《共产党宣言》诞生以来的社会主义文献进行了补充、丰富和发展，捍卫与发展了马克思主义。对此，列宁曾给予很高的评价，认为这部论战性著作分析了哲学、自然科学和社会科学中最重大的问题，② 是一部内容十分丰富、十分有益的书，它"同《共产党宣言》一样，都是每个觉悟工人必读的书籍"③。《反杜林论》不仅使马克思主义哲学和马克思主义理论系统化，而且在实践中也为包括德国社会民主党在内的世界各国马克思主义政党提供了强大的思想武装，增强了马克思主义在各国工人阶级中的影响，推动了国际共产主义运动的发展。

---

① 《马克思恩格斯文集》第 9 卷，人民出版社 2009 年版，第 12 页。
② 《列宁全集》第 2 卷，人民出版社 2013 年第二版增订版，第 9 页。
③ 《列宁全集》第 23 卷，人民出版社 2017 年第二版增订版，第 42 页。

第五章

恩格斯晚年对马克思主义
哲学的深化和发展

19世纪70—80年代，由于现代科学技术的迅速发展和广泛应用，无产阶级更加成熟壮大，与资产阶级进行革命斗争的条件变得更加有利。欧洲各国吸取巴黎公社的经验教训，纷纷建立无产阶级政党和工人组织，马克思主义的影响不断扩大。与此同时，统治阶级也加强了对意识形态和社会主义工人运动的控制。他们对刚刚组织起来的工人政党进行思想渗透，宣传民族主义和沙文主义，反对社会主义活动，极力维护现存制度。工人阶级迫切需要科学的理论指导，坚定与资产阶级对抗的信心。

恩格斯在《反杜林论》中已经详尽阐述了自然科学与哲学的关系，而《自然辩证法》则通过揭示自然界如何发展，对自然界的发展规律如何能够越出自然界而到达人类社会历史领域这一问题作出了科学阐释。《路德维希·费尔巴哈和德国古典哲学的终结》系统总结了马克思主义哲学产生和发展的规律，在理论上厘清了马克思主义哲学与黑格尔哲学以及费尔巴哈哲学的关系，阐明了唯物主义哲学与唯心主义哲学的区别。《家庭、私有制与国家的起源》阐述了人类社会历史发展的基本规律、论证了科学社会主义的基本原理，发展和完善了唯物史观。总体而言，恩格斯在这一时期对深化和发展马克思主义哲学作出了重大贡献。

第一节 《自然辩证法》——辩证唯物主义自然观的系统探索

始于 15 世纪下半叶的现代自然研究一开始就是革命的。哥白尼不朽著作的出版，路德焚烧教谕的行为等，使科学从神学的禁锢中挣脱出来，走上了独立发展的道路。地理大发现奠定了世界贸易以及工场手工业的基础，构成了现代大工业的起点。教会的精神独裁被摧毁，新教改革解放了人的思想。这些都给资产阶级的统治奠定了基础。正是基于对近代以来科学成果的总结，恩格斯创作了《自然辩证法》。

一 《自然辩证法》是对近代自然科学研究成果的总结和认识

恩格斯系统研究了辩证唯物主义，并自觉地把唯物主义辩证法运用于自然观和历史观研究。基于对自然科学多年的研究积累，他萌生了写作《自然辩证法》的想法，是对近代自然科学研究成果的总结和认识。1885 年，他在《反杜林论》的第二版序言中提到："马克思和我，可以说是唯一把自觉的辩证法从德国唯心主义哲学中拯救出来并运用于唯物主义的自然观和历史观的人。"① 恩格斯创作《自然辩证法》的直接原因是为了反对庸俗唯物主义者路·毕希纳，在 1873 年 5 月 30 日致马克思的信中，他谈到了关于"自然科学的辩证思想"②。《自然辩证法》区分和揭示了马克思主义与其他资产阶级理论在世界观、方法论以及逻辑和认识上的不同，对于完善马克思主义理论体系具有重要意义。

---

① 《马克思恩格斯文集》第 9 卷，人民出版社 2009 年版，第 13 页。
② 《马克思恩格斯文集》第 10 卷，人民出版社 2009 年版，第 385 页。

　　《自然辩证法》这部著作的写作主要分为两个阶段。恩格斯在1885 年《反杜林论》的第二版序言中回顾了写作的过程："当我退出商界并移居伦敦，从而有时间进行研究的时候，我尽可能地使自己在数学和自然科学方面来一次彻底的——像李比希所说的——'脱毛'，八年当中，我把大部分时间用在这上面。"① 第一阶段是从 1873 年年初到 1878 年年中（完成《反杜林论》），第二阶段是从 1878 年年中到马克思病逝前（1882 年夏）。马克思逝世后，恩格斯作为"整个文明世界中最卓越的学者和现代无产阶级的导师"②，继续领导国际工人运动，成为"欧洲社会党人的顾问和领导者"，各国社会主义者"都从年老恩格斯的知识和经验的丰富宝库中得到教益"。③ 在这一时期，他实际上停止了《自然辩证法》的写作，在指导国际工人运动的同时投身于《资本论》续卷的出版工作。但恩格斯仍收集与自然辩证法相关的资料，或把其他已有的合适材料并入这部著作，也把原来简略的计划扩大了，使这一批判性研究超出了原来的计划。但是，由于当时迫切需要反击杜林错误思想的影响，再加上马克思的逝世、整理马克思的遗稿等种种原因，原计划撰写的书稿最终没有完成，在恩格斯生前没有发表。

　　数学是建立辩证唯物主义世界观的重要基础。恩格斯研究了马克思留下的《数学手稿》，认为"要确立辩证的同时又是唯物主义的自然观，需要具备数学和自然科学的知识。马克思是精通数学的"④。马克思这部 1000 多页的《数学手稿》写作于 19 世纪 50 年代末到 80 年代初，他利用数学进行经济学研究，也劝恩格斯学习数学。恩格斯接受了马克思的建议，在 1881 年 8 月 18 日致马克思的

① 《马克思恩格斯文集》第 9 卷，人民出版社 2009 年版，第 13 页。
② 《列宁全集》第 2 卷，人民出版社 2013 年第二版增订版，第 1 页。
③ 《列宁全集》第 2 卷，人民出版社 2013 年第二版增订版，第 11 页。
④ 《马克思恩格斯文集》第 9 卷，人民出版社 2009 年版，第 13 页。

信中说，"这件事引起我极大的兴趣，以致我不仅考虑了一整天，而且做梦也在考虑它：昨天晚上我梦见我把自己的领扣交给一个青年人去求微分，而他拿着领扣溜掉了"①。实际上，恩格斯在自然辩证法研究中也大量运用了微积分知识，并给予微积分很高的评价："在一切理论成就中，未必再有什么象十七世纪下半叶微积分的发明那样被看作人类精神的最高胜利了。如果在某个地方我们看到人类精神的纯粹的和唯一的功绩，那就正是在这里。"② 数学作为最简洁直接的逻辑推理，是建立辩证唯物主义世界观的基础。

《自然辩证法》科学论证了辩证唯物主义自然观，提出了马克思主义自然辩证法的理论构想，科学解释了自然规律、科技发展规律和认识自然的规律，科学论证了辩证唯物主义自然观、科学技术观和科学技术方法论，从而确立了自然辩证法的理论地位。

二　自然科学的新进步及其与哲学的关系

在 18 世纪以前，自然科学还主要是一门搜集材料的科学。到了 18 世纪末 19 世纪初，自然科学发展的一个突出特点是对实验材料进行理论上的综合与概括，自然科学进入理论科学阶段。人类开始对以往历史中零散、偶然出现的成果进行综合分析，揭示出各个材料之间的内在联系和必然性。经验自然科学已经积累起的数量庞大的知识材料在理论思维的加工下，各个资料之间的因果联系变得十分清晰，从而使知识变成了科学。特别是能量守恒和转化定律、细胞学说、生物进化论这三大科学发现，使人类对自然的认识逐渐深化。

17—18 世纪，人们已经在实践中发现了机械能守恒定律。热

① 《马克思恩格斯文集》第10卷，人民出版社2009年版，第466页。
② 《马克思恩格斯全集》第20卷，人民出版社1971年版，第611页。

力学第一定律又进一步证明机械能可以转化为热能，并且能量在转化过程中保持不变。于是，科学家们就大胆地猜想，是否一切能量都可相互转化并使得能量保持守恒呢？为了回答这个问题，在19世纪初期30年的时间里，物理学家们通过一系列实验对此进行了科学验证。例如奥斯特证明电能可以转为磁能，法拉第证明磁能又可以转变为电能；塞贝克通过实验证明热能可以转化为电能；等等，这些物理学的实验成功地证明了自然界中的各种运动形式之间是可以相互转化的。1842年罗伯特·迈尔在《论无机界的力》中，曾提出了机械能和热量的相互转换原理，并首次提出了能量守恒定律。从1843年到1847年，焦耳通过各种精确的实验，直接求得了热功当量的数值，其结果的一致性，就为能量守恒和转换定律奠定了坚实的实验基础。

能量既不能被创造，也不能被消灭。能量守恒这一定律的发现以科学的事实证明自然界的物质统一性和多样性的运动形式之间可以相互转化。在转化前后，作为物质运动度量的能量，其总和不变。这一定律证明了自然界中各种物质形态本身不断运动、发展和相互转化的辩证法。这也为辩证唯物主义提供了自然科学依据。

17—18世纪，科学家们通过仪器已经观察到细胞的存在，并发现了细胞核。但是，直到19世纪动植物解剖研究的兴起和理论的发展，科学家们对人体结构有了更精确的了解，才开始深入探讨有关细胞的理论。1838年，德国植物学家施莱登在《关于植物起源的资料》中提出细胞是一切植物结构基本的活的单位。1839年，德国生物学家泰奥多尔·施旺发表著作《用显微镜考察动植物的结构和生长的协调一致》，第一次系统地阐述了现代生物学中一个十分重要的观点：动物和植物都是由细胞构成的，从而把施莱登的学说扩大到动物界。这一观点认为动植物都是细胞的集合物，有机体普遍发育的原则就是细胞的形成，进而确立了关于细胞的科学理论。细胞学说论证了整个生物界在结构上的统一性。这一学说的建立极大地推动了生物学的发展，并为辩证唯物主义提供了重要的自然科学依据。

18—19 世纪之交，生物学各个分支学科的研究材料都证明了生物物种并不是固定不变，始终如一的。这就为物种进化思想奠定了经验事实基础。1809 年，法国生物学家拉马克首次提出物种是可变的，自然界的生物存在着由简单到复杂的一系列发展变化过程。1831 年始，英国人达尔文以博物学家的身份，乘坐"贝格尔"号舰进行了历时 5 年的环球航行，对动植物和地质结构等进行了大量的观察和采集，产生了动物进化的思想。他通过考察得到了大量生物，从它们进化的事实中得出，生物是由共同祖先进化而来的。在大量实验的基础上，他提出了自然选择的观点，并认为自然选择是在三个因素即变异性、遗传性和由繁殖过剩引起的斗争的综合作用下形成的。1859 年，他出版了《物种起源》一书，系统阐述了生物进化的观点，从而解开了自然界物种进化之谜。达尔文的进化论第一次对整个生物界的发生、发展过程作出了规律性的解释，从而建立了生物学各个学科之间的理论联系，使生物学成为一门系统的科学。

除此之外，在这个时期，数学、物理、化学、天文学、生物学等理论科学方面都出现了许多新的进展。继物理学、天文学和化学之后，许多门类的科学开始从经验的描述上升到理论的概括，逐渐形成统一的整体。这样，各门具体科学的界限逐渐被打破，各个科学的空隙逐步被填补，学科之间的内在联系得以不断加强，这些新的变化有助于进一步揭示自然科学领域中的普遍联系和变化、发展的辩证运动规律，有助于从总体上揭示整个自然界的物质统一性。

恩格斯发现，虽然自然科学取得了许多新进展，但神学目的论在自然科学研究中仍然具有重要影响，关于自然的哲学观念还被禁锢着。虽然哥白尼的"日心说"挑战了神学的权威，但牛顿的"第一推动力"却以另一种方式请回了神。自然界合乎某种神秘目的的思想仍然是这一时期自然科学最高最普遍的思想。

当然，关于自然界绝对不变、只在空间中扩张的形而上学观点已经开始动摇。首先打开这一缺口的，是康德提出的"星云假说"。康德在 1755 年发表的著作《自然通史和天体论》中提出，地球和整个太阳系是某种在时间进程中生成的东西，不存在第一推动的问题。这一发现包含着之后一切科学进步的起点。如果地球是某种生成的东西，那么地质、地理、气候、植物、动物也一定是生成的，也就是说，自然界不仅在空间上并存，而且在时间上延续，也因此具有了历史。自然界处于永恒流动和循环运动中的观点亟须得到证明。康德的这部著作，不仅在天文学上具有重要意义，而且在哲学上也有力地冲击了当时在社会上占统治地位的机械唯物主义自然观。

恩格斯回顾了人类关于自然科学研究的历史，认为历史上有两种可以借鉴的现代自然科学理论形态。第一种是希腊哲学。希腊人从整体上观察自然，但这种自然的总体联系还只是直观的结果，并没有在细节上得到证明。希腊哲学的优点和缺点在于，因为它的全面、总体，所以几乎包含了之后所有哲学观点的胚芽，但也因此无法证明细节而不得不向之后的其他观点让步。第二种是从康德到黑格尔的德国古典哲学。康德提出了两个天才假说，即太阳系起源理论和地球自转由于潮汐而受到阻碍的理论。黑格尔提出了辩证法，可惜他的辩证法是从完全错误的立脚点出发的。费尔巴哈摒弃了把现实世界作为观念的摹写这一错误的观念。马克思的功绩在于，他"第一个把已经被遗忘的辩证方法、它和黑格尔辩证法的联系以及差别重新提到人们面前，同时在

《资本论》中把这个方法应用到一种经验科学即政治经济学的事实上去"①。恩格斯在《自然辩证法》中需要进一步论证的是，唯物辩证法对于科学发展的重大意义。

（一）自然界辩证运动的总体图景

恩格斯总结发现，关于自然界的新观点，即"自然界不是**存在着**，而是**生成着**和**消逝着**"②，得到了自然科学研究的支持。此时的地质学、物理学、化学、生物学研究都已取得了长足进步。

在地质学领域，赖尔发现地球以缓慢的速度变化，而不是造物主一时兴起的突然变革，从而以渐进论取代了突变论。正是地球表面生存条件的逐渐改变，导致了有机体适应环境的渐变，导致物种的变异性。这一理论显然与以前的有机物种不变的假设不相容。

物理学上的进步是在 19 世纪 40 年代由三位不同的人几乎同时作出的概括。德国的迈尔和英国的焦耳证明了从热到机械力和从机械力到热的转化。而英国的一位律师通过单纯整理物理学已经取得的各种成果，证明了一切所谓的物理力，甚至化学力，在一定的条件下都可以互相转化，且不会损失任何力。这样，由笛卡尔提出的物理学原理，即实际上存在着的运动量是不变的，就从物理学的方法上被推翻了。这些物理学上的进步获得了这样的结论：运动着的物质是永恒循环的。

化学的发展更为惊人，旧的形而上学自然观认为无机界和有机界的鸿沟不可逾越，但化学家们用无机的方法制造出了只能在活的有机物中产生的化合物，也因此证明了无机物的化学定律同样适用于有机物。化学正日益接近于完成从无机物中制造出蛋白质的任

---

① 《马克思恩格斯文集》第 9 卷，人民出版社 2009 年版，第 440—441 页。
② 《马克思恩格斯文集》第 9 卷，人民出版社 2009 年版，第 415 页。

务，从而说明生命是怎样从无机界中发生的。维勒在 1828 年才从无机物制造出第一种有机物，即尿素。仅仅几十年后，到恩格斯写作时，人们就可以用人工方法制成有机化合物了。那么，化学家们只要分析清楚蛋白质的化学成分，就能制造活的蛋白质也是完全可能的。当然，恩格斯指出，化学离完成这个任务还很远，自然界经过千百年才成功的事情，我们不能要求化学制造奇迹。

生物学领域的研究成果有力地质疑了物种不变的观点，"物种进化说"得到有力论证。由于科学旅行和探险活动的频繁，古生物学、解剖学和生理学的进步，以及显微镜的应用，材料的积累，使比较的方法成为可能。比较自然地理学、不同有机体的比较等研究越来越深刻和精细，生物学家发现有些有机体甚至说不清是属于植物界还是动物界。最低级机体之外的其他一切机体都是从有机细胞的复制分化中产生的，单个有机体和有机界整体的发展之间具有令人信服的一致性。原生质和细胞作为独立生存的最低级的有机形式，使无机界和有机界的鸿沟缩减到最小限度。如果多细胞机体都是细胞分裂的结果，那么机体之间的差异性从何而来？从 1759 年卡·弗·沃尔弗有预见性地提出"种源说"第一次质疑物种不变的观点，到一百年后的 1859 年，达尔文成功地完成物种进化说，机体从少数简单形态到多样复杂的形态，直到人类的发展基本上被证实。

恩格斯认为，自然科学研究建立在关于自然的辩证图景的基础上。整个自然界构成一个有机的体系，各种物体相互联系；相互联系意味着物体相互作用，而这种相互作用就是运动。科学研究呈现了物质形态的转化过程，"物质在其一切变化中仍永远是物质，它的任何一个属性任何时候都不会丧失，因此，物质虽然必将以铁的必然性在地球上再次毁灭物质的最高的精华——思维着的精神，但在另外的地方和另一个时候又一定会以同样的铁的必然性把它重新产生出来"①。自然界无限发展，自然物质永恒不灭、无限循环，因而运动也不灭。物质不灭，是说物质可以在质上从一种物质转换成另一种物质。虽然物质的具体的、有限的存在形式和属性都是有限可变的，但总物质即运动规律是永恒无限的。一切曾经被看作永恒存在的东西成了转瞬即逝的东西，固定的僵硬的世界消散了，"整个自然界被证明是在永恒的流动和循环中运动着"②，新的自然观基本形成。

自然科学的新成果为撰写一部关于自然界普遍联系、统一的著作奠定了基础。《自然辩证法》正是把自然界的有机自然和无机自然、生物界和非生物界联系起来，把自然界的所有领域，包括人类社会都贯穿和彼此有机联系起来的著作。

（二）自然科学研究需要哲学方法论的指导

自然科学的理论思维是自然科学研究到一定程度之后的产物，经历了从形而上学到辩证思维的发展。基于经验的自然研究在积累了丰富的知识材料后，有两个工作成为必然，即"在每一研究领域中系统地和依据其内在联系来整理这些材料"以及"在各个知识领域之间确立正确的关系"，③这两个工作只能运用哲学的理论思维来解决。

恩格斯论证了为什么研究自然科学需要理论思维。自然科学家不可能离开思维，思维就得有思维规定，因此他们要受哲学的支配。理论思维之所以能够在经验领域中运用是因为：第一，思维的规律并非是一劳永逸的永恒真理，辩证法作为最重要的思维形式，为自然科学研究提供了研究的方法；第二，认识人的思维发展过程，认

---

① 《马克思恩格斯文集》第9卷，人民出版社2009年版，第426页。
② 《马克思恩格斯文集》第9卷，人民出版社2009年版，第418页。
③ 《马克思恩格斯文集》第9卷，人民出版社2009年版，第435页。

识不同时代关于外部世界普遍联系的各种观点，为理论自然科学本身提出的理论提供了一种尺度。

恩格斯提出，良好的哲学素养会对理论自然科学家有积极的影响。理论思维需要通过学习过往的哲学得到培养，但理论自然科学研究家往往缺乏对哲学史的认识。哲学史上几百年前就已经提出的命题，在理论自然科学研究家那里却常常作为全新的知识出现。比如物理学界的机械热理论以新的论据支持了能量守恒原理，这在一段时间里成为时髦。但实际上笛卡尔早就提出过这个原理，它并不是某种绝对全新的东西。

因此，自然科学研究需要哲学方法论的指导。在每一科学领域的研究中，我们不仅要从既有的事实出发，而且要从事实中发现物质之间的联系，并加以经验上的证明。虽然黑格尔"第一个全面地有意识地叙述了辩证法的一般运动形式"，但是马克思发现了黑格尔"神秘外壳中的合理内核"，[1] 把黑格尔倒立着的辩证法倒过来，发现了研究自然科学正确的思维理论、"绝对必需的东西"[2]。事实上，马克思在《资本论》的研究中已经使用了具体—抽象—具体的方法研究具体的历史事实，并以此为认识现实的起点，通过抽象形成概念规定，最后以逻辑思维使得具体再现。当然，这后一种再现的具体已经不是感性的具体，而是经过科学理论认识和把握的理性具体。马克思把这种辩证的研究方法概述为两条道路："在第一条道路上，完整的表象蒸发为抽象的规定；在第二条道路上，抽象的规定在思维行程中导致具体的再现。"[3] 正是在这种科学辩证法的指导下，自然科学研究不断取得新的进步。

理论思维和其他各门科学一样，是历史的科学，是关于人的思

---

① 《马克思恩格斯文集》第 9 卷，人民出版社 2009 年版，第 441 页。
② 《马克思恩格斯文集》第 9 卷，人民出版社 2009 年版，第 455 页。
③ 《马克思恩格斯文集》第 8 卷，人民出版社 2009 年版，第 25 页。

维发展的科学。社会领域与自然领域一样也需要理论思维。因此，"一个民族要想站在科学的最高峰，就一刻也不能没有理论思维"①。哲学社会科学在人类社会发展史上具有重要作用，"人类社会每一次重大跃进，人类文明每一次重大发展，都离不开哲学社会科学的知识变革和思想先导"②。

辩证唯物主义自然观的产生是自然科学研究发展到一定程度的必然结果。恩格斯正是通过对当时自然科学最新成果的研究才确立起辩证唯物主义自然观。良好的哲学素养、正确的理论思维是研究自然和社会的内在要求。

三　自然科学研究是对客观自然界发展规律的认识和把握

自然科学研究的辩证发展规律就包含在各门学科的发展历程中。随着人们对自然界认识的不断深入，逐渐形成了各种分门别类的科学。"在下述这一点上我们大家都是一致的：在自然界和历史的每一科学领域中，都必须从既有的**事实**出发，因而在自然科学中要从物质的各种实在形式和运动形式出发；因此，在理论自然科学中也不能构想出种种联系塞到事实中去，而要从事实中发现这些联系，而且这些联系一经发现，就要尽可能从经验上加以证明。"③虽然由于当时自然科学发现的局限，其中的一部分内容在今天看来有些还不够成熟，但是它从辩证唯物主义的立场试图阐释如何发现事物的联系并加以验证，以及说明自然科学是如何从基本的物质运动逐渐辩证地发展起来的，这本身就是对科学研究的巨大贡献。

自然科学的研究对象是物质的运动。运动作为物质固有的存在方式，包括了一切物质的变化和过程，物质与运动不可分是科学研

---

①　《马克思恩格斯文集》第9卷，人民出版社2009年版，第437页。
②　习近平：《在哲学社会科学工作座谈会上的讲话》，人民出版社2016年版，第3页。
③　《马克思恩格斯文集》第9卷，人民出版社2009年版，第440页。

究的基本原理，也是科学分类的依据。"每一门科学都是分析某一个别的运动形式或一系列互相关联和互相转化的运动形式的，因此，科学分类就是这些运动形式本身依其内在序列所进行的分类、排序，科学分类的重要性也正在于此。"① 依据这个原则，自然界有四种基本的运动形式，即机械运动、物理运动、化学运动和有机体运动，由此形成了机械力学、物理学、化学和生物学等自然科学门类。

全部自然科学的各个门类是具有内在差别和内在辩证联系的各科学门类：数学研究现实世界的空间形式和数量关系，力学研究机械运动，物理学研究分子的运动，化学研究原子的运动，生物学研究植物和动物，即蛋白质的运动。"当我**先**把物理学叫做分子的力学、把化学叫做原子的物理学，再进一步把生物学叫做蛋白质的化学的时候，我是想借此表示这些科学中一门向另一门的过渡，从而既表示出两者的联系、连续性，又表示出它们的差异、非连续性。"② 物质运动的交叉表明交叉科学的存在。

生产实践对自然科学的发展起了推动作用。在古代，游牧民族和农业民族为了农业生产的需要开始研究天文学，而天文学要借助数学的发展。后来随着农业的发展以及建设城市大型建筑物和手工业的需要，发展出了力学。当然，航海和战争也需要力学。根据运动形式的简单和复杂、低级到高级的顺序，自然科学各个部门也是按照一定顺序发展的。所有这些自然科学门类的研究都需要数学。"科学的产生和发展一开始就是由生产决定的。"③ 这样，恩格斯就揭示了科学发生的经济基础，将自然辩证法和历史唯物论联系了起来。

生产实践是自然科学发展的动力，不仅在古代如此，而且在中

① 《马克思恩格斯文集》第9卷，人民出版社2009年版，第504页。
② 《马克思恩格斯文集》第9卷，人民出版社2009年版，第508页。
③ 《马克思恩格斯文集》第9卷，人民出版社2009年版，第427页。

世纪之后也是如此。"如果说，在中世纪的黑夜之后，科学以意想不
到的力量一下子重新兴起，并且以神奇的速度发展起来，那么，我
们要再次把这个奇迹归功于生产。"① 工业的巨大发展为设计新工具
提供了可能性；欧洲各国在相互联系中发展，交流更为频繁；地理
上的发现归根结底是为了生产；印刷机的出现使知识的传播更为便
利，生产的发展使现代的自然研究"唯一地达到了科学的、系统的
和全面的发展"②。生产实践不仅给自然科学提出了要求，而且也给
自然科学的发展提供了条件，使其可以利用新的研究手段研究或新
或旧的事实。"从十字军征讨以来，工业有了巨大的发展，并随之出
现许多新的事实……这些事实不但提供了大量可供观察的材料，而
且自身也提供了和以往完全不同的实验手段，并使**新**的工具的设计
成为可能。"③ 在此基础上，自然科学得到了发展。

　　生产实践和自然科学相互推动。生产实践的发展为自然科学发
展提供新事实、新材料，科学的发展反过来也推动生产的发展。当
然，自然科学各门学科自身的发展也会推动科学的发展，是科学发
展的内在动力。此外，恩格斯认为，各学科门类之间的相互联系和
相互作用也可以促使新的跨学科的专业门类的出现。这样，恩格斯
就从总体上系统揭示了科学发展的动力。

　　生产实践总是在一定的社会关系中进行的。当旧的生产关系阻
碍生产力发展的时候，革命的阶级就通过革命打破旧的生产关系，
建立新的生产关系，从而促进生产力的发展，同时促进自然科学的
发展和进步。恩格斯提出，近代自然科学的兴起和发展离不开资产
阶级反封建斗争的胜利。这就表明，社会革命例如政治革命对于科
学革命具有前提性意义。

---

① 《马克思恩格斯文集》第 9 卷，人民出版社 2009 年版，第 427 页。
② 《马克思恩格斯全集》第 20 卷，人民出版社 1971 年版，第 360 页。
③ 《马克思恩格斯文集》第 9 卷，人民出版社 2009 年版，第 427—428 页。

四 自然辩证法的一般规律

自然辩证法的一般规律不仅是自然界的发展规律，而且对自然科学研究也是有效的。由于辩证法具有"同形而上学相对立的关于联系的科学的一般性质"①，是可以运用于自然科学研究的理论思维，研究辩证法可以为我们的自然科学研究找到恰当的理论思维方法。因此，"我们在这里不打算写辩证法的手册，而只想说明辩证法规律是自然界的实在的发展规律，因而对于理论自然研究也是有效的"②。这就是恩格斯创作《自然辩证法》的真实意图。恩格斯提出，自然科学研究的理论思维已经从形而上学转向辩证思维。在《反杜林论》中，恩格斯已经明确提出，"辩证法不过是关于自然界、人类社会和思维的运动和发展的普遍规律的科学"③，并把辩证法的规律概括为"量转化为质和质转化为量的规律；对立的相互渗透的规律；否定的否定的规律"④，亦即质量互变规律、对立统一规律和否定之否定规律。

质量互变规律是自然界事物发展的客观形式。自然界中一切事物质的变化都是通过物质或运动的量的增加或减少产生的。自然界的普遍规律之一是质量互变规律。事物之所以具有质的差别，或者是由于化学成分的构成不同，或者是由于运动的量或形式不同，或者是基于两者。如果没有物体量的变化，就不可能有物体质的变化。物体量的变化可以是物质或者运动的变化。因此，自然界的物体有两种量变到质变的形式：物质量的变化和运动量（或能量）的变化。

恩格斯提出，这一辩证法规律对于无生命和有生命的物体都适

① 《马克思恩格斯文集》第 9 卷，人民出版社 2009 年版，第 463 页。
② 《马克思恩格斯文集》第 9 卷，人民出版社 2009 年版，第 464 页。
③ 《马克思恩格斯文集》第 9 卷，人民出版社 2009 年版，第 149 页。
④ 《马克思恩格斯文集》第 9 卷，人民出版社 2009 年版，第 463 页。

用，只不过后者更为复杂。实际上，马克思在《资本论》中就恰当地运用了质量互变规律。在《反杜林论》中，恩格斯批判了杜林对质量互变规律的错误理解。杜林错误地认为，马克思引证黑格尔的量转变为质的观念是混乱模糊的，进而提出预付达到一定界限时，就会单单由于量的增加而成为资本是滑稽的。杜林把马克思仅仅用在原料、劳动资料和工资上的"预付"当作任何一种"预付"，歪曲了马克思的原意，制造了虚幻的马克思。恩格斯驳斥了杜林对马克思观点的错误理解。实际上，并不是任何一个微小的价值额都足以转化为资本，"只有当价值额达到虽然因条件不同而有所不同但在每一个场合都是一定的最低限量时，它才能转化为资本"[1]。恩格斯说明了马克思运用质量互变规律的正确性，论证了这一规律的普遍性。

各门自然学科的发展都表现出了质量互变规律。"在力学中并不出现质"[2]，变化是基于运动的可度量的转移，变化的是运动状态，比如平衡—不平衡、运动—静止等运动状态的变化，量变引起质变。物理学中运动的量的增加或减少导致相应物体状态的质的变化。比如，液态水温度的增高或者降低会让水变为蒸气或者冰。关于质量互变规律更为突出的成就是在化学领域取得的。化学就是研究物体由于量变而发生质变的科学。比如在碳氢化合物中，最低一级的是甲烷 CH_4，第二种是乙烷 C_2H_6，我们依据代数公式 C_nH_{2n+2} 推算其他的化合物，得到 C_3H_8、C_4H_{10} 等，也就是说，每增加一个 CH_2，就得到一个与之前不同质的物体。元素中同系物就是同分异构体，同分异构体有多少的可能性，取决于分子中的原子数量。人们甚至可以根据这一规律推论出可能存在的同系物及其性质。著名的化学家门

---

① 《马克思恩格斯文集》第 9 卷，人民出版社 2009 年版，第 132 页。
② 《马克思恩格斯文集》第 9 卷，人民出版社 2009 年版，第 466 页。

捷列夫就是运用这一质量互变规律推论出了尚未发现的新元素。他认为在铝系列中存在他称之为亚铝的化学元素，并预言了这一元素的一般化学性质、比重、原子量以及原子体积。几年后这一元素果然被发现，也就是我们称为镓的元素。质量互变规律"第一次把自然界、社会和思维的发展的一个一般规律以其普遍适用的形式表述出来"，是一项"具有世界历史意义的勋业"。①

对立统一规律是自然界事物运动发展的根本规律。对立统一规律也叫矛盾规律，揭示的是自然界事物发展的内在原因。自然界事物在斗争与统一中不断发展。自然界中运动的普遍发生都是对立双方的相互作用的结果。对立双方"通过自身的不断的斗争和最终的互相转化或向更高形式的转化，来制约自然界的生活"②。比如，磁的阳极和阴极显现为在同一物体中的两极性，把一块磁石切断，中性的中央就会两极化，原来的两极保持不变。一切化学过程都是吸引和排斥的过程。在有机生命中，细胞核的形成可以看作活的蛋白质的极化；进化论也证明了同化和异化、遗传和适应，亦即对立双方的活动。无论非生物界还是生物界，无论自然界还是人类社会，对立和统一决定着各种具体矛盾在形式上的差异及其内在的统一，也使得它们相互联系和转化，"一切差异都在中间阶段融合，一切对立都经过中间环节而互相转移"③。与之相对的主观辩证法，尤其是作为其最高形态的辩证思维方法，是自然界中对立统一规律的反映。辩证的思维方法是"唯一在最高程度上适合于自然观的这一发展阶段的思维方法"④。

否定之否定规律是自然界发展的基本趋势。关于这一规律，恩

① 《马克思恩格斯文集》第 9 卷，人民出版社 2009 年版，第 469 页。
② 《马克思恩格斯文集》第 9 卷，人民出版社 2009 年版，第 470 页。
③ 《马克思恩格斯文集》第 9 卷，人民出版社 2009 年版，第 471 页。
④ 《马克思恩格斯文集》第 9 卷，人民出版社 2009 年版，第 471 页。

格斯已在《反杜林论》中用大量事实说明了它是自然界的普遍规律，在这里没有再详细论述。

五　自然辩证法的主要范畴

要认识和把握辩证法的一般规律，必须有辩证思维，而辩证思维又离不开一些基本范畴。因此，恩格斯研究了自然辩证法的一些基本范畴，主要包括同一和差异、必然和偶然、原因和结果等。这些范畴"被分开来考察时，都互相转化。于是必须求助于'根据'"①，每一对范畴都是辩证的统一。

同一和差异普遍存在于自然界，是自然辩证法的基本范畴。无论有机界还是无机界都是同一和差异的统一。在有机界，每一个植物、动物，每一个细胞在每一时刻都既与自身同一又与自身区别。在生命生存的每一瞬间，都发生着呼吸、细胞的形成和死亡，各种物质循环的过程一刻也没有停止。这种无休止的、无限小的变化对于每一个生命都至关重要，体现了有机物同一性的内部差异。因此，旧的形而上学关于有机物只是自身同一的、固定不变的观点已经被抛弃。无机物同样如此，每一个物体无时无刻不在受到物理学、化学的作用，哪怕这些作用非常缓慢，但也足以促使它们发生变化。无论是地表的机械变化，如冰蚀、冰冻；化学变化，如风化；还是地球内部的机械变化、化学变化及热变化，比如压力、水、火山岩浆的热等表现为地震、地壳隆起等，顽石青苔、云卷云舒、沧海桑田的变幻一直都在发生。同一性自身包含着差异性，这在逻辑命题中也得到了表现，在"百合花是一种植物"的命题中，主词"百合花"与后一个谓词"一种植物"所包含的内涵并不同，无论主词还是谓词，都包含有对方涵盖不了的东西。真实的具体的同一性包含

---

① 《马克思恩格斯文集》第 9 卷，人民出版社 2009 年版，第 475 页。

着差异、变化，"**与自身的同一，从一开始起就必须有与一切他物的差异**作为补充，这是不言而喻的"①。但是，抽象的、形而上学的同一性也并非一无所用。它也可以满足日常所用，在某一特定环境或很短时间内使用，比如用椭圆为基本形式进行天文学的计算，并不会导致实践上的错误。这种同一性适用的范围随着研究对象的性质而变化，比如研究行星系与几周内完成的昆虫变态所要应用的抽象同一性就会差别很大。同一和差异作为对立的统一，在综合的自然科学研究中，抽象的同一性完全不够，只有把差异性纳入同一性之中，才能收获真理。

　　必然性和偶然性作为两个自然科学研究的思维规定，由于其矛盾特性导致许多科学家陷入迷雾之中。典型的错误理解有两个：一种错误理解是把两者进行清楚区分，一类自然界的对象和过程是必然的，另一类是偶然的，但不能有事物既是必然的又是偶然的。照此思路，那么，自然科学研究只要注意必然的事物或过程就可以了，偶然的事物或过程并没有多大意义，对科学研究而言是可以忽略的。也因此，凡是必然的、有规律的、人们认识的东西都是值得注意的，凡是偶然的、规律之外的、人们不认识的东西都无足轻重。但是，这却与科学研究的目的背道而驰，因为科学就是要在未知领域研究尚未认识的事物。而且，如果把偶然的东西排除于科学认识之外，将之归于超自然的原因，其实是以另一种方式宣布科学的界限就在必然规律不起作用的地方。

　　另一种错误理解是完全否认偶然性的机械决定论。按照这种观点，自然界的一切都处于必然的因果链条上。今天晚上这只蚊子而不是那只蚊子咬了我一口、咬在左胳膊而不是右腿、是在18点23分而不是19点24分咬的，这一切都是必然的、只会以这样的方式

① 《马克思恩格斯文集》第9卷，人民出版社2009年版，第476页。

发生。但这样的因果必然性对于科学而言已经失去意义，并且已经成为游戏了。任何一个事物都有无数这样的因果链条，"**一个豌豆荚所要求探索的因果联系，已经多得连全世界的全体植物学家都解决不了**"①。这样的必然性并没有说明偶然性，反而把必然性降低为纯粹偶然性的产物。形而上学的观点或者否认必然性和偶然性的联系，或者否定偶然性，必然会导致机械决定论，失去科学研究的目的和意义。

事实上，必然性和偶然性不仅相互联系，而且在一定条件下可以相互转化。偶然性的东西就是必然性的，是必然性中的偶然性。例如，达尔文在科学考察所搜集的偶然性的材料当中，发现了物种进化的必然性和规律性。必然性的东西自我规定为偶然性的，是偶然性的必然性。比如，牛顿被掉落的苹果砸到头是偶然性的，但是地球引力的发现是必然性的。偶然性和必然性表达了事物的辩证运动，偶然性在为必然性开辟道路的同时，必然性也在一定条件下转化为偶然性。

原因和结果不仅是自然界各种现象相互制约和相互联系的表现，而且需要人的活动作出验证。原因和结果是对以往因果论发展的总结。休谟提出的怀疑论动摇了自然科学的基础。他认为，即使我们能通过观察事物发现一些规律，也不能保证之后所有事物都必然如此。单纯凭借经验观察得到的规则并不能充分证明必然性，"有规则的 post hoc［在此之后］决不能为 propter hoc［因此］提供根据"②，仅仅根据一个现象发生在另一个现象之后的观察，哪怕这种现象出现了许多次，也并不能作出两个现象有因果联系的必然推断。休谟最著名的例子就是，即使我们看到了一百只乌鸦都是黑的，也并不

---

① 《马克思恩格斯文集》第 9 卷，人民出版社 2009 年版，第 479 页。
② 《马克思恩格斯文集》第 9 卷，人民出版社 2009 年版，第 483 页。

能作出必然推断，认为所有的乌鸦都是黑的。康德反对休谟的怀疑论，为了重新给科学奠定基础，他把包括因果关系在内的范畴都看作先天的。

恩格斯不在纯粹思维的界限内讨论因果范畴，而是认为，只有与人的活动结合起来，才能证明因果性是否有效。单纯就某些自然现象而言，比如太阳照射，石头发热这样的因果联系，虽然是一种有规则的前后相继，但仅仅只从这个意义上理解因果联系，休谟的怀疑就是有道理的。哪怕我们观察到太阳每天都在早晨升起，也不能推断出它明天还会再升起。但是，如果用凹镜聚焦太阳光，造成了普通火光，点燃了火柴或者碎木屑，那么怀疑论者就无法否定下一次依然会燃起火了。即使下一次因为木屑受潮不能点燃，那也是因为条件的改变。如果我们遵循同样的条件，就会得到同样的结果。这是证明而不是推翻了因果性。之前的自然科学和哲学一样，都忽视了人的活动对人的思维的影响。"人的思维的最本质的和最切近的基础，正是**人所引起的自然界的变化**，而不仅仅是自然界本身；人在怎样的程度上学会改变自然界，人的智力就在怎样的程度上发展起来。"① 因此，社会实践才是因果范畴的基础，建立在社会实践上的因果范畴可以科学预测事物的未来发展。此外，恩格斯还提到了抽象和具体及其关系。

六 科学认识的辩证逻辑

恩格斯在《自然辩证法》中阐述了辩证逻辑的基本原理及其在自然科学中的具体运用，揭示了人类科学认识的逻辑和辩证法，论证了辩证思维是理论思维的高级阶段，提出了科学的辩证唯物主义认识论。马克思主义的辩证逻辑不仅是认识社会历史发展客观规律

---

① 《马克思恩格斯文集》第 9 卷，人民出版社 2009 年版，第 483 页。

的方法论，也是进行自然科学研究必须掌握的逻辑工具和科学方
法论。

人类历史上对科学认识的逻辑手段和方法有各种不同的观点。
自古希腊的亚里士多德以来，形式逻辑的演绎方法就被看作科学认
识的基本方法和工具。欧几里得在其几何学研究中运用了亚里士多
德的形式逻辑法，注重排除内容的影响研究语言形式之间的关系，
构建了实际的知识体系，严密地从公理演绎推导出定理，并用于解
决实际问题。近代的培根系统提出了形式逻辑的归纳法基本原理，
把归纳逻辑看作科学认识的基本方法和工具。归纳逻辑是从个别到
一般、从特殊的具体事例推导出一般原理、原则的方法。由于当时
的自然科学还处于经验科学的阶段，所以培根的经验主义归纳法对
自然科学的发展起了重要的推动作用。以笛卡尔为代表的唯理论主
张演绎逻辑，与归纳法相对，这是一种从一般到特殊的推理方法。
演绎逻辑要求人的理性思维要具有严密性、一贯性。休谟的怀疑论
对归纳法提出了质疑。即使你看到一百只乌鸦是黑的，也不能保证
第一百零一只依然是黑色的。这一问题是归纳逻辑自身的天然缺陷，
也因此动摇了自然科学的逻辑基础。康德为了弥补这一缺陷，提出
了先验逻辑，以先天逻辑形式与经验内容结合的先天综合命题解决
普遍必然的知识何以可能的问题。但这样获得的知识只能是现象，
仍然留下了不可知的物自体。黑格尔在此基础上提出了辩证逻辑，
虽然它是绝对理念发展的结果。康德和黑格尔看到了形式逻辑的根
本问题，并试图解决这一问题，但这种解决方法仍然是唯理论的解
决方法，对自然科学并没有产生重大影响。

（一）辩证逻辑与形式逻辑的区别

马克思和恩格斯在批判吸收前人成果的基础上，创造性地发展
了辩证逻辑。辩证逻辑与形式逻辑存在显著差异，更强调形式与内

容的统一，以范畴的流动性为特征。辩证思维是现实事物之间复杂关系的反映，不仅认识静止的事物，还反映了事物的运动和变化，有助于我们认识事物运动的辩证性。辩证法的质量互变规律、对立统一规律、否定之否定规律等，就是辩证逻辑的基本规律。这些规律比同一律等形式逻辑更为接近事物的辩证本性。

恩格斯承认形式逻辑的法则也有其实际作用，但形式逻辑的局限性也非常明显。首先，形式逻辑只是探寻科学认识的正确性，但思维形式的正确性并不能保证内容的正确性。而科学认识需要思维和内容都正确，才能正确客观地揭示自然界的规律。其次，形式逻辑无法认识事物的辩证运动。这是因为，形式逻辑运用的同一律、排中律和矛盾律等不能完全反映事物的矛盾运动。例如，生物的进化导致彼此之间的界线不再是固定的了，鸟和爬行动物之间的界线正在逐渐消失。对立的部分或环节之间的差异逐渐融合和转移等。自然的发展导致形而上学的思维方法已经远远不够用了。辩证思维"不承认什么普遍绝对有效的'非此即彼'"[1]，它在一个对立各方相互联系的基础上思考事物。最后，形式逻辑的各种形式是并列关系，各种推理形式之间缺乏必要的辩证联系。而辩证逻辑的各推理形式之间相互补充，相互从属，由此及彼，从低级形式发展出高级形式，形成一个联系的思维方式体系，比形式逻辑更高级。

因此，在科学认识中，辩证逻辑是更为基本的思维方法，形式逻辑是辩证思维的辅助工具。

（二）科学认识的发展是一个辩证的逻辑过程

科学认识的发展是一个辩证的逻辑过程，科学认识是从经验到理论的飞跃。正是这一飞跃才使普遍的科学规律和理论得以形成。

---

① 《马克思恩格斯文集》第 9 卷，人民出版社 2009 年版，第 471 页。

要认识科学、认识逻辑首先要厘清感性经验和理论认识之间的辩证关系。

理论认识以感性经验为基础。恩格斯认为黑格尔的逻辑学分类是正确的。黑格尔的逻辑学从最简单的形式，即第一类实有判断开始。它是个别判断，陈述某一个别事物的一般性质，比如这朵玫瑰花是红的。这一判断正是通过人的感性能力获得的。恩格斯扬弃了黑格尔逻辑学中的"绝对观念"部分。黑格尔并没有根据科学认识的实际发展说明认识的辩证过程，而是将之看作绝对观念的展开，将自然看作绝对观念的异化。

科学认识需要对个别感性经验材料进行加工整理，通过抽象思维的过程上升为理性认识。"只有研究单个的物和单个的运动形式，**才能**认识物质和运动，而我们通过认识单个的物和单个的运动形式，也就相应地认识物质**本身**和运动**本身**。"① 要对感性事物的认识进行抽象，认识事物的规律性。否则，就会像恩格斯批判的耐格里那样，把一切认识都局限于感性事物。

从感性具体上升到特殊性再到抽象理性是质的变化和飞跃。科学认识具有无限性。"一切真实的、寻根究底的认识都只在于：我们在思想中把个别的东西从个别性提高到特殊性，然后再从特殊性提高到普遍性；我们从有限中找出和确定无限，从暂时中找出和确定永久。"② 个别性是对个别的客观事物的感性认识，比如摩擦可以生热。反映事物之间的一些特殊联系或某一方面属性的可以称之为悟性认识，悟性认识把握的是事物的特殊性。比如，机械能转化为热能只是能量转化过程中的一个局部情况。普遍性是指事物之间的内在本质联系，即规律性。规律性是普遍必然的。根据科学规律，只

---

① 《马克思恩格斯文集》第 9 卷，人民出版社 2009 年版，第 500—501 页。
② 《马克思恩格斯文集》第 9 卷，人民出版社 2009 年版，第 498 页。

要具备确定的条件，结果就会无限次地发生。普遍性的形式把许多有限的东西综合为无限的东西，因而是无限的形式。科学认识的逻辑就是要揭示科学认识从感性具体到抽象的特殊再到理性具体的发展过程。

基于经验基础的思维形式发展过程，也是理论的认识过程。例如，摩擦生热这一理论认识的发展过程就是如此。人们早就发现，摩擦是热的一个源泉，然而直到几千年后的 1842 年，迈尔、焦耳和柯尔丁才认识到：一切机械运动都能借助摩擦而转化为热。之后三年，迈尔得出了至今有效的判断："在每一场合的各自的特定条件下，每一运动形式都能够并且必然直接或间接地转变为其他任何运动形式。"① 恩格斯认为，这一普遍理论的发现过程就是科学认识从经验到理论的逻辑进程。科学认识建立在经验的思维发展的基础上，科学的判断是判断的最高形式。

在自然界起支配作用的是客观辩证法，主观辩证法就是指辩证的思维。客观辩证法和主观辩证法是统一的。客观辩证法以感性经验为基础。主观辩证法"不过是在自然界中到处发生作用的、对立中的运动的反映，这些对立通过自身的不断的斗争和最终的互相转化或向更高形式的转化，来制约自然界的生活"②，是客观辩证法的反映。客观辩证法和主观辩证法的区分只是由于研究对象的不同。恩格斯明确了主观辩证法的客观来源，肯定了科学认识发展的唯物主义辩证逻辑。

恩格斯正确指出了科学认识的思维形式本身的发展过程，只要正确认识思维规律和自然规律，两者就必然相互一致，都是从个别到特殊再到一般的辩证的逻辑过程。

---

① 《马克思恩格斯文集》第 9 卷，人民出版社 2009 年版，第 488—489 页。
② 《马克思恩格斯文集》第 9 卷，人民出版社 2009 年版，第 470 页。

（三）辩证逻辑是逻辑与历史的统一

逻辑和历史的统一建立在思维与存在统一的基础上。人们对于事物的客观规律的认识并非一蹴而就，而是一个动态的发展过程。恩格斯所列举的摩擦生热的例子和认识能量守恒与转化定律的例子都充分说明了科学认识思维的这一特点。思维的逻辑与历史的逻辑是一致的。

历史的发展有其规律，思维的发展正是历史进程客观规律的反映，而且这种反映需要根据历史进程不断修正。《自然辩证法》正是以逻辑再现的方式讲述关于自然发展的历史和科学技术发展的历史，这种建立在历史发展基础之上的逻辑和哲学正是恩格斯对于逻辑与历史统一的辩证逻辑的恰当运用。黑格尔的思维方式也是以巨大的历史感为基础的，可惜他把思维与历史的真正关系弄颠倒了。

研究历史需要以逻辑为基础。马克思对于政治经济学的批判也是以这个方法为基础的，实际工作中丰富的历史材料常常会使人无所适从，如果不以强大的逻辑为基础，就会陷入无意义的细枝末节，打断经济史写作的思想进程，因此，"逻辑的方式是唯一适用的方式。但是，实际上这种方式无非是历史的方式，不过摆脱了历史的形式以及起扰乱作用的偶然性而已"①。

（四）辩证思维综合了归纳法与演绎法

恩格斯在辩证逻辑的基础上有力回应了休谟对归纳问题的诘难，把归纳法置于坚实的人类实践活动的基础上，使归纳法重新得到了正确应用。休谟怀疑论的核心观点是认为经验归纳方法并不能获得普遍必然的知识。因为通过经验的总结和归纳，我们获得的只是对过去经验的知识，但并不能保证这种知识对未来的经验依然可靠。

---

① 《马克思恩格斯文集》第2卷，人民出版社2009年版，第603页。

因此，我们并不能依靠归纳得到普遍必然的知识，充其量这只能算具有或然性的知识。他认为这种不具有客观真理性的因果关系只不过是人们由于联想而产生的习惯，是一种经验上的心理习惯。恩格斯认为休谟对归纳法的批判是有道理的。首先，由于归纳法并不能证实前后相继的事物之间必然的因果联系，因此只把它作为唯一的科学认识的逻辑当然是有问题的。其次，归纳法本质上也有其适用的局限性。那么必然的知识究竟该如何获得呢？恩格斯认为，"必然性的证明寓于人的活动中，寓于实验中，寓于劳动中：如果我能够**造成** post hoc，那么它便和 *propter hoc* 等同了"①。人们在实践中和科学实验中如果能够对某一因果联系加以确证，那么这一认识也就从经验层次上升到了理论层次，也就是说，人的活动是获得因果概念的基础。

归纳法是从具体的事实上升到一般属性，而演绎法则是从一般原则推论出个别事实。辩证的逻辑是内容和形式的统一，不仅强调从感性现实归纳出一般原则，而且强调从简单概念经过演绎得到复杂的、具体的概念，是从感性事物到抽象思维，再从抽象思维到具体思维的统一。因此，在科学的认识逻辑中，归纳法和演绎法相结合才能得到正确的结论。

（五）分析综合方法也是辩证逻辑的根本方法

如同归纳和演绎一样，归纳和分析也是相互关联、相辅相成的。分析综合方法也是辩证逻辑的根本方法。恩格斯认为，"我们用世界上的一切归纳法都永远做不到把归纳**过程**弄清楚。只有对这个过程的**分析**才能做到这一点"②。热力学的发现是一个令人信服的例子。蒸汽机可以投入热而获得机械运动，那么我们如何证明这一点呢，

---

① 《马克思恩格斯文集》第9卷，人民出版社2009年版，第484页。
② 《马克思恩格斯文集》第9卷，人民出版社2009年版，第492页。

萨迪·卡诺并没有单纯使用归纳法研究这个问题，因为即使一万台蒸汽机能告诉我们的也并不比一部蒸汽机更多，相反，他通过分析蒸汽机，把分析和综合方法结合起来，发现了蒸汽机是如何起作用的，认识到了热转化为机械运动的本质联系。分析和综合的过程，同样也是归纳的过程。

科学认识的过程是人们综合运用不同逻辑方法的结果。逻辑的思维方法包括了抽象和具体、逻辑和历史、归纳和演绎以及分析和综合等方法，反映了现实的矛盾运动，对于科学认识的发展具有重要意义。

七　自然运动规律和社会历史规律的辩证统一

早在《1844 年经济学哲学手稿》中，马克思就明确提出了人与动物的本质区别，提出"**整个所谓世界历史**不外是人通过人的劳动而诞生的过程"①。在《德意志意识形态》中，马克思和恩格斯坚持自然史与社会史的统一。马克思在《资本论》中发现了人类社会历史的辩证法，强调人类社会的发展也是一个自然历史过程。而从自然到历史的过渡和统一，则是恩格斯通过《自然辩证法》发现和确立的。

（一）劳动在从猿到人转变过程中的作用

恩格斯关于自然与社会的统一这一理论发现的突破点是对于人猿揖别的科学研究。关于人类的起源，达尔文依据纯粹生物学的理论，提出了人起源于动物的观点，但他并不能解释高等动物转变为人的原因。恩格斯深入研究了自然科学的材料，通过对所掌握的大量材料的整理分析认为，"劳动是整个人类生活的第一个基本条件，而且达到这样的程度，以致我们在某种意义上不得不说：劳动创造

---

① 《马克思恩格斯文集》第 1 卷，人民出版社 2009 年版，第 196 页。

了人本身"①。这样,他提出了劳动在从猿到人的转化中起了决定性作用的观点。

人是在动物由低级到高级不断进化的过程中,从古动物界逐渐发展分化出来的。根据古生物学、人类学的研究,"从最初的动物中,主要由于进一步的分化而发展出了动物的无数的纲、目、科、属、种,最后发展出神经系统获得最充分发展的那种形态,即脊椎动物的形态,而在这些脊椎动物中,最后又发展出这样一种脊椎动物,在它身上自然界获得了自我意识,这就是人"②。自然科学研究的成果表明,人类是在动物不断进化的过程中形成的,从猿到人历经了漫长的从量变到质变的演化过程。

劳动在人的进化过程中发挥了关键作用。人的直立行走、手、大脑、思维和语言都是在劳动活动中逐渐形成的。直立行走**迈出了从猿到人的具有决定意义的一步**"③。古代类人猿在气候变化、森林缩小等外界环境的变化下,越来越多地在地面活动,直立行走逐渐成为必要。直立行走的前提依赖于猿类对于手、脚活动的不同分工。手和脚分别承担不同的功能,分工越来越明确,比如手可以用来摘取食物、在树上筑巢、在树枝间搭棚以及手拿木棒抵御敌人或向敌人投掷石块等。经过几十万年的劳动才进化出了后来能够做许多精细动作的高度完善的人手。手作为身体的一部分,"不仅是劳动的器官,**它还是劳动的产物**"④。手在劳动中的发展进化要比其他人体部位的进化要快。手的发展不仅有益于手,也有益于身体其他部分的发展。随着手的发展,劳动的开始,人才有可能支配自然。此外,劳动的发展也使共同协作、相互支持的机会增多,社会成员也

---

① 《马克思恩格斯文集》第 9 卷,人民出版社 2009 年版,第 550 页。
② 《马克思恩格斯文集》第 9 卷,人民出版社 2009 年版,第 420—421 页。
③ 《马克思恩格斯文集》第 9 卷,人民出版社 2009 年版,第 551 页。
④ 《马克思恩格斯文集》第 9 卷,人民出版社 2009 年版,第 552 页。

因此更紧密地联系起来。这种协作劳动使得彼此之间的信息表达成为必需，也使猿类的口部器官不断转变改造，逐渐发出清晰的音节，这就为语言的产生奠定了基础。"首先是劳动，然后是语言和劳动一起，成了两个最主要的推动力"①，并逐渐形成了人脑。猿脑到人脑的过渡转变，伴随着感觉器官的进一步发育完善。脑和感官的进化促进了清晰意识的发展，人的抽象能力和推理能力也因此得到了长足进步，而这反过来又推动了语言和劳动的发展。

（二）劳动创造了人本身以及人类生活的社会和历史

劳动不仅是生物学意义上的、更是社会学意义上的决定性因素。人的形成和社会发展经历了几十万年的时间，人和猿的差距也越来越大。由于劳动，自然界的发展超出了自然界本身而进入了人类的社会历史领域。社会经济发展的起点就是处于社会历史中的人的劳动活动，劳动不仅创造了人类本身，也创造了人类生活的社会和历史。

真正的劳动是"从制造工具开始的"②。从最古老的打猎、捕鱼工具开始，使人从只吃植物过渡到同时也食肉，这也是向真正的人转变的重要一步，人类新陈代谢所必需的各种重要物质几乎可以现成地获得了。火的使用和动物的驯养不仅缩短了消化过程，而且使肉食更加丰富，奶和奶制品之类的新食品也为人类提供了丰富营养。人也因此可以在任何气候条件下生活，成为可以独立自主地生活的动物，人也因此离动物越来越远。

人的活动是有目标的、能动的。动物的活动也改变环境，但人对自然界的影响则具有"经过事先思考的、有计划的、以事先知道

---

① 《马克思恩格斯文集》第 9 卷，人民出版社 2009 年版，第 554 页。
② 《马克思恩格斯文集》第 9 卷，人民出版社 2009 年版，第 555 页。

的一定目标为取向的行为的特征"①。自然界中任何事物都不是孤立地发生的，一个事物作用于别的事物，同时也受到别的事物的反作用。但总的来说，动物对周围环境的影响是无意的，也是偶然的。但人类却会经过思考、有计划地为达到某一目标去行动。比如为了在土地上种植五谷，会有意地去开荒，除去那一片土地上的野草，因为这样可以收获更多的粮食。因此，恩格斯总结说："动物仅仅**利用**外部自然界，简单地通过自身的存在在自然界中引起变化；而人则通过他所作出的改变来使自然界为自己的目的服务，来**支配**自然界。这便是人同其他动物的最终的本质的差别，而造成这一差别的又是劳动。"② 恩格斯对劳动的这一科学认识，与马克思在《1844 年经济学哲学手稿》中对劳动的认识是一致的。在马克思看来，人通过实践创造对象世界证明了自己是有意识的类存在物。

（三）改造自然和社会要尊重规律的作用

改造自然和社会要尊重规律的作用，片面夸大人的能动作用的唯意志论的代价是巨大的。许多地方都曾经发生过为了得到耕地而毁灭大片森林的现象，但令人意想不到的是，那些曾经肥沃的土地会有一天成为寸草不生的荒漠。因此，我们要记住，我们绝不能"像站在自然界之外的人似的去支配自然界——相反，我们连同我们的肉、血和头脑都是属于自然界和存在于自然界之中的；我们对自然界的整个支配作用，就在于我们比其他一切生物强，能够认识和正确运用自然规律"③。"美索不达米亚、希腊、小亚细亚以及其他各地的居民，为了得到耕地，毁灭了森林，但是他们做梦也想不到，这些地方今天竟因此而成为不毛之地，因为他们使这些地方失去了

---

① 《马克思恩格斯文集》第 9 卷，人民出版社 2009 年版，第 558 页。
② 《马克思恩格斯文集》第 9 卷，人民出版社 2009 年版，第 559 页。
③ 《马克思恩格斯文集》第 9 卷，人民出版社 2009 年版，第 560 页。

森林，也就失去了水分的积聚中心和贮藏库。阿尔卑斯山的意大利人，当他们在山南坡把那些在山北坡得到精心保护的枞树林砍光用尽时，没有预料到，这样一来，他们就把本地区的高山畜牧业的根基毁掉了；他们更没有预料到，他们这样做，竟使山泉在一年中的大部分时间内枯竭了，同时在雨季又使更加凶猛的洪水倾泻到平原上。"① 这对于今天的社会发展仍然具有指导作用。"要解决好人与自然和谐共生问题。人类发展活动必须尊重自然、顺应自然、保护自然，否则就会遭到大自然的报复，这个规律谁也无法抗拒。"② 学会更正确地理解自然规律，学会认识干预自然界的较近的和较远的后果，尤其是对于常见的生产行为有可能产生的影响深远的后果要有足够的警惕，人类才能更好地与自然和谐共生。"人因自然而生，人与自然是一种共生关系，对自然的伤害最终会伤及人类自身。只有尊重自然规律，才能有效防止在开发利用自然上走弯路。"③

　　人类要从必然王国走向自由王国，除了正确认识和运用自然规律外，更重要的是要科学预见人的行为将会产生的社会后果。如果说，人类经过几千年的发展已经对于生产行为的自然后果有了一定的了解，那么更为困难的是，预见人的行为对社会的影响以及人的行为的社会后果。欧洲马铃薯的推广使得瘰疬病流行，但这无法跟1847 年爱尔兰因马铃薯遭受病害而发生的大饥荒相比，100 万人因此死亡，200 万人逃亡海外。哥伦布发现美洲的时候也没有想到在欧洲绝迹的奴隶制会因此复活。17—18 世纪欧洲的工业革命使得贫富差距迅速扩大，产生了资产阶级和无产阶级的阶级斗争，而这一

---

　　① 《马克思恩格斯文集》第 9 卷，人民出版社 2009 年版，第 560 页。
　　② 习近平：《在省部级主要领导干部学习贯彻党的十八届五中全会精神专题研讨班上的讲话》，《人民日报》2016 年 5 月 10 日第 2 版。
　　③ 习近平：《在省部级主要领导干部学习贯彻党的十八届五中全会精神专题研讨班上的讲话》，《人民日报》2016 年 5 月 10 日第 2 版。

斗争的结局只能是资产阶级的垮台和阶级的消灭。只有经过长期的比较和研究，才能逐渐认清生产活动对于社会生活间接、长远的影响，并调节和控制这些影响，也就是说，恩格斯要求人类必须要有长远意识。马克思主义对自然规律的研究结果将不断指导着人类的社会实践。因此，要"学习和实践马克思主义关于人与自然关系的思想"，高度重视生态文明建设，"人类在同自然的互动中生产、生活、发展，人类善待自然，自然也会馈赠人类"。[①]

马克思主义哲学是辩证唯物主义和历史唯物主义的统一。早在《德意志意识形态》中，马克思和恩格斯就已经提出："我们仅仅知道一门唯一的科学，即历史科学。历史可以从两方面来考察，可以把它划分为自然史和人类史。但这两方面是不可分割的；只要有人存在，自然史和人类史就彼此相互制约。"[②] 正是在自然观和历史观的统一这一科学体系的框架中，恩格斯确立了辩证唯物主义自然观。《自然辩证法》丰富和发展了马克思主义哲学，确认了辩证法、逻辑学和认识论的统一。恩格斯区分了主观辩证法和客观辩证法，主观辩证法反映了客观辩证法，把辩证法建立在唯物主义的基础之上。恩格斯科学阐明了辩证思维是以概念自身的性质为基础，区分了日常思维、理论思维和辩证思维之间的关系，创造性地提出了"辩证逻辑"的概念，也因此确立了"《资本论》逻辑"的科学形态。恩格斯将辩证思维建立在实践的基础上，通过分析归纳法和演绎法，提出人的活动证明了现象之间因果联系的必然性，实践也因此被包括在辩证法之内。这样，就把辩证法、逻辑学和认识论统一了起来。

《自然辩证法》坚持和发展了马克思主义政治经济学。在政治

---

① 习近平：《在全国生态环境保护大会上的讲话》，《求是》2019 年第 3 期。
② 《马克思恩格斯文集》第 1 卷，人民出版社 2009 年版，第 516 页。

经济学中，对财富从何而来的不同回答是区分不同派别的关键。马克思在《哥达纲领批判》中把劳动和自然作为财富的源泉。恩格斯在这里进一步强调了这一点："政治经济学家说：劳动是一切财富的源泉。其实，劳动和自然界在一起才是一切财富的源泉。"①自然条件自身会影响劳动生产率并以此方式参与了价值的形成。《自然辩证法》揭示了马克思主义劳动价值论的生态价值。劳动范畴联结历史唯物论和剩余价值论，从经济上揭示了资本主义的必然灭亡。资本主义生产为了追求利润不计后果，资本家进行生产的目的就是为了追求剩余价值。这会导致无产阶级越来越贫困，财富越来越集中于资本家手中，进一步揭示了资本主义基本矛盾必然导致资本主义的灭亡。《自然辩证法》在新的科学高度上坚持和发展了马克思主义政治经济学。

《自然辩证法》明确了科学社会主义的前景和实现途径。恩格斯提出了"两个提升"的思想，指明了走向自由王国的科学道路。"只有一种有计划地生产和分配的自觉的社会生产组织，才能在社会方面把人从其余的动物中提升出来，正像一般生产曾经在物种方面把人从其余的动物中提升出来一样。历史的发展使这种社会生产组织日益成为必要，也日益成为可能。一个新的历史时期将从这种社会生产组织开始。"②把人在物种方面从动物中提升出来是由于生产力的发展，而通过生产关系革命，人可以在社会关系方面从其他动物中提升出来。只有实现了生产资料公有制和计划性的生产方式，人才能从人与自然、人与自身的和谐发展中成为自由而全面发展的人。因而，通过无产阶级革命，消灭资本主义，才能最终实现共产主义。

---

① 《马克思恩格斯文集》第 9 卷，人民出版社 2009 年版，第 550 页。
② 《马克思恩格斯文集》第 9 卷，人民出版社 2009 年版，第 422 页。

第二节 《路德维希·费尔巴哈和德国古典哲学的 终结》——马克思主义哲学的总结和发展

如果说恩格斯在1878年完成的《反杜林论》是对辩证唯物主义和历史唯物主义的系统阐述，解释了它与科学社会主义其他内容的内在联系，那么《路德维希·费尔巴哈和德国古典哲学的终结》（简称《费尔巴哈论》）就是要论述"无产阶级世界观的哲学原理和先决条件"①，阐明马克思主义哲学对于黑格尔和费尔巴哈哲学的扬弃，通过考察马克思主义哲学的形成和发展过程，分析马克思主义哲学的来源和基础，总结其产生和发展的规律。

一 清算新康德主义等错误思想对工人运动的消极影响

《费尔巴哈论》写于1886年，彼时，马克思的世界观已经在全世界广泛传播。但是，德国古典哲学尤其是其消极的一面也在欧洲特别是英国复活。影响较大的令人容易对马克思主义产生错误看法的主要是新康德主义。

新康德主义是19世纪末至20世纪初流行在西欧各国，尤其是德国，复兴康德哲学的一个流派。最早的代表是朗格和李普曼，后来逐渐形成了两个主要的流派，即由H.柯亨和P.那托尔普创建的马堡学派和以W.文德尔班和H.李凯尔特为代表的弗莱堡学派。通常认为新康德主义最重要的贡献是在康德关于现象和物自体的区分的基础上提出了事实世界和价值世界的区分，且更为关注价值世界。他们批评唯物主义，认为唯物主义把虚假的现象世界当作真正的现

---

① ［德］海因里希·格姆科夫等：《恩格斯传》，易廷镇、侯焕良译，人民出版社2000年版，第459页。

实世界，因而使人缺少理想，只注重物质追求；哲学应当更注重理想的世界，即价值世界。而不可知论的复活是对休谟和康德观点的回应，它在否定人能够认识物自身的同时，也否定了人的理性认识能力。怀疑论者和康德都认为人们所能认识的只能是现象世界，隐藏在现象背后的真正的客观事物本身并不能被人所认识，人能认识现象，但不能认识物自身（本体）。新康德主义宣扬唯心主义、形而上学和不可知论等观点，在国际工人运动内部产生了消极影响。因此，在理论上反驳唯心主义，全面科学阐述马克思主义的唯物史观和社会主义革命论已经成为迫切的任务。

此外，当时的资产阶级和小资产阶级试图在德国工人中宣扬机会主义，篡改马克思主义原理。德国的拉萨尔派、英国的海德门派、法国的可能派（布鲁斯派）等机会主义者伪装成马克思主义的同路人，试图把"机会主义理论和策略原则"伪装成"正统马克思主义"。诸如此类的机会主义思潮，在工人中造成了一定的思想混乱，不利于马克思主义在工人中的传播，对于工人按照马克思主义的指导改造世界也产生了不利影响。在当时的德国，俾斯麦政府于1878年向国会提出了《反对社会党人非常法》并获得通过，俾斯麦政府依据该法查禁出版物、监禁德国社会民主党成员、禁止集会、实行局部戒严等，德国社会民主党的活动陷入低潮。而1883年马克思的逝世，"对于欧美战斗的无产阶级，对于历史科学"都造成了"不可估量的损失"。[①] 因此，在国际工人运动中，尤其是在19世纪80年代的德国社会民主党中，意识形态方面的斗争依然存在，传播科学社会主义理论，保持国际工人运动的革命性是一项重要任务。为了与资产阶级社会理论和历史哲学相区分，与德国党内部试图妥协

[①] 中共中央马克思恩格斯列宁斯大林著作编译局编：《回忆马克思》，人民出版社2005年版，第13页。

的机会主义者进行斗争，恩格斯致力于深化、拓展和完善马克思主义理论，尤其是马克思主义哲学。同时，以科学的马克思主义理论武装工人的头脑，教导他们在斗争中树立正确的无产阶级世界观，坚定地承担起无产阶级革命这一历史使命。

恩格斯感到"越来越有必要把我们同黑格尔哲学的关系，我们怎样从这一哲学出发又怎样同它脱离，作一个简要而又系统的阐述"①。其实他和马克思早在1845年就已经讨论过这个想法，可惜一直没有机会撰写出来。正好《新时代》杂志约稿，请恩格斯评论丹麦哲学家和社会学家施达克的著作《路德维希·费尔巴哈》。施达克试图消除费尔巴哈思想中的"唯物主义"标签，提出费尔巴哈是一位唯心主义者。他把唯物主义庸俗化，认为追求物质欲望和感官满足才是唯物主义，费尔巴哈提倡的"同情、爱以及对真理和正义的热诚"是一种理想的力量，而这恰恰就是唯心主义的特点。这种对唯物唯心的错误理解会使人们受到误导，不能正确地理解费尔巴哈，并最终导致对马克思主义的错误理解。因此，阐释何谓唯物主义和唯心主义就成为一个必须回答的问题。

上述种种原因促使恩格斯创作了《费尔巴哈论》。文章发表于1886年《新时代》杂志的第4、第5期，1888年修订后在斯图加特以单行本出版，并将马克思的《关于费尔巴哈的提纲》作为附录收入其中。

二 批判继承以黑格尔为代表的德国古典哲学

恩格斯通过对黑格尔唯心主义的批判改造，厘清了马克思主义哲学与德国古典哲学的关系，阐述了历史唯物主义的基本原理及其各部分之间的逻辑关系。

---

① 《马克思恩格斯文集》第4卷，人民出版社2009年版，第266页。

（一）从黑格尔命题发展出历史辩证发展理论

恩格斯从黑格尔的命题里发展出了隐含的历史辩证发展理论。恩格斯用黑格尔的一个哲学命题"凡是现实的都是合乎理性的，凡是合乎理性的都是现实的"来阐述黑格尔哲学背后隐含的历史辩证发展的理论。这个理论黑格尔并没有彻底阐述，而是由马克思和恩格斯在其命题的基础上发展起来的。

通过回顾人类历史上的政治革命，恩格斯提出，它们并不是突然就发生的，而是已经被哲学未卜先知。18世纪的法国革命如此，19世纪的德国革命同样如此。但是，法国和德国的哲学革命却差别很大。法国的哲学革命是在同整个官方科学、教会甚至国家作斗争，而德国的哲学革命却是隐藏在黑格尔创立的、被看作国家哲学的体系后面。

恩格斯认为，黑格尔哲学的真实意义和革命性在于，它肯定了真理存在于认识的过程之中。这是通过正确阐释黑格尔上述命题的含义推论出来的，"彻底否定了关于人的思维和行动的一切结果具有最终性质的看法"①。首先，这个命题不像近视的政府和自由派所想象的那样，是在哲学上替专制的制度寻找托词，认为一切现存的都是现实的。相反，这里的现实性指的是一切必然的东西，是合乎理性的东西。其次，现实性并非"某种社会状态或政治状态在一切环境和一切时代所具有的属性"②，而是一切现实的东西在发展进程中都会丧失必然性而成为不现实的。

因此，恩格斯指出，依据黑格尔的辩证法，这个命题就会转化为自己的反面，"凡在人类历史领域中是现实的，随着时间的推移，

---

① 《马克思恩格斯文集》第4卷，人民出版社2009年版，第269页。
② 《马克思恩格斯文集》第4卷，人民出版社2009年版，第268页。

都会成为不合理性的",亦即"凡是现存的,都一定要灭亡"。① 这样,恩格斯就从消极的辩证法中得出了积极革命的结论。

(二)批判分析黑格尔哲学的价值及其内在矛盾

按照黑格尔的方法,真理在认识中和在科学的历史发展中一样,都是从认识的低级阶段上升到更高级的阶段。历史的每一阶段都是必然的,都是人类由低级向高级发展的暂时阶段,但是永远也不会有让人们袖手旁观、无事可做的真理顶点。因此,虽然它的发生是那个时代和条件造就的,有其存在的必然性;但是相对于在它内部发展起来的更新的、更高的条件来说,它又成为落后的、过时的,甚至失去存在理由的,而这更高的阶段也会让位于之后比它高的阶段,并逐渐走向衰落直至灭亡。因此,这种辩证哲学"推翻了一切关于最终的绝对真理和与之相应的绝对的人类状态的观念"②。它认为,一切事物都是暂时的,"除了生成和灭亡的不断过程、无止境地由低级上升到高级的不断过程,什么都不存在"③。这种过程辩证法具有绝对的革命性。恩格斯肯定了黑格尔的辩证方法是其哲学的真正价值所在。

黑格尔并没有在其哲学中得出上述结论,是由于其哲学包含的内在矛盾造成的。他需要按照传统的要求建立一个哲学体系,而且这个体系是以绝对真理的终结完成的。这个绝对真理的终结就是绝对观念,绝对观念外化出自然界,经由精神通过思维和历史返回自身。哲学的历史就是对这个绝对观念的认识过程。黑格尔认为这种认识已经在自己的哲学中达到了,掌握哲学体系也就是掌握了绝对真理。但是这种体系的封闭性与其所运用的辩证方法的革命性是相

---

① 《马克思恩格斯文集》第 4 卷,人民出版社 2009 年版,第 269 页。
② 《马克思恩格斯文集》第 4 卷,人民出版社 2009 年版,第 270 页。
③ 《马克思恩格斯文集》第 4 卷,人民出版社 2009 年版,第 270 页。

矛盾的。虽然黑格尔自己并没有意识到，然而"一方面，因为他在自己的体系中以最宏伟的方式概括了哲学的全部发展；另一方面，因为他（虽然是不自觉地）给我们指出了一条走出这些体系的迷宫而达到真正地切实地认识世界的道路"①。

黑格尔哲学的内在矛盾使得黑格尔学派分裂为不同的阵营。老年黑格尔派更为重视体系的方面，而青年黑格尔派则更为强调辩证法。青年黑格尔派借助黑格尔的辩证法批判宗教、反对封建制度。费尔巴哈就是其中的一员，其《基督教的本质》的出版使唯物主义重新登上王座。马克思和恩格斯曾经兴奋地热烈欢迎这种新观点，但也指出了其观点的缺陷：靠空洞的爱来实现人类解放，沉溺在美文学之中，而不主张改革生产以实现无产阶级的自由解放。

（三）马克思主义哲学是彻底唯物主义的科学方法

马克思主义哲学是彻底唯物主义的科学方法。它吸收了黑格尔哲学的辩证法，抛弃了其唯心主义的形式。恩格斯批判黑格尔的辩证法是头脚倒置，绝对概念的自我发展外化为自然界，经过自然界的无意识的必然性形式，最后到达自我意识，这个自我意识在历史中挣脱粗糙的形式并在绝对概念中完全地达到自身。马克思主义哲学把黑格尔概念的辩证法倒转过来，"重新唯物地把我们头脑中的概念看做现实事物的反映，而不是把现实事物看做绝对概念的某一阶段的反映。这样，辩证法就归结为关于外部世界和人类思维的运动的一般规律的科学"②，把辩证法看作关于外部世界和人类思维运动的一般规律的科学。

马克思主义哲学不仅摆脱了黑格尔的唯心主义，而且恢复了其革命的方面，抛弃了旧的形而上学的思维方法，即把事物看作一成

① 《马克思恩格斯文集》第4卷，人民出版社2009年版，第273页。
② 《马克思恩格斯文集》第4卷，人民出版社2009年版，第298页。

不变的东西去研究；继承了黑格尔的伟大思想，即世界不是既成事物的集合体，而是过程的集合体。还使人们认识到了真理的相对性、知识的局限性，认识到旧的形而上学关于真理和谬误、善和恶、同一和差别、必然性和偶然性的对立不再是绝对的，而只具有相对的意义。比如，过去认为是正确的，却在今天被认为是错误的认识，也在过去有它合乎真理的一面；必然的东西是由纯粹偶然性构成，而所谓偶然性中则隐藏着必然性等。

三 提出思维与存在的关系问题是哲学的基本问题

恩格斯科学地总结了人类理论思维发展的历史，提出了哲学的基本问题："全部哲学，特别是近代哲学的重大的基本问题，是思维和存在的关系问题。"①

思维和存在是世界上最为广泛存在的两类现象，如何认识两者的关系形成了哲学上的不同派别。唯物主义和唯心主义是人们划分哲学派别所使用的术语。马克思和恩格斯在与同时代人的交流思考中受到启发。例如，1843 年马克思在巴黎与海涅交往甚密，而海涅曾经在《论德国宗教和哲学的历史》中提到："两个互相对立的学说……从笛卡尔哲学中借用了必要的材料。我这里所说的两个对立的学说是指唯心主义和唯物主义而言。"② 恩格斯也在《费尔巴哈论》中特意提到海涅。马克思早期就已经认清了哲学的基本问题，只不过并没有明确地表述出来。比如，他在《1844 年经济学哲学手稿》中就提出，"思维和存在虽有**区别**，但同时彼此又处于**统一**中"③。在《神圣家族》里批判鲍威尔的思辨唯心主义时，马克思和恩格斯以对立的方式使用了唯物主义和唯心主义这两个词语。

---

① 《马克思恩格斯文集》第 4 卷，人民出版社 2009 年版，第 277 页。
② ［德］海涅：《论德国宗教和哲学的历史》，海安译，商务印书馆 1974 年版，第 57 页。
③ 《马克思恩格斯文集》第 1 卷，人民出版社 2009 年版，第 189 页。

恩格斯第一次明确把哲学的基本问题总结为两个方面的内容。第一个方面是思维与存在、精神与自然界何为本原的问题。中世纪关于这个问题的讨论对于教会而言十分尖锐，即世界到底是由神创造的，还是从来就有的？哲学家们依据对这个问题的不同回答，可以区分为唯物主义和唯心主义两大阵营。如果一个哲学家认为意识第一性、物质第二性，那么他就属于唯心主义阵营。那些把世界本原归结为物质，认为物质第一性、意识第二性的哲学家，可以归为唯物主义学派。除此之外，唯物主义和唯心主义没有其他含义。无论唯物主义阵营还是唯心主义阵营都有可能在某个方面对哲学发展作出贡献。比如，黑格尔虽然属于唯心主义阵营，但他的辩证发展思想仍然值得吸收借鉴。庸俗的唯物主义哲学也有其浅薄之处。马克思和恩格斯正是在扬弃哲学思想史的基础上，创立了马克思主义哲学。

基本问题的第二个方面是思维和存在是否具有同一性的问题，即我们关于世界的思想是否能认识这个世界？我们的认识是否能正确反映这个世界？由于对这一问题有不同的回答，形成了可知论和不可知论的区别。彻底的唯物主义或者彻底的唯心主义都主张世界是可以认识的。例如，黑格尔对这个问题的回答是肯定的，他认为世界就是绝对观念的逐步实现过程，绝对观念是先天存在的，不依赖于世界，世界甚至就是绝对观念的展开，世界的内容已经包含在绝对观念里面。思维和存在的同一性在黑格尔那里毋庸置疑。然而，还有一些哲学家否认人能够认识世界，或者至少否认人能够彻底认识世界。休谟和康德就是这类哲学家在近代的代表。康德著名的不可认识的"自在之物"遭到了黑格尔、费尔巴哈的批评。一般来说，哲学上的二元论都坚持不可知论。

马克思和恩格斯在各种不同的场合都论证过实践对于回答哲学基本问题的重大作用问题。关于哲学基本问题的第一个方面，即思维和存在何为第一性的问题上，马克思和恩格斯强调实践对于物质第一性的证明作用。马克思在《〈黑格尔法哲学批判〉导言》中阐述了革命的理论需要和实践相结合。"批判的武器当然不能代替武器的批判，物质力量只能用物质力量来摧毁；但是理论一经掌握群众，也会变成物质力量。"① 在《1844 年经济学哲学手稿》中，马克思提出："在实践的、现实的世界中，自我异化只有通过对他人的实践的、现实的关系才能表现出来。异化借以实现的手段本身就是**实践的**。"② 在《反杜林论》中，恩格斯强调需要通过哲学和科学的长期发展证明两者的同一性在于物质性。而哲学和科学是人类实践发展的产物，其真理性要通过实践加以证明。

关于哲学基本问题的第二个方面，即思维和存在是否具有同一性的问题上，马克思和恩格斯认为人类可以认识自然。在《费尔巴哈论》中，恩格斯用实践反驳不可知论，对哲学的基本问题作出了马克思主义的回答。他认为，对于不可知论最有力的、"最令人信服的驳斥是实践，即实验和工业。既然我们自己能制造出某一自然过程，按照它的条件把它生产出来，并使它为我们的目的服务，从而证明我们对这一过程的理解是正确的，那么康德的不可捉摸的'自在之物'就完结了"③。他还举例说明，动植物体内的化学物质在没有被有机化学研究分析之前，就还是自在之物。比如人们起初从茜草中提取茜素，而一旦人们分析出茜素的要素，也能通过从煤焦油中提炼来获取更为便宜且容易得多的茜素。这时，这种"自在之物"就成为为我之物了。由于科学发展的阶段和历史局限性，费尔巴哈的唯物主义并没有进入历史领域。

---

① 《马克思恩格斯文集》第 1 卷，人民出版社 2009 年版，第 11 页。
② 《马克思恩格斯文集》第 1 卷，人民出版社 2009 年版，第 165 页。
③ 《马克思恩格斯文集》第 4 卷，人民出版社 2009 年版，第 279 页。

四　在批判唯心主义宗教观的基础上科学阐明宗教的本质

恩格斯在《费尔巴哈论》中主要以批判费尔巴哈唯心主义宗教观的形式，呈现了马克思主义对宗教的看法。马克思和恩格斯曾作为青年黑格尔派表达对现实的不满和批判时开展过对宗教的批判，认为宗教以遥远彼岸世界的精神抚慰人在此世所遭受的痛苦，是"人民的**鸦片**"①。

（一）宗教的真正含义应当从实际历史中去寻找

恩格斯批判费尔巴哈实际上是在完善而非废除宗教。虽然费尔巴哈也曾激烈地批判宗教，他在《论死与不朽》中提出了"人死神灭"的观点。但是，他的唯物主义并不彻底，尤其在社会历史领域仍陷入唯心主义。费尔巴哈认为宗教是联系人与人之间感情、心灵的纽带。他把人们彼此之间本来拥有的以相互倾慕为基础的关系，包括性爱、友谊、同情、舍己精神等看作不完满的，认为只有从宗教意义上看这些关系，把这些关系以宗教之名神圣化才能获得完整的意义。他还从词源上追溯，指出宗教（religare）一词的本义就是联系，因此，"两个人之间的任何联系都是宗教"②。

但是，恩格斯认为宗教真正的含义，应当从其实际发生的历史中去寻找，而不是仅凭这个词最初的含义是什么来确定。恩格斯批评说，虽然 19 世纪 40 年代法国巴黎的路易·勃朗派改良主义者曾经攻击唯物主义者说，无神论就是你们的宗教！但是费尔巴哈试图在唯物主义自然观的基础上建立宗教，实际上是开历史倒车，"等于把现代化学当做真正的炼金术"③。这也说明了费尔巴哈唯物主义的

① 《马克思恩格斯文集》第 1 卷，人民出版社 2009 年版，第 4 页。
② 《马克思恩格斯文集》第 4 卷，人民出版社 2009 年版，第 288 页。
③ 《马克思恩格斯文集》第 4 卷，人民出版社 2009 年版，第 288 页。

不彻底性。他并没有把无神的、以自然主义科学观为基础的唯物主义贯彻到人与人的关系领域，亦即社会领域。

（二）人类的历史变迁并非宗教的变迁史

恩格斯批判费尔巴哈关于宗教和历史关系的观点，认为重大的历史转折点并不都伴随着宗教变迁，物质生活资料的生产变迁才对历史发展具有决定性作用。真正具有宗教色彩的普遍意义的革命发生在资产阶级斗争的最初阶段，而且13—17世纪的斗争也要放到中世纪这个大背景下去考量，而不能只凭"人的心灵和人的宗教需要"① 来理解和解释。从18世纪的法国大革命可以明显看出，这场资产阶级革命主要借助法律和政治观念，宗教之所以被关注只是因为对他们的事业造成了阻碍。

实际上，马克思和恩格斯早就批判过宗教对历史具有根本作用的观点。他们在《德意志意识形态》中提出：旧的历史观"把宗教的人假设为全部历史起点的原人，它在自己的想象中用宗教的幻想生产代替生活资料和生活本身的现实生产"②。因此，人类的历史变迁并非宗教的变迁史，而是以物质资料的生产为基础。

宗教批判无论从理论上还是从现实上都是马克思主义理论的前提。宗教的本质虽然是人，但人并非抽象的存在物，而是现实地存在于社会历史中的人。费尔巴哈也指出，"基督教的神只是人的虚幻的反映、映象"③，是各部落民族长期的抽象过程的产物，是一个思想上的形象。他强调感性，宣扬要研究具体的东西，研究现实，但人们之间的绝大部分关系在他那里仍还是抽象的。

马克思的宗教批判把人从虚幻的存在中拯救出来，让人回到现

---

① 《马克思恩格斯文集》第4卷，人民出版社2009年版，第289页。
② 《马克思恩格斯文集》第1卷，人民出版社2009年版，第546页。
③ 《马克思恩格斯文集》第4卷，人民出版社2009年版，第290页。

实世界，为社会国家的批判作好准备。

五　在批判资本主义道德观的基础上科学阐明道德的阶级性和历史性

马克思主义的道德观所关注的人是处于现实历史中的具体的人，而非抽象的人，把道德观建立在真正的历史的基础上。恩格斯批判了费尔巴哈浅薄和软弱的道德观，认为它是适合资本主义社会的道德观，并非绝对地适用于一切民族和时代的道德观。费尔巴哈的道德观关注的人是抽象的人，与黑格尔的伦理学相比，费尔巴哈的道德观是贫乏的。黑格尔的伦理学就是法哲学，包括了抽象的法、道德、伦理等，虽然形式是唯心主义的，但其内容却是实在论的。相反，费尔巴哈的道德观虽然形式是实在论的，但内容却是关于宗教哲学中出现的抽象的人。在费尔巴哈那里，人并非生活在现实中的、历史地发生和历史地确定了的世界，即使这个人也跟人交往，但是那个跟他交往的人也是抽象的。这里显然表明了马克思主义道德观的出发点是这样的人：他处于历史现实中，是具体的人，他生活在某个特定的历史阶段，有他所要面对的社会现实。这样的人与费尔巴哈道德观中的人有本质的区别。

恩格斯在批评费尔巴哈道德观的基础上指出了无产阶级道德观与资产阶级道德观的本质区别。恩格斯批评费尔巴哈道德观的基本准则是合理的自我节制和爱，这种道德观在现实面前空洞而无意义。费尔巴哈认为人生来就有追求幸福的欲望，因此这种欲望是一切道德的基础，而我们满足幸福欲望的前提是要能够正确估量我们行为的后果。因此，这种追求幸福的欲望受到双重的矫正，即我们行为所导致的自然后果和社会后果。比如，放荡的行为会导致身体疾病，尊重他人才会赢得尊重。因此，为了实现自己的欲望，我们不仅要估量行为的后果，还必须承认他人相应的平等权利。这种自然后果和社会后果会让人节制自身、对人以爱，这就是道德的基本准则，也是其他一切准则的基础。

恩格斯批评指出，费尔巴哈的道德观有一个前提，那就是人要有满足欲望的条件和手段。但对于那些不具备满足欲望条件的人，欲望并没有任何意义，对他们而言，这种道德"一文不值"。显然，在资本主义社会，很多被压迫阶级并不具有满足自己欲望的条件，被压迫阶级在统治阶级对权力、金钱等放纵的欲望中，不得不牺牲自己的欲望。因此，这种道德观实际上对于被压迫阶级而言是空洞的，并没有实现的可能性。恩格斯犀利地指出："费尔巴哈的道德是完全适合于现代资本主义社会的，不管他自己多么不愿意或想不到是这样。"① 与之不同，马克思主义的道德观，是建立在需要拯救和解放的无产阶级的立场上的。

恩格斯在批判"爱"的道德观的基础上指出阶级社会道德的阶级性。恩格斯批判了费尔巴哈把人追求幸福的平等权利的要求看作绝对的，适合于任何时代和任何情况，因为这实际上并非真正的历史。回溯历史，无论是古代的奴隶和奴隶主，还是中世纪的农奴和领主都谈不上追求幸福的平等权利。到了资本主义社会，资产阶级在反封建的斗争中废除了一些等级特权，无论在公法还是私法领域都在法律上实现了个人的平等权利。但这种平等权利实际上只限于口头上，因为绝大部分的平等权利需要靠物质手段才能实现。这体现了资本主义社会的虚伪性，虽然它在观念上尊重人追求幸福的平等权利，但实际上所给予的"未必比奴隶制或农奴制所给予的多一些"②。恩格斯举例说，依据费尔巴哈的道德论，只要人们的投机行为始终正当，那么证券交易所可以被看作最高的道德殿堂。因为去

---

① 《马克思恩格斯文集》第 4 卷，人民出版社 2009 年版，第 294 页。
② 《马克思恩格斯文集》第 4 卷，人民出版社 2009 年版，第 293 页。

交易所的每个人都是追随着自己对于幸福的欲望到那里的，结果无非是你赢了或者他输了。按照费尔巴哈的理论，输了的人就没有实现自己对幸福欲望的追求，那么他就是不道德的；赢了的人可以威风凛凛地执行对输了的人应得的惩罚，因为愿赌服输，尊重他人输的平等权利，也就是道德的，也就是爱，同时还成了富翁。在交易所里，每个人都靠别人满足自己追求幸福的欲望，交易所就成为由爱统治的场所，爱在这里得到了实现。

　　恩格斯批评费尔巴哈把爱变成了利益对立的阶级社会里的神，到处撒播、欢呼爱，试图用爱克服生活中的一切困难，以此来消弭资本主义社会里的阶级对立。但这显然是不可能的，因为在现实社会中，这种爱面对的是真实的阶级对立、剥削甚至战争，仅凭空洞而软弱的爱是不可能消弭这些对立的。恩格斯批评费尔巴哈"没有想到要研究道德上的恶所起的历史作用"①。恩格斯认为，与黑格尔的道德观比较起来，费尔巴哈的道德观肤浅了。黑格尔肯定了恶在历史发展中的作用，认为恶是历史发展的动力，这包含两层意思："一方面，每一种新的进步都必然表现为对某一神圣事物的亵渎，表现为对陈旧的、日渐衰亡的、但为习惯所崇奉的秩序的叛逆；另一方面，自从阶级对立产生以来，正是人的恶劣的情欲——贪欲和权势欲成了历史发展的杠杆，关于这方面，例如封建制度的和资产阶级的历史就是一个独一无二的持续不断的证明。"② 事实上，"每一个阶级，甚至每一个行业，都各有各的道德"③，道德是有阶级性的。在阶级社会中，超阶级的道德是不存在的。

　　恩格斯指出，费尔巴哈道德观的根本问题就在于，他"不能找

---

① 《马克思恩格斯文集》第4卷，人民出版社2009年版，第291页。
② 《马克思恩格斯文集》第4卷，人民出版社2009年版，第291页。
③ 《马克思恩格斯文集》第4卷，人民出版社2009年版，第294页。

到从他自己所极端憎恶的抽象王国通向活生生的现实世界的道路"①，无论现实的自然界还是现实的人在他那里都是空话。因此，只有把人放在历史中，看作具体的人、行动的人，才是费尔巴哈道德观的真正出路，只可惜，这一工作超出了费尔巴哈的理解范围。

马克思和恩格斯超越了费尔巴哈的道德观，在现实的人及其历史发展的科学的基础上，确立了马克思主义的道德立场。

六　科学论证历史发展的客观规律

马克思主义哲学理解社会发展史的锁钥是劳动发展史。它站在工人阶级的立场上，揭示了社会发展的客观规律，科学阐释了历史唯物主义的基本原理。

（一）自然规律与社会规律的异同

恩格斯总结了自然界的客观规律与社会发展的客观规律的异同，指出两者的发展动力不同。自然科学的发展已经从搜集材料的科学过渡到整理材料的科学，它是研究事物之间发生发展的过程以及联系的科学，是把自然过程作为一个整体来研究的科学。最为重要的是，19世纪自然科学的三大发现，即能量守恒和转化定律、细胞学说以及生物进化论的巨大进步，不仅使得自然界具体领域内的过程联系，而且各个领域之间的联系也以"近乎系统的形式描绘出一幅自然界联系的清晰图画"②。

自然界是一个历史的发展过程已经得到承认。以往的哲学家包括黑格尔在内，都认为社会历史领域的规律与自然界相同。他们把全部历史看作观念的实现过程，用头脑中的观念代替现实的联系，而这些联系本应是在事情的变化中加以证实的。恩格斯提出，实际

---

① 《马克思恩格斯文集》第4卷，人民出版社2009年版，第294页。
② 《马克思恩格斯文集》第4卷，人民出版社2009年版，第300页。

上社会发展史与自然发展史具有根本区别。自然界的一般规律是通过无意识的、盲目的动力彼此发生作用而表现出来的。而在历史领域内，任何事情的发生都有预期的目的，所有人都是"有意识的、经过思虑或凭激情行动的、追求某种目的的人"①。当然，无论这个区别有多重要，都不能改变"历史进程是受内在的一般规律支配的"② 这个事实。

（二）历史发展的真正动力来自人民群众

历史进程无疑受内在的一般规律支配，但是，恩格斯提出，关键在于，在表面的偶然性下面隐蔽的支配性的一般规律是否能被发现。无数个单个的愿望和行动，与自然界中无意识的自然界的情况相类似，似乎从表面上看，历史事件也同样是由偶然性支配的。"无论历史的结局如何，人们总是通过每一个人追求他自己的、自觉预期的目的来创造他们的历史，而这许多按不同方向活动的愿望及其对外部世界的各种各样作用的合力，就是历史。"③ 这即是"历史合力论"。

历史发展的真正动力来自人民群众。旧唯物主义认为在历史领域中起作用的最终原因是精神的动力，至于隐藏在这些动力后面的动力是什么就不再探究了。以黑格尔为代表的历史哲学家虽然认为历史事变的最终原因并非由历史人物的动机决定，但却是从外面，从哲学的意识形态中把动力输入历史。恩格斯提出，历史的真正动力隐藏在思想动机的背后，并非个别杰出人物的思想动机，而是"使广大群众、使整个整个的民族，并且在每一民族中间又是使整个整个阶级行动起来的动机；而且也不是短暂的爆发和转瞬即逝的火光，而是持久的、引起重大历史变迁的行动"④。

---

① 《马克思恩格斯文集》第 4 卷，人民出版社 2009 年版，第 302 页。
② 《马克思恩格斯文集》第 4 卷，人民出版社 2009 年版，第 302 页。
③ 《马克思恩格斯文集》第 4 卷，人民出版社 2009 年版，第 302 页。
④ 《马克思恩格斯文集》第 4 卷，人民出版社 2009 年版，第 304 页。

因此，通过研究促使人民群众行动起来的社会经济条件，才能发现历史发展的规律。

（三）阶级社会发展的直接动力是阶级斗争

阶级社会发展的直接动力是阶级斗争。在奴隶社会和封建社会，这一关系并没有被人们发现，封建的大土地占有制似乎是由于政治原因或暴力掠夺造成的，但事实上，土地占有和资产阶级之间的矛盾与资产阶级和无产阶级的矛盾一样，都是由于经济利益而产生的，政治权力只是实现经济利益的手段。

无产阶级和资产阶级两大阶级的起源与发展都是由经济原因造成的。从行业手工业到工场手工业，又从工场手工业到蒸汽和机器大工业的过渡，阶级关系的变化是随着生产方式的变化而变化的，无产阶级和资产阶级也在经济发展的过程中发展起来。恩格斯提出，现代历史至少已经证明，"一切政治斗争都是阶级斗争，而一切争取解放的阶级斗争，尽管它必然地具有政治的形式（因为一切阶级斗争都是政治斗争），归根到底都是围绕着**经济**解放进行的"①。随着资本主义大工业的出现，中间阶层两极分化，经济地位差别愈加显著，按照经济地位划分的阶级关系也日渐显著。

生产方式的变化决定着社会生活的变化，这就是社会发展变化的根本原因。阶级关系实际上是由经济关系决定的，阶级斗争是为了经济利益，是实现经济利益的手段。当资产阶级代表新的生产力，与封建土地占有者和行会师傅所代表的生产秩序不相容了，亦即现存的、历史上继承的生产关系不再适应新的生产力的发展，封建的生产关系作为新生产力的桎梏就会被逐渐打碎。生产力决定生产关系，生产力和生产关系的发展变化对社会发展起着决定性作用，社会生活的发展变化根本上是由生产方式决定的。

---

① 《马克思恩格斯文集》第 4 卷，人民出版社 2009 年版，第 306 页。

（四）政治上层建筑和观念上层建筑亦由经济基础决定

恩格斯认为，社会的政治上层建筑和观念上层建筑也是由经济基础决定的。国家和法律无疑由经济关系决定。国家的存在和发展并非独立的，而是应该从社会的经济生活条件中得到阐释。国家以集中的形式反映了支配生产的阶级的经济需要。国家是第一个支配人的政治力量。国家政权是由社会创立的一个机关以"保护自己的共同利益，免遭内部和外部的侵犯"①。国家一旦产生就具有了独立性，而且"它越是成为某个阶级的机关，越是直接地实现这一阶级的统治，它就越独立"②。而被压迫阶级对统治阶级的斗争也变成了政治斗争，变成了反对统治阶级政治统治的斗争。而这种斗争与经济基础的联系变得模糊。国家一旦独立，独立的意识形态也就产生了，尤其是在职业政治家和法学家那里，法律形式作为独立的意识形态，有其独立的领域和发展历史，似乎同经济事实也完全没有关系了。但是恩格斯提出，这种独立性是相对的，本质上还是建立在经济关系的基础之上。

离物质生活最远的宗教、哲学等意识形态也是由经济基础决定的。恩格斯根据宗教产生发展的历史说明，宗教作为一种意识形态，一旦形成，就包含了某些传统的材料，而意识形态领域的传统意味着它是某种保守的力量，那么它就肯定会发生某种变化，变化正是由"造成这种变化的人们的阶级关系即经济关系引起的"③。辩证的自然观使一切自然哲学成为不必要和不可能的，因为现在无论哪一个领域都要从事实中发现联系，而不是从头脑中构想出联系。因此，哲学也只剩下纯粹思想的领域——逻辑和辩证法，即关于思维过程本身的规

---

① 《马克思恩格斯文集》第4卷，人民出版社2009年版，第308页。
② 《马克思恩格斯文集》第4卷，人民出版社2009年版，第308页。
③ 《马克思恩格斯文集》第4卷，人民出版社2009年版，第312页。

律的学说。

马克思主义哲学作为一个崭新的哲学派别，揭示了自然界、人类社会和思维发展的规律，在劳动发展史中找到了理解全部社会史的锁钥。马克思主义哲学面向工人阶级，作为德国古典哲学的继承者，将继续获得工人阶级的同情和支持。恩格斯概括总结了马克思主义哲学的贡献和阶级实质，指出它不仅是指导工人阶级解放的科学学说，也是实现共产主义社会的哲学学说。

《费尔巴哈论》阐述了马克思主义哲学的形成、实质和意义。马克思和恩格斯通过批判黑格尔和费尔巴哈的哲学，克服了唯心主义和旧唯物主义的局限性。它继承和改造唯心主义哲学，批判地吸收了其合理内容，把辩证法运用于唯物主义自然观和历史观，发现了人类历史的发展规律，实现了哲学发展史上的变革和创新。它克服了唯心主义和旧唯物主义的一切局限性，在某种意义上终结了德国唯心主义哲学，批判地吸收了其合理内容。它具体说明了马克思主义哲学的理论来源和自然科学基础，深刻分析了马克思主义哲学的诞生在哲学领域引起变革的实质和意义。

《费尔巴哈论》实现了伟大的哲学变革，在包括自然和历史的一切领域都彻底运用了历史唯物主义，把辩证唯物主义和历史唯物主义有机地统一在一起，阐述了历史唯物主义的基本原理。马克思和恩格斯强调马克思主义哲学理论是为无产阶级服务的，它始终站立在工人阶级的立场上，是指导工人阶级进行无产阶级革命的科学学说，开辟了哲学发展的新阶段。

第三节 《家庭、私有制和国家的起源》—— 对历史唯物主义的新贡献

在整理马克思的遗稿时，恩格斯发现了《人类学笔记》。在此基

础上，他创作了《家庭、私有制和国家的起源》（简称《起源》）。这部著作是恩格斯在 1884 年 3 月底到 5 月底撰写的，副标题是"就路易斯·亨·摩尔根的研究成果而作"。恩格斯在第一版的序言中认为，这本书在某种程度上实现了马克思的遗愿。《起源》研究了人类社会早期发展阶段家庭的起源和发展，私有制、阶级的形成和国家产生的历史条件和本质特征，探究了古代社会如何一步步进入阶级社会，强调国家与革命的关系，丰富了马克思的国家学说，并进一步阐述了物质生产是社会发展的决定性因素的原理，是恩格斯阐发历史唯物主义基本理论的重要著作。

一　古代社会和家庭发展的历史演变

恩格斯在《劳动在从猿到人转变过程中的作用》中已经科学阐明了人类发展的主要动力问题，即劳动在从猿到人的转变过程中起着决定性作用，用辩证唯物主义和历史唯物主义的观念科学解释了人类的起源问题。那么，在此之后的古代人类社会又是如何发展的？什么才是人类社会历史发展的真相？对此，恩格斯在《起源》中作出了回答。

（一）批判吸收古代社会研究新成果

马克思从早年就开始思考和研究人类学，比如在《黑格尔法哲学批判》中对家庭、市民社会和国家相互关系的探讨，在《1844 年经济学哲学手稿》中思考人在社会和自然中的异化及如何获得解放，《关于费尔巴哈的提纲》中指出人的本质是"一切社会关系的总和"等，从而认识到人类学的真正哲学基础应当从复杂的社会关系中去寻找，并因此致力于对人类学的基础，即政治经济学的探讨。19 世纪 50—80 年代，马克思在创作《资本论》时为了研究资本主义的起源及其发展，专门研究了原始社会的经济社会发展。因此，马克思对人类学的研究是与其对哲学、经济学和历史学的研究交织在一起的。到了晚年，人类学研究成为马克思关注的中心问题，他更加重视对前资本主义社会，尤其是原始社会的研究，也更加注重对东方社会和文化的研究，这表明马克思研究人类学到达了一个新的阶段。马克思晚年对文化人类学的重视，一方面是由于人类史研究在当时所取得的新成果，另一方面是因为马克思理论一贯性的整体要求，需要对包括古代社会在内的全部人类历史作出科学说明。此外，因为资产阶级思想家们在国家问题上歪曲颠倒人类早期发展阶段的历史，为了破除国家迷信，指导工人阶级运动，也有必要对这一问题进行研究。《起源》从理论上武装了社会主义者，推动了无产阶级革命实践的发展。

19 世纪 60 年代历史学家们关于古代历史的研究已经取得了相当丰富的成果。路易斯·亨·摩尔根的《古代社会》研究了人类原始社会的发展历史。通过对原始人生产技术、社会组织结构、婚姻家庭形式和财产制度的研究，《古代社会》描画了人类从蒙昧、野蛮到文明这三个阶段发展进步的图画。摩尔根"以他自己的方式，重新发现了 40 年前马克思所发现的唯物主义历史观，并且以此为指导，在把野蛮时代和文明时代加以对比的时候，在主要点上得出了与马克思相同的结果"①。他的创见在于他以生产技术的发明发现为根据来划分历史时代，以丰富的史料证明了人类从原始社会早期的母系氏族社会进入以私有制为特征的父权制社会的历史。

马克思注意到了摩尔根的研究，认真阅读《古代社会》，并写下了读书笔记，即《路易斯·亨·摩尔根〈古代社会〉一书摘要》，与其他研究原始社会和东方社会的四篇笔记，被称为《人类学笔记》。可惜由于马克思的过早逝世，研究人类学的任务并没有完成。

---

① 《马克思恩格斯文集》第 4 卷，人民出版社 2009 年版，第 15 页。

恩格斯在整理马克思的手稿时，发现了马克思在 1880 年到 1881 年对摩尔根《古代社会》一书所作的笔记。马克思的《路易斯·亨·摩尔根〈古代社会〉一书摘要》对摩尔根原书的结构作了一些改变，也常常引用其他一些作者，如古代作家的著作原文。

恩格斯认为摩尔根的研究结果证实了马克思和他本人关于历史唯物主义研究的结论。恩格斯也赞同并吸收了傅立叶最早提出的把专偶婚制和土地私有制看作文明时代的特征的观点。他在摩尔根、傅立叶等人研究的基础上，利用自己之前对古希腊、罗马和日耳曼氏族等的研究成果，比如他曾经于 1881—1882 年写作的《法兰克时代》《论日耳曼人的古代历史》和《马尔克》等著作，进一步扩大了研究视野和范围。

1884 年 10 月初，《家庭、私有制和国家的起源》在苏黎世问世。《起源》通过对原始社会诸问题的详细系统考察，发展和完善了历史唯物主义。

（二）人类历史的分期

马克思和恩格斯用唯物的、辩证的方法研究人类历史分期和家庭问题。恩格斯研究发现，摩尔根认为人类社会的发展进化是从底层开始发展，经过缓慢的知识积累过程，才逐渐摆脱蒙昧时代、野蛮时代而进入到文明社会。摩尔根研究的是前两个时代以及向第三个时代的过渡。他依据"生活资料生产的进步"[①]，把每个时代又分为低级、中级和高级阶段。摩尔根"是第一个具有专门知识而尝试给人类的史前史建立一个确定的系统的人；他所提出的分期法，在没有大量增加的资料要求作出改变以前，无疑依旧是有效的"[②]。

恩格斯认为摩尔根对原始社会的分期研究是合理的。摩尔根的

[①] 《马克思恩格斯文集》第 4 卷，人民出版社 2009 年版，第 32 页。
[②] 《马克思恩格斯文集》第 4 卷，人民出版社 2009 年版，第 32 页。

分期可以概括为"蒙昧时代是以获取现成的天然产物为主的时期；人工产品主要是用做获取天然产物的辅助工具。野蛮时代是学会畜牧和农耕的时期，是学会靠人的活动来增加天然产物生产的方法的时期。文明时代是学会对天然产物进一步加工的时期，是真正的工业和艺术的时期"①。恩格斯认为，摩尔根对人类发展时代的分期特征显著，人类经过蒙昧时代和野蛮时代达到文明时代的开端的发展途径具有足够多的新特征。无可争辩，因为这些特征"是直接从生产中得来的"②。家庭的发展与时代的发展相并行，不过在这一时段，家庭的发展还没有成为显著标志。

（三）家庭形式的演变及在经济中的作用

恩格斯客观评价了巴霍芬、麦克伦南等人关于家庭史研究的观点。家庭史的研究正是从1861年巴霍芬《母权论》的出版开始的。巴霍芬的功绩在于，提供了古代经典著作的大量证据，并提出了关于家庭的观点：世系最初只能依女系来计算；女系这种唯一有效性，在父亲身份已确定或至少已被承认的个体婚制时代还保存了很久；母亲的地位为所有妇女保证了一种自此再无的崇高社会地位。但巴霍芬的缺点在于其论点的神秘主义化，他认为神所代表的宗教才是世界历史的决定性要素。巴霍芬的继任者约·弗·麦克伦南与他的先驱者正好相反，他不是天才的神秘主义者，而是一个枯燥无味的法学家。麦克伦南在古代及近代的民族中间发现了"抢劫婚姻"这种结婚形式，且分为不得不在本集团以外娶妻的外婚制集团和只能在本集团以内娶妻的内婚制集团。他虚构出两者之间的对立，认为外婚制与血缘亲属关系不相干。恩格斯分析指出，麦克伦南的功绩在于，"他指出了他所谓的外婚制的到处流行及其重大意义"，但

---

① 《马克思恩格斯文集》第4卷，人民出版社2009年版，第38页。
② 《马克思恩格斯文集》第4卷，人民出版社2009年版，第38页。

是，他"根本没有**发现**外婚制集团存在的事实，也完全没有理解这个事实"，① 他的局限性就在于把某一观点固化，并一成不变地应用于不适用的情况。

恩格斯认为摩尔根对于家庭的研究是可靠的。摩尔根把家庭作为研究社会发展的一个重要范畴，认为"家庭是一个能动的要素；它从来不是静止不动的，而是随着社会从较低阶段向较高阶段的发展，从较低的形式进到较高的形式"②。同时，亲属制度是被动的，在家庭持续发展时，亲属制度却会变得僵化。摩尔根提出，亲属制度"只是把家庭经过一个长久时期所发生的进步记录下来，并且只是在家庭已经根本变化了的时候，它才发生根本的变化"③。马克思在其笔记中指出，这种亲属关系的性质，"不是**观念的**，是**物质的**，**用德语说是肉欲的**"④，更为清晰地指出了亲属制度的客观性，它不可能脱离现实的婚姻家庭形式，是对现实的家庭形式的反映。同样地，"**政治的、宗教的、法律的以至一般哲学的体系，一般都是如此**"⑤。恩格斯进一步提出，这样就会发生这种情况，人们仍然以习惯的方式继续着亲属之间的关系、制度，但是"家庭却已经超过它了"⑥。因此，我们可以"根据历史上所留传下来的亲属制度，同样确实地断定，曾经存在过一种与这个制度相适应的业已绝迹的家庭形式"⑦。恩格斯正是运用这种方法客观地考察了家庭的产生和发展，并在此基础上丰富和发展了"两种生产"理论。

历史发展到一定阶段才出现了家庭。在人类社会的发展过程中，

① 《马克思恩格斯文集》第 4 卷，人民出版社 2009 年版，第 24 页。
② 参见《马克思恩格斯文集》第 4 卷，人民出版社 2009 年版，第 41 页。
③ 参见《马克思恩格斯文集》第 4 卷，人民出版社 2009 年版，第 41 页。
④ 《马克思恩格斯全集》第 45 卷，人民出版社 1985 年版，第 503 页。
⑤ 《马克思恩格斯全集》第 45 卷，人民出版社 1985 年版，第 354 页。
⑥ 《马克思恩格斯文集》第 4 卷，人民出版社 2009 年版，第 41 页。
⑦ 《马克思恩格斯文集》第 4 卷，人民出版社 2009 年版，第 41 页。

家庭关系同私有制、阶级、国家的产生交错进行，因而对家庭史的研究也是必要的。在原始社会初期，并没有显著的家庭形式。家庭是一个从无到有，从低级到高级的历史发展过程。从原始状态中发展出的家庭形式有血缘家庭、普那路亚家庭和对偶制家庭三种形式。血缘家庭是家庭的第一个阶段，婚姻集团按照辈分划分。普那路亚家庭中，婚姻的双方年龄比较接近，且排除了近亲婚姻，从而使得部落发展更为迅速和完全，促进了氏族制度的发展。"**氏族**制度，在绝大多数情况下，都是从普那路亚家庭中直接发生的。"① 对偶制家庭随着氏族的日趋发达日益巩固。随着对偶婚的发生，抢劫和购买妇女的现象开始出现。

对偶制家庭的出现促使了妇女的某种解放。由于对偶制家庭还不稳定，家户经济并没有使原来的共产制家户经济解体，而共产制经济意味着妇女在家内居于统治地位。共产制经济中的大多数或全体妇女属于同一氏族，而男子则分属不同的氏族。"共产制家户经济是原始时代普遍流行的妇女占统治地位的客观基础。"② 这些民族的妇女所做的工作更多，也被看作真正的贵妇人，并在实际上拥有这样的社会地位。妇女在实现了向对偶制家庭的过渡以后，由于经济生活条件的发展，古代共产制逐渐解体。随着人口密度增大，古代遗传的两性关系使妇女感到屈辱和压抑，她们迫切要求取得保持贞操的权利，把暂时或长久只同一个男子结婚作为解救的办法，之后男子才实行了严格的专偶制。

正是财富的增加创造了全新的社会关系。对偶制家庭产生于蒙昧时代和野蛮时代交替的时期，对偶婚确立了父亲的地位。随着家畜的驯养和畜群繁殖，大量财富转归家庭私有。丈夫也是家畜和奴

---

① 《马克思恩格斯文集》第 4 卷，人民出版社 2009 年版，第 52 页。
② 《马克思恩格斯文集》第 4 卷，人民出版社 2009 年版，第 60 页。

隶的所有者，传统的由母系权利来继承的制度逐渐被废除，而代之以父权制。男子独裁的第一个结果，就是表现为家长制家庭这一中间形式，家长的父权之下包括了自由人和非自由人。这种家庭形式的典型是罗马人的家庭，Familia 在罗马人那里，指的并非夫妻及子女，而是指作为非自由人的奴隶。Famulus 指一个家庭奴隶，familia 是一个人的全体奴隶。恩格斯引用马克思《路易斯·亨·摩尔根〈古代社会〉一书摘要》中的评论提出："现代家庭在萌芽时，不仅包含着奴隶制（servitus），而且也包含着农奴制，因为它从一开始就是同田野耕作的劳役有关的。它**以缩影的形式**包含了一切后来在社会及其国家中广泛发展起来的对立。"① 这也意味着从对偶婚向专偶婚的过渡，丈夫对妻子拥有绝对的权利。

经济条件的改变是专偶制家庭形成的基础。专偶制家庭在野蛮时代的中级阶段和高级阶段交替的时期，是文明时代开始的标志之一，人类进入阶级社会。专偶制是父权制，与对偶制相比，婚姻关系更为牢固，通常只有丈夫可以解除婚姻关系，赶走妻子。专偶制一开始就是只对妇女而不对男子的专偶制。专偶制的典型是雅典人的家庭，妻子只是用来照管家庭的一个物件，是一个婢女的头领，不许参加丈夫从事的竞技运动和公共事业。

个体婚制是希腊人必须履行的对于神、国家和祖先的义务，唯一目的是确定丈夫在家庭的统治地位以及生育他自己的且确定继承他财产的子女。专偶制家庭"不以自然条件为基础，而以经济条件为基础，即以私有制对原始的自然产生的公有制的胜利为基础的第一个家庭形式"②。专偶制家庭进一步巩固了父权地位，大量财产的产生和子女继承财产的愿望成为父权制的真正基础。马克思和恩格

---

① 《马克思恩格斯文集》第 4 卷，人民出版社 2009 年版，第 70 页。
② 《马克思恩格斯文集》第 4 卷，人民出版社 2009 年版，第 77—78 页。

斯都把专偶婚制和土地私有制看作文明时代的特征。

（四）个体婚制下的夫妻对抗是历史上最初的阶级压迫

恩格斯扩展了马克思关于最初的分工是男女生育子女发生的分工这一思想，提出个体婚制下的夫妻对抗是历史上最初的阶级压迫。"在历史上出现的最初的阶级对立，是同个体婚制下夫妻间的对抗的发展同时发生的，而最初的阶级压迫是同男性对女性的压迫同时发生的。"① 个体婚制的出现宣告了前所未有的两性冲突，男性奴役女性的出现。

因此，个体婚制同奴隶制和私有制一起，开辟了一个时代。个体婚制作为文明发展的细胞，体现了文明社会内部对立和矛盾的本质。个体婚制是一个进步，但同时也是退步，因为一些人的幸福和发展建立在另一些人的痛苦和压抑之上。

人类发展的三个主要阶段对应三种主要的婚姻形式，即蒙昧时代的群婚制，野蛮时代的对偶婚制和文明时代的专偶制。在对偶婚制和专偶制之间，有过渡的男子对女奴隶的统治和多妻制。这一发展形式表现出来的特点是"妇女越来越被剥夺了群婚的性的自由，而男性却没有被剥夺"②。

只要专偶制的经济基础存在，专偶制就不会消失。资本主义社会不可能享有充分的结婚自由。资产阶级的婚姻仍然是阶级的婚姻，只是在阶级内部才享有某种程度的选择自由。因此，充分的结婚自由"只有在消灭了资本主义生产和它所造成的财产关系，从而把今日对选择配偶还有巨大影响的一切附加的经济考虑消除以后，才能普遍实现。到那时，除了相互的爱慕以外，就再也不会有别的动机

---

① 《马克思恩格斯文集》第 4 卷，人民出版社 2009 年版，第 78 页。
② 《马克思恩格斯文集》第 4 卷，人民出版社 2009 年版，第 88 页。

了"①。这样，恩格斯就科学揭示了婚姻的未来走向。

二　"两种生产"理论的丰富和发展

"两种生产"理论是马克思和恩格斯的历史唯物主义观点，是关于社会历史发展动力因素的主要理论。从《黑格尔法哲学批判》《德意志意识形态》到《共产党宣言》《〈政治经济学批判〉序言》，再到《资本论》《反杜林论》等著作，马克思和恩格斯在这些著作中不同程度地论及了这一思想。比如，在《德意志意识形态》中，他们提出生命的生产包括：通过劳动的自己生命的生产和通过生育他人生命的生产这两种，但并没有具体论证"两种生产"理论的关系及其在社会发展不同阶段的作用。到了马克思和恩格斯的晚年时期，以马克思关于资本主义经济的研究为基础，随着人类学的发展，研究人自身生产的时机已经成熟。恩格斯在《起源》中对"两种生产"理论作出了重要补充和发展。

恩格斯在《起源》1884年第一版序言中概括性地提出了"两种生产"理论。他明确提出："根据唯物主义观点，历史中的决定性因素，归根结底是直接生活的生产和再生产。但是，生产本身又有两种。一方面是生活资料即食物、衣服、住房以及为此所必需的工具的生产；另一方面是人自身的生产，即种的繁衍。一定历史时代和一定地区内的人们生活于其下的社会制度，受着两种生产的制约：一方面受劳动的发展阶段的制约，另一方面受家庭的发展阶段的制约。劳动越不发展，劳动产品的数量，从而社会的财富越受限制，社会制度就越在较大程度上受血族关系的支配。"②恩格斯的这段话清晰阐述了"两种生产"理论的具体内容。

---

① 《马克思恩格斯文集》第4卷，人民出版社2009年版，第95页。
② 《马克思恩格斯文集》第4卷，人民出版社2009年版，第15—16页。

两种生产，即物质资料的生产和再生产以及人自身的生产对社会发展具有决定性的作用。恩格斯把历史的决定因素归结为直接生活的生产和再生产。物质资料的生产都是由人进行的，因此物质资料的生产离不开人种的繁衍。而人种的繁衍，人类的生存和发展需要物质生活资料来维持。因此，人类社会的发展需要这两种生产的持续发展。社会生产决定着社会的发展。其他因素比如地理环境、气候条件等也对社会历史的发展具有影响，是物质生活条件不可缺少的要素，但它们只是社会发展的必要条件，而不是决定性的因素。"两种生产"理论不仅把人的社会发展与动物、自然界的发展区别开来，而且也表明了历史唯物主义与历史唯心主义的根本区别。肯定两种生产是历史发展的决定性因素是历史唯物主义的基本观点。

两种生产密切联系，相互作用。物质资料的生产不仅影响人口生产的速度、数量和质量，而且对于人们的生活、健康、教育等具有重要影响。反过来，人自身的生产，人口的数量、质量及构成等情况，也会对物质资料的生产产生影响。如果夸大人口在社会发展中的作用，就会陷入"人口决定论"，这是荒谬的；同样，如果忽视人口生产在社会发展中的作用也是不正确的。在不同的社会发展阶段，这种相互作用的表现不同。在人类社会初期，人类为了同自然界作斗争，需要更多的人联合起来，但同时，由于生产资料的匮乏，人类自身的增长会受到极大的限制。人口的生产受制于物质生产资料的充足与否。因此，随着生产力水平的不断提高，物质资料生产从匮乏到充足，人类自身的生产能力也经历了从低到高，从不自觉到自觉的过程。

两种生产对一定历史时代和地区的社会制度有制约作用。在统一的社会生产中，两种生产相互影响，但具有各自的作用和特点。不同历史时期，由于物质资料生产和人类自身生产方式的不同，社会制度的构成也不同。原始社会、阶级社会和未来共产主义社会的社会制度，都是基于两种生产的不同特点而形成的。

两种生产在不同的社会制度中所起的作用不同。原始社会早期，由于生产力极度低下，人类几乎完全受大自然的支配，原始人自身的生产对社会制度有更大的制约作用。在这种情况下，就不能仅从物质资料生产的发展研究原始社会的发展变化。当然，随着生产力的发展，原始人逐渐定居，各个群体相互通婚，按照女性血缘关系相互通婚的群体组成氏族公社。氏族公社作为社会的基本经济和社会组织，由于生产力低下，因此只能实行公有制，共同占有生产资料才能满足最低限度的生活需要。以这种原始共产的生产关系为基础，形成了包括氏族议事会、部落和部落联盟等的原始民主制、原始宗教、艺术等意识形态。随着生产力的发展，这种氏族制度注定会被新的制度所代替。

劳动越不发达，物质资料越匮乏，家庭等社会制度就越多受血族关系的支配。随着物质生产力的发展，社会制度会更加不受血缘关系的影响。恩格斯肯定地提出，摩尔根的观点，即"没有血缘亲属关系的氏族之间的婚姻，生育出在体质上和智力上都更强健的人种；两个正在进步的部落混合在一起了，新生代的颅骨和脑髓便自然地扩大到综合了两个部落的才能的程度"①是正确的。那些采用不依赖血缘关系的婚姻制度的部落更为先进，将会逐渐淘汰依赖血缘关系组建婚姻制度的氏族部落，或者带动他们来效仿自己。由于劳动产品和社会财富的增加，家庭的发展会越来越不受"自然选择"、人口等要素的制约。对偶家庭和一夫一妻制家庭的出现正是这种制约作用逐渐减弱的结果。

恩格斯依据大量资料和当时最新的研究成果，经过反复研究，系统阐述和发展了"两种生产"理论，并运用"两种生产"理论考

---

① 参见《马克思恩格斯文集》第4卷，人民出版社2009年版，第58页。

察家庭这一社会组织的演变历程，以历史唯物主义观点科学阐述了人类社会发展的复杂动力。

三　私有制和阶级的起源

马克思和恩格斯最早探讨私有制和阶级的起源是在《德意志意识形态》这一文献中。他们认为原始社会从部落所有制过渡到私有制正是建立在生产发展的基础上，分工和交换出现，一部分人的劳动被剥削。恩格斯在《反杜林论》中论证了阶级和统治关系的两种途径，明确提出"分工的规律就是阶级划分的基础"[①]。在《起源》中，恩格斯通过对社会分工的详细考察揭示了私有制、阶级的产生规律，坚持了社会发展的辩证规律，阐明了国家产生和存在的前提，发展了唯物史观。

原始社会是母系氏族发展的全盛时期，生产力水平很低，生产资料公有，共同消费。简单的氏族社会组织与当时的社会条件相适应。那时没有私有财产，没有阶级剥削，没有统治和奴役，人与人之间是平等的。到野蛮时代的中级阶段，"游牧部落从其余的野蛮人群中分离出来——这是**第一次社会大分工**"[②]。这一阶段有两个重要的工业成就，一是织布机的发明，二是矿石冶炼和金属加工技术的出现。人们制造出了金属工具。此外，生产的增加，劳动生产率的提高，使人们能够生产出超过维持劳动力所必需的产品，剩余产品的出现使阶级剥削成为可能。人们希望吸收新的劳动力，而战争能够使俘虏变成奴隶。恩格斯说："第一次社会大分工，在使劳动生产率提高，从而使财富增加并且使生产领域扩大的同时，在既定的总的历史条件下，必然地带来了奴隶制。从第一次社会大分工中，也

---

① 《马克思恩格斯文集》第9卷，人民出版社2009年版，第298页。
② 《马克思恩格斯文集》第4卷，人民出版社2009年版，第179页。

就产生了第一次社会大分裂，分裂为两个阶级：主人和奴隶、剥削者和被剥削者。"① 阶级分化出现了。

在野蛮时代的高级阶段，人类进入铁器时代，有了第二次分工。铁器的广泛使用促进了人类进步，大面积的农田被开发、森林被开垦。农业的劳动形态改变了。织布业、金属加工和其他手工业也发展起来。"**第二次大分工：手工业和农业分离了。**"② 个体家庭作为社会的经济单位，逐渐拥有土地，拥有私有财产。生产和生产率的大大增长也提高了人的劳动力价值，使用奴隶成为更加有利可图的事情。由于农业和手工业的分工，出现了直接以交换为目的的生产，即商品生产，贸易出现了。随着新的分工，私有财产、对偶婚制向专偶制的过渡平行出现。社会又有了新的阶级划分，奴隶制成为社会制度的一个根本组成部分而不是零散的现象。

文明时代开始后，商业和产业的分离是第三次社会大分工。这次分工"创造了一个不再从事生产而只从事产品交换的阶级——**商人**"③。如果说在此之前的阶级都与生产直接相关，那么，商人阶级却根本不参与生产，但夺取了生产的领导权，成为生产者之间不可缺少的中间人，并对双方进行剥削。阶级的分裂不仅存在于生产领域，而且扩展到流通领域。随着这次分工，财富迅速集中到占很少数的阶级手中，贫困者日益增长，劳动者日渐沦为奴隶，"奴隶的强制性劳动构成了整个社会的上层建筑所赖以建立的基础"④。氏族制度的前提、基础及其原则已经不存在了，氏族制度已经过时，不能满足由于谋生条件的变革及其社会结构的变化所产生的新需要和新利益要求。新的富人阶层想要维护自己占有的社会财富，摆脱旧的

---

① 《马克思恩格斯文集》第 4 卷，人民出版社 2009 年版，第 180 页。
② 《马克思恩格斯文集》第 4 卷，人民出版社 2009 年版，第 182 页。
③ 《马克思恩格斯文集》第 4 卷，人民出版社 2009 年版，第 185 页。
④ 《马克思恩格斯文集》第 4 卷，人民出版社 2009 年版，第 187 页。

社会规则束缚，日益要求破坏旧的氏族制度，建立维护自己利益、解决社会矛盾冲突的新制度。以私有制为基础的阶级社会取代了氏族社会，私有制和奴隶制确立起来了。

恩格斯通过对家庭与社会发展、社会组织和私有制、阶级之间关系的研究，揭示了人类早期社会发展的秘密，证实并发挥了马克思"**阶级的存在仅仅同生产发展的一定历史阶段**相联系"① 的新观点。恩格斯的研究表明，私有制和阶级是随着社会经济的发展产生的。私有制的确立是阶级产生的直接原因，随着生产的发展，私有制和阶级也必将被消灭。

四　国家的产生、本质及消亡

恩格斯提出，国家并非从外部强加于社会的一种力量，而是建立在氏族制度的废墟上，在直接和主要地从氏族社会内部发展起来的阶级对立中产生的。

在原始氏族社会内部，没有阶级对立，也没有任何强制。"没有士兵、宪兵和警察，没有贵族、国王、总督、地方官和法官，没有监狱，没有诉讼，而一切都是有条有理的。一切争端和纠纷，都由当事人的全体即氏族或部落来解决，或者由各个氏族相互解决；血族复仇仅仅当做一种极端的、很少应用的威胁手段"，"这种十分单纯质朴的氏族制度是一种多么美妙的制度呵！"② 而随着私有制和阶级对立的出现，原始氏族制度逐渐被打破。正是财产和利益开启了新的、文明的阶级社会，对于财富的贪欲把氏族成员分裂成富人和穷人，财产的差别把同一氏族内部原本的利益一致转变成了氏族成员之间的对抗，奴隶制的盛行"开始使人认为用劳动获取生活资料是只有奴隶才配做

---

① 《马克思恩格斯文集》第 10 卷，人民出版社 2009 年版，第 106 页。
② 《马克思恩格斯文集》第 4 卷，人民出版社 2009 年版，第 111 页。

的、比掠夺更可耻的活动"①。氏族制度"从一个自由处理自己事务的部落组织转变为掠夺和压迫邻近部落的组织，而它的各机关也相应地从人民意志的工具转变为独立的、压迫和统治自己人民的机关了"②。因此，尖锐的对立和斗争使氏族制度已经无法适应社会的发展，成为过时的制度。

国家在氏族制度上兴起的三种主要形式，以雅典国家最为典型。在罗马，没有权利，只有义务的平民摧毁了封闭的贵族制，并在它的废墟上建立了国家。而在战胜了罗马帝国的德意志人那里，氏族制度已经不能提供任何手段来统治征服占领的广阔土地，国家因此产生。

恩格斯提出："国家是社会在一定发展阶段上的产物；国家是承认：这个社会陷入了不可解决的自我矛盾，分裂为不可调和的对立面而又无力摆脱这些对立面。而为了使这些对立面，这些经济利益互相冲突的阶级，不致在无谓的斗争中把自己和社会消灭，就需要有一种表面上凌驾于社会之上的力量，这种力量应当缓和冲突，把冲突保持在'秩序'的范围以内；这种从社会中产生但又自居于社会之上并且日益同社会相异化的力量，就是国家。"③恩格斯的这段论述清晰地阐明了国家的起源，揭示了国家的本质。

国家与旧的氏族制度不同，它不是以血缘关系，而是"**按地区来划分它的国民**"④；国家设立了新的公共权力，不同于氏族社会居民的自动武装组织，它是特殊的公共权力，在每一个国家都存在，构成这种权力的不仅有武装的人，还有如监狱和各种强制设施等物质附属物。而为了维护这种公共权力，还需要公民缴纳捐税，随着

---

① 《马克思恩格斯文集》第4卷，人民出版社2009年版，第184页。
② 《马克思恩格斯文集》第4卷，人民出版社2009年版，第184页。
③ 《马克思恩格斯文集》第4卷，人民出版社2009年版，第189页。
④ 《马克思恩格斯文集》第4卷，人民出版社2009年版，第189页。

文明的发展，国家还要发行票据、债券等以弥补捐税的不足。

恩格斯明确揭示了国家的本质。"国家是从控制阶级对立的需要中产生的，由于它同时又是在这些阶级的冲突中产生的，所以，它照例是最强大的、在经济上占统治地位的阶级的国家，这个阶级借助于国家而在政治上也成为占统治地位的阶级，因而获得了镇压和剥削被压迫阶级的新手段。"① 国家作为强制机关，代表的是经济上占统治地位的阶级的利益。历史上大多数国家公民的权利是按照财产状况分级规定的。国家成为统治阶级镇压和剥削被压迫阶级的工具。"国家是文明社会的概括，它在一切典型的时期毫无例外地都是统治阶级的国家，并且在一切场合在本质上都是镇压被压迫被剥削阶级的机器。"② 古希腊罗马时期，国家是奴隶主镇压奴隶的手段，封建国家是贵族镇压农奴和依附奴的机关，现代代议制国家是资本剥削雇佣劳动的工具。但是也有这样的时期，各阶级的力量势均力敌，国家权力表面上暂时地对于两个阶级具有某种独立性。比如17—18世纪的专制君主制使贵族和市民彼此保持了平衡；类似的还有法兰西第一帝国特别是第二帝国的波拿巴主义，唆使无产阶级和资产阶级相互反抗等。

国家并不是从来就有的，而是经济发展到一定阶段，随着阶级的产生而产生的，也将随着阶级的消失而消失。随着生产力的发展，社会将进入一个新的阶段，在这个阶段，阶级的存在成为生产的真正障碍，到那个时候，阶级就不可避免地要消失，正如它不可避免地必然产生一样。随着阶级的消失，国家也不可避免地要消失。"在生产者自由平等的联合体的基础上按新方式来组织生产的社会，将把全部国家机器放到它应该去的地方，即放到古物陈列馆去，同纺

---

① 《马克思恩格斯文集》第4卷，人民出版社2009年版，第191页。
② 《马克思恩格斯文集》第4卷，人民出版社2009年版，第195页。

车和青铜斧陈列在一起。"① 由于社会经济发展的最终决定性作用，人类社会将经历从原始的无阶级社会到阶级社会，再到阶级的消失；从没有国家到产生国家，再到国家消亡的共产主义社会，这就是社会历史发展的辩证法。

恩格斯以物质生产在社会生活中的决定性作用为基础，用人类学的历史事实证明家庭关系、所有制关系、阶级和国家等形式都是随历史条件的变化而变化的。恩格斯的研究科学地深化和发展了历史唯物主义，对历史唯物主义作出了新贡献。

《起源》得到了列宁的高度评价，他在《论国家》中说："我希望你们在研究国家问题的时候看看恩格斯的著作《家庭、私有制和国家的起源》。这是现代社会主义的基本著作之一，其中每一句话都是可以相信的，每一句话都不是凭空说的，而是根据大量的史料和政治材料写成的。"② 《起源》不仅以唯物史观为指导科学地研究史前社会，而且为我们观察和研究社会问题提供了正确的方法论。

恩格斯晚年系统总结、深化发展了马克思主义哲学，通过论证马克思主义哲学是自然观与历史观的统一、是辩证唯物主义和历史唯物主义的统一，突出了马克思主义哲学不同于以往任何哲学理论的本质特点，并完善了社会历史发展的科学社会主义理论，加强了马克思主义理论的系统性和完整性。在马克思逝世后，恩格斯还致力于对《资本论》的整理出版，进一步完善和推进马克思主义政治经济学研究。

---

① 《马克思恩格斯文集》第4卷，人民出版社2009年版，第193页。
② 《列宁全集》第37卷，人民出版社2017年第二版增订版，第63—64页。

第六章

恩格斯对《资本论》第二、第三卷的整理出版及其理论贡献

1867 年《资本论》第一卷德文第一版出版后，马克思本打算根据已有的《资本论》手稿（《1861—1863 年经济学手稿》《1863—1865 年经济学手稿》），于 1867 年年底至 1868 年年初出版《资本论》续卷。但是由于《资本论》第一卷的出版和传播已使马克思成为当之无愧的国际工人运动领袖，因此，指导各国工人运动实践并同形形色色的机会主义思潮进行斗争，就成为他当时的主要工作，而《资本论》续卷的整理出版工作不得不延迟了。尽管如此，1867—1882 年，马克思在繁忙的工作与疾病的困扰当中，仍以坚强的毅力撰写了多份手稿，并对"剩余价值率与利润率的关系"等理论内容进行了细致的修订。1883 年马克思逝世后，恩格斯以马克思生前留下的几部手稿为重要依据，承担了整理出版《资本论》续卷的理论任务。1883—1894 年，恩格斯经过审慎、细致的辨读和思考，整理出版了《资本论》第二、第三卷，不仅力争恢复马克思政治经济学批判思想的原貌，更针对资本主义社会发展的新特点、新现象作出了理论上的新说明，为马克思主义政治经济学理论的完善及推进作出了极其重要的理论贡献，也为科学社会主义的进一步发展奠定了思想与现实基础，在马克思主义发展史上具有重要意义。

第一节　《资本论》第二卷的整理出版与体系捍卫

在马克思逝世以后，恩格斯开始着手整理和出版《资本论》续卷。由于马克思只是完成了相关内容的手稿，并没有留下清晰的编辑思路，且马克思的手稿字迹凌乱潦草，非常难以辨认，相应的编辑和辨认工作耗费了恩格斯很多的时间和精力。恩格斯经过审慎、细致的辨读和思考，终于将《资本论》第二卷完成并出版。《资本论》第二卷的出版不仅是无产阶级革命事业的一个新里程碑，标志着马克思主义政治经济学理论体系进一步趋向完成，更是针对自《资本论》第一卷出版以来的理论误解作出的严正回击。

一　整理出版《资本论》第二卷

基于长期密切的学术合作而建立的共同思想基础，在马克思无法完成《资本论》的全部内容及编订出版的情况下，由恩格斯亲自整理和出版《资本论》续卷，本身就是马克思的心愿。当时，马克思和恩格斯的同路人，各国工人运动活动家和进步人士也十分关心《资本论》整个出版计划完成的可能性。1883年马克思去世不久，倍倍尔就写信给恩格斯，表示期待恩格斯完成《资本论》手稿的整理及出版工作。

恩格斯之所以成为唯一胜任这项极其重要的工作的人，首先，是因为恩格斯是当时仅有的能够完整把握《资本论》结构、观点及整个理论体系的人。马克思在写作《资本论》手稿的过程中，始终保持着与恩格斯不断交换写作意见的工作习惯，许多艰涩而困难的理论问题，都是在与恩格斯的共同深入讨论中得以解决的。其次，恩格斯也是当时唯一能够在知识水平上与马克思并驾齐驱并且可以辨识马克思手稿笔迹的人。《资本论》作为人类文明史上的经典著作，达到了当时人类智慧的高峰，其中所涉及的不仅仅是有关政治经济学高屋建瓴的理论创新，更包括了哲学、历史、文学以及其他诸多自然科学的内容。《资本论》续卷手稿中有马克思潦草的笔迹和大量的缩写字句，只有恩格斯"才能辨认这种字迹、这些缩写的字以及整个缩写的句子"①，同时手稿中所蕴含着的巨大的知识容量和理智挑战，也只有恩格斯这种具有不凡才华的理论家，才能在辨识字句、布局谋篇的同时，将马克思精深的思想完整、全面地如实呈现出来。

从 1883 年 3 月中旬开始，恩格斯着手整理马克思的遗稿。3 月 25 日，他写信告诉马克思的二女儿劳拉一个重要的消息，他从马克思的遗稿中找到一个大包，里面是《资本论》的手稿，共有对开纸 500 多页。4 月 2 日，他又写信告诉拉甫罗夫，表示找到了《资本的流通》和第三卷中《总过程的各种形式》的手稿，约有对开纸 1000 页。4 月 11 日，他很有把握地告诉纽文胡斯说：无论如何，主要的东西已经有了。这时他虽然还来不及阅读全部手稿，也不了解手稿能为《资本论》续卷出版准备到什么程度，也不知道还需要作多大的修改和补充，但是根据掌握的资料的情况而言，恩格斯认为出版续卷的可能性已经具备了。到 8 月 30 日，恩格斯在写给倍倍尔的信中说，在完成与《资本论》第一卷有关的其他工作之后，就会开始进行第二卷的编辑工作："我一回去，就要坐下来搞第二卷，这是一项巨大的工作。"②

1883 年 9 月开始，恩格斯着手进行《资本论》第二卷手稿的整理工作。根据马克思的设想及手稿和笔记内容，《资本论》第二卷主要研究资本的流通过程，包括资本循环、资本周转和社会资本再生

---

① 《马克思恩格斯全集》第 36 卷，人民出版社 1974 年版，第 102 页。
② 《马克思恩格斯全集》第 36 卷，人民出版社 1974 年版，第 57 页。

产三个部分，其要点分别在于说明资本运动的连续性、资本运动的速度、资本运动的条件等，以进一步阐明资本主义生产关系的本质，揭示它的不可克服的深刻矛盾。马克思在写作《1857—1858 年经济学手稿》时，已经对资本流通过程的内容有所涉及；在《1861—1863 年经济学手稿》中，就对资本的流通过程作了专门的研究。而专门与《资本论》第二卷相关的写作主要是从 1865 年开始的。经过仔细搜集，恩格斯找到了马克思自 1865 年开始，在不同时期写成的有关《资本论》第二卷的八份以罗马数字标记的手稿。其中第Ⅰ—Ⅳ稿大约写于 1865—1870 年，第Ⅴ—Ⅷ稿大约写于 1877—1882 年，而这些手稿当中，按照马克思的笔记，在编辑过程中"第二个文稿必须作为基础"①。通过马克思不顾病痛困扰，长时段写作和修改的审慎态度可知，他本人在"公布他的经济学方面的伟大发现以前，是以多么无比认真的态度，以多么严格的自我批评精神，力求使这些伟大发现达到最完善的程度"②。

　　通过艰苦的努力和反复的思考，恩格斯终于逐步掌握和熟悉了《资本论》第二卷手稿的内容，并对这一卷给予了极高的评价，认为它是"对资本家阶级内部发生的过程作了极其科学、非常精确的研究"③，这一卷的内容无疑"是异常出色的研究著作，人们从中将会第一次懂得什么是货币，什么是资本，以及其他许多东西"④。但是，在另一方面，这部文献毕竟是一部在十几年时间里断续写成、不断累积的手稿，因此不可避免地带有手稿本身的不成熟性。例如，材料的主要部分虽然实质上大体完成，但文字没有经过推敲，用语措辞不够讲究；夹杂英法两种文字的术语，常常出现整句甚至整页

---

①　《马克思恩格斯文集》第 6 卷，人民出版社 2009 年版，第 7 页。
②　《马克思恩格斯文集》第 6 卷，人民出版社 2009 年版，第 4 页。
③　《马克思恩格斯全集》第 36 卷，人民出版社 1974 年版，第 63 页。
④　《马克思恩格斯全集》第 36 卷，人民出版社 1974 年版，第 168 页。

的英文;有些部分作了详尽的论述,而另一些同样重要的部分只作了提示;用作例解的事实材料搜集了,但却几乎没有分类,更谈不上加工整理;等等。在这个意义上,恩格斯也十分清楚,整理和出版《资本论》第二卷,是一件吃力的事情,需要花费许多劳动和时间,可是恩格斯完全不将这些状况视为困难,而是将这一事业作为对无产阶级的革命队伍作出的最重要贡献。

恩格斯在整理出版《资本论》第二卷中,始终试图呈现这一卷的完整性与独立性,"使本书既成为一部连贯的、尽可能完整的著作,又成为一部只是作者的而不是编者的著作,这不是一件容易的事情"①。在编辑和整理方面,恩格斯做了大量的工作、付出了细致而精确的努力,因为马克思"留下的文稿很多,多半带有片断性质,所以要完成这个任务就更为困难"②。

在分析和使用文稿方面,恩格斯主要是以马克思原本为"《资本论》第二册"(即后来经恩格斯编辑完成的第二卷)所撰写的多部手稿中的第Ⅱ稿为依据,然后在有关的篇章内部,再参照其他的相关手稿加以补充。在具体的操作情况上,第一篇"资本的诸形态循环"主要使用了马克思《资本论》第二卷手稿的第Ⅱ稿,以及第Ⅳ、Ⅴ、Ⅵ、Ⅶ、Ⅷ稿的相关内容补充完成;第二篇"资本周转"则以Ⅱ、Ⅳ两稿的内容编辑而成;最后的第三篇"社会总资本的再生产和流通"主要是根据第Ⅱ稿和第Ⅷ稿的内容编辑完成。恩格斯对于《资本论》第二卷的编辑,体现了非常严谨和审慎的态度,除非遇到万不得已必须改动之处,绝对不会对马克思的手稿擅自修改,而对于书中的论点和所使用的材料,也是进行了极为细致的核对与校勘。经过恩格斯悉心编辑的第二卷,成为一部内容丰富翔实、论

---

① 《马克思恩格斯文集》第 6 卷,人民出版社 2009 年版,第 3 页。
② 《马克思恩格斯文集》第 6 卷,人民出版社 2009 年版,第 3 页。

证深刻缜密、结构精练科学的完整著作，虽然其篇幅只是相当于马克思第Ⅱ稿的三分之一左右，但是其中已经包括了马克思的资本流通和再生产理论的全部科学内容。

《资本论》第二卷整理完成之后，在1885年5月5日马克思的生日这一天，恩格斯撰写了第二卷的序言，以说明对各篇手稿进行编辑的具体原则和方法，并对《资本论》第一卷出版后来自德国"讲坛社会主义者"和资产阶级庸俗经济学家对马克思理论的责难进行了回击，还深刻论述了马克思超越古典政治经济学的桎梏、开创性地创立剩余价值理论的伟大功绩，"这个第二册的卓越的研究，以及这种研究在至今几乎还没有人进入的领域内所取得的崭新成果，仅仅是第三册的内容的引言，而第三册，将阐明马克思对资本主义基础上的社会再生产过程的研究的最终结论"①。《资本论》第二卷，这一经过恩格斯精心编辑的重要著作，终于在1885年7月出版问世，为马克思主义政治经济学理论体系的全面呈现奠定了基础。

二　《资本论》第二卷的篇章结构与主要内容

马克思所构想的政治经济学理论体系，从"五篇结构计划"到"六册结构计划"再到最终的"四卷结构计划"，具有批判性的不断延展的特点，恩格斯根据马克思的思路最后编订完成了《资本论》第二卷。第二卷以"资本的流通过程"为主题，区别于第一卷对"资本的生产过程"的论述，不是以集中考察资本的直接生产过程为主题，而是以分析资本的流通过程为根本的理论任务。这一卷与探究资本生产过程的第一卷形成相互联系、紧密配合的理论整体，在《资本论》的理论体系中，具有不可忽视的地位。

---

① 《马克思恩格斯文集》第6卷，人民出版社2009年版，第25页。

（一）《资本论》第二卷的内容架构

在成稿的形态上，虽然《资本论》的第二卷是由手稿编辑完成的，但是由于它本身已经是马克思经过十多年成熟思考的结果，加上恩格斯这一最为胜任的编辑者的倾力劳作，使得这部科学著作成为一部分析晓畅、理论精深、体系完善，并且对现实世界有着正确的指导意义的划时代的科学名著，也是无产阶级革命者的重要理论指针。其中所探讨的很多理论问题，如资本循环、资本周转、社会总资本的再生产和流通等，都是在古典政治经济学论述中缺席的重要议题，而只有在《资本论》的第二卷中，才得到了集中而充分的讨论，并由此成为马克思主义政治经济学的重要论域。

从总体上看，《资本论》第二卷的理论逻辑，是以资本的循环和周转过程以及社会总资本的再生产过程为中心，也就是以剩余价值的实现为中心，以此来阐明资本在其运动过程中的诸形态的转换衔接、循环阶段、周转速度、均衡条件以及其总体的运动规律，从而揭示资本运动的全过程，并呈示其中所隐含的内在矛盾与阶级冲突。

第二卷的内容架构，分为21章，统辖在三篇内容之中。这三篇分别是："第一篇　资本形态变化及其循环""第二篇　资本周转""第三篇　社会总资本的再生产和流通"。在对于整体的布局谋篇的设想中，马克思指出："在本册的第一篇，我们考察了资本在它的循环中所采取的不同的形式和这个循环本身的各种形式。除了第一册所考察的劳动时间，现在又加上了流通时间。在第二篇，循环是作为周期的循环，也就是作为周转来考察的。这里一方面指出了，资本的不同组成部分（固定资本和流动资本）怎样在不同的时间以不同的方式完成各种形式的循环；另一方面又研究了决定劳动期间和流通期间长短不同的各种情况。我们还指出了，循环期间及其组成部分的不同比例，对生产过程本身的范围和年剩余价值率有怎样的影响。"① 马克思在自己的理论体系中严谨地为资本的诸形态进行了考察，并将其建立为互相联系的物化整体，而在这个系统中，不可能仅仅是孤立的个体性的运转，而必然是一种系统性的整体。

具体而言，第二卷首先要达到的理论目标是切实分析资本在其循环运动的过程中，递进发展、不断循环同时也是不断扬弃的诸形式；接下来要考察研究在各种资本形式相继更替的循环运动内部，给定数量的资本如何以不同比例而区分成生产资本、货币资本、商品资本等不同的形式，由此，不仅这些形式互相交替，而且总资本价值的不同部分也持续地并存于不同的运动状态之中，以执行其各自的职能。由此，"在第一篇和第二篇，我们考察的，始终只是单个资本，只是社会资本中一个独立部分的运动。但是，各个单个资本的循环是互相交错的，是互为前提、互为条件的，而且正是在这种交错中形成社会总资本的运动。在简单商品流通中，一个商品的总形态变化表现为商品世界形态变化系列的一个环节，同样，单个资本的形态变化现在则表现为社会资本形态变化系列的一个环节"②。在由诸单个资本形态向诸社会资本环节的过渡之中，资本剥削的秘密也就在此逐步地展开了。而且，"虽然简单商品流通决没有必要包括资本的流通——因为它可以在非资本主义生产的基础上进行——，但如上所述，社会总资本的循环却包括那种不属于单个资本循环范围内的商品流通，即包括那些不形成资本的商品的流通。现在，我们就要考察作为社会总资本的组成部分的各个单个资本的流通过程（这个过程的总体就是再生产过程的形式），也就是考察这个社会总资本的流通过程"③。

---

① 《马克思恩格斯文集》第 6 卷，人民出版社 2009 年版，第 391 页。
② 《马克思恩格斯文集》第 6 卷，人民出版社 2009 年版，第 392 页。
③ 《马克思恩格斯文集》第 6 卷，人民出版社 2009 年版，第 392 页。

总体而论，《资本论》第二卷是研究资本的流通过程，所探讨的问题包括如下五个方面：第一，资本流通的阶段，即购买、生产、销售这三个阶段；第二，资本流通的形态，即货币资本、生产资本、商品资本这三种形态；第三，资本流通的速度，即资本周转的时间和次数；第四，资本流通的条件，也就是实物补偿和价值补偿这两种形式；第五，资本流通的性质，即简单再生产的流通和扩大再生产的流通这两种性质。在《资本论》第二卷中，又将对"资本流通"的研究，区分为个别资本的流通和社会总资本的流通这两种形态，其中个别资本的流通过程又区分为"资本循环"和"资本周转"两种范畴。第二卷的第一篇专门讨论"资本循环"，分析每一单个资本运动的形态和过程；第二篇专门分析"资本周转"，分析个别资本运动的速度和次数。到了第三篇"社会总资本的再生产和流通"，分析总资本的运动规律与实现问题。而由于《资本论》第二卷中所讨论的问题和阐述的原理，有具备脱离单一时代语境而发挥启示和指导作用的理论价值，因而这一卷中的很多基本原理，也成为社会主义经济建设的重要指导，在马克思主义发展史上发挥着政策指针的重要作用。

（二）资本的诸形态及其循环

《资本论》第二卷的第一篇，以"资本形态变化及其循环"为标题，研究资本在流通过程中的演变形式，这一过程以三个阶段轮转地变换着三种资本形态，从而形成周而复始的循环式运动，最终实现资本的价值增殖和剥削剩余价值的终极结果，这也是支撑资本主义世界体系扩张运作的深层基础。

马克思对于资本循环形态的揭示，表明了资本并非一个单纯的静态的"纯粹概念"，而是一个具有动态性的、内在连续性和本质统一性的经济范畴。资本范畴的"动态性"，是指它在循环的过程中，会采取三种形态，历经三个阶段的变化；而这三种形态、三个阶段的资本本身的变化，是具有"内在连续性"的，而不是间断的、隔绝的。在整个资本循环的过程中，资本交替存在于货币资本、生产资本和商品资本三种形态上，通过这样的循环过程，资本实现其价值增殖的实践目的，达到榨取剩余价值的关键职能。

从对剩余劳动的剥夺的角度来考察资本诸形态变化及其循环过程，可以发现，在资本循环的第一阶段，即货币资本循环阶段，资本发挥榨取剩余劳动的准备作用，到了第二阶段即生产资本循环阶段，资本即发挥榨取剩余价值的功能，而在商品资本循环这一"第三阶段"，资本就完成了榨取剩余价值的目的。如此就可以清晰地发现，在整个的资本循环的过程中，普遍存在着工人阶级和资产阶级的阶级矛盾与阶级斗争，资本主义剥削贯穿了资本循环的始终。

"资本形态变化及其循环"这一篇，包含两个理论问题：一是资本的具体形态的变化及其循环过程，二是资本的流通时间和流通费用。就前者来说，包括第一至四章，考察资本的具体形态变化及其循环过程；后者的论述则是在后面的两章，着重考察资本的流通时间和流通费用。在论述第一个问题时，首先分析货币资本的形态变化及其循环，其次探讨生产资本的形态变化及其循环，再次论述商品资本的形态变化及其循环。这前三章是对每一单个的产业资本在循环过程中所采取的三种形态的分析，考究其变化的形式和职能。而到了第四章"循环过程的三个公式"，就不再仅仅研究货币资本、生产资本、商品资本三种形态的循环变化问题，而且还要说明给定数量下的产业资本总体，必须被分割为三种形态，各自独立地进行着相互交错的总循环运动，这是一个辩证统一的现实过程。

具体而言，每一产业资本在实现其价值增殖的运动过程中，首先都必定会采取货币形态而存在，作为预付的货币资本，投入流通过程的购买阶段，在市场上购买其所需要的两种商品，即生产资料和劳动力，以作为后续进行生产的准备，使其有效转化为生产资本。预付资本在通过第一阶段的购买过程由货币形态转变为生产形态之后，资本家也就有可能通过劳动力与生产资料的结合，从事新商品的生产，以剥削其剩余劳动。于是，资本也就进入了第二阶段的生产过程，生产出新的商品，使得资本由生产的形态进一步转变为商品的形态，而这个新的商品资本形态中，不仅包含着原有的预付资本价值，更包含着剩余价值的部分。最后，资本家将新商品投入市场，通过第三阶段的售卖过程，出售变卖为一定数量的货币，资本由此也就由商品形态再次转化为货币形态，不仅保证了原有的预付资本价值得以实现，更得到了增殖的剩余价值。这样，资本增殖和剩余价值剥削的目的就由产业资本自身的"潜能"变为了"现实"，资本的运动也就完成了一次循环。

由于产业资本家本身对资本的价值增殖有着趋向于无限的贪求，因此在不可遏制的攫取利润的欲念驱使下，增殖逻辑必将不间断地将资本一再投入生产领域，以获得资本价值的不断增殖，从而持续不断地占有新生产出来的剩余价值，在这个意义上，资本的循环也从来不是单独的、一次性的，而必然是一次又一次地反复进行，是一个无可止歇的持续运动过程。这一过程，马克思在《资本论》第一卷中已经有所论述："一个货币额转化为生产资料和劳动力，这是要执行资本职能的价值量所完成的第一个运动。这个运动是在市场上，在流通领域内进行的。运动的第二阶段，生产过程，在生产资料转化为商品时就告结束，这些商品的价值大于其组成部分的价值，也就是包含原预付资本加上剩余价值。接着，这些商品必须再投入流通领域。必须出售这些商品，把它们的价值实现在货币上，把这些货币又重新转化为资本，这样周而复始地不断进行。这种不断地通过同一些连续阶段的循环，就形成资本流通。"① 在此基础上，第二卷对此进行了深入分析。

资本的价值增殖和积累增长，是在资本循环运动的连续过程中不断增加的，而与此同时，随着资本主义生产的复杂化、精细化，资本主义生产方式的内在矛盾、可获取资源有限性的制约和资产阶级同无产阶级的现实斗争，也在不断激化的过程当中。而且，在资本循环过程中，资本形态的变化也不仅仅是单个的产业资本家独自的生产行动，而必将受到社会化生产的制约，在这一过程中，每一项一定数量的总体产业资本，也都必须按照一定的比例，根据其生产规模，划分为货币资本、生产资本和商品资本，以使每一部分的资本价值分别存在于三种形态之中，并依次通过资本循环不断交替出现的三个阶段，变换发展这三种资本形态，进行着循环往复的运动，就这样，三种资本形态交互配合并互为条件地综合而成这一总体产业资本的总循环运动。

总的来说，资本的循环运动，它所要经历的商品购买、商品生产、商品销售三个阶段，体现着资本的生产过程和流通过程的对立统一关系，而它所采取的货币资本、生产资本与商品资本的三个形态，就反映出每一产业资本所发挥的三种不同职能形式。每一个单个的产业资本都必然进行这样反复的循环运动，才能够在运动的过程中实现价值增殖，这期间一旦出现环节上的断裂，则必然导致资本结构内部的危机。也就是说，假如一种资本不通过第一阶段，将它的货币形态转变为生产形态，则资本家手中尽管掌握着大量的货币储备，但是却不在市场上实现购买生产资料和劳动力等商品的职能，也就无法使得资本得到增殖，他手中的货币也就只能是潜在的资本，而不具有现实性。而如果资本不进入第二阶段，即不将已购

---

① 《马克思恩格斯文集》第 5 卷，人民出版社 2009 年版，第 651 页。

买的劳动力和生产资料进行有效结合，进行实际的商品生产，那么即使资本家本身拥有大量的生产资料，也雇佣了大批工人，这些生产要素也只能是无用的纯粹的物，资本不能实现从生产形态向商品形态的过渡，因而也无法达到剥削剩余价值的目的。同理可知，如果资本不能有效过渡到第三阶段，将它的商品形态再度转变为货币形态，那么，即使资本家有许多新商品，却不能投入市场，通过销售变成一定量的货币，也就是说，当这些商品事实上成为滞销品，原有的预付资本无法回收，新增的剩余价值也根本无法实现，那么资本家本身就必将招致损失，甚至面临破产的危险。

在逻辑融贯地论述了本篇的第一部分，即资本的三种形态在三个阶段进行的三种循环所构成的持续往复运动之后，马克思又在本篇的第二部分研究了"流通时间"与"流通费用"的问题，以完整呈现资本诸形态之循环的真实过程。在"流通时间"一章，马克思研究了产业资本进行一个"单次"循环所需经历的时间，亦即资本的循环时间，它包括两个部分，即资本停留在生产领域的时间和停留在流通领域的时间。由于产业资本进行一次循环都必须经历生产阶段和流通阶段，而在每一个阶段也都需要使用一定的时间，以循序执行其相应职能，因而"流通时间"概念所对应的，即是从另一个角度对于资本循环过程的完整刻画，由此可知，这一时间维度的衡量，也就由产业资本停留在生产领域和流通领域的全部时间来决定。马克思在这一部分也着重批判了资产阶级政治经济学者对于流通时间的错误认识，该错误观点认为在流通领域有一种神秘的价值增殖的实现过程，以此来拒绝剩余价值理论的批判性观念。马克思指出这种观点事实上忽视了流通时间对于生产时间的限制的消极作用，企图借此掩盖资本主义生产方式的剥削实质，否定资产阶级对于工人劳动所创造的剩余价值才是价值增殖的源泉，因而是完全错误和极端反动的。

而在"流通费用"一章，马克思系统研究了资本循环过程中所需要的流通费用。在资本循环过程中，不仅会消耗一定的流通时间，而且还要消耗各种实际的费用，这些应用于流通领域而为资本的流通过程服务的各种费用，就是流通费用。因为商品在流通领域的运动包含着两个不同的过程，一个是商品的使用价值的运动过程，另一个则是商品的价值形态的变化过程，相对应的，商品的流通费用也就区分为两种，一种是与商品的使用价值形态的变化相适应的费用，这是一种作为生产过程在流通领域的继续而发生的费用，称之为带有生产性的流通费用；另一种则是与商品的价值形态的变化相关联的费用，称作纯粹流通费用。而这第一种费用又可以分为两类：一类是保管费用，即用于保管商品的使用价值不致损坏的费用，另一类是运输费用，即把商品从生产场所运输到消费场所的过程中所需要发生的费用。

（三）资本周转

在完成了对于单一资本的一次循环过程所要经历的形式和阶段的变化的研究之后，马克思在第二卷的第二篇以一定周期内的预付资本连续进行若干次循环，直到将其全部的预付价值收回的整个周转过程为研究对象，讨论了其在整个周转过程中的时间长短与速度快慢，资本价值组成的各个不同部分，即固定资本和流动资本所采取的不同周转形式，对于剩余价值的剥削和阶级矛盾的深化的具体影响等问题。在这一部分，马克思详细地分析了资本周转速度的表现、决定因素，以及对于预付资本总量和剩余价值增殖等的影响，从而将剩余价值学说的论述范围进一步拓展。

研究资本周转，必须要对资本周转时间的概念进行明确的界定。所谓的"资本周转时间"，是指以一定形态的资本进行预先支付的始点时间为起点进行计算，直到该给定资本与相应的剩余价值一起回归到资本家的手中为止，这个过程总共需要的时间，即资本周转时间；而资本周转时间的长短，就直接表现为资本周转速度的快慢。在这个意义上，"资本的周转时间计量总资本价值从一个循环周期到下一个循环周期的那段时间，计量资本生活过程经历的周期，或者说，计量同一资本价值的增殖过程或生产过程更新、重复的时间"①。

资本在周转过程中，首先要经过生产领域，而在这一阶段所需要的时间，称为生产时间；其后也要经过流通领域，对此所需要的时间，就称为流通时间。生产时间与流通时间的加总，就是资本周转时间。资本周转时间的长短，反映着资本周转速度的快慢，周转时间短，就表示周转速度快，而周转时间长，也就意味着周转速度较慢，二者成反比例关系。

通过对资本周转问题的研究，马克思清晰地将生产资本区分为固定资本和流动资本这两种性质不同的组成部分。所谓固定资本，就是在生产的过程中，资本的物质形态全部参加生产运动，而其价值则是随着物质损耗而逐步地转移到新产品中去的那一部分资本，例如投入在厂房、机器设备等生产资料上的资本，就属于固定资本的范畴。而流动资本则是指其物质形态在生产过程中全部参加而全部被消耗掉，"资本价值没有任何部分固定在它们的旧的使用形式即实物形式上"②，从而它的价值也是一次性全部转移到新产品上面的资本。这两种资本的年剩余价值率各不相同，因而对资本周转所发生的影响亦各有不同。在现实运营中，资本家总是设法缩短资本的周转时间、加快周转速度，借以更大程度地进行剥削，但这样的企图也会因过大的强度而遭到劳动者的强力反对，从而加剧资产阶级同无产阶级的矛盾和斗争。

---

① 《马克思恩格斯文集》第 6 卷，人民出版社 2009 年版，第 174 页。
② 《马克思恩格斯文集》第 6 卷，人民出版社 2009 年版，第 178 页。

（四）社会总资本的再生产和流通

资本主义的生产过程同样具有二重性，是劳动过程和价值增殖过程相统一的辩证发展。这一过程以生产出商品为手段，最终目的是榨取剩余价值。因此，这个生产全程也就同时作为"资本的再生产过程，既包括这个直接的生产过程，也包括真正流通过程的两个阶段，也就是说，包括全部循环。这个循环，作为周期性的过程，即经过一定期间不断地重新反复的过程，形成资本的周转"①。而在以每一个单个资本的再生产和流通为对象进行了考察之后，马克思进一步以综合的思路，展开对于社会总资本的整个运动过程的研究，即研究社会总资本的再生产和流通问题。

在现实的资本主义社会中，单个资本都不是孤立而存在的，而是相互交错、相互联系，结合为社会总资本的形态。"各个单个资本的循环是互相交错的，是互为前提、互为条件的，而且正是在这种交错中形成社会总资本的运动。"② 在资本主义生产的运行过程中，为了保证社会总资本的再生产和流通能够顺畅有序地进行，不仅要使社会总体在一年中所消耗掉的资本价值能够从社会总产品中得到补偿，而且也还要使社会在生产中所消耗的生产资料，以及资本家和工人所消耗的各种消费资料，同样能够从社会总产品中得到补偿。这种系统性、周期性的补偿的顺利实现，对资本主义生产的良序运行至关重要。

在《资本论》第二卷的第三篇"社会总资本的再生产和流通"中，马克思阐明了关于社会资本再生产和流通的科学理论，以社会生产区分为生产资料的生产和消费资料的生产两大部类，社会产品的价值构成区分为不变资本、可变资本和剩余价值三个组成部分作

---

① 《马克思恩格斯文集》第 6 卷，人民出版社 2009 年版，第 389 页。
② 《马克思恩格斯文集》第 6 卷，人民出版社 2009 年版，第 392 页。

为基本原则，深入、细致地分析了两大部类的资本价值和各种产品的价值补偿与实物补偿的实现过程。在这一部分，马克思首先阐明了社会总资本的再生产和流通过程不同于单个资本再生产和流通过程的性质，并对于这一过程中货币资本的作用作出了专门的说明；随后马克思对古典政治经济学的相关理论进行了分析与批判，尤其是对于所谓"斯密教条"进行了严格的批判与剖析。在作好了理论层面的批判性准备之后，马克思集中对"社会总产品的实现"这一社会总资本再生产和流通过程的关键环节作了系统考察。依据社会总产品价值构成原理和两大部类原理，马克思有效揭示出简单再生产和扩大再生产条件下，社会总产品在实物上和价值上实现补偿的必要条件，从而论述了社会总资本再生产和流通的基本规律，并且指出，只有遵循基本规律，才能够实现两大部类再生产的协调与平衡，也才能保证社会总产品的有效实现。反之，一旦两大部类间的再生产比例失调，就极可能引发社会总资本再生产过程的混乱。

无论是简单再生产还是扩大再生产，马克思都不仅研究了再生产实现的前提条件，而且研究了再生产的平衡条件和平衡公式，只有达到了平衡，社会再生产才能顺利进行，而资本主义再生产恰恰难以实行再生产的平衡。这也就意味着，在资本主义的制度条件下，由于资本主义现实的生产和流通的盲目性，必然导致资本主义生产方式的内在矛盾不断激化，使得社会再生产的良性秩序遭受周期性的破坏，这也就是资本主义的周期性经济危机的根源所在。

马克思在这一部分卓越地建立了马克思主义社会资本再生产和流通的科学理论，为无产阶级政治经济学理论体系的建立作出了重大贡献，这一杰出的经济学说，必将随着社会生产的日益发展和人类社会的不断进步，而愈发彰显其正确性和指导意义。

三　对《资本论》理论体系的捍卫

在《资本论》第一卷出版以后，曾经试图漠视其理论影响的资产阶级阵营发现无法以沉默的方式将这一划时代巨著打入时代的暗角，于是开始以造谣中伤的方式，污蔑马克思的理论"剽窃"自洛贝尔图斯的相关论述。1874年，迈耶尔所著的《第四等级的解放斗争》一书，首先将马克思的剩余价值理论归结为对洛贝尔图斯思想的简单抄袭；而洛贝尔图斯则大言不惭地认定马克思的政治经济学体系是对他自己所著的《关于德国国家经济状况的认识——五大原理》的应用和因袭，但是又丝毫拿不出证据。而随着"马克思剽窃洛贝尔图斯，洛贝尔图斯才是社会主义的创始人"这样的说法被无理地传播，如何在马克思逝世之后真正向世人，特别是革命群众阐释澄清这其中的荒谬与悖理，就成为恩格斯在编辑《资本论》续卷的同时所需要完成的任务。

恩格斯首先要澄清马克思是独立地完成了剩余价值理论的创立，并非汲取自洛贝尔图斯充满乌托邦空想的经济理论；其次，更需要向革命者以及公众们论证清楚，洛贝尔图斯本身的理论就是错误百出的，也绝不能因为一种表面上的与马克思经济理论之间的"相似"性，而使得革命者在其中产生错误的判断，反而因此而误读了马克思所论述的革命真理。

恩格斯以客观的历史事实为依据对马克思的理论"剽窃"自洛贝尔图斯的相关论述展开了辩驳，他指出："直到1859年前后，他对洛贝尔图斯的全部文字活动还是一无所知，而这时，他自己的政治经济学批判不仅在纲要上已经完成，而且在最重要的细节上也已经完成。1843年，他在巴黎开始研究经济学时，是从伟大的英国人和法国人开始的。在德国人当中，他只知道劳和李斯特，而有这两个人，对他说来也就够了。马克思和我以前都根本没有听说过洛贝尔图斯。"① 马克思政治经济学理论的实际成熟、完备的时间，完全是在他对洛贝尔图斯的任何"文字活动"都毫无认知的时段内，洛贝尔图斯妄图栽赃的"剽窃"行为，在物理时间的意义上已经被证伪。"当时马克思在没有洛贝尔图斯的任何帮助下，不仅已经非常清楚地知道'资本家的剩余价值'是从哪里'产生'的，而且已经非常清楚地知道它是**怎样**'产生'的。这一点，从 1847 年的《哲学的贫困》和 1847 年在布鲁塞尔所作的、1849 年发表在《新莱茵报》第 264—269 号上的关于雇佣劳动与资本的讲演，可以得到证明。1859 年前后，马克思才从拉萨尔那里知道还有洛贝尔图斯这样一个经济学家"②。

马克思不可能在任何意义上有所"沿袭"洛贝尔图斯的理论知识，这样的论证显而易见，但更为重要的是，要在对于源自洛贝尔图斯的诽谤性指控的批判性澄清之中，使得《资本论》的广大读者建立正确的对于马克思剩余价值理论的认识。对此，恩格斯在《资本论》第二卷序言中，以极度清晰而简洁的方式刻画了马克思在《资本论》的理论体系中所取得的卓越进展："他以劳动力这一创造价值的属性代替了劳动，因而一下子就解决了使李嘉图学派破产的一个难题，也就是解决了资本和劳动的相互交换与李嘉图的劳动决定价值这一规律无法相容这个难题。他确定了资本分为不变资本和可变资本，就第一个详尽地阐述了剩余价值形成的实际过程，从而说明了这一过程，而这是他的任何一个前人都没有做到的；因而，他确定了资本自身内部的区别，这个区别是洛贝尔图斯和资产阶级经济学家都完全不可能作出的，但是这个区别提供了一把解决经济学上最复杂的问题的钥匙，关于这一点，这第二册又是一个最令人

---

① 《马克思恩格斯文集》第 6 卷，人民出版社 2009 年版，第 11—12 页。
② 《马克思恩格斯文集》第 6 卷，人民出版社 2009 年版，第 12 页。

信服的证明，以后我们会知道，第三册更是这样。"① 恩格斯指明，从理论品质的高度原创性与深刻的批判性方面，洛贝尔图斯的经济学说都根本无法与马克思的深刻思想相提并论。

马克思与洛贝尔图斯之间存在着理论实质上的根本区别。在阶级立场上，洛贝尔图斯作为一个德国的庸俗经济学家，资产阶级化的容克地主思想家，其所宣扬的"国家社会主义"实质上是在面对日益严峻的资本主义矛盾的情况下，企图挽救资本主义基本经济制度而开出的廉价的欺世盗名的药方。在历史上，洛贝尔图斯的经济思想得到了德国资产阶级政治经济学的认可，这一时期的代表人物如施穆勒、瓦格纳、布伦坦诺、桑巴特等人，将洛贝尔图斯的思想不断拓展，鼓吹资产阶级和无产阶级之间的原初和平，企图以削弱阶级冲突、阶级矛盾的方式消解阶级斗争，在讲坛上宣讲社会改良主义，从而对矛盾重重的资本主义制度展开"救亡"，由此这一学派被讽刺性地命名为"讲坛社会主义"。马克思和恩格斯在革命实践中与"讲坛社会主义"思潮进行了坚定不移的斗争，不断揭露其反动的思想性质，而这也就相应地遭到了他们蓄意的诬蔑，与洛贝尔图斯的经济思想相提并论，本身也就是对马克思理论性质的极大污蔑及理论高度的极大贬低。

由此可见，洛贝尔图斯的所作所为，完全是在用一种漏洞百出的言论来强行比附马克思的科学理论，根本经不起严格的理论审视。从这个意义上来说，马克思和恩格斯的思想斗争经验表明，只要能够完整、准确地掌握马克思剩余价值理论这一科学武器，不仅可以在经济思想史的复杂脉络中牢牢掌握住真理的标尺，更可以在现实的政治斗争中，认清所有妄图挫败革命斗争、扰乱革命思维、阻挡革命进程的错谬行为，坚定不移地坚持马克思主义的正确思想路线。

① 《马克思恩格斯文集》第6卷，人民出版社2009年版，第22页。

恩格斯更援引化学史上关于氧气发现的例子来论述马克思对剩余价值理论发展的伟大贡献："在剩余价值理论方面，马克思与他的前人的关系，正如拉瓦锡与普利斯特列和舍勒的关系一样。在马克思以前很久，人们就已经确定我们现在称为剩余价值的那部分产品价值的**存在**；同样也有人已经多少明确地说过，这部分价值是由什么构成的，也就是说，是由占有者不付等价物的那种劳动的产品构成的。但是到这里人们就止步不前了。"① 所有此前的经济学研究的停滞，事实上是对于"经济学革命"本身的望而却步，不敢将真正的社会变革理想熔铸入政治经济学批判的精神当中，而马克思的剩余价值理论区别于"讲坛社会主义者"和其他资产阶级古典政治经济学家的理论的最关键意义恰恰在于，他是要将对"经济事实"的分析，推进到"社会革命"的高度，在总体上超越前人；而这也是马克思主义的发展过程中，在思想史、文献史、接受史、影响史的整体结构下，需要深刻领会的一把思想"钥匙"："这里的问题不是在于要简单地确认一种经济事实，也不是在于这种事实与永恒公平和真正道德相冲突，而是在于这样一种事实，这种事实必定要使全部经济学发生革命，并且把理解全部资本主义生产的钥匙交给那个知道怎样使用它的人。"② 由此，恩格斯雄辩地说明了马克思剩余价值理论的独创性与革命性。

第二节 《资本论》第三卷的整理出版与辩护完善

早在 1885 年年初《资本论》第二卷的整理和编辑工作即将完成的时候，恩格斯就已经开始准备第三卷的编辑整理工作。最初，他

---

① 《马克思恩格斯文集》第 6 卷，人民出版社 2009 年版，第 21 页。
② 《马克思恩格斯文集》第 6 卷，人民出版社 2009 年版，第 21 页。

认为整理第三卷应该仅仅存在技术性困难，大约几个月或最多一年的时间就可以完成。但是事实上，整理过程中遇到的问题比想象中的要多得多，加上他身体的状况和时间精力等原因，使得他近十年之后才完成这一卷的编辑和出版工作。恩格斯为《资本论》续卷的编辑出版、完善辩护作出了不可磨灭的贡献。

一　整理出版《资本论》第三卷

从 1885 年至 1894 年，恩格斯经过艰苦的努力，编辑整理完成了《资本论》第三卷。《资本论》第三卷，标志着马克思所创立的政治经济学理论体系的完成，揭示和说明了将社会资本运动过程作为整体考察时所呈现的产业资本、商业资本、借贷资本、农业资本等形态，研究了剩余价值在各个剥削阶级集团之间的分配及其矛盾。

随着编辑整理进程的深入，恩格斯逐渐认识到，马克思在 19 世纪 60 年代初期就写出了这一部分的关键内容，并且在 60 年代中期已经基本完成了相关内容的研究，但由于他对于学术严肃审慎的观念，绝不会在对文稿完全满意之前将其公之于世。而这一原则也成为恩格斯的整理工作的规范性要求。恩格斯在 1890 年写给友人的信中说明了在编辑整理第三卷的过程中，自己在学术良知方面遭遇的挑战，"《资本论》第三卷是我良心上一个沉重的负担；有些篇章的情况是，不作仔细校订和局部的调动，就不能发表，而您知道，对于这样的巨著，我只能经过深思熟虑才能这样做"①。马克思和恩格斯在《资本论》的写作和编辑方面的严谨态度，也从一个侧面说明了这部旷世巨著所取得的举世瞩目的思想成就，是与马克思和恩格斯超乎常人的学术良知与行动能力密不可分的。

恩格斯对于《资本论》第三卷的编辑，面对着远不同于第二卷

---

① 《马克思恩格斯全集》第 37 卷，人民出版社 1971 年版，第 374 页。

的状况，也使得这一整理、出版过程整整进行了近十年的时间。正如恩格斯在给友人的信中所说："由于这最后一卷是一部如此出色而绝对不容置辩的学术著作，我认为我有责任在出版这一卷时，要使全部论据都十分清楚而明确。然而在手稿目前这样的情况下，要做到这一步并不是那么容易的，因为它只是初稿，是断断续续写的，而且还没有完成。"① 为了达到以"清楚而明确"的原则贯穿全书论证的要求，恩格斯以超凡的毅力和耐心来处理马克思遗留下来的文稿。马克思所写作的文稿，有很大一部分是有着明显的草稿性质的，其核心论证虽然有所论说，但是行文之中仍旧不乏离题或无法定论的内容，使得对于整个研究的性质仍旧无法准确把握。马克思《资本论》手稿的"未完成"特质，使得恩格斯必须要在整理过程中付出比第二卷更为艰辛的努力，这同样也包括文稿本身的字迹难以辨认，而进入老年的恩格斯也不断受到病魔侵袭，因此必须先通过口授将文稿整理出来，再对其进行细致的分析。这样的工作状态让恩格斯非常辛苦，"只要《资本论》第三册没有口授完，白天我得从十点工作到五点，而晚上，除了接待客人，我还要答复日益增加的许许多多的来信，而且还要通读口授稿，校订我们的著作的法译文、意大利译文、丹麦译文和英译文（包括《资本论》的英译文），我真不知道到哪里去找时间再来做其他工作"② 。正是通过高强度的工作，恩格斯才最终将《资本论》续卷的编辑工作，以一己之力承担下来，坚定不移地推动下去，最终编辑出版了一部学术经典。

具体到编辑工作的细节，恩格斯遇到的真正困难远远超出了单纯文字编辑的层面，在很多行文有缺漏的部分，都需要进行增补和适当的改动，有的地方马克思则只是在手稿中写出了标题，具体内

---

① 《马克思恩格斯全集》第37卷，人民出版社1971年版，第236页。
② 《马克思恩格斯全集》第36卷，人民出版社1974年版，第331页。

容必须由恩格斯来完成。很多篇章的开头部分是较完整和系统的，但是越到后面，论述越是简略，很多地方更只有相关的笔记、摘录的资料，因此必须结合最新的资料进行补写，并且以完整的思路统领全文。在马克思原初的手稿中，《资本论》第三卷内容只是粗略地分为七章，具体的内容中也没有分节，因此十分不适于阅读、研究和学习。经过恩格斯的重新修订，第三卷划分为 7 篇 52 章，恩格斯也给每一章节加上了适当的标题，使得整部著作阅读起来连贯而有层次。与这一篇章设计的方式相适应，恩格斯也对马克思原始文稿中论述问题的顺序进行了细致的调整，如原稿中的第一章，原标题为"剩余价值转化为利润"，其实与后面的很大一部分论述不够契合，恩格斯将这一章设定为全书的第一篇，并将篇名扩展为现在使用的"剩余价值转化为利润和剩余价值率转化为利润率"。与此同时，恩格斯也将马克思从剩余价值率与利润率关系的数学计算开始的论述顺序进行了调整，认为在直接进行数学计算之前，应该能够先从理论上说明剩余价值转化为利润的过程是怎样发生的，而这样也就需要对于价值之资本主义表象进行说明，也就聚焦在"成本价格"这一论题，由此，恩格斯将原稿中与成本价格相关的论述进行了整合，并且通过补充撰写的内容将所有的材料统合在一起，构成了全书开篇的内容，即第一章"成本价格和利润"。

在《资本论》第三卷的手稿中，有的部分只有篇章相应的标题，以及一部分参考资料，并没有实际的内容，这显然是马克思准备在后续的研究完成后逐步成文，但是这些内容最终没有能够完成。其中最有代表性的是第四章"周转对利润率的影响"，这一章的内容只有标题，而没有任何的内容，但是，资本周转是影响利润率的极其重要的因素，因此，这一部分的研究和写作，就只有由恩格斯自己来完成。恩格斯于是综合了马克思在各种论述中对于相关问题的论述，完整地补写了这一章，使得理论连贯完整，内容相互呼应。而原稿中的第五章"利润分为利息和企业主收入。生息资本",想要完稿情况也相当困难,"不但没有现成的草稿,甚至没有一个可以按照其轮廓来加以充实的纲要,只不过是开了一个头,不少地方只是一堆未经整理的笔记、评述和摘录的资料"①。恩格斯花了很大力气将原稿中留下的摘录和评注重新分析,以极强的逻辑能力重构了马克思的论证,并将相应的现实资料重新补充到具体的论述之中,使得第三卷的第五篇成为具备很强思想启发力的研究成果。

资本主义的最新变化,是恩格斯非常关心的思想主题,这也同样体现在《资本论》第三卷的编辑过程当中。恩格斯开始整理第三卷的 19 世纪 80 年代中期,资本主义的现实境况已经与马克思撰写手稿的时期大相径庭,在 20 多年的急速发展过程中,资本主义经济已经发生了不可忽视的重大变化,这其中最为显著的就是"垄断"现象的出现。恩格斯为了使得马克思的科学著作能够与这些现实变化相呼应,在第三卷的正文中,以附注、编者注、插入语等方式,添加了 60 多处的具体说明,这其中,有通过现实情况对正文论述进行的说明,有为了使得论述更加连贯和完整而进行的补充,也有对于 19 世纪 80 年代以后资本主义经济发生的新变化,如危机周期的变化、卡特尔和托拉斯等垄断组织的出现等情形的理论说明。通过这些重要的充实与完善的工作,恩格斯使得《资本论》第三卷真正成为与时俱进的光辉著作。

1894 年 12 月,在恩格斯的艰苦努力之下,《资本论》第三卷终于在德国汉堡出版,也由此宣告了《资本论》理论部分的三卷内容完整地向世人呈现出来。这部深刻而丰硕的巨著,将马克思主义理论的真理力量与人格力量推向了高峰。恩格斯整理和出版《资本论》第二、第三卷,也是对无产阶级革命事业的伟大贡献。正如列宁在

---

① 《马克思恩格斯文集》第 7 卷,人民出版社 2009 年版,第 8—9 页。

传记文章中所说："奥地利社会民主党人阿德勒说得很对：恩格斯出版《资本论》第 2 卷和第 3 卷，就是替他的天才朋友建立了一座庄严宏伟的纪念碑，无意中也把自己的名字不可磨灭地铭刻在上面了。"[①] 以编辑、整理、完善《资本论》这一伟大理论著作的方式，恩格斯将马克思主义的最宝贵财富传承给后来人，也使复杂的思想斗争与国际秩序下的共产主义运动获得了继续斗争的方向，并且为列宁以帝国主义论为核心的系统性的垄断资本主义批判开辟了道路。

二 《资本论》第三卷的篇章结构与主要内容

随着恩格斯将《资本论》第三卷编辑出版的完成，《资本论》理论部分的三卷体系也终于得以形成互相融通、辩证统一的整体，从而形成了经济思想史上难以忽视也难以逾越的思想系统。

（一）《资本论》第三卷的内容架构

依据马克思的本意，恩格斯编定的《资本论》第三卷研究生产过程、流通过程和分配过程相统一的资本主义生产总过程。也即是说，第三卷研究的是以生产过程为基础、以流通过程为媒介而形成的资本主义分配过程，这也就成为对资本主义生产总过程的考察。

伴随着资本运动过程的演进，无产阶级和资产阶级的矛盾也随之而渐趋复杂化、尖锐化。在第一卷所阐述的直接生产过程中，主要探讨无产阶级和资产阶级在生产过程中的关于剩余价值剥削的矛盾问题；第二卷分析资本的流通过程，主要研究资产阶级和无产阶级的矛盾在流通过程中的表现及相应的剩余价值的实现形式问题；而在第三卷中考察资本和剩余价值的分配，是在总体性地考察无产阶级和资产阶级的对抗与矛盾的基础上，更进一步地探讨剩余价值在各个阶级之间的分配情况，从而更为具体地阐述产业利润、商业

---

① 《列宁全集》第 2 卷，人民出版社 2013 年第二版增订版，第 10 页。

利润、利息和地租的实质及其形成过程，由此而完善、完成了整个资本和剩余价值学说的体系性论述。

《资本论》的第三卷研究资本主义生产的总过程，因而在三卷的结构中，它所涉及的资本形式最为具体，所体现的矛盾也最全面，通过深入分析产业资本、商业资本、生息资本和农业资本的运行状况，以阐述资本主义生产的总过程，集中论证剩余价值的分配问题，是《资本论》理论体系中必不可少、总结性的部分。

全书分7篇52章，是《资本论》三卷中内容最为丰富的一卷。根据论述的内容，可分为三个部分。第一部分是第一至三篇，通过对平均利润和生产价格的研究，阐述平均利润率的形成，从而说明产业资本家之间如何对剩余价值进行瓜分。在此，以产业资本为研究对象，以生产力不断发展和资本有机构成不断提高为理论前提，分析产业资本如何在生产过程和流通过程统一的基础上，通过竞争，发生资本转移，使得利润率趋向平均化，形成平均利润，由此价值转化为生产价格。

第二部分是第四至六篇。在这一部分中，主要研究商业资本和商业利润、生息资本和利息、土地资本和地租等问题，亦即要说明在产业资本之外，其他各个剥削集团如何瓜分剩余价值的问题。通过说明商业利润是与工业利润平均化，二者共同平均瓜分工人所创造的剩余价值；而利息则在平均利润之下，地租又在平均利润之上，由此租地耕种的佃农所遭受的剥削就特别深重，贫困程度也极其严重。

第三部分就是第七篇，不仅是第三卷的总结内容，更是作为《资本论》三卷的全书总结。在这一部分，马克思采取了批判性考察的方式，对资本主义生产的总过程，即对生产、流通、分配的全过程，进行了总结研究，论述了《资本论》中的核心论题，即剩余价值的来源问题。这个问题在流通过程和分配过程中被神秘化了，也由此而呈现了资产阶级政治经济学所需要的对于资本主义生产方式的神秘化，对此必须进行彻底的揭露。

《资本论》第三卷是马克思对资本主义生产方式进行理论分析的最后完成，对于资本的各种具体形式，对剩余价值分配所形成的各种具体形态，在相关章节都作出了正确而深刻的科学阐明，完成了马克思批判的资本理论体系的全面建立。马克思分别在《资本论》的三卷中针对剩余价值的生产、实现和分配问题进行了论述，形成了贯穿而系统的理论体系，而第三卷也是剩余价值理论体系中的一个重要组成部分，有着极其重要的理论价值。

（二）剩余价值转化为利润和剩余价值率转化为利润率

在第三卷中，第一篇研究产业资本，探讨剩余价值如何转化为利润、剩余价值率如何转化为利润率。这一篇主要论述两个层面的问题：首先，研究剩余价值转化为利润，剩余价值率转化为利润率，以及利润和利润率这两个现象形态如何掩盖了剩余价值和剩余价值率的本质；其次，研究影响利润率变动的因素，如剩余价值率的高低、资本周转速度的快慢、不变资本的使用状况、原料价格的变动等方面。马克思科学地揭示，在一定的条件下，利润率的变动可以和剩余价值率的变动不相一致，而利润率的这种独立变动的情形，就进一步掩盖了资本主义剥削的来源和实质。

这篇内容所着重揭示的剩余价值转化为利润和剩余价值率转化为利润率的问题，有极强的理论穿透力。马克思深刻地揭示出，产品价值中所包含的不变资本和可变资本的价值，通过劳动消耗，表现为资本的耗用，即成本消耗；而与此同时，商品价值中的剩余价值，则表现为成本价格的增加值，即预付总资本的增殖部分，形成所谓的"利润"，剩余价值率则表现为预付总资本的增殖量。经历过这样的"转化"过程之后，资本家无偿占有剩余劳动的真相就被有效地掩盖了，在这一视角下，劳动消耗转化为资本消耗，资本家对剩余劳动的占有，转化为资本的自我增殖过程，于是资本家对于无产阶级的剥削就隐匿而不可见了。马克思的科学的"政治经济学批判"，正是对于这种错误"叙事"的虚伪实质的深刻揭露与批判。

（三）利润转化为平均利润

马克思对于"利润转化为平均利润"的研究，也同时展开为"价值转化为生产价格"的论述，马克思的平均利润理论与生产价格理论，是其劳动价值论的重要组成部分，也是他关于利润、利息、地租等理论的重要基础，因而这一部分在《资本论》第三卷中占有非常重要的地位。

在第三卷中，第一篇研究产业资本，探讨剩余价值如何转化为利润、剩余价值率如何转化为利润率。而第二篇则更进一步，考察资本的利润如何转化为平均利润，商品价值如何转化为生产价格，资本的利润率如何转化为一般的利润率等问题。

本篇的研究以社会资本为对象，通过细致的分析，马克思揭示出社会化生产内蕴的诸种"转化过程"如何实现了价值与社会必要劳动、利润和剩余劳动之间的内在联系，同时也揭示出资本家之间的相互竞争，是如何掩盖了资本家阶级对于工人阶级的残酷剥削。从这样的研究目的出发，只有在分析了利润如何能转化为平均利润、价值如何转化为生产价格之后，才能够阐明不同的生产部门为什么会以等量的资本产出等量的利润。正是通过对平均利润形成过程的分析，马克思深刻地说明了资本家企图巩固对于平均利润的榨取与剥夺，特别是各自对于自己雇佣工人进行的肆无忌惮的剥削，这样才有可能获得超过平均利润的超额利润。"因此，我们在这里得到了一个像数学一样精确的证明：为什么资本家在他们的竞争中表现出彼此都是假兄弟，但面对整个工人阶级却结成真正的共济会团体。"① 马克思从资本运动过程的整体来研究资本的各种具体形式，目的是说明不同的资本形式与不同的剩余价值形式的对应关系，以及不同资本形式之间的相互关系，由此而从整体上揭示出资本主义社会的现实基础，即整个资本家阶级同整个无产阶级之间的对立状态。

关于平均利润的形成过程，资产阶级古典政治经济学者如亚当·斯密一直有一种错误的观念，认为商品交换如果按照商品的价值进行交换，则相同量的资本一定不能够取得相同数量的利润，也就是所谓平均利润；反之，如果商品的交换可以取得平均利润，那么也就意味着商品本身并不是在进行等量价值的交换。马克思批判性地指出，在一般商品交换的意义上，由于各个生产部门的资本有机构成不同，资本周转时间也不相等，因此各个资本所产生的利润，同时也就意味着其所生产的剩余价值量，必然各不相等，从而导致各自的利润率也不一致。但在资本主义生产方式下，等量资本会要求获得等量的利润，这是资本的本性决定的。于是通过竞争，各个部门不同的利润率，也就平均化为一般利润率，也就是平均利润率。"不同生产部门中占统治地位的利润率，本来是极不相同的。这些不同的利润率，通过竞争而平均化为一般利润率，而一般利润率就是所有这些不同利润率的平均数。"② 而在平均利润和生产价格形成以后，原来的剩余价值转型为平均利润，价值变形为生产价格。在转型完成之后，个别生产部门的剩余价值和平均利润不相等，价值和生产价格不相等，但是从社会总体来说，剩余价值总量和利润总量又是相等的，价值总量和生产价格总量又是相等的。而在实质上看，利润不过是剩余价值的转化形式，生产价格则不过是价值的转

---

① 《马克思恩格斯文集》第 7 卷，人民出版社 2009 年版，第 220 页。
② 《马克思恩格斯文集》第 7 卷，人民出版社 2009 年版，第 177 页。

化形式。

（四）利润率趋向下降的规律

在研究了利润率与平均利润的形成之后，马克思在第三篇进一步阐述了资本主义生产方式的深刻矛盾，这一问题侧面以"利润率趋向下降的规律"为其内在实质而展现出来。这一部分主要包含三个层面的论述：首先是利润率趋向下降规律的"规律本身"，分析平均利润率趋向下降规律的实质、内在矛盾和表现形式等；其次是"起反作用的各种原因"，讨论阻碍平均利润率下降的各种因素，研究这个规律成为"偏向理性规律"所发生的作用，及其对资本主义生产的影响；最后是"规律的内部矛盾的展开"，阐明这个规律对于资本主义的总体影响，进一步揭示了资本主义生产方式的内在矛盾。

随着资本主义经济社会的全面发展，资本积累不断增长，资本有机构成也不断地提高，致使一般利润率以反比趋向下降，从而形成了"利润率趋向下降的规律"。而这个规律本身，又因为在积累过程中资本对劳动的剥削的日益加剧等原因，发生相反的作用，阻碍了平均利润率的下降，使得这个规律只是表现为一种总体性的"趋势"，并不能全然地现实化。"因此，我们也就把一般利润率的下降叫做趋向下降。"① 而从本质上考究，则这个规律正是资本积累的一种表现，它的存在也充分地揭示了财富积累与贫困积累的矛盾，反映出资本主义的基本矛盾的不可消解以及资产阶级对于无产阶级的宰制秩序之下，无产阶级的生命状况必然不断趋向悲惨的现实。

（五）商品资本和货币资本转化为商品经营资本和货币经营资本（商人资本）

在资本主义之前的时期，商业利润主要是采取贱买贵卖的方式

---

① 《马克思恩格斯文集》第 7 卷，人民出版社 2009 年版，第 258 页。

直接取得的，而进入资本主义生产方式统治的时期，商业利润是产业资本让渡的剩余价值。与前资本主义时期的商业资本相比，资本主义制度下的商人资本的活动范围与功能更加局限，它的主要任务就是作为产业资本运动的一个独立环节，在资本流通领域中，通过商品交换，为产业资本的价值实现服务。

具体而言，"商人资本或商业资本分为两个形式或亚种，即商品经营资本和货币经营资本"。① 此两者都是由产业资本的职能形式转化而来，即商品经营资本是商品资本的转化形态，货币经营资本是由货币资本转化而来。由此，这一部分就是要"在分析资本的核心构造所必要的范围内，较详细地说明这两种资本的特征"。②

在资本周转的维度上，商业资本或商人资本的周转非常不同于产业资本的周转。产业资本的周转，包括生产时间和流通时间两个部分，其周转时间包括剩余价值的生产，因而直接影响平均利润率。而商业资本的周转，却仅限于流通过程而不会创造任何剩余价值，因而就只能对商业资本的预付额度产生一定的影响，因此只对平均利润率有间接的影响，这也是商人资本作为产业资本的附庸资本形态的属性使然。

（六）利润分为利息和企业主收入。生息资本

马克思在《资本论》的前两卷与第三卷的前三篇中，都是以产业资本为研究对象，论述剩余价值的生产及产业资本家如何逐步将剩余价值占为己有的全过程，而在此基础上，又进一步说明在产业资本的运动中如何产生商业资本，以及它如何参与到利润率的平均化过程之中，阐明无论资本是投入生产领域还是流通领域，都要按照投入数量的比例来获得平均利润。而生息资本作为一种历史久远

---

① 《马克思恩格斯文集》第 7 卷，人民出版社 2009 年版，第 297 页。
② 《马克思恩格斯文集》第 7 卷，人民出版社 2009 年版，第 297 页。

的资本形态，在资本主义制度下，是作为产业资本和商业资本的派生形态而存在的。在前资本主义的奴隶制与封建制时代，生息资本表现为高利贷资本，在资本主义社会则表现为借贷资本。在第五篇，马克思专门研究货币资本如何独立化为借贷资本，以及借贷资本的本质和特征，以此来处理信用制度、银行资本、股份资本等一系列问题。这一篇是第三卷中内容最为丰富的一篇。

关于生息资本的产生及其运动的特点。我们知道，在商品流通和货币流通的过程当中，必然会产生支付行为和借贷行为，从而也就必然会产生借贷资本和生息资本。在资本主义生产条件下，贷放利息是资本的所有权的产物，而利润则表现为资本的使用权的所得，由此，利息作为借贷资本自身的"果实"，分享了平均利润，从而将资本主义制度的剥削实质完全掩盖。

利息的实质。在资本主义社会，利息乃是职能资本家因借用他人的货币资本而需支付的报酬形式，其实质是平均利润的一部分，而其来源同样是产业工人所创造的剩余价值。在这个前提下，企业主收入也就是企业利润的计算方式，是以平均利润减去利息的形式，也就是说，平均利润中包含企业主收入和利息两部分。而银行利润则是银行资本家通过经营银行业务而获得的那部分剩余价值，具体的计算方式是由贷款利息减去借款利息再减去银行的开支，从而这种利润也应与平均利润相联系。

股份公司问题。随着资本主义生产规模的迅速扩大，私人资本逐渐不能适应经济发展的需要，与之对应的采取社会资本形态的企业应运而生，这种新的生产组织形态，就是股份公司。股份公司是通过发行并在证券市场出售股票来筹募资金而形成的合资性质的企业形式。股份公司的营业利润，作为该公司的股息，它是按照一定的时间，根据股票的相关规定，分配给投资的股票持有者。通常情况下，股息小于平均利润，仅仅是剩余价值的一部分。取得股息的凭证，就是股票，持有股票的人，也就成为该企业的股东，有按期分享企业股息的权利，而拥有较多股票的人，则成为企业的经营管理者。作为一种虚拟资本，股票也是可以通过买卖以牟利的虚拟工具，而"这些所有权证书——不仅是国债券，而且是股票——的价值的独立运动，加深了这样一种假象，好像除了它们能够有权索取的资本或权益之外，它们还形成现实资本"。① 马克思通过对股份公司和股票的分析，深刻地指出，通过这种"有价证券"的现实运作，"资本是一个自行增殖的自动机的观念就牢固地树立起来了"。② 马克思在揭露股份公司和股票交易所遮蔽的"假象"的同时，指出"资本主义生产极度发展的这个结果，是资本再转化为生产者的财产所必需的过渡点"③。由于股份公司的出现实质上是为了促进资本集中，随着其规模的不断扩张，必然促使垄断资本的出现。

　　资本主义的信用问题。在资本主义的经济发展进程中，信用发挥着极大的作用。借贷资本处于持续的运动过程，不断地由资本的所有者贷放给资本的使用者，然后又由资本的使用者归还给资本的所有者，形成资本借贷的不断往复的循环。在每一个循环过程中，资本都发挥着增殖价值的作用，为原借贷资本带回一定量的利润，而其中的一部分则形成利息，如此就构成了资本主义信用的作用模式。资本主义的信用制度一方面对于经济发展有积极作用，如可以促进资本的再分配和利润的转化等，但是，过度发展的信用制度和过度依赖信用体系的资本主义经济，也会招致负面因素的打击，最为严重的是，信用会造成对于商品需求的虚假表象，从而掩盖生产过剩的客观矛盾，使资本主义生产走向错误的轨道，脱离有支付能

---

① 《马克思恩格斯文集》第 7 卷，人民出版社 2009 年版，第 529 页。
② 《马克思恩格斯文集》第 7 卷，人民出版社 2009 年版，第 529 页。
③ 《马克思恩格斯文集》第 7 卷，人民出版社 2009 年版，第 495 页。

力的需求而自发盲目发展，造成生产的发展普遍超出社会总体需要的问题，引发经济危机。

（七）超额利润转化为地租

在完成了对于生息资本的讨论之后，马克思进而研究资本主义地租，也就是在平均利润以上的那部分剩余价值是如何转化为地租的。这一研究建立在马克思的剩余价值理论及平均利润学说的基础之上，是对之前理论的进一步运用。

从《资本论》第三卷第四篇开始，马克思转入对非产业资本形态的分析，其中第四篇分析商业资本的运动，第五篇分析生息资本的运动。在这一阶段的论述中，马克思对于资本和雇佣劳动的关系进行着重研讨，旨在阐述不同职能资本形式之下，剩余价值所采取的各种具体形态以及其所发生的具体作用，但是一直都没有涉及资本在农业生产过程中所发挥的作用问题。于是，马克思在进一步的论证中指出："对我们来说，考察现代的土地所有权形式所以是必要的，是因为我们要考察资本投入农业而产生的一定的生产关系和交往关系。不作这种考察，对资本的分析就是不完全的。"[①] 这样，就突出了地租问题。

马克思根据资本主义地租产生的原因和条件的不同，将地租规定为两种基本形式：级差地租和绝对地租。所谓级差地租，就是等量的资本投入在不同的地块上或等量资本连续投在同一个地块上，劳动生产率较高的投资所形成的、由农产品的个别生产价格和社会生产价格的差额所构成的超额利润转化而成的地租。

基于形成条件的不同，级差地租又可再区分为级差地租Ⅰ和级差地租Ⅱ。级差地租Ⅰ是指等量资本投入在同等面积的不同地块上，产生的不同生产率而形成的级差地租。级差地租Ⅰ与土地的差异有

---

① 《马克思恩格斯文集》第7卷，人民出版社2009年版，第694页。

关，也就是表现在土地肥沃程度方面的差别和土地地理位置方面的差别。因此，级差地租Ⅰ是等量资本投入在肥力和位置不同的等量土地上产生的超额利润所形成的地租。而由于农产品的市场价格是由劣等地的个别生产价格所决定，因此，当等量资本在同一地块上持续投资的生产率高于劣等地的生产率，就会产生一个超额利润，而由这个超额利润转化而来的地租，就是级差地租Ⅱ。

与级差地租相对区别的地租形式，是绝对地租。在马克思之前，以李嘉图为代表的资产阶级经济学家都只承认级差地租，而不承认绝对地租的存在，绝对地租理论的提出，是马克思作出的一大理论贡献。土地所有者之所以要将土地出租，本身一定有寻租的意向，否则他完全可以任由土地废弃，也不需要让别人来使用。从而，这种基于土地所有权而必须支付的地租，就是绝对地租。绝对地租的实质是农产品价值大于其生产价格的余额，是工人劳动创造的剩余价值的一部分。土地所有权的垄断是使农业超额利润转化为绝对地租的条件。随着资本主义的不断发展，农业的劳动生产率的提高，农业的资本有机构成也会不断提高，因此，绝对地租会有逐步减小的趋势，但是，由于绝对地租是基于土地所有权而产生的，只要土地所有权还在，其对耕种土地的垄断权和要求使用土地所必须支付的地租的绝对索取权还依然存在，绝对地租就不可能消失。在这个意义上，只有废除土地私有制，才有可能废除绝对地租。

（八）各种收入及其源泉

作为《资本论》第三卷的最后部分，资本主义制度下的各种收入的源泉得到了讨论。马克思在这一部分分析了资本主义社会的各种收入，即工资、利润和地租的真正的源泉是雇佣劳动者所不断创造出的价值，由此而印证了资本主义的生产和分配、生产关系和分配关系之间的关系。马克思首先批判了资产阶级的庸俗政治经济学的三位一体公式。在模仿基督教教义而建立的"三位一体"论述中，劳动—工资、资本—利息、土地—地租的一一对应，仿佛构造了一种稳定而明晰的社会分配结构，这就是资产阶级古典政治经济学家完全依表面现象来制作的思想工具，其目的是为资产者的剥削行为进行辩护，从而将资本主义社会的阶级矛盾完全掩盖起来。

从资产阶级古典政治经济学家的辩护企图来看，将资本主义生产中逐年增加的价值分别以看似合理的方式转化为工资、利润和地租的形式，就可以从源头上证明资本主义生产关系和分配关系的合理性，在这一视角下，劳动是产生工资的源泉，资本是产生利润（利息）的源泉，土地是产生地租的源泉，而这一"按要素分配"的精致结构，也就彻底掩盖了资本主义社会扭曲的社会生产关系。这一观点完全以表面上的"自然明见性"为前提，单纯用生产过程中生产要素的参与作为分配原则，从而就实现了以表面现象蒙蔽人们对于资本主义剥削实质进行考察的理论目的，对于这一系列的错误思想，马克思坚定而犀利地予以了批驳。

三 为《资本论》辩护及对第三卷的补充完善

在整理和出版《资本论》第三卷的过程中，恩格斯对意大利学者阿基尔·洛里亚等人的错误观念进行了系统的批判，完善了第三卷的内容。

（一）对洛里亚错误言论的严正批判

在《资本论》第三卷的序言中，恩格斯以修辞性"反讽"的方式刻画了资产阶级庸俗经济学家洛里亚的思想语境："意大利是典型之邦。自从现代世界的曙光在那里升起的那个伟大时代以来，它产生过许多伟大人物，从但丁到加里波第，他们是无与伦比的完美的典型。但是，遭受屈辱和异族统治的时期，也给它留下了若干典型的人物脸谱，其中有两个经过特别刻画的类型：斯加纳列尔和杜尔卡马腊。我们看到，在我们这位大名鼎鼎的洛里亚身上体现着这二者的典型的统一。"① 通过用伟大的但丁与加里波第的光辉形象，与意大利民间喜剧中分别代表"说大话的庸人"和"骗子"的斯加纳列尔与杜尔卡马腊两个"丑角"的形象相对照，恩格斯巧妙而清晰地表达了他本人对于洛里亚错误行为的否定与蔑视。

马克思的《资本论》第三卷手稿中阐明了价值向生产价格、剩余价值向平均利润的转化，从而解决了价值规律同等量资本获得等量利润这个资本主义现实境况之间的矛盾问题。马克思的科学论述遭到了一些资产阶级政治经济学家的歪曲和否认，他们错误地断言马克思的平均利润理论、生产价格理论与价值理论相互矛盾，而这其中的一个代表性的人物就是意大利经济学家洛里亚。19世纪80年代初，洛里亚以类似拉萨尔和巴枯宁的欺瞒方式，写信给马克思，自称是学生和信徒，但是在马克思刚刚去世之后不久，洛里亚就在1883年4月出版的《科学、文学和艺术新文选》中发表了题为《卡尔·马克思》的文章，极尽诽谤之能事，胡说《资本论》第二卷只是一种学术上的装腔作势，"我曾说过，马克思经常拿第二卷来威胁自己的反对者，但这第二卷始终没有出版，这第二卷很可能是马克思在拿不出科学论据时使用的一种诡计"②。洛里亚对马克思进行的攻击是毫无理论诚信的蓄意歪曲，也是对马克思学术人格的无理攻击。

对于洛里亚这种典型的哗众取宠的花招，恩格斯并没有放松警惕，而是针锋相对予以回击。在《卡尔·马克思的逝世》这篇文章中，恩格斯详细记述了他和马克思与洛里亚的关系以及对于洛里亚

---

① 《马克思恩格斯文集》第7卷，人民出版社2009年版，第24页。
② 《马克思恩格斯文集》第7卷，人民出版社2009年版，第22页。

的全面批驳："大约两年以前，有一个年轻的意大利人即曼图亚的**阿基尔·洛里亚**先生，把他的一本关于地租的书寄给了马克思，并且附了一封德文信，在信中自称是马克思的学生和崇拜者。他同马克思有一段时间还通过信。1882 年夏天他来到伦敦，到我这里来过两次。他第二次到我这里时，我曾经就他在当时出版的一本小册子中责备马克思有意篡改引文这件事，郑重地向他提出了意见。现在，这个从德国讲坛社会主义者那里借用到智慧的小人物，在《最新集萃》上写了一篇关于马克思的文章，并且恬不知耻地把文章的单行本寄给我，称我是'自己最尊敬的朋友'（！！）。……一个人要有何等卑鄙的灵魂，才会设想，像马克思这样的人'经常拿第二卷来威胁自己的反对者'，而'他根本没有想过'要写这个第二卷；这个第二卷无非是'马克思借以回避科学论据的狡猾诡计'。这个第二卷就在我手里，不久就要发表。那时，您大概终于学会如何理解剩余价值和利润的区别。"① 对于完全不顾事实的臆测与妄言，恩格斯表达了决不宽恕的坚决态度，并且在理论的严格性的意义上，认定洛里亚所指出的所谓"问题"，其实是根本不存在的，只是由于他无法正确理解马克思在《资本论》续卷中的思想，才有可能继续坚持自己的错误指控。

洛里亚在借助施米特的解释对于"商业利润的形成"得出了某种"豁然开朗"的所谓"洞见"之后，公然宣称他以自己的方式解决了"平均利润率和价值规律之间的关系"，当然，是以完全错误的方式来实现的，"大名鼎鼎的洛里亚用这种惊人的手法，转瞬之间就把那个他在 10 年前宣告为不能解决的问题解决了。可惜，他并没有把秘密泄露给我们：这种'非生产资本'究竟从何处得到权力，使它不仅可以从工业家手里抢走他们的超过平均利润率的这个额外利

---

① 《马克思恩格斯全集》第 25 卷，人民出版社 2001 年第二版，第 611—612、613 页。

润，而且还把这个额外利润塞进自己的腰包，就像土地所有者把租地农场主的超额利润作为地租塞进自己的腰包完全一样。按照这种说法，事实上商人向工业家征收一种同地租完全类似的贡赋，并由此确立平均利润率"①。在恩格斯看来，洛里亚的这种分析模式本身就彻底误解了"价值规律"之为"规律"的意涵，洛里亚的思路里的"价值规律"发挥作用，完全是时机论的偶然性的叠加，而完全没有达到"规律"的客观性与必然性意义，也因此更不可能跟马克思的经济学思想扯上半点关系。在这个意义上，洛里亚"令人惊奇的断言是：商业资本能够发现那些其剩余价值恰好只和平均利润率相一致的工业家，并且它引以为荣的是，不要任何代价，甚至不要任何手续费，就替这些工业家销售产品，以使马克思价值规律的这些不幸牺牲者的运气多少变得好一些"②。恩格斯以形象的拟人手法标示出"商业资本"作为物的存在，其意向性的"发现"是一种人为的拟想，也就是一种虚妄的预设，根本没有理论价值可言。对于洛里亚诉诸"偶然性"的理论臆想，恩格斯报以极大的嘲讽："一个什么样的魔术师才能想象得出马克思竟需要玩弄这样一套可怜的把戏！"③

在剩余价值理论体系方面为捍卫马克思的科学理论而与洛里亚展开思想斗争之外，恩格斯也对洛里亚妄图扭曲马克思的历史唯物主义思想的错误行为展开坚定的反驳。洛里亚胆大妄为，"他以一种自信态度伪造和歪曲了马克思的唯物主义历史观，这种态度让人推测出他抱有一个巨大的目的。而这个目的达到了：1886 年，同一个洛里亚先生出版了《关于政治制度的经济学说》一书，在这本书中，他居然把他在 1883 年曾经如此完全并如此有意地歪曲了的马克思的历史理论，

① 《马克思恩格斯文集》第 7 卷，人民出版社 2009 年版，第 23 页。
② 《马克思恩格斯文集》第 7 卷，人民出版社 2009 年版，第 23 页。
③ 《马克思恩格斯文集》第 7 卷，人民出版社 2009 年版，第 23 页。

宣布为自己的发现，而使同时代人大为惊奇。当然，马克思的理论在那里已经被降低到十分庸俗的水平；而且历史的证据和事例充满了连四年级小学生都不容犯的错误；但这一切又有什么关系呢？他用这本书证明，政治状态和政治事件无论何时何地都可以在相应的经济状态中找到说明这样一个发现，根本不是马克思在1845年作出的，而是洛里亚先生在1886年作出的。至少，他曾经幸运地使他的本国人相信了这一点，自从他那本书用法文出版以后，又幸运地使某些法国人相信了这一点。直到他本国的社会主义者有朝一日从大名鼎鼎的洛里亚身上把他偷来的孔雀羽毛拔掉以前，他满可以在意大利趾高气扬地自称是一种有划时代意义的新的历史理论的创始人"[1]。在全方位的失信、败德、伪造知识来源并丧尽思想水准等问题呈现出来之后，洛里亚作为骗子和小丑的形象已昭然若揭，但是只有在恩格斯鞭辟入里的剖析之下，他的丑恶形象才能全面现形。洛里亚本身的种种症候，也体现了在马克思主义发展史问题上必须牢记的观念，即必须在正确把握马克思主义基本原理的情况下才能审慎而有理论操守和现实觉悟地展开新的研究，否则就会造成像洛里亚一样的不堪："极端的厚颜无耻，混不下去时又像鳗鱼一样滑掉；挨了别人的脚踢还充英雄好汉；抢占别人的研究成果；死皮赖脸地大做广告；依靠同伙的吹捧捞取声誉——在这一切方面，还有谁比得上洛里亚先生呢？"[2]

恩格斯与洛里亚的诋毁与剽窃行径的斗争，清晰地展示了思想斗争的残酷性、复杂性、混乱性，也更深刻地表明他整理、编辑、出版《资本论》续卷的良苦用心，不仅是要将马克思的深刻思想整合为一个严谨的整体，以便发扬光大，更是面对纷繁复杂的政治斗争形式，资产阶级阵营及讲坛社会主义等错误思潮的攻讦之下，必

---

[1] 《马克思恩格斯文集》第7卷，人民出版社2009年版，第20—21页。

[2] 《马克思恩格斯文集》第7卷，人民出版社2009年版，第24页。

须要以坚定的、有明确理论导向和理论论说力度的学术成果革除相应的怀疑与否定，为马克思主义事业的继往开来和不断前进，奠定最为坚实的基础。

（二）对第三卷内容的进一步补充完善

由于马克思来不及完成《资本论》第三卷的全部手稿内容就过早地离世，因此对于恩格斯编辑和整理第三卷的具体问题来说，如何来处理这些或是本来在写作计划中，但是却没有能够完成的理论论述，或是因为健康原因而造成的写作中断，导致不能系统阐明的理论命题，就成为能否完善、系统地呈现这一卷的科学内容的关键所在。具体而言，恩格斯对于第三卷的实际补充，主要包括补写第四章"周转对利润率的影响"，以及对第八章"不同生产部门的资本的不同构成和由此引起的利润率的差别"、第十三章"规律本身"、第二十二章"利润的分割。利息率。'自然'利息率"、第二十八章"流通手段和资本。图克和富拉顿的见解"等多个地方文句的补全，或根据总体思路进行的细致改写，使得整本著作既可以和马克思本身的理论思路相契合，又能够清晰严谨，避免不必要的误读。

在恩格斯为《资本论》第三卷所进行的修补完善的工作中，补写马克思完全没有写出的第一篇第四章内容是最为重要的。在马克思原初的写作计划中，这一章只保留了一个标题，并没有具体内容，因此恩格斯就必须根据马克思的影响利润率的各种因素的基本原理，在这一论域下进行推论并补写完成，这是恩格斯对于政治经济学理论体系的重要补充。"第四章只有一个标题。但是，因为这一章研究的问题即周转对利润率的影响极为重要，所以由我亲自执笔写成，因而全章的正文都放在括号内。"① 由此，充分体现了本章内容的独特理论价值。

---

① 《马克思恩格斯文集》第 7 卷，人民出版社 2009 年版，第 8 页。

资本周转过程包括生产过程和流通过程这两部分，因而资本的周转时间，也就必然包含生产时间和流通时间两个部分。任何资本都不能仅仅使用于生产过程，也必须有一部分投放于非生产过程中，发挥促进生产与加速流通的作用。这些投放在非生产时间的资本，或者以待售商品的形式存在，或者以待用存款的形式而存在，有很多可能的形态。这种非直接性的资本如果在总资本中所占的比例越大，就意味着运用于生产性资本的数量就越小，从而影响剩余价值的生产，使得剩余价值率相应减小；反之，生产性资本的增加，也就会引起剩余价值总量的增加，因为再生产的资本价值越多，生产的剩余价值也就越多，资本家所剥削获得的利润量也就越大。

资本在生产过程中停留的时间，就是生产时间，在流通过程中停留的时间，就是流通时间；两者合并计算，就成为资本的周转时间。资本周转时间的长短，构成资本周转速度的决定因素。资本周转时间短，则资本周转速度快；相反地，资本周转时间长，也就意味着资本周转速度慢。在这个意义下，一定数量的资本，当其周转时间较短、周转速度又较快时，其所生产的剩余价值也必然较多；反之，资本周转时间较长，而资本周转速度较慢的时候，则其所生产的剩余价值也必然较少。由此可见，想要实现增大剩余价值量的榨取亦即增加利润率的最有效办法，就是力求缩短资本周转时间、加快资本周转速度。

资本周转速度的快慢与利润率的高低，成正比例关系。恩格斯指出："周转时间或它的两个部分（生产时间和流通时间）中的任何一个部分的缩短，都会增加所生产的剩余价值量。但是，因为利润率表示的，只是所生产的剩余价值量和参加剩余价值量生产的总资本的比率，所以，很清楚，每一次这样的缩短，都会提高利润率。"①

---

① 《马克思恩格斯文集》第7卷，人民出版社2009年版，第83页。

具体而言，缩短资本周转时间的方法包含以下两种：第一种方式是缩短生产时间，亦即提高劳动生产率。这是与科技发展水平相关的一个维度，随着科技水平的普遍提升，行业内的先进企业通过率先使用高新技术而取得劳动生产率的突破，也就带来了利润获取方式的提升。在这个方面，恩格斯提出，如果劳动生产率的提升，并不会造成机器设备的投入的增加，也就是在不增加不变资本的情况下，缩短了生产时间，从而使得利润率增加，这是极为有利的；反之，如果劳动生产率的提升是通过增加不变资本支出而带来的，这也就会导致预付总资本的增加，反而导致了剩余价值率的降低，因此并不是一个可取的选择。

缩短资本周转时间的第二种方式是缩短流通时间，这主要是通过改进交通来实现的。改进交通的方法，主要是改进交通设备，比如加强道路设施与诸种其他运输方式的建设，增加交通设备，提高商品流通的便利性。19 世纪以来，全球交通事业的飞速进展，陆路、水路运输的技术进步，都为资本主义体系的利润追逐提供了助力，"全世界贸易的周转时间，都已经按相同的程度缩短，参加世界贸易的资本的活动能力，已经增加到两倍或三倍多"①。

在完成了对于加快资本周转速度、缩短资本周转时间的问题的研究之后，恩格斯进一步考察了年剩余价值率的理论意义。众所周知，剩余价值率是周转一次的可变资本同其所生产的剩余价值的比例，那么，如果可变资本在一年之中周转了一次，也就意味着在这一年之中，它只能带来一次剩余价值，从而它的剩余价值率也就等于年剩余价值率；而如果在一年之中可变资本的周转是多次完成，在这种状况下其剩余价值率也就与年剩余价值率不相等。年剩余价值率等于每一单次的剩余价值率乘以一年内可变资本周转的次数，

_____

① 《马克思恩格斯文集》第 7 卷，人民出版社 2009 年版，第 84 页。

是作为实际剩余价值率转化为年利润率的中间环节而出现的。在年剩余价值率中，预付的可变资本与实际使用的可变资本之间的区别消失了，也就是从表面上看，年剩余价值率和年利润率的大小，既取决于当期资本家对于工人的剩余劳动的剥削程度，又取决于不变资本和可变资本的流通速度，从而使得利润取得了预付总资本的产物的假象，这是资产阶级政治经济学者有意的理论伪装，只有通过马克思主义的正确理论才能破解其思想中幻想的秩序。

除了对于第四章内容的完整补写之外，作为相关的论题，在第八章和第十三章的适当部分，恩格斯也通过自己的补充，使马克思的手稿内容更为融贯，易于理解和接受。

在第八章"不同生产部门的资本的不同构成和由此引起的利润率的差别"中的一个命题中，马克思指出："如果二者使用同样多的劳动，那么，虽然它们在一年内出售的产品总量的价值不等，但两个产品总量中包含的剩余价值会一样多，并且它们按全部预付资本计算的利润率也会相同，尽管它们的固定资本和流动资本的构成不同，它们的周转时间也不同。两个资本虽然周转时间不同，但在相等的时间内会实现相等的利润。"① 这一论述在其表面的陈述上，会给读者带来周转本身无法影响到利润变动的误读，而在恩格斯自己完成的第四章中，他已经遵从马克思的原意进行了阐述：同一生产部门的等量资本，由于其资本周转时间的不同，会产生不同的利润率；而以不同的生产部门来考察，则除了因为资本有机构成不同而有不同的利润率之外，资本周转时间的不同也会产生不同的利润率。因此，马克思命题中所论述的情况，是作为一种理论上的"特例"而存在的，是为了对于两个资本"使用同样多的劳动"进行研究和论述而选取的角度，而为了能够不带来对资本周转原理的误解，就

---

① 《马克思恩格斯文集》第 7 卷，人民出版社 2009 年版，第 170 页。

必须进行理论上的限定。因此，恩格斯补充了脚注："从第四章可以看出，只有在资本 A 和资本 B 有不同的价值构成，但它们的用百分比计算的可变组成部分和它们的周转时间成正比，也就是和它们的周转次数成反比的时候，以上所说才是正确的。"① 这样恩格斯就更为融贯地呈现了马克思资本周转理论的科学论述。

与此种情况相类似的，还有在第十三章中，马克思在提出"利润率如果只按单个商品的价格要素计算，它就会表现得和实际的利润率不同"这一命题之后，手稿就中断了，没有给出进一步的解释说明。为了使得马克思的论述更为完整和充分，恩格斯用近两页的篇幅，以一个产业部门的三种不同的状态为例，详细地进行了分析，从而最终有效论证了马克思命题中的理论意义："在商业实践中，周转通常是计算得不准确的。只要所实现的商品价格的总和达到所使用的总资本的总和，人们就认为资本已经周转一次。但是，只有在所实现的商品的**成本价格**的总和等于总资本的总和时，**资本**才能完成整个一次周转。"② 而在这一前提下，唯有"周转的资本价值等于总资本时，按每件商品计算的利润率或按周转额计算的利润率，才等于按总资本计算的利润率"③。在另外的情况下，都无法得出相等的结论，而这样就证明了马克思的论点"是普遍适用的"④。

在恩格斯专门为《资本论》第三卷补写的"增补"内容即"价值规律和利润率"中，恩格斯继续了他对于利润率理论的关注，特别是利润、利润率及平均利润与商业资本、生息资本和产业资本的关系问题。

在完整地进行利润率的历史追溯之前，恩格斯进一步批判了洛

① 《马克思恩格斯文集》第 7 卷，人民出版社 2009 年版，第 170 页。
② 《马克思恩格斯文集》第 7 卷，人民出版社 2009 年版，第 254 页。
③ 《马克思恩格斯文集》第 7 卷，人民出版社 2009 年版，第 253 页。
④ 《马克思恩格斯文集》第 7 卷，人民出版社 2009 年版，第 253 页。

里亚的错误言论，开篇就指出："这两个因素之间的表面矛盾的解决，在马克思的原文发表之后会和发表之前一样引起争论，本来是预料中的事。有些人曾经期待出现真正的奇迹，因此，当他们看到面前出现的不是所期待的戏法，而是对于对立的一种简单合理的、平淡无奇的解决时，就感到失望了。当然，最乐于感到失望的，是那位大名鼎鼎的洛里亚。他终于发现了一个阿基米德的支点，凭借这个支点，像他这样一个小妖居然能把马克思建立的坚固大厦举到空中，摔得粉碎。"[①] 在完成了对于洛里亚等典型的马克思反对者的理论中伤的整肃之后，恩格斯从历史的角度论述了利润的"平均化"趋势如何以"普罗克拉斯提斯之床"的方式，彻底地改变了欧洲的经济政治生活。"产业从属于资本的下一步，是工场手工业的出现。工场手工业使得在 17 世纪和 18 世纪还多半是自己充当自己的出口商人的工场手工业者（在德国直到 1850 年几乎普遍都是这样，甚至到今天有些地方也还是这样），有可能比他的落后的竞争者即手工业者按比较便宜的方法从事生产。同一个过程又发生了。……已有的商业利润率，即使它只是在局部地区实现了平均化，仍然是一张普罗克拉斯提斯的床，以它为标准，超额的产业剩余价值都会被毫不留情地砍掉。"[②] 由此，与马克思的理论论述相配合，恩格斯就以历史的实然描述，将资本逻辑的全面统治过程清晰地刻画出来："大工业通过它的不断更新的生产革命，使商品的生产费用越降越低，并且无情地排挤掉以往的一切生产方式。它还由此为资本最终地征服了国内市场，使自给自足的农民家庭的小生产和自然经济陷于绝境，把小生产者间的直接交换排挤掉，使整个民族为资本服务。它还使不同商业部门和工业部门的利润率平均化为**一个一般的利润率**，最

---

① 《马克思恩格斯文集》第 7 卷，人民出版社 2009 年版，第 1006 页。
② 《马克思恩格斯文集》第 7 卷，人民出版社 2009 年版，第 1026 页。

后，它在这个平均化过程中保证工业取得应有的支配地位，因为它把一向阻碍资本从一个部门转移到另一个部门的绝大部分障碍清除掉。"① 这一历史进程的描述，再结合"利润率趋向下降的规律"的论述，就能够看到资本主义必然走向灭亡的深刻规律，如何成为一个历史的、现实的过程。

恩格斯经过近十年的艰苦努力，终于将《资本论》编辑完成并出版，这是恩格斯在生命的最后阶段所完成的一项重要事业。与《资本论》第二卷的手稿状况不同，第三卷的手稿内容更加分散，很多部分的论述不够完整，有的内容缺失正面论述，只有相关材料的摘录，更有一些部分在手稿和笔记中只有标题出现，并没有相应的内容。这就需要恩格斯在克服日常工作事务繁忙和自身健康状况造成的负面影响下，以极大的毅力来完成相关的整理工作。最终，恩格斯根据马克思的思路重新整理了既有手稿材料，补充和完善了其中缺少的论证内容，并重新编订大纲结构，呈现出体系性的特点。恩格斯更以补充内容的方式，对资本主义在 19 世纪末的新发展进行了科学论述，为马克思主义理论的进一步推进树立了新的典范。

第三节 对资本主义发展趋势的分析与预测

在马克思着手写作《资本论》第三卷手稿的 19 世纪 60 年代，自由竞争仍旧主导着当时的资本主义经济。但是，深具远见卓识的马克思已经在《资本论》第一卷中指出了信用制度对于资本主义发展的重要意义。随着信用制度的建立，资本集中的速度大大加快，让产业资本家有更多的机会扩大自己的生产和经营规模，并且为股份公司的官方建立创造了客观条件，而这也成为资本主义从自由竞

---

① 《马克思恩格斯文集》第 7 卷，人民出版社 2009 年版，第 1026—1027 页。

争向垄断过渡的重要起点。恩格斯在 19 世纪末期，根据自己的敏锐观察，以"增补"文章的方式，为《资本论》增加了对于资本主义未来发展趋势的论述，这为后来的马克思主义者对于垄断经济的分析，提供了宝贵的思想基础。

一　资本主义发展在 19 世纪末呈现的新特点

从历史的实际情形考察，19 世纪末，随着第二次工业革命在各主要资本主义国家的完成，资本主义社会生产力实现了迅猛的发展，生产的小规模、分散化特点已无法适应经济社会发展的需要，这必然要求资本主义生产关系出现进一步的变革，以适应社会生产力高速发展的需要。在这个意义上，资本主义企业与社会系统不断趋向垄断化发展，是资本主义发展规律的必然结果。

1873 年的世界经济危机，标志着资本主义制度开始由自由竞争阶段向垄断阶段过渡。19 世纪末技术进步与技术革命不断推进，由此也推动了以重工业为中心的经济的极速发展，为实现资本主义向垄断资本主义阶段的过渡奠定了物质基础。在这一时期，诞生了如内燃发动机、托马斯炼钢法、汽钻、发电机、电动机、无线电、远距离输电以及从炼焦煤中提取氨、苯和人造染料等一系列新技术和新设备。这些新技术、新设备的利用和普及，使得冶金、采煤、机器制造等重工业部门加速地发展起来，并引起了一系列新兴的电力、电器、化学、石油、汽车和飞机制造等行业的建立和兴起，促进了工业生产的迅速增长。在这一背景下，19 世纪末，美、英、德等国成为以重工业为主导的工业国，与之相应地，各资本主义国家都出现了创办股份公司的高潮，这也加速了生产和资本集中的趋势。工业的迅速发展，特别是重工业的迅速发展，使资本主义所固有的生产社会化和生产资料资本主义私人占有之间的矛盾进一步加深，从而使得经济危机的爆发更加频繁和持久。

在这一时期，垄断企业的发展与垄断组织的广泛建立，意味着资本家剥削形式的复杂化以及资本家与工人之间矛盾的尖锐化程度的不断加深，其政治的表现形式也发生了很大的变化。从最初的针锋相对的斗争，转而以表面化的改良来麻醉工人阶级的斗争意识，诱使他们放弃革命的斗争理想，脱离斗争的正确方向。而与此同时，垄断组织也以收买工人运动的领导分子的手段，腐化瓦解工人阶级的革命队伍，使得这些丧失斗争意志的工人阶级的背叛者成为脱离工人运动主流的"工人贵族"，他们为资产阶级的反动统治服务，转而继续宣扬机会主义、修正主义的主张，放弃武装革命，妄图通过实行阶级合作而为无产阶级与资产阶级之间的矛盾制造虚假的缓和的图景，从而从根本上对工人运动的健康蓬勃发展造成了深重的干扰。

经由政治上的新的统治手段的推行，以强力的政治欺骗作护佑，在经济运行上以各种方式压制了无产阶级的抗争，使资本主义垄断经济取得了迅猛的发展。在垄断形态上，美国的托拉斯垄断组织，德国的卡特尔、辛迪加组织，以及英国与德国建立的国际卡特尔组织等不断出现的垄断新形态，意味着以限制生产规模、制定垄断价格、控制原材料供应和瓜分主要市场为手段的经济体，已经成为资本主义国家的经济生活的基础，是 19 世纪末到 20 世纪初的西方资产阶级借以实现社会经济总体控制的关键方式。

在《资本论》第三卷完成版的论述中，恩格斯通过自己敏锐的观察与深刻的表达，恰切地补充了马克思由于时代条件所限而无法关注到的资本主义新发展的现实情形。当马克思在手稿中提出所谓的"股份公司"是"由资本主义生产方式转化为联合的生产方式的过渡形式"的命题之后，恩格斯指出："自从马克思写了上面这些话以来，大家知道，一些新的产业经营的形式发展起来了。这些形式代表着股份公司的二次方和三次方。"① 而这里所指的，也就是资本主义的垄断趋势。在具体的形态上，就意味着，"在每个国家里，一定部门的大工业家会联合成一个卡特尔，以便调节生产。一个委员会确定每个企业的产量，并最后分配接到的订货。在个别场合，甚至有时会成立国际卡特尔，例如英国和德国在铁的生产方面成立的卡特尔。但是生产社会化的这个形式还嫌不足。各个公司的利益的对立，过于频繁地破坏了这个形式，并恢复了竞争。因此，在有些部门，只要生产发展的程度允许的话，就把该部门的全部生产，集中成为**一个**大股份公司，实行统一领导。在美国，这个办法已经多次实行；在欧洲，到现在为止，最大的一个实例是联合制碱托拉斯。这个托拉斯把英国的全部碱的生产集中到唯一的一家公司手里。……在英国，在这个构成整个化学工业的基础的部门，竞争已经为垄断所代替，并且已经最令人鼓舞地为将来由整个社会即全民族来实行剥夺做好了准备"②。

随着时代的发展，生产力水平的不断提高，资本主义也由自由竞争时期进入到垄断阶段。恩格斯在编辑和整理马克思《资本论》续卷手稿的过程中，通过插入段落或注释的多元方式，对马克思的既有论述进行补充和完善。恩格斯对资本主义进入垄断时期特征的思考，也成为列宁等马克思主义者批判性地考察资本主义发展新特点的重要思想资源。

二 对资本主义新发展的论述

恩格斯将对资本主义新的发展形态的趋势的观察和理性反思，以注解和补文的形式纳入到《资本论》续卷的编辑工作中，既保证

① 《马克思恩格斯文集》第7卷，人民出版社2009年版，第496页。
② 《马克思恩格斯文集》第7卷，人民出版社2009年版，第496—497页。

了马克思著作的完整性与系统性，又达到了充实内容、完善思考、与时俱进的理论效果。

恩格斯在《资本论》编辑中补充自己新观察的论述方式，最有代表性的就是要"根据1895年的事态对1865年写成的原文作个别较为重要的补充"的《交易所。〈资本论〉第三卷补充说明》这一篇文章。虽然恩格斯因其身体状况，未能真正完成这篇文章，但是他对于1895年发生的事态的"重要的补充"，已经清楚地呈现了他思路的明晰性，并成为后来者进行相关研究的关键性指导。恩格斯指出，19世纪末，在工业、商业、银行业、农业以及海外投资等领域，垄断已经广泛出现，以股份公司形态完成联合的垄断资本已经开始替代自由竞争时期的个别资本，成为资本主义经济运行的主导力量。

恩格斯通过论证提出："这种变化在其进一步的发展中有一种趋势，要把全部生产，工业生产和农业生产，以及全部交往，交通工具和交换职能，都集中在交易所经纪人手里，这样，交易所就成为资本主义生产本身的最突出的代表。"① 在新的历史条件下，"交易所"所代表的信用制度体系承托起垄断组织和垄断资本，成为新的"集中"的聚合点，不仅是生产层面，连同流通领域的资本运作，都有信用体系所支配和完成，或者反过来可以说，所有现实的实体经济形态，都"纯粹是交易所的附属物"。② 而在这个意义上，旧有的自由竞争模式下的资本主义也将走向终结，"历来受人称赞的竞争自由已经日暮途穷，必然要自行宣告明显的可耻破产"③。

马克思在1878年11月15日致丹尼尔逊的信中，已经明确阐述了他对于股份公司的态度："人民要想摆脱大公司的垄断权力以及

① 《马克思恩格斯文集》第7卷，人民出版社2009年版，第1028页。
② 《马克思恩格斯文集》第7卷，人民出版社2009年版，第1030页。
③ 《马克思恩格斯文集》第7卷，人民出版社2009年版，第496页。

（对于群众的**直接福利**的）有害影响，将是徒然的，这些大公司从内战一开始就以日益加快的速度控制工业、商业、地产、铁路和金融业。"① 马克思的精辟分析已经展现了他对于可能的由"交易所"来操纵和掌控的世界经济的革命态度，这一基本观念绝不会因竞争制度的削弱而减弱。而在《资本论》第三卷第二十七章"信用在资本主义生产中的作用"中，马克思更为辩证地论述了他对信用制度与垄断趋势的看法，认为这将会"一方面，把资本主义生产的动力——用剥削他人劳动的办法来发财致富——发展成为最纯粹最巨大的赌博欺诈制度，并且使剥削社会财富的少数人的人数越来越减少；另一方面，造成转到一种新生产方式的过渡形式"②。由此可见，资本主义信用制度的现实化和普遍化，不仅对股份公司的发展和垄断形式的扩张具有积极作用，而且为新的革命动力构造了有效的契机。

恩格斯在编辑《资本论》的过程中对马克思的呼应和补充，既体现了他针对最新资本主义发展形势，深入寻求新的革命因素的敏锐思路，又体现了他对于新时代的工人阶级疾苦的深刻的阶级同情，以及他对共产主义革命终将胜利的坚定信念。他在《反杜林论》中提出了一个著名的论断：面对垄断化、集中化、极端化的资本主义国家机器，"在顶点上是要发生变革的。生产力归国家所有不是冲突的解决，但是这里包含着解决冲突的形式上的手段，解决冲突的线索"③。

历史地看，19 世纪的最后 30 年，随着技术的不断进步，资本主义在第二次工业革命的契机之下，实现了由自由竞争资本主义向垄断资本主义过渡的历史跃迁。在这一历史进程中，卡特尔、辛迪加、

① 《马克思恩格斯文集》第 10 卷，人民出版社 2009 年版，第 427 页。
② 《马克思恩格斯文集》第 7 卷，人民出版社 2009 年版，第 500 页。
③ 《马克思恩格斯文集》第 9 卷，人民出版社 2009 年版，第 295 页。

托拉斯乃至"国际托拉斯"形态层出不穷，逐渐成为资本主义经济、政治、社会的运行基础。另一方面，资本的日益集中化，表面上的"无计划性"的去除，以及通过欺瞒手段而实现的对工人运动的压制，都预示着资本主义制度进入了新的平稳发展阶段。恩格斯敏锐地分析发现，资本主义整体危机的因素依旧普遍存在，各主要资本主义国家之间的战争状态仍旧不可避免，这就对无产阶级革命在新形势、新时代所应采取的新方式，提出了更高的现实要求。

恩格斯首先明确地指出，只要资本主义制度仍旧是建立在资产阶级私有制的基础之上，那么资本主义的基本矛盾根本不可能根除，也就是说，妄图通过国际性的垄断组织进行生产和价格调节，以抹消经济危机的可能性，这是根本不可能做到的。"由于一切文明国家，特别是美国和德国的工业的迅速发展，世界市场上的竞争大大加剧了。迅速而巨大地膨胀起来的现代生产力，一天比一天厉害地不再顺从它们应当在其中运动的资本主义商品交换规律——这个事实，资本家本人今天也越来越强烈地意识到了。这一点特别表现在下述两种征兆中。第一，普遍实行保护关税的新狂热。这种保护关税和旧的保护关税制度的区别特别表现在：它保护得最多的恰好是可供出口的物品。第二，整个大生产部门的工厂主组成卡特尔（托拉斯），其目的是调节生产，从而调节价格和利润。不言而喻，这种试验只有在经济气候比较有利的时候才能进行。风暴一来到，他们就会被抛弃"①。现代生产力巨大的溢出效应，将整个世界联系成为由资本逻辑所构架的整体，任何人都无法逃脱资本主义的弥天大网，而这样的"普遍联系"的图式，也将总体性危机的危险全方位地关联到世界的各个角落。

恩格斯进而以"风暴"来比喻经济危机的突如其来和无可规避。

---

① 《马克思恩格斯文集》第7卷，人民出版社2009年版，第136页。

与恩格斯的判断相吻合，在进入垄断阶段之后，资本主义的经济危机不仅没能得到缓解，或至少得到推迟，反而比自由竞争时期更加频繁地搅扰总体的经济运行。进入 1870 年之后，资本主义世界于 1873 年、1882 年、1890 年和 1900 年连续爆发了经济危机，比此前的自 1825 年以后平均每十年一次的经济危机更加频仍，强度也更为剧烈。随着危机的频繁与深化，中小企业的破产呈现加速状态，企业的兼并也由此逐渐成为市场的主流，这进一步促动了生产与资本集中的趋势。也就是在这个过程中，资本主义经济的固有问题更清晰地显现，并一再地证明，"虽然生产需要调节，但是负有这个使命的，肯定不是资本家阶级"①。

恩格斯的剖析表明，随着资本主义社会生产力和科技水平的不断发展，导致资本有机构成和生产的社会化水平不断提高，因而使得投资的最低限度日益提升，越来越引起资本的集聚和集中，并且日益大量地使用介入的社会资本，从而使资本的所有权和使用权、货币资本家和职能资本家的行动进一步呈现分离的趋势。与此同时，生产逐渐不再能由单个的资本家管理，许多大企业已经不再属于那些直接进行业务管理的单个资本家，而是属于股份公司的控制。在这一趋势下，大规模的生产机构和交通机构由股份公司、托拉斯和国家权力循序占有。资本家阶级在社会生产力的推动和挤压之下，越来越把生产力作为"社会生产力"来看待，这样就将经济危机与政治危机的趋势推向资本主义世界的方方面面。而现代国家则无论其政体为何，本质上也都是资本主义的国家机器，是超越于资产阶级"市民社会"之上的"总资本家利维坦"。因而在资本主义的垄断和集中的趋势之下，资产阶级掌控国家权力以实现生产力的集中和汇聚，从而也就使得危机的到来，即"无产阶级取得国家政权"

① 《马克思恩格斯文集》第 7 卷，人民出版社 2009 年版，第 136 页。

的关键时刻，更加成为可以预见的未来。

　　恩格斯基于唯物史观和细致的观察，对资本主义生产关系的垄断特征和新时代条件下的剥削与压迫的新形式作出了批判式分析。他关于垄断资本主义的深刻把握与科学认识，为后来的列宁等人提出和发展帝国主义论指明了方向、奠定了思想基础。与此同时，马克思和恩格斯共同提供的批判性视角，他们对于 19 世纪末 20 世纪初资本主义发展趋势的敏锐预判，也为我们在 21 世纪继续他们的批判性的理论事业，建立了思想风格上的典范，由此再次重申变革时代的必然的革命原理：无产阶级通过革命行动战胜资产阶级的国家机器，取得国家政权，进而建立和完善生产资料的公有制，在不断发展的社会生产力的基础上，最终完成消灭阶级和国家的伟大历史使命。

　　恩格斯的远见卓识，在此后的马克思主义发展进程中不断得到验证，他的批判眼光穿透资产阶级的意识形态谎言，正确认识到资本主义经济危机的真相，深刻地分析和论述了新的历史时期内经济危机的新特点，为无产阶级革命在垄断资本主义时期真实把握现实状况，以取得更大的革命胜利，指明了正确的思想方向。

　　经过艰苦的工作与细致的修订，恩格斯最终完成了编辑整理和补充完善《资本论》第二、第三卷的艰巨工作，使得《资本论》理论体系的理论部分得以完整地呈现在世人面前，成为指导国际工人运动与推动世界格局变革的辉煌经典。在完成了这一伟大的历史功绩的同时，恩格斯也一直有意愿将剩余价值理论的"理论史"部分即《资本论》第四卷编辑完成。恩格斯在很多书信中都明确表达了这一愿望。

　　但是，恩格斯在实现这一愿望的过程中陷入了困境。首先，他的健康状况日益恶化。由于长期视力衰退，使他多年来不得不把写作时间限制到最低限度，尤其是无法在夜间写作。其次，他投入了很多精力重新翻译和出版马克思和他本人以前的著作。马克思逝世后，恩格斯花费了较多时间，为他们两人以前各种著作的重新出版、翻译，承担了订正、作序、增补以及译文的撰写、审核等工作。最后，19 世纪 80 年代以来马克思主义的传播日益广泛，影响日益深远，随着国际共产主义运动的迅猛发展，恩格斯的大量时间和精力都用于指导各国社会主义运动和革命工作，也使得恩格斯难以在那一时期着手辨认、整理和编辑《资本论》第四卷，以使其达到可以出版的完善程度。

为此，恩格斯在 1889 年年初决定，在年轻的共产主义者中培养能辨认马克思手稿的人才作为助手，帮助编辑出版《资本论》第四卷。当时的考茨基被恩格斯选为承担这一任务的主要人选之一。后来，考茨基来到伦敦向恩格斯学习辨认马克思手稿的笔迹。20 世纪初，考茨基将《资本论》第四卷的手稿编辑为三卷本的《剩余价值学说史》，并相继出版。但是考茨基这一做法受到许多马克思主义学者的批判。因为考茨基没有按照马克思和恩格斯的原意将《剩余价值理论》手稿作为《资本论》的第四卷，而是将其以三卷本的形式，独立于《资本论》之外，以《剩余价值学说史》的标题出版。对此，考茨基在"编者序"中解释道，"在这个著作的整理工作上，我越是向前进，我越是明白，要照恩格斯的预期，把它编成《资本论》的第四卷，是我的能力办不到的"①。他认为，《剩余价值理论》的手稿与《资本论》第二、第三卷的内容、文字交织在一起，如果硬要将其整理为《资本论》第四卷，就必须大量改写第二卷和第三卷的内容。因此，"当我让这一切文句照样留在书里，它就不能算是《资本论》的第四卷，不能算是前三卷的续篇了。这样，它就成了与

---

① ［德］马克思：《剩余价值学说史》，郭大力译，上海三联书店 2008 年版，第 3 页。

前三卷并行的著作"①。可见，考茨基根本不了解马克思撰写《资本论》手稿的过程，不了解马克思经济理论体系的内在联系、创作过程和逻辑结构，破坏了理论部分和理论史部分的统一性和完整性。此外，考茨基还对《资本论》第四卷手稿已存在的目录、逻辑次序、篇章节标题，甚至具体内容进行了不贴切的修改。

鉴于《剩余价值学说史》存在的缺陷，1954—1961 年，苏共中央马克思列宁主义研究院编辑出版了《资本论》第四卷《剩余价值理论》俄文版。《剩余价值理论》在仔细辨认字迹、尊重马克思的原稿的基础上，对目录、附录等的编排等作了适当的技术处理，科学地考究了正文内容、章节划分及其标题。这有利于更好地贯彻马克思写作的逻辑思路和对第四卷的定位，实现恩格斯对第四卷的编辑意图，使理论史有效地与理论部分进行衔接。可能这种处理还需要进一步考究和斟酌，但对于人们系统理解、学习、研究《资本论》第四卷大有裨益，大大加速了《剩余价值理论》的宣传、传播，增强了其理论魅力和批判力量；而"理论史"部分的呈现，也使得"《资本论》理论体系"的思想史、发展史意义以更加厚重、更具历史感的方式，整体性地呈现出来，为进一步以马克思主义政治经济学的基本原理重新考辨西方经济学说史，奠定了思想和文献的坚实基础。

---

① ［德］马克思：《剩余价值学说史》，郭大力译，上海三联书店 2008 年版，第 3 页。

第七章

恩格斯晚年坚持与捍卫马克思主义

　　巴黎公社革命失败后特别是 1883 年马克思逝世后，欧洲主要资本主义国家进入相对稳定发展期，阶级矛盾和冲突相对缓和，无产阶级力量不断壮大。资产阶级思想家试图通过攻击歪曲马克思主义理论，来遏制马克思主义的传播和工人运动的发展。同时，由于社会各方面条件的变化，使得传统的武装斗争形式遇到了很大的困难和挑战，第二国际内部出现了改良主义和机会主义的倾向。

　　恩格斯晚年在集中精力整理、出版《资本论》续卷的同时，还坚持捍卫马克思主义，与各种错误思潮作斗争。比如当时以瓦格纳、洛贝尔图斯、布伦坦诺等为代表的讲坛社会主义者把马克思主义政治经济学庸俗化，炮制"剽窃论"和所谓的"纠正论"，攻击污蔑马克思的劳动价值论和剩余价值理论；资产阶级学者的代表保尔·巴尔特等篡改、庸俗化马克思主义，把马克思的历史唯物主义歪曲为"经济决定论"等。恩格斯坚决有力地批判和澄清了这些错误思潮对马克思主义的歪曲和误解，捍卫了剩余价值理论，强调了上层建筑的相对独立性和对经济基础的反作用，还提出了无产阶级革命斗争策略等新思想，进一步巩固了唯物史观，丰富和发展了科学社会主义学说，并指出了应如何正确认识和对待马克思主义。

第一节　在批判讲坛社会主义中捍卫
马克思主义学说的真理性

　　针对讲坛社会主义对马克思主义的攻击和诽谤，马克思曾撰写《评阿·瓦格纳的"政治经济学教科书"》对瓦格纳展开批判，恩格斯又撰写了《马克思和洛贝尔图斯——卡·马克思〈哲学的贫困〉一书德文第一版序言》《布伦坦诺攻击马克思。关于所谓捏造引文问题。事情的经过和文件》《资本论》第三卷序言等文章针对洛贝尔图斯、布伦坦诺、洛里亚的错误论调进行了批判和澄清，这些批判和澄清捍卫了剩余价值理论，论证了价值规律和利润率理论，深化了地租和分配理论，并辨析了劳动和工会问题，对于维护马克思的崇高学术人格和捍卫马克思主义学说的真理性具有重要意义。

一　讲坛社会主义的实质及其危害

　　19世纪70年代以来，资产阶级政治经济学越来越朝着庸俗化的方向发展，在各种形形色色攻击和诽谤马克思和马克思主义的反动思潮中，讲坛社会主义是典型代表。这是资产阶级因害怕马克思主义的传播和工人运动的发展，而力图使劳动群众俯首听命的一种新手段。

　　德国大学中的某些教授是讲坛社会主义的代表人物。这些教授在大学的讲坛上打着社会主义的幌子大力鼓吹资产阶级改良主义，把国家说成是能够调和敌对阶级利益的超阶级组织，主张在不触动资本家利益的条件下逐步实行"社会主义"，并故意运用一些社会主义的漂亮语句来为资本主义制度作辩护。

　　讲坛社会主义者从多方面对马克思主义进行攻击和诽谤。在政治经济学方面，阿·瓦格纳对政治经济学的基本范畴进行庸俗化解释，将价值和使用价值混为一谈，认为价值是一个一般范畴，是通过估价赋予外界物价值，妄图全盘否定马克思《资本论》的理论基础。对此，马克思指出了瓦格纳这种价值理论分析的非科学性和非历史性，并认为"'**价值**'这个普遍的概念是从人们对待满足他们需要的外界物的关系中产生的，因而，这也是'**价值**'的种概念，而价值的其他一切形态，如化学元素的原子价，只不过是这个概念的属概念"①。洛贝尔图斯更是宣称马克思的剩余价值理论"剽窃"了自己的观点，而布伦坦诺则诽谤马克思在《资本论》中捏造引文，侮辱马克思的学术人格。在唯物史观方面，洛里亚"以一种自信态度伪造和歪曲了马克思唯物主义历史观"，故意造谣说《资本论》第二、第三卷是恩格斯故意编造出来的。在科学社会主义方面，讲坛社会主义者从资产阶级的利益出发对马克思的两大发现进行猛烈攻击，反对暴力革命，主张通过和平方式过渡到社会主义。在讲坛社会主义者看来，资本主义制度是永恒的制度，"社会主义"可以通过不触动资本家和地主的利益而得到实现。因此，讲坛社会主义者极力反对工人运动，消解无产阶级革命、鼓吹合法改良，其目的是引诱工人放弃阶级斗争，以期将无产阶级革命引向歧途。

为此，恩格斯晚年撰写了一系列文章来回击讲坛社会主义给马克思主义造成的危害，在对讲坛社会主义进行批判的过程中，马克思主义得到了丰富和发展。

二 捍卫剩余价值理论

在恩格斯为马克思整理遗稿《资本论》第二、第三卷期间，德国庸俗经济学家、讲坛社会主义者洛贝尔图斯和洛里亚等人不仅对《资本论》中的核心思想——剩余价值理论进行大肆攻击，还对马克

---

① 《马克思恩格斯全集》第 19 卷，人民出版社 1963 年版，第 406 页。

思本人进行诬陷和诽谤。

　　洛贝尔图斯及其信徒们在 19 世纪 70—80 年代到处宣扬马克思
"剽窃"了洛贝尔图斯的经济思想，"抄袭"了他的著作。洛贝尔图
斯认为马克思的政治经济学思想汲取了其 1842 年出版的《关于德国
国家经济状况的认识——五大原理》的大部分思想，却没有做任何
引证和标注，以证明马克思在剩余价值理论上有剽窃行为。洛贝尔
图斯还强调自己在剩余价值理论方面所作的贡献，并强调自己先于
马克思指明了资本家的剩余价值的来源。

　　对于剩余价值的来源问题，洛贝尔图斯把地租和利润之和称为
"租"，这个"租"之所以会产生，是由于工资所受到的价值扣除，即
由于工资仅仅构成产品价值的一部分。可见，洛贝尔图斯的"新发
现"只不过是认识到"租"是工人无酬劳动创造的而已。亚当·斯密
和李嘉图早就在劳动价值论的基础上研究和论述过这一问题。为此，
恩格斯辛辣地讽刺洛贝尔图斯及其信徒们："不仅那位在绝望中揪住
洛贝尔图斯的衣角而'确实不学无术的'庸俗作家（指洛贝尔图斯传
记作者鲁·迈耶尔——引者注），而且那位身居要职、'自炫博学'的
教授（指瓦格纳——引者注），也把自己的古典经济学忘记到这种程
度，竟把那些在亚·斯密和李嘉图那里就可以读到的东西，煞有介事
地硬说是马克思从洛贝尔图斯那里窃取来的，——这个事实就证明，
官方的经济学今天已经堕落到何等地步。"① 而马克思在 1847 年撰写
的《哲学的贫困》和 1849 年发表的《雇佣劳动与资本》中，"在没有
洛贝尔图斯的任何帮助下，不仅已经非常清楚地知道'资本家的剩余
价值'是从哪里'产生'的，而且已经非常清楚地知道它是**怎样**'产
生'的"②。

---

① 《马克思恩格斯文集》第 6 卷，人民出版社 2009 年版，第 19 页。
② 参见《马克思恩格斯文集》第 6 卷，人民出版社 2009 年版，第 12 页。

恩格斯分析指出，在马克思之前，从未有人能够阐明科学的剩余价值理论，因而马克思的剩余价值理论在整个剩余价值学说史上具有重要作用和地位。恩格斯以氧气的发现过程加以类比说明。关于氧气的发现，经历了从燃素说到氧气的析出再到发现氧这一新元素的历史过程。虽然普利斯特列和舍勒都把"氧气"析出来了，但是他们并不知道这种气体就是"氧气"。与此相类似，在马克思之前的经济学家们已经意识到"剩余价值"的存在，但是他们拘泥于自己的范畴体系当中，而不知作为一般范畴的"剩余价值"本身。在马克思之前，资产阶级政治经济学家们仍停留在对剩余价值的特殊范畴地租、利润等上面，止步于工人工资的扣除，只有马克思确立了"剩余价值"这个科学范畴。

三 论证价值规律和利润率理论

意大利的讲坛社会主义者、庸俗政治经济学的代表人物——洛里亚人为构造《资本论》第一卷和第三卷之间的"矛盾"，妄图利用这个"矛盾"推翻马克思的经济理论。洛里亚提出，"马克思经常拿第二卷来威胁自己的反对者，但这第二卷始终没有出版，这第二卷很可能是马克思在拿不出科学论据时使用的一种诡计"[①]。随着《资本论》第二、第三卷的出版，洛里亚的言论不攻自破，但是，他又称马克思关于平均利润和生产价格的理论是"重大的理论上的破产"和"科学上的自杀行为"。

为了批驳洛里亚等人的谬论，恩格斯于 1895 年撰写了《价值规律和利润率》一文。在这篇文章中，恩格斯依据商品交换和商品生产发展史的确切材料，论证了价值规律绝非"理论上必要的虚构"，而是历史的真实的存在。他认为，直到中世纪，在自然经济条件下，

---

① 《马克思恩格斯文集》第 7 卷，人民出版社 2009 年版，第 22 页。

农民要同其他人交换的物品还主要是手工业生产品，铁匠、车匠以至裁缝和鞋匠就在他们眼前干活。他们相当准确地知道，要制造他交换来的物品需要花费多少劳动时间，他们绝不会拿 10 小时劳动的产品去和另一个人 1 小时劳动的产品相交换。"在农民自然经济的整个时期内，只可能有这样一种交换，即互相交换的商品量趋向于越来越用它们所体现的劳动量来计量。"① 在历史上，生产周期较长的、似乎最准确地确定其相对价值的牲畜却成了最早的、几乎得到普遍承认的货币商品。这一事实也证明，通过交换过程，人们能够近似地确定按劳动量来交换产品的比例。可见，"马克思的价值规律，从开始出现使产品转化为商品的那种交换时起，直到公元 15 世纪止这个时期内，在经济上是普遍适用的"。在资本主义生产方式建立之前，"价值规律已经在长达 5000 年至 7000 年的时期内起支配作用"。②

恩格斯还分析了价值规律同平均利润率规律的历史联系。恩格斯指明："这里所涉及的，不仅是纯粹的逻辑过程，而且是历史过程和对这个过程加以说明的思想反映，是对这个过程的内部联系的逻辑研究。"③ 恩格斯十分具体地考察了随着简单商品生产发展为资本主义生产，价值转化为生产价格及形成平均利润率的历史过程。在资本主义生产发展史上，商人资本是先于产业资本而出现的。14 世纪和 15 世纪，意大利、西班牙等国家经营海外贸易的商人公会按照互相商定的价格出售商品。"在这里，我们第一次遇到了利润和利润率。而且是商人有意识地和自觉地力图使这个利润率对所有参加者都均等。"④ 以后，出现了产业资本。工场手工业，特别是大工业的

---

① 《马克思恩格斯文集》第 7 卷，人民出版社 2009 年版，第 1016 页。
② 《马克思恩格斯文集》第 7 卷，人民出版社 2009 年版，第 1019 页。
③ 《马克思恩格斯文集》第 7 卷，人民出版社 2009 年版，第 1013 页。
④ 《马克思恩格斯文集》第 7 卷，人民出版社 2009 年版，第 1021 页。

发展，使商品生产费用大大降低了，排挤了小商品生产，征服了国内市场，清除了阻碍资本在各生产部门间转移的障碍，使不同商业部门和工业部门的利润率平均化为一个一般的利润率。"这样，对整个交换来说，价值转化为生产价格的过程就大致完成了。可见这种转化是在当事人的意识或意图之外，依照客观规律进行的。"①

恩格斯用历史唯物主义观点对商品交换及商品生产的整个发展史所作的考察，确凿地证明了价值向生产价格的转化及平均利润率的形成是资本主义经济发展的客观历史过程，从而彻底驳斥了"价值是必要的虚构"、马克思的生产价格理论否定了他的劳动价值理论等谬论。恩格斯的上述分析是对马克思主义价值理论的丰富和发展。

四 辨析劳动和工会问题

除了对《资本论》采取漠视的手段外，资产阶级学者还对《资本论》进行了大肆攻击，企图抵消《资本论》的影响。典型的是讲坛社会主义者布伦坦诺等人发起了一场诽谤马克思捏造引文的运动。

1873 年 3 月，布伦坦诺在德国工厂主联盟的机关刊物《协和》上匿名发表了《卡尔·马克思是怎样引证的》，指责马克思在《资本论》中捏造引文。1883 年，英国剑桥大学的赛德来·泰勒在《泰晤士报》上对马克思《资本论》的引文大肆责难。恩格斯和爱琳娜·马克思奋起应战。1884 年 2 月，爱琳娜在《今日》月刊上对泰勒进行了回应。恩格斯也在《资本论》第一卷德文第四版的序言中对引文争论进行了回顾。可是，布伦坦诺并没有停止他的攻击，他在 1890 年发表了《我和卡尔·马克思论战序言》和《我和卡尔·马克思的论战》，再次对马克思进行人身攻击和诽谤。

为了维护挚友的声誉和捍卫作为工人阶级运动理论纲领的《资

---

① 《马克思恩格斯文集》第 7 卷，人民出版社 2009 年版，第 1027 页。

本论》的科学性，恩格斯撰写了《布伦坦诺攻击马克思。关于所谓捏造引文问题。事情的经过和文件》。在文章中，恩格斯不仅戳穿了布伦坦诺无耻攻击马克思捏造引文的谎言，还在劳动和工会问题上对讲坛社会主义者布伦坦诺的观点进行了驳斥。

　　"布伦坦诺先生经常反复谈论的所谓工人劳动保护法以及工会组织有助于工人阶级状况的改善，这根本不是他自己的发明。马克思和我在自己的著作中，从'英国工人阶级状况'和'哲学的贫困'起，到'资本论'和我最近的著作止，对此曾谈过几百遍，不过，我们在谈到这一点时作了很多的保留。"① 恩格斯提出，只有在市场条件良好的前提下，工会抵抗才会发挥一定的效力。在危机期间，工会则会丧失其作用。"工会的抵抗只有在市场处于中等和繁荣状态时才会起良好的作用；在停滞和危机时期，它们通常就失去作用；布伦坦诺先生断言'它们能克服后备军的致命的影响'，这是使人好笑的夸张。"② 恩格斯还指出，布伦坦诺忽视了阻碍工人进步的内在矛盾是资产阶级与雇佣工人之间的矛盾。"无论劳动保护法，无论工会的抵抗，都无法消除应该消除的最主要的东西，即资本主义关系，这种资本主义关系始终不断地把资本家阶级和雇佣工人阶级之间的对立再生产出来。雇佣工人群众终身注定从事雇佣劳动，他们和资本家之间的鸿沟，随着现代大工业的逐渐占有一切生产部门而变得越来越深，越来越宽。但是，由于布伦坦诺先生想把雇佣奴隶变成**心满意足**的雇佣奴隶，他不得不大大地夸大劳动保护、工会的抵抗、舍本逐末的社会立法等等的良好作用；而由于我们用简单的事实就能驳斥这些夸大，所以他就大发雷霆。"③ 因而，布伦坦诺企图利用劳动法和工会等工具解决社会问题，这显然是空想。

---

① 《马克思恩格斯全集》第 22 卷，人民出版社 1965 年版，第 109—110 页。
② 《马克思恩格斯全集》第 22 卷，人民出版社 1965 年版，第 110 页。
③ 《马克思恩格斯全集》第 22 卷，人民出版社 1965 年版，第 110 页。

第二节　在批驳"经济决定论"时坚持和
完善历史唯物主义

19 世纪 90 年代，马克思主义在工人运动中的影响逐渐增强。以德国社会学家保尔·巴尔特为代表的资产阶级学者从唯心主义和机会主义的立场出发歪曲篡改马克思主义唯物史观，宣扬经济决定论，这不仅在政治领域，而且在社会、意识形态领域都造成了恶劣影响。1890—1895 年，恩格斯给康拉德·施米特、约瑟夫·布洛赫、弗兰茨·梅林、瓦尔特·博尔吉乌斯等人写了一系列书信，其中的五封书信与马克思 19 世纪 40—60 年代撰写的三封书信一起，被后人称为关于历史唯物主义的八封书信。恩格斯在书信中回击唯心主义、教条主义和机会主义对马克思主义理论的歪曲和误解，强调经济因素不是社会发展的唯一决定因素，上层建筑受经济基础决定，但它一旦产生，就会具有相对的独立性，并按照自身固有的规律运动，对经济发展具有反作用。恩格斯还提出历史合力论，科学阐明了社会历史的辩证发展，全面坚持和完善了历史唯物主义的基本观点。列宁高度评价了这些书信，提出："这些信件的科学价值和政治价值都非常大。从这些书信中读者清晰地看到的不仅是马克思和恩格斯二人的风貌。在这些书信中，马克思主义的极其丰富的理论内容阐述得非常透彻，一目了然，因为马克思和恩格斯反复谈到他们学说的各个方面，同时对最新（就与先前的观点比较而言）、最重要和最困难的问题加以强调和说明，有时又是共同讨论，互相切磋。"[1]

一　经济因素不是影响社会发展的唯一因素

德国资产阶级社会学家巴尔特把马克思主义的历史观庸俗地理

---

[1] 《列宁全集》第 24 卷，人民出版社 2017 年第二版增订版，第 278 页。

解为经济派、技术经济历史观。他攻击马克思主义把复杂的社会现象都归结为经济因素，用经济因素的制约作用来解释一切。巴尔特还污蔑马克思和恩格斯从来没有指出过意识形态对经济的反作用，把人看作受经济摆布的被动机器，把思想看作消极的形式和外衣，从而把历史唯物主义归结为机械决定论和历史宿命论。恩格斯批评巴尔特时指出："既然这个人还没有发现，物质存在方式虽然是始因，但是这并不排斥思想领域也反过来对物质存在方式起作用，然而是第二性的作用，那么，他就决不可能了解他所谈论的那个问题了。"① 巴尔特并不了解历史唯物主义的基本范畴如社会存在和社会意识、经济基础和上层建筑等概念的特定含义。他不加分析地加以应用，歪曲马克思主义，甚至把马克思主义关于社会经济运动、社会经济基础的观点归结为工艺过程、技术的发展。

恩格斯提出，社会是在具体的经济前提和条件下产生和发展的，但经济因素不是影响社会发展的唯一因素。恩格斯说，"根据唯物史观，历史过程中的决定性因素**归根到底**是现实生活的生产和再生产。无论马克思或我都从来没有肯定过比这更多的东西。如果有人在这里加以歪曲，说经济因素是**唯一**决定性的因素，那么他就是把这个命题变成毫无内容的、抽象的、荒诞无稽的空话"②。社会历史并非由单一因素决定。经济因素是基础，但上层建筑的各种因素，比如政治的、法律的和哲学的理论、宗教观点等也对历史斗争的进程发生影响，甚至在许多时候决定着斗争的形式。"这里表现出这一切因素间的相互作用，而在这种相互作用中归根到底是经济运动作为必然的东西通过无穷无尽的偶然事件……向前发展。"③ 恩格斯强调社会历史发展是一切因素相互作用的结果。事实上，对社会历史发展

---

① 《马克思恩格斯文集》第 10 卷，人民出版社 2009 年版，第 586 页。
② 《马克思恩格斯文集》第 10 卷，人民出版社 2009 年版，第 591 页。
③ 《马克思恩格斯文集》第 10 卷，人民出版社 2009 年版，第 591—592 页。

起作用的要素，不仅包括经济因素，还包括政治、法律、哲学、宗教等上层建筑。我们是在确定的前提和条件下创造历史的。经济的前提和条件对于历史有决定性的作用，但政治等的前提条件也起着一定的作用。上层建筑对经济基础、社会意识对社会存在具有能动的反作用。

恩格斯坚持物质资料生产是人类社会历史发展的决定性因素。物质资料的生产首先包括自然的物质条件。马克思和恩格斯在《德意志意识形态》中就指出，"任何历史记载都应当从这些自然基础以及它们在历史进程中由于人们的活动而发生的变更出发"①，比如地质条件、气候条件等。恩格斯在给博尔吉乌斯的信中明确提到，"在经济关系中还包括这些关系赖以发展的**地理基础**和事实上由过去沿袭下来的先前各经济发展阶段的残余"②。自然物质条件通过对经济的重要基础作用影响社会历史的发展。

生产方式是社会历史的决定性基础。生产方式对社会关系起决定性作用。马克思在《哲学的贫困》中曾阐述了这一点，"随着新生产力的获得，人们改变自己的生产方式，随着生产方式即谋生的方式的改变，人们也就会改变自己的一切社会关系"③。在1894年致瓦尔特·博尔吉乌斯的信中，恩格斯重申，"我们视之为社会历史的决定性基础的经济关系，是指一定社会的人们生产生活资料和彼此交换产品（在有分工的条件下）的方式"④，生产生活资料和交换产品的方式都是经济关系，是社会历史的决定性基础。当然，产品的交换及分配是由生产力的发展，包括生产和运输的全部技术决定的。生产力作为生产方式的一部分，是社会历史发展中最终起决定性作

① 《马克思恩格斯文集》第1卷，人民出版社2009年版，第519页。
② 《马克思恩格斯文集》第10卷，人民出版社2009年版，第667页。
③ 《马克思恩格斯文集》第1卷，人民出版社2009年版，第602页。
④ 《马克思恩格斯文集》第10卷，人民出版社2009年版，第667页。

用的因素，表现为生产工具的变化改进和生产技术的进步。生产技术的进步和科学的发展相互促进，科学上的突破会促进生产技术的改进，反过来，生产技术的需要也会有力地推动科学的发展。"技术在很大程度上依赖于科学状况，那么，科学则在更大得多的程度上依赖于技术的**状况**和**需要**"，恩格斯指出，"社会一旦有技术上的需要，这种需要就会比十所大学更能把科学推向前进"。① 在技术的创新上，企业发挥着重要的作用，"企业是创新的主体，是推动创新创造的生力军"②。"科技兴则民族兴，科技强则国家强。"③ 科学技术的全面发展推动着社会历史的发展进步。

生产力决定生产关系，也就是生产力决定着交换方式和分配方式。此外，我们"每一代都利用以前各代遗留下来的材料、资金和生产力"④。这些因素会影响某一阶段的经济发展，并最终影响社会历史发展。

总之，决定社会历史发展的物质生活条件包含多种要素，经济条件是"归根到底制约着历史发展的东西"⑤。物质生活条件的改善推动着社会历史不断发展。人们是在一定的社会关系中，通过实践创造所生活的世界，人总是处于一定的社会关系中。经济状况并不能自动推动历史发展，也不是历史发展的唯一决定因素。

二　上层建筑有相对独立性并对经济基础有反作用

历史唯物主义坚持社会存在决定社会意识，也认为社会意识对

---

① 《马克思恩格斯文集》第 10 卷，人民出版社 2009 年版，第 668 页。
② 习近平：《在中国科学院第十九次院士大会、中国工程院第十四次院士大会上的讲话》，人民出版社 2018 年版，第 15 页。
③ 习近平：《为建设世界科技强国而奋斗：在全国科技创新大会、两院院士大会、中国科协第九次全国代表大会上的讲话》，人民出版社 2016 年版，第 5 页。
④ 《马克思恩格斯文集》第 1 卷，人民出版社 2009 年版，第 540 页。
⑤ 《马克思恩格斯文集》第 10 卷，人民出版社 2009 年版，第 668 页。

社会存在具有反作用。马克思和恩格斯在创立唯物史观的早期，由于当时的主要任务是与历史唯心主义划清界限，确立历史唯物主义，所以他们的论证主要集中在社会存在决定社会意识的方面。他们提出："我们在反驳我们的论敌时，常常不得不强调被他们否认的主要原则，并且不是始终都有时间、地点和机会来给其他参与相互作用的因素以应有的重视。"① 但是，当具体到某一具体历史时期，在论述某一具体问题时，只考虑经济基础的决定性作用，而忽略其他因素就会犯错误。"可惜人们往往以为，只要掌握了主要原理——而且还并不总是掌握得正确，那就算已经充分地理解了新理论并且立刻就能够应用它了。"② 因此，恩格斯晚年注重上层建筑对于经济基础的反作用，强调上层建筑的独立性和能动作用，补充了唯物主义历史观，使之更为全面。

上层建筑受经济基础决定，但它一旦产生，就会具有相对的独立性，并按照自身固有的规律运动。"总的说来，经济运动会为自己开辟道路，但是它也必定要经受它自己所确立的并且具有相对独立性的政治运动的反作用，即国家权力的以及和它同时产生的反对派的运动的反作用。"③

（一）国家作为政治上层建筑对经济发展的反作用

国家作为政治上层建筑，是为了执行社会的某些共同职能而从社会独立出来的权力机构。它作为上层建筑受经济基础的决定和制约，但国家一旦产生就具有了相对的独立性和能动作用，反过来会影响经济的发展。

国家权力对经济发展的反作用有三种。具体来说，一是促进经济

① 《马克思恩格斯文集》第10卷，人民出版社2009年版，第593页。
② 《马克思恩格斯文集》第10卷，人民出版社2009年版，第594页。
③ 《马克思恩格斯文集》第10卷，人民出版社2009年版，第597页。

发展，二是使经济崩溃，三是阻碍经济发展，而且第三种情况最终要以第一种或第二种的形式来解决。"国家权力对于经济发展的反作用可以有三种：它可以沿着同一方向起作用，在这种情况下就会发展得比较快；它可以沿着相反方向起作用，在这种情况下，像现在每个大民族的情况那样，它经过一定的时期都要崩溃；或者是它可以阻止经济发展沿着某些方向走，而给它规定另外的方向——这种情况归根到底还是归结为前两种情况中的一种。但是很明显，在第二和第三种情况下，政治权力会给经济发展带来巨大的损害，并造成大量人力和物力的浪费。"① 这说明国家权力的反作用具有复杂性。

认识到国家权力对于经济发展的反作用，有助于理解无产阶级解放运动。恩格斯肯定政治斗争和政治事件对于经济的特殊作用，批评巴尔特认为历史唯物主义否认经济运动中政治的反作用的错误观点，建议巴尔特"看看《资本论》，例如关于工作日的那一篇，那里表明立法起着多么重大的作用，而立法就是一种政治行动"②。国家在阶级社会作为阶级统治的工具，统治阶级会运用国家力量保护有利于自己统治的经济制度。因此，无产阶级要充分认识到国家等政治权力对经济的反作用，"如果政治权力在经济上是无能为力的，那么我们何必要为无产阶级的政治专政而斗争呢?"③ 毕竟，国家权力就是一种经济力量，无产阶级要实现自己的解放，就要推翻资产阶级专政，建立无产阶级专政的国家。恩格斯充分阐明了在社会历史发展中，除了经济的决定性作用之外，还有政治上层建筑的各种因素在起作用。

（二）观念的上层建筑的相对独立性

观念的上层建筑，它的形成过程具有自己的特点，一旦形成就

---

① 《马克思恩格斯文集》第 10 卷，人民出版社 2009 年版，第 597 页。
② 《马克思恩格斯文集》第 10 卷，人民出版社 2009 年版，第 600 页。
③ 《马克思恩格斯文集》第 10 卷，人民出版社 2009 年版，第 600 页。

具有相对独立性。这种独立性同上层建筑的反作用一样，都是上层建筑能动性的表现。它的独立性表现在以下四个方面。

第一，观念的上层建筑是由思想家以现实为基础通过相对独立的有意识的活动产生的。观念的形成是以现实为基础，通过人的意识对来自现实的感性材料进行加工，抽象的逻辑思维、归纳总结都是在有意识的思维活动中进行的，最终完成了对现实材料的理论升华。当然，这种意识活动有脱离现实的可能性。"它的内容和形式都是他从纯粹的思维中——或者从他自己的思维中，或者从他的先辈的思维中引出的。"① 虽然这种意识的内容和形式并非纯粹思维的结果，但是由于唯心主义思想家只和思想材料打交道，所以他们就理所当然地认为思想材料是由思维产生的，而且"认为这是不言而喻的"，因为"一切行动既然都以思维为**中介**，最终似乎都以思维为**基础**"。② 但是他们并没有看到那些"较远的、不从属于思维的根源"③。当唯心主义思想家把思维看作完全脱离现实的独立发展的结果，就会导致荒谬的结论。

第二，观念的上层建筑在继承的基础上相对独立发展。观念的上层建筑是继承和发展各代人的思维的结果。"每一个时代的哲学作为分工的一个特定的领域，都具有由它的先驱传给它而它便由此出发的特定的思想材料作为前提。"④ 每个时代的思想意识都是在继承前人的基础上发展出新的属于自己时代的思想意识，具有它们自己相对独立的发展历史和发展规律。

第三，观念的上层建筑与经济发展不同步。宗教、哲学及其他作为观念的上层建筑与经济基础的关系比较远，因而虽然它们由经

---

① 《马克思恩格斯文集》第10卷，人民出版社2009年版，第657—658页。
② 《马克思恩格斯文集》第10卷，人民出版社2009年版，第658页。
③ 《马克思恩格斯文集》第10卷，人民出版社2009年版，第658页。
④ 《马克思恩格斯文集》第10卷，人民出版社2009年版，第599页。

济基础决定，但由于经过了一系列中介，所以上层建筑与经济发展并不同步。比如，"经济上落后的国家在哲学上仍然能够演奏第一小提琴"①。经济发展并不代表意识形态一定领先，相反，经济落后也并不意味着意识形态一定落后。但是，这并不是否定经济的决定性作用，因为"不论在法国或是在德国，哲学和那个时代的普遍的学术繁荣一样，也是经济高涨的结果"②，经济的繁荣对于学术的繁荣有促进作用，只不过这种促进作用不是绝对的，毕竟意识形态具有相对的独立性。

意识形态各形式之间相互联系、相互制约。"政治、法、哲学、宗教、文学、艺术等等的发展是以经济发展为基础的。但是，它们又都互相作用并对经济基础发生作用"③。那些更为抽象的意识形态形式，如艺术、宗教、哲学等与经济基础的联系更远，要经过若干个其他的作为中间环节的意识形式，比如"对哲学发生最大的直接影响的，是政治的、法律的和道德的反映"④。而政治、法律等上层建筑则离经济基础更近，联系更为紧密和直接。"经济在这里并不重新创造出任何东西，但是它决定着现有思想材料的改变和进一步发展的方式，而且多半也是间接决定的。"⑤ 经济的间接作用和意识形态各形式之间的相互作用体现了意识形态的相对独立性和能动性。

事实上，任何意识形态作为上层建筑，其内容和形式都是社会存在的反映，依赖经济基础的发展。意识形态的相对独立性正是上层建筑能动性的表现。由于相对独立的意识形态的能动作用，意识形态对经济基础或者起促进作用或者起阻碍作用。我们除了要重视

---

① 《马克思恩格斯文集》第 10 卷，人民出版社 2009 年版，第 599 页。
② 《马克思恩格斯文集》第 10 卷，人民出版社 2009 年版，第 599—600 页。
③ 《马克思恩格斯文集》第 10 卷，人民出版社 2009 年版，第 668 页。
④ 《马克思恩格斯文集》第 10 卷，人民出版社 2009 年版，第 600 页。
⑤ 《马克思恩格斯文集》第 10 卷，人民出版社 2009 年版，第 600 页。

意识形态的积极作用和阻碍作用，也要重视其相对独立的能动作用。

三 历史合力的"平行四边形"

恩格斯认为历史发展是经济基础和上层建筑相互作用的结果。人类主体在历史发展过程中也发挥着能动的作用。恩格斯在《费尔巴哈论》中就已经提出了合力的概念。在晚年撰写的书信中，他又一次详细阐述了历史合力的思想。"历史是这样创造的：最终的结果总是从许多单个的意志的相互冲突中产生出来的，而其中每一个意志，又是由于许多特殊的生活条件，才成为它所成为的那样。"①

每一个历史中的单个人的意志，都是在其生活的具体条件中，在与其他意志的相互冲突中形成的，这些无数的单个意志相互作用就推动了社会历史的发展。"这样就有无数互相交错的力量，有无数个力的平行四边形，由此就产生出一个合力，即历史结果，而这个结果又可以看做一个作为整体的、**不自觉地**和不自主地起着作用的力量的产物。因为任何一个人的愿望都会受到任何另一个人的妨碍，而最后出现的结果就是谁都没有希望过的事物。"② 所有人的意志都对合力有贡献，因而也包括在合力里面。所有力交错结合的合力就推动了历史发展。

历史发展是主观因素和客观因素的相互作用。每一个主观的意志相互作用一起产生的合力却是"谁都没有希望过的事物"，具有一定的客观性。因而，历史发展并不以人们的意志为转移，具有自己的客观规律性。"到目前为止的历史总是像一种自然过程一样地进行，而且实质上也是服从于同一运动规律的。但是，各个人的意志——其中的每一个都希望得到他的体质和外部的、归根到底是经济的情况（或

---

① 《马克思恩格斯文集》第10卷，人民出版社2009年版，第592页。
② 《马克思恩格斯文集》第10卷，人民出版社2009年版，第592—593页。

是他个人的，或是一般社会性的）使他向往的东西——虽然都达不到自己的愿望，而是融合为一个总的平均数，一个总的合力，然而从这一事实中决不应作出结论说，这些意志等于零。相反，每个意志都对合力有所贡献，因而是包括在这个合力里面的。"① 事实上，每个人的意志都是合力的一部分，都对社会历史的发展有贡献。

恩格斯在历史唯物主义通信中提出的历史发展的"合力论"，科学阐明了社会历史辩证的发展运动，社会历史发展是人们能动活动的结果。

四　历史发展是必然性和偶然性的统一

恩格斯用唯物辩证法必然性和偶然性的范畴研究社会发展的历史，说明社会发展的规律性，即经济发展的客观规律和个人意志的辩证关系。在致博尔吉乌斯的信中，恩格斯提出："人们自己创造自己的历史，但是到现在为止，他们并不是按照共同的意志，根据一个共同的计划，甚至不是在一个有明确界限的既定社会内来创造自己的历史。"② 虽然社会历史是由人们自己创造的，但是并没有一个所谓的共同意志来指导人们，使人们按照某种方式来建造自己的历史。相反，每个人都有自己的意向，"他们的意向是相互交错的"，但是"正因为如此，在所有这样的社会里，都是那种以**偶然性**为其补充和表现形式的**必然性**占统治地位"③。

社会历史的发展是偶然性和必然性共同作用的结果，但是两者具有不同的地位和作用。必然性对社会历史发展的趋势起决定作用，是支配性的。偶然性只对社会历史发展趋势起加速或延缓作用，并不能决定其发展的方向。"通过各种偶然性来为自己开辟道路的必然

---

① 《马克思恩格斯文集》第 10 卷，人民出版社 2009 年版，第 593 页。
② 《马克思恩格斯文集》第 10 卷，人民出版社 2009 年版，第 669 页。
③ 《马克思恩格斯文集》第 10 卷，人民出版社 2009 年版，第 669 页。

性，归根到底仍然是经济的必然性。"[①] 恩格斯讨论了历史上杰出人物的作用，比如拿破仑之所以伟大的原因是偶然的，因为他在恰当的时间出现在一定的场合，而当时的法兰西共和国需要一个军事独裁者则是必然的，即使没有拿破仑也会有别的人扮演这个角色。再伟大的个人，也不对历史发展起决定性的作用，历史上的凯撒、奥古斯都和克伦威尔都是如此。

此外，恩格斯用两条轴线形象地表现出社会意识同经济发展的关系，以此说明个人意识的偶然性与经济发展的必然性之间的关系。如果把经济发展画一条轴线，那么离经济越远的领域，越是接近纯粹抽象的意识形态领域的轴线，越容易表现为偶然现象。因此，远离经济发展的轴线，只有经历更长的考察时间，更广的考察范围，才能更接近经济发展的趋势。

第三节　在批判右倾机会主义中捍卫科学社会主义

普法战争后，德国资本主义迅速发展，无产阶级的力量也不断壮大，马克思主义得以广泛传播，这对统治阶级造成了严重威胁。资产阶级一方面大肆镇压工人运动，另一方面宣传折衷主义，企图消解马克思主义的影响，瓦解工人运动。恩格斯为反对以杜林为代表的小资产阶级，通过撰写《反杜林论》批判小资产阶级思想，揭穿了假社会主义理论的真实面目，巩固了马克思主义在德国党内部思想和组织上的基础，捍卫了历史唯物主义。随着工人运动的进一步发展，工人运动亟须得到科学社会主义理论的指导。恩格斯应法国工人党的创始人保尔·拉法格的请求，把《反杜林论》有关科学社会主义的部分单独编册，增加了若干比较详细的说明，以《空想社会主义和科学社会主

---

① 《马克思恩格斯文集》第 10 卷，人民出版社 2009 年版，第 669 页。

义》为题发表在法国社会主义杂志《社会主义评论》上，同年又出版了单行本。1880 年法译本第一次发表，影响广泛。1883 年以《社会主义从空想到科学的发展》为书名出版了德文版。这部书在出版后，成为指导各国无产阶级政党组织和工人运动的重要理论书籍，在反对各种错误思潮的过程中起到了重要作用。恩格斯在 1892 年英文版"导言"中明确提出了"历史唯物主义"的名词。

一　现代社会主义是资本主义发展的必然产物

恩格斯在《社会主义从空想到科学的发展》开篇就说，"现代社会主义，就其内容来说，首先是对现代社会中普遍存在的有财产者和无财产者之间、资产者和雇佣工人之间的阶级对立以及生产中普遍存在的无政府状态这两个方面进行考察的结果"①。这也就是说，现代社会主义是无产阶级反对资产阶级的产物，也就是我们所说的科学社会主义，其产生具有深刻的社会物质和思想文化根源。

科学社会主义学说的"根子深深扎在物质的经济的事实中"②，是基于对物质经济的考察。资产阶级从产生时起就背负着自己的对立物，即无产阶级。在资产阶级同封建贵族斗争时，虽然它认为自己代表了当时各个劳动阶级的利益，但实际上无产阶级反对资产阶级的运动甚至在无产阶级并没有成熟的时候就已经不断爆发，出现了不少派别和代表人物，比如德国宗教改革和农民战争时期的再洗礼派和托马斯·闵采尔，英国大革命时期的平等派，法国大革命时期的巴贝夫等。当时，无产阶级和资产阶级的共同敌人是封建贵族。但是，伴随着资本主义的出现，反对资本主义的思想事实上就已经出现，只不过表现为萌芽形式，如莫尔的《乌托邦》。随着资产阶级

---

① 《马克思恩格斯文集》第 9 卷，人民出版社 2009 年版，第 19 页。
② 《马克思恩格斯文集》第 9 卷，人民出版社 2009 年版，第 382 页。

力量的不断壮大，资本主义生产关系的产生、发展，无产阶级和资产阶级的矛盾逐渐显现。无产阶级渴望平等的要求不仅体现在政治权利方面，而且也扩展到个人的社会地位，再到消灭阶级特权，消灭阶级差别。

科学社会主义的主要理论来源是19世纪初法国和英国的空想社会主义。空想社会主义的产生和发展经历了16—19世纪的漫长时期。起初资本主义生产方式的矛盾和资产阶级与无产阶级的矛盾还没有充分暴露，无产阶级反对资产阶级的思想倾向还不够强烈，无产阶级还没有形成为一支独立的政治力量。在这种情况下，空想社会主义对未来社会的构想还比较幼稚。但是，无论是早期莫尔的《乌托邦》、康帕内拉的《太阳城》，中期摩莱里的《自然法典》、马布利的《论法制和法律的原则》，还是晚期的圣西门、傅立叶和欧文的著作，其中所包含的积极而丰富的思想都极大地启发了马克思和恩格斯。

他们继承了这些前辈思想中的积极思想，摒弃了那些不彻底的、矛盾折衷的唯心主义部分，运用辩证唯物主义和历史唯物主义，把社会主义建立在阶级斗争和对资本主义经济关系、基本矛盾的分析之上，指出了社会主义代替资本主义的必然性。

二 "两大发现"使社会主义从空想变成了科学

唯物主义历史观和剩余价值理论这"两个伟大发现"使社会主义由空想变成了科学。恩格斯明确指出："这两个伟大的发现——唯物主义历史观和通过剩余价值揭开资本主义生产的秘密，都应当归功于**马克思**。由于这两个发现，社会主义变成了科学。"① 唯物史观的确立揭示了人类社会发展的一般规律，成为科学社会主义的认识

---

① 《马克思恩格斯文集》第3卷，人民出版社2009年版，第545—546页。

论基础。剩余价值理论的发现揭示了现代资本主义生产方式和它所产生的资产阶级社会的特殊运动规律。

马克思和恩格斯用唯物史观剖析资本主义社会的资本生产过程，揭开了资本主义生产关系的剥削秘密。资本家无偿占有了雇佣工人通过劳动创造出来的剩余价值，工人所提供的价值量要比他从资本家那里得到的价值量大得多。剩余价值理论的发现阐明了无产阶级和资产阶级对立的经济根源。无产阶级肩负推翻资本主义、实现社会主义的伟大历史使命，资本主义制度必然要灭亡，社会主义必然要胜利。剩余价值理论是对科学社会主义的经济学论证，揭示了资本主义生产的秘密，使社会主义从空想变成了科学。

恩格斯详细阐述了科学社会主义的基本原理。他基于历史唯物主义阐释了科学社会主义的基本原理，指出"一切社会变迁和政治变革的终极原因，不应当到人们的头脑中，到人们对永恒的真理和正义的日益增进的认识中去寻找，而应当到生产方式和交换方式的变更中去寻找；不应当到有关时代的**哲学**中去寻找，而应当到有关时代的**经济**中去寻找"[①]。资本主义的基本矛盾是生产社会化与生产资料资本主义私人占有之间的矛盾。由于机器的改进，工人不断遭到解雇，从而产生了大量的产业后备军。资本家为了竞争也会无限扩张生产，使得生产力发展迅猛，供过于求，产品过剩。这造成了资本主义社会一方面是产品过剩，另一方面是贫穷工人的过剩。但是资本主义的生产方式只允许生产力和产品先转变为资本才能流通，而正是由于生产力和产品的过剩阻碍了其转变。生产无限扩大的趋势和人民群众支付能力的下降必然造成生产的相对过剩。同时资本主义社会的生产和社会福利并不能结合起来。资本主义的基本矛盾表现为个别工厂中生产的组织性和整个社会中生产的无政

[①] 《马克思恩格斯文集》第9卷，人民出版社2009年版，第284页。

府状态之间的对立、表现为无产阶级和资产阶级的对立。资本主义生产方式处于这两种矛盾表现形式的"恶性循环"中。经济危机的周期性爆发表明资本主义生产方式不适应生产力的发展，资本主义必然灭亡，社会主义必然胜利。

恩格斯还描述了对未来共产主义社会的构想。未来将取消生产资料私人所有制，由社会占有全部生产资料，但这需要一个长期的历史发展过程。未来将消灭国家和阶级，实行有计划的生产。社会主义的生产力将极大提高，实现人的自由全面发展。完成这一解放的事业，是现代无产阶级的历史使命。恩格斯晚年的科学社会主义学说是根据当时的历史条件提出的，随着世界发生的变化、科学技术的发展，社会主义实践应当根据各国情况选择具体的发展道路，这一学说必须得到不断的完善和发展。

三　无产阶级革命学说的丰富和发展

恩格斯在其著作《卡·马克思〈1848年至1850年的法兰西阶级斗争〉一书导言》《1891年社会民主党纲领草案批判》（又名《爱尔福特纲领草案批判》）等中分析了革命形势的变化，总结了革命斗争的经验，捍卫了马克思主义，丰富和发展了关于无产阶级革命道路和策略的理论。

唯物史观可以揭示当下事变的内在联系。恩格斯在1895年撰写的《卡·马克思〈1848年至1850年的法兰西阶级斗争〉一书导言》中指出，研究当下社会问题时，由于时代的限制和问题的复杂性，"人们总是不能追溯到**最终的**经济原因"[1]，因而难免会失误甚至犯错误，但采用正确的唯物史观，仍然可以研究当下的事件。《1848年至1850年的法兰西阶级斗争》这本书就是"马克思用他的唯物主

---

[1] 《马克思恩格斯文集》第4卷，人民出版社2009年版，第532页。

义观点从一定经济状况出发来说明一段现代历史的初次尝试"①。恩格斯指出，事物的发展有一个过程，要对那些复杂的不断变化的因素随时作出全面总结是不可能的，尤其是当最重要的因素大部分时期都处于长期的隐蔽作用状态时。因而，通常只有在这件事发生过一段时间之后，才能通过搜集和整理资料得到关于某个时期的清晰概况。在研究当下的事件时，权宜之计是不得不把此时的经济状况看作是不变的，或者只考虑那些十分明显的变化，因而难免有错误之处。马克思在写作《1848 年至 1850 年的法兰西阶级斗争》时也不可能跟踪考察当时的经济变化。但尽管如此，马克思依然根据唯物主义原理，依据对经济史的研究，从不完备的材料中得出了"有决定意义"的结论，即"1847 年的世界贸易危机孕育了二月革命和三月革命；从 1848 年年中开始逐渐复兴而在 1849 年和 1850 年达到全盛状态的工业繁荣，是重新强大起来的欧洲反动势力的振奋力量"②。并根据这一规律，修正了马克思和恩格斯之前对于欧洲革命力量不久就会重新高涨的幻想，作出了对于欧洲革命的正确判断：**"新的革命，只有在新的危机之后才可能发生。但新的革命正如新的危机一样肯定会来临。"**③ 40 多年后，为这本书写作"导言"的恩格斯认为，马克思的这个判断经受住了历史的检验。

恩格斯还指出了由于时代限制，他和马克思在法国 1848 年二月革命爆发时关于革命运动的条件和进程问题的认识上存在的具体错误。首先，他们对于 1848 年革命的看法，受到了法国自 1789 年以来在欧洲历史中所起的主导作用的影响。在"当时的情势下，我们不可能有丝毫怀疑：伟大的决战已经开始，这个决战将在一个很长的和充满变化的革命时期中进行到底，而结局只能是无产阶级的最

① 《马克思恩格斯文集》第 4 卷，人民出版社 2009 年版，第 532 页。
② 《马克思恩格斯文集》第 4 卷，人民出版社 2009 年版，第 535—536 页。
③ 《马克思恩格斯文集》第 2 卷，人民出版社 2009 年版，第 176 页。

终胜利"①。虽然曾乐观判断了 1848 年法国革命对欧洲的影响，但是 1849 年革命失败后，他们很快就放弃了那些庸俗民主派依然抱有的幻想，在 1850 年秋季就宣布，"至少革命时期的**第一**阶段已告结束，而在新的世界经济危机爆发以前什么也等待不到"②。其次，欧洲大陆经济发展的状况还远没有成熟到可以铲除资本主义生产的程度，资本主义经济正处于长足发展的阶段。再次，当时的共产主义理论还没有得到充分普及。最后，那时的工人阶级还不够成熟，还是按照地区和民族来划分和区别的群众，跟现在的国际社会主义大军在人数、自治性、纪律性、觉悟程度和胜利信心上都无法相比。因此，"这就彻底证明了，在 1848 年要以一次简单的突然袭击来实现社会改造，是多么不可能的事情"③。因而，具体的道路和策略选择都要以现实的各种条件为根据。但是，即使对事物的判断存在具体错误，并不意味着不能研究当下的事物，根据唯物史观，仍然可以揭示事物的内在本质联系。

恩格斯指导工人阶级正确运用唯物史观，根据形势变化及时调整斗争策略。恩格斯指出，工人阶级可以争取和利用普选权这种崭新的斗争方式。通过深刻总结各国无产阶级政党的斗争经验，恩格斯提出要争取群众，在群众中大力宣传无产阶级进行斗争的原因以及他们应该如何做。民主制和普选制可以帮助工人阶级政党宣传自己的主张；竞选活动创造了接近群众、深入群众的方便途径；议会所提供的讲坛，提供了比之前的报刊和集会更好的能够跟自己的敌人和群众讲话的舞台，这些都为开展革命活动提供了有利机会。恩格斯肯定了德国社会民主党通过合法斗争，利用普选权取得的重大成就，阐释了德国社会民主党在合法斗争条件下所应当采取的策略。

---

① 《马克思恩格斯文集》第 4 卷，人民出版社 2009 年版，第 538 页。
② 《马克思恩格斯文集》第 4 卷，人民出版社 2009 年版，第 538 页。
③ 《马克思恩格斯文集》第 4 卷，人民出版社 2009 年版，第 541 页。

虽然由于社会状况和革命形势的变化，工人政党在合法的议会斗争中取得了相当大的成就，但是恩格斯告诫无产阶级政党，在采取合法斗争策略的同时，不要放弃自己的革命权。"革命权是唯一的**真正** '**历史权利**'——是所有现代国家无一例外都以它为基础建立起来的唯一权利。"① 无产阶级要认识到合法斗争并非一劳永逸，要坚决反对那种"可耻的"、不惜一切代价的合法性观点。恩格斯批评了"和平长入社会主义"的错误观点。资产阶级拥有全部武装力量，他们不会允许无产阶级夺取自己的政权。如果工人阶级试图通过议会成为多数，统治者不会坐以待毙，无疑会用暴力来对付这种情况。无产阶级夺取政权必须依靠暴力革命，这已经被历史经验和现实实践所指明。

恩格斯指出，革命者要随着斗争条件的变化采取新的斗争方法。军事技术的进步和城市建设的变化等引起了斗争方法的变化。1848年革命中普遍运用的街垒战已经过时了，"已经丧失了它的魅力；士兵已经不是把街垒后面的人们看做'人民'，而是把他们看做叛逆者、颠覆分子、抢掠者、分赃分子、社会渣滓；军官们渐渐掌握了巷战的战术形式"，因此它的"胜利机会就已经相当少了"。② 此时，"一个革命者，如果自愿选择柏林北部和东部的新建工人街区来进行街垒战，那他一定是疯了"③。恩格斯指导革命者要根据形势的变化调整具体的斗争方法，无产阶级要采取对自己更为有利的公开进攻的形式，用公开的进攻代替旧的街垒战。他告诫无产阶级不要贸然行动走上必定失败的街头，以免白白流血牺牲，但恩格斯并没有绝对地否定街垒战，而是认为只有这些不利的情况被其他因素抵消的时候，街垒战才能取得胜利。此外，由少数觉悟的革命者率领群众

---

① 《马克思恩格斯文集》第 4 卷，人民出版社 2009 年版，第 550—551 页。
② 《马克思恩格斯文集》第 4 卷，人民出版社 2009 年版，第 547 页。
③ 《马克思恩格斯文集》第 4 卷，人民出版社 2009 年版，第 548 页。

进行突然袭击的革命做法也已经不再适宜，要争取更多数量觉悟的群众的支持，而这需要长期坚持不懈的努力工作。

无产阶级专政是无产阶级革命的客观要求和历史经验。恩格斯在晚年书信中多次强调无产阶级专政是历史的必然。工人阶级政党无论是在美国还是在欧洲，不管最初是什么形式，"都必须朝着预先可以确定的方向发展"①，这是历史的必然，是欧洲无产阶级经过60年分歧和争论才形成的共识。由于造成无产阶级和资本家阶级之间鸿沟的原因是一样的，填平这种鸿沟的手段也是一样的，所以，包括美国在内的所有无产阶级政党纲领的最终目的必然是无产阶级专政，"这个纲领将宣布，最终目标是工人阶级夺取政权，使整个社会直接占有一切生产资料——土地、铁路、矿山、机器等等，让它们供全体成员共同使用，并为了全体成员的利益而共同使用"②。工人阶级政党要想取得统治，只能采取无产阶级专政。

恩格斯明确提出，建立无产阶级专政是无产阶级政党的历史任务。他在1894年分析意大利革命形势，论述工人阶级政党斗争策略时提出，意大利劳动社会党人不仅要顾及眼前利益，更要牢记长远目标，从而明确提出了建立无产阶级专政的要求。无产阶级政党"在当前的运动中同时代表运动的未来"③。因此，他们不仅应该积极参加无产阶级和资产阶级斗争的每个发展阶段的行动。更为重要的是，无产阶级政党"一时一刻也不忘记，这些阶段只不过是达到首要的伟大目标的阶梯。这个目标就是：由无产阶级夺取政权作为改造社会的手段"④。无产阶级专政不仅要掌握政治机器，而且还包含对未来社会的建设性职能，"过去的资产阶级革命向大学要求的仅

① 《马克思恩格斯文集》第4卷，人民出版社2009年版，第318页。
② 《马克思恩格斯文集》第4卷，人民出版社2009年版，第319页。
③ 《马克思恩格斯文集》第2卷，人民出版社2009年版，第65页。
④ 《马克思恩格斯文集》第4卷，人民出版社2009年版，第470页。

仅是律师,作为培养政治家的最好的原料;而工人阶级的解放,除此之外还需要医生、工程师、化学家、农艺师及其他专门人才,因为问题在于不仅要掌管政治机器,而且要掌管全部社会生产,而在这里需要的决不是响亮的词句,而是扎实的知识"①。马克思主义始终坚持革命和建设的统一。

四 推进科学社会主义关于农民问题的理论

19 世纪下半叶,欧洲的资本主义迅速发展,农民贫困和破产的速度也大大加快,农民运动蓬勃发展,同时,无产阶级力量也逐渐壮大。恩格斯当时判断:"社会党夺取政权已成为可以预见的将来的事情。然而,为了夺取政权,这个政党应当首先从城市走向农村,应当成为农村中的一股力量。"② 农民问题成为革命的中心问题。但是德国社会民主党和法国社会党等马克思主义派在解决农民问题时没有采取正确的策略,他们把社会主义革命的任务改为保护小农的私有经济。德国社会民主党内部的改良主义派领袖福尔马尔甚至认为,社会主义农业的基础是私有的小农经济,甚至包括剥削贫农的富农。

恩格斯长期关注农民问题,深入研究考察了土地、农民及其斗争的历史,他在 19 世纪 50—80 年代撰写了《德国农民战争》《论住宅问题》《关于普鲁士农民的历史》等文章,在整理《资本论》第二、第三卷的过程中也有对农村经济关系的讨论。1894 年 11 月15—22 日,为了批判福尔马尔在土地问题上的错误认识,恩格斯撰写了《法德农民问题》一文,文中的一系列论断正是基于他对于这一问题长期的深入研究,从而推进了科学社会主义关于农民问题的

---

① 《马克思恩格斯文集》第 4 卷,人民出版社 2009 年版,第 446 页。
② 《马克思恩格斯文集》第 4 卷,人民出版社 2009 年版,第 510 页。

理论。

恩格斯正确地提出，在农民问题中，争取小农的支持是解开整个问题的关键。"只要我们搞清楚了我们对小农应有的态度，我们便有了确定我们对农村居民其他组成部分的态度的一切立足点。"① 小农指的是小块土地的所有者或租佃者，尤其是所有者。他们所拥有的土地勉强能养活全家，且不会超出他全家的耕种能力。当时的小农与他们的祖先已经有三个方面不同：第一，法国革命后，他们已经被解除了赋税和劳役，拥有一块自由的财产；第二，他们丧失了马尔克公社的保护，也丧失了拥有马尔克公有土地的权利；第三，他们丧失了自己过去生产工作的一半。② 原来自给自足的经济已经被打破，过去靠物品交换或换工获得的产品被货币经济和大工业产品代替，小农经济受到了资本主义生产的冲击，小农的状况每况愈下。小农作为未来的无产者将乐意接受社会主义的宣传。他们也成为无产阶级的潜在同盟军。1894 年在应邀分析意大利革命形势时，恩格斯明确提出，工人政党在人民运动中要保持独立性，但还要同时把农民看作"强大的和不可缺少的同盟者"③。

那么，如何对待这些小农，无产阶级实行什么样的土地纲领将成为工农合作的实际立足点？为了争取这些小农，"应该如何帮助农民，并且不是作为未来的无产者，而是作为现时的有产农民来帮助，而又不违背社会主义总的纲领的基本原则呢？"④ 显然，德法两国的工人党在这个问题上犯了机会主义的错误。

1892 年 9 月，马赛的法国工人党大会通过了一个关于农民问题的土地纲领；1894 年 9 月，南特的法国工人党第十二次全国代表大

---

① 《马克思恩格斯文集》第 4 卷，人民出版社 2009 年版，第 512 页。
② 参见《马克思恩格斯文集》第 4 卷，人民出版社 2009 年版，第 512 页。
③ 《马克思恩格斯文集》第 4 卷，人民出版社 2009 年版，第 469 页。
④ 《马克思恩格斯文集》第 4 卷，人民出版社 2009 年版，第 514 页。

会通过了党的土地纲领的绪论部分，并对纲领进行了补充。这两次会议通过的内容都具有浓厚的机会主义色彩。具体表现在：第一，他们保护小农所有制免于遭到灭亡，试图保护小农所有的小块土地，虽然他们知道这种灭亡不可避免；第二，他们试图联合所有成分的农民，包括小农、中农、大农和大土地所有者来对抗封建土地所有制，试图把工人党变成小资产阶级政党。这种机会主义的错误观点遭到了恩格斯的驳斥。

恩格斯批评了要联合农村中包括小农、中农和大农以及大土地所有者在内的一切成分的观点，科学分析了农村中的不同阶级和阶层状况，提出了"区别对待"不同阶级的原则。对于小农，要尽可能争取。首先，虽然我们预见到小农必然灭亡，但无论如何不要自己干预去加速其灭亡。其次，在夺得国家政权时，绝不要像对待大土地占有者那样用暴力去剥夺小农，应该通过示范和社会帮助的方式把他们的私人生产和私人占有变为合作社的生产和占有。要让农民理解，只有以此方式才可以挽救和保全他们的房产和田产，毕竟大规模的资本经济将会排挤掉他们陈旧的生产方式，"资本主义的大生产将把他们那无力的过时的小生产压碎，正如火车把独轮手推车压碎一样是毫无问题的"①。对于那些较大的农民，也要区分为住在小块土地农民中间的中农，他们的利益和观点跟小块土地农民没有什么本质区别，而且经验也会告诉他们，他们随时可能下降为小农；而在中农和大农占优势且农业经营普遍需要男女长工的地方，工人政党应该首先维护雇佣工人的利益，此时工人政党不能向农民作出任何让雇佣奴隶制继续存在的诺言。毕竟，只要大农和中农存在，他们就必然要雇佣工人。此外，他们和城市手工业者相似，要一分为二地对待这些人：对于那些想永久保存自己地位的

①《马克思恩格斯文集》第4卷，人民出版社2009年版，第527页。

人，就让他们离开，直到他们确信在反犹太主义者那里得不到任何
帮助；对于那些看到自己的生产方式必然灭亡的人，我们要团结，
准备将来与他们共同承担工人正面临的任务。但是对于后一部分
人，我们要遵循一个原则，绝不能向他们保证说，他们的经济将继
续存在下去。对于这些人，恩格斯还认为不应当对他们实行暴力剥
夺，而是寄希望于经济发展将使这些人改变主意。对于大土地占有
者，跟那些资本主义企业一样，可以毫不犹豫地剥夺他们。剥夺的
方法要根据取得政权时的情况，也取决于大土地占有者们自己的态
度。恩格斯和马克思一样，认为赎买当然是最便宜的方法。无论如
何，土地要转交给合作社的农业工人使用，资本主义的企业要转变
为社会的企业。

恩格斯批判了对待农民问题的机会主义，强调只有正确理解农
民问题，把农民争取过来，才能真正建立起革命的同盟军。那时，
整个革命状况会立刻改变，力量对比的变化将孕育彻底的革命。

第四节　以科学的态度对待马克思主义

恩格斯在马克思逝世后，客观评价了马克思的伟大贡献，在澄
清对马克思主义的一些误解时，提出了如何正确认识和对待马克思
主义的问题。马克思主义是科学的理论，是在历史实践中不断发展
的理论，是革命的理论，是指导社会实践的科学方法。

一　马克思主义是科学的理论

《在马克思墓前的讲话》一文中，恩格斯指出，马克思是一个科
学家。在"马克思看来，科学是一种在历史上起推动作用的、革命
的力量。任何一门理论科学中的每一个新发现——它的实际应用也
许还根本无法预见——都使马克思感到衷心喜悦，而当他看到那种

对工业、对一般历史发展立即产生革命性影响的发现的时候，他的喜悦就非同寻常了"①。马克思和恩格斯肯定科学对历史发展有重要作用。他们认为自然史和人类史不可分割，"我们仅仅知道一门唯一的科学，即历史科学。历史可以从两方面来考察，可以把它划分为自然史和人类史。但这两方面是不可分割的；只要有人存在，自然史和人类史就彼此相互制约"②。对人类社会的研究也是科学，如同对自然的研究是科学一样。自然科学和人的科学相互包含，"历史本身是**自然史**的一个**现实**部分，即自然界生成为人这一过程的一个**现实**部分。自然科学往后将包括关于人的科学，正像关于人的科学包括自然科学一样：这将是**一门科学**"③。马克思和恩格斯在《资本论》《反杜林论》《自然辩证法》等著作中，充分肯定并利用了自然科学的研究成果，具体地阐述了科学对于社会发展的革命性作用，同时科学地论证了人类社会历史发展的规律。

　　恩格斯指出，马克思的伟大贡献是"两大发现"。马克思发现了人类社会历史的发展规律，即确立了唯物史观，以及通过剩余价值的发现揭示了现代资本主义生产方式和它所产生的资产阶级社会的特殊的运动规律。虽然许多思想家都试图揭开人类历史发展之谜，但"正是马克思最先发现了重大的历史运动规律。根据这个规律，一切历史上的斗争，无论是在政治、宗教、哲学的领域中进行的，还是在其他意识形态领域中进行的，实际上只是或多或少明显地表现了各社会阶级的斗争，而这些阶级的存在以及它们之间的冲突，又为它们的经济状况的发展程度、它们的生产的性质和方式以及由生产所决定的交换的性质和方式所制约。这个规律对于历史，同能

①　《马克思恩格斯文集》第 3 卷，人民出版社 2009 年版，第 602 页。
②　《马克思恩格斯文集》第 1 卷，人民出版社 2009 年版，第 516 页。
③　《马克思恩格斯文集》第 1 卷，人民出版社 2009 年版，第 194 页。

量转化定律对于自然科学具有同样的意义"①。阶级斗争的历史自原始社会解体以来就存在，阶级的产生、存在及其冲突是由物质生活条件决定的。如果要观察了解某一社会的历史状况，只要了解它的物质生活条件，就可以理解其复杂的社会现象。物质资料生产是一切社会生活的基础，社会基本矛盾推动社会的发展变化。历史唯物主义的确立发现了社会历史领域的唯物主义发展规律，实现了唯物主义自然观和唯物主义历史观的统一。

马克思通过剩余价值理论的发现揭示了资本主义生产方式的规律，在劳动二重性的基础上揭示了资本家剥削工人的秘密。资本主义社会是为了维护占统治阶级地位的资产阶级的利益。工人通过劳动所创造的价值远远超出了他所得到的，但工人只得到维持其生存的必要工资，那部分多出的价值被资本家无偿占有了，这就是资本剥削的秘密，也是资本积累的原因。因此，资本主义社会的本质就是少数资产阶级占有了绝大部分利益，而多数的工人阶级却只能过着贫困的生活。剩余价值理论表明了无产阶级和资产阶级对抗的根本原因。靠出卖自己劳动力为生的无产阶级作为被剥削的阶级，只有联合起来，推翻资本主义社会，建立社会主义制度才能获得自身的解放。恩格斯评价，正是"由于剩余价值的发现，这里就豁然开朗了，而先前无论资产阶级经济学家或者社会主义批评家所做的一切研究都只是在黑暗中摸索"②。剩余价值理论的发现揭示了资产阶级和无产阶级对立的经济根源，它与唯物史观共同论证了资本主义必然灭亡、社会主义必然到来的历史发展规律。

二 马克思主义是发展的理论

马克思主义不是固定的理论教条，而是要在革命实践中不断发展

---

① 《马克思恩格斯文集》第 2 卷，人民出版社 2009 年版，第 469 页。
② 《马克思恩格斯文集》第 3 卷，人民出版社 2009 年版，第 601 页。

的理论。马克思主义理论的产生也是不断发展的过程。马克思主义在产生以后就不断与各种思潮作斗争，并在斗争中不断发展完善自己的理论。

马克思主义理论自身是不断发展的。马克思主义坚持历史唯物主义立场，所以马克思和恩格斯在时间、地点、社会状况发生变化的时候，会从现实出发，不断发展马克思主义理论。马克思和恩格斯在 1872 年为《共产党宣言》德文版写的序言中坦率地指出，"这个纲领现在有些地方已经过时了"，因为对于社会主义文献的批判只到 1847 年为止，虽然共产党人对待各种反对党派的论述在原则上还是正确的，"但是就其实际运用来说今天毕竟已经过时，因为政治形势已经完全改变，当时所列举的那些党派大部分已被历史的发展彻底扫除了"。① 事物在不断发展，运用马克思主义理论分析具体情况要结合社会的当下实际条件。马克思在大约 1842 年 8 月中—9 月下半月致达哥贝尔特·奥本海姆的信中说："正确的理论必须结合具体情况并根据现存条件加以阐明和发挥。"② 马克思主义不是封闭的，而是发展的理论。恩格斯在 1886 年 1 月 27 日致爱德华·皮斯的信中说："我所在的党并没有任何一劳永逸的现成方案。我们对未来非资本主义社会区别于现代社会的特征的看法，是从历史事实和发展过程中得出的确切结论；不结合这些事实和过程去加以阐明，就没有任何理论价值和实际价值。"③ 恩格斯晚年仍根据形势和理论的需要发展完善马克思主义理论。他在反驳经济决定论时强调了上层建筑的相对独立性和对经济基础的反作用，补充和完善了历史唯物主义；在批判右倾机会主义时丰富和发展了无产阶级的革命学说，提出历史合力论等理论，捍卫了科学社会主义。恩格斯在对各种思潮

---

① 《马克思恩格斯文集》第 2 卷，人民出版社 2009 年版，第 6 页。
② 《马克思恩格斯全集》第 47 卷，人民出版社 2004 年第二版，第 35 页。
③ 《马克思恩格斯文集》第 10 卷，人民出版社 2009 年版，第 548 页。

的反击中澄清了什么是真正的马克思主义，同时也维护、完善和发展了马克思主义理论。只有真正坚持马克思主义才是发展马克思主义。

恩格斯明确指出，马克思主义理论是发展的理论。他在1887年1月27日致弗洛伦斯·凯利－威士涅威茨基夫人的信中明确指出："我们的理论是发展着的理论，而不是必须背得烂熟并机械地加以重复的教条。越少从外面把这种理论硬灌输给美国人，而越多由他们通过自己亲身的经验（在德国人的帮助下）去检验它，它就越会深入他们的心坎。"[①] 美国的马克思主义者需要根据自己的实践经验发展马克思主义理论，其他任何国家的马克思主义者也一样。新时代的中国共产党"坚持把马克思主义基本原理同中国具体实际相结合、同中华优秀传统文化相结合，用马克思主义观察时代、把握时代、引领时代"[②]，发展马克思主义的结果。发展马克思主义需要坚持历史唯物主义，"历史和现实都表明，只有坚持历史唯物主义，我们才能不断把对中国特色社会主义规律的认识提高到新的水平，不断开辟当代中国马克思主义发展新境界"[③]。

三 马克思主义是革命的理论

马克思主义是革命的理论。马克思和恩格斯都是伟大的革命家，他们用自己的一生践行着马克思主义。坚持革命就是坚持马克思主义，这是马克思和恩格斯研究人类社会历史发展规律的科学结论，对无产阶级及其政党提出的政治要求。

---

① 《马克思恩格斯文集》第10卷，人民出版社2009年版，第562页。
② 习近平：《在庆祝中国共产党成立100周年大会上的讲话》，人民出版社2021年版，第13页。
③ 习近平：《坚持历史唯物主义不断开辟当代中国马克思主义发展新境界》，《求是》2020年第2期。

《在马克思墓前的讲话》一文中，恩格斯指出："马克思首先是一个革命家。他毕生的真正使命，就是以这种或那种方式参加推翻资本主义社会及其所建立的国家设施的事业，参加现代无产阶级的解放事业，正是他第一次使现代无产阶级意识到自身的地位和需要，意识到自身解放的条件。斗争是他的生命要素。很少有人像他那样满腔热情、坚韧不拔和卓有成效地进行斗争。"① 恩格斯也始终坚持指导并亲自参与了革命斗争。他在 1890 年 12 月 27 日致格·布路梅的信中真诚地保证："只要我还有一分力量，我就要坚定不移地为工人阶级的解放而斗争。"②

　　恩格斯强调，坚持革命就是坚持马克思主义。1894 年 10 月 27 日，恩格斯在应意大利劳动社会党请求而写的信中说，"如果意大利的社会党人宣布'阶级斗争'是我们生活的社会中压倒一切的因素，如果他们组成为'以夺取政权和领导全国事务为宗旨的政党'，那么，他们是在进行名副其实的马克思主义宣传；他们是在严格遵循马克思和我在 1848 年发表的《共产党宣言》中所指出的路线"③。在资本主义社会无产阶级只有进行坚决的阶级斗争才能获得自己的解放。恩格斯重申马克思主义的观点："自从原始公社解体以来，组成为每个社会的各阶级之间的斗争，总是历史发展的伟大动力。这种斗争只有在阶级本身消失之后，即社会主义取得胜利之后才会消失。"④ 正是通过对资本主义社会的阶级分析，马克思和恩格斯科学地指出了通过革命，社会主义战胜资本主义的必然性。工人阶级要时刻作好斗争准备，通过革命夺取政权，恩格斯晚年敏锐地根据当时革命斗争的时代性和复杂性，指出革命运动可以采取不同的斗争方法。恩格斯批评了

---

① 《马克思恩格斯文集》第 3 卷，人民出版社 2009 年版，第 602 页。
② 《马克思恩格斯全集》第 37 卷，人民出版社 1971 年版，第 525 页。
③ 《马克思恩格斯文集》第 4 卷，人民出版社 2009 年版，第 504—505 页。
④ 《马克思恩格斯文集》第 4 卷，人民出版社 2009 年版，第 505 页。

和平长入社会主义的观点，指出社会主义决不会和平地到来，但是"对于我这个革命者来说，一切达到目的的手段都是可以使用的，不论是最强硬的，还是看起来最温和的"①。新时代的中国共产党依然"坚持马克思主义基本原理，坚持实事求是，从中国实际出发，洞察时代大势，把握历史主动，进行艰辛探索，不断推进马克思主义中国化时代化，指导中国人民不断推进伟大社会革命"②。

四　马克思主义是科学的方法

马克思主义是用辩证唯物主义和历史唯物主义的方法研究人类社会历史。恩格斯在 1890 年 6 月 5 日致保尔·恩斯特的信中指出："如果不把唯物主义方法当做研究历史的指南，而把它当做现成的公式，按照它来剪裁各种历史事实，那它就会转变为自己的对立物。"③

马克思主义是方法，不是教条。针对青年派把马克思主义公式化、刻板化的教条主义倾向，恩格斯在 1890 年 8 月致施米特的信中说："对德国的许多青年著作家来说，'唯物主义'这个词大体上只是一个套语，他们把这个套语当做标签贴到各种事物上去，再不作进一步的研究，就是说，他们一把这个标签贴上去，就以为问题已经解决了。"④ 恩格斯在 1895 年致韦尔纳·桑巴特的信中又一次指出，马克思的整个世界观"提供的不是现成的教条，而是进一步研究的出发点和**供**这种研究**使用**的方法"⑤。马克思主义给我们提供了一种科学的方法，可以对不断发展的事物进行进一步的研究。把马克思主义看作教条就会犯各种错误，这已经被工人阶级运动的发展

---

① 《马克思恩格斯文集》第 10 卷，人民出版社 2009 年版，第 579 页。
② 习近平：《在庆祝中国共产党成立 100 周年大会上的讲话》，人民出版社 2021 年版，第 12—13 页。
③ 《马克思恩格斯文集》第 10 卷，人民出版社 2009 年版，第 583 页。
④ 《马克思恩格斯文集》第 10 卷，人民出版社 2009 年版，第 587 页。
⑤ 《马克思恩格斯文集》第 10 卷，人民出版社 2009 年版，第 691 页。

历史不断证明。因此，坚持马克思主义，站在无产阶级的立场上，以历史唯物主义的方法辩证地进行研究，才能不偏离真正的马克思主义。

马克思主义坚持辩证法。恩格斯在 1890 年致施米特的信中说："所有这些先生们所缺少的东西就是辩证法。他们总是只在这里看到原因，在那里看到结果。"① 在历史的发展过程中，"形而上学的两极对立在现实世界只存在于危机中，而整个伟大的发展过程是在相互作用的形式中进行的（虽然相互作用的力量很不相等：其中经济运动是最强有力的、最本原的、最有决定性的），这里没有什么是绝对的，一切都是相对的"②。恩格斯批评以巴尔特为首的经济决定论者只看到经济的作用，实际上就是不懂辩证法。在分析社会问题的时候，如果只看到事情的一面，强调事物的绝对性，忽视事物的相对性，就不是坚持真正的马克思主义。

规律分析方法是马克思主义揭示自然界、人类社会和思维发展的普遍规律的方法。马克思和恩格斯在总结自然科学发展规律的基础上，揭示了世界的物质性和社会发展的客观规律。恩格斯明确提出社会历史领域同自然领域一样，"历史进程是受内在的一般规律支配的"③。马克思主义政治经济学揭示了人类社会经济发展的诸规律，如价值规律、剩余价值规律、资本主义积累的一般规律等。马克思和恩格斯批判地继承了空想社会主义，发现了历史发展规律，创立了科学社会主义理论。

阶级分析法是马克思主义的重要方法，也是科学社会主义的重要方法。马克思和恩格斯都承认资产阶级学者对发现阶级分析方法作出的贡献："复辟时期的历史编纂学家，从梯叶里到基佐、米涅和梯也

---

① 《马克思恩格斯文集》第 10 卷，人民出版社 2009 年版，第 601 页。
② 《马克思恩格斯文集》第 10 卷，人民出版社 2009 年版，第 601 页。
③ 《马克思恩格斯文集》第 4 卷，人民出版社 2009 年版，第 302 页。

尔"都指出了这一事实，即大工业以来，英国全部政治斗争的中心是土地贵族和资产阶级这两个阶级，"这一事实是理解中世纪以来法国历史的钥匙"。① 马克思主义的阶级分析方法与之相比有更为丰富的内涵。它科学地界定了阶级的本质，客观地分析每个阶级的历史、现状和发展趋势，以及其所处的地位，阶级之间的矛盾和斗争。恩格斯在《德国农民战争》中深入分析了16世纪初期德国的各个不同等级，"诸侯、贵族、高级教士、城市贵族、市民、平民和农民，形成了一种极其杂乱的人群，他们的要求极其悬殊而又错综复杂"②。随着资本主义工商业的发展，到16世纪初，从中世纪保留下来的各个阶级的地位已经发生了根本性的变化，除了原有的阶级之外，又形成了一些新的阶级，从上层贵族中出现了诸侯；中层贵族几乎完全绝迹，要么上升为独立的小诸侯，要么降为下层贵族，下层贵族即骑士等级一分为三：帝国骑士、僧侣和城市贵族，还有反对城市贵族的市民反对派和平民反对派，以及处于所有这些阶级之下的最广大的农民。恩格斯通过对所有这些阶级的分析后认为，16世纪农民战争的发生是必然的，同时对各个阶级在农民战争中的角色及历史作用进行了详细正确的分析，指出，"其实在这些大震荡中，始终贯穿着**阶级斗争**，而且每次写在旗帜上的政治口号都是阶级斗争的赤裸裸的表现，可是对于这些阶级斗争，我们的意识形态家们甚至直到今天还几乎一无所知"③。恩格斯强调，要客观具体地分析阶级斗争，全面完整地进行阶级分析。正是通过运用阶级分析方法对资本主义社会进行分析，马克思和恩格斯科学地指出了社会主义战胜资本主义的必然性。

要根据具体情况正确运用马克思主义。在1890年致布洛赫的信中，恩格斯指出，"但是，只要问题一关系到描述某个历史时期，即

① 《马克思恩格斯文集》第4卷，人民出版社2009年版，第304页。
② 《马克思恩格斯文集》第2卷，人民出版社2009年版，第232页。
③ 《马克思恩格斯文集》第2卷，人民出版社2009年版，第235页。

关系到实际的应用，那情况就不同了，这里就不容许有任何错误了"①。忽视这一点，就会犯错误，"可惜人们往往以为，只要掌握了主要原理——而且还并不总是掌握得正确，那就算已经充分地理解了新理论并且立刻就能够应用它了。在这方面，我不能不责备许多最新的'马克思主义者'，他们也的确造成过惊人的混乱"②，恩格斯告诫要尽量避免最新的"马克思主义者"所犯的错误，要根据具体的情况来运用马克思主义。恩格斯严厉批评那种不根据实际情况，断章取义地照搬马克思主义观点的做法。针对《前进报》未经恩格斯同意就摘录并歪曲了他的一句话"无论如何都要守法"的做法，他在 1895 年 4 月 3 日致保尔·拉法格的信中指出，"我谈的这个策略仅仅是针对**今天的德国**，而且**还有重要的附带条件**。对法国、比利时、意大利、奥地利来说，这个策略就不能整个采用。就是对德国，明天它也可能就不适用了"③。恩格斯还提出，他所强调的一般策略是正确的，但在具体的运用中，"必须因地制宜地作出决定，而且必须由处于事变中的人来作出决定"④。马克思主义不是教条，是方法，坚持马克思主义就要坚持具体问题具体分析。

　　恩格斯晚年同歪曲马克思主义的各种错误思潮作斗争，反击资产阶级思想家对马克思主义理论的攻击，传播科学社会主义，坚持和捍卫马克思主义。恩格斯在发展和完善马克思主义理论的同时，给我们树立了如何正确认识、坚持和运用马克思主义的典范。他在此后的第二国际时期仍然坚持批判各种机会主义，并同时指导国际工人运动的发展。

---

① 《马克思恩格斯文集》第 10 卷，人民出版社 2009 年版，第 593—594 页。
② 《马克思恩格斯文集》第 10 卷，人民出版社 2009 年版，第 594 页。
③ 《马克思恩格斯文集》第 10 卷，人民出版社 2009 年版，第 700 页。
④ 《马克思恩格斯文集》第 4 卷，人民出版社 2009 年版，第 472 页。

第八章

恩格斯对第二国际及各国
无产阶级运动的指导

　　1883 年马克思逝世后，恩格斯坚定维护马克思主义的真理性，奋战在捍卫和发展马克思主义科学理论与推动国际工人运动革命实践的第一线。恩格斯致力于将理论应用于实践，指导建立了第二国际，从而更加有效地指导各国无产阶级革命斗争。他分析了第二国际面临的政治与思想风险，阐明斗争的原则与策略，批判了第二国际内部形形色色的机会主义。与此同时，恩格斯科学地预见未来世界战争的爆发与根源，号召将维护和平的反战斗争和争取社会主义的革命斗争紧密结合起来，进一步从理论和实践上丰富发展了马克思主义关于战争与和平问题的内容，使之成为无产阶级参与国际斗争的思想利器。恩格斯坚决捍卫马克思主义科学理论与指导原则，与歪曲和误解马克思主义的错误观点进行了坚决的斗争。他善于在交锋中阐述马克思主义革命理论的科学预见性与理论联系实际的有效性，从而在无产阶级运动的实践中不断深化发展了马克思主义。

第一节　对第二国际斗争策略的指导

进入暮年的恩格斯虽然偶尔会因为年老体衰、心力交瘁而对共产主义实践感到力不从心，但更多的时候他力图兼顾对国际工人运动的理论帮助与实践指导。恩格斯在《资本论》第三卷序言中曾经写道："从我们开始公开活动的那些日子起，各国的社会主义者和工人在本国进行的运动之间的联络工作，大部分落到马克思和我身上；这项工作随着整个运动的壮大而相应地增加了。但在马克思去世以前，这方面的工作主要由马克思担负，在他去世以后，这项不断增加的工作就落到我一个人身上了。"①

在 19 世纪 80—90 年代，恩格斯并没有在任何国家的任何组织里担任领导职务，也没有领导第二国际中的任何一个组织，但是从思想传承和组织建议上看，所有组织"都从年老的恩格斯的丰富的知识和经验的宝库中得到教益"②。特别是在第二国际斗争策略的选择中，恩格斯的指导格外重要。在恩格斯的努力下，"各国工人政党互相间的直接交往已经成为常规"③，国际工人运动的发展已经建立起相对成熟的运行机制。当时的"国际工人运动已经日益壮大，无法局限在一个单一的和统一的组织的框框里"，而"国际工人协会的种子已在工人们的心中很好地发芽生长，国际团结的思想已主导当前每个工人组织和每个工人运动"④。第二国际在成立之前已经具备了良好的思想与组织基础。

---

① 《马克思恩格斯文集》第 7 卷，人民出版社 2009 年版，第 3—4 页。
② ［德］曼·克利姆：《恩格斯文献传记》，中央编译局译，湖南人民出版社 1986 年版，第 523 页。
③ 《马克思恩格斯文集》第 7 卷，人民出版社 2009 年版，第 4 页。
④ 王学东主编：《国际共产主义运动历史文献》第 14 卷，中央编译出版社 2013 年版，第 52 页。

一 第二国际成立及面临的思想挑战

经过诸多波折与磨难，在多方努力之下，在 1889 年 7 月 14 日纪念巴黎起义攻克巴士底狱 100 周年纪念日的那一天，国际社会主义者代表大会在巴黎开幕。参加这次大会的有来自欧、美两洲 22 个国家和地区的 393 名代表（后来增加到 407 人，内有一名来自尚未建立社会主义政党的澳大利亚）。此次大会从 7 月 14 日一直持续至 7 月 20 日，听取了各国社会主义政党的代表关于各自国家工人运动发展状况的报告，制定了国际劳工保护法的原则，并着重指出了无产阶级政治组织的必要性，强调工人积极争取政治权利的必要性。更重要的是，大会通过了一系列符合马克思主义要求的决议，为此后国际工人运动的发展制定了基本正确的行动纲领。列宁对此作出了中肯的评价："重新恢复起来的国际工人运动组织，即定期举行的国际代表大会，几乎没有经过什么斗争就立即在一切重大问题方面都站到马克思主义立场上来了。"[1] 大会在"社会革命万岁！""社会民主国际万岁！""社会主义的德国万岁！"[2] 的口号声中胜利闭幕。这次大会标志着第二国际的正式建立。

第二国际是在资本主义发展出现新变化，马克思主义在世界范围内广泛传播开来，各国无产阶级政党纷纷成立的时代背景下建立的。它让国际工人运动重新有了统一的领导和组织。威廉·李卜克内西指出，第二国际的成立是"**19 世纪最伟大的文化胜利和最伟大的文化事件**"，"意味着一个**新时代**的开始"，"**意味着跟过去的决裂**"。[3]

---

① 《列宁全集》第 17 卷，人民出版社 2017 年第二版增订版，第 12 页。
② 王学东主编：《国际共产主义运动历史文献》第 14 卷，中央编译出版社 2013 年版，第 48 页。
③ 王学东主编：《国际共产主义运动历史文献》第 14 卷，中央编译出版社 2013 年版，第 40 页。

第二国际内部对于诸多新情况、新问题，如革命的领导权、无产阶级运动策略选择、国家与无产阶级政党建设等问题进行了热烈讨论，思想理论空前繁荣，各种思想流派竞相争夺话语权与领导权。这一阶段是马克思主义发展的重要阶段。

但同时，一些机会主义思潮与倾向试图以新的形式或更加隐蔽的面目出现在工人阶级中，成为"工人的最凶恶的敌人，是披着羊皮的豺狼"①，危害第二国际的团结和工人运动的健康发展。因此，在第二国际筹办、诞生与发展的全程中，以恩格斯为代表的坚定的马克思主义者一直同机会主义者进行着不屈不挠的较量，全身心地投入到维护马克思主义的正确性、真理性与科学性的斗争中。

随着第二国际活动的展开，机会主义逐渐揭开伪装的面纱，通过各种各样的途径对马克思主义进行污蔑与攻击，歪曲马克思主义的科学原则和指导思想。甚至有人指责恩格斯从外部对某个政党、某个组织或者国际工人运动指手画脚，进行别有用心的控制。对此，恩格斯表现得十分坦荡。他时常对朋友坦陈，"对我来说，完全撇开个人，只谈问题本身，是唯一正确的"②。这种坦荡源于恩格斯毫无私心的立场，源于恩格斯对共产主义事业和国际工人运动的忠贞赤诚，源于恩格斯对马克思主义科学原理和实践原则的纯熟掌握和灵活运用。

对第二国际面临着的思想挑战，马克思主义者持续不断地作出有力回击，而这样的论战与斗争充满了理论艰辛与实践磨难。

斗争策略是决定国际工人运动成败与最终命运的关键，触及无产阶级和资产阶级的根本利益，因此，围绕着第二国际的斗争策略

---

① 《马克思恩格斯文集》第1卷，人民出版社2009年版，第371页。
② ［德］曼·克利姆：《恩格斯文献传记》，中央编译局译，湖南人民出版社1986年版，第523页。

问题,"左"倾机会主义与右倾机会主义对阶级斗争和无产阶级革命立场进行了猛烈挑战与激烈论争。

青年派是"左"倾机会主义的代表。这个派别产生时间较晚,在1890年以小资产阶级反对派的立场出现在德国社会民主党内部。其思想较为激进,带有"左"倾的半无政府主义性质。组成人员主要是德国的青年学生、文学作家以及地方党报的编辑等。主要代表人物是保尔·恩斯特、汉斯·弥勒、麦·席佩耳等。从青年派组成人员的来源就可以看出,他们并非坚定的无产阶级。在19世纪80年代末期,随着德国资本主义的发展与工人运动的风起云涌,出现了一大批因为各种原因加入工人党内的青年大学生与文学知识分子。与无产阶级不同的是,他们的入党动机不纯,既不是出于对马克思主义的坚定信仰,又不具备对工人解放事业奋斗终生的献身精神。他们多为寻找就业出路的青年人,用加入工人党来捞取政治资本。青年派一方面野心勃勃,具有年轻人特有的冲动与冒进;另一方面又好高骛远,自恃所谓不凡的身份与学识,幻想一步登天,成为众星捧月、一呼百应的党的理论家与领导人。他们所谓"青年"的冲动与冒进不过源自政治上的幼稚。他们既没有认真研读理解马克思主义,又没有接受长期严格的党员教育。最重要的是,他们的入党动机不纯,这决定了他们的主张必然破坏国际工人运动的发展。正如恩格斯在1890年8月27日致拉法格的信中提到的那样,"德国党内发生了大学生骚动。近两三年来,许多大学生、著作家和其他没落的年轻资产者纷纷涌入党内。他们来得正是时候,在种类繁多的新报纸的编辑部中占据了大部分位置;他们习惯性地把资产阶级大学当做社会主义的圣西尔军校,以为从那里出来就有权带着军官证甚至将军证加入党的行列"①。

---

① 《马克思恩格斯文集》第10卷,人民出版社2009年版,第590页。

可见，恩格斯在这个组织成立之初就看透了其阶级本质与根本意图。进入党内之后，该组织既不参与群众实践与运动调研，又基于所谓优越的出身与社会地位，野心不断膨胀。青年派主张在政治策略上否认合法斗争，反对参加议会选举，反对利用议会讲坛宣传马克思主义的正确主张，主张不分缘由、不分具体情况地进行暴力斗争，甚至污蔑合法议会斗争会使党陷入泥潭，进而以此否定社会民主党的领导，并以正统的马克思主义继承者自居。对此，恩格斯颇带嘲讽地写道："关于这种马克思主义，马克思曾经说过：'我只知道我自己不是马克思主义者。'马克思大概会把海涅对自己的模仿者说的话转送给这些先生们：'我播下的是龙种，而收获的却是跳蚤。'"①

历史上的机会主义具有形形色色的面目，在理论与实践中也常常彼此反对，但最终归宿都是对资产阶级利益的维护。正当恩格斯投入到与"左"倾青年派的战斗中时，合理合法的议会斗争策略被右倾机会主义分子趁机夸大、利用、歪曲与散布，使人们误解恩格斯放弃了无产阶级革命原则与赢得革命最终胜利的暴力抗争手段，将恩格斯归于"民主社会主义者"，这也成为攻击者对恩格斯最大的曲解与污蔑。

青年派走向迷信暴力的极端，而右倾机会主义走向了抗拒暴力的极端，迷信妥协与改良。右倾机会主义困在妥协与改良的泥淖中，最终放弃了无产阶级革命斗争策略和无产阶级专政的革命目标，这一点在《1891年社会民主党纲领草案》中表现得尤为明显。

右倾机会主义的主要观点可以概括为"现代社会和平长入社会主义。"他们认为工人运动应该放弃暴力斗争，可以依靠全然的和平手段，缓慢地融入资本主义，在资本主义国家中自然而然地实现社会主义。这种着眼于眼前微小短暂利益的行为，抛弃了消灭剥削和

---

① 《马克思恩格斯文集》第10卷，人民出版社2009年版，第590页。

消灭雇佣劳动制度的行动原则，危害极大。恩格斯将他们斥为"议会迷"。为此，恩格斯在《1891年社会民主党纲领草案批判》中明确写道："为了眼前暂时的利益而忘记根本大计，只图一时的成就而不顾后果，为了运动的现在而牺牲运动的未来，这种做法可能也是出于'真诚的'动机。但这是机会主义，始终是机会主义，而且'真诚的'机会主义也许比其他一切机会主义更危险。"①

恩格斯结合资本主义新阶段的历史特征与时代条件，对各种各样的机会主义进行辨别，分析成因，有的放矢，进行有针对性的揭露与批判，使"左"、右倾机会主义的错误暴露在人们面前，从而起到正本清源、端正思想、清醒头脑的重要作用。

恩格斯一方面正面阐述他在革命策略选择上的指导意见，提出在坚持无产阶级专政与革命权的基础上，要充分利用合法斗争的新策略。另一方面，要密切关注机会主义在此问题上层出不穷的表现，用最现实的实践、最深刻的理论来回应机会主义的攻击。恩格斯批判机会主义在无产阶级党性上、马克思主义信仰上、马克思主义理论素养上以及无产阶级革命实践彻底性上的软弱、幼稚与摇摆，从阶级层面上剖析了机会主义产生的根源，为国际工人运动照亮了道路，清扫了思想理论上的障碍，澄清了机会主义在德国社会民主党和工人群众中造成的思想混乱。在这样的攻击与反击中，马克思主义得到了进一步升华与发展。

二 提出革命不可冒进、合法斗争不可忽视

青年派主张革命冒进，反对合法斗争。这一看似热血，实则盲动的主张潜藏着对国际工人运动巨大的危害。1890年8月10日，恩格斯致信威廉·李卜克内西，提醒他青年派的行为"是一种不容忽

---

① 《马克思恩格斯文集》第4卷，人民出版社2009年版，第414—415页。

视的危险"①，要在党内及时制止、批评和教育青年派，"不要为**未来的**困难撒下种子。不要造成不必要的牺牲者"②。在制止教育无效的情况下，可以在"举出昭然若揭、证据确凿的卑鄙行为和叛变行为的**事实（明显的行为）**"③之后，予以开除。

第一，恩格斯首先明确与青年派在政治立场上划清了界限。1890 年，青年派的代表人物保尔·恩斯特将党内合法领导看作机会主义。受青年派控制的《萨克森工人报》进而声称恩格斯的立场和观点同他们是一致的，将"左"倾盲动标榜为对恩格斯指导原则的传承。对此，恩格斯在 1890 年 10 月 27 日致康拉德·施米特的信中写道，"谈到党内争吵，反对派的先生们硬是把我拉了进去，使我没有任何选择余地。恩斯特先生对待我的行为，除非称之为幼稚，是无法形容的"④。恩格斯将青年派的污蔑讥讽为"丰富的想象力"。随后，在信中恩格斯对青年派冒险激进的机会主义进行了深刻揭露与批判。他提出："这个反对派所表现出来的一大堆幼稚的胡说八道和绝对愚蠢的东西，是我任何时候任何地方都没有遇到过的。而这些极端自负、目空一切的无知青年竟然想规定党的策略！"⑤

通过恩格斯从 1890 年 8 月到 10 月对青年派态度的变化，可以看出，在论争之初，恩格斯出于对青年人冲动幼稚特征的理解，采取爱护、规劝的立场，对青年派进行委婉的讽刺和善意的提醒。然而青年派不仅没有反思，反而打着恩格斯的旗号，混淆视听。同时，随着青年派野心的不断膨胀，言论与行动的不断失控，事态朝着越发严重的方向发展，恩格斯不得不正面回应他们的理论挑衅，对其

① 《马克思恩格斯全集》第 37 卷，人民出版社 1971 年版，第 441 页。
② 《马克思恩格斯全集》第 37 卷，人民出版社 1971 年版，第 441 页。
③ 《马克思恩格斯全集》第 37 卷，人民出版社 1971 年版，第 441 页。
④ 《马克思恩格斯全集》第 37 卷，人民出版社 1971 年版，第 491 页。
⑤ 《马克思恩格斯全集》第 37 卷，人民出版社 1971 年版，第 491—492 页。

谬误进行公开批判。1890 年 9—10 月，恩格斯先后发表了《给〈萨克森工人报〉编辑部的答复》和《答保尔·恩斯特先生》的著名文章，深刻揭露出青年派所谓的"马克思主义"不过是"被歪曲得面目全非"①的"马克思主义"，"其特点是：第一，对他们宣称要加以维护的那个世界观完全理解错了；第二，对于在每一特定时刻起决定作用的历史事实一无所知；第三，明显地表现出德国著作家所特具的无限优越感"②。恩格斯对青年派在革命策略选择问题上的错误进行坚决批判，对青年派在德国社会民主党内造成的理论混乱和实践危害进行清算，坚定地捍卫了马克思主义彻底的无产阶级立场与灵魂，正本清源，拨乱反正，为无产阶级和劳动人民展示了怎么样才是对待马克思主义的正确态度。

第二，恩格斯坚决反对在革命策略上实行无差别暴力斗争。青年派无视德国无产阶级与资产阶级斗争形势已经深刻变化的客观情况，固守教条，忽视和平环境给工人运动带来的有利局面，一味反对议会斗争，盲目主张开展无差别的暴力革命。为此，恩格斯提出，一定要实事求是地根据德国政治形势的变化与资产阶级策略改变的新形势，迅速制定出适合党更好发展，更有利于斗争局面打开的斗争策略。恩格斯从德国当时的社会实际出发，对德国革命形势进行了科学分析。在恩格斯看来，一方面，德国工人阶级在合法议会选举中获得了一定程度的胜利，取得了较大的成果，有相当一部分人正沉浸在胜利的喜悦之中。这种喜气洋洋的氛围在客观上吸引了一些刚加入的工人群众，致使他们产生一种错觉，即在当下的情况下，用革命进行暴力冲击，就可以轻而易举地推翻资产阶级，夺取革命的最终胜利。这种沾沾自喜的傲慢会冲昏革命者的头脑，进而放弃

---

① 《马克思恩格斯文集》第 4 卷，人民出版社 2009 年版，第 396 页。
② 《马克思恩格斯文集》第 4 卷，人民出版社 2009 年版，第 396 页。

马克思主义的科学原则。因此，如果不及时制止约束这种"左"倾冒进冲动，势必会扭曲工人运动的走向，带来可怕的后果。另一方面，资产阶级在与无产阶级的斗争中同样收获了"斗争经验"。他们别有用心地挑动和唆使工人群众暴露实力，干危害自身的蠢事。当时的德国皇帝威廉二世一方面对工人采取表面上的怀柔政策，极尽友爱与关怀，但私底下厉兵秣马，随时准备发动军事专政，将枪炮对准工人群众，时刻准备用暴力手段镇压起来反抗的工人们。"左"倾盲动的热情并不能融化反动政府军队射向群众的冰冷炮弹。对此，恩格斯认为，在新的革命形势之下，在资产阶级采取更为隐蔽的反动政策的条件下，无产阶级应该也必须充分保存实力，在现阶段可以通过合法斗争获取权益的情况下，尽可能地积蓄力量。

第三，恩格斯澄清了在合理范围内使用合法斗争绝不是妥协与投降，而是基于当时具体的社会阶级力量对比的实际，基于社会、经济、政治、文化等现实而作出的科学决策。恩格斯在工人运动的斗争中从来没有说过要将合法斗争看作唯一的可能性，绝不承诺放弃暴力手段。恩格斯在1890年9月写的《给〈社会民主党人报〉读者的告别信》中明确提出，之所以主张"凡是工人享有某种法定的活动自由的所有国家里的所有工人政党"① 都积极采取合法斗争的原因在于，"运用这种办法收效最大"②。然而，他同时也表明不是无原则地使用合法斗争，合法斗争必须在满足基本的前提条件下才能开展。这个基本条件就是"对方也在法律范围内活动"③。一旦统治阶级企图用惯常的反动法律和行政手段"重新把我们的党实际上置于普通法之外，那么这就使德国社会民主党不得不重新走上它还能走得通的唯一的一条道路，即不合法的道路。即使是在英国人这个

① 《马克思恩格斯文集》第4卷，人民出版社2009年版，第401页。
② 《马克思恩格斯文集》第4卷，人民出版社2009年版，第401页。
③ 《马克思恩格斯文集》第4卷，人民出版社2009年版，第401页。

酷爱法律的民族那里，人民遵守法律的首要条件也是其他权力因素同样不越出法律的范围；否则，按照英国的法律观点，起义就成为公民的首要义务"①。由此可见，恩格斯提出采取合法斗争策略，完全是按照马克思主义唯物辩证法具体情况具体分析的方法论得出的科学结论，即在可能的情况下，保存实力、争取机会；在不可能的情况下，坚决采取暴力斗争。

第四，恩格斯清楚阐释了合法斗争的意义与优势。首先，议会斗争与对普选权的合理利用能够使德国社会民主党清晰地看到自己在社会中的实力，从而客观地估计实力，确定运动的组织和宣传程度，尽力避免在斗争中因为误判形势而出现怯弱或者冒进的不当表现。其次，参加议会选举是一种非常好的接触群众的方式，能够合法地向群众宣传无产阶级思想，倾听民众心声。最后，议会本身从客观上说是党派之间交流与宣传的合法且广大的平台，能让更多有社会地位和批判反思精神的人从正面途径听到无产阶级的声音与主张，争取尽可能多的同盟者与赞同者。在德国资本主义大变革的时代，普选权是工人绝不能放弃的一种新的批判与宣传武器，它所具备的尖锐性与革命性，在特定时期可以与暴力斗争手段相媲美。合理运用议会手段，绝不会削弱马克思主义的革命性与进步性。合理运用议会手段绝不是对资产阶级的妥协；相反，在特定条件下，它比冒险不顾现实的突然暴力行动更为行之有效。

第五，恩格斯深刻剖析了青年派"左"倾盲动的根源是对历史唯物主义的歪曲。恩格斯认为青年派最大的问题在于既不认真研读、学习与应用马克思主义精髓，又不深入基层探查工人状况，更无视国际国内局面发生的巨大变化。只是主观片面地抗拒党的政策，粗暴地反对议会活动，把议会斗争和非法斗争对立起来，盲目地号召

---

① 《马克思恩格斯文集》第 4 卷，人民出版社 2009 年版，第 401 页。

工人进行总罢工。在青年派看来，总罢工能够顺畅地中断资产阶级社会生产和流通过程，是摧毁资本家统治与权力的根本手段。他们自恃年轻，将德国社会民主党视作"老人政治"。为此，倍倍尔曾经委婉地批评青年派，指出放弃议会政治的建议表面上看起来革命，甚至于激进，但是实际效果很可能不好，如果按照青年派的策略行事，将在无产阶级准备不足的情况下引发一场实力悬殊的较量，最终结果很可能是无产阶级被无情镇压，革命的前途遭受打击。倍倍尔提醒他们，至少在现阶段，这样的盲动是不可取的。

在被野心与冲动冲昏了头脑的青年派看来，暴力具有天然的革命属性，不必根据实际情况分类实施。这种对无端反动暴力的美化，从根本上否定了马克思主义暴力斗争原则的历史发展与阶级本质。青年派将革命的暴力与反动的暴力混为一谈，这是对马克思主义的曲解。对此，恩格斯进行了严厉批判，"如果没有必须加以反对的反动的暴力，也就谈不上什么革命的暴力；要知道，对那些根本无须推翻的东西是不能进行革命的"[①]。只要存在反动暴力，社会就会始终存在革命暴力。

与其他理论家对青年派的驳斥不同，恩格斯的清算深入到了青年派世界观的本质，从源头寻找这种"左"倾错误产生的根源。通过恩格斯的清算，能够清晰地看到暴力斗争与合法斗争的论战根源在于青年派机会主义对历史唯物主义的歪曲。

青年派最活跃的代表人物保尔·恩斯特出于美化冒险主义的动机，将历史唯物主义机械地歪曲为经济唯物主义，把经济看作社会中唯一具有决定性的因素，否定政治、文化、思想等因素对经济的反作用，从而也忽视了人在社会生活中的主动性与创造性。他们戴着马克思主义的面纱，机械地照搬理论，静止地看待社会生活，公式化地对

---

① 《马克思恩格斯全集》第38卷，人民出版社1972年版，第490页。

待马克思主义的科学原则，将马克思主义如套用公式般断章取义，不分具体情境地对号入座，肆意地为他人贴标签，对历史事实随意剪裁，对社会具体状况任意搬弄套用，危害极大。保尔·恩斯特甚至宣称他所掌握的"历史唯物主义"即使不研究具体事情，不结合具体情境，也能解决一切历史上存在的问题。

在恩格斯看来，恩斯特的机会主义并非什么新鲜创造出来的理论，无非是对形而上学者杜林荒谬结论的照搬照抄。青年派主张"在马克思那里历史是完全自动地形成的，丝毫没有（正是创造历史的）人的参与，并且说什么经济关系（但是它们本身就是人创造的！）就像玩弄棋子一样地玩弄这些人"①。恩格斯提出，这种忽视客观历史状况，将人歪曲矮化为受经济关系摆弄的木偶的做法是社会宿命论，消解了历史唯物主义的真理性，是典型的理论谬误。

同时，以恩斯特为首的青年派"左"倾机会主义在实践上割裂了运动的现实与未来、当前利益与根本利益。他们忽视现实状况，幻想着随时能在瞬间创造出一场轰轰烈烈的运动，妄图"毕其功于一役"，造成的危害是使德国社会民主党脱离群众，冒进蛮干。

恩格斯对青年派的批判并没有止步于青年派"左"倾机会主义本身，而是深入到对马克思主义本质的阐述。在恩格斯看来，青年派理论谬误的源头是对马克思主义的机械理解，而怎样才是对马克思主义的科学继承与发扬呢？恩格斯进行了进一步阐述。恩格斯明确表示，如何看待马克思主义，是将马克思主义看作研究的科学指南，还是生搬硬套的教条，体现的是思想路线问题。以青年派为代表的机会主义者从表面上看可能更像是"唯物史观的朋友"，然而"这些朋友是把它当作不研究历史的借口的"②。

---

① 《马克思恩格斯全集》第22卷，人民出版社1965年版，第97—98页。
② 《马克思恩格斯全集》第37卷，人民出版社1971年版，第432页。

通过对青年派的批判，恩格斯正面回答了应该如何对待马克思主义。在马克思逝世之后，这个问题显得尤为重要。恩格斯提出，对马克思主义真正的继承，绝不能停留在纸面结论之上，绝不能从教条出发来套用现实，而是要从客观实际出发，时刻关注形势的变化，而这对工人运动实践至关重要。正确的做法是"必须重新研究全部历史，必须详细研究各种社会形态存在的条件，然后设法从这些条件中找出相应的政治、私法、美学、哲学、宗教等等的观点"①。恩格斯的清算深入到唯物史观的思想路线之中，具有丰富的思想性与现实的针对性。

恩格斯对第二国际中青年派机会主义在斗争策略上的批判不仅从行动上澄清了工人运动革命策略的选择原则，更重要的是，从思想上清理了对马克思主义的教条和歪曲认识，为马克思主义在理论与实践中的不断科学发展与完善作出了重大贡献，是马克思主义发展史上浓墨重彩的一笔。

三　强调斗争原则不能放弃、暴力革命是夺胜关键

修正主义的旗手伯恩施坦在 1895 年恩格斯病逝之后，将恩格斯生前最后一篇重要文献，著名的《卡·马克思〈1848 年至 1850 年的法兰西阶级斗争〉一书导言》歪曲为所谓的恩格斯的"政治遗嘱"，认为这是恩格斯对坚持无产阶级暴力革命造成的错误的总结与反思，并更加极端地将恩格斯列入修正主义的行列。在《卡·马克思〈1848 年至 1850 年的法兰西阶级斗争〉一书导言》中，恩格斯对德国社会发展新形势下无产阶级革命的策略作了精辟的论述，可以看作他与第二国际中机会主义就革命策略问题论争的总结。他在这篇"导言"中主张无产阶级要根据社会条件的变化，在资本主义

---

① 《马克思恩格斯全集》第 37 卷，人民出版社 1971 年版，第 432 页。

进入相对和平发展时期的情况下，在保证无产阶级专政革命领导权的基础上，利用资产阶级议会选举这样的国家机器，在法律范围内，与资产阶级进行合法斗争，争夺政治话语权，让马克思主义观点在更大程度上掌握群众。

第一，恩格斯对合法斗争的运用有着严格的前提条件和限制要求，并不以合法斗争作为消解暴力革命的手段。恩格斯坚信，无产阶级最终要依靠暴力革命的斗争手段来夺取政权。无产阶级政党参加法律范围内的议会选举和议会活动，绝不能被看作是无产阶级政党的根本目标与最终目的，这是为了实现社会主义作准备，是通往与资产阶级最后决战的手段。恩格斯在 1884 年 11 月 18 日致倍倍尔的信中谈到资产阶级政党在自身不承诺放弃暴力斗争的情况下仍然要求无产阶级政党 **"不管在什么情况下，都不诉诸暴力，而要屈从于任何压迫和任何暴力"**①。恩格斯认为没有任何一个政党会放弃武装反抗的权利。他进而指出："只有通过顽强的抵抗，我们才能迫使人们尊重我们，才能成为一支力量。只有力量才能赢得尊重，只有当我们有力量时，庸人们才会尊重我们。"② 议会选举这样的合法斗争，就是无产阶级政党积蓄力量的重要途径。

在《卡·马克思〈1848 年至 1850 年的法兰西阶级斗争〉一书导言》里，恩格斯明确写道："我们的主要任务就是不停地促使这种力量增长到超出现行统治制度的控制能力，不让这支日益增强的突击队在前哨战中被消灭掉，而是要把它好好地保存到决战的那一天。"③ 然而修正主义却故意视而不见。修正主义改良派超出了恩格斯设定的关键界限，从而由真理走向了谬误。

第二，恩格斯批判福尔马尔对议会斗争的迷信。工人可以通过

---

① 《马克思恩格斯文集》第 10 卷，人民出版社 2009 年版，第 528 页。
② 《马克思恩格斯文集》第 10 卷，人民出版社 2009 年版，第 529 页。
③ 《马克思恩格斯文集》第 4 卷，人民出版社 2009 年版，第 551 页。

资产阶级国家机构中合法的某些东西或形式，"用来对这些机构本身作斗争"①。无产阶级革命斗争策略可以有丰富多样的形式，包括和平的议会斗争形式，但都应该忠实地服务于无产阶级制定的最终目标——推翻资产阶级统治与压迫，建立无产阶级专政。在这样一个严密的逻辑之下，恩格斯强调，"我没有说过'社会党将取得多数，然后就将取得政权'。相反，我强调过，十有八九的前景是，统治者早在这个时候到来以前，就会使用暴力来对付我们了；而这将使我们从议会斗争的舞台转到革命的舞台"②。

19世纪90年代，德国参与到了生产力大发展的浪潮之中，进入到了一个复杂的过渡时期。和英法美俄等资本主义国家一样，资本主义由自由竞争向垄断过渡。俾斯麦的下野和对《反社会党人非常法》的废止，使得社会氛围相对宽松，镇压力度缓解。趁着这个暂时的"好时光"，资本主义经济在相对和平的状态中乘势发展，工人劳动力的贡献显得日益重要。为此，垄断资本家和容克地主出于对自身利益的维护，暂时放松了对工人运动的强力镇压，转而以一种缓和"让步"的策略来怀柔工人，并伺机培养"工人贵族"。表面上看来，德国社会似乎处于宁静的"自由时代"，呈现出美好祥和的状态。于是工人群体中出现了一种主张与资产阶级友好和平相处的倾向，并由此滋生与发展出右倾机会主义思想。然而就如同平静海面下的暗涌一样，阶级矛盾从未消解，而是在不断累积，寻求爆发的契机。

与此同时，由于威廉二世在政治上对无产阶级政党镇压的暂时松动，德国社会民主党和工人的合法地位得到承认，德国社会民主党在议会活动中取得了较大成就，以合法斗争为手段的抗争成为当

---

① 《马克思恩格斯文集》第4卷，人民出版社2009年版，第545页。
② 《马克思恩格斯文集》第4卷，人民出版社2009年版，第443页。

时行之有效的斗争途径。因此，有一些人对资产阶级产生了幼稚的幻想，认为可以不必革命就可自然而然获得胜利。另外，因为德国社会民主党成员复杂，并不全是无产阶级和工人群众，还有相当一部分来自小生产者与小资产阶级。他们从内心朴素的情感上怀有对工人群众的同情，看不惯私有制的残酷剥削，但是仍然将自身自私的阶级利益放在首位，缺乏变革资本主义的坚决意志。他们对社会的改变更倾向于小修小补，用缓慢甚至和平的方式来局部改良社会，达到对自身利益的最大保护。他们身上沾染的小资产阶级习气影响了他们对马克思主义和社会主义的认识，更谈不上对马克思主义坚定的信仰。右倾机会主义迎合了这部分人对社会发展的设想，在德国社会民主党内有着比青年派更高的接受度与附和之声。右倾机会主义日益活跃，成为德国社会民主党与第二国际最主要的危害。

以德国社会民主党内右倾机会主义代表格奥尔格·亨利希·冯·福尔马尔为例来说，从 1890 年《反社会党人非常法》废除以来，他所从事的议会党团工作转入宣扬阶级调和与阶级合作的道路，夸大和美化了俾斯麦的继任者卡普里维政府对工人及工人政党的善意。他们就像恩格斯所说的那样，"真诚地"相信资产阶级统治政府"对工人真诚友好"，能够真正尊重人民的利益与意志。1891 年 6 月 1 日，福尔马尔在慕尼黑"黄金国大厅"公开举行的德国社会民主党党员大会上发表了题为《关于德国社会民主党的最近任务》的演说。在演说中，他探讨了德国政府在俾斯麦下台后的阶级政策的变化与德国社会民主党人的应对变化。他认为，"尽管政府有过许多动摇和踌躇，尽管有过大量的各种各样的缺点和错误，但是事实上政府的政策发生了相当重大的变化"①。由此，福尔马尔推导出"这个

---

① 中共中央马克思恩格斯列宁斯大林著作编译局国际共运史研究室编：《福尔马尔文选》，人民出版社 1984 年版，第 133 页。

变化不能不对**我们党和党的政治态度也发生影响**"①。福尔马尔主张"我们的原则由我们自己决定，但是把原则运用于生活，即政治策略，却要以当时的政治和经济的状况与需要为准则，并且绝大部分取决于当权者的态度和其他的政党"②。这样的说法看似无大毛病，但是他将这种改变无原则地推向了另一个极端。在他看来，经过卡普里维政府真诚善意的释放之后，无产阶级与资产阶级尖锐对立的棱角已经被磨平，应该修改革命斗争策略与方针，制定新的任务与策略，"谋求在现存的国家制度和社会制度的基础上进行经济性和政治性的改良"③，以渐进的社会发展平稳缓慢地过渡到新社会形态上去。为了达到所设定的目标，福尔马尔如青年派一样，将议会斗争道路与暴力革命道路人为对立起来，只不过他主张放弃暴力，全然迷信议会斗争。

福尔马尔的改良道路具有极强的迷惑性，在德国社会民主党领导团体内部与党刊报纸上得到了一定程度的呼应。《前进报》编辑部中开始逐渐讨论起和平地从资本主义走向社会主义的可能性。考茨基、伯恩施坦深受其影响，不仅没有批判右倾机会主义，相反却被拉拢进改良主义的阵营。而德国社会民主党执行部的核心领导倍倍尔和李卜克内西也短暂地陷入对右倾机会主义的迷惘之中，对马克思主义理论出现了模糊认识，重复了在《反社会党人非常法》初期所犯的错误，对必要的暴力活动采取批判与抗拒的态度，甚至将一些坚持革命斗争的人视作无政府主义。右倾机会主义表面上看主张批判《哥达纲领》，内心却极度眷恋和迷信《哥达纲领》只采取合

---

① 中共中央马克思恩格斯列宁斯大林著作编译局国际共运史研究室编：《福尔马尔文选》，人民出版社1984年版，第134页。

② 中共中央马克思恩格斯列宁斯大林著作编译局国际共运史研究室编：《福尔马尔文选》，人民出版社1984年版，第134页。

③ 中共中央马克思恩格斯列宁斯大林著作编译局国际共运史研究室编：《福尔马尔文选》，人民出版社1984年版，第135页。

法手段斗争的条文，认为其根本原则和主体构成了无产阶级政党的战斗旗帜。受右倾机会主义影响的德国社会民主党执行部在《哥达纲领》的基础之上，领导起草并准备提交下一届爱尔福特大会讨论的纲领草案，带有比较强烈的机会主义色彩。

对此，恩格斯深感右倾机会主义在党内的严重危害，不顾年事已高，又重新投入到与右倾机会主义的批判与论争中，用尽一切心力捍卫与保护马克思主义的科学性与真理性。

恩格斯在《1891年社会民主党纲领草案批判》中表达了他对右倾机会主义者的严肃批判。他认为"草案的政治要求有一个大错误。**这里没有**本来应当说的东西"①。这个"本来应当说"却没有说的东西指的是政党在政治上的奋斗目标，即建立无产阶级专政的民主共和国。脱离奋斗目标而单就政治手段大书特书，必定是舍本逐末，缘木求鱼。恩格斯指出了右倾机会主义因噎废食的可笑之处。他们因为担心《反社会党人非常法》的复活而回避阶级矛盾与暴力斗争，幻想在完全合法的方式下达到所有无产阶级的目标。这种认为可以由"现代社会和平长入社会主义"的想法，如果不是幼稚，就是别有用心。

经过恩格斯及时的批评与澄清，德国社会民主党的领导机构局部修正了草案，使在大会上通过的纲领比《哥达纲领》向着真理的方向前进了一步，但该草案仍有缺陷，在文字上回避无产阶级专政，在思想上对资产阶级的妥协态度并没有得到彻底的肃清。

1892年，福尔马尔与考茨基极力宣扬暴力手段或流血手段不一定是革命要采用的唯一方式，认为"现代的社会正在长入社会主义"②。对此，恩格斯质问："这个社会是否还要像虾挣破自己的旧壳那样必须从它的旧社会制度中破壳而出，并且必须用暴力来炸毁

---

① 《马克思恩格斯文集》第4卷，人民出版社2009年版，第413页。
② 《马克思恩格斯文集》第4卷，人民出版社2009年版，第413页。

这个旧壳，是否除此之外，这个社会在德国就无须再炸毁那还是半专制制度的、而且是混乱得不可言状的政治制度的桎梏。"① 只有用暴力来炸毁专制制度的"外壳"以及附加于无产阶级身上的桎梏，德国无产阶级才有可能赢得斗争的胜利与获得最终的解放。右倾机会主义者言之凿凿的"和平长入社会主义"绝不是真理，而是具有极强伪装的谬论。从现象上看，右倾机会主义者是出于对资产阶级的畏惧和对现存一时成就的固守而害怕暴力斗争，从根本上说则是无产阶级立场不彻底，党性不纯，对马克思主义的信仰不坚定，对马克思主义的真理掌握得不透彻。因此，"这样的政策长此以往只能把党引入迷途"②，并最终葬送革命前途。

恩格斯并不是一概地反对合法议会斗争，但是他非常强调要具体情况具体分析，不能对资产阶级无原则地退让。对于福尔马尔、考茨基所谓的"和平过渡"学说，恩格斯从理论上保留了这种趋势的可能性，但这也仅仅是实现革命目标的趋势之一，而且在多大程度上实施并实现这一可能，概率具体有多少，还要取决于客观的历史发展形势、具体的社会历史条件以及阶级力量的结构对比。

对于德国的情况，恩格斯明确否定了放弃暴力斗争，单纯依赖合法斗争取得胜利的可能性。他在《1891 年社会民主党纲领草案批判》中对此作了清晰的阐释。德国是一个拥有强力统治与社会控制的集权式的资本主义国家，与政权相比，议会活动仅仅是政治生活并不太重要的一个组成部分，在很大程度上是装饰民主制度的门面。因此，寄希望于议会斗争达到资本主义向社会主义的和平过渡，既是幼稚奢望，也是无稽之谈。

对于恩格斯的客观分析与谆谆劝诫，德国社会民主党内领袖并

---

① 《马克思恩格斯文集》第 4 卷，人民出版社 2009 年版，第 414 页。
② 《马克思恩格斯文集》第 4 卷，人民出版社 2009 年版，第 414 页。

未从根本上领会与执行，只是在形式与具体的语句上作了些微调整，以示对恩格斯的暂时让步。但是在纲领与指导思想上，仍旧坚持着右倾机会主义路线，最终把德国社会民主党引向错误的道路。

从国际共产主义运动的发展历史来看，恩格斯对右倾机会主义的批判并没有最终扭转党派滑向妥协的深渊，但是从思想发展史来看，恩格斯的《1891 年社会民主党纲领草案批判》体现了理论上对右倾机会主义本质的揭露与批判，是代表马克思主义真理性的锐利武器，清晰透彻地阐明了马克思主义无产阶级政党策略问题，是思想史上的重要文献，其作用与意义不容忽视。

即使付出的努力收效不大，恩格斯仍不遗余力地告诫各国的工人政党，一定要立足高远、心明眼亮，拨开眼前的迷雾，牢记阶级斗争的一般规律："无产阶级不通过暴力革命就不可能夺取自己的政治统治，即通往新社会的唯一大门。"①

无论是在国际工人运动中，还是在一国范围内的无产阶级政党的活动中，革命权是独一无二、无法替代的宝贵权利。1892—1894 年，在恩格斯生命的尾声，这个年老体弱却从不失斗争精神的老人，多次写信给倍倍尔、李卜克内西等人，尽力提示右倾机会主义隐藏的巨大危害，揭露福尔马尔对无产阶级的背叛，告诫倍倍尔、李卜克内西等人必须与福尔马尔等人作不可调和的斗争。1895 年 3 月 8 日，恩格斯在致理查·费舍的信中写道："我尽可能考虑到你们的严重担忧……然而我不能容忍你们立誓忠于绝对守法，任何情况下都要守法……简言之，即忠于右脸挨了耳光再把左脸送过去的政策。""我认为，如果你们宣扬绝对放弃暴力行为，是决捞不到一点好处的。没有一个国家的**任何一个**政党会走得这么远，竟然放弃拿起武

---

① 《马克思恩格斯文集》第 10 卷，人民出版社 2009 年版，第 578 页。

器对抗不法行为这一权利。"①

　　第三，恩格斯坚决反对"现代社会和平长入社会主义"，主张革命斗争要把握原则性和灵活性的统一。恩格斯无法认同与容忍《前进报》将他描述为"无论如何都要守法的人"②。他深刻地认识到，历史上充斥着残酷的争斗，不断重复着这样一个现实：剥削者和无产阶级的敌人时刻警戒着无产阶级的动向，时刻都掌握着全部的武装力量，在关键时刻他们会撕掉温情脉脉的面纱，毫不留情地对无产阶级和工人群众率先开枪使用暴力。历史的经验不断提示着这样一个道理：统治阶级绝不会在和平的情况下良心发现，缴械投降，让反对它的无产阶级通过和平的手段获取胜利。他们必然会在工人阶级在议会占优势之前就诉诸暴力，阻断"和平长入社会主义"的可能性。

　　工人政党一方面要善于利用议会政治与资产阶级周旋抗衡，保存实力与积蓄力量；另一方面不能为眼前小利所迷惑，要能够时刻保持清醒，在议会舞台与革命斗争中灵活转换，并时刻将革命斗争看作胜利的根本手段。

　　在坚持暴力革命的基础上，恩格斯还深入到斗争形式本身进行研究，以丰富暴力斗争的思想。他十分关注资本主义新发展对现代战争手段的变化。他认为，"旧式的起义，在 1848 年以前到处都起过决定作用的筑垒巷战，现在大大过时了"③。这并不是说巷战就完全失去了意义，只是说在现代技术条件下，应该下大力气加强正规军队建设。在恩格斯看来，暴力斗争的原则要坚持，然而暴力革命的形式要根据现实社会条件的变化而变化。如果一味因循守旧，墨守成规，对无产阶级的暴力革命实践有百害而无一利。

---

① 《马克思恩格斯文集》第 10 卷，人民出版社 2009 年版，第 686 页。
② 《马克思恩格斯文集》第 10 卷，人民出版社 2009 年版，第 699 页。
③ 《马克思恩格斯文集》第 4 卷，人民出版社 2009 年版，第 545—546 页。

第二节　对第二国际中机会主义的批判

恩格斯根据 19 世纪 80 年代末和 90 年代初的资本主义发展新情况与新形势，敏锐洞察到国际工人运动的新动向和面临的新威胁。为了捍卫马克思主义的精神实质和科学原则，为了维护来之不易的国际工人运动成果，他不遗余力地投入到剖析、揭露与批判机会主义本质与危害的斗争工作中。尤其是与隐藏在第二国际内部的机会主义者和机会主义思想进行了不屈不挠、毫不留情、艰苦卓绝的斗争，从对待国家问题和党的建设等方面，对机会主义的谬误进行了全方位批判。同时，恩格斯依据资本主义发展的新现实与新动态，通过深入而艰辛的理论探索和实践摸索，得出了很多意义重大的新结论，作出了符合时代特征的新的科学判断，从而不断指引国际工人运动在光明大道上奋勇前行，进一步在实践中发展了马克思主义理论。

一　第二国际内部机会主义的泛起

19 世纪 70 年代之后，是以"电"广泛应用于工业生产的第二次工业革命时代。生产力质的飞跃为资本主义社会带来了多方面的新变化与新发展，深刻改变着资本主义社会在经济领域的结构与力量对比，同时也广泛而深入地影响着资本主义社会的阶级结构与力量对比。

世界的相对和平与科技创新带来的生产力和生产关系的变化及社会矛盾的缓和，为世界工业飞速发展提供了大好时机，也使得国际工人阶级实力不断增强、国际工人运动蓬勃兴旺。在 19 世纪 70—90 年代间，工人数量随资本和产业的集中而大幅度激增。例如，从 1896 年至 1900 年，德国产业工人从 500 多万增加到近 900 万人，法国产业工人从近 300 万增加到 330 多万人。相应的，工人的聚集性也大幅提升。[①] 尤其是在德国、美国、俄罗斯等后发新兴资本主义国家中的大型垄断企业中，工人聚集的规模难以想象，工会组织的发展也势如破竹，成为令资产阶级头疼不已的无产阶级先锋力量。因此，在 19 世纪 70—90 年代，反剥削、反压迫的工人运动风起云涌，成为与资产阶级抗衡的重要阶级力量。工人运动以罢工为主要表现形式。这一阶段的罢工运动持续时间长，参与人数多，思想觉悟高，组织纪律性强，斗争成果卓著。最重要的斗争成果就是为工人政党的形成奠定了政治、思想、组织和作风上的基础。19 世纪 70 年代中期以后，社会主义组织与各国工人政党在欧美主流资本主义国家中逐步发展起来，这样的社会图景被列宁描述为"到处都在形成就其主要成分来说是无产阶级的社会主义政党"[②]。从 1971 年巴黎公社失败至 1889 年第二国际成立之前，在英、法、美、德、意、奥等 14 个主要资本主义国家建立了 14 个社会主义政党。[③]

具有理论与实践觉悟的工人罢工运动的不断出现，工会的兴起以及社会主义政党的形成，使得资产阶级不得不睁开眼睛，用警惕的目光审视这群常年被自己踩在脚下的阶级展示的新面貌与提出的新诉求。同时，随着世界市场的形成，资本在全球范围内的融合，各资本主义国家的命运在客观上联系在了一起。这既是国际共产主义运动千载难逢的机遇，也是资产阶级的"机遇"。资产阶级培育"工人贵族"，让他们以隐蔽的机会主义者面目出现，试图攻击、污蔑与瓦解马克思主义。出于共同的利益诉求，世界工人联合在了一

---

① 参见高放《国际共产主义运动史纲：1847—1917》（下卷），陕西师范大学出版总社 2018 年版，第 366 页。

② 《列宁全集》第 23 卷，人民出版社 2017 年第二版增订版，第 3 页。

③ 参见高放《国际共产主义运动史纲：1847—1917》（下卷），陕西师范大学出版总社 2018 年版，第 367—368 页。

起，机会主义及其代表的"工人贵族"也联合在了一起，呈现出多种多样的面目，对马克思主义展开攻击，以期从指导思想上破坏国际工人运动的发展。

第二国际是马克思主义在世界范围内传播与发展的黄金时期，也是同形形色色假扮为马克思主义者的机会主义作斗争的高潮时期。机会主义面目模糊、立场摇摆、话语含混，意图搅乱马克思主义思想主流，在工人中造成思想混乱，从而达到消解、削弱国际工人运动的目的。

机会主义对马克思主义自身的发展与国际工人运动造成了相当大的危害。恩格斯在 1884 年 1 月 18 日致倍倍尔的信中批评机会主义"是运动的灾星"①。但是由于机会主义是资产阶级和小资产阶级乔装改扮，精心粉饰之后登场的思想流派，经常打着维护马克思主义的旗帜干着反马克思主义的行径，起到模糊工人运动目标、涣散工人群众斗志、搅乱工人群众头脑的作用。无论是"左"倾机会主义把马克思主义僵化为死板的教条，还是右倾机会主义直接对马克思主义革命性的抹杀与削弱，都是维护资产阶级利益的"面目全非"的所谓"马克思主义"。

二 批判国家问题上的机会主义

国家问题是关涉马克思主义理论发展和无产阶级工人运动的关键问题，也是马克思和恩格斯与机会主义者不断论战的焦点之一。早在巴黎公社时期，马克思在《法兰西内战》中总结道："公社的真正秘密就在于：它实质上是工人阶级的政府，是生产者阶级同占有者阶级斗争的产物，是终于发现的可以使劳动在经济上获得解放

---

① 《马克思恩格斯全集》第 36 卷，人民出版社 1974 年版，第 89 页。

的政治形式。"① 在马克思主义看来，国家是一定历史时期无产阶级
获取政权，进行统治的强大武器。

如何对待国家这一问题，在理论和现实上具有紧迫性与必要性。
马克思逝世之后，国际工人运动继续蓬勃发展。19世纪90年代，独
立的工人阶级政党在世界范围内，尤其是在欧洲大多数国家都相继
建立并发展起来，从理论上回答无产阶级建立什么样的国家，从实
践上指导无产阶级怎样实现这一目标，成为那个时期非常紧迫的问
题。另外，资产阶级共和国从政体形式上已经日臻成熟，具有较强
的参考、批判与借鉴价值，对它们进行全面考察，有助于无产阶级
更好地理解资产阶级以及掌握统治方法。最后，19世纪末期机会主
义在工人运动内部，以国家问题为名，滋扰和攻击马克思主义和无
产阶级工人运动实践，有的过高估计了资产阶级共和国，将其混同
于无产阶级专政，陷入一种类似于国家迷信的幻想中，幻想凭借资
产阶级共和国就能一蹴而就地完成社会主义使命；有的过度贬低和
诋毁国家的作用，否定资产阶级民主革命取得的所有成果，认为可
以依靠恐怖活动，直接由封建君主制进入社会主义。这些错误思潮
在第二国际内部和德国社会民主党内部都有不少拥护者，搅乱了很
多工人群众的思想，因此，恩格斯决定与这些机会主义思潮作坚决
的斗争，从理论上正本清源，阐明无产阶级国家国体与政体的二重
性，以及无产阶级国家的性质、特征以及历史走向。

（一）批判反国家论

恩格斯在与无政府主义的论战中主要阐述了两个重要观点：第
一，无产阶级需要借助国家政权来达到消灭剥削的目的；第二，国
家不是永恒存在的，但国家的消亡是有条件的，是一个长期的过程，
绝不能幻想一蹴而就。

---

① 《马克思恩格斯文集》第3卷，人民出版社2009年版，第158页。

无政府主义在国家观上一概反对一切形式的国家及其制度，相应地，他们认为社会革命的目标是在社会中形成无政府状态。蒲鲁东主张国家具有反革命性质，巴枯宁宣扬随时随地反对国家。他们在第二国际的继任者，意大利的梅尔利诺、荷兰的纽文胡斯以及西班牙的马拉特斯塔等人主张依靠搞恐怖活动来破坏、摧毁一切国家和制度，抛弃政府与议会，从而建立由人民自由组织的联邦。这些都体现了无政府主义者不顾客观社会历史条件，片面地理解国家、理解社会主义革命与无产阶级专政的偏狭与幼稚。

针对无政府主义者在国家观上的谬误，恩格斯指出这种极端反对国家的做法在思想上是绝望而又残酷的，在方法上是混乱与冲动的。马克思主义认为，国家是社会历史发展的产物，从产生到灭亡需要一定的条件，经历了一个过程。国家的出现是客观事实，既不是天神的创造，也不是与天地共生的存在。国家在本质上是阶级矛盾发展到不可调和的程度而出现的产物。可以说，现代国家集中体现了资产阶级和一切剥削阶级的利益。不论国家采取封建制还是资产阶级共和国的形式，都是为巩固剥削制度与统治而服务的。因此，无产阶级要想获得解放，必须进行推翻资产阶级的革命，并建立无产阶级专政的国家政权。无产阶级专政不同于资本主义的政治统治，是以国家这种形式为手段，夺取资产阶级的资本，对生产资料实行公有制，不断积蓄消灭剥削的力量。

无政府主义者无差别地对待国家与制度，根源在于思想上本末倒置，将国家这一阶级矛盾无法调和的产物看作万恶之源，尤其是将国家与自由截然对立起来，从而无法接受无产阶级政权与资产阶级政权在本质上的不同，一概否定了无产阶级专政蕴含的进步作用。

（二）批判国家立即消亡论

国家是永恒存在还是立即消亡，抑或是最终随着阶级的消亡而消亡，是第二国际时期恩格斯与无政府主义、右倾机会主义进行论战的焦点问题之一。

在马克思和恩格斯看来，国家是历史的产物，是无产阶级专政的形式。在一定历史时期内，国家的形式与制度必须存在。无政府主义则持"国家立即消亡"论。未来国家将在共产主义实现以后消亡，是《共产党宣言》的重要观点。打碎国家机器是必然的，但绝不是一蹴而就的。马克思主义的观点认为，资产阶级政权被推翻以后，国家并不会立即消亡。无产阶级专政需要借助国家机器而存在。无政府主义者不仅反对国家，而且认为革命胜利之时，就是国家消亡之日。对此，恩格斯一直予以严厉批评。国家虽然依旧是阶级矛盾的产物和阶级压迫的工具，但是在共产主义实现之前，国家的存在对于无产阶级专政来说，既是客观的，也是必要的。恩格斯在《1891年社会民主党纲领草案批判》中明确提出："如果说有什么是毋庸置疑的，那就是，我们的党和工人阶级只有在民主共和国这种形式下，才能取得统治。民主共和国甚至是无产阶级专政的特殊形式"①。国家是无产阶级战胜资产阶级，取得革命胜利之后唯一存在的组织，如果一味打碎、直接破坏这唯一能帮助无产阶级镇压敌人的政权武器，是不符合历史发展与客观条件的。

同时，恩格斯澄清了马克思主义主张的"打碎国家机器"和无政府主义所说的摧毁国家在本质上是不同的。马克思主义说的"打碎国家机器"是就国家的国体而言的，是要打碎资产阶级国家机器的阶级性，而不是简单地摧毁国家的政体，即国家的政权组织形式。"对无产阶级来说，共和国和君主国不同的地方仅仅在于，共和国是无产阶级将来进行统治的**现成的**政治形式。你们比我们优越的地方是，你们已经有了共和国，而我们则不同，我们还必须花费24小时

---

① 《马克思恩格斯文集》第4卷，人民出版社2009年版，第415页。

去建立它。"① 民主共和国的政体不是资产阶级的专利，无产阶级同样可以使用。

共产主义社会的实现是一个漫长的过程，是在艰苦的斗争过程中建立的，绝不是主观的臆想与判断。正确的路径是以暴力革命为手段推翻资产阶级专政，建立无产阶级专政。无产阶级专政不是空中楼阁，必须以国家的形式存在，并坚决与破坏社会主义建设的敌人作斗争，对他们实行专政。国家一方面是专政的武器，也是保障经济社会等发展的行动载体。应在民主共和国的统治之下，逐步完成由共产主义初级阶段向共产主义高级阶段的发展。

对于国家的存在及消亡，马克思主义通过共产主义社会发展阶段理论进行了科学的阐述。马克思主张，共产主义社会有两个重要发展阶段：第一阶段和高级阶段。这两个阶段既有承接性，又在社会发展状况乃至分配制度上有不同的形态与表现。革命不能一蹴而就，共产主义同样不能一蹴而就。共产主义第一阶段脱胎于资本主义社会，在经济、政治、思想、法治、价值以及社会风气上都会带有旧制度的痕迹，按劳分配执行不到位导致的分配不均情况存在，并未突破"资产阶级权利的狭隘眼界"②。因此，阶级权利以及作为阶级矛盾产物的国家并没有到消亡的时刻。无产阶级专政性质的国家形式是资本主义社会向共产主义社会发展与转变的必要中介。国家在此时承载着大量重要的社会建设、社会治理、社会规划与社会转型的重要职责，是实现社会形态平稳过渡的载体。

因此，无论是从无产阶级战胜资产阶级的革命来说，还是就共产主义自身的发展阶段性来说，国家的存在都是客观的，国家的消亡也是有基本条件的。国家的消亡是国家自我进步与完善的结果，并不能

---

① 《马克思恩格斯文集》第 10 卷，人民出版社 2009 年版，第 671 页。
② 《马克思恩格斯文集》第 3 卷，人民出版社 2009 年版，第 436 页。

人为操纵或者臆想。在以无产阶级专政为国体的国家中，造成资本主义社会不平等、不公正的根源——生产资料私有制被公有制所取代，无产阶级和劳动人民的社会地位得到根本改变。公有制从客观上消除了生产领域的无政府状态，有效防止了资本主义经济危机的发生，体现了社会主义制度的优越性。随着社会生产力不断提高，物质极大丰富，共产主义第一阶段向高级阶段发展，为阶级的彻底消灭奠定基础。随着社会主义阶级差别、阶级矛盾和阶级斗争的消失，国家作为阶级统治工具，自然会因为历史使命的完成而消亡。

（三）批判国家迷信论

马克思主义在国家问题上还面临着来自右倾机会主义的挑战与攻击。右倾机会主义的国家观点与他们所持的革命策略观点是一脉相承的，是"和平长入社会主义"论在国家问题上的分支，表现形式是"国家迷信论"。

右倾机会主义不仅不反对国家的存在，而且进一步将国家神化为永恒存在的真理和正义实现的场所。他们无视国家机构与官吏的阶级性，反而将它们泛化为全社会范围内，超阶级的公共事业和利益的代表者与维护者。他们无法看清国家的阶级性，掩盖了资产阶级的剥削本质，进而在此基础上美化改良手段与民主制度，否定暴力和无产阶级专政。

这种对国家阶级性有意识的剥夺是对马克思主义根本的背叛。恩格斯从国家的二重性、无产阶级国家政权组织形式以及国家的消亡等三个方面对右倾机会主义进行了批判。

恩格斯揭开了对国家迷信与崇拜的面纱。他说："国家无非是一个阶级镇压另一个阶级的机器，而且在这一点上民主共和国并不亚于君主国。"① 无产阶级夺取政权之后，必须打碎国家机器的资产阶

---

① 《马克思恩格斯文集》第 3 卷，人民出版社 2009 年版，第 111 页。

级性质，以新的无产阶级专政的国家权力来取代它。因此，从政体上来说，国家对无产阶级是有用的，是"工人阶级和资本家阶级之间的斗争能够先具有普遍的性质，然后以无产阶级的决定性胜利告终"① 的一种重要的"政治形式"。而这种"政治形式"是哪一个阶级都能够运用的，所以任何政党都要试图去争夺它。国家的政体从属于国体的性质。当国家是资产阶级统治的工具时，它以压迫无产阶级的资产阶级专政形式存在。当国家是无产阶级统治的工具时，它就是无产阶级专政，具有对资产阶级进行专政和管理经济社会的职能。

恩格斯从国家的政权组织形式上界定了无产阶级国家的特征。在恩格斯看来，无产阶级共和国借用了民主共和国的形式，但是不能完全照搬，必须有所改变与创新，以凸显无产阶级的阶级属性与历史使命。恩格斯在《1891 年社会民主党纲领草案批判》中建议共和国要采取"单一而不可分的共和国的形式"②，废除官僚体制，实行权利与义务相平等相一致的原则等。恩格斯还通过对历史上各种各样国家的考察与分析，综合巴黎公社的建设经验，对资本主义国家进行深入研究，指出以前剥削性质的国家都有一个共同的特点，即官员"由社会公仆变为社会主人"③。在无产阶级国家里，官员必须从社会的主宰这个扭曲的位置回归到社会的公仆。巴黎公社经验对无产阶级国家提供了有益借鉴：一是，国家所有的公职人员都要通过选举产生，体现民意，并且根据民意可随时撤换；二是，国家所有的公职人员都没有特殊待遇，无论职位高低，在收入上与普通工人平等。职位和收入待遇的严格规定，体现了国家的无产阶级性质，也保障了国家的平稳运行。

---

① 《马克思恩格斯文集》第 4 卷，人民出版社 2009 年版，第 443 页。
② 《马克思恩格斯文集》第 4 卷，人民出版社 2009 年版，第 415 页。
③ 《马克思恩格斯文集》第 3 卷，人民出版社 2009 年版，第 110 页。

恩格斯细致分析了国家灭亡的过程以及无产阶级的历史使命。国家是阶级矛盾发展到不可调和程度时的产物，承认阶级的消亡，就必须承认国家的消亡。国家既不可能像无政府主义臆想的那样被主观废除，也不可能像右倾机会主义所迷信的那样永生，而是随着历史发展逐渐消亡的。但是这种消亡也不是被动地等待，无产阶级要在国家的消亡过程中提供助力。取得胜利之后的无产阶级不能躺在功劳簿上睡大觉，而是要立即行动起来，在运用民主共和国这一统治工具的同时，尽量消除国家中存在的危害无产阶级专政、混乱无产阶级思想、侵蚀无产阶级革命锐气的有害因素，在新的国家里孕育培养新的一代，一代一代接续努力，代谢掉国家陈腐的部分，新生出积极健康的组织肌体。恩格斯的论述既为国家的发展指明了方向，又科学预判了国家的前途，是对马克思主义国家理论的丰富与完善。

三　在批判机会主义中阐发党的建设思想

第二国际时期，国际工人运动在组织上进入了发展的快速期。欧洲各主要国家都迎来了社会主义政党的诞生，同时也遇到了各种新的挑战，对于如何更好地巩固党的建设提出了新的要求。恩格斯提出，社会主义政党必须坚持以马克思主义为指导，强调党纲的极端重要性，提出要维护党的纯洁性与先进性，不断增强党的战斗力。为此，恩格斯一方面正面陈述马克思主义政党建设的科学理论，另一方面与破坏党内团结的机会主义分子进行坚决斗争，确保社会主义政党朝着正确的方向发展。

（一）社会主义政党必须坚持以马克思主义为指导

恩格斯指出社会主义政党必须坚持以马克思主义为指导，认为这是一个毋庸置疑的前提。恩格斯强调判断一个政党是否是无产阶级政党，不仅要看党员成分，更要看党建立的世界观基础，也就是党是否拥有一个科学的指导理论，而这"是任何一个无产阶级政党内都根本不容讨论的问题。在党内讨论这些问题，就意味着对整个无产阶级社会主义提出怀疑"①。在恩格斯看来，社会主义政党必须坚持以马克思主义科学理论为指导。这是一个不可动摇的原则性问题。

如何坚持马克思主义的关键在于如何科学正确地对待马克思主义，这是恩格斯与第二国际中机会主义争论的又一个焦点。

"左"倾机会主义将马克思主义僵化为宗教教条，死板地套用在不断变化的社会实践中，不仅危害着社会发展，而且抽掉了具体问题具体分析的马克思主义的活的灵魂，使马克思主义成为枯萎的干花。右倾机会主义则极力抹杀与掩盖马克思主义的革命性。恩格斯在《英国工人阶级状况》1892 年英国版序言中揭露右倾机会主义"鼓吹一种凌驾于工人的阶级利益和阶级斗争之上、企图把两个互相斗争的阶级的利益调和于更高的人道之中的社会主义"②。在右倾机会主义的世界观里，马克思主义的无产阶级属性被资产阶级属性所取代，因此，恩格斯在 1890 年《给〈萨克森工人报〉编辑部的答复》中严厉地批评道，在机会主义那里，马克思主义成为"被歪曲得面目全非的'马克思主义'"③。

（二）党的纲领必须明确而积极

马克思主义一向主张，纲领对于社会主义政党至关重要，关系到党的现实建设和未来发展方向。政党一方面要坚定对共产主义的理想信念，另一方面要看到未来目标实现的长期性与艰巨性。因此，党要

---

① 《马克思恩格斯文集》第 10 卷，人民出版社 2009 年版，第 444 页。
② 《马克思恩格斯全集》第 22 卷，人民出版社 1965 年版，第 316 页。
③ 《马克思恩格斯文集》第 4 卷，人民出版社 2009 年版，第 396 页。

根据不同发展阶段、不同发展任务来制定具体而行之有效的纲领。在纲领中，高度凝练出党的思想与性质，指明党的奋斗方向，规划党的发展路径与实现手段。在《英国工人阶级状况》1887年美国版《序言》即《美国工人运动》中，恩格斯明确表示"一个新的党必须有一个明确的积极的纲领"①，能够成为公开树立起来的旗帜。相反，如果党的纲领一直"没有制定出来或者还处于萌芽状态，新的党也将处于萌芽状态；它可以作为地方性的党存在，但还不能作为全国性的党存在；它将是一个潜在的党，而不是一个实在的党"②。从这个角度看，是否有党纲，有一个什么样的党纲，决定了党的发展前途。

党的纲领从组织上起到了维护统一的作用。明确而积极的纲领是科学思想和发展要求在理论上的宝贵结晶，是政党运行、组织管理在实践上的行动指南。纲领从原则到细则严格规范着党员的行为。

党的纲领是党的政治建设的重要体现。无产阶级政党的纲领要从本质上体现与其他阶级政党的区别，即明确规定无产阶级政党要夺取政权并实现对生产资料的集中占有。恩格斯进一步强调，纲领的明确性是长期的，不是权宜之计；纲领不仅要立足当下，反映现实，还要展望未来，揭示趋势。恩格斯提出，纲领"在细节上可以因环境的改变和党本身的发展而改动，但是在每一个时期都必须为全党所赞同"③。

党的纲领代表党的正确的革命原则，不能囿于眼前利益或者争取小团体支持而违反原则，无端妥协。1891年年初，恩格斯冲破各种机会主义者的阻挠，毅然将马克思论述党的纲领最重要的文献之一《哥达纲领批判》公开发表在德国社会民主党的刊物《新时代》之上，一方面表达对马克思的纪念，另一方面回击了机会主义者在

---

① 《马克思恩格斯文集》第4卷，人民出版社2009年版，第318页。
② 《马克思恩格斯文集》第4卷，人民出版社2009年版，第318页。
③ 《马克思恩格斯文集》第4卷，人民出版社2009年版，第318页。

党纲问题上的犹疑与模糊，犹如给机会主义者投放了一枚重磅炸弹。

1891 年 3 月，柏林《前进报》出版社为纪念巴黎公社二十周年出版了马克思的重要著作《法兰西内战》德文第三版，恩格斯为其撰写了"导言"。他对德国党内存在的惧怕无产阶级专政的机会主义思潮进行了严厉批判。恩格斯以巴黎公社为例，阐述无产阶级专政的形式就是如此，不必畏惧，不必恐慌。随后不久，在《1891 年社会民主党纲领草案批判》中，恩格斯进一步展开与德国党内机会主义的理论斗争，认为在"草案"中，无视与放弃建立无产阶级专政的政治要求，是对革命原则的背叛，归根结底是惧怕资产阶级，惧怕暴力革命，是对资产阶级实质上的妥协。对此，恩格斯提出严正告诫："暂时处于少数——在组织上——而有正确的纲领，总比没有纲领而只是表面上拥有一大批虚假的拥护者要强得多。"① 科学态度是制定纲领的关键前提，而不是从人数上看到有多少虚假的鼓噪。

党的纲领起到规定具体实践方向与策略的作用。纲领规定了一个党行动的总纲与原则，其作用就体现在实践中对具体行动的指导。因此，超越本国实际情况、发展阶段、客观条件以及党自身的建设需要，而仅仅追求语言上的华丽、情绪上的煽动、形式上的协调，不顾实质内涵的纲领，不可能是一个科学的、正确的好纲领。因此，恩格斯强调，纲领不是一成不变的，不是僵化的教条，每一个无产阶级政党都不能照搬照抄统一的纲领，而要根据本国工人运动发展的需要，制定相应的党纲。同时，实践中的具体策略也是对党纲的贯彻与支撑。与党纲的原则性相比，具体策略具有一定的灵活性。恩格斯提出，"对于我这个革命者来说，一切达到目的的手段都是可以使用的，不论是最强硬的，还是看起来最温和的"②。

---

① 《马克思恩格斯文集》第 10 卷，人民出版社 2009 年版，第 492 页。
② 《马克思恩格斯文集》第 10 卷，人民出版社 2009 年版，第 579 页。

（三）党的纲领要保护党的纯洁性

党的纯洁性是保证党战斗力的重要前提，在党的建设中极端重要，不可忽视。马克思和恩格斯在是否保持党的纯洁性以及如何保持党的纯洁性问题上，与机会主义进行了坚决斗争。19 世纪 70 年代，机会主义对党的纯洁性曾提出过质疑与挑战。1879 年，赫希柏格、伯恩施坦以及施拉姆组成的"苏黎世三人团"在《德国社会主义运动的回顾》中列举了他们认为的德国社会民主党在工人运动中的过失，认为工人运动过于宣扬流血与暴力，主张在工人运动中加入所谓的"**富有真正仁爱精神**"①的参与者和领导者，进而让社会主义走向改良合法的道路。恩格斯敏锐地指出，这种看上去辞藻漂亮、情词恳切的建议是要从根本上取消党的纯洁性，诱使党改色变质，失去战斗力，从而走向资产阶级的歧途。恩格斯强调，"任何民主的政党，无论在英国或在其他任何国家，除非具有明显的工人阶级的性质，就不可能取得真正的成就。抛弃这种性质，就只有宗派和欺骗"②。

在第二国际筹备初期，一个名为可能派的法国机会主义团体十分活跃。法国可能派是以法国人布鲁斯和马隆为首的，在法国社会主义运动中产生的机会主义。他们主张"可能的政策"，即用模糊的立场、妥协的行动方式从统治阶级那里获取更多权益，进而牺牲革命领导权和暴力斗争手段。他们主张将短暂的、眼前的工人代表能够参加选举并参与基层统治看作社会主义革命的最终胜利，因此他们的主旨与"和平长入社会主义"并无二致。恩格斯坚决反对这种为了选票无原则牺牲革命原则的做法。

面对恩格斯的批判，法国可能派不仅没有收敛与改变，反而加

---

① 《马克思恩格斯文集》第 3 卷，人民出版社 2009 年版，第 477 页。
② 《马克思恩格斯全集》第 19 卷，人民出版社 1963 年版，第 306 页。

紧活动，企图建立一个新的受控于他们的国际组织，进而阴谋夺取国际工人运动的领导权。1888 年，这一图谋日益威胁即将成立的新的国际的前途与命运。当年，工联主义分子和法国可能派在伦敦开会，会议决定委托可能派于 1889 年在巴黎召开国际工人代表大会，并建立新的国际组织。在如此严峻的形势下，为了保证第二国际的性质和前途命运，为了粉碎机会主义的阴谋计划，恩格斯几乎放下手头一切工作，包括他异常重视的《资本论》第三卷的整理工作，全身心投入到国际社会主义者代表大会的筹备中。恩格斯通过与各个工人政党的领导进行频繁的书信往来，指导第二国际的筹备工作。对于这段经历，恩格斯写道："代表大会和与此有关的一切事情，三个月来把我的全部时间都占掉了。信件来往不绝，东奔西走，吃尽苦头。"① 从 1889 年 1 月开始筹备一直到 7 月 14 日大会开幕之前，恩格斯付出了极大努力，为第二国际的最终成立奠定了坚实基础。

围绕这场大会展开了激烈的斗争，恩格斯将之视作坚持共产主义原则的、事关马克思主义政治性的斗争，彻底维护党的纯洁性的斗争，反对机会主义斗争的延续。党内团结是必要的，但是不能以牺牲党性纯洁为代价，进行无原则的团结与妥协。在对待法国可能派的问题上，恩格斯态度坚决，认为必须粉碎其篡夺第二国际领导权的所有图谋和阴谋活动。恩格斯赞同盖得派与可能派的决裂，因为在恩格斯看来，当党的根本原则和政治纯洁性遭到破坏时，任何妥协都是错误的，任何所谓的和谐都是粉饰分裂的遮羞布。在不涉及根本原则的前提下，党员间可以民主协商以求得最大团结。但是党在原则性上无法让步，也不可能让步。由此可见，恩格斯认为党内团结是服务于党的纯洁性、先进性建设的。如果党失去了纯洁性和先进性，任何表面上的团结都将是无原则的妥协，终将会使工人

---

① 《马克思恩格斯全集》第 37 卷，人民出版社 1971 年版，第 207 页。

运动走向歧途，使工人运动取得的成果付诸东流。

相比阶级斗争，党内斗争更具复杂性与层次性。尤其是当党内的机会主义以马克思主义的面目出现时，很容易搅乱群众的思想，因此对于机会主义要有更清晰的鉴别和更深刻的批判。

恩格斯主张要认真分析各种机会主义的成因，对思想隐患进行排查，进行有原则、有针对性的斗争，采取自由辩论、教育为主的方式来感化和扭转机会主义者的错误思想，避免伤及无辜，从而更加有利于党的团结和工人运动队伍的壮大。当发现思想斗争的方法无法达到效果，即使最终必将与机会主义者分道扬镳，也应该谨慎地选择时机以尽量减少党的损失。例如，在对待青年派的问题上，恩格斯反对倍倍尔采取的简单驱逐手段，而是希望能够尽可能地增加党内民主氛围和不同声音，在批判机会主义的过程中进行自我批评。在促进党的先进性建设的同时，也尽量感化教育青年派，以团结更多新生力量。然而，这种妥协是有界限的，一旦机会主义者公开分裂，就要及时驱逐。这个界限的把握，需要新生的第二国际以及新生的党派认真学习、体会与贯彻执行。对于新加入的党员，要时常进行思想教育，在尊重他们的前提下，可以适当地进行交流甚至论争。后来恩格斯发现法国可能派对资产阶级进行了无原则的妥协，甚至为谋取政府肥缺，堕落至卖身投靠现任政府的地步，他决定进行坚决的回击与孤立，挫败可能派企图掌控第二国际控制权的阴谋。

在与机会主义的斗争中，恩格斯敏锐地观察到一些工人政党成员，尤其是一些居于领导位置的团体和个人对马克思主义在原则上、理论上存在着模糊认识。在第二国际成立之前的 1889 年 2 月的海牙国际社会主义者代表大会上，许多工人阶级政党领导人和参会者，例如拉法格，表现出了令人意外的动摇，对于法国可能派猛烈的舆论攻势没有及时作出反应，还保持观望的态度。对此，恩格斯严厉批评了拉法格等人的犹疑与不作为，敦促他们立即开始巴黎会议的筹备工作，及时肃清可能派在思想上造成的混乱。

之后，恩格斯提出，要从根本上不为机会主义的谬误所误导，党的干部必须从根源上肃清错误思潮，从加强理论学习和思想修养入手，对马克思理论原著进行精读与细致研究。党的干部必须具备一定的理论功底和写作水平，同时要积极走向基层，倾听群众的声音，获得第一线的体会与认识，将理论与实践紧密结合起来，从思想到行动，从理论到实践，坚定对党的忠诚，保持党的纯洁性。

此外，恩格斯尤其强调在与机会主义作斗争时，党的领导人一定要忠实于马克思的原意，在表述和宣传中绝不能模棱两可，更不能妄加揣测地误读，不能给机会主义以任何可乘之机。

第二国际内部，机会主义沉渣泛起。在如何对待国家，如何建设社会主义政党等重要问题上，都出现了机会主义的错误影响。恩格斯坚决批判无政府主义的"国家立即消亡论"和右倾机会主义的"国家迷信论"，强调国家的阶级属性，肯定国家在现阶段对无产阶级革命斗争的积极作用以及最终随阶级消亡而消亡的命运。社会主义政党是工人阶级开展革命斗争的重要组织载体，恩格斯强调必须以马克思主义作为根本指导，确定明确而积极的党纲，保持党的纯洁性与战斗力。恩格斯对第二国际内部机会主义的批判，有力澄清了思想上的混乱，解答了工人群众的普遍困惑，为无产阶级政党的建设指明了道路。

第三节　对世界革命发展趋势的预测和把握

恩格斯在晚年除了将精力大量投入《资本论》第二、第三卷的整理和马克思其他遗稿的编辑工作之中，还将大量时间与智慧贡献于指导世界各国无产阶级运动。他自觉地将自己作为各个政党之间的中间媒介，力求将无产阶级国际主义上升为各国政党普遍遵循的行动准则。他呼吁各国社会主义政党抛弃狭隘的民族主义，促使他们将一个国家的工人阶级的奋斗目标与行动任务同国际工人运动的奋斗目标与行动任务融合在一起，形成更加行之有效的斗争形势。

恩格斯在晚年的书信中经常重复《共产党宣言》中的这句话："一方面，在无产者不同的民族的斗争中，共产党人强调和坚持整个无产阶级共同的不分民族的利益；另一方面，在无产阶级和资产阶级的斗争所经历的各个发展阶段上，共产党人始终代表整个运动的利益。"① 这表明，国际工人运动和世界各国无产阶级政党只有善于从整体运动来判断局部运动，从国际形势来分析国内形势，才能真正制定出正确的革命斗争路线和策略，才能准确预见未来世界的发展趋势。

一　科学预见未来世界战争的爆发及其根源

随着欧洲各国主要资本主义国家向帝国主义阶段过渡，社会整体局势出现了剧烈的动荡。19世纪70年代以后，世界重大事件时有发生，如1878年德、奥、俄三皇同盟的破裂，1879年德、奥秘密结盟对付俄国，1882年德、奥、意三国签订同盟条约对付法国，而法、俄于1891年缔结谘商协议于1892年缔结军事协定用来对抗德、奥等。那一时期，欧洲各国之间形成了微妙的战略同盟与对抗。在紧张的军备结盟与竞赛中，与军备竞赛结伴而行的是大国沙文主义导致的非理性的狂热。1891年，在民族主义的驱使下，德国成立了泛德意志协会，公开在世界范围内宣扬"日耳曼民族优秀"的论调。而法国也大力宣扬普法战争失败以来的复仇主义。恩格斯形容19世纪90年代的欧洲局势是"正好像沿着斜坡一样越

---

① 《马克思恩格斯文集》第2卷，人民出版社2009年版，第44页。

来越快地滑向规模空前和激烈程度空前的世界战争的深渊"①。

(一)科学预判国际关系变动加剧战争风险

根据马克思主义的观点,资本主义基本矛盾的尖锐化必将导致国际关系的变动与战争爆发的风险。这一国际形势的变化不仅对于资本主义社会的统治阶级至关重要,与无产阶级及其政党的命运也息息相关。无产阶级政党必须从解放运动的整体斗争格局与利益结构来观察未来世界战争爆发的可能性与走势。在马克思逝世以后,随着国际关系的剧烈变化,如何正确认识世界战争及其威胁、如何判断这一变化趋势对工人运动的意义以及如何采取正确的应对措施,成为恩格斯与 19 世纪 80—90 年代无产阶级政党领袖面临的重大课题。

恩格斯时刻关注国际关系的变动情况,敏锐地洞悉了革命形势的严峻性与战争爆发的可能性,撰写了一系列有关欧洲政治局势与战争趋势的论著。1886 年,恩格斯撰写了《欧洲政局》一文,通过对欧洲局势的分析,清晰地整理出德国、奥地利、俄国三个大国的博弈以及卷入三个大国政局之中的塞尔维亚、保加利亚等小国的关系。恩格斯主张,相关各国的无产阶级要发挥积极作用,以和平的方式来阻止战争,避免战争给老百姓带来危害。1887 年,在《波克罕〈纪念 1806—1807 年德意志极端爱国主义者〉一书引言》中,恩格斯谈到必须及时让德意志人民从超爱国主义的陶醉中清醒过来。恩格斯应俄国革命党人的邀请,于 1889 年 12 月 23 日前—1890 年 2 月底撰写了《俄国沙皇政府的对外政策》。该论文深入分析 18 世纪中期到 19 世纪末俄国沙皇政府对外政策的变化过程,指出沙皇政府的根本目标是争夺世界霸权,基本原则是在尽量避免正面参战的前提下挑唆其他强国互相倾轧,从中渔利。争夺世界霸权就意味着战

---

① 《马克思恩格斯文集》第 4 卷,人民出版社 2009 年版,第 394 页。

争风险的加剧，因此，可以将资本主义列强对霸权的争夺与世界资源的瓜分看作未来世界战争的根源，而定纷止争的唯一措施是通过俄国革命政党在俄国的最终胜利来结束沙皇政府的对外侵略政策。1891 年，恩格斯应法国工人党的邀请用法文为《1892 年工人党年鉴》撰写了《德国的社会主义》一文。在文中，恩格斯预测"战争在今天或明天就可能爆发"①，而德国的社会主义者必须意识到，在这个时候面临着沙皇俄国、法国资产阶级共和派与德国政府的三重围困与剿灭。因此，无论是为了政党的利益，还是为了整个欧洲的革命事业，德国社会民主党"必须坚守所有已经占领的阵地，不向内外敌人投降。而他们要做到这一点，只有同俄国及其所有同盟者——不管这些同盟者是谁——进行不调和的斗争"②。1893 年，当德国国会讨论新的军事法草案问题时，倍倍尔请求恩格斯对德国社会民主党在此问题上应采取什么立场表明自己的态度。恩格斯由此写下了《欧洲能否裁军？》一文。在文章中，恩格斯肯定地认为，包括德国、法国、俄国、意大利在内的主要欧洲国家都应该裁军并缩短士兵的服役期限，代之以民兵制度，并将军队中存在的对士兵的虐待转变为对青年的教育。恩格斯向德国社会呼吁，"裁军，从而保障和平，是可能的，它甚至是比较容易实现的，而德国比任何其他的文明国家更有力量和责任来实现它"③。此外，恩格斯在那一时期写给各国社会主义政党领导人的书信中，表达了自己对未来世界的发展趋势以及社会主义政党应该持有的态度。

　　这些论文、著作与书信是科学运用马克思主义世界观与方法论，于纷繁复杂、变动不居的世界形势中正确坚持无产阶级革命原则与维护无产阶级利益的典范。恩格斯对国际关系变化的考察，丰富发

---

① 《马克思恩格斯文集》第 4 卷，人民出版社 2009 年版，第 431 页。
② 《马克思恩格斯文集》第 4 卷，人民出版社 2009 年版，第 435 页。
③ 《马克思恩格斯全集》第 22 卷，人民出版社 1965 年版，第 437 页。

展了马克思主义国际关系与战争理论，也为社会主义政党科学认识战争与和平问题提供了重要指南。

（二）科学预判帝国主义战争的爆发

马克思和恩格斯曾经预言，1870—1871 年的普法战争在欧洲大陆播下了仇恨与反抗的种子，为世界埋下了新的战争隐患。当时他们认为新的战争可能在欧洲范围之内爆发。而到了 19 世纪 80 年代，恩格斯敏锐地意识到，这场将在不太久的未来发生的战争将是世界性的，给人民带来的苦难将是深重的。1887 年，恩格斯指出："对于普鲁士德意志来说，现在除了世界战争以外已经不可能有任何别的战争了。这会是一场具有空前规模和空前剧烈的世界战争。那时会有 800 万到 1000 万的士兵彼此残杀，同时把整个欧洲都吃得干干净净，比任何时候的蝗虫群还要吃得厉害。"[1] 但同时，恩格斯认为战争在给世界带来普遍灾难的同时，也"为工人阶级的最后胜利创造条件"[2]。进入 19 世纪 90 年代，恩格斯认为战争的规模与后果比之前预想的更加巨大。在 1891 年撰写的《德国的社会主义》中，他写道："如果战争毕竟还是发生了，那时毋庸置疑的只有一点：这场有 1500 万到 2000 万武装人员互相残杀，并且会使欧洲遭到空前浩劫的战争，必定要或者是导致社会主义的迅速胜利，或者是如此强烈地震撼旧的秩序，并留下如此大片的废墟，以至于旧的资本主义社会的存在比以前更加不可能，而社会革命尽管被推迟 10 年或 15 年，以后必然会获得更迅速和更彻底的胜利。"[3]

恩格斯之所以能够作出这样科学的判断，在于他以历史唯物主义的立场、观点与方法，整体地考察了欧洲乃至世界形势的变化。

---

① 《马克思恩格斯文集》第 4 卷，人民出版社 2009 年版，第 331 页。
② 《马克思恩格斯文集》第 4 卷，人民出版社 2009 年版，第 331 页。
③ 《马克思恩格斯文集》第 4 卷，人民出版社 2009 年版，第 436 页。

他尖锐地指出，在普法战争之后，德国对阿尔萨斯和洛林的侵占在法国人心中埋下了仇恨的种子，将近邻法国推向了俄国反德同盟。这样就在欧洲大陆上形成了两大对立的军事阵营，逼迫弱小的国家不得不选边站队。在激烈的领土争夺中，不断刺激着列强称霸世界的野心。于是规模空前的军备竞赛与军事对抗，使得战争一触即发。恩格斯在 1893 年 2 月 9 日致倍倍尔的信中不无忧虑地写道："下一次战争，只要一爆发，就绝不会限于局部地区，它在头几个月里就会把大国——至少是大陆上的大国——都卷进去。"①

　　在这场战争风险中，沙皇俄国的危险最大。恩格斯首先清晰地指出沙皇俄国具有独霸世界的野心与计划。和其他资产阶级强国相比，俄国具有很强的反动性，甚至可以说是欧洲反动势力最后的堡垒。在俄国国内，对革命的镇压最为激烈，在俄国国外，对称霸世界的计划执行得最为彻底。沙皇俄国"为了不仅使国内市场不断地扩大，而且为了在国内也能生产较热地带的产品，就产生了不断想侵略巴尔干半岛和亚洲的欲望，而侵略巴尔干半岛的最终目的是征服君士坦丁堡，侵略亚洲则是想征服英属印度。这就是俄国资产阶级如此强烈的扩张欲望的秘密所在和经济基础"②。其次，沙皇俄国的战略地位优越，能够使它在战争中遭受最小的损失，却获取最大的好处。最后，从国内来说，沙皇俄国由于农奴制残余导致了尖锐的社会矛盾，成为战争很好的策源地。"1848 年停留在波兰边境上的革命，现在正在敲打俄国的大门，而在俄国国内，它也已经有足够的同盟者，他们就只等为革命打开大门的时机了。"③

　　恩格斯不仅预测了战争爆发的危险，战争可能的规模以及引发战争的可能因素，同时也立足当下，客观分析了战争为什么没有立

---

① 《马克思恩格斯全集》第 39 卷，人民出版社 1974 年版，第 27 页。
② 《马克思恩格斯文集》第 4 卷，人民出版社 2009 年版，第 438 页。
③ 《马克思恩格斯文集》第 4 卷，人民出版社 2009 年版，第 389 页。

刻爆发的原因在于武器装备的创新。恩格斯提出，军事技术的进步与发展是一把双刃剑。一方面，武器的进步增加了战争爆发的可能性；另一方面，新武器过于尖端，大多数国家都来不及测试武器性能，从而增加了战争取胜的不确定因素。但是，我们必须看到，这一因素会在客观上暂缓列强争霸的进程，但是却不能从根本上阻止战争的爆发。对于称霸的野心与需求来说，武器的试验只是一个时间问题。虽然在战争中没有人能够百分之百肯定自己能够取胜，但是野心会不断累积与膨胀，装备会不断创新与优化，一旦有偶然因素触发，"只要第一枪一响，就会失去控制，马就会脱缰飞跑"①，从而引发世界范围内的战争。

恩格斯对战争的分析，一方面体现了历史唯物主义对世界整体趋势、对社会发展规律必然性的认识，另一方面也看到了偶然因素在必然性发展中的触发作用。他的辩证思维既牢牢把握了起决定性作用的根本原因，又没有忽视临时偶发因素的作用，体现了马克思主义辩证法在战争问题上的科学运用。其实，军事问题是恩格斯的专长，建立马克思主义军事科学是恩格斯对马克思主义的重要理论贡献，因此，恩格斯获得了"将军"的绰号。

二 将维护和平的反战斗争与争取社会主义的革命斗争结合起来

在战争阴霾之下，无产阶级更要深刻地看到，战争给劳动人民带来的深重苦难。在战争来临之时，无产阶级应该思考如何利用时机，进行有效的社会主义革命。

（一）无产阶级政党应该举起维护和平、反对战争的旗帜

马克思在1880年9月12日致丹尼尔逊的信中表明，无产阶级应该根据战争在历史上的具体作用来决定自己的态度。在信中，他

---

① 《马克思恩格斯全集》第37卷，人民出版社1971年版，第11页。

写道："虽然归根到底战争非但不能阻止反而会促进社会的发展（我指的是**经济的**发展），但是战争无疑会造成相当长期的、没有益处的力量衰竭。"[①]　在马克思写下这些话的 7 年以后，战争风险逐渐加剧，恩格斯更加感受到战争的破坏性与威胁，他预感到"三十年战争所造成的大破坏会集中在三四年里重演并殃及整个大陆；到处是饥荒、瘟疫，军队和人民群众因极端困苦而普遍野蛮化；我们在商业、工业和信用方面的人为的运营机构会陷于无法收拾的混乱状态，其结局是普遍的破产；旧的国家及其传统的治国才略一齐被摧毁，以致王冠成打地滚落在街上而无人拾取"[②]。

　　战争对社会的破坏性从客观上已经波及工人运动与社会主义事业。在近几十年相对和平宽松的发展环境里，无产阶级政党利用合法斗争的革命策略获得了社会主义事业的巨大成功。如果能够在相对和平的环境中再继续发展，则可以积蓄更多的力量，等待最佳时机，一举获得革命的最终胜利。一旦战争爆发，大国沙文主义席卷全国，工人阶级将面临被撕裂的危险。无产阶级政党会在反动势力的大发展中遭受清洗与破坏，暂时中断工人运动的发展进程，或许会使即将到来的胜利推迟数年或数十年。对此，恩格斯强调和平对于无产阶级政党的重要性。他谈道，"和平会保证德国社会民主党在大约十年的时间里取得胜利。战争则会使社会民主党要么在两三年内取得胜利，要么就遭受彻底的失败，至少在 15 年到 20 年期间不能恢复"[③]。因此，从整体上权衡，恩格斯感到世界性的战争对工人运动和社会主义事业来说弊大于利。他号召各国无产阶级政党联合起来，反对战争，阻止新的世界战争的爆发。和平既符合世界人民的整体利益，也是无产阶级政党和国际工人运动发展的前提条件，

[①]　《马克思恩格斯全集》第 34 卷，人民出版社 1972 年版，第 439—440 页。
[②]　《马克思恩格斯文集》第 4 卷，人民出版社 2009 年版，第 331 页。
[③]　《马克思恩格斯文集》第 4 卷，人民出版社 2009 年版，第 435—436 页。

应该将争取世界和平与争取无产阶级斗争的胜利结合起来。

据此，恩格斯主张无产阶级政党应该高举维护和平、反对战争的旗帜，积极争取在战争爆发之前，阻止战争的爆发。而最为行之有效的方法就是无产阶级政党能够通过革命斗争取得政权，从而改变反动资产阶级国家的内外政策，用政治对话等国际主义和平手段来解决国与国之间的争端与矛盾，从根本上铲除战争根源。恩格斯衡量再三，觉得在沙皇俄国最有可能出现这样的改变。在《俄国沙皇政府的对外政策》中，恩格斯强调，"只有当俄国局势发生变化，使得俄国人民能够永远结束自己沙皇的传统的侵略政策，抛弃世界霸权的幻想，而关心自己在国内的受到极严重威胁的切身利益时，这种世界战争的全部危险才会消失"①。当俄国这一导致战争爆发的最不安定因素被消除之后，整个世界、欧洲的局势将会趋缓。"西方就有可能不受外来干扰地、一心一意地致力于自己当前的历史任务：解决无产阶级和资产阶级之间的冲突和把资本主义社会改造为社会主义社会。"②

恩格斯号召欧洲各国工人政党将注意力放在俄国革命斗争上，为俄国革命者的斗争活动随时提供帮助。同时，各国工人政党在国内要有意识地将广大工人群众和各阶层人民团结在一起，坚决反对大国沙文主义和军国主义，减少大国沙文主义和军国主义对工人群众的思想荼毒，反对军备竞赛，维护世界和平，制止世界战争。

（二）把握战争和危局促进社会主义革命的可能趋势

恩格斯在原则上阐明了无产阶级政党对待战争应持的态度。他详细阐述了战争爆发、世界形成危局之后，革命有可能进一步得到促进的趋势。1888年，恩格斯在致左尔格的信中谈道："决战推迟

---

① 《马克思恩格斯文集》第4卷，人民出版社2009年版，第390页。
② 《马克思恩格斯文集》第4卷，人民出版社2009年版，第392页。

和部分失利会引起国内变革。如果德国人一开始就被打败，或者被迫转入长期防御，那末变革一定会发生"①。4 年以后，1892 年，恩格斯进一步阐述了革命者的责任。他在致博尼埃的信中写道："如果战争爆发，**战败者**就有可能和有责任进行革命——事情就是如此。"②恩格斯对革命时机的把握，体现了他对战争的敏锐洞察力和对社会发展规律的深刻洞悉。同时，恩格斯在密切关注战争可能性趋势的过程中，一直对无产阶级工人运动满怀信心与乐观主义情怀。

　　恩格斯分析了德国社会民主党在战争发生之后应该采取的具体策略。在这个问题上，恩格斯经历了思想的转变。1888 年年初，他曾经对战争持相对的观望态度，主张无产阶级政党对这场世界性的战争"决不能同情交战的任何一方，相反，只能希望它们**统统**垮台，如果能够做到的话"③。但是进入 19 世纪 90 年代，当恩格斯逐渐看到沙皇俄国政府对世界的野心与进攻德国的企图之后，他意识到俄国的参战将给德国带来的不是自由，而是奴役，不是先进文明对德国的发展，而是落后制度对德国的野蛮化。这种威胁是双重的，一方面是对德国统治阶级的打击，另一方面是对德国社会主义的镇压。在这样的情况下，德国无产阶级政党对战争的爆发与发展不能听之任之，而是要有所作为。他号召德国无产阶级要向法国大革命时期的群众学习，"为了欧洲革命的利益，他们必须坚守所有已经占领的阵地，不向内外敌人投降"④。德国的社会主义者要骄傲地向世界表明，他们"无愧于上一世纪的法国长裤汉"⑤。恩格斯对德国社会主义者的动员绝不是对统治阶级非正义战争的支援，而是对人民群众

---

　　① 《马克思恩格斯全集》第 37 卷，人民出版社 1971 年版，第 11 页。
　　② 《马克思恩格斯全集》第 38 卷，人民出版社 1972 年版，第 504 页。
　　③ 《马克思恩格斯文集》第 10 卷，人民出版社 2009 年版，第 568 页。
　　④ 《马克思恩格斯文集》第 4 卷，人民出版社 2009 年版，第 435 页。
　　⑤ 《马克思恩格斯文集》第 4 卷，人民出版社 2009 年版，第 435 页。

根本利益的维护。令人遗憾的是，在工人运动中，德国的机会主义者歪曲恩格斯的原意，生搬硬套恩格斯的论述来为自己的护国主义和投降路线辩护。

恩格斯对欧洲战争的论述是将马克思主义首次运用于分析帝国主义世界战争。由于恩格斯对战争的预测是对战争爆发前近1/4世纪的情况进行的分析，某些具体的论述并没有与后来战争的情况完全贴合。恩格斯毕竟不是上帝，更不是神奇的先知，但是他对世界战争爆发根源的分析，对战争性质的判断，对无产阶级政党态度和策略的选择，对维护和平具体方法的分析等，都进一步从理论与实践上丰富发展了马克思主义关于战争与和平问题的研究，成为无产阶级参与国际斗争的思想利器。

对各国无产阶级运动的发展，恩格斯倾注了极大的心血。他不遗余力地解答各国无产阶级政党领导人的困惑，关心各国无产阶级斗争的进展状况。他主张各国无产阶级运动既能够在各自国家内有声有色地发展，又强调全世界无产阶级的联合行动。在19世纪末，恩格斯准确地预判出未来世界战争的爆发和战争的帝国主义属性。他号召全世界的无产者团结起来，将反对战争与正确进行社会主义革命斗争结合起来，在战争危局中把握社会主义革命的新机遇。历史证明了恩格斯对世界战争和无产阶级革命判断的正确。

马克思逝世之后，恩格斯担负起领导无产阶级运动的重任。作为第二国际思想与组织的领导核心，他为当时的国际工人运动的发展作出了艰辛努力和极大贡献。他一方面在国际范围内的工人阶级中传播马克思主义理论；另一方面与第二国际成立之初的各种反马克思主义、非马克思主义思潮作斗争，捍卫马克思主义理论。

恩格斯对马克思主义理论守正创新，善于将马克思主义理论的最新研究成果转化为无产阶级最强大的理论武装。时代背景迅速转化，革命斗争策略多种多样，恩格斯始终坚持无产阶级专政在马克思主义国际理论和社会理论中的指导作用，捍卫了马克思主义政党的革命性与纯洁性。

恩格斯致力于将马克思主义理论应用于实践，积极参与和指导第二国际的成立与活动，敢于同社会上形形色色的非马克思主义思潮、反马克思主义思潮进行正面交锋，善于在交锋中阐述马克思主义革命理论的科学预见性与理论联系实际的有效性。

恩格斯致力于加强国际工人组织与各国社会主义者之间的联系，鼓励并帮助各国无产阶级成立属于自己的政党，保证马克思主义理论在世界与国家范围内更加深入群众、掌握群众，成为革命群众有力的理论武装。他科学判断世界形势，准确预见世界性战争的爆发。他一方面主张无产阶级联合起来反对战争；另一方面号召鼓励无产阶级在这一过程中，磨炼革命意志，检验革命策略，壮大革命队伍，积蓄革命力量。

正是在恩格斯与机会主义坚持不懈的斗争中，国际工人运动一步步发展壮大，形成了令资产阶级胆寒的世界规模。在恩格斯的带领下，工人群众在斗争中对马克思主义理论的理解与掌握程度逐步加深。与此同时，恩格斯对各国无产阶级政党的独立发展给予的支持与帮助，使各国工人阶级在一国范围内找到了组织与归属，有力地将各国争取民族独立的斗争与无产阶级革命紧密结合起来，既能从思想上同机会主义划清界限，又能在行动上贯彻无产阶级革命原则，以积极清晰坚定的指导思想为指引，采取科学有针对性的方式开展工人运动，积蓄力量等待决战的到来，向工人运动理想目标奋进。

第九章

马克思恩格斯的战友对马克思主义
传播发展的贡献

  马克思主义作为科学的理论，不仅仅是马克思和恩格斯个人智慧与思想的结晶，还凝结着众多无产阶级理论家与革命家的心血与贡献。在马克思和恩格斯的理论感召与热情帮助之下，在革命实践的历练之中，19 世纪中叶以来，一大批马克思主义理论战士和无产阶级革命领导者成长起来，成为马克思和恩格斯忠诚的战友。他们在各自的国家里，将马克思主义科学理论应用于实践，指导本国工人运动和革命斗争，共同推动国际工人运动在世界范围内的蓬勃发展，使马克思主义革命理论在世界各国得到了广泛传播。

  马克思主义是开放的科学的理论，具有与历史潮流同频共振的时代性，具有与客观发展息息相关的现实性。与马克思和恩格斯同时代的无产阶级理论家与革命战友，自觉地团结在革命导师和领袖身边，在实践中不断丰富发展马克思主义，在世界范围内宣传马克思主义，日益扩大马克思主义的影响。他们对真理的追求、对个人利益的牺牲、对社会主义事业的奉献，令人感佩。他们作出的贡献，有力地传播与丰富了马克思主义。

第一节　威廉·沃尔弗传播马克思主义的贡献

威廉·沃尔弗（1809—1864）是马克思和恩格斯坚定而忠诚的战友，直接参与创建了共产主义者同盟，是国际工人运动早期的主要思想家、活动家、政论家之一。在马克思最重要的政治经济学著作《资本论》第一卷的题记中，马克思写道："献给我的难以忘怀的朋友，勇敢的忠诚的高尚的无产阶级先锋战士威廉·沃尔弗，1809 年 6 月 21 日生于塔尔瑙，1864 年 5 月 9 日死于曼彻斯特流亡生活中。"① 沃尔弗因为这篇题记永垂不朽，他对丰富发展马克思主义作出的贡献同样永垂不朽。

一　唤醒无产阶级解放意识

沃尔弗来自西里西亚地区的一个"依附农民"② 家庭。在 19 世纪初，西里西亚是普鲁士王国封建专制程度最为深重的地区之一，底层人民生活悲苦。沃尔弗深切理解与同情德国底层人民，几乎将自己的一生都献给了德国人民，尤其是农民的解放事业。

1829 年，他来到当时西里西亚地区首府布雷斯劳上大学，目睹了西里西亚地区城市下层人民和工人阶级在专制压迫下的悲惨遭遇。沃尔弗认为城市工人的生活与封建农奴十分相似，对他们怀有深深的同情。1831 年，在大学期间，沃尔弗加入了布雷斯劳大学生协会，积极参与反对专制的进步活动，遭到当局镇压。1834 年 2 月，沃尔弗被迫离开大学，并于不久后被逮捕入狱。恩格斯在谈到沃尔弗的这段经历时，曾幽默地将其称为普鲁士政府所痛恨的"蛊惑

---

① 《马克思恩格斯文集》第 5 卷，人民出版社 2009 年版，第 5 页。
② 《马克思恩格斯全集》第 25 卷，人民出版社 2001 年第二版，第 66 页。

者"①。1839 年，沃尔弗因病得以赦免出狱。数年的牢狱生涯不仅没有动摇和磨灭他反专制的斗争意志，反而使他在狱中结识了一批同样具有反抗精神的难友，成为一个资产阶级民主主义者。②

出狱后，由于政府的迫害，沃尔弗无法找到一份合法工作。在一位波森地主的帮助下，他成了地主的家庭教师。经过与当局政府的不懈申诉与交涉，1843 年夏天，沃尔弗终于获得了王国政府许可的私人教师资格，并定居于布雷斯劳。在布雷斯劳，沃尔弗发现城市中无产者的苦难日益加重，诸如酗酒、卖淫和乞讨等现象层出不穷。自 1843 年开始，尽管时常遭到书报检查机关的阻挠，沃尔弗仍旧"在当时艰苦条件下可能做到的范围内，重新开始了反对现存压迫的斗争"③，陆续在《布雷斯劳报》和《西里西亚省报》等报纸上发表了多篇反映纺织工人、纱织工人和农业工人境况的文章和通讯。

1843—1846 年是沃尔弗思想转变的重要时期，他逐渐从一个资产阶级民主主义者转变为无产阶级革命者。1843 年 11 月 18 日，他发表了一篇有关地堡的文章，通过描述当时布雷斯劳的穷人被迫栖身地堡的遭遇，控诉了资本主义生产关系对人民的伤害，开始了关于生产关系问题的初步思考。围绕这篇文章，沃尔弗和自由资产阶级展开了一场激烈的政治辩论，史称"地堡运动"。沃尔弗也因此声名鹊起，被大家称为"地堡沃尔弗"。在这场辩论中，沃尔弗首次站在被压迫阶级即无产阶级的立场上，向资产阶级公开宣战。虽然当时他还没有对工人阶级的命运与使命进行系统科学的研究，但是他已经试着抛开改良主义，寻求工人阶级新的出路。

1844 年年初，沃尔弗参与组建了西里西亚社会主义小组，加强

---

① 《马克思恩格斯全集》第 25 卷，人民出版社 2001 年第二版，第 67 页。
② 参见［民主德国］瓦尔特·施密特《威廉·沃尔弗传》，邹福兴、杨德炎、戴世峰译，人民出版社 1984 年版，第 80—81 页。
③ 《马克思恩格斯全集》第 25 卷，人民出版社 2001 年第二版，第 68 页。

社会主义知识分子与布雷斯劳工人群众的联系，在他们之中广泛开展社会主义宣传。同时，沃尔弗从《德法年鉴》和《前进报》上阅读了马克思和恩格斯的著作，已经开始初步接受马克思主义，并能够独立运用马克思主义分析现实问题。1844 年 4 月 12 日，借助《布雷斯劳报》的舆论阵地，沃尔弗阐发了他关于资本主义自由竞争的思考。在他看来，自由竞争"是当今社会赖以建立的原则"①，是打破行会垄断，摆脱封建依赖关系的必经之途。但是自由竞争同时又会导致新的垄断。因此沃尔弗断言，自由竞争将会造成社会越来越严重的无政府状态，并最终打击一无所有的无产阶级。沃尔弗对自由竞争和垄断关系、社会分化与生产的无政府状态的论述深受恩格斯于 1844 年 2 月发表在《德法年鉴》上的《国民经济学批判大纲》的影响。

1844 年 6 月，西里西亚纺织工人举行大起义。这场起义在历史上与英国宪章运动和法国里昂工人起义并称为欧洲三大工人运动，表明无产阶级开始作为一支独立的政治力量登上历史舞台，为马克思主义的诞生奠定了阶级基础。这场起义引发了沃尔弗的深刻思考。起义之后，他撰写了名为《西里西亚的贫困和暴乱》的文章。在文章中，他高度评价了工人运动的意义与贡献，提出工人起义的根源在于资本主义生产关系和中世纪封建剥削关系对工人的双重压迫，造成了无产者更加深重的贫困与苦难，唤醒了工人的阶级觉悟，磨炼了工人的革命意志与勇气。此时，沃尔弗更加深刻地认识到，社会改良没有出路，必须消灭私有制。他在文中写道："只有按照团结、互助、共有的原则，一言以蔽之，用正义去重新组织和改造社

---

① ［民主德国］瓦尔特·施密特:《威廉·沃尔弗传》，邹福兴、杨德炎、戴世峰译，人民出版社 1984 年版，第 138 页。

会才能引导我们走向和平与幸福。"①

1844 年 12 月，沃尔弗在巴黎《前进报》上发表《西里西亚状况》一文，直接将斗争的矛头指向资产阶级人民代议制的改革。在沃尔弗看来，这种貌似正面的改良措施，实际上强化了资产阶级的权力，削弱了无产阶级的士气与力量。他公开向普鲁士专制制度宣战，勇敢地向森严壁垒的专制当局喊出要斗争、要革命的宣言。1844 年，沃尔弗的思想虽然还带有少许空想社会主义的乌托邦色彩，但是他已经开始向共产主义立场转变。1845 年，沃尔弗阅读了恩格斯的《英国工人阶级状况》一书，对共产主义产生了更加深刻的认识。沃尔弗的思想从空想社会主义转向共产主义的最终时刻在1846 年的春天。

随着沃尔弗在舆论界名声大噪，他的动向也引来了政府严密的监控。就像恩格斯所说的那样，"旧普鲁士的立法就像精心设置的一套陷坑、圈套、陷阱和罗网，布满全国，这些东西，连忠顺的臣民也并不总是能够逃避，而不忠顺的人就更容易掉进去了"②。1845 年年底或 1846 年年初，围绕沃尔弗是否违反新闻出版法的刑事侦查重新启动，很快沃尔弗被宣判 3 个月监禁。为了躲避专制政府的迫害，沃尔弗迅速离开西里西亚，经由梅克伦堡、汉堡、伦敦，辗转来到布鲁塞尔。1846 年 4 月，在布鲁塞尔，沃尔弗与马克思和恩格斯相识，结下了真挚的情谊，并成为终生战友。恩格斯认为沃尔弗是一个"身材矮小、但很健壮的"，"面部表情显得和蔼可亲而又沉着坚定"③ 的，才智出众、思维清晰、风趣幽默而又爱憎分明的"十分

---

① ［德］威廉·沃尔弗：《西里西亚的贫困和暴乱》，赵小军译，《国际共运史研究》1988 年第 1 期。

② 《马克思恩格斯全集》第 25 卷，人民出版社 2001 年第二版，第 69 页。

③ 《马克思恩格斯全集》第 25 卷，人民出版社 2001 年第二版，第 65 页。

难得的人物"。①

　　在布鲁塞尔，沃尔弗积极参与马克思组织的早期革命实践，并成为马克思忠实的助手。1847 年，沃尔弗作为马克思的全权代表，与恩格斯一起参与了共产主义者同盟的创建。沃尔弗不仅承担了大量建党的组织工作，在理论宣传上，也丝毫没有停歇对无产阶级解放的宣传与对资本主义制度的批判。1847 年 1 月，德国政治流亡者在布鲁塞尔的主要理论阵地《德意志—布鲁塞尔报》的主编伯恩施太德出于联合流亡者一切派别的动机，试图将报纸性质变为超党派的。这一行为在客观上起到了消解报纸革命性的作用。此时，沃尔弗、维尔特等马克思的拥护者相继加入编辑部，保证了报纸的无产阶级革命性质。

　　沃尔弗从 1847 年 2 月开始为《德意志—布鲁塞尔报》撰稿，他撰写了一批反映德国工农群众经济状况与斗争的文章，其中著名的有《物价高涨和粮食投机》《使饥民吃饱的最新的基督教日耳曼方法》以及《恐吓有效》等。1847 年 4 月，柏林发生了饥饿民众毁损街头店铺和砸碎王储宫殿玻璃的暴动，沃尔弗从中看到了无产阶级组织起来之后的决心与能量，认为他们一定能够消灭不正义的压迫与剥削。在饥民暴动之后，普鲁士召开联合议会，沃尔弗对此作出评论，并清晰地阐明了资产阶级革命与无产阶级革命的辩证关系，即当资产阶级革命将封建贵族赶出历史舞台时，无产者对有产者的战斗才会真正开始。他分析当时德国的形势十分有利于资产阶级夺取政权，并科学预见了在无产者力量壮大的时刻，资产阶级一定会因为害怕无产阶级革命而与其他反动派结盟，迫害无产阶级。1847 年 8 月，沃尔弗发表《农民与政治运动》一文，分析了德国政治发展的障碍是城市与农村的分裂，工人与农民的分离。据此，他提出

---

① 《马克思恩格斯全集》第 25 卷，人民出版社 2001 年第二版，第 65 页。

德国城乡革命力量结盟的观点。沃尔弗对德国社会现状的分析与推断，蕴含着大量科学社会主义的重要思想。

　　1847 年 6 月，沃尔弗侨居伦敦，参与共产主义者同盟月刊《共产主义杂志》的主要编辑工作。同年 9 月，《共产主义杂志》登载了他的著名论文《普鲁士邦议会与普鲁士和全德的无产阶级》。他提出，普鲁士专制政府和资产阶级一样，都是德国无产阶级穷凶极恶的敌人，无产阶级当前的首要任务就是消灭这两个敌人，而这种斗争不能依靠其他人，只能依靠无产阶级自己。他号召道：“我们无产者如果不起来自己解放自己，谁也不会也不能解放我们。”① 他警示无产者不要被敌人蛊惑而分化力量，鼓励无产者团结起来。他写道：“只要我们组织起来、联合一致、万众一心，那么，什么力量也不能夺走我们的胜利。我们由于**四分五裂**，甘当软弱无力的奴隶，所以就得忍受贫困和苦难，忍受上等人和富有者的歧视，乞求他们慈悲；**我们要组织起来，联合起来**，砸碎私有制或者‘基督教日耳曼’政府缠在我们身上的像干柳条一样的锁链。”② 可惜的是，由于资金匮乏，《共产主义杂志》创刊不久后即停刊，但是其写在封面上的“全世界无产者，联合起来！”的战斗宣言为《共产党宣言》的诞生提供了舆论环境，为唤醒无产阶级的革命意识作出了重要贡献。

二　系统阐释无产阶级民主革命的农村政策

　　恩格斯在纪念沃尔弗的文章中对他的外貌有这样一句有意思的描述：“一副德国东部农民的样子，穿着一身德国东部小城市市民的

---

　　① 王学东主编：《国际共产主义运动历史文献》第 2 卷，中央编译出版社 2011 年版，第 88 页。

　　② 王学东主编：《国际共产主义运动历史文献》第 2 卷，中央编译出版社 2011 年版，第 88 页。

衣服。"① 沃尔弗来自农村，奋战在德国工人运动之中，所以在他身上兼具农民和工人这两个贫苦阶级人民的气质与情感。对农村政策的阐释和对工农联盟的倡导，成为沃尔弗宣传发展马克思主义的重要特色。

1848 年欧洲革命爆发以来，沃尔弗回到故乡西里西亚地区，在那里被选举为法兰克福全德国民议会的候选人，帮助无产阶级激进派赢得了选举。恩格斯高度肯定了沃尔弗在德国农村地区的影响力，赞赏他对无产阶级激进派竞选的帮助。恩格斯提出，沃尔弗"受到普遍的爱戴"，"善于进行通俗而有力的演说，因此，特别是在乡村选区，他使激进派的竞选获得了成功；如果没有他，这种竞选是毫无希望的"。② 在西里西亚的农村地区，沃尔弗享有较高的声誉与威望，他竭尽所能向农业工人传播、教育和灌输科学社会主义思想，启发农民的觉悟与革命意识，动员尽可能多的农民群众参与到革命斗争中来。

沃尔弗体察农民的疾苦，把握住了农民身上蕴含的革命力量。他在 1848 年 12 月 29 日发表文章，抨击钦定的《西里西亚地主—农民关系临时调节法令》。他在文中写道："在 3 月以前，西里西亚是庄园主老爷们的乐土。从 1821 年以来颁布的各种赎免法，把封建容克们安排得如此地舒适，真是再好也没有了。赎免的规定和实行，无论何时何地都对享有特权的人有利而使农村居民破产，因而西里西亚的容克们从农村居民手里至少得到了大约 8000 万的现金、耕地和地租。"③ 这种深重的剥削与压迫积攒了农民对封建地主的大量愤恨，所以，在 1848 年革命之后，"农民拒绝继续像驯服的牛马一样给自己的老爷服徭役，拒绝继续支付迄今为止缴纳的各种各样无比

① 《马克思恩格斯全集》第 25 卷，人民出版社 2001 年第二版，第 65 页。
② 《马克思恩格斯全集》第 25 卷，人民出版社 2001 年第二版，第 72 页。
③ 《马克思恩格斯全集》第 25 卷，人民出版社 2001 年第二版，第 77 页。

繁重的捐税、利息和贡赋。因此，庄园主的钱柜变得可怕地空虚"①。

　　1849 年年初，法国发生了要求"政府索回在 1825 年赠给流亡回国的贵族作为他们在大革命时期失去的田产的补偿的那 10 亿法郎"② 运动。就此，沃尔弗联系德国国内实际，反对德国容克地主要求农民支付补偿土地税的做法。从当年的 3 月 22 日起，他在《新莱茵报》上连载了他为人称赞的系列文章《西里西亚的十亿》。他对比德法两国农民的状况后，提出法国农民已经开始向封建贵族讨要被勒索的十亿法郎，与此同时，德国的农民却要被迫向贵族支付五亿法郎。他主张德国的农民也要像法国农民那样，不仅要拒绝地主的无理要求，还要团结起来将已经支付的税费收回。"不仅使被夺去的本钱，而且使'通常应付的利息'都回到人民的腰包。"③在提出主张之外，沃尔弗竭尽全力向农民群众揭露封建贵族为了攫取利益，不断间接剥削农民的各种做法，并指出在这个过程中，普鲁士专制政府与封建贵族利益一致，沆瀣一气。不仅如此，沃尔弗还为德国农民提供了斗争策略的合理建议。他主张农民讨要被榨取资金的同时，要进行土地斗争，分割西里西亚大地主的领地。《西里西亚的十亿》系列文章一经发表，震动全德，唤醒群众的同时，也激怒了反动当局。他们认为沃尔弗意在煽动西里西亚的农民暴动，进行共产主义宣传。可以说，反动当局基于恐惧反而产生了敏锐的洞察力。反动当局对沃尔弗的评价恰恰反映出沃尔弗在当时社会上，尤其是在农民群众中的巨大影响力。

　　恩格斯高度评价沃尔弗对唤醒农民群众，向农村地区传播科学社会主义的重要作用与意义。他写道："在《新莱茵报》刊登的许多令人振奋的文章中，只有少数文章像 3 月 22 日和 4 月 25 日之间

---

① 《马克思恩格斯全集》第 25 卷，人民出版社 2001 年第二版，第 77 页。
② 《马克思恩格斯全集》第 25 卷，人民出版社 2001 年第二版，第 79 页。
③ 《马克思恩格斯全集》第 25 卷，人民出版社 2001 年第二版，第 84 页。

发表的这 8 篇文章那样产生了如此的影响。"① 1886 年，恩格斯提议
重新出版了沃尔弗的代表作《西里西亚的十亿》，并亲自为该书写了
长篇导言。

三　参与共产主义者同盟的组建与宣传

　　1846 年 4 月，沃尔弗在布鲁塞尔结识了马克思和恩格斯，并在
二人思想的启发影响下，转变为彻底的马克思主义者，开启了他与
马克思和恩格斯携手战斗的革命生涯。沃尔弗首先参与到了马克思
和恩格斯创立的共产主义通讯委员会中，成为主要的领导成员。此
后，在 1847 年 1 月，沃尔弗参与了共产主义通讯委员会改组为正义
者同盟的筹备工作。1847 年 6 月，受马克思委派，沃尔弗以布鲁塞
尔支部代表的身份参加了共产主义者同盟在伦敦召开的成立大会，
并担任此次大会的秘书。共产主义者同盟这次大会讨论通过了《共
产主义信条草案》，将战斗口号由"人人皆兄弟"修改为"全世界
无产者，联合起来！"，并剔除了旧章程中宗派主义和密谋活动的内
容，使共产主义者同盟真正转变为无产阶级的革命组织。

　　共产主义者同盟第一次代表大会的召开，标志着马克思和恩格
斯建立无产阶级革命政党的斗争取得了巨大胜利。会议决定马克思
和恩格斯等人为同盟中央委员会委员，同时创办名为《共产主义杂
志》的中央机关刊物，沃尔弗被委派为该刊物的主编。1847 年 8
月，共产主义者同盟在布鲁塞尔建立了支部和区部，沃尔弗当选区
部委员。沃尔弗坚定的革命信仰和他对政局简明精辟的分析，吸引
了大量的工人群众来听他每周例行的政局评论。沃尔弗在传播马克
思主义及社会主义思想的同时，培养和吸收了一批优秀人员加入布
鲁塞尔支部，壮大了革命的力量。

---

① 《马克思恩格斯全集》第 25 卷，人民出版社 2001 年第二版，第 81 页。

1849 年 5 月 19 日，《新莱茵报》被迫停刊后，沃尔弗来到德国南部的法兰克福。他作为西里西亚地区议员代表，参加法兰克福国民议会。5 月 26 日，"这么一位毫无顾忌的矮小的西里西亚人，一下子就把"议会"按虚礼俗套建成的整座空中楼阁推翻了"。① 他旗帜鲜明地指出摄政王约翰大公和大臣这些"人民的头号叛徒不受法律保护"②，揭露了资产阶级的妥协和叛变，号召人民坚持斗争。沃尔弗的这段议会演讲被恩格斯详细记录在《威廉·沃尔弗》一文中，恩格斯高度评价沃尔弗的演讲"像雷鸣一样响彻了受惊的议会"③。

1849 年 7 月，德意志维护帝国宪法的巴登起义失败后，沃尔弗被迫流亡瑞士苏黎世。软弱的瑞士政府受命于欧洲反动势力，对沃尔弗这样的流亡者实施驱逐活动。1851 年 6 月，沃尔弗来到伦敦。在伦敦时期，沃尔弗参与营救科隆审判案中受迫害的共产主义者同盟成员及其家属。1853 年 9 月，在恩格斯的帮助下，沃尔弗迁居曼彻斯特，担任家庭教师。这是一个革命运动处于低潮的艰苦时期，恩格斯曾经这样描述道："反动的立法堵住了我们的嘴，日常的报刊绝口不提我们，出版者对于我们偶尔提出的请求连赐予拒绝都很勉强。"④ 沃尔弗在自身生存面临困境的情况下，对共产主义事业依然怀着坚定的信仰和乐观的精神。在曼彻斯特期间，他几乎天天与恩格斯见面，与恩格斯交流对当前事件的判断。恩格斯十分赞赏他的准确见解，将他称作"我在曼彻斯特的惟一的同志"⑤。

19 世纪 50 年代后期，受到健康状况的影响，沃尔弗公开的政治活动并不多见，但是他仍然与马克思和恩格斯进行积极的思想交流。

---

① 《马克思恩格斯全集》第 25 卷，人民出版社 2001 年第二版，第 104 页。
② 《马克思恩格斯全集》第 25 卷，人民出版社 2001 年第二版，第 104 页。
③ 《马克思恩格斯全集》第 25 卷，人民出版社 2001 年第二版，第 104 页。
④ 《马克思恩格斯全集》第 25 卷，人民出版社 2001 年第二版，第 107 页。
⑤ 《马克思恩格斯全集》第 25 卷，人民出版社 2001 年第二版，第 107 页。

1856 年 3 月 5 日，马克思在致恩格斯的信中谈到他对拉萨尔政治立场的疑问时，写道：“我也很想知道鲁普斯的意见。”① 1860 年 9 月 15 日，马克思在致拉萨尔的信中写道：“如果你拟好一个草稿，那恩格斯、沃尔弗和我会同你就可能进行的修改取得一致的意见。”② 可见，马克思十分重视沃尔弗的意见，且时常强调三人意见和立场的一致性。1859—1860 年，沃尔弗为马克思主编的《人民报》撰稿，并为马克思撰写《福格特先生》提供研究资料。

沃尔弗晚年身体状况不佳，时常遭受头疼病和失眠的折磨。1863 年 12 月，他立下遗嘱，把自己节衣缩食积攒下来的钱赠送给同样处在极度贫困中的马克思一家，体现了他对无产阶级革命事业的全力支持。1864 年 5 月 9 日，沃尔弗患脑溢血在曼彻斯特逝世。恩格斯沉痛地说：“马克思和我失去了一位最忠实的朋友，德国革命失去了一位价值无比的人。”③

沃尔弗是马克思和恩格斯在共产主义事业中的亲密战友之一。作为早期国际工人运动的领袖，沃尔弗实际参与了马克思主义学说的创立与发展。在很多重大问题上，马克思和恩格斯都希望征求沃尔弗的意见。

沃尔弗的高尚品格得到了马克思和恩格斯以及同辈人的高度肯定。恩格斯曾经评价沃尔弗说：“经过多年的共同活动和友好交往，我们才能充分认识到他那坚忍不拔的刚强性格，他那无可怀疑的绝对忠诚，他那在对付敌人、对待朋友和自己时所表现的同样严格、始终如一的责任感。”④ 在国际共产主义运动史中，唯有沃尔弗获得

---

① 《马克思恩格斯全集》第 29 卷，人民出版社 1972 年版，第 29 页。此处“鲁普斯”指的是沃尔弗。
② 《马克思恩格斯全集》第 30 卷，人民出版社 1974 年版，第 563 页。
③ 《马克思恩格斯全集》第 25 卷，人民出版社 2001 年第二版，第 108 页。
④ 《马克思恩格斯全集》第 25 卷，人民出版社 2001 年第二版，第 65 页。

了马克思和恩格斯本人如此高度的评价。而梅林在《马克思传》中也曾经不惜笔墨赞美沃尔弗的品格："他的坚定不移的性格、坚贞不二的忠诚、清白无瑕的良心、一丝不苟的忘我精神和始终如一的谦逊，都使他成为革命战士的典范。由于沃尔弗的这些品质，他永远受到他的政友和政敌的高度尊敬，不论他们是爱他或是恨他。"①

沃尔弗来自社会底层，了解与同情底层群众，他对科学社会主义思想的宣传深受底层群众的热爱与信任。他能够用通俗的语言将深邃的道理讲给工农大众听，他能在无产阶级民主革命中率先提出工农联盟的思想。对于沃尔弗这位在共产主义事业中有着重大贡献而又不幸早逝的革命家，我们要永远铭记他对宣传发展马克思主义作出的伟大功绩。

第二节　约瑟夫·魏德迈在美国传播马克思主义的贡献

1848 年欧洲革命失败之后，许多共产主义者同盟成员和革命者被迫流亡各地。其中一些人来到美国这片新大陆，继续坚持为国际共产主义运动奔走呼号，为无产阶级的利益和解放奋斗不已。约瑟夫·魏德迈（1818—1866）就是其中的重要人物之一。他是马克思和恩格斯的重要战友，是美国社会主义运动当之无愧的先驱。

魏德迈到美国后，在 1852 年 1 月，创办了美国第一个马克思主义刊物《革命》。同年发起建立美国的马克思主义组织——无产者联盟。1853 年 3 月 21 日，在纽约建立美国工人同盟。1853 年 4 月，在由 1848 年革命的流亡者哥特利勃·克耳纳主持的《改革

---

① ［德］弗·梅林：《马克思传》，樊集译，持平校，人民出版社 1965 年版，第 177 页。

报》担任编辑。1857 年 10 月，魏德迈同左尔格等马克思主义者一起建立纽约共产主义者俱乐部。1860 年任《人民呼声》报编辑。1861 年美国内战爆发，魏德迈参加联邦政府军队并于 1864 年 12 月任圣路易斯第一军分区指挥官。内战结束后，魏德迈担任《新时代》周刊编辑，继续从事工人运动。1866 年 8 月因感染流行霍乱在圣路易斯病逝，年仅 48 岁。

在美国，魏德迈同威廉·魏特林的"纯粹出于本能的共产主义"进行理论斗争，积极批判小资产阶级民主派发起的所谓"德国国家公债"运动，对卡尔·海因岑等人对马克思和恩格斯的攻讦进行坚决反击，揭露他们阴谋破坏国际共产主义运动的行为。同时，魏德迈科学运用马克思主义，将之与美国社会现实存在的政治和经济问题相结合，分析美国社会发展前景，揭示美国工人运动的历史任务和现实责任。在魏德迈的主导下，共产党人在美国创立了一系列重要的工人运动组织，为早期美国社会主义工人运动的发展作出了巨大贡献，为马克思主义在美国的传播与发展奠定了坚实基础。

一　魏德迈青年时代的思想历程

魏德迈来自普鲁士官吏家庭，青年时代在普鲁士的炮兵部队里度过。1842 年，还在部队供职的魏德迈受到马克思主编的《莱茵报》影响，产生了反抗封建专制制度的思想萌芽。魏德迈和其他一些进步的青年军官在科隆的驻军中成立起《莱茵报》小组，就德国当时的社会问题与状况进行交流讨论。1844 年年初，《德法年鉴》在巴黎出版，科隆的《莱茵报》小组给编辑部去信要求订阅杂志。在收到马克思寄送的《德法年鉴》之后，魏德迈和其他小组成员成为第一批研究《德法年鉴》的科隆人。1844 年，恩格斯谈到了他对魏德迈的初次印象，称他为"我们的伙伴"，是个"非常敏锐的小伙子"。①

当时"真正的社会主义者"格律恩、赫斯等人和魏德迈交往紧密，他们认为仅靠哲学的批判就可以改变社会现状。而《德法年鉴》为魏德迈的思想打开了一扇新的窗户。马克思在《德法年鉴》中清晰地阐述了历史唯物主义立场，即："决不是国家制约和决定市民社会，而是市民社会制约和决定国家，因而应该从经济关系及其发展中来解释政治及其历史，而不是相反。"② 这一重要观点使得魏德迈逐步从"真正的社会主义者"的思想禁锢中解脱出来，试图从经济层面去理解社会发展，并力求探究无产阶级的历史作用。

1844 年 6 月爆发的西里西亚纺织工人起义向魏德迈展现了无产阶级的革命力量，使他深刻认识到，纯粹的哲学空谈无法满足工人对革命运动的理论需求，于是他开始从社会主义理论中探寻反抗压迫、争取自由的奋斗之路。1844 年年底，魏德迈开始为当时相对进步的舆论阵地《特里尔日报》撰稿，受到报社好评，鼓励他从事专职新闻工作。因为厌恶封建军队的专制与官僚作风，加上新闻工作能够更加有力地进行理论探索和思想宣传，魏德迈于 1845 年 5 月，迁居特里尔，在《特里尔日报》担任全职编辑。

虽然当时的《特里尔日报》主要的政治立场是"真正的社会主义者"的小资产阶级激进派，但是尚属新闻界较为进步的力量，被当局认为是一家"向共产主义过渡的激进社会主义"③ 报纸。魏德迈在《特里尔日报》工作期间严厉批判普鲁士的书报检查制度，积极争取出版自由。在从事新闻工作的同时，魏德迈认真阅读马克

---

① ［德］卡尔·欧伯曼：《约瑟夫·魏德迈传》，天津师范学院外语系《约瑟夫·魏德迈传》翻译小组译，人民出版社 1980 年版，第 14 页。

② 《马克思恩格斯文集》第 4 卷，人民出版社 2009 年版，第 232 页。

③ ［德］卡尔·欧伯曼：《约瑟夫·魏德迈传》，天津师范学院外语系《约瑟夫·魏德迈传》翻译小组译，人民出版社 1980 年版，第 27 页。

思和恩格斯合作的《神圣家族》和恩格斯的《英国工人阶级状况》，深受启发。他高度评价《英国工人阶级状况》，认为只有更加深刻地考察社会现实，更加深入钻研政治经济学和社会主义理论，才能消除社会弊病，而绝不是如"真正的社会主义者"所设想的那样，用抽象的"人类之爱"来推动社会进步。因此，魏德迈逐渐与"真正的社会主义者"划清界限，摒弃空谈哲学的社会主义与抽象的理论原则，而是"特别注意经济和物质利益问题"①，开始从工人阶级的立场思考社会财富的获得与积累，并指出劳动者的贫困不在于贸易方式的转变，而在于生产的私有性。魏德迈犀利的文笔与《特里尔日报》老板瓦耳特尔的"中间路线"发生了激烈的冲突。调和无果的情况下，魏德迈于 1845 年年底结束了他短暂的报社编辑生活。

1846 年 1 月，魏德迈迁居布鲁塞尔，在那里和马克思和恩格斯有了更加深入的接触与交流。当时，马克思和恩格斯正在合作撰写《德意志意识形态》，并着力"争取欧洲无产阶级，首先是争取德国无产阶级拥护"② 他们的信念。因此，他们决定在布鲁塞尔成立共产主义通讯委员会，而魏德迈直接参与其中，成为这个组织的最早成员，协助马克思和恩格斯做了很多具体工作。在马克思离开布鲁塞尔期间，魏德迈承担起了共产主义通讯委员会的大部分工作。

1846 年 1 月，德国共产主义运动和工人运动活动家魏特林迁居布鲁塞尔。马克思和恩格斯热情欢迎魏特林的到来，并希望能够劝告这位颇具才干的工人革命家放弃宗派主义立场，掌握科学的世界观。然而魏特林固执己见，在 3 月 30 日召开的共产主义通讯委

---

① ［德］卡尔·欧伯曼:《约瑟夫·魏德迈传》，天津师范学院外语系《约瑟夫·魏德迈传》翻译小组译，人民出版社 1980 年版，第 24 页。

② 《马克思恩格斯文集》第 4 卷，人民出版社 2009 年版，第 233 页。

员会会议上，与马克思和恩格斯就如何宣传共产主义和制定完善的策略问题展开激烈的论战。当时的魏德迈曾经持中立态度，试图调和双方矛盾。不过很快，魏德迈就意识到魏特林思想的空想社会主义性质，以及他与"真正的社会主义者"克利盖之间的共谋关系，坚定地站到马克思和恩格斯的立场上。5 月，布鲁塞尔共产主义通讯委员会作出了反克利盖的决议。在魏德迈的帮助下，《威斯特伐利亚汽船》1846 年 7 月号全文刊载了马克思和恩格斯的《反克利盖的通告》。从此，魏德迈成为马克思和恩格斯坚定的战友与助手，最终确立了马克思主义立场。他与马克思和恩格斯进行了紧密的通信，这些信件成为马克思主义发展史上珍贵的研究资料。1847 年 7 月 7 日，魏德迈在致马克思的信中写道："如果不访问布鲁塞尔，我研究政治经济学家的著作一定会事倍功半，我再次谢谢你的解释。"[1] 他坦陈自己的理论观点是在马克思的影响与帮助下才最终形成的。

1848 年德国三月革命爆发后，魏德迈领导了威斯特伐利亚民主革命运动。同年 6 月，他出任美因河畔法兰克福的民主派报纸《新德意志报》副主编。他以《新莱茵报》为榜样，努力在《新德意志报》中贯彻马克思的唯物史观立场和科学的革命路线，与报纸原有的小资产阶级民主派的妥协倾向作坚决斗争。当马克思和恩格斯在伦敦创办共产主义者同盟机关刊物《新莱茵报。政治经济评论》时，魏德迈在德国做了大量支持工作。他一方面在《新德意志报》上刊登《新莱茵报。政治经济评论》的出版启事，负责该报在德国的出版发行；另一方面应马克思要求为《新莱茵报。政治经济评论》撰稿，向社会介绍南德意志在革命失败后的社会经济政治情况。这一

---

① ［德］卡尔·欧伯曼：《约瑟夫·魏德迈传》，天津师范学院外语系《约瑟夫·魏德迈传》翻译小组译，人民出版社 1980 年版，第 56 页。

工作一直持续到他被迫离开德国为止。

1850 年，魏德迈执行马克思和恩格斯《共产主义者同盟中央委员会告同盟书》中的精神，力求从思想和组织上巩固共产主义者同盟的团结，成立了同盟的法兰克福支部，恢复工人联合会，领导当地工人运动。1850 年，普鲁士政府开始加紧对法兰克福同盟组织的纠察，并于当年 12 月查封《新德意志报》。魏德迈的许多革命同志遭到当局逮捕，他本人也在被追捕之列。为了摆脱反动政府的迫害，1851 年 7 月，魏德迈离开德国，辗转经由瑞士到了美国，在那个新兴的资本主义国家里传播马克思主义，领导当地工人运动。

二　在美国传播马克思主义思想

当时的美国是世界新兴的巨大市场，是欧洲资本的主要流入地，同时又因为远离欧陆，成为逃避政治和宗教迫害的欧洲移民理想的栖身之所。对于魏德迈远走美国，马克思和恩格斯表达了关心也寄予了厚望，希望他能够在美国，尤其是在美国的德国移民中努力宣传马克思主义理论，组织美国的工人运动，在美国形成与欧洲国际工人运动相呼应的潮流。

恩格斯在 1851 年 8 月 7 日致魏德迈的信中谈道："在纽约有很多工作，而且那里非常缺乏一位有理论造诣的我们党的常驻代表。你在那里会碰到各种各样的人；你将遇到的最大困难是，可以使用的和顶一点用的德国人很容易美国化，并失去回国的一切愿望。"[①] 而那个时候，"美国报纸大部分都很不可靠"[②]，因此，恩格斯建议魏德迈能够掌握一家报社或者至少在一家重要的报社工作，以争取话语权。

---

① 《马克思恩格斯全集》第 27 卷，人民出版社 1972 年版，第 592 页。
② 《马克思恩格斯文集》第 10 卷，人民出版社 2009 年版，第 80 页。

魏德迈来到美国时，就面临着这样一番景象：为了躲避战乱，大量德国产业工人移居美国，遭受资本家和残余封建地主的双重剥削，无产者有着较为强烈改变现状的渴求。魏德迈认同马克思和恩格斯的主张，从宣传工作入手，于 1852 年 1 月与共产主义者同盟盟员阿道夫·克路斯共同创办了美国历史上第一份马克思主义刊物——《革命》周刊，并任主编，开始在美国建设马克思主义舆论阵地。在这份周刊中，魏德迈主要介绍了阶级斗争与社会历史发展的关系，在美国民众中广泛传播马克思主义思想，对新大陆的无产者进行思想洗礼，号召他们勇敢地联合起来，用阶级斗争的形式为废除一切阶级差别和消除社会不公而奋斗。

《革命》周刊刊载了大量马克思主义重要文献，如《共产党宣言》第二章"无产者和共产党人"，《路易·波拿巴的雾月十八日》等。为了支持魏德迈在美国的宣传工作，马克思第一时间就将自己写好的文章邮寄到美国，供他发表。魏德迈在创刊号的编者声明中将刊物的主旨定为对阶级斗争和革命所需的政治经济条件进行彻底阐发。令人遗憾的是，美国的大多数德国移民受小资产阶级思想影响较深，受到蒙蔽而盲目支持"德国公债"运动，不能很好地理解马克思主义的科学理论，再加上客观上资金困难，《革命》周刊在不久之后就被迫停刊。

魏德迈并没有灰心丧气，一直坚持宣传马克思主义。1853 年 4 月，魏德迈进入《改革报》编辑部，结合美国经济发展现实，深入浅出地介绍和传播马克思主义政治经济学理论，与小资产阶级民主派展开尖锐的理论斗争。马克思在 1853 年 4 月 17 日致克路斯的信中评价《改革报》是"一家**正派的**报纸，在美国很少有，况且还是工人的报纸"[1]。与此同时，魏德迈还在其他的出版发行平台

---

[1] 《马克思恩格斯全集》第 28 卷，人民出版社 1973 年版，第 591 页。

上不断扩大自身的舆论影响力，选登马克思和恩格斯的文章，阐释马克思主义。魏德迈向美国民众明确指出，只有无产阶级才有能力与决心，最终打破资产阶级统治，不能将希望寄托于小资产阶级。即使从当前的表面形势上看，小资产阶级占据主流，也一定会随着生产力发展而走向崩溃。工匠业者企图通过重建工匠行业来达到解散社会化大生产大工业的目标，只能是镜花水月的美好幻想。无产阶级推翻资产阶级的统治，不是为了回到中世纪落后的生产力和生产关系中去，也不是与剥削阶级分享资本，更不是无政府主义主张的那样捣毁机器与国家，而是要以彻底革命的方式，打碎造成剥削的根源——生产资料私有制，从而使人们都能分享工业发展的成果与收益。

在魏德迈的不懈努力下，美国的工人，尤其是德裔美国工人，开始逐步了解、理解、赞同并自觉学习马克思主义文献。他们团结在魏德迈等无产阶级革命家的周围，建立了一批人数不多但思想坚定的社会团体。在美国这块新大陆上，马克思主义取得了难能可贵的进步与发展。

三　与反马克思主义思潮进行坚决斗争

那个时代，美国虽然不比欧洲资本主义成熟，但由于和欧洲大陆从人种到文化的亲缘关系，使得美国的资本主义发展十分迅速。因此魏德迈在美国传播马克思主义面临着重重障碍。一方面要正面积极传播与阐释马克思主义理论；另一方面又要与美国强大的反社会主义的思潮与团体作坚决的斗争，坚决捍卫马克思主义。马克思曾经在1860年3月3日致拉萨尔的信中肯定了魏德迈的贡献："当维利希……于1853年在**合众国**对我进行……诬蔑的时候，魏德迈……在我获悉这件事以前，就已出来公开宣布所有这一切都是无耻的诽谤。在德国，我当地的朋友没有一个人对这种闻所未闻的攻击表示过任何抗议"①。

在美国,魏德迈的最主要对手是以魏特林为代表的手工业空想社会主义、以金克尔为代表的"德国公债"运动以及以海因岑为代表的小资产阶级等。这一系列斗争的实质是马克思主义与反马克思主义思潮在美洲大陆的正面交锋。

(一)批驳威廉·魏特林的"纯粹出于本能的共产主义"

魏特林是正义者同盟的主要领导人,代表手工业空想社会主义者的利益。他在19世纪40—50年代掌控着美国德裔工人运动的领导权,在德裔美国工人群众中有较大的影响力。魏特林看到了雇主和雇工之间的阶级差别,看到了统治阶级的剥削性,同样也希望通过斗争的形式保护工人的权益和权利表达。但魏特林的思想过于激进,沉湎于立即实现共产主义的虚幻设想之中,主张工人无须理论武装,只要热情鼓动就可进行革命斗争。他甚至放言,谁要是认为人类实现共产主义的条件不够成熟,谁就是反动派。1846年3月30日,在布鲁塞尔共产主义通讯委员会会议上,魏特林主张未来革命必须直接走向共产主义,无须进行资产阶级民主革命。他的观点遭到马克思和恩格斯的严肃批驳。马克思认为这种不负责任、毫无意义的空想只能煽动工人进行无谓的冒险和流血牺牲,而不能真正壮大无产阶级革命队伍,是对工人运动具有极大的破坏性。恩格斯将魏特林的学说称为"纯粹出于本能的共产主义"。

魏特林的错误根源在于他没有看到无产阶级受剥削、受奴役的真正根源在于资本主义经济制度,因此他无法看清无产阶级的未来前途,制定不出科学的革命策略,无法找到让无产阶级摆脱贫困,实现自强,获得自身自由解放和全面发展的根本途径。魏特林对资本主义旧社会制度的批判由于缺乏对经济基础的批判,而最终堕入

---

① 《马克思恩格斯全集》第30卷,人民出版社1974年版,第490页。

抽象唯心主义的陷阱，从现实批判蜕变为对人类绝对的平等和自由的追求。

魏特林于 1847 年 6 月被开除出共产主义者同盟，随后迅速放弃共产主义追求，毫不犹豫转投改良派怀抱。离开德国，来到美国的魏特林冲在美国土地改良运动的第一线。1850 年 1 月，魏特林创办《工人共和国报》。在该报中，他大力宣扬所谓的"劳动交换银行"计划。这个计划是空想社会主义与美国社会情况的杂糅，主要方式是通过将生产者的产品存入某个机构的仓库，换取同价值的票据。劳动者可以凭这些票据在该机构设置的银行商店中购买所需商品，形成内部的循环流通。按照魏特林的设想，这一机构在有效避免商业机构臃肿所导致的生产低效率的同时，又能够稳定市场，平衡供求关系。但是他的设想超越了社会现实条件和人民的认知水平，即使一度风行于美国工人群众之中，也最终沦为空想而破产。

魏德迈并不看好这个计划的可行性，就此与魏特林展开了激烈的论战。1853 年，魏德迈撰写了一组以《经济学概论》为题的文章，系统阐发了资本主义社会中的经济与政治的矛盾关系，揭示了工人运动不断爆发却又不断失败的根源。魏德迈将恩格斯在《英国工人阶级状况》中的丰富例证介绍给美国民众，深刻分析了机器大生产必然带来的社会分工和社会生产生活的变化，从而深入剖析并批判了手工业空想社会主义对工人运动前途的误读，对工人运动斗争策略的错误制定。他提出，工人参加政治运动是工人的需要，是为自身争取经济利益的根本手段。工人要相信，在自己身上蕴含着革命运动的巨大动力，而以工人为主体的劳工阶级是一切革命运动的坚强可靠的基石。

（二）反对哥特弗利德·金克尔的"国家公债"运动

19 世纪 50 年代，金克尔等德国小资产阶级民主派在美国利用自己在工人群众中的暂时的"声望",攻击诽谤马克思主义,发起了所谓的"国家公债"运动。对此,魏德迈进行了深刻剖析和坚决回击。他提出,"国家公债"运动的实质是"左"倾盲动。"国家公债"运动错误估计了美国的发展现实,采取社会借债的方式获取巨额资金,企图在时机尚未成熟之际发动暴力革命。当时许多移居美国的德国人受此蛊惑,盲目支持并加入了这一运动。针对这一情况,1852 年 3 月,魏德迈在《体操报》德文报纸上发表了关于《流亡者中的革命鼓动》的一组文章,深刻揭露了借债运动的本质。他提出,革命一方面是必需的;但另一方面,革命的发生是由客观历史条件决定的,绝不以人们的意志为转移。

为了进一步论证自己的说法,魏德迈将马克思的《路易·波拿巴的雾月十八日》和恩格斯在《纽约每日论坛报》上发表的《德国的革命和反革命》译成德文,以方便德国移民真正了解1848 年德国革命失败的根源和教训,从而认清革命形势,坚定斗争立场,掌握科学斗争策略,避免受表面现象蒙蔽而误入歧途。历史证明了魏德迈论断的科学性,在1852 年年底,"国家公债"运动在历史的尘埃中烟消云散了。

(三) 反击卡尔·海因岑的"反对无产阶级革命运动"思想

海因岑是德国激进派政论家,马克思和恩格斯对他进行过深刻批判。海因岑于 1850 年流亡美国,在美国大肆鼓噪反共产主义、反无产阶级革命思想和革命实践。海因岑反对阶级斗争和革命,将社会矛盾归结于君主制,认为只要以法律为基础进行合法斗争,推翻君主制就可以实现社会的平稳过渡。

在美国,反击海因岑的重任主要由魏德迈承担。1852 年,魏德迈在《体操报》上发表《论无产阶级专政》一文,回应了海因岑对阶级斗争的攻击。他在文章中写道:"无产阶级是欧洲发达的国家里为资产阶级战胜了其他一切社会阶级的一个阶级，只有无产阶级才能成功地推翻资产阶级的统治，宣告成立不剥削其他阶级的本阶级的政权。"① 他反驳海因岑所谓的阶级斗争是共产主义者的无聊捏造的说法，提出无产阶级是真实客观存在，是"唯一能够占有资产阶级遗产的阶级，因为他自身的繁荣是以这些遗产的进一步发展为条件的。这是利用政权来消灭阶级特权的最后一个阶段，因为所有其他阶级都将溶合在这个阶级中。现在它就已经在吸收难以从理论上理解历史发展进程的其它阶级的一切创造性因素"②。同年，魏德迈继续在《纽约民主主义者报》上发文驳斥海因岑，揭示了共产党人必然要为工人阶级切身利益和目的而坚决斗争。他指出工人阶级代表了伟大历史运动的潮流与未来。

魏德迈与海因岑的论战得到了马克思和恩格斯的高度肯定与赞扬。马克思在 1852 年 3 月 5 日致魏德迈的信中这样写道："你驳斥海因岑的文章写得很好，可惜恩格斯寄给我太晚了；文章写得既泼辣又**细腻**，这种结合称得上是名副其实的论战。"③

四 在美国创立无产阶级政党

在美国进行无产阶级政党的组织建设是魏德迈的重大功绩。他不仅在工人群众中积极传播马克思主义，在与反马克思主义思潮的论战中坚决捍卫马克思主义，同反共产党、反马克思主义的错误思潮作坚决斗争，还积极为建立无产阶级政党而不懈努力。他的重大贡献之一是在美国领导并创立了无产者联盟和美国工人同盟。

---

① ［德］卡尔·欧伯曼：《约瑟夫·魏德迈传》，天津师范学院外语系《约瑟夫·魏德迈传》翻译小组译，人民出版社 1980 年版，第 185 页。
② ［德］卡尔·欧伯曼：《约瑟夫·魏德迈传》，天津师范学院外语系《约瑟夫·魏德迈传》翻译小组译，人民出版社 1980 年版，第 185—186 页。
③ 《马克思恩格斯全集》第 49 卷，人民出版社 2016 年第二版，第 75 页。

1852 年 2 月，魏德迈与共产主义者同盟盟员克路斯会面。在会面中，两人商谈无产阶级政党的组织建设事宜，并共同决定在美国成立共产主义者同盟美国支部。1852 年 2 月 6 日和 9 日，魏德迈分别给马克思和恩格斯写信，讲述美国工人日趋资产阶级化的现状，表达了他对此状况的痛心与焦急。他希望得到马克思和恩格斯对美国建设无产阶级政党的组织支持。为此，他要求马克思和恩格斯尽快寄给他必要的文件及资料，以助于建立同盟组织。经过艰苦的筹备，在魏德迈、左尔格等人的努力下，1852 年 6 月，美国第一个真正意义上的马克思主义团体——无产者联盟在纽约宣告成立。无产者联盟积极组织工人运动，努力帮助美国工人摆脱小资产阶级流亡者的影响，争取突破地区局限，在全美建立一个以《共产党宣言》为思想基石的统一的工人阶级政党。

在与马克思和恩格斯的密切通信中，魏德迈等人不断汲取宝贵经验和理论指导。1852 年 11 月，魏德迈在《体操报》上发表了题为《让工人也参加总统选举工作》的文章，提出要尽快拟订美国工人自己的劳工纲领。同年 12 月，他发表题为《政治经济评述》的文章，提出美国工人不能在美洲大陆孤独地斗争，而应该加强与各国工人运动和工人政党的联系，形成一股在世界范围内的斗争热潮，将美国工人追求经济与政治权利的斗争纳入世界无产阶级运动的大潮流之中。他的努力为在美国建立无产阶级政党作了思想准备。

在魏德迈的不懈努力下，越来越多的德国移民和美国无产者联合起来。1853 年 3 月 21 日，全美统一工人组织——美国工人同盟成立。成立大会通过了美国工人同盟的纲领草案，确立了美国工人运动的目标使命、实践路线、斗争策略和发展要求。为了争取更多革命的力量，尽快扩大组织规模，美国工人同盟以开放的心态面对工人群众，号召所有的劳动者，不论其职业、语言、肤色、性别，均可以有完全平等的权利加入美国工人同盟。一切工会组织，不论是慈善性质的、政治性质的、商业性质的，或者仅仅出于社交的需要而成立的，只要承认美国工人同盟的目标，均可加入美国工人同盟。美国工人同盟的成立和纲领的宣布，对推动早期美国社会主义运动起到了一定的积极作用。

由于当时美国共产主义事业发展基础薄弱，美国工人同盟成立之初，并不能充分发挥领导核心作用。对此，魏德迈敏锐地感受到要扭转这种情况的迫切性。他针对美国革命运动的特殊现实情况，提出各种有力的改进措施，包括敦促同盟制定新的纲领和章程等。1853 年 9 月，美国工人同盟中央委员会特别会议上讨论并通过了新的纲领。新纲领要求工人阶级必须组成更加紧密的、团结的、独立的政党，更加坚定与资产阶级作坚持不懈斗争的基本立场，从而确保实现工人的权利。

1853 年 10 月，魏德迈在纽约城出席群众大会。在大会上他发表了重要演讲，分析了当下美国面临的国际形势以及欧洲经济危机对美国未来经济社会发展带来的影响。他指出了无产阶级政党和工会要在这样的变革中发挥作用，实现自身发展。魏德迈强调了建立和巩固工人政党的必要性，呼吁工人阶级摒弃狭隘的眼界，不能单纯依靠工会争取自身权益。他主张要联合起来共同探索共产党人的意识形态与实际斗争相结合的具体路径。魏德迈提醒参与工人运动的群众与资产阶级展开共同的、持久的政治斗争，以争取最终的决定性胜利。

当然，早期美国社会主义运动的发展之所以困难重重、一波三折，主要是因为美国的资产阶级社会发展不成熟，没有像欧洲那样把阶级斗争发展到显而易见地步的条件。同时，美国社会的经济关系、政治关系和阶级关系也尚不成熟，在客观上并不具备无产阶级革命的历史条件。但是美国并不是社会主义的沙漠，相反具有良好的社会主义土壤。例如，当欧洲刚刚开始流行空想社会主义学说的时候，美国社会很快就接受了空想社会主义思想，并成为空想社会主义者广阔的活动场所，美国当然也能成为马克思主义传播的活动场所。

魏德迈在欧洲革命后移居美国，成为德裔美国人中领导美国社会主义运动的主要成员。他在马克思和恩格斯的指导下，一方面宣传捍卫马克思主义，与反对马克思主义的组织与个人作积极斗争；另一方面在美国创立无产阶级政党，为第一国际美国支部的建立与发展作出了重要贡献。他不仅是伟大的马克思主义理论家，也是伟大的马克思主义实践家。他在德国与美国作出的重要贡献将在马克思主义发展史上永放光辉。

第三节　约瑟夫·狄慈根对马克思主义哲学的贡献

约瑟夫·狄慈根（1828—1888）是活跃于 19 世纪后半期德国无产阶级工人运动中的杰出思想家与活动家。他确立的"自然一元论"和对辩证唯物主义的探索，使得他成为一位十分优秀的马克思主义工人哲学家。他思想形成的最大特点是在理论探索与实践奋斗中自学成才。他在理论中与马克思和恩格斯志同道合，在实践中与马克思和恩格斯互相支持，是马克思和恩格斯的忠诚战友。

狄慈根出身于小手工业者家庭，父亲在德国莱茵省科隆市附近的一个小村庄里开有一家皮革作坊。由于资本主义的冲击，家庭作坊举步维艰。贫寒的家境导致狄慈根在中学二年级就辍学离校，回到父亲的小作坊里工作。他求知欲强烈，勤奋好学，"从小就想如何能满足……对于一种彻底的、系统的世界观的渴望"，并相信"终究会在对人类思维能力归纳地理解中得到这一满足"[1]。在繁重的工作之余，他手不释卷，阅读各种哲学、文学、政治经济学等类型的书

---

① 《狄慈根哲学著作选集》，杨东莼译，生活·读书·新知三联书店 1978 年版，第 2 页。

籍，迫切地希望了解这个充满矛盾与斗争的复杂世界。1848 年革命席卷欧洲，狄慈根为这股热潮所感染，投身于工人运动之中。狄慈根的早期思想受到空想社会主义和费尔巴哈哲学的影响。1852 年，他阅读了《共产党宣言》。《共产党宣言》是狄慈根了解马克思主义的启蒙著作，也开启了他世界观与哲学研究的转向与新起点。此后，他又阅读了马克思的《政治经济学批判》，并尝试自己独立写作。他与马克思的通信更加坚定了他对新世界观的探求。他曾经写道："更促进我的求知欲的是《共产党宣言》，这个宣言是在科伦共产党人案审判时我在报纸上看到的。我最大的进步要归功于 1859 年发表的马克思著作《政治经济学批判》。"① 他为《资本论》第一卷撰写书评，赞美蕴含于其中的科学力量。对此，梅林赞誉狄慈根是"第一个掌握了科学共产主义的这部主要著作的精神的德国工人"②。

对于自身的学习，狄慈根总结道："不付出脑力劳动就学不到新东西"③。由此可见他对学习的热忱。狄慈根的主要著作有《人脑活动的本质》《论逻辑书简》《一个社会主义者在认识论领域中的漫游》和《哲学的成果》。此外，他还在《人民国家报》和《前进报》等报刊上发表若干哲学短篇，在社会上反响不俗。他在缺乏系统指导与正规学术教育的情况下，通过自学与交流，获得了令人惊叹的广博知识，并独立提出了辩证唯物主义的许多重要观点，体现了工人阶级的独到见解，成为德国工人阶级中涌现出来的马克思主义工人哲学家。这也从一个侧面论证了辩证唯物主义世界观在本质上就是一种工人哲学。当然，他对历史唯物主义研究的缺乏是他思想体

---

① 《狄慈根哲学著作选集》，杨东莼译，生活·读书·新知三联书店 1978 年版，第 229 页。科伦新译为科隆。

② ［德］弗·梅林：《德国社会民主党史》第 3 卷，青载繁译，生活·读书·新知三联书店 1965 年版，第 294 页。

③ 《狄慈根哲学著作选集》，杨东莼译，生活·读书·新知三联书店 1978 年版，第 101 页。

系的局限。

一 在坚持"自然一元论"世界观中深刻阐发辩证唯物主义认识论

狄慈根进行哲学学习与从事哲学研究的时候，新康德主义在社会上十分流行。正确认识和批判新康德主义是狄慈根哲学的重点。在此基础上，他坚持了辩证唯物主义的基本立场，反对唯心主义和形而上学。狄慈根认识到，哲学是关于人类思维的学科，因此认识论应该成为世界观的核心，建立科学的认识论是哲学家最主要的事业。回顾狄慈根的哲学事业，他彻底贯彻了这一观点，毕生致力于辩证唯物主义认识论的研究与宣传。

在认识的前提与来源问题上，狄慈根将上帝、神等人创造出来的存在物从自然界中排除出去，将自然界作为世界的本原，提出外在于人的物质世界才是人认识的对象。在《哲学的成果》中，狄慈根写道："世界只有一个，这个世界就是一切存在的总集，这个现有的存在无疑有无穷多的种类，但一切种类都来自一个共同的自然的自然。"① 在《人脑活动的本质》中，他提出"永恒的物质、不灭的物质，事实上或实际上不过就是它的可灭的现象的总和"②。

狄慈根将哲学的基本问题作为研究主题，从中敏锐发现了近代哲学争论不休的问题无非就是两条根本对立的路线——唯心主义与唯物主义——之争。"唯心主义者认为理性是一切认识的唯一源泉，而唯物主义者认为可感觉的既存世界才是一切认识的源泉。"③ 狄慈根反对从上帝或者从人自身去寻找认识的来源，主张"我们所知道的一切事物都是经验"，"一切认识起源于世界联系"。④ 通过唯心主

---

① 《狄慈根哲学著作选集》，杨东莼译，生活·读书·新知三联书店 1978 年版，第 384 页。
② 《狄慈根哲学著作选集》，杨东莼译，生活·读书·新知三联书店 1978 年版，第 32 页。
③ 《狄慈根哲学著作选集》，杨东莼译，生活·读书·新知三联书店 1978 年版，第 61 页。
④ 《狄慈根哲学著作选集》，杨东莼译，生活·读书·新知三联书店 1978 年版，第 161 页。

义与唯物主义的比较研究，狄慈根认为世界统一于物质自然界，并最终形成了他的"自然一元论"世界观。

狄慈根强调认识要以物质材料为前提，思维要以客观对象为前提。他谈到思维的产生时说："为了思维，我需要可供思维的材料"，思维只有"以现象世界、以物质为前提才能存在、才能起作用"。① "一种思想要能表现出来，单靠头脑或思维能力是不够的，除此之外还需要一个引起思想的客体或对象。"② "如果没有外部世界可理解的事物，头脑内部就不可能存在理智。"③ 就这样，狄慈根准确把握了认识论的唯物主义基础。

狄慈根既坚持了认识论中的唯物主义反映论，又阐述了蕴含于唯物主义认识论中的辩证法。他坚决批判了唯心主义认识路线，指出唯心主义的谬误是"把创造出来的精神幻想成一种超自然的、自然界之外的精神而使它凌驾于其母亲之上"④。由于唯心主义者在认识论上的错误，导致他们一直在自我矛盾的怪圈中循环徘徊，最终，"不得不向上天求救"⑤。

狄慈根在论证哲学基本问题时，一方面彻底坚持了唯物主义立场，另一方面没有止步于对唯物主义的简单肯定与对唯心主义的简单否定。他认为唯心主义的认识论根源在于唯心主义将理性绝对化、同质化、排他化，并最终走向神秘化。狄慈根对唯心主义认识论根源的挖掘为列宁科学揭示唯心主义认识论根源的研究提供了理论启示。

狄慈根在批判唯心主义立场的同时，突破了费尔巴哈唯物主义

① 《狄慈根哲学著作选集》，杨东莼译，生活·读书·新知三联书店 1978 年版，第 25 页。
② 《狄慈根哲学著作选集》，杨东莼译，生活·读书·新知三联书店 1978 年版，第 19 页。
③ 《狄慈根哲学著作选集》，杨东莼译，生活·读书·新知三联书店 1978 年版，第 224 页。
④ 《狄慈根哲学著作选集》，杨东莼译，生活·读书·新知三联书店 1978 年版，第 223 页。
⑤ 《狄慈根哲学著作选集》，杨东莼译，生活·读书·新知三联书店 1978 年版，第 224 页。

的形而上学局限。他认为费尔巴哈哲学对思想、意识和认识能动性的否定是根本错误的。在《论逻辑书简》中，狄慈根这样写道："应当把我看作一个辩证法的哲学家，当他倒掉洗澡水时，他会抱住澡盆中的小孩，不会让水把他带出去。"① 虽然精神是自然界的产物，但"创造出来的精神这个自然之子却是一盏明灯，它不仅能照亮自然界外部，而且也能照亮自然界内部"②。

狄慈根在坚持马克思主义辩证唯物主义的基础上创立了"自然一元论"的世界观，科学阐释了客观物质世界运动发展的规律与特性，准确分析了理性、意识、精神与物质世界的关系。他在明确揭示唯心主义认识论根源的同时，批判了形而上学和机械唯物主义的谬误。

狄慈根认为他所处时代的工人阶级所掌握的唯物主义之所以比旧有的唯物主义在真理性上更加充实与确凿，主要在于新的唯物主义在理论要素上更加具有辩证性。辩证性的来源何在？狄慈根从阶级立场上给予了回答。他敏锐地认识到，人类认识的客观性来自主体的自由。"要认识纯粹的、一般的思维，就必须摆脱一切事物"，而"要纯粹地或真正地理解思维能力本身，就必须摆脱一切关系"。旧有的唯物主义之所以不真实、不确凿，在于创立该学说的人"为某一局限的阶级立场所束缚"。因此，"只有当历史的进程发展到能解决统治阶级和隶属阶级的最后对立时，才能消除偏见，去真正地或明白地理解一般的判断、认识能力和人脑活动"③。工人阶级与以往任何阶级都不同，他们代表群众的利益，具有彻底解放全人类的能力，因此只有他们才能建立起科学的认识论，才能克服机械性与精神之间的矛盾，能更加充分地掌握概念世界，从而承担起伟大的

---

① 《狄慈根哲学著作选集》，杨东莼译，生活·读书·新知三联书店 1978 年版，第 100 页。
② 《狄慈根哲学著作选集》，杨东莼译，生活·读书·新知三联书店 1978 年版，第 220 页。
③ 《狄慈根哲学著作选集》，杨东莼译，生活·读书·新知三联书店 1978 年版，第 3 页。

哲学使命。

狄慈根思想的可贵之处在于没有将事物之间的联系仅仅看作物质世界中存在的客观现象，而是将其推广至认识论领域，认为这构成了人类认识与思考的方法论基础与原则。他认为真正有效的思考应该是在联系中进行的，而无产阶级的思考逻辑就是"在世界的活的联系中寻找并发现理性和真理"①。狄慈根对辩证法的研究几乎涵盖了马克思主义辩证法的方方面面，如事物之间联系的客观性与普遍性，联系的整体性与全面性，联系的条件性与具体性，以及联系之间的转化问题等。在狄慈根的辩证法体系中，联系是构建体系的核心观点。在对诸多联系的考察中，狄慈根尤其重视对联系普遍性与特殊性、整体性与部分性的研究。

狄慈根坚持唯物主义基本立场，认为事物之间的联系是客观的、普遍的，而辩证法所主张的联系原则不是人类强加于自然的后来之物，而是事物蕴含于自身的、内在的客观规律，这种联系是客观的，不以人的意志为转移。狄慈根认为，"事物并不作为'自身'而存在于本质之中，而是仅在与其他事物的联系中、仅在现象之中作为事物而存在"②。在这里，他在联系的必然性、普遍性之外，同时强调了联系的特殊性。世界本身是以具体的、个别的事物存在于联系之中。后来，在《一个社会主义者在认识论领域中的漫游》中，狄慈根将这一思想进一步明确为一般的世界只是在绝对的、普遍的相互联系中，并借助联系的样态，部分地成为无限多的存在，才最终形成绝对的存在。他否定事物存在的孤立性，认为一切具体而又特别的事物都处在普遍而具体的联系之中。这样的辩证法反过来印证了他的唯物主义世界观，即精神只有在与它所对应的物质世界的相

①　《狄慈根哲学著作选集》，杨东莼译，生活·读书·新知三联书店1978年版，第150页。
②　《狄慈根哲学著作选集》，杨东莼译，生活·读书·新知三联书店1978年版，第34页。

互联系中才能存在。他进一步论证了精神对物质的依附性，"因为我们社会主义唯物主义者对于物质和精神有一个相联系的概念，所以在我们看来，即使是所谓精神的情况，如政治、宗教、道德等的情况，也都是物质的情况"①。

辩证唯物主义认为认识是主观与客观相互作用、主体与客体相互联系的产物。人的思维能力与思想成果绝不能成为自为的存在，而必须始终在与客观事物的结合中表现出来，这种结合也是一种联系。狄慈根对辩证法的重视恰恰体现了他对唯物主义的坚持。

狄慈根在肯定唯物主义辩证法的科学性前提下，对事物辩证联系的特征与过程也作了具体说明。在他看来，联系是整体性的，相互联系的事物之间不仅构成了有机整体，而且这个整体反过来作用于相互联系的事物，对各个事物产生支配作用，决定着各个事物的存在方式与性质。狄慈根对整体性原则的强调，从方法论上论述了唯物主义的基本立场，即从整体来认识个别，在事物整体联系的普遍性中把握特殊性。

整体联系是一种有机的、活的联系，体现了整体联系的多样性与统一性的对立统一。辩证唯物主义所说的统一性不是一概地取消事物之间的具体差别，而是要既把握共同点，又看到具体的差异性。

整体联系是一种矛盾运动的联系，体现了辩证法对立统一的基本原则。物质与精神并不是对立的，而是统一于认识的矛盾运动之中。在狄慈根看来，人的智力起到了调和对立面的辩证法工具作用。

整体联系是不断变化发展的联系，体现了辩证法对形而上学的重大突破。狄慈根提出，无论是相互联系的具体事物，还是事物在联系中共同构成的整体，都是变化发展运动着的。"一切固定概念都漂浮于一种流动的元素之中。无穷的自然实体是一种彻底易变的元

① 《狄慈根哲学著作选集》，杨东莼译，生活·读书·新知三联书店1978年版，第247页。

素，一切固定者都由其中涌现，又在其中消失。因此，即使存在某个暂时的固定事物，但归根到底仍是不存在固定者。"①

1886 年，狄慈根在《一个社会主义者在认识论领域中的漫游》中，第一次使用了"辩证唯物主义"一词。这在马克思主义发展史上具有独创价值。恩格斯高度赞赏狄慈根在哲学研究上的独立性与自觉性，在《路德维希·费尔巴哈和德国古典哲学的终结》一书中，恩格斯写道："不仅我们发现了这个多年来已成为我们最好的工具和最锐利的武器的唯物主义辩证法，而且德国工人约瑟夫·狄慈根不依靠我们，甚至不依靠黑格尔也发现了它。"②

1908 年，列宁在研究狄慈根思想的时候写下了《约·狄慈根〈短篇哲学著作集〉一书批注》。在这篇批注中，能看到列宁从狄慈根的思想中吸收了有关哲学辩证唯物主义的基本原则，为他今后更加深入地探索马克思主义哲学与进行现实的革命斗争奠定了基础。在列宁的经典著作《唯物主义和经验批判主义》中，能看到狄慈根对列宁的影响。

二　丰富发展唯物主义辩证逻辑

狄慈根在青年时代就十分重视辩证法，独自对其展开大量的研究，并进而将自己的哲学称为辩证哲学，形成了他基于马克思主义又颇具个人特色的辩证逻辑。狄慈根对自身的定位是"辩证法的哲学家"③，他对唯物主义辩证法的深入理解与把握是他区别并优于旧唯物主义思想家的根本原因。

在狄慈根看来，辩证法体现了世界直接相互联系的状况，而这种状况是客观的、普遍的，不是人类的臆想，也不是人类强加于客

① 《狄慈根哲学著作选集》，杨东莼译，生活·读书·新知三联书店 1978 年版，第 345 页。
② 《马克思恩格斯文集》第 4 卷，人民出版社 2009 年版，第 298 页。
③ 《狄慈根哲学著作选集》，杨东莼译，生活·读书·新知三联书店 1978 年版，第 100 页。

观事物的主观原则，而是事物之间"绝对的相互联系或关系"。① 狄慈根认为，辩证法的客观性最鲜明地体现在世界的整体性上，而世界的整体性是辩证逻辑的最高范畴。在狄慈根的哲学体系中，"万有""绝对物"和"客观真理"等概念都是对整体性的阐释。他写道："宇宙并不是一堆杂乱的碎块，而是一个活生生的过程，我们不能仅从它的部分来理解它，而必须把它看作一个整体来理解它。"② 而保持宇宙整体性的关键在于承认事物联系的普遍性与客观性，同时这种整体性也体现了宇宙秩序中蕴含的哲学之美。

世界的整体性是辩证逻辑的最高范畴，但不是唯一范畴，狄慈根并没有忽略在个别事物上体现出的部分同整体的关系、一对多的关系等，体现了他哲学体系的严谨与周密。他认为"世界的统一性和杂多性同样真实而实在；多即一，一即多，这并不荒唐而是一种矛盾"③。世界本身的整体性是通过多样性的具体的个别事物而存在的，但是这些个别事物并不能独立存在。"世界是多样性的，而就其共同的世界性的本质而言，多样性是同一的"④。个别事物必须在绝对的相互联系中，凭借自己的多样性而构成无限多的存在，从而获得存在的绝对性。因此，在这个意义上"多样性即单一性"⑤。狄慈根在论证事物整体与个别的关系上充分体现了唯物辩证法的思辨性。

狄慈根认为联系的绝对性、客观性与普遍性还体现在思维与存在的辩证对立关系上。思维认识只有在与物质世界的联系中才能存在。他清晰地阐明："因为我们社会主义唯物主义者对于物质和精神有一个相联系的概念，所以在我们看来，即使是所谓精神的情况，

---

① 《狄慈根哲学著作选集》，杨东莼译，生活·读书·新知三联书店 1978 年版，第 170 页。
② 《狄慈根哲学著作选集》，杨东莼译，生活·读书·新知三联书店 1978 年版，第 124 页。
③ 《狄慈根哲学著作选集》，杨东莼译，生活·读书·新知三联书店 1978 年版，第 316 页。
④ 《狄慈根哲学著作选集》，杨东莼译，生活·读书·新知三联书店 1978 年版，第 365 页。
⑤ 《狄慈根哲学著作选集》，杨东莼译，生活·读书·新知三联书店 1978 年版，第 131 页。

如政治、宗教、道德等的情况，也都是物质的情况。"① 进入到唯物主义认识论中，狄慈根就讲得更加清楚了。在他看来，人的认识本身就是主体和客体、主观与客观产生相互联系的产物。人类的理性不能自为地表现，必须始终在与客体的客观联系中表现。具体到思维能力，则是可被人所理解的外部事物与人的头脑结合的产物。

三　深刻阐发辩证法、认识论和逻辑学的统一

狄慈根哲学的一大特色是将唯物主义、认识论和逻辑学统一在一起，他也是马克思主义哲学史上第一个将三者统一起来研究的哲学家。

在狄慈根看来，旧逻辑学必将为新逻辑学所取代，而这种新逻辑学就是辩证法、认识论和逻辑学三者的统一体。1876 年，狄慈根在《社会民主党的哲学》中明确将思维确定为一门科学，而"这门科学可以称为逻辑学、认识论或辩证法"②。列宁在阅读这段文字时，在旁边画了三条竖线，批注上"注意"二字。

狄慈根在谈到新逻辑学名称的时候，明确论证了辩证法与认识论的统一。他在《哲学的成果》中写道："'认识论'亦即众所周知的'辩证法'。"③ 狄慈根之所以得出这样的结论在于，他认为辩证法和认识论不仅在研究对象的范围上是一致的，而且在研究达到科学的途径上也是一致的。首先，辩证法是一门普遍的学说，对思维和存在关系的研究是题中应有之义，而认识论则是研究人类思维能力和思维工作的学说，因此，它们的研究范围统一于人类思维规律。其次，唯物主义认识论是使辩证法成为一种彻底的系统的世界观的前提，而认识论

---

① 《狄慈根哲学著作选集》，杨东莼译，生活·读书·新知三联书店 1978 年版，第 247 页。
② ［德］约·狄慈根：《短篇哲学著作集》，转引自《列宁全集》第 55 卷，人民出版社 2017 年第二版增订版，第 399 页。
③ 《狄慈根哲学著作选集》，杨东莼译，生活·读书·新知三联书店 1978 年版，第 341 页。

如果想成为一种科学的思维方法，必须借助辩证法，所以只有将两者结合起来，才能把握思维存在关系的科学性原则。

在狄慈根那里，逻辑学与辩证法的统一也是非常明确的。他指出："逻辑学应是'思维的定律及形式的科学'，它也应是哲学留下的遗产——辩证法。"① 此处提到的逻辑学是与辩证法、认识论相统一的新逻辑学，即辩证逻辑，而非形而上学逻辑。在狄慈根看来，逻辑学与辩证法也是统一于研究对象的一致性。新逻辑学的研究对象是思维的性质和正确程序。虽然旧逻辑学也重视对思维的研究，但是只是从思维自身去说明思维能力的发展，而这显然是不符合实际的。狄慈根认为思维能力的发展需要智力与真实世界发生现实联系，而这种真实联系就体现了辩证法的精神。同时，狄慈根认为旧逻辑学依据的四大定律：同一律、矛盾律、排中律和充分根据律"过于浅陋，由它的发展必定产生辩证法"②，而旧逻辑学经由辩证法的分析批判，必然形成新逻辑学。

在狄慈根看来，逻辑学和认识论的统一性也是毋庸置疑的。他在《论逻辑书简》中明确谈道："我们的逻辑是认识论。"③ 而在《哲学的成果》中，他又进一步推论出认识论"只是、也只能是推广的逻辑学"④。此处，推广的逻辑学即为新逻辑学。新逻辑学之所以能被看作认识论，在于它将认识的起源问题作为主要研究对象，而不是将逻辑学简单囿于纯粹的形式层面。同时，逻辑学与认识论共同坚持辩证法的立场，坚持从事物与经验的联系中来考察思维与存在，因此，可以说逻辑学、认识论统一于辩证法。

狄慈根通过自学探索，从一个乡村制革工人成长为工人哲学家，

① 《狄慈根哲学著作选集》，杨东莼译，生活·读书·新知三联书店1978年版，第344页。
② 《狄慈根哲学著作选集》，杨东莼译，生活·读书·新知三联书店1978年版，第347页。
③ 《狄慈根哲学著作选集》，杨东莼译，生活·读书·新知三联书店1978年版，第138页。
④ 《狄慈根哲学著作选集》，杨东莼译，生活·读书·新知三联书店1978年版，第339页。

其中的艰辛与自觉体现了他难能可贵的品质，但也制约了其哲学思想的发展。狄慈根的认识论思想受到了德国哲学家费尔巴哈的影响，他在与费尔巴哈的通信中开始了对唯物主义的探索。虽然与马克思和恩格斯相比，狄慈根并不具备深厚的哲学根底，但是由于他天然的无产阶级立场与本质使得他能够自觉地吸收费尔巴哈思想中有益的唯物主义思想，同时也能够突破费尔巴哈唯物主义机械论的局限，形成他独特的辩证唯物主义思想。

当然，我们也要看到，在狄慈根的思想体系中，他对费尔巴哈思想的批判还不够彻底，还存在一些相互矛盾的理论偏差。狄慈根的哲学主要是以认识论为核心展开的辩证唯物主义哲学体系，尚未涉及历史唯物主义的根基，这也成为狄慈根哲学的一个局限。另外，狄慈根的主要精力放在了哲学理论上，而较少参与工人运动。梅林曾评价狄慈根"是爱森纳赫派的最热心的理论家，可是他的才华洋溢的论文只在狭窄的哲学轨道上活动，因而不能对正在进行实际斗争的工人发生有效的影响"①。

狄慈根去世之后十年左右，修正主义流行起来。狄慈根的儿子欧根·狄慈根、荷兰的潘涅库克、德国的达乌盖等人试图用狄慈根的哲学来对抗马克思主义。他们建立了一个所谓的"狄慈根主义"的学派。然而"狄慈根主义"抛弃了狄慈根哲学中马克思主义的科学内容，夸大了狄慈根哲学中对唯心主义批判不彻底的部分，实际上是打着狄慈根名义的反马克思主义的思潮。在 20 世纪初期，梅林、普列汉诺夫和列宁等人对"狄慈根主义"歪曲狄慈根哲学、反马克思主义的本质进行了深刻揭发。

---

① ［德］弗·梅林：《德国社会民主党史》第 4 卷，青载繁译，生活·读书·新知三联书店 1966 年版，第 55 页。

第四节　威廉·李卜克内西在领导党的实际
斗争中捍卫马克思主义的贡献

　　威廉·李卜克内西（1826—1900）是德国与国际工人运动中卓越的活动家、革命家，是无产阶级革命战士与马克思主义者。他参与创立了德国社会民主党，在无产阶级中享有很高的声誉与威望，他在回忆录中自称"革命士兵"，自觉捍卫马克思主义。自觉革命与自觉捍卫马克思主义，是对李卜克内西一生的写照。

一　李卜克内西的早期思想历程

　　李卜克内西出生在德国黑森公国吉森城一个旧式知识分子兼官吏家庭，生活条件优越，学习成绩优异，16 岁便进入吉森大学学习。在大学期间他初步接触到民主主义者的思想，在反对专制的斗争中成长为激进的共和派。1845 年在柏林大学学习期间，他接触到社会主义者，开始逐步了解共产主义理论。他阅读恩格斯的著作《英国工人阶级状况》，深受影响，在没见到恩格斯时就已经对他充满崇敬。恩格斯对李卜克内西的影响是巨大的。他在回忆录中写道，正是恩格斯的著作在他眼前"打开了一个新的世界"，给他今后的思想道路"奠定了基础"。[①] 他自述，在"1846 年便是共产主义者"[②] 了。思想的转向使他毫不犹豫地走向无产阶级工人运动的第一线。1847 年在瑞士苏黎世任教期间，他积极参与瑞士当地德国工人联合会的各种集会，声援无产阶级工人运动。1848 年欧洲革命爆发之后，李卜克内西进入战争

前线。1848 年 9 月，他参加由古斯塔夫·司徒卢威组织的进军德国巴登的战斗。在血与火的磨砺中，李卜克内西逐渐脱离小资产阶级民主派，成为无产阶级革命队伍中坚定的一员。即使此后屡次下狱，屡次流亡，都不曾磨灭李卜克内西对共产主义的坚定信仰。

1849 年 7 月，李卜克内西在流亡日内瓦期间设法获得并阅读了他久仰盛名的《共产党宣言》。他结合此前阅读过的《德法年鉴》《哲学的贫困》和《英国工人阶级状况》等书，更加深入地领会了《共产党宣言》中蕴含的科学社会主义思想。8 月，李卜克内西在日内瓦见到了对他思想有重大指引作用的恩格斯。这次会晤意义重大，他在回忆录中这样写道：“虽然我当时才二十三岁，但是我已经和许多人、和当时大多数的‘大人物’交往过，然而没有一个人给我留下特别的印象。可是在这里，第一次有一个使我必须对他肃然起敬的人。He was a man！［他是一个男子汉！］现在我才知道了我该何去何从，而且我后来和马克思的私人交往也就是从认识这个人开始的。”① 1850 年，李卜克内西在伦敦与马克思和恩格斯结下了亲密友谊，成为他们的亲密战友与学生。不久后，他加入了共产主义者同盟，坚定地站在马克思和恩格斯一边，向工人宣讲革命理论和团结的意义，与共产主义者同盟内的维利希—沙佩尔分裂集团作斗争。

李卜克内西在英国度过了艰苦的 10 多年流亡生活，在此期间，他与马克思和恩格斯的直接交往促使他最终摒弃了残存的小资产阶级民主主义思想，确立了马克思主义世界观，成为坚强的无产阶级战士。

1861 年，普鲁士新国王威廉一世对政治流亡者实行大赦，李卜克内西于第二年返回德国。从此，李卜克内西真正开始了他将马克思主

---

① ［德］威廉·李卜克内西：《一个革命士兵的回忆》，舒昌善译，人民出版社 1980 年版，第 192 页。

义理论与实践相结合的战斗生涯。李卜克内西虽不是一个特别擅长理论总结的革命者，但是他特别擅长将理论运用到工人运动实践中。1863 年 5 月，全德工人联合会在德国莱比锡成立，拉萨尔担任联合会主席。李卜克内西不认可拉萨尔在工人运动中所持的改良机会主义观点，尤其反对拉萨尔与当时的宰相俾斯麦的妥协与勾结。但是出于改造联合会为无产阶级革命政党与教育团结工人群众的目的，李卜克内西于 1863 年秋季有保留地加入了全德工人联合会。很快，李卜克内西在联合会内部团结了一批反对拉萨尔主义的成员，完成了宣传马克思主义的组织准备。但是，李卜克内西还面临一个现实困难，那就是马克思和恩格斯长期侨居海外，使得工人群众在客观上对他们的思想甚至名字感到陌生。而另一方面，拉萨尔又因为立场观点的分歧，刻意淡化与抹杀马克思和恩格斯的思想成果。对此，李卜克内西决定团结反对派组织成员一道在先进的工人群众中通俗宣传马克思和恩格斯的著作与思想，让德国工人意识到，马克思才是德国工人运动真正的先驱。1864 年，他和"马克思派"的社会主义者一起，将从伦敦带来的全德国唯一一本《共产党宣言》影印发放给工人群众。他们将《共产党宣言》和拉萨尔的代表作《公开的答复》相对照着向工人们讲解，让工人们认识到《公开的答复》"只是对《共产党宣言》所作的修正主义的蹩脚的修订版"①。李卜克内西对拉萨尔的揭露惹恼了拉萨尔的继承者，并最终被联合会中势力强大的机会主义派逼迫退出联合会。

李卜克内西始终没有放弃努力，他在今后的斗争中，一方面向群众宣传真真切切的马克思主义，另一方面向马克思和恩格斯提供德国工人运动的第一手材料。马克思在 1864 年 6 月 7 日致恩格斯的信中谈到李卜克内西向他汇报了拉萨尔在德国的动向等重要信息，

---

① ［德］威廉·李卜克内西：《一个革命士兵的回忆》，舒昌善译，人民出版社 1980 年版，第 288 页。

并称赞李卜克内西，说"他是好样的，他长期留在柏林对我们来说十分重要"①。而1865年8月7日恩格斯在致马克思的信中感叹李卜克内西在德国工作的艰难，说他是"我们在德国的唯一可靠的联系"②。

二　阐述无产阶级政党思想

李卜克内西坚持无产阶级建党思想，主张无产阶级必须有独立的指导思想、行动纲领和组织形式，反对全德工人联合会等组织与反动政府妥协与合作。在1865年2月的柏林印刷工人联合会集会上，李卜克内西大声疾呼，无产阶级既不能屈从于反动政府的淫威，更不能将资产阶级作为依靠和指望，无产阶级必须要建立属于自己的政党。这个组织必须以马克思主义为思想基础，以无产阶级的独立领导与行动为组织原则，以推翻资本主义社会制度，摆脱资本对劳动的奴役为目标。李卜克内西认为真正在思想上觉悟的少数人的工人联合是开启解放意识的幼苗，是教育人民为自由奋斗的学校。

1865年，被迫离开全德工人联合会之后，李卜克内西结识了奥古斯特·倍倍尔，并引导他走向共产主义道路，从此，他们两个人共同为争取无产阶级解放而努力。1868年，在全德工人协会联合会第五次代表大会上，李卜克内西促成大会通过了以第一国际章程为蓝本的新纲领。李卜克内西提出，工人阶级不能听任资产阶级的糊弄与摆布，妥协的结果只能是政治上的自杀，无产阶级必须摆脱资产阶级的影响与束缚。

1869年8月7日，李卜克内西和倍倍尔领导德国工人运动中的先进分子，即全德工人协会联合会的代表和全德工人联合会中的反

---

①《马克思恩格斯全集》第30卷，人民出版社1974年版，第400页。

②《马克思恩格斯全集》第31卷，人民出版社1972年版，第142页。

对派代表在爱森纳赫召开代表大会，成立了德国社会民主工党即爱森纳赫派。这个党派是国际工人运动中第一个在一个国家范围内建立起来的社会主义工人政党。它的诞生标志着马克思主义在德国的伟大胜利。恩格斯于 1891 年撰写的《德国的社会主义》中高度评价了这个政党，认为这个政党在李卜克内西和倍倍尔的努力下，"公开宣布了 1848 年《宣言》原则的工人政党"①，体现了马克思主义的指导原则。爱森纳赫派在普法战争和巴黎公社时期，在"反社会党人非常法令"时期，在 19 世纪 90 年代党内反机会主义、反修正主义的斗争中都起到了捍卫发展马克思主义的重要作用。

1875 年，德国社会民主工党和全德工人联合会在哥达代表大会上合并成立了德国社会主义工人党。由于爱森纳赫派的一些领袖急于完成合并事宜，在一些原则问题上向拉萨尔派进行了妥协。同时，李卜克内西也低估了理论在工人运动中的作用和意义，于是在哥达纲领草案中混入了拉萨尔派庸俗社会主义观点。对此，马克思进行了严厉的批评。马克思在 1875 年 5 月 5 日致威廉·白拉克的信中谈到合并纲领是"极其糟糕的、会使党精神堕落的纲领"②，是对拉萨尔派这样"本身需要援助的人无条件投降"③。李卜克内西在促成德国工人阶级团结上作出了重大贡献，但是犯了与拉萨尔派妥协的错误。马克思对哥达纲领草案进行了逐段批注，批判了其中的拉萨尔主义观点，阐述了马克思主义的新原理，丰富发展了马克思主义理论，阐述了科学社会主义的基本原理，是马克思主义的最重要的文献之一。

1867—1871 年，李卜克内西经合法选举成为北德意志联邦帝国国会议员，其后又当选为帝国议会议员。李卜克内西在合法斗争中

---

① 《马克思恩格斯文集》第 4 卷，人民出版社 2009 年版，第 427 页。
② 《马克思恩格斯文集》第 3 卷，人民出版社 2009 年版，第 426 页。
③ 《马克思恩格斯文集》第 3 卷，人民出版社 2009 年版，第 426 页。

的成功，使他能够将议会讲台作为公开阐述马克思主义思想的场所，争取群众支持。马克思对李卜克内西的合法斗争表达了赞赏，他在第一国际总委员会上称他"是唯一敢于反对俾斯麦战争政策的国会议员"①。在制定具体斗争策略时，马克思和恩格斯给予李卜克内西重大的帮助。他们建议李卜克内西不可放松对普鲁士容克地主的批判，同时也要防止陷入"亲奥主义"和分立主义，必须坚持与俾斯麦政府与亲奥派的斗争。

1878 年，俾斯麦政府出台《反社会党人非常法》，严厉镇压无产阶级政党的运动，德国社会民主党内出现了一定的惊慌与动摇。1880 年，李卜克内西和倍倍尔在维登举行的党代表大会上，删除了《哥达纲领》中党"用一切合法手段"来达到目的的表述，将其修改为"用一切手段"来达到目的。一方面及时平息了党内的思想波动，另一方面扭转了之前错误的斗争策略，确立了将合法斗争与暴力斗争相结合的原则。

李卜克内西在领导党的实际斗争中特别善于在策略上坚持原则性和灵活性的统一。他从实际斗争的需求出发，按照斗争形势发展来调整斗争策略。他以自身领导的党的组织工作为例，坦言："我不止一次地改变过我的策略，非常可能我会再一次甚至多次改变我的策略。在活动范围和战斗基地改变的时候，我绝对会改变我的策略。"②但李卜克内西的灵活性是建立在原则性的基础之上的，而这个原则就是唯一的合法基础，即阶级斗争。这也是他区别于拉萨尔派和后来修正主义的根本所在。

当然，李卜克内西在具体领导党进行工人运动和无产阶级斗争

---

① ［苏］巴赫、戈尔曼、库尼娜编：《第一国际》第 1 卷，杭州大学外语系俄语翻译组译，生活·读书·新知三联书店 1980 年版，第 334 页。

② ［德］威廉·李卜克内西：《不要任何妥协，不要任何选举协议!》，姜其煌、张舆、毛韵泽译，生活·读书·新知三联书店 1964 年版，第 1 页。

时也曾经因为一时斗争的需要，把一些事情看得绝对化，片面地宣传过反暴力斗争的内容。如他在 1895 年 3 月 30 日发表在《前进报》上的社论《目前革命应怎样进行》摘引了恩格斯文章中"所有能为他的、无论如何是和平的和反对使用暴力的策略进行辩护的东西"①的论述。恩格斯在 1895 年 4 月 3 日致拉法格的信中对此进行了批评。恩格斯指出，无产阶级政党使用和平手段是有着**"重要的附带条件"**的，不能毫无差别地应用于所有国家和所有时候，但是"可惜李卜克内西看到的只是白或黑，色调的差别对他来说是不存在的"②。

尽管李卜克内西在领导党开展斗争的实际工作中曾经犯过策略上的错误，但是好在他能够及时接受马克思和恩格斯的指导，及时改正错误。在关键时刻，他也总能站到正确的立场上。恩格斯在 1885 年 5 月 19 日致拉法格的信中写道，李卜克内西"一会儿十分革命，一会儿十分谨慎。这不会妨碍他在决定性的日子同我们站在一起"③。在李卜克内西多年的坚持斗争中，俾斯麦政府颁布的《反社会党人非常法》在 1890 年被彻底废除，德国社会民主党成长为一个遍布德国各地，拥有两百万选民的政党。

三 坚持国际主义立场、阐发无产阶级革命前途

18 世纪 60—70 年代是拉萨尔主义盛行的时期，工人群众往往为与剥削者和统治机器妥协的言论所蛊惑。李卜克内西坚决反对任何一种让无产阶级与资产阶级同质化、一体化的企图。他提出，只有通过无产阶级革命，建立社会主义才是工人阶级解放的正道。李卜克内西指出：**"自由的统一的德意志和工人群众的解放，即废除阶级**

① 《马克思恩格斯文集》第 10 卷，人民出版社 2009 年版，第 700 页。
② 《马克思恩格斯文集》第 10 卷，人民出版社 2009 年版，第 700 页。
③ 《马克思恩格斯全集》第 36 卷，人民出版社 1974 年版，第 315 页。

的统治，这一点同人类的解放具有同等重要的意义。"① 废除阶级统治是人类解放的必由之路，而人类解放不是一蹴而就的，必须经过革命的时期。而在这个革命时期里，"**实行专政是必要的**；但是这种专政不应是个人的专政，而应是俱乐部的专政、人民的专政、工人的专政"②。

1870 年 7 月普法战争爆发，这是一场德法两国之间争夺欧洲霸权的王朝战争。法国发动战争的目的是阻止德国的统一，因而是不正义的侵略战争。而德国由于普鲁士容克地主的统治决定了这不仅仅是一场正义的防御战争。对此，李卜克内西清醒地意识到战争对无产阶级最终的压迫。于是他在 1870 年 7 月的北德意志联邦国会战争预算表决时声明，德国社会民主党既不能支持战争拨款，因为这是对普鲁士政府王朝战争不义性质的妥协；德国社会民主党也不能反对战争拨款，因为这是对法国政府侵略战争的妥协。所以，德国社会民主党选择了弃权。对此，马克思表达了赞赏。

1870 年 9 月，德军扭转战局，取得了战争的主动权。随着法国皇帝拿破仑三世在色当被俘，法兰西第二帝国土崩瓦解。同年 11 月，德国政府仍然请求国会拨付军费。此时，李卜克内西明确指出，此时的战争已经转变为对法国人民的侵略战争。然而国会不仅没有听取李卜克内西的意见，而且在国会闭幕后将他与倍倍尔以"叛国罪"逮捕，并在社会上污蔑、诽谤他们的名声。恩格斯在 1870 年 12 月 19 日致李卜克内西夫人娜塔利亚·李卜克内西的信中高度赞扬了李卜克内西与倍倍尔的英勇。恩格斯写道："公开而坚定地捍卫我们的观点并非一件小事，他们两人在国会的英勇行为使我们这里所

---

① 中共中央马克思恩格斯列宁斯大林著作编译局编：《马列著作编译资料》第 9 辑，人民出版社 1980 年版，第 196 页。
② 中共中央马克思恩格斯列宁斯大林著作编译局编：《马列著作编译资料》第 9 辑，人民出版社 1980 年版，第 197 页。

有的人都感到非常高兴。……德国工人在这次战争中表现得如此卓有远见和坚韧不拔，使他们一跃而成为欧洲工人运动的先驱，而您知道，这使我们感到何等的自豪。"①

1871 年年初，李卜克内西等人获释，恰逢巴黎公社在法国遭遇困难。马克思于 1871 年 4 月 6 日致信李卜克内西，为他和倍倍尔的获释感到高兴，并提醒李卜克内西"千万一个字也不要相信报纸上出现的关于巴黎内部事件的种种胡说八道。这一切都是谎言和欺骗"②。在马克思的建议下，李卜克内西在德国开展声援巴黎公社的活动。他在《人民国家报》上发表系列文章，驳斥欧洲各国政府对第一个无产阶级专政——巴黎公社——的污蔑与攻击，赞扬巴黎公社的成立是具有世界历史意义的伟大事件，是决定欧洲未来的激烈的阶级斗争，标志着新旧两个社会的搏斗。在巴黎公社革命失败之后，李卜克内西将巴黎公社比作社会主义冲击在资产阶级社会中的巨浪，即使第一次浪潮失败了，还会迎来下一次更为汹涌澎湃的浪潮。与此同时，他深刻揭露了法国反动政府联合国际反动势力对巴黎公社成员的迫害，号召全世界工人阶级联合起来，加强国际主义团结，共同反对国际资产阶级和地主阶级的双重镇压。

19 世纪 80 年代，德国国家主义思潮来袭，李卜克内西向公众揭露了资产阶级以鼓吹国家主义为名，行帝国主义之实的真面目。1900 年李卜克内西在其最后的演说《世界政策、中国动乱、德兰士瓦战争》中，提出，"舰队和强权政策是十九世纪的特征"，是"资本主义制度的全部公害及对文化的敌视"，③ 是资本主义制度国家化后必然出现的国际现象。李卜克内西提出，资本主义为了维护

---

① 《马克思恩格斯全集》第 33 卷，人民出版社 1973 年版，第 171 页。
② 《马克思恩格斯文集》第 10 卷，人民出版社 2009 年版，第 351—352 页。
③ 中共中央马克思恩格斯列宁斯大林著作编译局编：《马列著作编译资料》第 9 辑，人民出版社 1980 年版，第 199 页。

自身统治，必定会在工人内部寻找代理人，挑唆工人内部矛盾，从而分化瓦解工人阶级的力量。从短期来看，要从工人阶级自身做起，团结是唯一的出路。

在李卜克内西去世的前两年，他的身体已经十分虚弱，但是他坚持同党内修正主义，尤其是同伯恩施坦作斗争。1898 年，伯恩施坦在斯图加特举行的德国社会民主党代表大会上重申其和平实现社会主义的主张。对于伯恩施坦著名的修正主义口号"运动就是一切，人们通常所说的社会主义最终目的是微不足道的"①，李卜克内西提出，运动一定是有目的的，二者缺一不可，相互依存。运动是为了实现目的而存在，而最终的目的则是推翻资本主义制度。

李卜克内西反对以参加资产阶级政府的形式进行阶级斗争，他认为这是对革命的背叛。1899 年，法国社会党领导人亚历山大·米勒兰变节，参与瓦尔德克－卢梭的资产阶级反动政府，担任政府的工商业部长，这在当时的工人阶级内部引起了轩然大波和思想混乱。对此，李卜克内西迅速向工人群众表达了正确的无产阶级革命斗争应持有的马克思主义立场。他提出，"因为资本主义掌握着整个资产阶级世界（资产阶级），所以只要资本主义在统治，一切国家必然是阶级国家，一切政府必然是阶级政府，它们为统治阶级的目的和利益服务，进行拥护资产阶级反对无产阶级、拥护资本主义反对社会主义的……阶级斗争。……社会主义者要是加入资产阶级政府，不是倒向敌人方面，就是使自己屈从于敌人。至少，一个成了资产阶级政府成员的社会主义者，就同我们战斗的社会主义者分离了。他可以依旧自认为社会主义者，但是他不再是社会主义者了"②。

---

① ［德］爱德华·伯恩施坦：《伯恩施坦文选》，殷叙彝编，人民出版社 2008 年版，第104 页。
② ［德］威廉·李卜克内西：《不要任何妥协，不要任何选举协议!》，姜其煌、张舆、毛韵泽译，生活·读书·新知三联书店 1964 年版，第 72—73 页。

1899 年 10 月，德国社会民主党在汉诺威召开的代表大会面临修正主义的严峻挑战。在此之前，由于身体原因，李卜克内西已经很少能参加党内大会了。为了助力倍倍尔的斗争，李卜克内西出席会议并作了发言。他在发言中提出，伯恩施坦已经蜕变为资产阶级改良派，而历史和经济社会发展的过程已经验证了马克思经济理论和唯物史观的科学性，顺从资本主义，向资产阶级妥协，只会削弱工人阶级的力量。

李卜克内西从 20 岁开始通过自学成为社会主义者，从 24 岁起在马克思和恩格斯的影响下，走上了科学社会主义道路，从此，他将毕生精力献给了科学社会主义事业。在他的影响下，其子卡尔·李卜克内西也将自己年轻的生命献给了无产阶级革命事业。

1900 年 7 月，李卜克内西激烈批判德国皇帝威廉二世臭名昭著的"匈奴演说"[1]，同情被侵略被压迫的中国人民，批评德国军国主义的残暴与野蛮。他提出，德国"绝不会通过掠夺而变得强大，也不会变得富有"[2]，而帝国主义对中国的侵略与压迫必将促使中国人民觉醒，"中国革命也意味着世界的大转折"[3]。8 月 7 日，李卜克内西病逝于柏林。在他生命的最后一刻，他还时刻关注着国际无产阶级的命运和世界人民的命运。在他身上充分体现了无产阶级革命家的深切人文关怀和对无产阶级革命前途的坚定信心。在李卜克内西遗体安葬的那一天，15 万多的柏林工人自发走上街头，为他们的"革命士兵"送行。

---

[1] 1900 年 7 月 27 日，德国参与镇压中国义和团起义的远征军在不来梅港登船出发时，德国皇帝威廉二世对瓦德西司令发出指令，说："不要宽恕，也不要捉俘虏！谁要是落入你们手中，谁就遭殃！像一千年前匈奴人在国王阿梯拉领导下声威远播，至今还在传说和童话中威风凛凛一样，德国人的声威也要靠你们在中国流传千年，使中国人永远不敢再对德国人侧目而视。"这段充满血腥的演讲，史称"匈奴演说"。
[2] 中共中央马克思恩格斯列宁斯大林著作编译局编：《马列著作编译资料》第 9 辑，人民出版社 1980 年版，第 199 页。
[3] 中共中央马克思恩格斯列宁斯大林著作编译局编：《马列著作编译资料》第 9 辑，人民出版社 1980 年版，第 227 页。

第五节　奥古斯特·倍倍尔捍卫和
传播马克思主义的贡献

奥古斯特·倍倍尔（1840—1913）是国际工人运动的著名领袖之一，也是德国社会民主党与第二国际的主要领导人，具有杰出的演说才华和辩论能力。马克思在 1871 年 5 月 4 日致李卜克内西的信中表达了他对倍倍尔的赞赏："我们这里对倍倍尔的演说和文章感到**非常**高兴。他在辩论基本权利时的演说很出色；一个工人那样毫无拘束地尽情嘲笑一切神父、容克和资产者，并使自己感到比所有这些人都优越，这的确是柏林泥潭中出现的所有现象中最好的现象。"[①]

倍倍尔不仅有良好的理论素养，还能自觉地将马克思主义同国际共产主义运动实践相结合，将马克思主义基本原理与德国具体实际情况相结合，正确运用马克思主义革命理论与修正主义、机会主义作斗争，为无产阶级革命制定富有创造性的斗争策略。

一　倍倍尔青年时代的思想历程

倍倍尔于 1840 年 2 月 22 日出生在德国科隆附近一个贫穷的普鲁士下士军官家庭。父母早亡，使得品学兼优的他不得不早早辍学，从事手工业劳动。在青年时代的劳作中，他在天主教的帮工协会中收听了学科讲座，阅读了大量报纸，少许弥补了他学科学习的不足。从那时起，他开始"很关心政治"[②]。19 世纪 60 年代，德国自由主义风起云涌，群众性的工人运动重新活跃起来。倍倍尔积极参加德国公开的工人集会和工人教育协会的组织，并初步接受了自由主义

---

① 《马克思恩格斯全集》第 33 卷，人民出版社 1973 年版，第 223 页。
② ［德］奥古斯特·倍倍尔：《我的一生》第 1 卷，薄芝宇译，生活·读书·新知三联书店 1965 年版，第 26 页。

思想，对社会主义不甚了解。

那是一个多种思潮彼此冲击，迸发火花的年代，倍倍尔的思想变化也十分迅速。1863 年，他参与德意志工人协会的创建工作，思想逐渐向马克思主义靠拢。当时在德国很难阅读到马克思的原文，倍倍尔就通过阅读拉萨尔的著作来理解马克思。工人的生活经历和对科学严肃认真的态度保证了倍倍尔在阅读拉萨尔的著作时，没有被机会主义所蛊惑，反而更加坚定了对马克思主义的信仰。1864 年，他接触到马克思的《政治经济学批判》中的一些重要观点。1865 年，他阅读了《国际工人协会成立宣言》。倍倍尔回忆说，这是他本人"爱读的第一个马克思著作"①。

1865 年 8 月，倍倍尔与威廉·李卜克内西结识，催化了他"转变为社会主义者的过程"，使他"越过了拉萨尔而走向马克思"。②在他 1867 年 10 月当选为德意志工人协会联合会主席时，他在思想上已经选择了马克思主义的道路。1869 年 8 月，倍倍尔同李卜克内西一同在爱森纳赫创建德国社会民主工党。1870 年年底，倍倍尔被德国专制当局以"图谋和准备叛国罪"的罪名下狱。在狱中服刑时，倍倍尔彻底认真阅读了马克思《资本论》的第一卷。1872 年 7 月至 1875 年 4 月，倍倍尔被判处"渎君罪"，关入胡贝尔图斯堡要塞监狱。在那里，他又重新学习了一遍《资本论》第一卷，并且阅读了恩格斯的《英国工人阶级状况》。

监狱生涯完成了倍倍尔在精神上的脱胎换骨。他在拉萨尔、穆勒、杜林、卡莱尔、洛伦茨·冯·施泰因、柏拉图、亚里士多德、马基雅弗利、托马斯·莫尔、达尔文、海克尔、毕希纳等人的学说

---

① ［德］奥古斯特·倍倍尔：《我的一生》第 1 卷，薄芝宇译，生活·读书·新知三联书店 1965 年版，第 106 页。

② ［德］奥古斯特·倍倍尔：《我的一生》第 1 卷，薄芝宇译，生活·读书·新知三联书店 1965 年版，第 105 页。

中自觉选择并坚定走向了马克思主义。至此，他的一生就是宣传、捍卫与发展马克思主义科学理论的一生，就是与机会主义作斗争、为无产阶级革命事业不懈奋斗的一生。

二　主张彻底变革社会关系

倍倍尔是具有理论才华的马克思主义革命家，他能够于繁杂的国家、法律、宗教、工会、妇女乃至人口问题的现象中把握问题的核心，即社会关系的变革，而社会关系的核心则是社会经济关系。马克思和恩格斯对他把握事物的敏锐性和客观性格外赞赏。恩格斯在 1890 年 9 月 27 日致左尔格的信中谈道："我不先看倍倍尔关于某一问题的通讯，从来不得出关于德国各种事件的最后意见。他对事实客观的丝毫不带偏见的描述是很出色的。"①

（一）用历史唯物主义观点阐述国家与政党

在倍倍尔还不是一位成熟的马克思主义者时，他对国家组织的认识已经体现了他对马克思主义认识与理解的天赋。倍倍尔的第一本代表作是写于 1869 年的《我们的目的》。这本书尽管带有一些拉萨尔主义的色彩，但明确表达了倍倍尔作为一个社会主义者的国家观点。在书中，倍倍尔提出国家组织仅仅是社会形式的产物的观点，认为主导和统治国家与社会的，都是统治阶级。他认为社会的发展前途应该是将一个资产阶级统治的国家变为一个没有任何特权的"人民国家"。为了实现这个目标，革命是一个恰当的选择。倍倍尔分析提出，工人群众为什么在实际抗争中有时候会表现得懈怠，一个重要原因在于他们的领导人偏狭地将反对专制国家的斗争仅仅看作政治斗争。工人对政治不感兴趣，他们真正关心的是自己的经济状况与地位。而政治上的不平等恰恰是由经济上的不平等造成的，

---

① 《马克思恩格斯全集》第 37 卷，人民出版社 1971 年版，第 474 页。

因此要发动工人群众，掀起工人运动的热潮，必须把握政治斗争背后的根源——经济斗争。这说明，倍倍尔在还没有完全成为马克思主义者时，已经与马克思历史唯物主义世界观与方法论保持了基本一致。

法律关系也是倍倍尔思考的重要社会关系。倍倍尔认为，法律并不是人为的产物，更不可能由个别人出于自私的动机随心所欲地臆造与杜撰。法律有其植根于社会关系之中的基础，而这个基础就是决定谁是统治阶级的经济基础。

捍卫德国社会民主党的地位与权利是倍倍尔的又一项重要工作。为了削弱德国社会民主党在国会中的地位，代表容克地主和大资产阶级利益的政治活动家纷纷散布德国社会民主党是"个别宣传的产物"的荒谬流言。倍倍尔从历史唯物主义基本立场出发反驳道："社会民主党不是人为的，而是我们制度的天然产物，它植根于我们经济的、社会的和政治的状况之中。"① 他提出，德国社会民主党之所以现在产生而不是过去产生，只是因为现在具备了德国社会民主党产生与发展的客观条件，即由于资本主义生产方式的快速发展，造成了贫富差距的空前巨大，阶级对立空前尖锐。

（二）以妇女解放为切入点，批判资本主义社会

倍倍尔对家庭问题和妇女解放十分关注，这也是他研究的重点之一。他写于1879年的著作《妇女与社会主义》在工人运动中流传极广，影响很大。恩格斯对《妇女与社会主义》一书比较推崇。在1884年1月18日致倍倍尔的信中，恩格斯说道："承蒙寄来你的《妇女》一书，多谢。我已津津有味地把它读完了，有很多好东西。

① 中共中央马克思恩格斯列宁斯大林著作编译局国际共运史研究所编：《倍倍尔文选》，人民出版社1993年版，第101页。

你谈到德国工业发展的那些地方，写得特别清楚，特别好。"①

《妇女与社会主义》一书标志着德国社会民主党第一次代表工人阶级提出了彻底消除妇女在政治上和社会上的不平等的要求。更加难能可贵的是，倍倍尔不是单就家庭与妇女来谈论问题，而是以家庭和妇女为切入点，批判资本主义社会，阐发无产阶级的任务。

倍倍尔的妇女思想已经超越了当时其他的妇女运动倡导者的思想。他深刻地认识到，妇女的解放本质上是社会的解放。他认为，实现妇女的完全解放、男女完全平等是社会文明不断发展的目的之一，而地球上没有也不应该有任何势力阻止这一目的的实现。但是这一目的的实现不是孤立的，正如妇女运动不是独立于其他社会运动一样。妇女的独立和工人阶级的独立是一致的。"社会上的一切依附与压迫都来源于被压迫者对压迫者**在经济上的依赖**。"② 只有进行消灭人统治人，消灭资本家统治工人，消灭经济依附的社会变革，人的解放包括妇女的解放才能最终实现。人类充分自由的发展是妇女充分发展的前提。

倍倍尔十分关心工厂女工的社会地位问题。在工厂中，妇女遭受的剥削甚至超过了男人。但是，妇女解放不能孤立地进行。妇女解放将会随着社会主义社会实行的生产方式的彻底变革而实现，对妇女的压迫也将随着对工人整体压迫的消除而消除。在社会主义社会中，男人不再是工厂的奴隶，妇女也不再是家庭的奴隶。

自由主义思想家曾经设想让妇女参与经销活动如站柜台，或者通过让妇女走出工厂，走进办公室等方法来缓解妇女的劳动压力。倍倍尔认为这些岗位更换的措施只能暂时缓解妇女的劳动压力，却无法真正让妇女走出困境。倍倍尔建议通过不断改良生产工具的方

---

① 《马克思恩格斯全集》第36卷，人民出版社1974年版，第89页。
② ［德］倍倍尔：《妇女与社会主义》，葛斯、朱霞译，中央编译出版社1995年版，第4页。

法，降低劳动强度，使劳动由苦恼变成享受；同时，社会要为儿童提供适当的共同监督与教育，才能真正使妇女从繁重的家务劳动中解放出来，获得人的地位。

（三）论证人口过剩的社会经济制度根源

在倍倍尔的时代，马尔萨斯人口论十分流行。该理论试图将资本主义社会民众的饥饿问题归结为人口过剩和粮食等生活资料不足的矛盾。倍倍尔指出，这不是某一个国家的问题，而是资本主义生产关系大发展造成的国际性问题。倍倍尔梳理了在资本主义生产条件下饥饿产生的过程：资本主义生产首先需要的是抢夺大量土地和生产资料，逼迫劳动者失地失产，为了养家糊口，劳动者必须出卖劳动力。在这样无奈的情况下，家庭的生育无法自主。劳动者家庭每增加一口人，便带来一份沉重的负担，产生了一个所谓的过剩的人口幽灵。工人与生产资料、生产工具的分离使得工人在资本主义社会中毫无话语权与主动权，只能被迫随着生产的集中与垄断，被资本家榨取完最后一滴剩余价值后，被无情地赶向街头，成为这个社会又一个抽象的过剩的人口。但是资本家不会理会工人的疾苦，他们考虑的只是如何用更低的成本，更高的效率发展生产。因此，资本家对廉价的、高产的劳动力需求催生了新的人口过剩。

资本主义制度的可怕之处在于它无法阻止人口过剩的趋势，而是"加剧了工人的贫困化和对雇主的依赖性"①。马尔萨斯人口论从学理上站不住脚，从动机上是为资产阶级的凶恶而遮羞。在资本主义生产条件下，"广大群众的贫穷和悲惨生活不是由于粮食和生活资料短缺，而是由于不合理地分配粮食和生活资料，也就是由于不合理的经济制度，这种制度使一部分人占有过多，使另一部分人又十

---

① ［德］倍倍尔：《妇女与社会主义》，葛斯、朱霞译，中央编译出版社1995年版，第484页。

分匮乏"①。因此，倍倍尔总结，饥饿的根源不在于人口过剩，不在于粮食的不足，而在于分配不公，在于人剥削人的经济制度与阶级统治。

三　阐发无产阶级宗教政策

对宗教问题的研究是倍倍尔思想的重要组成部分。他依据马克思主义无神论思想，阐明了基督教与社会主义的矛盾关系，以及应当采取何种无产阶级宗教政策。

19 世纪 70 年代以来，基督教与社会主义的矛盾日趋公开化。倍倍尔认为宗教在事实上充当了压制人类追求自由与独立的工具。当时的天主教神学家威·霍霍夫神父致信倍倍尔，提出基督教和社会主义在追求上是一致的，因此社会主义可以通过宗教的方式而不是革命的方式达到目的。对此，身处胡贝尔图斯堡要塞监狱的倍倍尔撰写了《基督教和社会主义》一文，反驳霍霍夫神父的观点。倍倍尔谈道，神职人员中或许会有"一些人，由于发自内心的极其虔诚的信仰，竭尽全力地履行自己的职责"②，但是这并不能否定宗教为统治阶级服务的本质。倍倍尔强调，工人阶级必须看到社会主义者的目标与基督教的目标截然不同。据此，倍倍尔向霍霍夫神父明言："我不敢苟同您关于基督教和社会主义追求同一目标的观点。基督教同社会主义是水火不容的。"③

为了进一步阐明自己的观点，倍倍尔首先回答了基督教究竟是什么的问题。他没有像其他人那样对基督教作出一个一般性的定义，

---

① ［德］倍倍尔：《妇女与社会主义》，葛斯、朱霞译，中央编译出版社 1995 年版，第 484 页。

② 中共中央马克思恩格斯列宁斯大林著作编译局国际共运史研究所编：《倍倍尔文选》，人民出版社 1993 年版，第 80 页。

③ 中共中央马克思恩格斯列宁斯大林著作编译局国际共运史研究所编：《倍倍尔文选》，人民出版社 1993 年版，第 94 页。

而是从发生学角度通过对基督教的产生、发展与演变进行梳理，揭示出基督教"同其他任何宗教一样，是人创造的"①。当早期人类由于文化水平所限，无法解释某些自然现象时，就会将原因归结为自己设想出来的超感官的神。在试图寻求神的庇佑中产生了一系列的宗教仪式。倍倍尔进一步论述了宗教的物质制约性。即使宗教是人的创造物，但是不同宗教表现出来的特点则是取决于产生"它们的物质生活条件""土壤性质和气候状况"。②

不仅如此，倍倍尔还将矛头指向基督教的内部体系，揭示出基督教本身具有的世俗性质，从而反驳基督教至高无上的神性。倍倍尔指出，基督教从创立之初就充满了内部尔虞我诈的争斗。教徒在外自诩为"善行"的先行者，然而对内则彼此之间风行口角与拳斗。即使是基督教奉若神明的基督，是否在历史上真实存在也是不可论证的。从思想传承上看，倍倍尔认为基督教也没有什么特殊，不过是"苏格拉底和柏拉图以来古代哲学的观点"③。从礼仪形式上看，基督教虽然标榜一神教，却在很多方面都是对过去多神教的模仿与移植。

经过倍倍尔的系统剖析，基督教的神圣光环被擦去。倍倍尔进一步论证了基督教的反动性质。他对比了西班牙在信仰多神教的摩尔人统治下文明发达和在基督教独裁统治下文明荒芜的历史，揭露了基督教是如何以宗教狂热和宗教迫害来阻碍社会发展的。在倍倍尔看来，基督教和其他类型的宗教从本质上说都是"自由和文明的

---

① 中共中央马克思恩格斯列宁斯大林著作编译局国际共运史研究所编：《倍倍尔文选》，人民出版社 1993 年版，第 81 页。

② 中共中央马克思恩格斯列宁斯大林著作编译局国际共运史研究所编：《倍倍尔文选》，人民出版社 1993 年版，第 82 页。

③ 中共中央马克思恩格斯列宁斯大林著作编译局国际共运史研究所编：《倍倍尔文选》，人民出版社 1993 年版，第 86 页。

敌人"①，它们一直在"给进步的文明时期以精神上的打击"②。

倍倍尔对基督教的本质和与社会主义的关系的清晰阐述无疑冒犯了资产阶级的"宗教情感"。他们攻击污蔑德国社会民主党会采取思想压制和暴力强制的手段消灭宗教组织，以期挑起教会与无产阶级政党之间的矛盾。对此，倍倍尔头脑十分清醒，他在《妇女与社会主义》中明确了德国社会民主党的宗教政策。他指出，"宗教是各个时期的社会状况的超验反映。人类的发展进步到了何种程度，社会变化到何种程度，宗教也随之进行相应的变化"③。当人类社会不断进步、科学技术不断发展，尤其是人们"认识到真正的幸福，人民群众又有可能得到这种幸福时，宗教便消失了"④。这样的一个社会只能依靠社会主义才能实现，只有在社会主义社会里，道德法则才能真正应用于人们的生活中。

倍倍尔对基督教的批判不仅是理论斗争，更带有强烈的社会批判意义。他用犀利的语言和平实的论证，科学阐释了马克思主义宗教观，表明了德国社会民主党的宗教政策，向广大工人群众进行了科学的世界观教育。

四　阐述马克思主义斗争策略

经过艰苦斗争，1890 年 10 月，在《反社会党人非常法》被废除后，德国社会民主党获得了合法的组织身份。这时，在党内出现了关于斗争策略的争论，逐渐分化出两个极端派别——以青年派为

---

① 中共中央马克思恩格斯列宁斯大林著作编译局国际共运史研究所编：《倍倍尔文选》，人民出版社 1993 年版，第 90 页。

② 中共中央马克思恩格斯列宁斯大林著作编译局国际共运史研究所编：《倍倍尔文选》，人民出版社 1993 年版，第 86 页。

③ ［德］倍倍尔：《妇女与社会主义》，葛斯、朱霞译，中央编译出版社 1995 年版，第 435 页。

④ ［德］倍倍尔：《妇女与社会主义》，葛斯、朱霞译，中央编译出版社 1995 年版，第 435—436 页。

首的"左"倾无政府主义反对派和以福尔马尔为首的右倾机会主义派别。

青年派又被称作柏林反对派，基地是柏林的德国社会民主党组织，核心成员是以党的理论家和领导者自居的青年大学生和年轻文学家。青年派不重视废除《反社会党人非常法》后德国社会政治环境的变化，一概否定合法斗争形式的积极作用，反对党的议会活动与工会斗争策略，主张急速巷战，推翻现行反动制度。

格奥尔格·亨利希·冯·福尔马尔是第一次世界大战之前，德国社会民主党的著名领导人。他出身贵族家庭，长期在议会中担任议员。他的人生经历与工作经历使得他更倾向于通过和平的、渐进式的道路来实现社会主义。尤其是在《反社会党人非常法》被废除后，他看到社会政治环境变得相对宽松，便以为改良主义路线推行的客观条件已经具备。1891年6月和7月，福尔马尔在德国慕尼黑举行的两次工人运动集会上公开表达了他忠君爱国的沙文主义倾向，主张在国家内外政策上实行机会主义策略。福尔马尔的演讲得到了德国资产阶级的赞赏。对此，恩格斯本希望伯恩施坦能够及时作出批判与回应，但由于伯恩施坦的拖延，文章于8月29日才发出，已经错失批判的最好时机。于是，恩格斯在1891年9月29日至10月1日致倍倍尔的信中鼓励倍倍尔能在今后的斗争中有所作为。

青年派和福尔马尔派的争斗集中表现在1891年10月14—21日的德国社会民主党的爱尔福特大会上，他们对革命纲领和革命策略进行了激烈争论。在恩格斯的指导下，倍倍尔挺身而出，在爱尔福特大会上对两派极端观点进行了严厉批判。

1891年10月16日，倍倍尔在大会上发言，提出党的革命策略不能因为两派的争斗而发生动摇。任何一个政党都必须严肃对待自己的纲领与革命策略。纲领力求稳定与规范，在讨论中可以酌情思考如何表述更加准确科学，但"无疑在原则上不宜有什么新的提法"①。推翻资本主义生产方式与社会制度，建立社会主义生产方式与社会制度，是德国社会民主党的使命与目标，这是建党之初就立下的原则，不可改变。革命策略是有关如何实践的纲领，是实现使命与目标的具体路径。德国社会民主党面临的情况是特殊的。以往的阶级更替是先掌握国家经济命脉，再进行政权更迭。而资产阶级与无产阶级在经济地位上相差悬殊，很难在强大的社会控制下进行经济变革。因此，德国社会民主党只能首先在政治上夺权，再对资产阶级实行剥夺，取得经济权力。因此，倍倍尔总结出无产阶级革命策略的当务之急在于"怎样取得政权"，也就是如何寻找到"一些最有效和最有成果的手段"。②

在爱尔福特大会上，倍倍尔首先批判了青年派的"左"倾冒险策略。他回顾了德国社会民主党的历史发展情况，特别是党在历史上就策略问题所进行的几次争论，批驳青年派无政府主义者关于党的领导人"投降改良""破坏民主"的指责是毫无根据的。倍倍尔分析认为，党内部关于策略问题的讨论始终是民主与公开的，不实行山头主义，不拉帮结派。他以自己的亲密战友、革命的领路人李卜克内西在 1869 年对他自己的批判为例，证明党内民主是存在的。党在 1870 年、1871 年、1873 年和 1874 年召开的代表大会都曾经就策略问题进行讨论，并形成决议。在《反社会党人非常法》实施期间，维登、哥本哈根和圣加伦三次党的代表大会都讨论过党的斗争策略问题，并且作出决议认为，党要参加选举，党在议会里拥有席位的议员绝不能持消极否定态度，而是要竭尽全力，通过合法斗争

---

① 中共中央马克思恩格斯列宁斯大林著作编译局国际共运史研究所编：《倍倍尔文选》，人民出版社 1993 年版，第 266 页。

② 中共中央马克思恩格斯列宁斯大林著作编译局国际共运史研究所编：《倍倍尔文选》，人民出版社 1993 年版，第 267 页。

的形式，以最小的牺牲，从统治阶级那里争取最有利于工人阶级利
益的让步。

倍倍尔就党在"借助工会组织的帮助"进行斗争这个问题的合
理性上与青年派进行了激烈论战，驳斥了青年派无政府主义者对党
的无理攻击。倍倍尔提出，青年派无政府主义者的那种置工会活动
和议会活动于不顾，以迅雷不及掩耳之势推翻现行社会制度的策略，
不仅在实践中无法实现，而且在客观上授人以柄，给了敌人使用暴
力镇压无产阶级的借口。大会对青年派的批判取得了较大成果，作
出了开除青年派首领威纳尔和维耳德贝尔格的决议。

以福尔马尔为首的右倾机会主义主张实施拖延政策，对此，倍
倍尔也是明确反对的。在德国社会民主党爱尔福特大会 1891 年 10
月 19 日的会议上，倍倍尔不无讽刺地指出，福尔马尔对敌人有一种
令人吃惊的乐观，而这种乐观带给德国社会民主党的只有背叛。倍
倍尔坦陈，如果按照福尔马尔的拖延策略，只顾眼前的安逸，放弃
革命的长期目标，那么党将不可避免地堕入腐化的深渊，背叛党设
立时的宗旨。从世界观上看，福尔马尔已经放弃了马克思主义哲学
的世界观和科学社会主义的阶级斗争原则。福尔马尔对斗争形势过
于乐观的误判，对德国社会民主党来说是一场更大的危险，势必削
弱革命斗志，模糊斗争目标，涣散斗争精神，而德国社会民主党
"势必变成一个最坏意义上的机会主义政党"①。在倍倍尔看来，政
党的纲领是政党的脊梁，政党的策略表明政党的勇气，不能让怯懦
折断了脊梁。

倍倍尔与福尔马尔机会主义的论战获得了恩格斯的高度评价。
恩格斯认为这样公开的、旗帜鲜明的论战能健康党的肌体，使党尽

---

① 中共中央马克思恩格斯列宁斯大林著作编译局国际共运史研究所编：《倍倍尔文选》，人
民出版社 1993 年版，第 301 页。

快壮大起来，以至于反对派们已经使用过的招数"可能根本无法再使用"①。这场论战也为后来第二国际革命家们同伯恩施坦修正主义的论战提供了最现实的经验。

需要指出的是，倍倍尔对杜林的小资产阶级改良主义、折衷主义的危害性认识不足，一度同杜林主义划不清界限。1873 年，伯恩施坦在探望狱中的倍倍尔时，为他带去了杜林的《国民经济学和社会主义教程》。杜林主义在一定程度上扰乱了倍倍尔的思想。当马克思和恩格斯意识到杜林主义对无产阶级政党和工人运动的危害十分巨大时，恩格斯暂停《自然辩证法》的写作，从 1876 年 5 月开始撰写《反杜林论》，陆续发表于 1877 年 1 月 3 日至 1878 年 7 月 7 日的《前进报》及其附刊上。在 1877 年 5 月 29 日的德国社会主义工人党哥达代表大会上，杜林派代表莫斯特和瓦耳泰希提出提案，污蔑《反杜林论》激起民众的愤慨，为党和报纸造成了巨大损失，意在阻止《前进报》继续刊载《反杜林论》。倍倍尔作为党的领导成员，并没有及时意识到问题的严重性，试图以一个折衷方案来调和矛盾。他希望《前进报》正刊停止连载《反杜林论》，改由小册子的形式发表《反杜林论》。对此，李卜克内西反对杜林派的提案，适时阻止了倍倍尔的调和行为。李卜克内西在会议上指出"发表恩格斯著作的决定是在 1876 年哥达代表大会上通过的"②，而且"继马克思的《资本论》问世之后，这些反对杜林的论文是来自党内的意义最重大的著作。从党的利益来看，这一著作是必需的"。③ 随后大会通过了经李卜克内西修正的倍倍尔的提案。《反杜林论》的第二编和第三编刊登在《前进报》学术附刊和附刊上。恩格斯在 1879 年 11 月 14 日致倍倍尔的信中将这次理论上的波折不无讽刺地称为"在党代表大

---

① 《马克思恩格斯全集》第 38 卷，人民出版社 1972 年版，第 210 页。
② 《马克思恩格斯全集》第 34 卷，人民出版社 1972 年版，第 498 页。
③ 《马克思恩格斯全集》第 34 卷，人民出版社 1972 年版，第 499 页。

会上关于杜林问题的令人惬意的辩论"①。

尽管倍倍尔在革命生涯中犯过被普列汉诺夫称为"中立"的错误，他在一时之间未能明确和杜林主义划清界限，但是他始终没有偏离无产阶级奋斗的最终目标。对此，列宁评价说："倍倍尔是国际无产阶级运动的一个大权威，是一个很有实践经验的领袖，一个对革命斗争的要求十分敏感的社会主义者，因而当他失足的时候，在百分之九十九的情况下都是自己从泥潭里爬出来的，而且还把愿意跟他走的人拉出来。"②

总的来说，倍倍尔所表现出来的领导才能、理论水平、论战应变能力和革命家的斗志在马克思和恩格斯的战友与学生中，表现得尤为突出。恩格斯甚至在1892年5月28日致肖莱马的信中写道，倍倍尔"是一个很出色的人材，象他这样的人我们还找不到第二个"③。倍倍尔是勇敢的无产阶级斗士。他在长达半个世纪的革命实践中，在阶级斗争最紧要的关头，在马克思主义面临最严峻挑战的时刻，从未退缩，勇于也善于运用他的理论才华和丰富的斗争经验，毫不犹豫地维护、充实马克思主义的基本原理，捍卫无产阶级世界观。

第六节　安东尼奥·拉布里奥拉传播与丰富马克思主义的贡献

安东尼奥·拉布里奥拉（1843—1904）是意大利马克思主义发展史上的重要人物，他在意大利积极宣传与发展马克思主义。由于他的努力，意大利工人运动和马克思主义得以在相对落后的资本主义社会中蓬勃发展。

---

① 《马克思恩格斯全集》第34卷，人民出版社1972年版，第398页。
② 《列宁全集》第16卷，人民出版社2017年第二版增订版，第418页。
③ 《马克思恩格斯全集》第38卷，人民出版社1972年版，第353页。

　　拉布里奥拉对历史唯物主义的阐发富有独特的创造性，他清晰地区分了唯物史观与其他形形色色的理论之间的本质差别，准确理解与评价了《共产党宣言》的历史意义与地位，对科学社会主义的发展趋势作出了历史唯物主义的科学论证，坚信社会主义革命的光明前途，认为随着社会化大生产的发展，资本主义的发展潜力充分挖掘之后，无产阶级革命完全有实力也完全有可能取得最终胜利。

一　拉布里奥拉的早期思想历程

　　进入 19 世纪，西欧各国的资本主义工业化发展迅猛，意大利的发展相对落后。与此相应，意大利的工人运动发展起步也较晚。直至 19 世纪 60 年代第一国际成立之后，意大利工人阶级才开始成长起来。当时社会上占主流的是巴枯宁无政府主义。因此，在 19 世纪 80 年代以前，意大利工人运动的主要领导人多为资产阶级左翼激进分子，而并非马克思主义者。拉布里奥拉是马克思主义在意大利最早期的传播者与解读者之一。他积极投身工人运动之中，协助成立意大利的无产阶级政党。可以说，拉布里奥拉成为坚定的马克思主义者的过程，就是马克思主义在意大利传播发展的过程。

　　拉布里奥拉于 1843 年出生在意大利一个知识分子家庭，父亲博学多识，尤其在哲学、文学与历史上颇有建树，对拉布里奥拉的思想启蒙产生了较大影响。家庭的爱国主义传统也引导拉布里奥拉在今后积极投身于意大利统一与解放运动中。18 岁那年，拉布里奥拉到那不勒斯上大学。大学生涯为拉布里奥拉哲学思想的初步形成打下了基础。1848 年欧洲革命以后，一些意大利思想家回归故乡，并在大学任教，形成了黑格尔主义在意大利的第二次繁荣热潮。拉布里奥拉在大学期间结识了黑格尔派中的一位杰出代表，他的老师贝·斯巴芬达。斯巴芬达在课堂上讲授黑格尔哲学，尤其是辩证法，他引导拉布里奥拉不要将辩证法看作僵死的教条，而应该作为方法论和需要进一步批判与发展的对象。

1866 年，拉布里奥拉与祖籍德国的罗莎丽娅·斯普连格尔女士结婚。在妻子的帮助下，他学会了德文，并开始大量阅读德文书籍，这为他学习研究马克思主义提供了便利。之后，拉布里奥拉又将马克思主义的文献翻译成意大利文，在意大利工人阶级与社会中广泛宣传马克思主义。

在接触马克思主义之前，拉布里奥拉在传统古典哲学中汲取养分。古希腊以来的哲学著作，近代以来笛卡尔、斯宾诺莎、康德以及黑格尔等著作，"他全都如饥似渴地读过并掌握了"①。大量的阅读与思考，使他在 19 世纪 70 年代初就开始思考唯物主义与唯心主义的区别与联系。1871 年，拉布里奥拉撰写了《唯心主义能否成为历史哲学的基础，如果能，那是指什么样的唯心主义？如果不能，其他什么主义能成为历史哲学的基础?》一文，标志着他开始对以往的哲学进行批判。拉布里奥拉向马克思主义的转变不仅源于要解释哲学思想上的困惑，更重要的是，他要在实践中向马克思主义寻求答案与建议。

虽然拉布里奥拉一直在大学从事哲学史的教授与研究，但他不是一个古板的"书斋里的学者"。他非常关注现实社会中发生的新情况、出现的新问题、涌现的新现象。他总是自觉地在实践中寻找新的理论生长点。"拉布里奥拉的社会主义观点不仅仅来自阅读理论著作和出自他本人和人民群众不自觉地向往社会主义。他的社会主义观点产生于对整个历史过程，尤其对与意大利各个事件有联系的历史过程进行了缜密的研究"②。

---

① ［苏］柳·阿·尼基奇切:《拉布里奥拉传》，杨启潾、孙魁、朱中龙译，人民出版社1987 年版，第4 页。

② ［苏］柳·阿·尼基奇切:《拉布里奥拉传》，杨启潾、孙魁、朱中龙译，人民出版社1987 年版，第53—54 页。

在拉布里奥拉的青年时代，意大利一直处于分裂与统一的争斗之中，来自法国、奥地利和西班牙的统治者对意大利分而治之，而意大利人民进行了各种形式的顽强反抗。数次失败后，终于在1870年，意大利人趁着法国参加普法战争无暇顾及之时，夺回了国家的统治权，并最终实现了国家统一。

意大利在统一之后，经济发展进程加快，政治上对无产者的镇压也日趋严厉。出于经济与市场的发展需要，意大利加入了瓜分世界的队伍，尤其是在北非开展了长期的征伐。从国内看，国际上的争夺加剧了国内的经济负担与政治压力，社会不满情绪激增，工人运动风起云涌。1867年《资本论》第一卷出版以后，一些片段传入意大利，开始了早期传播。19世纪80年代中期，部分马克思主义经典著作开始在意大利得以系统翻译与出版。尽管意大利的学者在阐释马克思主义时带有明显的庸俗经济主义和实证主义色彩，但客观上却便于拉布里奥拉这样有鉴别力的学者接触到第一手的理论资料。拉布里奥拉很快从马克思和恩格斯的原著中看到了当时意大利主流学界对马克思主义见解的不足与缺陷，并自觉投入对历史唯物主义的研究中。拉布里奥拉对马克思主义原著的阅读与研究充满了艰辛。在意大利很难获得全面的第一手的马克思和恩格斯著作原文，而翻译作品经常会有一些误读，但是拉布里奥拉从来没有放弃对马克思主义著作的全面研习。

拉布里奥拉真正从"一个不自觉的社会主义者和一个个人主义的强烈反对者"[1]转化为马克思主义者的标志是《历史哲学问题》（1887年）和《论社会主义》（1889年）的出版。在这两本书中，他着重批判了当时社会上流行的实证主义平缓进化论，站在历史唯

---

[1]　《在马克思主义旗帜下》（俄文版）1924年第1期，第41—42页，转引自许征帆等编著《马克思主义学说史》第3卷，吉林人民出版社1987年版，第528页。

物主义立场上解释和论证历史问题及其方法论。同时，他无情地揭开了资本主义"平等""自由"概念背后的矛盾，批判当时在意大利盛行的军国主义政策和民主的虚伪性。他维护工人利益，为争取工人生存权利、文化发展权利、劳动权利以及分配权利制定斗争纲领。

与恩格斯的通信是拉布里奥拉完全摆脱拉萨尔主义和改良主义影响，成为彻底的马克思主义者的又一次关键飞跃。从 1890 年直到 1895 年，拉布里奥拉与恩格斯持续了长达 5 年的通信交流。他给恩格斯寄了自己从 1886 年到 1887 年大学授课的讲稿，同时向恩格斯请教在研读原著中遇到的疑难与困惑。有一次在信中，他还提到在意大利为借不到《神圣家族》而苦恼的事情，可见他在研究马克思主义时的严谨与细致。1890—1891 年，他开始在大学讲授《共产党宣言》，为马克思主义在青年学生中的传播作出了贡献。拉布里奥拉在与恩格斯的通信联系中，获取了关于历史唯物主义较为完整的理解与诠释，尤其是他通过恩格斯的讲解，清楚区分了科学社会主义与其他"主义"和社会思潮的本质区别。1896 年他完成了代表作《关于历史唯物主义》，体现了他对历史唯物主义基本问题的阐释和方法论上的探究。1897 年，《关于历史唯物主义》出版第二年，列宁将此书称作"名著"，普列汉诺夫也于同年为该书专门写了题为《论唯物主义的历史观》的书评，赞誉拉布里奥拉是"彻底的唯物主义者"①。这本书标志着拉布里奥拉马克思主义哲学思想的最终成熟。

二 在意大利研究与传播马克思主义

拉布里奥拉对马克思和恩格斯的经典著作悉心研习达 10 年之

---

① 《普列汉诺夫哲学著作选集》第 2 卷，生活·读书·新知三联书店 1961 年版，第 261 页。

久，逐步对科学社会主义理论形成深刻的认识与见解，并决心向意大利人民传播这一科学理论。为了利于传播和方便民众理解，他尽量用言简意赅的语言来转述马克思和恩格斯思想的基本观点。1895年，他撰写了《纪念〈共产党宣言〉》一文，简要且完整地阐述了《共产党宣言》产生的背景、原因与过程，将《共产党宣言》看作科学社会主义与其他社会学说的分界线。更难能可贵的是，拉布里奥拉用《共产党宣言》诞生后的近50年的历史，论证与补充了科学社会主义对资本主义发展作出的分析与判断。

拉布里奥拉认为，《共产党宣言》的发表，"标志着新时代的开端"①，而"新时代正从现时代脱颖而出，并由于后者固有的内在结构而向前发展着"②。拉布里奥拉并没有将马克思主义视作僵化的教条来套用社会现象，他深刻地认识到"历史经验只能由历史本身来创造，人民既不能通过预见，也不能靠决断或命令来创造"③。他主张用科学理论来启迪无产阶级，不断根据历史时机和时代需求，"采取政治行动并且有规律地向前发展"④。

拉布里奥拉认为《共产党宣言》在马克思主义发展史上具有绝无仅有的地位与作用。在他看来，虽然在《共产党宣言》之前的《神圣家族》《关于费尔巴哈的提纲》以及《德意志意识形态》已经将唯物史观的基本原理清晰呈现，揭示了现代唯物主义世界观的崭新形态，但唯有在《共产党宣言》中，无产阶级的主体地位才得以旗帜鲜明地高扬。拉布里奥拉写道，马克思和恩格斯"以极为朴素

---

① ［意］安·拉布里奥拉：《关于历史唯物主义》，杨启潾、孙魁、朱中龙译，人民出版社1984年版，第1页。
② ［意］安·拉布里奥拉：《关于历史唯物主义》，杨启潾、孙魁、朱中龙译，人民出版社1984年版，第1页。
③ ［意］安·拉布里奥拉：《关于历史唯物主义》，杨启潾、孙魁、朱中龙译，人民出版社1984年版，第2页。
④ ［意］安·拉布里奥拉：《关于历史唯物主义》，杨启潾、孙魁、朱中龙译，人民出版社1984年版，第3页。

的笔触向我们真实地描述了这样的情况：现代无产阶级在当代的历史中是作为具体的主体，作为积极的力量——这种力量所必然采取的革命行动必定把共产主义当作它的必然目标——存在、生存、成长和发展的"①。《共产党宣言》向世界展示了无产阶级"保持着那种刚刚诞生而且还未脱离其诞生土壤的事物所具有的全部真实而又原始的力量"②。无产阶级运动的产生是客观历史条件发展的必然，不由任何学说与思潮所决定。但是《共产党宣言》照亮了无产阶级运动的道路与前途，揭示了无产阶级作为一个革命阶级承担的消灭资产阶级的历史使命。

拉布里奥拉在《共产党宣言》中看到了唯物主义历史观的科学性与真理性。《共产党宣言》宣告了新的历史观的发现，为千百年来，人民群众对美好生活与理想社会的向往提供了科学依据。"至今一切社会的历史都是阶级斗争的历史"③这一科学论断为实现美好未来指明了必由之路。新的历史观成为无产阶级最有力的思想武器，从根本上改变了以往革命的自发性。

三 阐发与捍卫历史唯物主义

1896年，拉布里奥拉完成了著作《关于历史唯物主义》，他对历史唯物主义的理解在该书中得到了集中阐发。在该书中，拉布里奥拉驳斥了各种资产阶级思想家对马克思主义的歪曲与污蔑，用简明有力的语言阐发了历史唯物主义，并进一步补充了唯物史观的前提与实质。

---

① ［意］安·拉布里奥拉：《关于历史唯物主义》，杨启潾、孙魁、朱中龙译，人民出版社1984年版，第7页。

② ［意］安·拉布里奥拉：《关于历史唯物主义》，杨启潾、孙魁、朱中龙译，人民出版社1984年版，第7页。

③ 《马克思恩格斯文集》第2卷，人民出版社2009年版，第31页。

　　拉布里奥拉认为，历史唯物主义揭示了人类历史发展的客观规律，并以此作为任何历史哲学研究的前提与核心。他反对资产阶级学者中流行的"咬文嚼字"的恶习，认为他们对文字细节的纠缠，在真实的历史与社会学科的研究中，会不断地误导读者，从而掩盖了马克思主义的理论精髓。他批评这种对"词句的崇拜、词句的权威常常使事物的活生生的和现实的意义被曲解和化为乌有"①。对文字符号的执着更是将马克思主义教条化的直接原因。

　　拉布里奥拉主张将历史唯物主义看作总体上的世界观与方法论，而不是类似于自然科学中套用公式的术语。人类之所以研究历史哲学，考察社会发展，是为了要"弄清楚与动物生存不同的人类生存的一定条件"，绝不是"发现人的愿望或给它们以评价，而在于设法指出事实本身所包含的必然性"。② 就这样，他发现了历史哲学与历史观研究的关键任务，那就是找出复杂多变的人类社会现象背后隐藏的支配人类社会发展的根本动力与必然规律。他在书中这样描述唯物史观的含义："唯物史观不是别的东西，而是试图借助一定的方式用思维来再现经历过若干世纪的社会生活的起源和复杂化。"③

　　在具体怎么理解历史和用历史观点来解释真实社会时，拉布里奥拉和他的革命导师一样，主张用批判的观点来认识历史。在以往历史学家的叙述中，历史被当作"无根据的杜撰或短时幻想的产物"④。历史唯物主义的革命任务与科学目的是要用现实的力量和真实的主体取代幻想的假定性与偶然性，重现历史发展的客观性与必然性。

---

　　① ［意］安·拉布里奥拉：《关于历史唯物主义》，杨启潾、孙魁、朱中龙译，人民出版社1984年版，第52页。

　　② ［意］安·拉布里奥拉：《关于历史唯物主义》，杨启潾、孙魁、朱中龙译，人民出版社1984年版，第54页。

　　③ ［意］安·拉布里奥拉：《关于历史唯物主义》，杨启潾、孙魁、朱中龙译，人民出版社1984年版，第54页。

　　④ ［意］安·拉布里奥拉：《关于历史唯物主义》，杨启潾、孙魁、朱中龙译，人民出版社1984年版，第56页。

与一些立场激进的派别不同，拉布里奥拉对历史唯心主义的存在作了适当的客观理解，从而更加有理有据地论证了历史唯物主义的科学性与必然性。唯心主义的出现及对社会发展的偏见与遮蔽并非是历史学家主观的虚构与臆造，而是有客观原因的。对此，拉布里奥拉的解释是"历史本身给自己蒙上了这些复盖物，换言之，历史事件的活动者和当事人本身，无论是广大人民群众、统治阶级或阶层、国家的统治者、宗派、狭窄意义上的政党——所有这些人几乎到十八世纪末（除了个别短暂的时刻之外）都意识到了自己本身的活动，只是给它蒙上了一层妨碍认清事件真实原因的唯心主义的覆盖物"[①]。冲破"覆盖物"的遮蔽不是一件轻而易举的事情，马克思主义也是在艰难的理论探索中才最终克服了对历史观的唯心主义态度。一旦冲破了这层屏障，人类社会通往新世界的大门就将豁然打开。

拉布里奥拉认为，历史唯物主义战胜唯心主义，既非偶得也非天启，而是人类社会发展的历史性产物，是人类对自身认识发展的必然结果。唯物史观绝不是马克思和恩格斯在书斋里闭门造车的遐思，而是在资本主义生产力和生产关系矛盾充分暴露的条件下，在充分占有历史资料的前提下，经过艰苦研究而得出的科学结论。唯物主义历史观既是思维上的胜利，更是"新世界产生过程即无产阶级革命的必然后果"[②]。

拉布里奥拉对历史唯物主义的宣传并没有局限于理论本身，而是在书中详细记录了无产阶级革命胜利与失败的曲折经历，描述了马克思和恩格斯的历史观从唯心主义向唯物主义的转变过程，呈现了无产阶级从自发经济斗争向自觉政治斗争的转变历程。他对马克

---

① ［意］安·拉布里奥拉：《关于历史唯物主义》，杨启潾、孙魁、朱中龙译，人民出版社1984年版，第58页。

② ［意］安·拉布里奥拉：《关于历史唯物主义》，杨启潾、孙魁、朱中龙译，人民出版社1984年版，第92页。

思主义的宣传既生动直观，又简单明了，清晰论证了唯物史观与无产阶级革命之间的必然联系。他谈到唯物史观"赋予新的社会革命（它在一定程度上表现在无产阶级的本能意识和它的激昂的自发运动中）的需要以理论形式，而且承认革命的内在必然性，从而改变了革命的观念"①。他充分肯定了马克思和恩格斯对无产阶级革命工作的有力指导，认为是他们发现了唯物史观，并将之彻底运用于无产阶级革命斗争，为无产阶级制定了新的科学的世界观。

四 对社会经济结构的阐发和批判庸俗经济唯物主义

拉布里奥拉对马克思主义社会形态理论的研究颇具个人特色，他将之命名为"社会经济结构理论"。在《关于历史唯物主义》一书中，他系统分析了《德意志意识形态》《共产党宣言》《〈政治经济学批判〉序言》《资本论》以及《反杜林论》等著作中的社会形态理论，提出"不是人们的意识的形式决定他们的社会存在，而是相反，他们的存在决定他们的意识（马克思语），这一论点是无可争辩的"②。从这一马克思主义的基本立场出发，能够正确找到物质资料生产这一决定历史发展的根本要素。拉布里奥拉将物质资料生产及在其基础上构筑的经济基础概括为社会经济结构。他从两方面论证了"社会经济结构"。第一，社会经济结构在人为的环境里直接规定着人类的实际生活，造就了"阶级的形成、冲突、斗争和消灭，法和道德领域的协调关系的相应发展，以及一些人通过暴力和强力控制另一些人的种种原因和形式"③，进而构成了国家的本质；第

① ［意］安·拉布里奥拉：《关于历史唯物主义》，杨启潾、孙魁、朱中龙译，人民出版社1984 年版，第 13 页。

② ［意］安·拉布里奥拉：《关于历史唯物主义》，杨启潾、孙魁、朱中龙译，人民出版社1984 年版，第 63 页。

③ ［意］安·拉布里奥拉：《关于历史唯物主义》，杨启潾、孙魁、朱中龙译，人民出版社1984 年版，第 119 页。

二，社会经济结构决定了宗教、文学、艺术、科学等上层建筑的存在方式。

拉布里奥拉对马克思和恩格斯唯物史观的阐释既不是简单地重复，也不是机械地套用，而是与庸俗化马克思主义的谬误进行坚决斗争。他提出，绝不能对经济因素的决定作用作形而上学的曲解，而应该作辩证的理解。无论是像国家、政法等被经济因素直接决定的对象，还是诸如艺术、宗教、文学、科学这样被经济因素间接决定的对象，一旦存在，便具有了相对独立性。

拉布里奥拉进一步提出，唯物主义辩证法是理解社会现象的重要方法论，一定要防止将马克思主义简单化与庸俗化。他主张应历史地理解经济，坚决反对社会上流行的经济唯物主义，反对将经济因素看作解决所有问题的唯一的万能钥匙。他指出，经济唯物主义的倾向本质上是一种形而上学的思维方式。历史是复杂因素的交织，绝不可能简化为一道单纯的算式题。经济唯物主义将社会关系简单化，认为社会其他存在都是经济关系的"点缀品、辐射和反映"[1]。拉布里奥拉敏锐地认识到，经济唯物主义实际上是"用非常粗糙的和直线的方式表达说法"，并且授人以柄，"给那些把这种说法当作方便稻草人的唯物主义的敌人帮了忙"[2]。

拉布里奥拉既能静心于书斋，潜心研究马克思主义理论，与反马克思主义观点坚持斗争，亦能走出书斋，走进人群，投身意大利无产阶级革命运动。恩格斯高度称赞拉布里奥拉是"一个严肃的马克思主义者"[3]。他的著作与他对意大利工人运动的指导与帮助，对

---

[1] ［意］安·拉布里奥拉：《关于历史唯物主义》，杨启潾、孙魁、朱中龙译，人民出版社1984年版，第121页。

[2] ［意］安·拉布里奥拉：《关于历史唯物主义》，杨启潾、孙魁、朱中龙译，人民出版社1984年版，第121页。

[3] 《马克思恩格斯全集》第39卷，人民出版社1974年版，第183页。

意大利马克思主义的传播、宣传与发展有着重要意义。

虽然拉布里奥拉在哲学思想上并未完全摆脱不可知论的影响，甚至认为事物的内在本质具有不可被认识的部分，但是他的思想在整体上坚持历史唯物主义的立场，捍卫马克思主义的哲学基础，为宣传、捍卫马克思主义作出了重要贡献。拉布里奥拉作为意大利马克思主义思想传播的创始人被载入史册。

第七节　弗兰茨·梅林传播马克思主义的贡献

弗兰茨·梅林（1846—1919）是德国社会民主党卓越的马克思主义思想家、理论家，是国际共产主义运动史上的重要领袖。梅林长于史著，是第一位系统研究和阐发马克思主义历史的研究者。他的卓越著作《马克思传》是历史上第一本专门研究马克思思想发展史的文献。在这本传记中，梅林运用历史唯物主义立场、观点和方法，将马克思主义创始人的革命实践与历史条件紧密结合起来，研究马克思主义思想的形成与发展。他在《马克思传》中写道："马克思之所以无比伟大，主要是因为思想的人和实践的人在他身上是密切地结合着的，而且是相辅相成的。同样无疑的是，在他身上，作为战士的一面是永远胜过作为思想家的一面的。"① 可以说，梅林是马克思主义发展史的开拓者与奠基人之一。

一　梅林的思想发展历程

梅林的思想发展经历了一个较为曲折与漫长的过程。梅林出生于德国波美拉尼亚省一个官僚家庭，在莱比锡大学和柏林大学接受系统的哲学、历史学和文学教育。他学习刻苦，成绩优异，获得哲

---

① ［德］弗·梅林：《马克思传》，樊集译，持平校，人民出版社1965年版，第4页。

学博士学位。普鲁士王国和容克地主的历史与文化是梅林早期研究的主要对象，他也因此在思想上靠近资产阶级民主主义和人道主义，与当时的民主主义者约翰・雅科比、格维多・魏斯交好，并为他们创办的报纸撰稿。

1869 年，梅林在资产阶级左翼报纸《未来报》担任编辑，积极参与政论活动。此时的他仍然持民主主义立场，尚未接受马克思和恩格斯的学说，幻想能够通过走改良道路把专制德国改变为民主主义共和国。

进入 19 世纪 70 年代，梅林的哲学世界观逐步由资产阶级唯心主义转向费尔巴哈唯物主义。这一时期，他结识了威廉・李卜克内西，成为德国社会民主党的同情者。1875 年爱森纳赫派与拉萨尔派实行了合并，他写信表示祝贺，却没有加入合并后的这一政党。1875 年梅林匿名出版了小册子《歼灭社会主义者的冯・特赖奇克先生和自由主义的最终目的》。马克思阅读后，在 1877 年 8 月 1 日致恩格斯的信中提到了他对梅林的首次评价："你大概已收到了梅林的书。今天再给你寄去一本驳斥特赖奇克的小册子。它写得枯燥、肤浅，但在某些方面还有点意思。"[①] 马克思对梅林的初次评价恰如其分地概括了梅林当时的思想状况。

1878 年，俾斯麦政府实施了针对德国社会民主党人的"非常法令"，对无产阶级与革命者进行残酷镇压。德国社会民主党人领导工人阶级与专制政府进行斗争，让梅林看到无产阶级身上的铮铮铁骨与革命斗志。他深深为之震撼，渐渐认识到马克思主义具有强大的理论生命力与战斗力。从 19 世纪 80 年代起，梅林开始认真研读马克思和恩格斯的著作，主动与马克思和恩格斯通信，谈论理论作品，交流思想心得，开始储备无产阶级革命理论。

---

① 《马克思恩格斯全集》第 34 卷，人民出版社 1972 年版，第 65 页。

1885—1889 年，梅林积极在报纸杂志上发文，与俾斯麦专制反动政府进行坚决斗争，即使遭遇住宅查抄，也从不退缩。1890 年的"林达乌事件"标志着梅林思想的彻底转变。他在对当时社会上颇有权势的反动文人保尔·林达乌的批判中重新思考了资本主义社会，并毅然与资产阶级决裂，开始了向社会主义者的转变。1891 年，梅林正式加入德国社会民主党，并在《新时代》从事编辑和撰稿人工作，杂志撰写了大量分析社会现实和宣传科学社会主义的社论。恩格斯在 1892 年 3 月 8 日致倍倍尔的信中高度评价梅林的社论，他称赞梅林"为《新时代》撰写的社论确实是十分精彩的，我们每次都以迫不及待的心情等待这些社论"[①]。

梅林善于将科学社会主义的观点融入历史写作中，他撰写《莱辛传奇》和《德国社会民主党史》，与德国社会民主党内盛行的修正主义进行坚决斗争。随着党内修正主义风潮日盛，梅林被迫于 1907 年辞去《莱比锡人民报》主编的职务。1914 年，德国社会民主党议会团向德国政府妥协，公开背叛无产阶级革命，对政府军事拨款法案投了赞成票。德国社会民主党右派的这一行为导致了德国社会民主党的分裂。1915 年 3 月 5 日，在柏林召开了德国社会民主党左派代表会议，主要参会者为卡尔·李卜克内西、梅林、敦克尔等。这次会议促使一些地方左派建立了联系，并作出了创办《国际》杂志的决定。1915 年 4 月，梅林主导和参与创办了《国际》杂志，将大部分德国左派社会民主党人团结在周围，同德国社会民主党右派首领和资产阶级反动派进行理论斗争。因此当时，左派又称作国际派。1916 年起，国际派开始出版署名为斯巴达克的《政治书信》刊物。后来这本刊物被称为《斯巴达克信札》。左派因此得名斯巴达克派。1918 年 12 月 29 日，斯巴达克派经秘密代表会议，决定退出独

---

① 《马克思恩格斯全集》第 38 卷，人民出版社 1972 年版，第 297 页。

立社会民主党和成立自己的政党。12 月 30 日，斯巴达克派正式改组，成立德国共产党，梅林是主要的创始人和参与者。

二 批判资产阶级学者对历史唯物主义的歪曲

19 世纪 90 年代，资产阶级学者对马克思主义，尤其是对历史唯物主义进行疯狂攻击和肆意歪曲，第二国际在理论上面临巨大挑战。梅林在《保卫马克思主义》一书中对此情景进行了描述："资产阶级世界今天对待历史唯物主义，差不多就象它在前一代对待达尔文主义，在半代前对待社会主义一样。它辱骂历史唯物主义，而不了解它……对于历史唯物主义，它仍认为可以用既愚蠢而又廉价的说法来加以攻击。"[①]

面对这样的理论挑战，梅林和其他理论家一道，勇敢地站出来，扛起了捍卫马克思主义的大旗。梅林自从转变成为马克思主义者之后，便成为马克思主义的坚定信仰者。他认为历史唯物主义是马克思最大的科学业绩，就如同达尔文对自然科学所做的一样。为了捍卫历史唯物主义，梅林不畏反动思潮的攻击和反动政府的恐吓，以理论论战的方式，坚决抵制错误思潮，用唯物主义历史观论证了马克思主义理论本身产生发展的必然性。恩格斯认为梅林的论战十分有意义，他在给倍倍尔的信中写道："绝不能让这样一支犀利的笔销声匿迹，或者浪费在对一些鄙俗的小说家的批评上。"[②]

梅林批判的第一个对手是在德国颇有声誉的"第一流大学的第一流国民经济学教师"的阿道夫·瓦格纳。瓦格纳的专业领域是经济学和财税制度，但他企图在歪曲攻击唯物史观的基础上重建资产阶级唯心史观。瓦格纳的思想引起了梅林的关注。1892 年，瓦格纳在德国福

---

① ［德］梅林：《保卫马克思主义》，吉洪译，人民出版社 1982 年版，第 3 页。
② 《马克思恩格斯全集》第 38 卷，人民出版社 1972 年版，第 297 页。

音社会党大会上大肆污蔑历史唯物主义，将唯物史观歪曲为历史的编造与剪裁，认为唯物史观只见物，不见人，是将人矮化为毫无思想的历史玩物的世界观。对此，梅林轻而易举地看透了瓦格纳用新形式包裹陈腔滥调的本质，并对此谬论进行了有理有据的反驳。

针对瓦格纳提出的唯物史观是历史的编造，梅林指出唯物史观恰恰消灭了历史上一切任意的编造与拼接。瓦格纳之所以会产生这样的错误，是因为他将唯物史观看作一成不变的教条，而没有看作历史研究的方法。梅林进一步提出，社会是复杂的有机体，绝不是瓦格纳所认为的那样只有两个对立的阵营，只有两个利益矛盾的阶级，而是由各种不同利益集团、党派与阶级构成的，因此既不可能，也不应该按照某一个规则来进行任意书写与编造。与唯物史观相反，恰恰是唯心史观企图用死板的公式来套用复杂的人类生活。

针对瓦格纳提出的唯物史观对人的主观能动性的抹杀，梅林反驳道，"历史唯物主义是承认最广义的观念力量的"[1]，从未否认人与观念对物质的反作用。

不仅如此，梅林还深入探讨了在唯物史观的理论体系中，人类行为的动机和观念的来源。他指出"历史唯物主义完全不否认观念力量，只不过要把它追究到底，要弄明白观念是从那里汲取力量的"[2]。人绝对不是瓦格纳所说的是历史的毫无思想之物；相反，社会的发展、人类的进步，离不开人对自然支配权的增强。"迄今的社会的发展并不是把人类当作无意志的玩具的死的机构。"事实上，"人类的精神渐渐掌握了对自然的死的机构的统治，而精神对生产过程的支配无论是过去和现在都在逐步实现人类世代的进步发展"[3]。

---

① ［德］梅林：《保卫马克思主义》，吉洪译，人民出版社1982年版，第25页。
② ［德］梅林：《保卫马克思主义》，吉洪译，人民出版社1982年版，第27页。
③ ［德］梅林：《论历史唯物主义》，李康译，生活·读书·新知三联书店1958年版，第20页。

但是，观念的力量与人的主观能动性不能超越物质的界限和社会发展的历史进程，绝不是唯心史观所主张的具有决定社会存在的决定力量。"人的精神产生于物质的生产方式，并且靠着它、与它一道发展"①。为了更清楚地说明这个问题，梅林详细考察了历史上人所共知的重大发明与创造，最终证实，这些发明与创造并非从天而降改天换地的神力，而是社会变革的必然产物，从而验证了物质生产方式对精神观念的决定性作用。

瓦格纳还从道德领域攻击唯物史观。梅林明确指出瓦格纳在混淆概念。梅林强调历史唯物主义不但不否认道德力量，甚至最先"使人能认识道德推动力"②。唯物史观并不抽象地否定一切道德标准，而是主张历史研究要避免一成不变的道德教条束缚。道德标准不是故步自封的教条，而是随着具体社会状况和时代特征的变化而不断变化的。因此，在做历史研究时，绝不能以现在的道德标准来评价过去的时代。正是在这个意义上，唯物史观才提出历史学家要尽量做到客观，避免道德规范的束缚。对于一般的道德规范与教化，唯物史观充分肯定其对社会进步的推动作用。在唯物史观的视野里，道德和其他精神观念一样，都是物质生产方式的产物，评判某种行为是否道德，要看这种行为是否有利于社会生产与发展。因此，历史唯物主义能够"对于每一个历史人物都是公正的，因为它懂得怎样去认清决定他们的行为或不为的动机，因此它能够细致地描绘出这种行为或不为的道德背景，这是唯心派历史家们的粗糙的'道德标准'所绝不能够办到的"③。

---

① ［德］梅林：《论历史唯物主义》，李康译，生活·读书·新知三联书店 1958 年版，第21 页。

② ［德］梅林：《论历史唯物主义》，李康译，生活·读书·新知三联书店 1958 年版，第30 页。

③ ［德］梅林：《论历史唯物主义》，李康译，生活·读书·新知三联书店 1958 年版，第30 页。

　　资产阶级社会学家保尔·巴尔特对历史唯物主义的攻击在社会上造成了很坏的影响，梅林对此也作出了有针对性的批驳。巴尔特反对历史唯物主义主张的经济对政治、宗教、道德等的决定作用，反对马克思作出的生产资料所有制是生产关系的法律表现的科学论断。巴尔特提出所谓的政治决定论，主张政治决定经济，法律并不必然与所有制相符，道德宗教超越物质条件限制等。

　　针对巴尔特将马克思主义看作庸俗经济决定论的观点，梅林进行了细致的批驳。梅林提出，唯物史观并不是将经济视为单方面起决定作用的宿命论，而是既强调经济因素的主导地位，又肯定观念力量的反作用。因此，唯物史观绝不是巴尔特所污蔑的将人视作"经济的奴隶"。

　　针对巴尔特主张的政治决定论，梅林发挥他历史学研究的优势，从大量史实入手，包括巴尔特所引用的历史资料，论证了历史唯物主义并不否认政治、文化、法律、道德乃至宗教在社会历史发展中的重要作用，但是，"这些推动力归根结底是由另一种推动力、即经济推动力所决定的"①。因此，政治斗争也是从经济关系中产生的，并依赖经济关系而发展。

　　巴尔特否定经济对宗教和道德的决定作用，认为这是两种特殊的思想观念范畴，具有独立于经济的特性。梅林一针见血地指出，巴尔特将宗教和道德无限上升神化的根本用心在于否定物质生产关系的决定性作用。梅林分析指出，道德因素是思想观念的一部分，即使有其特殊性，也不能超越精神本身的界限。宗教同样如此。巴尔特以东方宗教体系中的特权教士阶层为例，试图论证是宗教特权决定了社会物质存在。梅林从同样的事例出发，进行历史唯物主义的科学分析，指出东方教士的特权并不是宗教赋予的，根源还在于

①　［德］梅林：《保卫马克思主义》，吉洪译，人民出版社1982年版，第45页。

经济状况。

三　在批判新康德主义中捍卫历史唯物主义

19世纪末，马克思主义哲学阵营内部出现了理论分化，其中以伯恩施坦为首的修正主义打着"补充"马克思主义理论的旗号，歪曲历史唯物主义。修正主义者善于运用的理论武器是新康德主义，他们高喊"回到康德去"的口号，以此来遮蔽马克思主义的科学性。为此，梅林与新康德主义进行了不屈不挠的斗争，捍卫了历史唯物主义。

新康德主义本质上属于唯心主义流派，强调唯心主义是哲学的最终归宿。新康德主义以康德的主张，即事物不具有绝对客观性为依据，颠倒物质与意识、主观同客观的辩证关系。在社会动力方面，新康德主义将唯物史观绝对化为庸俗的经济唯物主义，将历史唯物主义视作逻辑谬误。如新康德主义的代表人物李凯尔特写道，唯物史观显示出来的是，"把历史仅仅当作经济史，因而当作自然科学的作法是如何没有根据"①。新康德主义反对科学社会主义，主张推行伦理社会主义，试图用伦理来代替阶级斗争和暴力革命，而这一点成了伯恩施坦等人的有力武器，用来裁剪修正马克思主义和科学社会主义。在伯恩施坦看来，"道德是一个能起创造作用的力量"②，因而工人运动与暴力革命可以为纯粹的文化运动所代替，社会进步无非是伦理的更替。更进一步，伯恩施坦将马克思和恩格斯的早期著作称为最初形态，认为其过分强调经济因素，而将他们的晚期著作称为成熟形态，认为其开始逐渐重视非经济因素。伯恩施坦割裂

---

①　［德］H. 李凯尔特：《文化科学和自然科学》，涂纪亮译，商务印书馆1986年版，第100页。

②　［德］爱德华·伯恩施坦：《伯恩施坦文选》，殷叙彝编，人民出版社2008年版，第90页。

了马克思和恩格斯思想体系的完整性，其真实目的是要以改良代替革命与斗争，本质上是投降主义。

看到此种情景，梅林异常清醒，他一针见血地指出，"回到康德去"的实质是为了"绞杀整个社会主义"，是一种"想回到十八世纪的极其不幸的自欺中去的垂死挣扎"；① "回到康德的伦理学去——那就是意味着企图用一件小孩子穿的破衣烂衫去掩蔽一个巨人的身体"②。

针对修正主义将新康德主义导向社会主义的做法，梅林指出，新康德主义与社会主义在本质上是不同的。他在《康德和社会主义》中写道："康德的这一'崇高而简单的'公式，可以用来作各种消遣性的思想游戏和训练，……但企图由这句话里从历史上或逻辑上推论出社会主义来，那是明显的荒谬。"③ 新康德主义将康德的绝对命令无限神化了。如果不通过阶级斗争将工人阶级真正从压迫中解放出来的话，人是目的而不是手段的命令只能是一句漂亮的空话。在这个意义上，梅林用嘲弄的口吻讽刺了新康德主义的自以为是：康德对于人是目的的名言"对于德国社会主义的建立没有丝毫促进作用，但对于自由主义、尤其是反社会主义的自由主义的建立则提供了许多的基石"④。而这种所谓的自由，将工人阶级排斥在外，无一不体现着虚伪。梅林对伦理社会主义的批判并未止步，他进一步指出，康德的绝对命令实际上是摩西十诫的翻版，是基督教原罪说的变种。新康德主义恰恰是资产阶级唯心史观的逆流，是将符合 18 世纪小资产阶级生活条件的产物生搬硬套在 19 世纪德国资本主义大生产的历史条件下的错误做法。梅林从伦理学领

---

① ［德］梅林：《保卫马克思主义》，吉洪译，人民出版社 1982 年版，第 106 页。
② ［德］梅林：《保卫马克思主义》，吉洪译，人民出版社 1982 年版，第 143 页。
③ ［德］梅林：《保卫马克思主义》，吉洪译，人民出版社 1982 年版，第 106 页。
④ ［德］梅林：《保卫马克思主义》，吉洪译，人民出版社 1982 年版，第 102 页。

域挖掘出新康德主义的理论局限，从源头上清算了新康德主义与修正主义的理论谬误。

　　针对伯恩施坦别有用心地将马克思和恩格斯思想划分为早期、晚期两个时期，并将其对立起来的做法，梅林也进行了坚决批判。他认为这是由于伯恩施坦对马克思和恩格斯的思想理解得不充分造成的。梅林指出，马克思和恩格斯的思想是一以贯之，一脉相承的，他们从没有否定意识的作用，也从没有将历史简单地看作经济决定论，马克思主义始终强调物质与意识的辩证统一性。

四　以历史唯物主义研究历史问题

　　梅林将历史唯物主义作为活生生的科学的世界观方法论指导，探索了许多前人未曾涉及的领域，拓宽了唯物史观的研究范围。梅林从 1891 年开始在《新时代》上连载《莱辛传奇》。该书依据历史唯物主义的科学方法，以德国 18 世纪伟大的文学家莱辛生活的时代特征、生产方式、阶级关系和政治制度为研究对象，将莱辛从资产阶级"传奇"的迷雾中"拯救"出来，还原了一个真实存在的莱辛。梅林不仅将莱辛作为研究的主要对象，同时将莱辛作为线索，串联出当时的德国和欧洲的社会经济、政治、文化状况。恩格斯对《莱辛传奇》的发表感到非常欣喜，他在 1892 年 3 月 16 日致倍倍尔的信中说："梅林发表在《新时代》上的《莱辛传奇》我已读过，感到十分满意。这的确是一篇出色的作品。……二十年来唯物史观在年轻党员的作品中通常只不过是响亮的词藻，现在终于开始得到恰当的应用——作为研究历史的引线来应用。"①

　　梅林是最早研究马克思主义发展史的重要理论家之一，他将马克思主义思想的发展与时代的风起云涌、与工人运动的汹涌澎湃看

---

① 《马克思恩格斯全集》第 38 卷，人民出版社 1972 年版，第 310 页。

作一个整体进行考察，用历史唯物主义作为研究工具探索了马克思主义哲学的起源与发展，成为马克思主义发展史的重要奠基人。梅林的历史学研究并不局限于史料搜集与资料整理，而是运用历史唯物主义来阐述历史发展规律。他撰写的篇幅巨大的《德国社会民主党史》四卷本是后人研究德国工人阶级运动的一手材料。在《德国社会民主党史》中，马克思和恩格斯的革命活动不是孤立的个人行为，而是与工人阶级革命实践相互促进的。作为马克思和恩格斯的战友，梅林在《马克思传》中以通俗简明的语言，珍贵丰富的史料，生动形象地描摹了马克思的经历与思想形成，为研究马克思的生平、背景、思想脉络与发展提供了翔实的研究资料。

梅林是第二国际最重要的马克思主义理论家之一，他转变为马克思主义者之后，为捍卫和发展历史唯物主义作出了重要贡献。他对历史唯物主义不仅是"真信"，而且是"活学"，还做到了"活用"。他以通俗的语言在民众中宣传马克思主义，帮助知识水平有限的工人群众更加准确地理解马克思主义。他坚持对马克思主义进行整体性把握，一方面批判庸俗经济决定论的偏狭；另一方面清算唯心主义对物质存在的否定。在梅林的思想体系中，社会存在决定社会意识和社会意识反作用于社会存在是一个整体性的存在，不应割裂开来，互相对抗。

梅林在理论研究中也存在一些缺陷，例如他对辩证唯物主义的研究与论述不足，他对拉萨尔和巴枯宁的机会主义观点认识不够深刻，甚至认为马克思和恩格斯对待他们两人过于严厉。梅林过高估计了拉萨尔在三月革命中的作用，且在爱森纳赫派与拉萨尔派的斗争中倾向于拉萨尔派，在较大程度上否定了爱森纳赫派坚持阶级斗争的策略。而在《德国社会民主党史》第二卷第三章"斐迪南·拉萨尔"中，梅林对拉萨尔也多有溢美之词，如"马克思是用剑对敌人做致命一击，而拉萨尔在用剑斩下敌人的首级以前，先在太阳光下把剑挥舞一番"，当"马克思已经说出了所有必要的话"时，"拉萨尔让同样的思想在炫目的光辉中嬉戏，也不是多余的"。[①] 他还将拉萨尔的著作与马克思的《政治经济学批判》相提并论。这些含混模糊的认识遮蔽了拉萨尔区别于马克思主义的本质。

虽然梅林的思想存在着明显的局限性，但是他对历史现象所作的历史唯物主义研究，他对研究历史现象的独立见解和客观的批判态度成为那个时代，直至现在马克思主义学者的榜样。梅林在成为马克思主义者之后，他始终奋战在捍卫马克思主义的前线，将历史唯物主义贯穿研究始终，奠定了马克思主义发展史的学科基础。

从欧洲到美洲，从发达资本主义到资本主义相对落后的薄弱环节，马克思主义的科学理论在应用于无产阶级革命运动的实践中不断发展与创新。沃尔弗、魏德迈、狄慈根、李卜克内西、倍倍尔、拉布里奥拉和梅林等主要马克思主义者为促进马克思主义广泛传播、丰富发展马克思主义理论作出了重要的理论贡献与实践探索。其实马克思主义的影响远不止于此。如肖莱马为自然辩证法的发展作出了重要贡献；俄国的普列汉诺夫思想成熟的标志便是"一元论历史观"的提出；"革命之鹰"罗莎·卢森堡以马克思主义理论为武装，在反对资本主义、机会主义、帝国主义世界大战的斗争中，始终英勇奋战在第一线。

19 世纪末 20 世纪初，是一个思想相互激荡，民意澎湃汹涌，世界格局剧烈变革的时代，也是马克思主义不断发展并应用于实践的重要时期。马克思主义两位创始人辞世之后，经过他们战友的努力，马克思主义在世界范围内得以传播，马克思主义的影响力不断扩大，

---

① ［德］梅林：《德国社会民主党史》第 2 卷，青载繁译，生活·读书·新知三联书店 1964 年版，第 150 页。

逐渐成为国际工人运动和各国无产阶级革命运动的主导思想。不久后，以列宁为代表的马克思主义者，创新发展了马克思主义理论在实践中的应用，在资本主义最薄弱的环节打开了一个缺口，有力推动了马克思主义在 20 世纪的重大发展，谱写了马克思主义在新的历史阶段波澜壮阔的篇章。

马克思恩格斯生平大事记

1818 年

5 月 5 日　卡尔·马克思出生于普鲁士王国莱茵省的特里尔市。

1820 年

11 月 28 日　弗里德里希·恩格斯出生于普鲁士王国莱茵省的巴门市（今伍珀塔尔市）。

1830 年

10 月　马克思进入特里尔中学学习。

1834 年

10 月　恩格斯进入埃尔伯费尔德文科中学学习。

1835 年

8 月 12 日　马克思在特里尔中学的毕业考试上写作了题为《青年在选择职业时的考虑》的作文。

10 月 15 日　马克思进入波恩大学法律系学习。

1836 年

10 月 22 日　马克思转入柏林大学法律系攻读法律专业。

1837 年

4—8 月 马克思钻研黑格尔哲学，参加青年黑格尔派活动，结识了其代表人物鲍威尔兄弟等人。

9 月 15 日 恩格斯辍学，到他父亲的商行做练习生。

1838 年

7 月中—1841 年 3 月下半月 恩格斯在不莱梅一家大型贸易公司见习。他利用业余时间研究文学。

1839 年

年初—1841 年 3 月 马克思开始研究希腊哲学，到 1840 年年初完成了 7 本笔记，后人将之称为《关于伊壁鸠鲁哲学的笔记》。1841 年 3 月底，完成了博士论文《德谟克利特的自然哲学和伊壁鸠鲁的自然哲学的差别》的写作。

3 月 恩格斯在《德意志电讯》上发表了他的第一篇政论文章《伍珀河谷来信》。

1841 年

3 月 30 日 马克思从柏林大学毕业。

下半年 马克思研究费尔巴哈的著作《基督教的本质》。

9 月底—1842 年 10 月 8 日 恩格斯在柏林开始了一年制志愿兵的服役生活。服役期间，恩格斯利用业余时间在柏林大学旁听哲学课并参加青年黑格尔派的活动。撰写了《谢林论黑格尔》《谢林和启示》等著作，对谢林作了尖锐的批判。

1842 年

1 月底或 2 月初—2 月 10 日 马克思撰写《评普鲁士最近的书报检查令》一文。这是马克思写的第一篇政论文章，批判普鲁士政府 1841 年 12 月 24 日颁布的新书报检查令。

3 月 马克思开始为《莱茵报》撰稿，10 月 15 日担任该报编辑。在他的影响下，《莱茵报》的革命民主主义倾向日益明确。

6 月 15 日前后 恩格斯写作《评亚历山大·荣克的〈德国现代文学讲义〉》，这是恩格斯在青年黑格尔派的政治哲学杂志《德国科学和艺术年鉴》上发表的唯一一篇文章。

10 月 马克思撰写《第六届莱茵省议会的辩论（第三篇论文）。关于林木盗窃法的辩论》，这篇论文第一次站在贫困群众的立场维护他们的物质利益，并推动了马克思从事政治经济学的研究。

11 月下半月 恩格斯从德国前往英国曼彻斯特经商，途经科隆时，与马克思初次见面。由于马克思当时正在反对鲍威尔兄弟，恩格斯被误认为是他们的盟友，因此此次会面"十分冷淡"。

11 月底 马克思与所谓"自由人"的黑格尔左派分子组成的柏林小组决裂。黑格尔左派分子彻底坠入了脱离实际生活和政治斗争的唯心主义哲学。

12 月底—最迟 1843 年 1 月 26 日 马克思撰写《摩泽尔记者的辩护》，发表在 1843 年 1 月的《莱茵报》。这篇文章被认为是马克思关于调查研究的开篇之作，表明了马克思在青年时代就逐步确立起为受苦难的下层民众代言的鲜明立场。

1843 年

3 月 17 日 马克思退出《莱茵报》编辑部，退出声明发表于 3 月 18 日的《莱茵报》。4 月 1 日，《莱茵报》被普鲁士政府查封。

3月中—9月底　马克思在莱茵省的克罗伊茨纳赫撰写《黑格尔法哲学批判》。这是马克思批判黑格尔哲学的第一部著作。

5月　恩格斯在《瑞士共和主义者》杂志上发表了四篇通讯，题为《伦敦来信》。

5—9月　马克思集中研究了法国、英国、德国等欧洲国家的政治学、历史学著作，留下了统称为《克罗伊茨纳赫笔记》的五本笔记。

6月19日　马克思与终身革命伴侣燕妮·冯·威斯特华伦在克罗伊茨纳赫结婚。

10月　马克思迁居巴黎，与阿尔诺德·卢格一起创办《德法年鉴》杂志。

10月23日—11月初　恩格斯开始为英国欧文派社会主义者的刊物《新道德世界》撰稿，并在该报发表了第一篇文章《大陆上社会改革运动的进展》。

10月中—12月中　马克思撰写了《论犹太人问题》和《〈黑格尔法哲学批判〉导言》两篇论文，发表于1844年2月的《德法年鉴》。这两篇论文标志着马克思已经由唯心主义者转变为唯物主义者，由革命民主主义者转变为共产主义者。

9月底或10月初—1844年3月中　恩格斯撰写《国民经济学批判大纲》《英国状况。评托马斯·卡莱尔的〈过去和现在〉1843年伦敦版》《英国状况。十八世纪》《英国状况。英国宪法》等文献。这些文章标志着恩格斯已经由唯心主义者转变为唯物主义者，由革命民主主义者转变为共产主义者。

1844 年

2月　《国民经济学批判大纲》在《德法年鉴》上发表。《国民经济学批判大纲》被马克思称为"天才的大纲"。

2月底　《德法年鉴》第一期出版。恩格斯称《德法年鉴》为德国第一家社会主义刊物，其后由于马克思和卢格之间的原则分歧，以及经济拮据等原因，该刊未能继续出版。

3月26日　马克思与卢格决裂。卢格对马克思带给《德法年鉴》的共产主义倾向持否定态度。

5月底6月初—8月　马克思撰写《1844年经济学哲学手稿》，这是马克思第一次试图对资本主义经济制度和资产阶级政治经济学进行批判性考察，并初步阐述自己新的经济学、哲学观点和共产主义思想的一部早期文稿。

8月28日前后　马克思和到达巴黎的恩格斯会面。此次会面后两人开始了伟大的友谊、共同的科学研究事业和共同的革命事业。

9—11月　马克思与恩格斯合作撰写他们的第一部作品。这部作品他们打算题名为《神圣家族，或对批判的批判所做的批判。驳布鲁诺·鲍威尔及其伙伴》。

9月—1845年3月　恩格斯写作《英国工人阶级状况》一书。

11月　马克思结束了《神圣家族，或对批判的批判所做的批判。驳布鲁诺·鲍威尔及其伙伴》一书的写作，将手稿送交法兰克福的出版商。在排印过程中马克思在本书的标题上又加了"神圣家族"。

1845年

2月3日　马克思因为批评普鲁士政府被法国驱逐，被迫迁往比利时首都布鲁塞尔。

2月24日前后　马克思和恩格斯合著的《神圣家族，或对批判的批判所做的批判。驳布鲁诺·鲍威尔及其伙伴》一书出版。《神圣家族》是马克思和恩格斯在确立无产阶级世界观的理论基础，即辩证唯物主义和历史唯物主义过程中的一个重要里程碑。列宁指出：

"它奠定了革命唯物主义的社会主义的基础。"

春天　马克思写成《关于费尔巴哈的提纲》，恩格斯称之为"包含着新世界观的天才萌芽的第一个文献"。

5月　恩格斯的《英国工人阶级状况》一书在莱比锡出版。

秋天—1846年5月　马克思和恩格斯撰写《德意志意识形态》。马克思和恩格斯对以费尔巴哈、鲍威尔和施蒂纳为代表的各式各样唯心史观进行了深刻的分析和批判，阐述了唯物史观的基本内容，马克思和恩格斯完成了对自己从前的哲学信仰的清算，标志着唯物史观的创立。

12月1日　马克思得知普鲁士政府要求比利时政府将其驱逐出比利时的消息后，放弃了普鲁士的国籍。

1846 年

年初　马克思和恩格斯在布鲁塞尔建立了"共产主义通讯委员会"。这是马克思和恩格斯建立无产阶级政党的准备步骤。

3月30日　马克思和恩格斯在布鲁塞尔共产主义通讯委员会的会议上，尖锐地批评了魏特林的"真正的社会主义"和粗糙的平均共产主义。

4月底　马克思和恩格斯结识了从德国流亡来的威廉·沃尔弗，后者成了马克思和恩格斯的忠实战友和朋友。

5月11日　马克思和恩格斯合作撰写《反克利盖的通告》，批判了以克利盖为代表的"真正的社会主义"。该文5月以石印单行本发表。

10月　恩格斯在巴黎德国工人的三次集会上批判了蒲鲁东的小资产阶级空想思想和"真正的社会主义者"卡尔·格律恩的市侩思想。

12月28日　马克思写信给俄国作家巴·瓦·安年柯夫，批判了蒲鲁东的《经济矛盾的体系，或贫困的哲学》一书。

1847 年

1 月—6 月 15 日　马克思写作《哲学的贫困。答蒲鲁东先生的〈贫困的哲学〉》一书。

1 月 20 日　正义者同盟伦敦委员会派代表约瑟夫·莫尔到布鲁塞尔和巴黎，邀请马克思和恩格斯加入同盟并帮助改组同盟。马克思和恩格斯在确信同盟领导者愿意改组同盟并接受科学共产主义原理作为纲领基础后，同意参加同盟。

6 月 2—9 日　恩格斯出席在伦敦召开的共产主义者同盟第一次代表大会。恩格斯为同盟起草了纲领草案《共产主义信条草案》，提出了"全世界无产者，联合起来!"的口号。

7 月初　马克思的《哲学的贫困。答蒲鲁东先生的〈贫困的哲学〉》一书出版。马克思主义的新世界观与马克思主义经济学的"决定性的东西"，第一次通过这本著作公开问世。

10 月底—11 月　恩格斯为共产主义者同盟撰写纲领草案《共产主义原理》。

11 月 29 日—12 月 8 日　马克思和恩格斯参加共产主义者同盟第二次代表大会的工作。大会委托马克思和恩格斯以宣言形式制定共产主义者同盟纲领，并批准共产主义者同盟章程。

12 月 9 日—1848 年 1 月底　马克思和恩格斯合作撰写《共产党宣言》。

1848 年

1 月—1849 年 8 月　欧洲多国爆发资产阶级民主民族革命，史称"1848 年欧洲革命"。马克思和恩格斯不但亲身参加了革命斗争实践，而且总结了革命的历史经验，为马克思后来写出《1848 年至

1850 年的法兰西阶级斗争》《路易·波拿巴的雾月十八日》等著作提供了坚实的实践和理论基础。

2 月底 《共产党宣言》第一个德文单行本在伦敦出版。

3 月 11 日 共产主义者同盟中央委员会在巴黎成立。马克思当选为委员会主席。

3 月 21—29 日 马克思和恩格斯撰写《共产党在德国的要求》，这是共产主义者同盟在德国民主革命中的政治纲领。

6 月 1 日 马克思主编的《新莱茵报》创刊号在科隆出版。这是世界上最早的马克思主义报纸，德国和欧洲无产阶级革命民主派机关报，也是 1848—1849 年德国民主革命中最著名的民主派左翼报纸。

8 月 4 日 马克思和恩格斯参加科隆民主协会的全体大会。马克思尖锐地批评了魏特林把政治运动和社会运动分开来的论点，指出社会利益和政治利益是密切联系的，并揭露了魏特林对德国民主革命任务的无知。

9 月底—10 月上半月 9 月 26 日起，《新莱茵报》被勒令停止出版，报纸因被封而引起了经济上和组织上的巨大困难。马克思为《新莱茵报》的复刊进行了顽强的斗争。

9 月 26 日—10 月初 普鲁士当局对恩格斯等人发出通缉令，恩格斯面临被捕的危险，不得不离开科隆。恩格斯在布鲁塞尔遭到警察当局逮捕，并被送进监狱，后来又被押解到法国边界。恩格斯从那里前往巴黎。

1849 年

2 月 7 日 马克思和恩格斯因《新莱茵报》被控侮辱检察长茨魏费尔和诽谤宪兵而受审，马克思和恩格斯利用这次审讯当众揭露普鲁士政府实行反革命政变的罪行。陪审法庭宣告马克思和恩格斯及该报发行负责人科尔夫无罪。

4月5—8日和11日　马克思根据1847年12月在布鲁塞尔德意志工人协会发表的演说写成的《雇佣劳动与资本》，在《新莱茵报》陆续发表，后因报纸停刊连载中断。1880年该著作单行本在布雷斯劳出版。

5月16日　普鲁士政府下令将马克思驱逐出境，企图用这种办法迫使《新莱茵报》停刊。

5月19日　由于马克思被逐出普鲁士，恩格斯和其他编辑又遭到迫害，《新莱茵报》用红色油墨出版了最后一号。

8月23日　马克思写信告诉恩格斯，说他被从巴黎驱逐到布列塔尼的沼地，因此他决定前往伦敦。马克思建议恩格斯也到伦敦去，以便在那里一起出版杂志。

8月26日前后　马克思来到伦敦，着手筹办《新莱茵报。政治经济评论》。

12月15日　马克思和恩格斯草拟关于《新莱茵报。政治经济评论》即将出版的"启事"。

年底—1850年11月　马克思撰写《1848年至1850年的法兰西阶级斗争》一书。这部著作是由马克思为《新莱茵报。政治经济评论》杂志撰写的一组文章组成。1895年，该书单行本在柏林出版。

1850年

1—2月　以马克思和恩格斯为首的共产主义者同盟中央委员会着手改组共产主义者同盟。

3月6日　《新莱茵报。政治经济评论》第1期在汉堡出版。由于德国当局的迫害和资金的缺乏，1850年11月杂志出版至第5、6两期合刊后，自动停刊。马克思的《1848年至1850年的法兰西阶级斗争》、恩格斯的《德国维护帝国宪法的运动》《德国农民战争》

等重要著作均首次在该杂志发表。

3月和6月　马克思和恩格斯共同起草了两篇《共产主义者同盟中央委员会告同盟书》。

7月　马克思和恩格斯领导的社会民主主义流亡者委员会为流亡者建立宿舍、食堂，并且为需要工作的人建立生产作坊。

夏秋　恩格斯撰写《德国农民战争》一书。

9月—1853年8月　马克思重新阅读了斯密和李嘉图以及其他经济学家的大量著作，写下24本摘录笔记，即《伦敦笔记》。这是1848年欧洲革命失败后，马克思为迎接新的革命高潮的到来加紧研究政治经济学的阶段性成果。

11月中旬　为了在物质上帮助马克思，恩格斯重回其父亲的公司任职。马克思从此时起几乎每天与迁居曼彻斯特的恩格斯通信。

1851年

4月—6月中旬　马克思在大英博物馆系统研究了资产阶级政治经济学著作，以及雇佣劳动和资本的关系。

8月8日　马克思接受《纽约每日论坛报》的邀请为该报撰稿。在恩格斯的帮助下，马克思为该报撰稿到1862年3月。马克思由此获得一定的经济收入。

8月—1852年9月　恩格斯撰写《德国的革命和反革命》。这部著作由19篇文章构成，陆续发表在《纽约每日论坛报》，总结了德国1848—1849年革命的经验。1896年，马克思的女儿爱·马克思-艾威林编辑出版了这组文章的第一个英文单行本。

约12月中—1852年3月25日　马克思撰写《路易·波拿巴的雾月十八日》一书。马克思在这本著作中第一次提出了工人阶级必须打碎资产阶级国家机器，建立工人阶级专政的重要原理，从而进一步检验、充实和发展了关于无产阶级革命和无产阶级专政的理论。

1852 年

1 月　恩格斯研究军事学术史，特别注意 1848 年欧洲革命时期的战争，他计划写作一部战争史。

5—6 月　马克思和恩格斯收集关于德国小资产阶级流亡者活动家们的材料，并写作《流亡中的大人物》一书，揭露小资产阶级流亡者玩弄革命阴谋的有害活动，并阐述共产主义的政治立场和理论主张。

10 月底—12 月初　马克思撰写了《揭露科隆共产党人案件》一书，抨击普鲁士政府对共产主义者"煽动叛国"和"密谋"的污蔑。

11 月 17 日　在共产主义者同盟伦敦区部会议上，马克思提议解散共产主义者同盟，因为在欧洲反动势力猖獗，共产主义者同盟盟员遭到逮捕的情况下，同盟实际上已不存在。马克思的提议被通过。

1853 年

1 月　马克思的著作《揭露科隆共产党人案件》一书在巴塞尔出版。

4 月　恩格斯关注俄国革命运动的前途，并研究南方斯拉夫语。

4 月底　马克思《揭露科隆共产党人案件》的单行本在美国波士顿出版。

5 月 20 日　马克思写了《中国革命和欧洲革命》一文。他在这篇文章中分析了中国太平军起义的原因和性质，并指出中国事变对欧洲经济和政治发展的深刻影响。

10 月 4 日—12 月 6 日　马克思深入分析英国蓝皮书、议会报告、外交文献和报刊材料，并在这一基础上写了一系列批判揭露英国政治家帕麦斯顿的文章，指出帕麦斯顿是当权的政治寡头的代表。

1854 年

1—12 月　马克思继续研究政治经济学。系统地收集有关具体经济的统计资料和其他资料。恩格斯继续研究军事理论，并在《纽约每日论坛报》上发表军事评论。

6—7 月　随着西班牙革命的迫近，马克思开始研究西班牙历史。

12 月—1855 年 1 月　马克思重读他前几年写下的政治经济学笔记，并写了简单的纲要，加上了"货币、信贷、危机"的标题。

12 月 2 日前后　马克思接到由拉萨尔转来的请他给德国资产阶级民主派报纸《新奥德报》撰稿的建议，马克思接受了这一邀请。

1855 年

3 月 18 日　马克思在给恩格斯的信中表示必须在《纽约每日论坛报》上发表揭穿反动的泛斯拉夫主义思想的文章。

6 月 24 日　马克思和李卜克内西参加了在伦敦海德公园举行的群众性示威活动，反对有损人民群众利益的"禁止星期日交易法案"。

12 月 12 日—1856 年 1 月　马克思几次会见鲍威尔兄弟，马克思在写给恩格斯的信中对他们的观点作了批判性的评价，特别对布鲁诺·鲍威尔蔑视工人运动的态度提出了尖锐的批评。

1856 年

2—4 月　马克思在大英博物馆里研究 17 世纪末至 18 世纪上半叶的外交文件以及有关英俄关系的历史著作。

4 月上半月　马克思几次会见卡·沙佩尔。沙佩尔承认在共产主义者同盟分裂时期自己采取宗派冒险主义立场的错误，并对他和维利希一起参加反对马克思和恩格斯及其拥护者的派别斗争表示后悔。

4月14日　马克思参加宪章派机关报《人民报》创刊四周年纪念会，发表了关于无产阶级的世界历史使命的演说。马克思指出，1848—1849年革命没有最后完成，强调资本主义社会的矛盾必然导致社会革命和无产阶级胜利。

5月　恩格斯和爱尔兰女工、革命伴侣玛丽·白恩士到爱尔兰旅行，了解爱尔兰人民的生活和受英国殖民压迫的情况。

约7月初　马克思事先同恩格斯和沃尔弗作了研究，然后在给米凯尔的信中详细地论述了德国即将到来的革命的性质和动力问题。

10月　鉴于经济危机日益临近，马克思重新开始研究政治经济学，重点研究了白银问题。

1857年

1月7日　马克思给《纽约每日论坛报》编辑部寄去一篇关于英中在广州发生冲突的文章。文章详细分析了作为在中国爆发第二次鸦片战争的导火线的中国走私船"亚罗号"事件，指出"在全部事件的过程中，错误是在英国人方面"。

5月20日前后　恩格斯撰写《波斯和中国》。

7月—1858年5月　马克思撰写《1857—1858年经济学手稿》，这部手稿被视为《资本论》的最初稿，马克思第一次制定了他的价值理论，并在此基础上制定了剩余价值理论。

7月—1860年11月　马克思和恩格斯受邀为《美国新百科全书》撰写军事方面的条目，许多条目是两人合作的成果。

8月底—9月中旬　马克思着手写作他的经济学著作《政治经济学批判》，草拟了这一著作的"导言"。"导言"简要地分析了资本主义制度下生产与分配、交换、消费之间的一般关系，以及生产力和生产关系之间、生产关系和法的关系、家庭关系等关系之间的辩证联系问题，阐明了辩证逻辑方法及其在政治经济学研究中的运用和发展等问题。

1858 年

1 月上半月　马克思在给恩格斯的信中表示，如果有时间，他"很愿意用两三个印张把黑格尔所发现、但同时又加以神秘化的方法中所存在的合理的东西阐述一番，使常人的理智都能够理解"。

4 月 2 日　马克思在给恩格斯的信中说明了他的经济学著作的详细计划。著作将包括六册："（1）资本；（2）土地所有制；（3）雇佣劳动；（4）国家；（5）国际贸易；（6）世界市场。"

8 月 3—15 日　恩格斯为马克思的《政治经济学批判。第一分册》撰写书评。

8 月 31 日—9 月 28 日　马克思撰写了一组关于对华鸦片贸易史和《天津条约》的文章，分别为《鸦片贸易史》《英中条约》《中国和英国的条约》。

9 月 20 日和 21 日　马克思为《纽约每日论坛报》写了一篇论述对华条约的文章和一篇批评马志尼的新宣言的文章。前一篇没有发表。

1859 年

1 月　马克思旨在研究资本主义生产方式和批判资产阶级政治经济学，计划写成 6 册的经济学巨著的第一分册脱稿，马克思在 1858 年 8 月就开始了这一分册的写作。

2 月 23 日　马克思把《政治经济学批判》的序言寄给柏林的出版商弗·敦克尔。马克思在这篇序言中对唯物史观基本原理作了经典性的表述。

4 月 5 日　恩格斯的《波河与莱茵河》在柏林匿名出版。全书贯穿着从无产阶级国际主义立场出发捍卫统一德国和意大利的革命民主主义道路的思想。

4月19日 马克思写信给拉萨尔，批判了拉萨尔主义极其有害的特点之一，就是否认农民运动的革命性质，力图把农民描绘成反动阶级。马克思在分析拉萨尔的剧本时，阐述了一系列有关文学和美学的重要原理。

6月11日 马克思的著作《政治经济学批判。第一分册》在柏林出版。

7月3日前后 马克思从曼彻斯特返回伦敦后，担任《人民报》的实际领导工作和编辑工作，他打算不仅利用这家报纸作为宣传革命无产阶级思想的讲坛，而且在一旦发生革命事件时就把它变成建立无产阶级政党的组织中心。

9月13—30日 马克思以"新的对华战争"为题写了一组文章，揭露了英法殖民主义者的行为，尖锐地抨击了帕麦斯顿政府掠夺性的殖民政策。

11月中 马克思撰写了《对华贸易》一文，以中国为例，揭露了欧洲殖民主义者对亚洲各国的掠夺行为。

1860 年

1月—2月初 马克思继续写研究资本诸问题的《政治经济学批判》第二分册。为此，他经常到英国博物馆去研究资产阶级政治经济学家的著作，并重新阅读恩格斯的《英国工人阶级状况》。

1月11—26日 马克思和恩格斯继续密切关注美国和俄国日益迫近的革命危机。马克思在给恩格斯的信中强调指出，美国黑奴为争取消灭奴隶制的斗争和俄国废除农奴制的运动是当代最重大的事件。

2—11月 马克思撰写《福格特先生》，反击庸俗民主主义者、波拿巴主义的代理人卡尔·福格特的诽谤性著作《我对〈总汇报〉

的诉讼》。12 月以单行本形式在伦敦出版。

11 月底—12 月 19 日　马克思研究自然科学，阅读达尔文的
《物种起源》一书。马克思在给恩格斯的信中指出，此书为"我们
的观点提供了自然史的基础"。

1861 年

5 月 7—10 日　马克思和恩格斯就在德国出版报纸的问题通信交
换意见，由于拉萨尔提出由他领导编辑部的要求无法接受，马克思
和恩格斯拒绝了拉萨尔关于共同办报的建议。

6 月—1862 年 11 月　由于美国爆发内战，马克思和恩格斯特别
注意研究美国内战发生的原因。马克思在认真研究美国报刊及其他
资料的基础上得出结论：美国战争的基本内容是奴隶制问题。

8 月—1863 年 7 月　马克思撰写《1861—1863 年经济学手稿》，
分析了劳动和资本的关系，详细考察了有关劳动和资本的对立的各
个方面，系统地研究和论述了绝对剩余价值生产和相对剩余价值生
产，第一次详细分析了资本主义生产范围内提高劳动生产力的三种
主要形式：协作、分工和机器或科学力量的应用。

1862 年

1—2 月　马克思着手写作《剩余价值理论》。

7 月 30 日—9 月 10 日　马克思和恩格斯密切关注着美国内战，
就战争的前景通信交换意见。

10 月上半月—1864 年 9 月　马克思和恩格斯同从流亡中回到德
国的威廉·李卜克内西保持通信，从他那里得到关于德国工人运动
的消息。马克思指导李卜克内西在德国工人中间宣传科学共产主义
思想的实际活动。

12 月　马克思撰写"资本和利润"章的初稿，这一章的内容相

当于后来的《资本论》第三卷开头的 3 篇。

12 月 28 日　马克思在给 1848 年欧洲革命的参加者德国医生路德维希·库格曼的信中说，他打算把《政治经济学批判。第一分册》的续篇作为单独的著作出版，用"资本论"作书名，并用"政治经济学批判"作副标题。

1863 年

1 月　马克思结束了《剩余价值理论》主要篇章的写作，后来计划把这一部分作为《资本论》的理论史部分出版。同时他编写《资本论》第 1 部分和第 3 部分的提纲，这两部分成了后来《资本论》第 1 卷和第 3 卷的基础。

2 月中　马克思和恩格斯收到波兰开始起义的消息。他们认为用革命方法解决波兰问题的意义重大，于是决定以伦敦德意志工人共产主义教育协会的名义就波兰起义问题发表呼吁书。

4 月初—1864 年 9 月上半月　马克思和恩格斯继续密切关注德国工人运动的发展。马克思在给李卜克内西的信中就拉萨尔开始鼓动的问题拟定了无产阶级革命家对拉萨尔的活动的策略，决定暂时不公开反对拉萨尔。

7 月—1865 年年底　马克思撰写《1863—1865 年经济学手稿》。这部手稿被视为《资本论》的第三个手稿，建立起了《资本论》三卷的结构体系。这部手稿的第一册是《资本的生产过程》，第二册是《资本的流通过程》，第三册是《总过程的各种形态》。

8 月—1865 年 12 月　马克思决定用更有系统的形式来表述自己的经济学著作的理论部分，着手撰写新稿。经过艰辛的劳动，马克思完成了《资本论》理论部分三册的新的手稿。

1864 年

5 月 13 日　马克思和恩格斯等人参加革命战友沃尔弗的葬礼，马克思在幕前致诀别词。

9 月 28 日　马克思出席在圣马丁堂举行的国际工人会议。这次会议通过了成立国际工人协会的决议，马克思当选为协会临时委员会委员。

10 月 21—27 日　马克思重新起草了国际工人协会的纲领性文件——《国际工人协会成立宣言》和《协会临时章程》。这些文件得到起草委员会的赞同。

1865 年

1 月 24 日　马克思应《社会民主党人报》编辑部的请求，撰写文章尖锐地批判了蒲鲁东的反动小资产阶级意识形态，同样也抨击了拉萨尔的机会主义。马克思关于防止资产阶级分子钻入第一国际总委员会，巩固国际无产阶级核心的提议获得通过。

1 月 27 日—2 月 11 日　为论证在国内已经形成革命形势的情况下德国工人阶级的策略问题，恩格斯撰写《普鲁士军事问题和德国工人政党》，2 月底在汉堡出版。

7 月 31 日　马克思写信告知恩格斯他写作《资本论》的情况。马克思还需要写 3 章才能完成这部三卷本的著作的理论部分，此外，他还要写第四卷，专门讲述历史文献部分。

1866 年

2 月 13 日前后　马克思依照恩格斯的建议，决定首先出版《资本论》第一卷。

3 月上半月　马克思为捍卫第一国际的无产阶级性质而同资产阶

级倾向进行斗争。这种倾向是由马志尼分子、小资产阶级民主主义者和英国工联改良派领袖组成的反对派带到总委员会里来的。

10月13日　马克思在给库格曼的信中叙述了《资本论》的总结构，这部著作打算分四册："第一册　资本的生产过程。第二册　资本的流通过程。第三册　总过程的各种形式。第四册　理论史。"

1867 年

1月上半月　马克思继续写作《资本论》。

4月2日　马克思在信中告诉恩格斯他已经写完《资本论》第一卷，并打算亲自将手稿送到汉堡出版商那里。

4月下半月—6月　马克思和恩格斯通过各种渠道报道《资本论》第一卷即将出版的消息，并筹备把该书译成英文和法文。

8月16日　马克思看完《资本论》第一卷最后一个印张的校样。他在给恩格斯的信中衷心感谢恩格斯在他写作这部著作期间所给予的无私帮助。

8月24日前后　马克思继续写作《资本论》第二卷。他考察了有关固定资本周转的问题。

9月14日　马克思的政治经济学著作《资本论》第一卷德文第一版由汉堡的迈斯纳出版社出版。该书研究了资本主义生产方式以及和它相适应的生产关系和交换关系，目的是揭示现代社会即资本主义社会的经济运动规律。

10月—1868年6月　恩格斯为了宣传《资本论》的理论观点，打破资产阶级报刊和学术界对《资本论》第一卷的出版保持的沉默，在《未来报》《莱茵报》《埃尔伯费尔德日报》《杜塞尔多夫日报》《观察家报》《符腾堡工商业报》《新巴登报》《民主周报》《双周评论》等报刊上发表了一系列书评。

1868 年

4 月底　马克思研究利润率和剩余价值率之间的关系问题。他在给恩格斯的几封信中把自己研究这个问题的结论以及《资本论》后两卷的计划告诉了恩格斯，并且特别详细地叙述了第三卷的内容。

9 月 6—13 日　在布鲁塞尔举行的第一国际代表大会上宣读和讨论了马克思写的总委员会总结报告。参加此次会议的德国代表们还提出一项决议案，建议所有国家的工人都来学习马克思的《资本论》，促使它翻译成各种语言。

9 月 16 日　马克思致信恩格斯，建议恩格斯写一本介绍《资本论》的通俗小册子。该计划没有实现。

12 月 22 日　第一国际总委员会在会议上一致赞同马克思关于拒绝巴枯宁的同盟加入国际工人协会的决议草案。

1869 年

1 月底　马克思计划重新出版自己的著作《路易·波拿巴的雾月十八日》的第二版。他重新通读和校订单行本的全文，然后把它寄给在汉堡的迈斯纳。

3—4 月　马克思在健康状况很差的情况下坚持国际工人协会繁重的事务工作和《资本论》的写作。

3 月底—4 月上半月　马克思和恩格斯密切关注德国工人运动的发展，尤其是李卜克内西和倍倍尔领导的组织与以施韦泽为首的组织之间发生的尖锐斗争。

7 月　恩格斯结束了二十年"埃及幽囚式"的经商生活。

10—12 月　恩格斯撰写《爱尔兰史》，计划以爱尔兰历史为例，揭露英国殖民统治的制度和方法，以及所产生的恶果。

10 月 30 日　鉴于德国资产阶级报刊掀起反对巴塞尔代表大会

（国际工人协会第四次代表大会）关于把土地变为公有的决议的运动，马克思在致恩格斯的信中尖锐地批评李卜克内西和《人民国家报》所采取的犹豫不决和摇摆不定的立场。

1870 年

1 月 24 日　马克思在致德·巴普的信中详细说明了巴枯宁派在第一国际中的分裂活动。

3 月 10 日前后　马克思重新执笔写作《资本论》。

6 月 28 日　马克思在第一国际总委员会会议上发言谈到瑞士罗曼语区联合会的分裂，并建议作出一项决议支持原先的联合会委员会反对巴枯宁派的斗争。

7 月 26 日　马克思向第一国际总委员会宣读了他所写的关于普法战争的宣言。总委员会批准了宣言，决定用英文出版一千份并译成其他语言。

9 月 9 日　马克思在第一国际总委员会的非常会议上宣读他所写的关于普法战争的第二篇宣言。第二篇宣言经总委员会通过后，用英文出版一千份。

9 月 20 日　恩格斯和夫人从曼彻斯特迁居伦敦，与马克思再度相聚，并与马克思一起参加国际工人协会的领导工作。

10 月　恩格斯的《德国农民战争》一书单行本在莱比锡出版。

1871 年

1 月上半月　马克思和恩格斯通过第一国际总委员会组织了对被监禁的德国社会民主工党人的家属的经济援助。

3 月 18 日　巴黎工人举行起义，推翻了资产阶级反动统治，建立了无产阶级革命政权。3 月 28 日，巴黎公社成立。

3 月 19 日—5 月　马克思和恩格斯得到巴黎发生革命的消息后，

仔细研究了巴黎的局势和巴黎公社活动的情报，同公社社员们建立了联系，并在关于国内外政策的各种问题上帮助他们。马克思和恩格斯组织各个国家的工人举行保卫巴黎革命无产阶级和巴黎公社的群众大会和活动。

4月12日和17日　马克思在给库格曼的信中，援引了自己在《路易·波拿巴的雾月十八日》这一著作中提出的无产阶级必须摧毁资产阶级的军事官僚国家机器的结论，指出巴黎公社为把这一点付诸实践作了尝试。马克思赞扬公社社员们的英雄气概，同时也提出了公社的错误和弱点。

4月18日—6月初　马克思受第一国际总委员会的委托，起草关于法兰西内战的宣言。宣言的目的是揭示巴黎公社的世界历史意义和对公社的经验进行理论的概括。

6月13日前后，《法兰西内战》在伦敦印成小册子出版。

6—12月　马克思和恩格斯组织对巴黎公社流亡者的救济和援助。

9月24日　马克思在伦敦国际工人协会成立七周年纪念会上论述了国际的任务和目的，阐明了巴黎公社的阶级实质。

11月23日　马克思在写给在美国的波尔特的信中，指出第一国际在与宗派主义斗争中的作用，强调建立第一国际就是为了用名副其实的工人阶级的组织代替社会主义的、半社会主义的宗派来进行斗争。

12月19日　马克思向第一国际总委员会报告了英国政府开始对流亡的公社社员进行迫害的意图，说明了俾斯麦对无产阶级采取的反动政策，认为这种政策必然会使工人阶级进一步团结在第一国际的周围。

1872 年

3—8月　马克思和恩格斯在同无政府主义者及其他小资产阶级

分子的斗争中捍卫第一国际的纲领原则和组织原则，同时进行第一国际代表大会的筹备工作。

3月5日 马克思把他和恩格斯共同起草的通告《所谓国际内部的分裂》提交第一国际总委员会，通告揭穿了巴枯宁主义这种同工人运动不相容的小资产阶级宗派主义的实质。

3月13—18日 马克思起草巴黎公社一周年纪念大会的决议，把公社称为"伟大的社会革命的曙光"。

3月27日 《资本论》第一卷俄文第一版在俄国出版。这是该书的第一个外文译本。

5月底 马克思和恩格斯写的第一国际总委员会内部通告《所谓国际内部的分裂》在日内瓦出版。

5月—1873年1月 恩格斯连续撰写了三篇以住宅问题为主题的文章，分别为《蒲鲁东怎样解决住宅问题》《资产阶级怎样解决住宅问题》《再论蒲鲁东和住宅问题》，批判了蒲鲁东主义和资产阶级改良主义，阐发了科学社会主义理论，揭示了资本主义制度下住房短缺的根源是统治阶级的剥削和压迫。1872年12月—1873年3月，《人民国家报》出版社在莱比锡分别出版了三篇文章的单行本。1887年3月，《人民国家报》出版社把三篇文章编在一起定名为《论住宅问题》出版，恩格斯作了一些修改和补充，并写了一篇序言。

6月24日 马克思和恩格斯为7月将在莱比锡出版的《共产党宣言》德文版撰写序言。在序言中，马克思和恩格斯强调指出，巴黎公社的经验证明工人阶级必须摧毁旧的国家机器。

7月—1873年5月 《资本论》第一卷德文第二版陆续分册出版。

9月1日 马克思和恩格斯到海牙参加第一国际的第五次年度代表大会。

9月2—7日　马克思和恩格斯领导第一国际海牙代表大会的工作。这次大会挫败了巴枯宁分子分裂第一国际的阴谋。

9月下半月—12月　马克思和恩格斯写信给各国的第一国际会员，说明第一国际海牙代表大会关于号召工人阶级建立独立政党的决议的意义。

9月17日—1875年年底　《资本论》第一卷法文版陆续分册出版。

10月—1873年3月　恩格斯写作《论权威》。在这篇文章中，恩格斯批判了无政府主义主张个人无限自由和否定一切权威的错误观点，阐明了在社会生产和社会活动中确立和维护权威的必要性。

1873年

2月12日　马克思写信给第一国际总委员会委员弗·波尔特，指出国际海牙代表大会的伟大成绩在于把"腐烂分子"从第一国际中清除出去了。

3月24日　马克思和恩格斯应国际工人协会不列颠联合会委员会的邀请，出席伦敦的第一国际会员和流亡公社社员举行的巴黎公社两周年纪念大会。

5月中　《资本论》第一卷德文第二版最后一分册出版。5月底6月初，各分册合订成书出版。

5月30日　恩格斯写信给马克思，讲述他写作《自然辩证法》一书的构思。后来，恩格斯写作了大量论文、札记和片段，但这部著作最终未完全完成。

9月27日　马克思写信给左尔格，分析了第一国际当前的状况，并且表示第一国际作为工人运动的组织形式在历史上已经过时了。

12月28日前后　马克思从库格曼那里得到他请求返回德国的答复，答复说只有在他放弃革命活动的条件下才能回德国。

1874 年

2 月—4 月中　马克思的健康状况再度恶化。

约 5 月中—1875 年 4 月　恩格斯撰写以"流亡者文献"为题的、由 5 篇文章组成的一组文章，陆续发表在 1874 年至 1875 年的《人民国家报》上。

7 月 1 日　恩格斯在《德国农民战争》第三版准备付印时，对 1870 年为该书第二版所写的序言作了重要补充和说明。

8 月初　马克思试图取得英国国籍，并向英国内务部提出了相应的申请书。申请被拒绝，借口是马克思对普鲁士君主不忠顺。

10 月 28 日—12 月 18 日　马克思的著作《揭露科隆共产党人案件》第一次在德国的《人民国家报》上发表。

1875 年

1 月底　马克思完成《资本论》第一卷法译本最后三个分册的审阅工作并将书稿寄往巴黎。

5 月 5 日　马克思寄给威廉·白拉克一封信，信中附有题为《德国工人党纲领批注》的对德国工人党纲领的批评意见，后来这些批评意见和信件一起被称为《哥达纲领批判》。

5 月 20 日—8 月，为了说明剩余价值率同利润率的差别，马克思作了多次计算。他所做的这项工作，以后成为《资本论》第三卷第三章的基础。

9 月 20 日—10 月　马克思又开始研究政治经济学，花费大量时间研究俄国的土地关系。

年底　马克思亲自校订的法文版《资本论》第一卷最后一分册出版。在该书的跋中，马克思指出《资本论》法文版和德文版一样具有独立的科学价值。

年底—1876 年上半年　恩格斯撰写《自然辩证法》中的"导言"和"劳动在从猿到人的转变中的作用"。

1876 年

年初　《资本论》第一卷法文版合订成书出版。

2 月 7 日　马克思和恩格斯在伦敦德意志工人共产主义教育协会创立三十六周年纪念大会发表演说。马克思在发言中强调了德国第一批无产阶级组织特别是共产主义者同盟所遵循的国际主义原则。

2 月中　马克思研究《资本论》第三卷的问题时，针对庸俗经济学家凯里的"级差地租和地租只是投入土地的资本的利息"这一观点写了几段评语。后来恩格斯把评语编入《资本论》第三卷第四十四章。

5 月 24—26 日　由于德国小资产阶级思想家欧·杜林的反马克思主义观点在德国社会主义工人党部分党员中间影响日益扩大，马克思和恩格斯认为必须在报刊上批判杜林的观点。

5 月底　为批判杜林的错误观点，肃清他在德国社会主义工人党内造成的恶劣影响，恩格斯开始准备写作批判杜林的著作《欧根·杜林先生在科学中实行的变革》（即《反杜林论》），这部著作于 9 月开始写作，到 1878 年 6 月完成。《反杜林论》由三编构成，第一编于 1877 年 7 月，第二、三编于 1878 年 7 月以单行本形式出版。1878 年 7 月，在莱比锡出版了《反杜林论》第一版，标题为《欧根·杜林先生在科学中实行的变革。哲学·政治经济学·社会主义》。1886 年《反杜林论》第二版在苏黎世出版。

9 月 23 日—1877 年 8 月　马克思和白拉克通信，谈出版普·利沙加勒《公社史》德文版问题。马克思认为传播这一著作是德国社会主义工人党［1875 年 5 月，德国社会民主工党（爱森纳赫派）和全德工人联合会（拉萨尔派）合并成立了德国社会主义工人党，

1890 年改名为德国社会民主党〕的一件重要事情，并亲自校订该书译文。

1877 年

3 月底　马克思恢复整理《资本论》第二卷的手稿。

6 月中　恩格斯应威廉 · 白拉克的请求为《人民历书》撰写马克思传略《卡尔 · 马克思》，传略于 1878 年发表。

9 月 27 日　马克思写信告诉左尔格，他正在根据俄国原文资料研究俄国的局势。马克思认为俄国正处在革命的前夜，革命的一切因素都已具备。

10 月 19 日　马克思把《资本论》第一卷手稿寄给左尔格以便译成英文，并指出在准备出美国版的时候对正文应该作哪些修改。美国版没有出成。

10—11 月　马克思撰写《给〈祖国纪事〉编辑部的信》，阐述了俄国社会发展道路和社会历史研究中的科学方法。

1878 年

1878—1882 年　马克思系统地钻研代数学，研究并摘录拉克鲁瓦、马克费林、欧勒、波茨等人的论文，作了许多笔记，写了微分学简史。

6 月底 7 月初　恩格斯的《反杜林论》第一版在莱比锡出版。

8 月或 9 月初　恩格斯继续整理《自然辩证法》的材料，拟定了这一著作的总的计划草案。

11 月下半月—12 月　马克思写作《资本论》第二卷和第三卷，研究了土地关系史料。

12 月—1879 年 1 月　马克思继续仔细地研究金融和银行业，做了大量摘录和笔记。

1879 年

1—12 月　马克思继续进行政治经济学的研究工作，特别是研究俄国和美国的文献资料。

6—7 月　马克思和恩格斯为准备出版德国社会主义工人党的秘密中央机关报采取了一系列的措施。

6 月中—9 月　马克思和恩格斯在给工人运动活动家的信中，批评莫斯特领导的"左派"的无政府主义立场，批评莫斯特在他编辑的《自由》周报上攻击德国社会主义工人党领导的全部活动，特别是攻击该党对国会讲坛的利用。

9 月 17—18 日　马克思和恩格斯共同起草《给奥·倍倍尔、威·李卜克内西、威·白拉克等人的通告信》，批评在《反社会党人非常法》实施以后德国社会主义工人党内出现的右倾机会主义倾向。

下半年—1881 年年初　马克思撰写《评阿·瓦格纳的〈政治经济学教科书〉》，论述了价值理论的重要原理。

1880 年

1 月—3 月上半月　恩格斯应保尔·拉法格的请求，把《反杜林论》一书中的三章（《引论》的第一章以及第三编的第一章和第二章）改写成为一篇独立的通俗的著作，即《空想社会主义和科学社会主义》（1883 年出版德文单行本时书名改为《社会主义从空想到科学的发展》），同年出版了法文版单行本。

3 月底　马克思为《平等报》发表他的著作《哲学的贫困》写前言。

5 月 4 日—5 日前后　马克思给恩格斯的《空想社会主义和科学社会主义》一书的法文版单行本写前言，称之为"科学社会主义的入门"。

10月—1881年3月 马克思继续写《资本论》第二卷和第三卷，研究了大量官方文件和关于美国经济发展的文献。

夏—1881年夏 马克思研究文化人类学著作，留下了大量的笔记，后人出版时称之为《人类学笔记》或《民族学笔记》或《古代社会史笔记》。

1881年

1月中旬—2月 马克思收到纽文胡斯的《资本和劳动》（对《资本论》第一卷的概述）一书后，指出该书再版时应更正的地方。

3月8日 马克思给俄国女革命家查苏利奇回信，再次谈到对俄国发展道路的看法。

3月21日 马克思和恩格斯向斯拉夫人为纪念巴黎公社十周年在伦敦举行的大会写信表示祝贺。

6月初 马克思同海德门断绝了一切关系。后者为了达到沽名钓誉、成为英国工人运动首领的目的而同马克思接近并自称为马克思的学生。

约8月底—9月 马克思开列他所有的俄国书籍和资料清单（主要是关于1861年后俄国社会经济发展的），题为《我书架上的俄国资料》。阅读并摘录埃·雷·于克的《中华帝国》一书。

10月13日前后—12月上半月 马克思患重病。

12月2日 马克思的妻子燕妮·马克思逝世。恩格斯在5日的葬礼上发表讲话并撰文悼念燕妮·马克思。

约年底—1882年年底 马克思研究世界通史。研究的成果汇集成《编年大事记》这一著作，该著作扼要评述了欧洲的历史事件（从公元前1世纪到公元17世纪）。

年底—1882年 马克思撰写《关于俄国1861年改革和改革后的发展的札记》。这是马克思系统地整理和概括他所研究的关于俄国的资料和文献的开始。

年底—1882 年　马克思研究世界通史，留下四本笔记本的手稿，恩格斯在整理这份手稿时，加上了《编年摘录》这一标题。后人出版时将之称为《历史学笔记》。

1882 年

1 月 21 日　马克思和恩格斯为格·瓦·普列汉诺夫翻译的《共产党宣言》俄译本写序言。该序言的俄译文于 1882 年 2 月 5 日发表在《民意》杂志上。

4 月下半月　恩格斯撰写《布鲁诺·鲍威尔和早期基督教》一文，科学地阐明了基督教的起源和实质。

10 月 30 日—1883 年 1 月 12 日　马克思住在文特诺尔，准备《资本论》第一卷德文第三版的出版工作。

11 月　马克思密切关注马·德普勒所作的电能远距离传送的实验，要恩格斯也注意这些实验并征询意见。

11 月 11—23 日　马克思和恩格斯就法国工人党状况交换了意见，对盖得和拉法格在同法国可能派的斗争中所犯的策略上的错误进行了批评。

12 月 8 日　马克思通过恩格斯建议德国社会主义工人党中央机关报编辑部揭穿俾斯麦的"国家社会主义"。

12 月 17 日　马克思阅读恩格斯的《马尔克》手稿。在给恩格斯的信中，他对该文给予了很高的评价。

1883 年

1 月 12 日　马克思获悉自己女儿燕妮·马克思于 1 月 11 日去世的消息后返回伦敦。他的健康状况急剧恶化。

3 月 14 日（14 时 45 分）　卡尔·马克思在伦敦的寓所里逝世。

3月17日　卡尔·马克思被安葬在伦敦的海格特公墓。恩格斯发表了墓前悼词，说明了马克思作为科学社会主义奠基人的理论遗产和实际革命活动的世界历史意义。

4—12月　恩格斯认为，完成马克思未完成的理论著作和出版他的遗著对于国际工人运动具有巨大的意义，因此，继续整理马克思的遗稿，尤其是《资本论》的手稿。

9月下半月　恩格斯开始准备出版未经马克思审订的《资本论》第二卷的手稿。在几乎两年时间里，他把自己的大部分时间都用于这一工作。

年底　恩格斯出版了《资本论》第一卷德文第三版。

1884 年

1月—8月初　恩格斯继续密切关注英国社会主义运动的发展，同马克思的女儿爱琳娜、爱·艾威林、厄·贝·巴克斯和其他社会主义活动家保持经常性的接触，赞成他们反对民主联盟领袖海德门的宗派主义和机会主义路线的斗争。

1月28日—3月3日　恩格斯查看了马克思收藏的俄文书籍，决定将其中很大一部分转赠俄国革命流亡者的代表以建立图书馆。

3月底—5月底　恩格斯撰写《家庭、私有制和国家的起源》。书中对古代人类社会的历史、对抗性阶级和阶级统治的产生作了马克思主义的分析，揭示了家庭的各种不同形式的更替对生产关系的发展的从属性，揭露了阶级社会中家庭所固有的矛盾，阐明了国家的阶级本性以及它随着私有制的消灭而消亡的历史必然性，描绘了未来的社会主义社会的轮廓。

10月初　恩格斯的著作《家庭、私有制和国家的起源》在苏黎世出版。

10月23日　恩格斯写完马克思的《哲学的贫困》一书德文第

一版的序言。在这篇序言中他尖锐地批判了洛贝尔图斯的庸俗空想主义的观点，并且驳斥了这样一种无稽之谈，即洛贝尔图斯在马克思之前已经有了马克思在政治经济学方面的基本发现。

1885 年

1 月 恩格斯准备出版他的《反杜林论》一书的德文第二版。

2 月底 恩格斯开始整理《资本论》第三卷手稿。这一工作进行了十年左右。在此期间，恩格斯根据保存下来的马克思的提示确定了本卷的纲目和结构，把材料重新作了相应的安排，补撰某些只有草稿的篇章，写出马克思拟写而未写的某些部分，而且还根据自己对 19 世纪最后 25 年资本主义经济中的某些新现象的研究作了一系列的补充。恩格斯对本卷的文字作了大量修饰和修改，写了序言和跋，对最后的定稿作了总校订。

7 月 马克思的《资本论》第二卷在汉堡出版。

10 月 恩格斯撰写了《不应该这样翻译马克思的著作》一文。

10 月 8 日 恩格斯写完《关于共产主义者同盟的历史》一文。这篇文章是作为马克思的《揭露科隆共产党人案件》德文第三版的引言而写的。

11 月 17 日 恩格斯写信给倍倍尔，分析了欧洲国际形势，指出有爆发欧洲战争的危险。他在强调社会主义者必须反对统治阶级的军国主义计划时指出，如果统治阶级终于发动了这样的战争，那么战争将加速资本主义制度的崩溃。

1886 年

年初 恩格斯撰写《路德维希·费尔巴哈和德国古典哲学的终结》，论述了马克思主义哲学形成和发展的历史过程。该著作 1888 年在斯图加特出版了单行本，并在该书附录中第一次发表了马克思的《关于费尔巴哈的提纲》。

2月25日—8月5日 恩格斯审订《资本论》第一卷英译文的手稿，他在审订时特别利用了马克思在1877年当美国最初有人试图从事这部著作的翻译时所作的书面指示。

5月初 由于社会主义者候选人在5月2日巴黎市镇选举中获得了大量选票，恩格斯写信给拉法格和李卜克内西，认为这是一个重大的胜利，证明工人正日益摆脱资产阶级激进主义影响。

8月—10月 由于沙皇俄国同奥匈帝国在巴尔干半岛竞争的加强、法国复仇主义情绪和德国统治集团侵略意图的增长以及英国对近东和中东所实行的掠夺政策，欧洲列强之间的矛盾尖锐化了，因此恩格斯仔细研究欧洲的国际形势。恩格斯指出，整个欧洲有爆发战争的现实危险，这个战争将滋长沙文主义和民族主义，从而会使国际工人运动遭到沉重打击，但同时也必然会加速法国以及其他欧洲国家，特别是俄国革命危机的成熟。

11月5日 恩格斯写完《资本论》第一卷英文版序言。

1887 年

1月初 经恩格斯审定并附有恩格斯所写序言的《资本论》第一卷英文版出版。

3月下半月—5月 恩格斯指导英国社会主义者艾威林和爱琳娜·马克思－艾威林在伦敦工人街区，尤其是在受自由党人影响的东头区工人激进俱乐部进行宣传活动。他认为这种宣传是建立具有社会主义纲领的群众性工人政党的重要步骤。

12月下半月—1888年4月 恩格斯撰写他计划写的小册子《暴力在历史中的作用》。这部著作没有写完。

1888 年

1—2 月　由于战争的危险性不断增加，恩格斯仔细研究欧洲的国际形势。

1 月 30 日　恩格斯为《共产党宣言》英文版撰写序言。序言刊印在 1888 年伦敦出版的该书中。

5 月上半月　《路德维希·费尔巴哈和德国古典哲学的终结》一书单行本在斯图加特出版。

10—12 月　恩格斯写信给拉法格夫妇，尖锐地批评了某些社会党人打算同布朗热分子结成竞选联盟的意图，继续坚持要法国工人党的领导人正式地和公开地对极端敌视无产阶级的布朗热派进行毫无保留的谴责。

1889 年

1—7 月　恩格斯参加定于 7 月在巴黎召开的国际社会主义工人代表大会的筹备工作。7 月 14 日，大会正式召开，标志着第二国际的成立。

2 月 10 日　恩格斯完成了《资本论》第三卷第四篇付印前的准备工作。

5 月下半月—6 月初　恩格斯积极参加将以代表大会组织委员会的名义印发的关于在巴黎召开国际社会主义工人代表大会的通知书的起草和审订工作。

约 10 月—11 月中　恩格斯准备出版《资本论》第一卷德文第四版。

10—12 月　恩格斯对爱琳娜·马克思－艾威林、爱·艾威林和其他英国社会主义者在伦敦非熟练工人中的活动给予帮助。他认为，工人阶级的这些阶层走上了罢工斗争的道路，他们加入了同主要是联合工人贵族的老工联相对抗的新工联，这是英国工人运动发展中新阶段的开端。

11月　恩格斯为准备出版《资本论》第三卷又重新开始了紧张的工作，同时就有关问题浏览和阅读各种经济文献。

1890 年

5月1日　恩格斯为《共产党宣言》德文第四版撰写序言。

10月底11月初　经恩格斯审定的《资本论》第一卷德文第四版出版。

11月28日　恩格斯70岁生日。各国社会主义政党和工人组织及其活动家向恩格斯表示祝贺。

12月—1891年1月6日　恩格斯整理马克思于1875年写的《哥达纲领批判》手稿并撰写了序言。这一著作连同恩格斯的序言一起于1891年1月底第一次公开发表在《新时代》杂志上。

1891 年

1月底—4月　恩格斯积极参加庆祝五一节的准备工作，为此他同法国、美国、德国及其他国家的社会主义活动家广泛地通信。

2—4月　恩格斯密切注意英国社会主义运动的情况，经常帮助爱·马克思－艾威林、爱·艾威林等英国社会主义者为建立工人阶级政党而斗争。

3月14日　恩格斯写完了他所准备出版的马克思著作《法兰西内战》德文第三版的"导言"，预定用这篇"导言"来纪念巴黎公社二十周年。

3月17日　恩格斯写信向法国工人祝贺巴黎公社成立二十周年。他表示深信社会主义革命将在全世界获得胜利。

5月12日　恩格斯为自己的著作《社会主义从空想到科学的发

展》德文第四版撰写序言。

6月18—29日　恩格斯撰写《1891年社会民主党纲领草案批判》。

9月29日　恩格斯开始整理出版《资本论》第三卷手稿。

11月28日　恩格斯写信给伦敦德意志工人共产主义教育协会的歌咏团，回答它关于在他生日那天举行庆祝会的建议，信中强调说，他和马克思一样，原则上反对为个别人举行公开的庆祝活动。他认为，只有在这种活动有重大的社会意义时，才容许这样做。

1892年

1月11日　恩格斯为自己的著作《英国工人阶级状况》英国版写序言，序言刊印在3月底伦敦出版的该书英国版上。

2月中　恩格斯校订自己的著作《社会主义从空想到科学的发展》的英文译本。译者是爱·艾威林。

3月17日　恩格斯写信向法国工人祝贺巴黎公社成立二十一周年。

5月1日　恩格斯参加在伦敦举行的五一节示威游行和群众大会。其后他写信给劳拉·拉法格和倍倍尔，认为五一节的庆祝活动是工人运动的巨大成就。

1893年

1月23日　恩格斯出席纪念伦敦德意志工人共产主义教育协会成立五十三周年的晚会。

2月1日　恩格斯写《共产党宣言》意大利文版序言，该版于1893年在米兰出版。

3月14—15日　恩格斯收到各国社会主义者为纪念马克思逝世十周年发来的电报。

3月31日　根据恩格斯的倡议，德国、法国和英国的社会主义者议员——倍倍尔、拉法格和白恩士在恩格斯家里会晤，恩格斯把这次会晤本身看作国际工人运动取得巨大胜利的证明。

7月15日　恩格斯为《资本论》第二卷德文第二版写序言，第二版于1893年出版。

7月29日　恩格斯立下遗嘱，把一部分财产和藏书遗赠给德国社会民主党，把大部分财产留给马克思的几个女儿和外孙。

12月19日　在日内瓦举行的国际社会主义者大学生代表大会邀请恩格斯莅临指导，恩格斯复信祝贺大会。恩格斯强调，社会主义革命胜利后知识分子在国民经济和国家管理的各部门都将起重要作用。

1894 年

3月18日　恩格斯为纪念巴黎公社成立二十三周年给法国工人党全国委员会写贺信。

5月11日　恩格斯把《资本论》第三卷最后一部分手稿寄给奥·迈斯纳出版社。

6月19日—7月16日　恩格斯撰写《论原始基督教的历史》一文。这是他先前就这个题目所做的研究的总结，对基督教产生的历史原因、演变过程和社会本质作了科学的解释。

9—11月　恩格斯关注中日战争的战况发展。他在给劳拉·拉法格、左尔格和其他社会主义者的信里指出此事。

10月4日　恩格斯写完《资本论》第三卷序言。

11月15—22日　恩格斯撰写《法德农民问题》，发表在《新时代》杂志上。恩格斯在这篇文章中强调了农民作为工人的同盟军对无产阶级革命事业的重要意义。

12月初　《资本论》第三卷在汉堡出版。

1895 年

1 月　恩格斯开始准备出版马克思和他自己的著作全集。他着手搜集马克思的早期作品和 19 世纪 50 年代刊载在《纽约每日论坛报》上的文章，并为此同路·库格曼等人通信。

2 月 14 日—3 月 6 日　恩格斯为马克思的著作《1848 年至 1850 年的法兰西阶级斗争》单行本写"导言"，"导言"刊印在 4 月中出版的单行本中。

5 月　恩格斯出现食道癌症状。

7 月 24 日　身患重病的恩格斯从伊斯特勃恩回到伦敦。

8 月 5 日（22 时 30 分）　恩格斯在伦敦逝世。

8 月 10 日　恩格斯的遗体在伦敦附近的沃金火葬场火化。追悼会在伦敦威斯敏斯特的滑铁卢车站大厅举行，恩格斯的亲友以及欧洲大多数国家的社会主义政党和工人政党、团体的代表参加了追悼大会。

8 月 27 日　按照本人遗愿，恩格斯的骨灰罐被投入伊斯特勃恩海岸附近的海中。

9—11 月　列宁撰写悼念恩格斯的文章《弗里德里希·恩格斯》，高度评价了恩格斯在理论上和实践上对国际无产阶级的伟大贡献。威廉·李卜克内西、保尔·拉法格等恩格斯的战友或学生也发表文章缅怀恩格斯。

参考文献

《马克思恩格斯全集》第一版第 1—50 卷，人民出版社。

《马克思恩格斯全集》第二版第 1—49 卷，人民出版社。

《马克思恩格斯文集》第 1—10 卷，人民出版社。

《列宁全集》第二版增订版第 1—60 卷，人民出版社。

习近平：《在纪念马克思诞辰 200 周年大会上的讲话》，人民出版社 2018 年版。

习近平：《在庆祝中国共产党成立 100 周年大会上的讲话》，人民出版社 2021 年版。

《伯恩施坦文选》，殷叙彝编，人民出版社 2008 年版。

《狄慈根哲学著作选集》，杨东莼译，生活·读书·新知三联书店 1978 年版。

《国际共产主义运动史》编写组：《国际共产主义运动史》（第 2 版），人民出版社、高等教育出版社 2020 年版。

《马克思主义发展史》编写组：《马克思主义发展史》（第 2 版），人民出版社、高等教育出版社 2021 年版。

《普列汉诺夫哲学著作选集》第 2 卷，生活·读书·新知三联书店 1961 年版。

安启念：《新编马克思主义哲学发展史》，中国人民大学出版社 2010

年版。

曹典顺:《马克思〈人类学笔记〉研究读本》,中央编译出版社 2013
年版。

陈汉楚:《蒲鲁东和蒲鲁东主义》,江苏人民出版社 1981 年版。

程恩富、胡乐明:《经济学方法论》,上海财经大学出版社 2002
年版。

冯景源:《唯物史观的形成和发展史纲要》,中央编译出版社 2014
年版。

高放:《国际共产主义运动史纲》,陕西师范大学出版社 2018 年版。

高放、李景治、蒲国良:《科学社会主义的理论与实践》,中国人民
大学出版社 2008 年版。

顾海良:《马克思经济思想概论》,经济科学出版社 2008 年版。

顾海良主编:《马克思主义发展史》,中国人民大学出版社 2009
年版。

胡钧主编:《〈资本论〉导读》,中国人民大学出版社 2018 年版。

孔寒冰、项佐涛:《世界社会主义:理论、运动和制度》,北京大学
出版社 2017 年版。

李百玲:《马克思〈历史学笔记〉研究读本》,中央编译出版社 2014
年版。

李崇富、姜辉主编:《马克思主义 150 年》,学习出版社 2002 年版。

李显荣:《巴枯宁评传》,中国社会科学出版社 1982 年版。

林国荣:《马克思〈历史学笔记〉与 19 世纪》,上海人民出版社
2013 年版。

刘佩弦主编:《科学社会主义史纲》,中国人民大学出版社 1984
年版。

刘永佶:《马克思政治经济学方法论史》,北京大学出版社 1987
年版。

罗郁聪:《恩格斯与〈资本论〉》,厦门大学出版社 1987 年版。

马健行、郭继严:《〈资本论〉创作史》,山东人民出版社 1983 年版。

彭宏伟:《马克思〈资本论〉研究读本》,中央编译出版社 2013 年版。

蒲国良:《社会主义思想:从乌托邦到科学的飞跃 1516—1848》,北京师范大学出版社 2018 年版。

蒲国良:《世界社会主义运动概论》,中国人民大学出版社 2006 年版。

王怀超、秦刚主编:《科学社会主义基本理论》,中共中央党校出版社 2017 年版。

王莅:《求解资本主义的史前史》,中国人民大学出版社 2018 年版。

王学东主编:《国际共产主义运动历史文献》第 2 卷,中央编译出版社 2011 年版。

王学东主编:《国际共产主义运动历史文献》第 14 卷,中央编译出版社 2013 年版。

萧灼基:《马克思传》,中国社会科学出版社 2008 年版。

谢霖:《东方社会之路》,中国社会科学出版社 1992 年版。

谢霖、谢静静:《马克思的东方社会理论与中国特色社会主义道路》,中国社会科学出版社 2015 年版。

辛向阳:《马克思主义方法论研究》,中国社会科学出版社 2020 年版。

徐俊达、钟玉海主编:《科学社会主义的理论与实践教程》,安徽科学技术出版社 2001 年版。

许征帆等编著:《马克思主义学说史》第 1—3 卷,吉林人民出版社 1987 年版。

余斌:《〈资本论〉正义》,广西人民出版社 2014 年版。

俞良早、徐芹：《经典作家东方落后国家社会发展的重要著作和基本理论》，人民出版社 2015 年版。

臧峰宇：《恩格斯〈论住宅问题〉研究读本》，中央编译出版社 2014 年版。

张雷声：《马克思主义基本原理专题研究》，中国人民大学出版社 2018 年版。

张雷声主编：《马克思主义史》第 2 卷，人民出版社 2018 年版。

张文焕：《拉萨尔评传》，人民出版社 1983 年版。

张薰华：《〈资本论〉脉络》，复旦大学出版社 1999 年版。

赵广主编：《科学社会主义经典著作》，中共中央党校出版社 1998 年版。

中共中央马克思恩格斯列宁斯大林著作编译局编：《回忆恩格斯》，人民出版社 2005 年版。

中共中央马克思恩格斯列宁斯大林著作编译局编：《回忆马克思》，人民出版社 2005 年版。

中共中央马克思恩格斯列宁斯大林著作编译局编：《马列主义研究资料》第 2 辑，人民出版社 1984 年版。

中共中央马克思恩格斯列宁斯大林著作编译局编：《马列著作编译资料》第 9 辑，人民出版社 1980 年版。

中共中央马克思恩格斯列宁斯大林著作编译局国际共运史研究室编：《福尔马尔文选》，人民出版社 1984 年版。

中共中央马克思恩格斯列宁斯大林著作编译局国际共运史研究室编：《国际共运史研究资料》第 1 辑，人民出版社 1981 年版。

中共中央马克思恩格斯列宁斯大林著作编译局国际共运史研究所编：《倍倍尔文选》，人民出版社 1993 年版。

中国人民大学马列主义发展史研究所：《马克思主义经济思想史》，中共中央党校出版社 1991 年版。

中国人民大学马列主义发展史研究所编：《马克思恩格斯思想史》，
　　上海人民出版社 1982 年版。

中国人民大学马列主义发展史研究所编：《马克思主义史》（1—4
　　卷），人民出版社 1996 年版。

中国人民大学马列主义发展史研究所编：《马克思主义史》第 1 卷，
　　人民出版社 1996 年版。

朱传棨：《恩格斯哲学思想研究论稿》，人民出版社 2012 年版。

庄福龄主编：《简明马克思主义史》，人民出版社 2004 年版。

［波兰］莱泽克·科拉科夫斯基：《马克思主义的主要流派》（1—3
　　卷），唐少杰、马翎、侯一麟等译，黑龙江大学出版社 2015 年版。

［德］爱德华·伯恩施坦：《伯恩施坦文选》，殷叙彝编，人民出版
　　社 2008 年版。

［德］奥古斯特·倍倍尔：《我的一生》第 1 卷，薄芝宇译，生活·
　　读书·新知三联书店 1965 年版。

［德］弗·梅林：《德国社会民主党史》第 2 卷，青载繁译，生活·
　　读书·新知三联书店 1964 年版。

［德］弗·梅林：《德国社会民主党史》第 3 卷，青载繁译，生活·
　　读书·新知三联书店 1965 年版。

［德］弗·梅林：《德国社会民主党史》第 4 卷，青载繁译，生活·
　　读书·新知三联书店 1966 年版。

［德］弗·梅林：《马克思传》，樊集译，持平校，人民出版社 1965
　　年版。

［德］格奥尔格·冯·福尔马尔：《福尔马尔文选》，中共中央马克
　　思恩格斯列宁斯大林著作编译局译，人民出版社 1984 年版。

［德］海涅：《论德国宗教和哲学的历史》，海安译，商务印书馆
　　1974 年版。

［德］海因里希·格姆科夫：《我们的一生——马克思恩格斯传记》，

舒昌善译，天津人民出版社 1983 年版。

［德］海因里希·格姆科夫等：《恩格斯传》，易廷镇、侯焕良译，
　　人民出版社 2000 年版。

［德］黑格尔：《历史哲学》，王造时译，商务印书馆 1963 年版。

［德］亨里希·李凯尔特：《李凯尔特的历史哲学》，涂纪亮译，北
　　京大学出版社 2007 年版。

［德］卡尔·马克思：《卡尔·马克思历史学笔记》第 1—4 册，中
　　央编译局马列著作编译部译，中国人民大学出版社 2005 年版。

［德］卡尔·马克思：《马克思古代社会史笔记》，人民出版社 1996
　　年版。

［德］卡尔·欧伯曼：《约瑟夫·魏德迈传》，天津师范学院外语系
　　《约瑟夫·魏德迈传》翻译小组译，人民出版社 1980 年版。

［德］曼·克利姆：《恩格斯文献传记》，中央编译局译，湖南人民
　　出版社 1986 年版。

［德］梅林：《保卫马克思主义》，吉洪译，人民出版社 1982 年版。

［德］梅林：《论历史唯物主义》，李康译，生活·读书·新知三联
　　书店 1958 年版。

［德］叔本华：《作为意志和表象的世界》，商务印书馆 1992 年版。

［民主德国］瓦尔特·施密特：《威廉·沃尔弗传》，邹福兴、杨德
　　炎、戴世峰译，人民出版社 1984 年版。

［德］威廉·李卜克内西：《不要任何妥协，不要任何选举协议!》，
　　姜其煌、张舆、毛韵泽译，生活·读书·新知三联书店 1964
　　年版。

［德］威廉·李卜克内西：《一个革命士兵的回忆》，舒昌善译，人
　　民出版社 1980 年版。

［德］威廉·沃尔弗：《西里西亚的贫困和暴乱》，赵小军译，《国际
　　共运史研究》1988 年第 1 期。

［法］埃迪安·巴利巴尔：《马克思的哲学》，王吉会译，中国人民
　　大学出版社 2007 年版。

［美］菲利普·丰纳编：《马克思逝世之际——1883 年世界对他的评
　　论》，王兴斌译，宋献春校，北京出版社 1983 年版。

［南斯拉夫］普雷德拉格·弗兰尼茨基：《马克思主义史》（1—3
　　卷），胡文建等译，黑龙江大学出版社 2015 年版。

［苏］巴赫、戈尔曼、库尼娜编：《第一国际》第 1 卷，杭州大学外
　　语系俄语翻译组译，生活·读书·新知三联书店 1980 年版。

［苏］凯尔任策夫：《巴黎公社史》，中国人民大学编译室译，生
　　活·读书·新知三联书店 1961 年版。

［苏］柳·阿·尼基奇切：《拉布里奥拉传》，杨启潾、孙魁、朱中
　　龙译，人民出版社 1987 年版。

［苏］莫洛克编：《巴黎公社会议记录》第 1 卷，何清新译，商务印
　　书馆 1961 年版。

［意］安·拉布里奥拉：《关于历史唯物主义》，杨启潾、孙魁、朱
　　中龙译，人民出版社 1984 年版。

［英］戴维·麦克莱伦：《恩格斯传》，臧峰宇译，中国人民大学出
　　版社 2017 年版。

后　记

　　本书是中国社会科学院马克思主义研究院组织编写的八卷本《马克思主义发展史》的第二卷，它重点阐述了马克思和恩格斯从巴黎公社革命运动到他们逝世前的理论活动和革命实践活动，体现出马克思主义是在实践中不断深化、丰富和完善的。在这一时期，马克思主义理论主要是在指导国际共产主义运动实践、批判工人运动内部各种错误思潮的过程中不断发展和完善的，因而内容更加丰富具体。通过学习研究马克思和恩格斯这一时期的思想发展，有利于我们深入理解和掌握马克思主义理论与具体实践相结合的方式和途径。

　　本书是中国社会科学院马克思主义研究院创新工程重大项目"马克思主义发展史研究"的部分成果，是以马克思主义研究院科研人员为主、其他单位学者参与，共同努力完成的集体成果。本书在中国社会科学院副院长、党组成员，当代中国研究所所长兼马克思主义研究院院长姜辉，中国社会科学院马克思主义研究院党委书记辛向阳、副院长林建华的统筹设计及整体安排下，由杨静、任洁负责撰写工作的协调和书稿的统筹修订。执笔人分别是：导论，辛向阳、林建华；第一章，刘影；第二章、第六章，刘道一；第三章，张旭（中国社会科学院经济研究所）、杨静；第四章，潘西华；第五章，王晓红；第七章，王晓红、魏依庆（中国社会科学院大学马克思主义学院）；第八章、第九章，夏一璞；马克思恩格斯生平大事记，梁海峰。本书作为集体智慧的结晶，在保持研究思路与撰写内容整体统一的基础上，也保留了各章作者的研究特色和撰写风格。

本书在提纲拟定和书稿写作过程中，得到专家指导委员会中众多专家热情、严谨、认真的指导，本书的指导专家还有中国人民大学张新教授、张云飞教授、蒲国良教授、邱海平教授；北京大学方敏教授；中国社会科学院金民卿研究员、龚云研究员、余斌研究员、张旭教授、魏小萍研究员；中共中央党校（国家行政学院）秦刚教授等。他们的辛勤工作使我们在最大限度上减少了错误和疏漏。在此谨向各位专家致以衷心的感谢！

同时，我们参阅了国内外与马克思主义发展史相关的大量文献资料，获得了很多有益启示，在此谨向这些文献的作者表示诚挚的谢意！

衷心感谢中国社会科学院马克思主义理论学科建设与理论研究工程办公室、中国社会科学院马克思主义研究院科研处、中国社会科学出版社的大力支持和帮助！

限于研究水平，尽管我们根据专家意见对书稿进行了反复修改完善，但仍恐存在错漏之处，期待学界同人的批判指正。

本书编写组

二〇二一年七月